W0196252

1789 KOEHLER & AMELANG 1806 · LEIPZIG ·

Koehler & Amelang
Leipzig

Hubert Faensen

Siehe die Stadt, die leuchtet

Geschichte, Symbolik und Funktion altrussischer Baukunst

Mit Aufnahmen von Klaus G. Beyer

Faensen, Hubert:
Siehe die Stadt, die leuchtet:
Geschichte, Symbolik und Funktion altrussischer Baukunst /
Hubert Faensen.
Mit Aufnahmen von Klaus G. Beyer. –
Leipzig : Koehler & Amelang, 1989. –
406 S. : zahlr. Abb. (z. T. farb.) ; 27 cm
ISBN 3-7338-0098-2

ISBN 3-7338-0098-2

Inhalt

Byzantinisches Erbe und russische Eigenart

Kirchenbau als Raumorganisation und Formensprache

»Als ich das erste Mal ... nach Rußland kam, ging ich nach einem kurzen Aufenthalt im Gasthaus trotz meiner Ermüdung sofort in die Stadt. Ich traf auf dieses: in der Dämmerung ragten die riesigen Konturen einer Kirche empor, an den Seiten im Nebel zwei kleine silberne Kapellen, auf den Stufen warteten Pilger auf die Öffnung der Türen. Dieser für mich ungewohnte Anblick erschütterte mich in der Tiefe: zum ersten Mal im Leben hatte ich ein unausdrückbares Gefühl, etwas wie ›Heimgefühl‹ ...« So schilderte Rainer Maria Rilke seinem polnischen Übersetzer die ersten Stunden in Moskau vor dem Osterfest des Jahres 1899. In einem Brief an einen russischen Freund ergänzte er seine Erinnerung: »... als ich in einer Osternacht mit meiner kleinen Kerze auf dem Kreml stand, da schlug die Glocke auf dem ›Iwan Welikij‹ so gewaltig und groß, daß ich glaubte, das Herz des Landes schlagen zu hören, das auf seine Zukunft wartet von Tag zu Tag.« [1] Auf der Suche nach der legendären »russischen Seele« entdeckte Rilke eigentlich nur, was er entdecken wollte. Er trug seine eigene religiöse und ästhetische Wertung in die altrussischen Kirchen und Ikonen hinein. Über die neuromantische Idealisierung läßt sich streiten. Aber Rilkes Einstellung ist typisch. Wir betrachten die Kunst der Vergangenheit mit unseren heutigen Augen, Stimmungen und Vorstellungen. Wir selbst sind schöpferisch. Unterschiede in der Generation, in der Region und in der sozialen Situation bewirken unterschiedliches Kunstverhalten. Es kommt auf die Position an, von der aus wir uns der altrussischen Baukunst nähern. Unser Interesse motiviert unser Verständnis.

Wie alle Gestaltwerte der Kunst lassen sich architektonische Formen nicht einseitig in objektivierten Werkeigenschaften begründen. Sie stehen immer schon in Beziehung zur Daseinserfahrung. So sind die Lichtwerte eines Kirchenraums abhängig von den äußeren Umständen und der inneren Einstellung. Einerseits bestimmen objektive Bedingungen den Eindruck: die Größe und Zahl der Fenster, die Lichtführung, die Farbigkeit der Fensterverschlüsse usw. Eine frühmoskowitische Kreuzkuppelkirche aus dem Anfang des 15. Jahrhunderts übt eine andere Wirkung aus als eine Saalkirche des »Moskauer Barock«. Andererseits richten sich die Lichtwerte nach dem emotionalen Grundbefinden der Benutzer. Die gleiche Belichtung kann unterschiedlich erlebt werden. Die mittelalterliche Einstellung dürfte uns heute überhaupt schwer zugänglich sein. Sicherlich kommt in einem hell und einheitlich durchlichteten Raum gewöhnlich keine mystische Stimmung auf. Aber die Stimmungswerte haften der Belichtung nicht objektiv an. Sie verändern sich subjektiv. Das gilt auch für Formverhältnisse wie Raumaddition, Raumdurchdringung, Symmetrie, Goldener Schnitt. Ihre Impulse lösen je nach dem Stil des Lebens und Erlebens unterschiedliche Gefühle und Reaktionen aus. Der Eindruck, den etwa die Kiewer Sophien-Kathedrale, die »Mutter der russischen Kirchen«, vermittelt, ist bei den Zeitgenossen des 11. Jahrhunderts ein anderer als bei den Russen des Moskauer Zarenreichs oder bei uns heute. Für den Architekturhistoriker ergibt sich das schwierige Problem, die Entstehungsbedingungen aufzufinden. Warum hat ein Bauwerk aus einer bestimmten Zeit und Region seine bestimmte Form? Welche geistigen und materiellen Gewohnheiten lagen dem Baustil zugrunde? Welche Stimmung sollte stimuliert werden?

Die Geschichte der altrussischen Baukunst verläuft zwischen der Wende zum 11. und dem ausgehenden 17. Jahrhundert, zwischen der Annahme des byzantinischen Christentums unter dem Kiewer Großfürsten Wladimir und den Reformen von Zar Peter dem Großen. In dieser Zeitspanne konzentrierten sich der gesellschaftliche Aufwand, die kommunikativen Funktionen und die vielschichtigen Symbolwerte auf den Kirchenbau. Er war das geistig-kulturelle Zentrum der altrussischen Feudalgesellschaft. Die Höhepunkte des Lebens wurden von der Gottesdienstordnung und dem Festzyklus des Jahres bestimmt, denen er Raum schuf, die zwischenmenschlichen Normen von der kirchlichen Lehre und Zucht, die er einübte. Wer der Exkommunikation verfiel, durfte ihn nicht betreten, war aus der Gemeinschaft verstoßen. Er bot Mittel zur persönlichen Lebenshilfe, zur Erfüllung der Sehnsucht nach Geborgenheit und Heil, vor allem in Verbindung mit der in den Gottesdienst einbezogenen Wand- und Ikonenmalerei. Aber er war auch Instrument der Herrschaftsstrategie, des Bündnisses von Feudalmonarchie und Kirche. So weisen seine Formen über die unmittelbare liturgische Zweckbestimmung weit hinaus. Sie dienten als Lebensraum und Massenmedium.

Wie in Byzanz galt im mittelalterlichen Rußland das Kirchengebäude als Ikone: Bild des Himmlischen Jerusalems und der göttlichen Heils- und Weltordnung. So lassen sich die »fünf Ursachen«, aus denen der byzantinische Patriarch Nikephoros I. (um 750–828) die Entstehung einer Ikone ableitete, auch auf die Architektur beziehen: die schöpferische, die organische, die formale, die materielle und die finale. [2] Unter der schöpferischen Ursache verstand der Bildertheologe den Auftraggeber, unter der organischen den Meister, unter der formalen den Gegenstand der Darstellung, unter der materiellen das Material und unter der finalen den praktischen Zweck. Dem Auftraggeber kam die führende Rolle zu, das heißt in Byzanz und Rußland vor allem dem Herrscher. Freilich mußte dieser oft Kompromisse mit anderen politischen Kräften eingehen und Rücksicht auf das Publikum nehmen, so daß man vom »Ausgleichscharakter« eines Bauwerks gesprochen hat (M. Warnke) [3]. Die ausführenden Werkstätten interpretierte Nikephoros als Werkzeuge: in der Hand des Bauherrn und in der Hand Gottes. Er übersah ihr Talent, die Aufgabe praktisch zu lösen. Die formgebende, geistige Ursache besaß den höchsten Rang. Das Kirchengebäude sollte als Raumikone und »heiliger Ort« der Herabkunft Gottes und – nach der Losung des Kirchenlehrers und Bischofs Athanasius von Alexandrien (4. Jahrhundert) – der »Vergöttlichung des Menschen« dienen. Allerdings konnte man sich auf besonders bedeutungsträchtige Motive beschränken: die Kuppel über der Vierung der Kreuzarme als Zeichen der Begegnung von Himmlischem und Irdischem. Das Baumaterial wurde theologisch gering bewertet, begünstigte aber in der Baupraxis – wie etwa das Zweischalenquadermauerwerk in Wladimir-Susdal – eigene Stilformen und Stilfolgen. Von der praktischen Zwecksetzung her sind Hof-, Bischofs-, Kloster- und Pfarrkirchen zu differenzieren. Wenn das klösterliche oder parochiale Vermögen aus Stiftungen stammte, bedingte das einen hohen Grad an Abhängigkeit vom Stifter. Zudem unterscheiden sich Kirchen durch das Vorrecht der Sakramentspendung von Kapellen, in denen hauptsächlich Segnungen, Sakramente jedoch nur mit ausdrücklicher Erlaubnis des Bischofs vollzogen wurden. Wie diese »fünf Ursachen« im altrussischen Kirchenbau zusammenwirkten, wie sie Dasein, Psyche und Ideologie der Gesellschaft

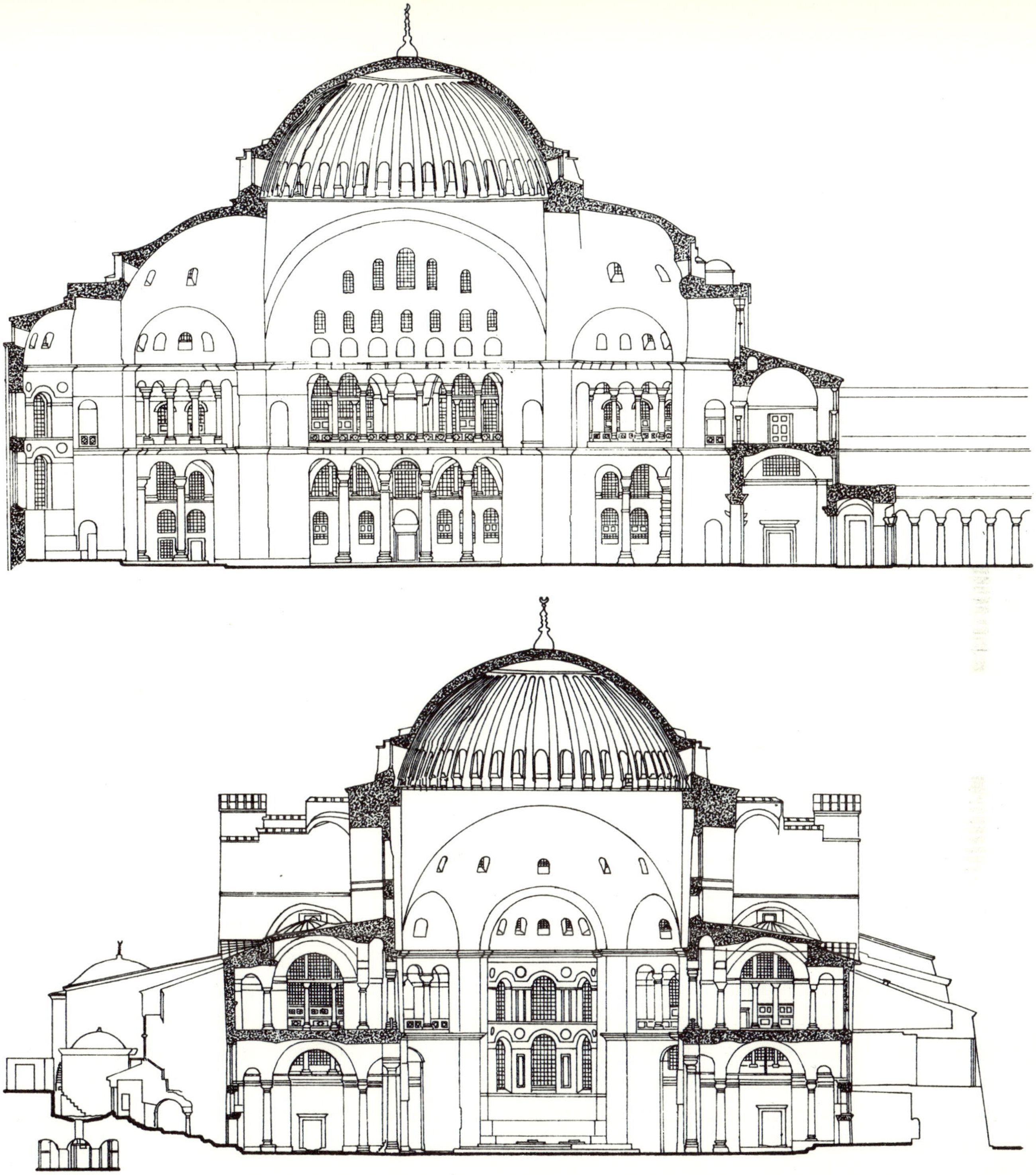

Konstantinopel, Hagia Sophia, Längs- und Querschnitt

reflektierten und organisierten, wie sie zu verschiedenen Zeiten und in verschiedenen Regionen unterschiedliche Lösungen und Stilfolgen herbeiführten, soll unsere Aufmerksamkeit beanspruchen.

Die wichtigsten Stifter in Rußland waren die feudalen Herrscher. Sie verfügten über die notwendigen materiellen Mittel zum monumentalen Bauen. Die kulturell-symbolischen Formen des Kaiserhofs in Konstantinopel dienten ihnen als Vorbild. So orientierten sich schon die Großfürsten der Kiewer Rus im Kirchenbau an dem Modell der »eingeschriebenen« Kreuzkuppelkirche, wie es die Nea Ekklesia (um 880), die Hofkirche Kaiser Basileios' I., anbot. Die feudale Statussymbolik nötigte sie zum Rangvergleich mit dem byzantinischen Kaiser, und dieser Vergleich wirkte auf sie als Bauzwang. Er wurde allerdings durch eine Skala eigener politischer und religiöser Interessen differenziert. Zum Beispiel bezog sich Jaroslaw der Weise beim Bau der Kiewer Sophien-Kathedrale (1037) zugleich auf eine Synthese von Basilika und zentralem Kuppelbau, die riesige Hagia Sophia (532–537/562): um das Patrozinium in Anspruch zu nehmen, das als imperiales Programm des Gottesgnadentums verstanden wurde, um einen Massenversammlungsraum zu schaffen und um eine großflächige Empore für feudale Hoheitsakte anzulegen. Die Herrscher der frühfeudalen Rus bemühten sich um Eigenständigkeit. Spezifisch ostslawische Traditionen des Kultbaues und der Holzarchitektur veränderten das byzantinische Modell. Motive und Formelemente der konstantinopolitanischen Kreuzkuppelkirche fanden infolge der Fortführung des frühbyzantinischen und des bodenständigen Erbes und der Verarbeitung von Anregungen aus dem Balkan, aus Polen, Kleinasien und dem Kaukasus eine neue Synthese. Die Übernahme byzantinischer Formen erfolgte nicht in der Art einer sklavischen Kopie, sondern einer schöpferischen Modifikation.

Zu fragen ist folglich nach der Raumorganisation und Formensprache altrussischer Baukunst. Architektonische Formen gehörten damals wie heute zur materiellen Kultur. Sie regeln den Umgang mit Dingen und zwischen Menschen. Sie sind an Produktionsmittel, technische Kenntnisse und Interaktionen gebunden. Als Medium der geistigen Kommunikation dienen sie zeichenhaften Bedeutungen und Funktionen. Wie jede Sprachweise besitzen sie drei Dimensionen: Gestaltwerte, Bedeutungswerte und Gebrauchswerte. Diese sind in ihrem gegenseitigen Verhältnis variabel. Zudem kann eine Wertnorm Gegenstand der anderen sein. Im Mittelalter ging es neben der sozio-kulturellen besonders um die religiös-liturgische Symbolik und Nutzung. Zu fragen ist: Wer sind die Auftraggeber, wer die Adressaten, was sind die Inhalte der Verständigung und Selbstdarstellung? Welche Stiltendenzen des Lebens und Erlebens, welche Verhaltens-, Vorstellungs- und Sehgewohnheiten, welche Stimmungen liegen den architektonischen Formen zugrunde und sollten durch sie aktiviert werden?

Stilfragen umfassen menschliche Daseinsprobleme und Wirkungsstrategien. Die Formengeschichte erhellt aus diesen Entstehungsbedingungen, aus dem historischen Kontext. Form-, Bedeutungs- und Funktionsanalyse müssen sich gegenseitig bewahrheiten. Aber alle Bedeutungs- und Gebrauchswerte sind an die Gestaltwerte gebunden. Alles Inhaltliche kann sich nur in der Formensprache manifestieren. An der Geschichte der altrussischen Baukunst zeigt sich, daß die »Syntax«, die Normierung von Formverhältnissen, ihre eigene Konstellation und Wertigkeit besitzt. Kaum anderswo ist die historische Wirkung von Form auf Form so stark gewesen wie hier. Zwar gab es keinen uniformen Epochenstil, aber die Variationsbreite westlicher Stilpluralität fehlte. Die Langlebigkeit architektonischer Formen entspricht der »langen Dauer« altrussischer Mentalität. Das Beharrungsvermögen der Formen war ein gesamtgesellschaftliches Phänomen, das erst gegen Mitte des 16. Jahrhunderts ins Wanken geriet. Architektur und andere Kunstgattungen interpretierten ohne größere Phasenverschiebung nahezu gleichartig, was die soziale Psyche und die Ideologie als Leitthemen anboten und was weitgehend mit der politischen und sozialökonomischen Entwicklung übereinstimmte.

Gestaltwerte der Kreuzkuppelkirche

Im mittelalterlichen Byzanz dominierte das Schema der »eingeschriebenen« Kreuzkuppelkirche, aber es verdrängte andere Kirchenbautypen nicht, ja ging sogar neue Synthesen mit ihnen

Konstantinopel, Nordkirche des Konstantin-Lips-Klosters, Grundrisse des Erd- und des Emporengeschosses, Rekonstruktion

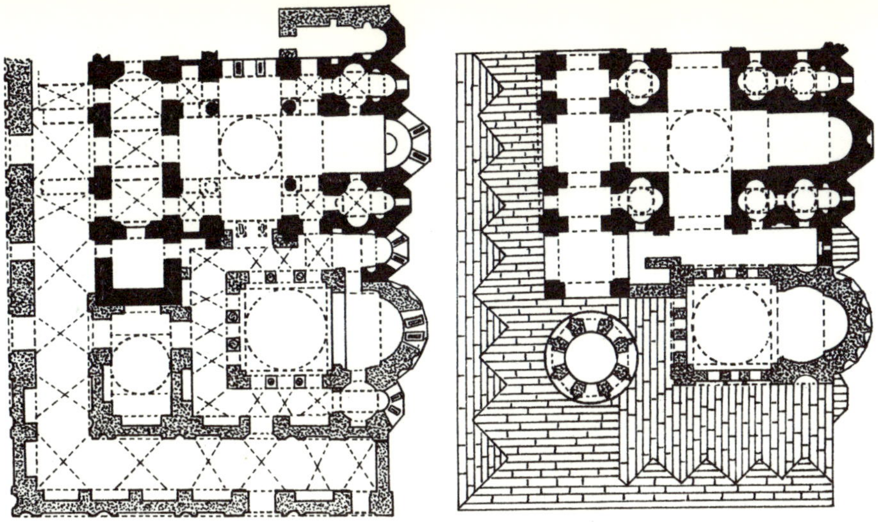

ein. In Rußland herrschte es mit größerer Ausschließlichkeit, wenngleich auch hier Sonderlösungen zustande kamen und Saalkirchen entstanden. Bei dem Schema der »eingeschriebenen« Kreuzkuppelkirche ist in einen quaderförmigen Baukörper ein Tonnenkreuz eingestellt, über dessen Vierungsstützen sich auf einem lichtspendenden Tambour die Hauptkuppel erhebt. Wenn man von der fünfschiffigen und dreizehnkuppligen Kiewer Sophien-Kathedrale absieht, für die sich in Byzanz keinerlei konkretes Vorbild findet, erschien in Rußland die Fünf-, Drei- und Einkuppelkonstruktion über drei Schiffen. In Konstantinopel trug die Nea Ekklesia, das höfische Modell, fünf Kuppeln; ein- und dreikupplige Beispiele mit unterschiedlichem Stützensystem gab es in Fülle. Aber schon die Anordnung der Nebenkuppeln unterscheidet sich in beiden Ländern, erst recht die Ausformung des Baukörpers.

Ausgenommen das 11. Jahrhundert, dominierte vor der Tatarenzeit eine einfache, kubische Formgesinnung. Tendenzen zur räumlichen Addition, zur Körper- als Seinsform, zur bildhaften Frontalität überwogen. Trotz der Subordination unter die Kuppelvierung und trotz der Raumdurchdringung und Raumverschmelzung im Tonnenkreuz bewahren die Raumformen eine gewisse Eigenständigkeit. Vierung, Kreuzarme, Apsiden, Eckräume, Empore besitzen ihr eigenes Gewölbe und gewöhnlich ihr eigenes Dach. Pfeiler herrschen vor, die oft wie Wandreste wirken, besonders bei kreuzförmigem Querschnitt. Gleichartige, tonnenüberwölbte Raumzellen reihen sich an der Peripherie aneinander. Mit dem Skelett von Frei-, Wand- und Eckpfeilern verbindet sich der Massivbau tragender und trennender Wände. Wandstreifen und Bögen markieren Raumgrenzen. In der Vertikale stufen sich die Körperformen mit einspringenden Ecken zur Mitte empor, wobei die sich gegenseitig abstützenden Gewölbe das Tragwerk entlasten. Der körperlichen Kompaktheit entspricht die Einbildigkeit der Baugestalt: die klare Anschauung nach Umrissen und Flächen, die mit der tektonischen Ordnung übereinstimmt und jeder Ansicht einen gleichen Wert beilegt. Im additiven Sinn entwarf auch die Literatur dieser Zeit das Bild eines Fürsten oder Heiligen als Stele und durch zeremonielle Aufzählung einzelner, eindeutiger Vorzüge, ordnete die Malerei die Figuren durch deutliche Koordination, Linearität, Frontalität und äußerliche Attribute.

Anfang des 14. Jahrhunderts begann in Rußland, um mit Jacob Burckhardt zu sprechen, die »Entdeckung der Welt und des Menschen«. In Literatur und Malerei wurde die strenge und kühle, abstrakte und hieratische Gelassenheit und Bewegungslosigkeit herabgemindert. Die Innovationen bewirkten in der Architektur Tendenzen zur Körper- als Werdeform, zur divisiven Raumeinheit, zur malerischen Vielbildigkeit. Die Abgrenzung der Vierung und der anderen Raumformen wurde schwächer, der Zusammenhang der Bedachung – beispielsweise im Nowgoroder Kreuzdach und in der Moskauer Giebelpyramide – stärker ausgebildet. Der kreuzförmige Querschnitt der Pfeiler trat zurück. Zunächst kaum merklich, später deutlicher, sind Einflüsse der Holzarchitektur festzustellen, und zwar aus dem Profanbau. Sie konservierten allerdings das Additionsprinzip. Wie in der historischen Entwicklung das Blockhaus, so wurde auch die Kreuzkuppelkirche immer mehr unter- und umbaut. Im Sockelgeschoß und in den Galerien summierten sich weitere Raumzellen. Ins offizielle und professionelle Bauen drangen Vorstellungen aus der bäuerlich geprägten Volksbaukunst ein. Die wachsende Notwendigkeit für die Auftraggeber, stärker auf den Adressaten und seine Akzeptation einzugehen, begünstigte Vorstöße von »unten« nach »oben«. So wiederholte sich eine Lösung des 11. Jahrhunderts: Der Vereinheitlichung oder Transparenz des Raumzentrums steht die Zergliederung der Peripherie gegenüber.

In der Regel verzichteten die Russen auf einen ausgeprägten Altarvorraum zwischen dem Ikonostas und dem östlichen Hauptkuppelpfeilerpaar. Die russische Kreuzkuppelkirche wird selten von der Vierung aus nach Osten verlängert. Häufig erscheint die Ausformung als »type simple« (G. Millet) bzw. als »Zwei-Stützen-Kirche«. Dabei stehen die östlichen Pfeiler der Hauptkuppel nicht frei im Innenraum, sondern verschmelzen mit den Zwischenwänden der drei Apsiden. Durchgänge in den Wänden verbinden die beiden seitlichen Pastophorien mit dem Raum des Hauptaltars (Bema). Je nach der Höhe und Größe der Bogenöffnungen und nach der Ausbildung der Innenecken der Apsiden spricht man von Halbpfeilern oder Eckpilastern. An sie lehnt sich der Ikonostas an und trennt so den dreischiffigen Gemeinderaum (Naos) von der dreigeteilten Altarpartie. Die Mitte der Altarstufe (Solea) rückt unter den Scheitel der Hauptkuppel. Wenn die Zelebranten aus der Königs- bzw. Paradiestür heraustreten, senkt sich die Lichtflut direkt auf sie herab.

Eine ähnliche Lösung wie bei dem »type simple« ist im Westteil der russischen Kreuzkuppelkirche festzustellen: Hier verschmelzen die Pfeiler mit der Trennwand des Vorraums (Narthex). Allerdings währte in Rußland die Trennung des Narthex vom Naos, die in Byzanz zumeist eingehalten wurde, nicht lange. Eigentlich existierte sie nur bei einigen Kirchen des 11. Jahrhunderts. Der Querriegel verwandelte sich bald in ein Emporengeschoß, das sich mehr oder weniger zum Naos öffnet. Oft setzt sich das Tonnengewölbe des Mittelschiffs (westlichen Kreuzarms) über dem Mittelteil der Empore fort. Je nach Anlage der Bogenöffnungen sind die westlichen Pfeiler erkennbar oder verschwinden in Wandstücken. Ein neuer architektonischer Reduktionsprozeß gab den Narthex dann völlig preis oder ersetzte ihn durch kleine Eingangsvorhallen.

Die Auflösung des Narthex hat schon im 19. Jahrhundert russische Architekturhistoriker veranlaßt, eine Klassifizierung einzuführen, wie sie für die Basilika üblich war. Sie unterschieden einen Acht-, Sechs- und Vier-Pfeiler-Typ. Dieser Klassifizierung bedient man sich noch heute. Dabei übersieht man zuweilen die eigentliche Raumstruktur der dreischiffigen Kreuzkuppelkirche. Beispielsweise erscheint die Christi-Verklärungs-Kathedrale von Tschernigow im Grundriß als Acht-Pfeiler-Typ. Die östlichen Pfeiler erweisen sich jedoch als Apsideninnenecken, hinter denen sich die Durchgänge zwischen Bema und Pastophorien befinden. Und die westlichen Pfeiler verbinden sich mit der Trennwand des Narthex. Wirklich frei im Raum stehen nur die vier Pfeiler der Hauptkuppel. Aber wenn auch die Pfeiler der Narthexwand optisch oft kaum in Erscheinung treten, ihre konstruktive Funktion als Mauerstützen läßt sich nicht bezweifeln. So ordnen wir die Christi-Verklärungs-Kathedrale und ähnliche Fälle dem Sechs-Pfeiler-Typ zu. Wir übernehmen also – unter Vorbehalt – die wissenschaftstraditionelle Klassifizierung.

Die russische Kreuzkuppelkirche besitzt weitere Eigenheiten: Im oberen Abschluß und im Fassadendekor neigt sie zu einem Rhythmus von Rundungen. Rundgiebel (Sakomari) entsprechen den Tonnengewölben oder werden vorgeblendet. Der Kuppeltambour ist rund oder erscheint so, selbst bei polygonalem Grundriß. Bei Gewölben, Portalen, Fenstern, Nischen, Friesen herrscht der Rundbogen vor. Der »Eselsrücken«, der seit dem 13. Jahrhundert auftritt, stört den Halbkreis kaum. Im Unterschied zu Byzanz sitzen bei der »geheiligten« Fünfkuppelkonstruktion die lichtspendenden Tamboure der Nebenkuppeln über den inneren Ecken des Tonnenkreuzes. Bei der Dreikuppelkonstruktion belichten sie wie in Byzanz die Pastophorien oder die Seitenkapellen der Westempore. »Blinde« Kuppelgewölbe ohne Tambour bleiben in Rußland eine Ausnahme.

Tschernigow, Mariä-Himmelfahrts-Kathedrale des Jelezki-Klosters, Rekonstruktion der Westfassade

Besondere Aufmerksamkeit gilt dem oberen Abschluß. Trotz Unterschieden in den historischen, regionalen und sozialen Verhältnissen wiederholen sich immer wieder zwei

Bauvarianten: Die eine verblockt den Baukörper und schließt mit einem »Wellendach« ab. Rundgiebel (Sakomari) entsprechen den Tonnengewölben der Kreuzarme, erheben sich jedoch auch über den seitlichen Wandabschnitten. Sie verlaufen um die ganze Dachzone. Um dem Baukörper eine geschlossene und gleichmäßige Wirkung zu verleihen, sind sie dekorativ selbst den Wandabschnitten aufgesetzt, die der Gewölbestruktur nach geradlinig abschließen müßten. Zuweilen existieren bis zu acht solcher Pseudo-Sakomari. Lisenen oder Pilaster und Giebelbögen gliedern die Fassaden in drei, bei der Sechs-Pfeiler-Variante an den Längsseiten in vier Abschnitte. Das Blendarkadenmotiv betont das Skelett der Stützen, ohne die Neigung zum Massivbau zu beeinträchtigen.

Nowgorod, Paraskewa-Pjatniza-Kirche am Markt, Rekonstruktion der Westfassade

Eine andere Bauvariante sorgt für stärkere Dynamik und Vertikalität. Die mit den Tonnen der Kreuzarme übereinstimmenden Rundgiebel werden von Viertelkreisen flankiert, deren Scheitel in der Höhe der Kämpferlinien liegen. Die Eckräume sind durch halbe Tonnen eingewölbt. So entsteht das sogenannte Schaufeldach, das sich durch den Dreipaß im oberen Fassadenabschluß auszeichnet. Diese Überhöhung des Tonnenkreuzes und ein Postament für den Kuppeltambour führen zu steilen Proportionen. Man hat die Variante deshalb als Turmkirche bezeichnet. Das Wellendach wie das Dreipaßdach sind typisch russische Ausformungen. Sie finden sich sonst nicht im byzantinischen Raum.

Rußland stimmte in den grundlegenden historischen Tendenzen mit den anderen europäischen Staaten überein. Unverkennbar ist aber die Spur einer gewissen sozialökonomischen Rückständigkeit. Sie hing zusammen mit der früh einsetzenden und spät endenden feudalen Zersplitterung, mit der über zweihundertjährigen mongolo-tatarischen Unterdrückung, mit den eng an das Dorf gebundenen Lebens- und Arbeitsbedingungen, mit dem Fortbestand der Natural- und der einfachen Warenwirtschaft, mit der Abgeschiedenheit zahlreicher Regionen und mit der Schwäche des freien Stadtbürgertums. Das alles blieb nicht ohne Einfluß auf die Baukunst. Die bis Ende des 17. Jahrhunderts währende Feudalordnung dürfte nicht der einzige Grund für die relative Gleichförmigkeit der Stillösungen gewesen sein. Die Verquickung von patriarchalischem Fürstenideal und byzantinischer Staatsideologie, der Konservativismus des bäuerlich geprägten Alltagsbewußtseins, der Traditionalismus der mit dem 7. Ökumenischen Konzil (787) als abgeschlossen geltenden Lehre der Orthodoxen Kirche, der ikonographisch-formstabile Schematismus in der byzantinischen Kunst, die magisch-heidnisch verwurzelte Volksfrömmigkeit – sie alle waren qualitativ und graduell unterschiedliche äußere Bedingungen. Aber sie wirkten in einer Richtung, wenn sie in Verbindung mit dem gleichbleibenden, einfachen technischen System zu inneren Bedingungen der Architektur wurden.

Zudem führte die Weiträumigkeit des Landes zwangsläufig zu einem ausgedehnten Zeitempfinden und dadurch zu einem langlebigen Umgang mit den Formen. Jeder fremde Baumeister und Künstler, der nach Rußland kam, ist von diesem Stilgefühl erfaßt worden. Abgesehen von der kurzen Herrschaft der steinernen Turm- und Zeltdachkirche und neuzeitlichen Formsynthesen, erleben wir in der altrussischen Baukunst keine Wandlung in eine generell andere Art. Manchmal hat man den Eindruck von Einbahnstraßen und Endstationen. Künstlerische Fragestellungen wurden immer wieder an konventionellen Leistungen orientiert. So vollzog sich eine Auswicklung und Entfaltung von bereits Existierendem, eine Wandlung in gewiesener Richtung.

Die russischen Baumeister und Bauhandwerker verfügten in der Holzarchitektur über einen reichen Erfahrungsschatz, im Steinbau hielten sich ihre technischen Kenntnisse und Möglichkeiten im Rahmen der Agrarstruktur des Landes. Sie konstruierten die Kirchen nicht auf dem Reißbrett. Exakte Kompositionsprinzipien und präzise Baupläne blieben ihnen unbekannt. Bis zur Berührung mit der westeuropäischen Renaissance fehlte ihnen auch die Voraussetzung für eine tiefere theoretische Durchdringung. Die technischen Mittel waren bescheiden. Die Proportionen, Grundriß und Aufriß, Einzelheiten der Konstruktion und der Formen wurden nur skizziert und während des Arbeitsprozesses modifiziert. »Für die Beziehung der einzelnen Teile untereinander«, so schreibt N. N. Woronin, »war das System der einfachen ganzen Zahlen maßgebend; in anderen Fällen wieder richtete man sich nach dem Modus, den die Natur der Baustoffe selbst vorschrieb (Stärke der Mauern und Wände, Länge eines Holzbalkens und ähnliches mehr) ... Für den Menschen im alten Rußland war die Schönheit der Bauwerke im wahrsten Sinne des Wortes ›grenzenlos‹, d. h. für ihn nicht in die Zahlensprache übersetzbar. Deshalb gaben die Projektierungsunterlagen, das ›Muster‹ (Modell), oder die frühen Zeichnungen weniger eine zahlenmäßige, maßstäbliche Darstellung des Gebäudes und seiner Details als vielmehr die Gestalt des Gebäudes wieder.« [4] Die Baumasse wirkt, als habe sie ein Bildhauer grob modelliert.

Ziegeleien wurden in der Nähe des Bauplatzes errichtet. Bei »opus mixtum«, also mit Ziegellagen gemischtem Mauerwerk, verwandte man zusammen mit Steinen aus lokalen Brüchen Feld- und Flußsteine. Nur in Wladimir-Susdal bestand eine Ausnahmesituation. Das Material für das Hausteinmauerwerk mußte – wie etwa zur gleichen Zeit in Frankreich – über längere Strecken durch Schiffe angefahren werden. Vermutlich wurden die Kalksteinquader in den entfernten Steinbrüchen grob zugerichtet und am Ort fein behauen. In Rußland erfolgte die Fundamentplanung direkt auf dem Bauplatz mit Hilfe von Pflöcken und Schnüren, so daß die Grundrisse oft keine exakten Winkel aufweisen. Ähnliche Ungenauigkeiten charakterisieren das Mauerwerk. Die Einwölbung bleibt ohne scharfe Grate und Kehlen. Die Tonnen sind muldenartig angelegt oder neigen zu Kreuzkappen. Manchmal herrscht der Zufall. Aus Chroniken ist ersichtlich, daß es häufig 100 bis 200 Jahre nach den Neubauten zu Einstürzen und Wiederherstellungsarbeiten kam. Ursprünglicher künstlerischer Geschmack und handwerkliche Überlieferung bestimmten die architektonische Idee, nicht aber die Einheit ästhetischer Theorie und mathematischer Konstruktion. Ausführliche Untersuchungen über die Arbeitstechnik und den Arbeitsprozeß stehen noch aus, ebenso über die gesellschaftliche Form der Zusammenarbeit, die nur selten die historische Reife westeuropäischer Zünfte und Genossenschaften erreicht haben dürfte. Sie vollzog sich als Beauflagung von hörigen Handwerkern an den Feudalhöfen und von Klosterhandwerkern, als lose Kooperation freier ländlicher und städtischer Bauleute und seit dem 15. Jahrhundert als Organisation durch staatliche Verwaltungen und selbständige Bauunternehmer.

Funktion im orthodoxen Gottesdienst

Ihre unmittelbare Funktion erfüllt die Kreuzkuppelkirche im orthodoxen Gottesdienst. Er bestimmt die Organisation des Innenraums. Die Kirchenordnung schreibt für die Sakramente nicht nur eine »heilige Zeit« und eine »heilige Handlung«, sondern auch den »heiligen Ort« vor. Charakteristisch ist die horizontale Dreiteilung des Gebäudes, die der dreigeteilten kirchlichen Gemeinschaft entspricht: im Osten die Altarpartie mit dem Mysterienraum (Bema) für die Kleriker, in der Mitte der Gemeinderaum oder das Kirchenschiff (Naos) für die praktizierenden Gläubigen und im Westen die Vorhalle (Narthex) oder Trapesnaja für alle jene, die nicht zur Teilnahme an der Kommunion zugelassen sind. Die Trennung zwischen Geistlichen und Laien wurde in Rußland durch die Entwicklung der ursprünglich niedrigen, locker gefügten Altarschranke zur aufragenden, dichten Bilderwand (Ikonostas) verstärkt, während die Grenze zu den Taufbewerbern (Katechumenen) und den verschiedenen Bußklassen oft nur in einer Arkatur angedeutet ist. Die Zäsur im Gottesdienst erfolgt vor Beginn des eucharistischen Mysteriums, wenn an die Katechumenen der dreimalige Aufruf ergeht, den Gemeinderaum zu verlassen. Nach der Christianisierung gab es – abgesehen von den Missionsgebieten – kaum noch erwachsene Taufbewerber. Der Vorraum diente als Taufkapelle, als Begräbnisstätte, er bot den Büßern Platz, und in ihm versammelten sich die Mönche bzw. Gläubigen während des Mitternachts-Gottesdienstes. Oft hatte er eine profane Zweckbestimmung. Feudale Hoheitsakte wie Gerichtsverhandlungen, Steuerabgaben und Beratungen fanden in ihm statt. Die wichtigsten Funktionen lassen sich zumeist am Bildprogramm ablesen.

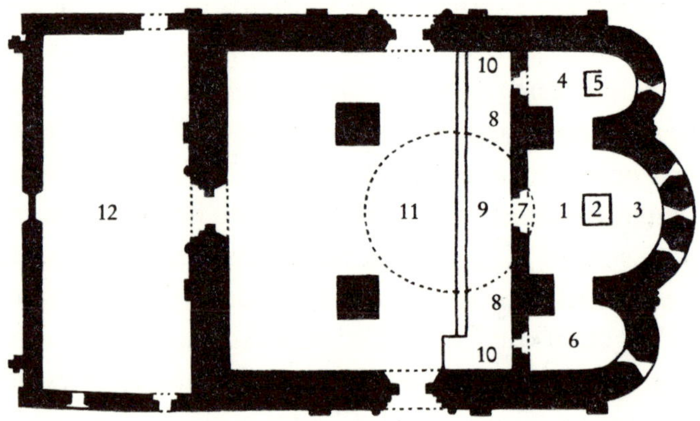

Grundriß einer Kreuzkuppelkirche

1 Altarraum (Bema);
2 Altar;
3 Hauptapsis;
4 Prothesis;
5 Rüsttisch oder Opferaltar;
6 Diakonikon;
7 Königs- oder Paradiestür im Ikonostas;
8 Solea;
9 Ambo;
10 Platz für Chöre;
11 Vierung mit Hauptkuppel im Kirchenschiff (Naos);
12 Vorhalle (Narthex)

Die Altarpartie ist gleichfalls dreigeteilt, so daß der Ikonostas drei Öffnungen besitzt: Die mittlere, die Königs- oder Paradiestür, führt zum Hauptaltar im Bema, zum »Allerheiligsten«, im Russischen »Thron« (Prestol) genannt. Hinter der nördlichen Pforte befindet sich die Prothesis (Shertwennik) mit dem Rüst- oder Opfertisch zur Vorbereitung der sakramentalen Gaben, hinter der südlichen Pforte das Diakonikon (Risniza), das als Sakristei, Ankleideraum der Zelebranten und Aufbewahrungsort der liturgischen Geräte, Bücher und Gewänder dient, in großen Kathedralen allerdings auch auf andere Räume ausgedehnt werden kann. Priester und Diakon öffnen, durchschreiten und schließen vor allem die Königstür und die Prothesispforte in genau vorgeschriebener Folge.

Die »Kultusdramaturgie« umfaßt einen Tageszyklus mit fünf Offizien und vier Stundengebeten, die zum Teil ineinander übergehen, einen Wochenzyklus mit festen Gedenktagen, einen Acht-Wochen-Zyklus (Oktoechos) und einen Jahreszyklus mit beweglichen und unbeweglichen Festen. Im Zentrum steht die Eucharistiefeier, die »Göttliche Liturgie«. In dem »sakralen Schauspiel« ahmen die Zelebranten gleichsam den Weg Gottes durch den Kosmos und die Menschheitsgeschichte nach. Der Sinn der Handlungen und Gebete besteht in der wiederholten, »kontinuierenden« Darstellung des Heilsgeschehens. Prozessionen, Körpersprache, Texte, Phonik, Gesänge, Kleidung, »Requisiten« stehen in Übereinstimmung mit der Raumordnung und dem Programm der Wand- und Ikonenmalerei. Das Heilsdrama vereint mehrere Medien: leibliche, audio-visuelle und verbale. Alle Sinne der Gläubigen werden angesprochen. Dramatische Höhepunkte bilden die »Schlachtung des Lamms« und der sogenannte Kleine und Große Einzug. Bei der »Schlachtung des Lamms«, der Gabenbereitung während der Vormesse (Proskomidie) im Prothesisraum, schneidet der Priester mit einer »Lanzette« aus einer von fünf Prosphoren (handtellergroßen, hellen Broten) Teilchen heraus und ordnet sie nach einem symbolischen Schema auf dem Diskos (Opferschale). Der »Kleine Einzug« am Anfang des Katechumenen- bzw. Wortgottesdienstes, bei dem der Diakon dem Priester das Evangelienbuch voranträgt und beide sich durch die Prothesispforte in die Mitte des Kirchenschiffs und durch die Königstür zurück zum Hauptaltar bewegen, vergegenwärtigt die Erscheinung Christi als Lehrer in seiner Gemeinde. In dem »Großen Einzug« am Beginn der Gläubigen-Messe tragen Priester und Diakon unter dem feierlichen Gesang des Cherubim-Hymnus die noch nicht konsekrierten Gaben auf dem gleichen Weg vom Rüsttisch zum Hauptaltar und repräsentieren die Passion Christi und seinen Triumph über den Tod. Bema und Prothesisraum wechseln in ihrer Bedeutung als Geburtsgrotte und Grabeshöhle. Die Königstür wird während des Tages- und Festzyklus unter verschiedenen Symbolbezügen von innen und von außen mehrfach geöffnet: als Zeichen der Schöpfung der Welt, der Geburt Christi, der Abwälzung des Steins vom Grabe, der Auferstehung, der Thronbesteigung und Wiederkunft Christi. Geschlossen verkörpert sie die Vertreibung aus dem Paradies.

Die »sakrale Schaubühne« erstreckt sich bis zum Ambo. Er ist das Zentrum des Wort- und Gebetsgottesdienstes, der Platz für den liturgischen Vorleser unter dem Scheitel der Vierungskuppel. Mit dem östlichen »Bühnenraum« korrespondiert der zumeist dreischiffige »Zuschauerraum«, das Kirchenschiff. In der Regel sind die Männer im Süden, die Frauen im Norden und die Adligen auf der Empore plaziert. Die Gemeinde bewegt sich – mit Ausnahme des Kommunionganges – am Ort. Sie wechselt die Körperhaltung zwischen Stehen, Verneigen und Knien, berührt den Boden und bekreuzigt sich. Im Responsorium antwortet sie den geistlichen Akteuren, aber vom Gesang war sie ursprünglich ausgeschlossen. Er blieb dem Diakon und dem zum niederen Klerus gehörenden, auf beiden Seiten der Altarstufe stehenden Kirchenchor vorbehalten. Ein Gegenstück zur »sakralen Schaubühne« existiert eigentlich nur bei fürstlichen Kathedralen, wo die Empore und der turmumstandene Westteil als Aktions- und Repräsentationsort des Herrschers fungieren. Die altrussische Raumordnung veränderte die zentripetale und zyklische Tendenz des byzantinischen Kreuzkuppelschemas und strebte zum Frontalen, Statischen, Breiträumlichen, ohne daß die »heilige Mitte« aufgegeben worden wäre. Die kreisende Bewegung wurde sozusagen angeschnitten. Als trennendes Flächenelement dient der Ikonostas. Der Ambo rückte in die Mitte der Altarstufe, so daß die Zelebranten, wenn sie aus der Königstür heraustreten, unter dem Scheitel der Hauptkuppel im »himmlischen« Licht erscheinen. Die »Schaubühne« wurde direkt vor und hinter den Ikonostas verlegt, der den Blick sowohl auffängt als auch durch die drei Türen weiterleitet. Die kultischen Zentren, Altarpartie und Ambo, die im Gottesdienst der Hagia Sophia und der byzantinischen Kreuzkuppelkirche ziemlich weit auseinander lagen, näherten sich stärker einander an.

Kennzeichnend für die Russische Orthodoxe Kirche ist »auf weite Strecken ihrer Geschichte die Identifizierung von Religion und Gottesdienst« (K. Ch. Felmy). In der Deutung sind gegenüber byzantinischen Liturgiekommentaren zwei Momente betont: die Schönheit des Rituals und die mystische Aufhebung der Grenze zwischen Himmlischem und Irdischem. [5] Die Kultus-Ästhetik verleiht dem russischen Kirchenraum seine Struktur, seine Belichtung, seine Akustik und besonders sein Bildprogramm. Wie die Theologie verbal, so hat die altrussische Ikonographie visuell zur Ausdeutung der »Göttlichen Liturgie« beigetragen. In der Kiewer Sophien-Kathedrale taucht – gleichzeitig mit der Sophien-Kirche von Ochrid – das Wandbild der uns bis dahin nur in der Buchmalerei und Kleinkunst begegnenden Apostelkommunion auf. Es symbolisiert die Einheit von himmlischer und irdischer Liturgie. Der starke Bezug auf die Theophanie im Gottesdienst gibt dem russischen Kirchenraum von Anfang an eigene Akzente. Der Gottesdienst gilt als Nachahmung des Heilsdramas und zugleich als sakramentale Vergegenwärtigung. Christus ist nicht nur als Opfergabe, sondern auch als Priester in der Eucharistie zugegen. Die Apostelkommunion soll die – von der byzantinischen Bildertheologie begründete – Realpräsenz des himmlischen Urbilds im kirchlichen Ritual und Raum darstellen. Analog berichtet die Vita des heiligen Sergius, ein Engel des Herrn habe gemeinsam mit ihm die Liturgie gefeiert und ein göttliches Feuer sei um ihn, den Opfertisch und den Hauptaltar gelaufen.

Der Kirchenraum wird zum Sinnbild des Paradieses, zur gleichnishaften Vorwegnahme der verklärten und vergöttlichten Welt, in der alles zum ewigen Leben auferweckt ist. Die Salbung des Grundsteins und die eigentliche Kirchenweihe dürfen nur vom Bischof vollzogen werden. Regelmäßig ruft in der »Großen Ektenie« (Bittgebet) der Meßliturgie der Diakon die Gemeinde auf: »Für dieses heilige Haus und für die, die mit Glauben, Andacht und Gottesfurcht darin eintreten, lasset uns beten zum Herrn!« Die russische Theologie erklärt das Gotteshaus zum Tempel des Neuen Bundes: »Mit der Inkarnation des Gottessohnes ist der Himmel selbst auf die Erde herabgekommen«. [6]

So galt die Kirchenstiftung als Gott besonders wohlgefälliges Werk. Die Sorge um das ewige Seelenheil begleitete den mittelalterlichen Menschen durch sein ganzes Leben. Er sah sich einerseits als Ebenbild Gottes und Glied der kirchlichen Gemeinschaft. Andererseits fühlte er sich als elender Sünder, der durch frommes Verhalten ständig die göttliche Gnade neu erwirken muß. Schon eines der ersten Schriftzeugnisse russischer Literatur, die »Belehrung Wladimir Monomachs«, fordert auf, »um Gottes und eurer Seelen willen« Almosen zu spenden. Im mittelalterlichen Selbstverständnis garantierten Fürbitten, Gaben, vor allem aber reiche Stiftungen spirituelle Gegenleistungen. Man glaubte dadurch, eine Vergebung von Sünden, einen christlichen Tod und einen guten Platz im Paradies zu erreichen. Kirchenbauten sicherten den Stiftern in der Regel die Aufnahme in die Fürbitte des Gottesdienstes sowie eine Grablege im oder beim Gotteshaus. Man mußte schon über genügend materielle Mittel verfügen, um sich den persönlichen Heilsweg so erleichtern zu können.

Beziehung zur Volksfrömmigkeit

In Rußland nahm eine allgemeine Erscheinung mittelalterlicher Frömmigkeit besondere und langlebige Formen an. Die Geschichtsschreibung spricht vom Zwie- oder Doppelglauben. Magisch-heidnische Bräuche und Vorstellungen gingen seltsame Verbindungen mit dem orthodoxen Christentum ein. Der Kult der Gottesmutter verquickte sich mit dem der »Mutter Erde«. Auf die Heiligen übertrugen sich Züge der alten Naturgottheiten. In Fest- und Fastenzeiten der Kirche mischten sich Überreste der Fruchtbarkeits- und Ahnenverehrung, in Gebete Beschwörungs- und Zauberformeln. Noch die russischen Heiligenviten und Chroniken des 15. Jahrhunderts berichten häufig über die Zerschlagung von Götzenbildern und den Kampf des Klerus gegen den Aberglauben. »Der große Katechismus der Russen« aus dem Jahre 1727 nennt

Sünder die, »welche die Bilder als Götter anbeten, ihnen Opfer bringen und all ihr Vertrauen und ihre Hoffnung auf dieselbigen setzen«. Und noch der Katechismus des 19. Jahrhunderts warnt, »anstelle der Anbetung Gottes die Natur oder gar von Menschenhand verfertigte Dinge anzubeten«. [7] Die Vergöttlichung von Naturgegenständen und Naturkräften und der Gebrauch von Idolen und Amuletten waren ur- und agrargesellschaftliche Relikte. Sie wurzelten in der primitiven Weltanschauung der Bauernschaft, die ihr »Lebensmaterial mehr im Austausch mit der Natur als im Verkehr mit der Gesellschaft« (Karl Marx) entwickelte. Die Bedenken des Klerus bestätigen, daß die Glaubenspraxis anders aussah als die Glaubenslehre. In der Volksfrömmigkeit herrschte die Überzeugung, man könne durch bestimmte Riten das Erscheinen und Eingreifen göttlicher Kräfte herbeizwingen und den menschlichen Absichten dienstbar machen. Die kirchlichen Segnungen materieller Dinge – Haus, Herd, Vieh, Saat, Früchte usw. – leisteten dem Aberglauben Vorschub.

Zum heidnischen Traditionsgut gehörte der Bildzauber. Ihn auf die Ikonen zu übertragen lag nahe. Der Katechismus bezeichnet ihn als »unerlaubte Art von Gottesverehrung«: Trotzdem suchte das Kirchenvolk sein Leben und Heil in den Bedrohungen des Alltags durch den Ikonenkult sicherzustellen. Es erhoffte von den »Abbildern« eher praktische Hilfe und religiöse Befriedigung als von den »Urbildern«, als von Christus, Maria, den Heiligen, die irdischen Belangen zu weit entfernt zu sein schienen. Literarische Quellen belegen das mittelalterliche Selbstverständnis: Die Ikonen vollbrachten Wunder, halfen und heilten in der Not, vertrieben böse Dämonen, weinten oder bluteten aus Schmerz, verschafften Sieg, Trost und Besinnung. In der Volksfrömmigkeit wurden sie auf eine Weise verehrt, die eigentlich nicht ihnen, sondern nur dem von ihnen Dargestellten gebührte. Bitt- und Dankopfer richteten sich in Votivgaben direkt an sie: Man umkleidete sie mit Gold- und Silberrahmen und versah sie mit kostbarem Schmuck. Im Gebrauch verwischten sich die Grenzen zwischen Erlaubtem und Verbotenem. Zwar sollte nach der Meinung der Theologen die Ehre durch Vermittlung der Abbilder auf die himmlischen Urbilder übergehen. Aber das im magisch-heidnischen Erbe befangene Kirchenvolk schenkte der unmittelbaren Anschauung eher Glauben als der komplizierten Vorstellung von einem sich aus überirdischer Ferne offenbarenden dreieinigen Gott.

Die »unerlaubten« Ansprüche an die Ikonen spielten eine so bedeutende Rolle, daß die Kirchenbehörde auf die Definitionen zurückgriff, mit denen während des byzantinischen Bilderstreits die Bildertheologen den Argumenten der Ikonoklasten entgegengetreten waren. Allerdings war es zuerst die byzantinische Hierarchie, die gegen den Aberglauben im eigenen Volk ankämpfte. Sie präzisierte den Unterschied zwischen sinnlichem Abbild und intelligiblem Urbild und zwischen den jeweils spezifischen Verehrungsformen. Das griechische Kirchenvolk hat ihre Begrifflichkeit weder respektiert noch verstanden. In Rußland kam den magisch-heidnischen Traditionen noch stärkere Geltung zu. Auch fehlte die klassische Bildung der Byzantiner, vor allem in der Philosophie. Die Gläubigen waren hier der intellektuell-theologischen Argumentation noch weniger zugänglich. Charakteristisch ist der Vermerk der Nestor-Chronik, daß sich die Ostslawen bei der Einführung des Christentums am meisten von der Schönheit des byzantinischen Kultus beeindruckt fühlten. Beschwörung göttlicher Kräfte, »sakrales Schauspiel«, Nachahmung und Bilderverehrung müssen auf sie eine besondere Faszination ausgeübt haben. Die russische Kirchenbehörde verzichtete deshalb darauf, die Abwehr des Aberglaubens rational auszuformulieren. Den »Doppelglauben« hat sie praktisch nur angefochten, wenn er in heidnische Mythen und Orgien ausartete. Gegen den an Bildzauber grenzenden Ikonenkult ist sie überhaupt nicht eingeschritten. Er wurde Bestandteil einer Glaubensverinnerlichung, die mehr durch die Sinne, das Gemüt und den Willen als durch den Verstand vor sich ging. Er integrierte auch das Verhältnis zum Kirchenbau.

Die Gläubigen empfanden den überkuppelten Innenraum als Kulthöhle. Die chthonischen Vorstellungen von der fruchtbarkeits- und todbringenden Erdentiefe verschmolzen mit der christlichen Inkarnations-, Passions- und Auferstehungssymbolik. Im Verständnis des Außenbaues wirkte der Animismus nach. Der Baukörper erschien beseelt wie die Natur. Er wurde als organisch gewachsene Form betrachtet, die ihr eigenes Leben führt. Die Anpassung an die Landschaft erhielt magischen Stellenwert. In anthropomorphen Vergleichen kam der Animismus zum Ausdruck: Man nannte die Kuppel das »Haupt«, den Tambour den »Hals«, das Tonnengewölbe und den Rundgiebel die »Schulter«. Auch errichtete man die Kirchen häufig an Orten, an denen sich ein heiliger Hain oder Baum befunden hatte. Andererseits ersetzte der Baukörper das steinerne Kult- und Grabmal, in dem Vorstellungen des megalithischen Ahnen-, Heroen- und Pfeilerkults fortlebten. Er wurde als Zeichen der Vereinigung des Irdischen mit dem Himmlischen von außen umstanden, umkreist und verehrt. Im Innenraum symbolisierte die Kuppel das Himmelsgewölbe. Der Synkretismus des russischen »Doppelglaubens« unterzog die Kreuzkuppelkirche innen und außen einem Analogiezauber, der Mensch, Menschenwerk, Natur und Gott vereinte.

Anfänge in der Kiewer Rus

Politische und architektonische Intentionen Wladimirs

Das wählerische und kritische Verhalten der Russen zu den benachbarten Kulturen geht schon aus der Nestor-Chronik hervor. Sie beschreibt die »Prüfung der Religionen« durch Wladimir Swjatoslawitsch, den Großfürsten der Kiewer Rus (980–1015): Erst hörte er Missionare der Wolga-Bulgaren, also Mohammedaner, des Papstes in Rom, der chasarischen Juden und der Byzantinischen Reichskirche. Dann schickte er noch zehn angesehene und kluge Männer aus, »damit sie eines jeden Gottesdienst studieren und sehen, wie ein jeder Gott dient«. Zurückgekehrt, schilderten die Gesandten ihre Eindrücke: Der Glaube der Mohammedaner war ihnen zu trostlos, der Gottesdienst der römisch-katholischen Kirche nicht schön genug. Nur in der Hagia Sophia in Konstantinopel fanden sie die Liturgie, die sie entzückte und für die sie durch den ursprünglichen ästhetischen Sinn des Volkes besonders aufgeschlossen waren: »... wir wußten nicht, ob wir uns im Himmel oder auf Erden befänden: denn auf Erden haben wir so etwas noch nicht erlebt und so wunderbares Geschehen niemals geschaut.« Folgt man der Chronik, dann hat die Schönheit des griechischen Gottesdienstes also den Ausschlag gegeben. [8]

Vermutlich ließ sich Wladimir im Januar 988 taufen. Ostern oder Pfingsten fand die Massentaufe großer Scharen der Kiewer Bevölkerung im Dnepr statt. Mit der Annahme des byzantinischen Christentums als Staatsreligion verfolgte der Großfürst jedoch nicht nur religiöse oder gar ästhetische Ziele. Die Chronik nennt noch den eigentlichen Grund: die militärische Hilfe für Kaiser Basileios II. bei der Niederwerfung eines Aufstands auf der Halbinsel Krim, damals Kolonie des Byzantinischen Reichs. Als »Erfolgshonorar« war Wladimir die Heirat mit der Kaiserschwester Anna zugesagt, was eine Aufnahme in die »Familie der Könige« gewährleistete. Das orthodoxe Christentum mit seiner Theologie, Kultur und Moral begünstigte den Zusammenschluß der ostslawischen Stämme zum frühfeudalen Staat und die Ebenbürtigkeit in der europäischen Staatenfamilie. Das Territorium der Kiewer Rus reichte um die Jahrtausendwende von der Ostseeküste bis zum Unterlauf des Dnepr, von den Karpaten bis zur Wolga und nahm die größte Fläche nach dem Heiligen Römischen Reich ein. Mit der Christianisierung muß sich der Lebens- und Herrschaftsstil am Kiewer Hof grundlegend gewandelt haben. Während die Chronik Wladimir vordem als heidnischen Wüstling charakterisiert, preist sie ihn dann als Heiligen, als tugendreich, als »leuchtende Sonne«.

Die Kiewer Rus war weder Vasall noch – wie Bulgarien seit seinem Anschluß 1018 – Besitzung des Byzantinischen Reichs. Aber das religiöse und kulturelle Vorbild stand nie in Frage. Die Neigung Wladimirs, sich kirchenrechtlich einer Konstantinopler Bevormundung durch Anschluß an das bulgarische Erzbistum Ochrid oder die Einrichtung einer unabhängigen Eparchie zu entziehen, läßt sich nicht belegen. Bezeugt wird dagegen die Berufung griechischer Priester, Baumeister und Maler. Unter Wladimirs Sohn und Nachfolger Jaroslaw dem Weisen (978–1054) kam es zu einem kriegerischen Konflikt mit Byzanz und zu autokephalen Bestrebungen. Der von ihm 1051 selbständig als Kiewer Metropolit eingesetzte russische Mönch und Hofgeistliche Ilarion entwarf in der Predigt »über Gesetz und Gnade« den geschichtstheoretischen Gedanken vom »Heiligen Rußland«. Das russische Volk, einst in der Finsternis des Heidentums befangen, sei selbst zum Heilsträger geworden und nun Gott näher als alle anderen Völker. Trotzdem eiferte Kiew dem Zeremoniell und Stil am Hof zu Konstantinopel nach. Der byzantinische Staats- und Rechtsbegriff der »Symphonia«, des harmonischen Zusammenwirkens von weltlicher und geistlicher Gewalt, wurde ebenso übernommen wie das »Typikon«, die Gottesdienstordnung der Hagia Sophia. Das »Kirchenstatut« (Ustaw) hielt sich an das Muster des byzantinischen »Nomokanons«, einer Verbindung kaiserlicher Gesetze (Nomoi) und kirchlicher Rechtsbestimmungen (Kanones), und bestimmte auf dieser Grundlage die Gerichtshoheit, die Disziplin und die Abführung des »Kirchenzehnten«.

Die Kiewer Rus hatte gegenüber dem »klassischen« Byzanz und dem hochmittelalterlichen westlichen Europa einen verspäteten Auftritt. Wie Byzanz war ihr eine Schwäche der selbständigen, bürgerlich-städtischen Kultur eigen. Frühkapitalistische Ansätze traten nur sporadisch auf und wurden bis ins 17. Jahrhundert stets wieder zurückgedrängt. Mit Ausnahme von Smolensk, Nowgorod und Pskow behielt die Stadt ihren Charakter als Residenz bei. Aber es fehlte die monarchische Zentralgewalt, die im 10. Jahrhundert in Byzanz herrschte. Der Großfürst verfügte nicht über die Machtfülle des Kaisers. Er mußte Kompromisse mit zwei aus der Gentil-Demokratie überkommenen Institutionen eingehen: dem Bojarenrat (Duma) und der Volksversammlung (Wetsche). Er stützte sich auf die Ideologie des Gottesgnadentums. Aber rechtlich konnte er noch nicht einmal den Metropoliten bestimmen. Die Quellenlage für die kirchliche Situation zur Zeit Wladimirs ist nicht eindeutig. In der Forschung setzt sich die Auffassung durch, daß die Kiewer Metropolie von Anfang an direkt der Jurisdiktion des Patriarchats von Konstantinopel unterstand. Bis zur tataro-mongolischen Invasion 1237 gab es eine Folge von 23 Metropoliten, die – mit Ausnahme Ilarions – unter Ausschluß der Landessynode alle das geistliche Oberhaupt in Konstantinopel eingesetzt und geweiht hat. Nur drei waren gebürtige Russen, die anderen Griechen, einige sogar Mitglieder des kaiserlichen Senats.

Wie im mittelalterlichen westlichen Europa entstand in der frühfeudalen Rus eine Grundherrschaft mit Erbgut (Wottschina) und Dienstgut (Pomestje). Grundbesitz, Herkunft und feudale Abhängigkeit bestimmten die sozialen Rangstufen. Aber die konkreten Formen der Vasallität und der Hörigkeit unterschieden sich. Die politische Mitsprache der Bojaren-Duma und der Volksversammlung und das Senioratsprinzip der Thronfolge bewirkten eine »vertikale Mobilität«. Der Rat aus Erb- und Dienstadel, dem auch Bischöfe angehörten, mußte während der Kiewer Periode in fast allen wichtigen Angelegenheiten befragt werden. Die regionale oder städtische Volksversammlung konnte über private Streitigkeiten, über staatliche Verträge, über Krieg und Frieden, zuweilen sogar über Anerkennung oder Absetzung regierender Häupter entscheiden. In Smolensk, Nowgorod und Pskow spielte sie eine besonders wichtige Rolle. Nach dem Senioratsprinzip folgte der nächstälteste Bruder als Senior des Adelsgeschlechts dem verstorbenen Großfürsten auf den Thron, nicht der älteste Sohn. Das komplizierte Nachrückeverfahren hätte einen ständigen Residenzwechsel bedingt, wurde allerdings kaum praktiziert. Die ältesten Söhne hielten an dem »Vatererbe« fest. So ergaben sich kriegerische Onkel-Neffen-Konflikte. Teilfürstentümer (Anteil: Udel) nannte man ursprünglich die Herrschaftsgebiete der jüngeren Söhne, die wegen der ständigen Thronfolgekämpfe ihre Souveränität stärken

Nördl. Dwina
Onegasee
Ladogasee
Ostsee
Staraja Ladoga
Wolchow
Wologda
Nowgorod
Msta
Peipussee
Ilmensee
Staraja Russa
Petschory
Pskow
Isborsk
Jaroslawl
Rostow
Pereslawl-Salesski
Jurjew-Polski
Torshok
Susdal
Stariza
Twer
Bogoljubowo
Wladimir
Westl. Dwina
Nishni-Nowgorod
(Gorki)
Kama
Bolgar
Njemen
Polozk
Dreieinigkeits-Sergius-Kloster
(Sagorsk)
Murom
Moskau
Swenigorod
Kolomna
Smolensk
Wolga
Grodno
Oka
Rjasan
Bug
Ljubetsch
Tschernigow
Wladimir-Wolynsk
Desna
Wyschgorod
Kiew
Lwow
Belgorod
Perejaslaw
Don
Galitsch
Donez
Dnepr
Dnestr
Sarai
Tmutorakan
Cherson
Donau
Schwarzes Meer

konnten. Sie errichteten ihre eigene Verwaltung, sorgten für ein eigenes Bistum und prägten später sogar ihr eigenes Geld. Mit dem Niedergang der großfürstlichen Gewalt in Kiew splitterten die Teilfürstentümer immer mehr auf, so daß man die Zeit vom Ende des 12. bis zur Mitte des 15. Jahrhunderts als Periode der feudalen Zersplitterung bezeichnet.

Bis zur Christianisierung kannte Rußland nur die Holzarchitektur. Holzbalken gaben das billigste und gängigste Baumaterial ab. Aus Balkenkränzen wurden Bauern- und Stadthäuser, aber auch Paläste und Kultbauten gezimmert. Die neuen, mit der kosmischen Geltung des Heilsgeschehens, dem Gottesgnadentum des Herrschers und der feudalen Statussymbolik verbundenen Bauaufgaben ließen sich nur im Monumentalbau lösen. Schon die größere Beständigkeit des Ziegel- und Hausteinmaterials gegenüber Witterung und Feuer dokumentierte Ewigkeitswerte. Man benötigte repräsentative Formen und Massenversammlungsräume. Die notwendigen materiellen Mittel waren schwer aufzubringen. Während des ganzen Mittelalters blieb – quantitativ betrachtet – die Holzarchitektur die Regel, der Ziegel- und Steinbau die Ausnahme. Die eigentlichen Stilwandlungen und Stilfolgen bestimmte allerdings der Monumentalbau. Um seine Technik einzuführen, schickte Wladimir eine Gesandtschaft nach Konstantinopel, die griechische Baumeister anwarb. Vermutlich arbeiteten diese von Anfang an mit russischen Zimmerleuten zusammen. Die ersten Fundamente wurden mit hölzernen Rosten versehen, die für Byzanz ungewöhnlich sind. Außerdem praktizierte man im Kiewer Raum schon Ende des 10. Jahrhunderts die Verdeckte-Schicht-Technik, die in Konstantinopel erst Mitte des 11. Jahrhunderts auftauchte: Eine starke Mörtelausfugung verdeckte jeweils eine zurückgesetzte Ziegellage zwischen offenen, sichtbaren Ziegel- bzw. Hausteinlagen. N. Brunow meint, die Mauerweise sei von Zimmerleuten entwickelt worden, weil die optische Wirkung dem Blockbau nahekomme. Dabei entspräche die breite Mörtelschicht den Balken, die Ziegellage der Fugenabdichtung zwischen den Balken. M. K. Karger hält die Erfindung den erfahrenen byzantinischen Meistern zugute. Andere Forscher denken an Einflüsse aus Kleinasien, Georgien oder Bulgarien. Auf Ziegelfragmenten haben sich sowohl griechische als auch russische Siegel und Inschriften gefunden.

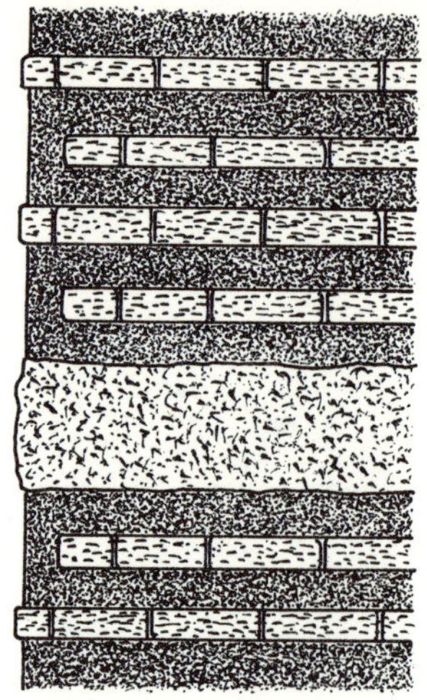

Verdeckte-Schicht-Technik

Die älteste russische Steinkirche erhielt sich nur in wenigen archäologischen Resten: die der Gottesmutter geweihte Desjatin-(Zehnt-)Kirche, so genannt, weil Wladimir sie mit dem zehnten Teil seiner Einkünfte versorgte. Sie entstand zwischen 989 und 996 im großfürstlichen

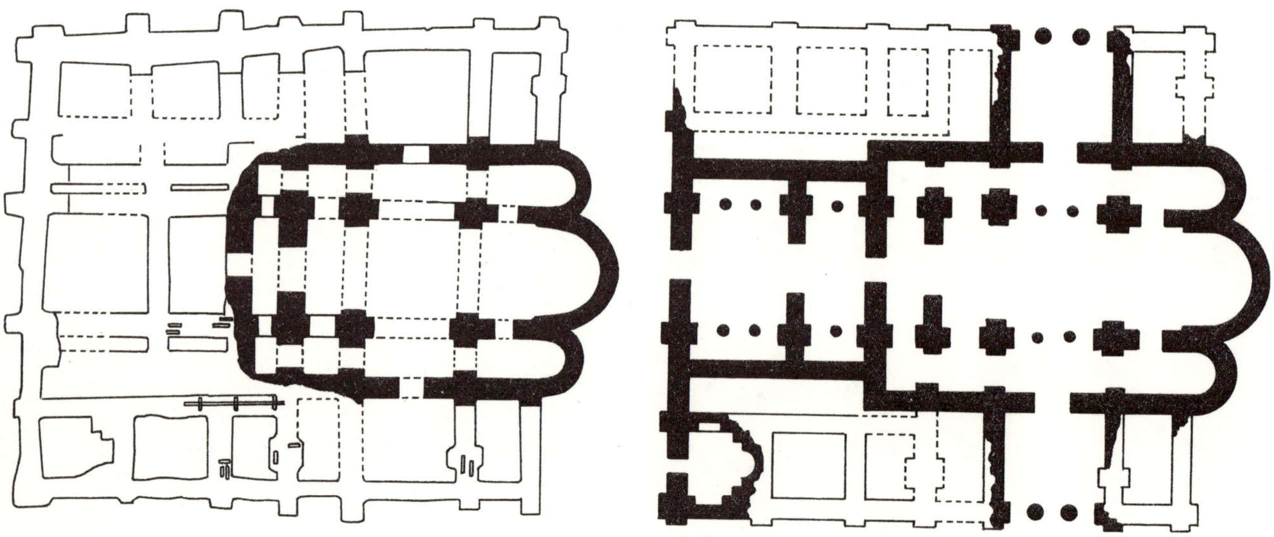

Kiew, Desjatin-Kirche, Rekonstruktionen des Grundrisses

Hof am zentralen Platz Kiews, der auch mit Kriegsbeute des Krim-Feldzugs, antiken Statuen und einer bronzenen Quadriga geschmückt wurde. Umgeben war sie von den zum Teil gleichzeitig errichteten Flügeln des Palastes. Während der Thronfolgekämpfe der Söhne Wladimirs fiel sie 1017 einem Brand zum Opfer. Nach Beseitigung der Schäden fand 1039 die Neuweihe statt. Ob mit der Restaurierung der dreiseitige Anbau einer eingeschossigen Galerie verbunden war, bleibt unklar. 1240 ist die Kirche bei der Erstürmung Kiews durch Chan Batu zerstört worden und hat die letzten Verteidiger unter ihren Trümmern begraben. Verblieben sind nur die in einem hölzernen Rost angelegten Fundamente, Reste der Mauern in Verdeckter-Schicht-Technik, des Mosaikbodens, der Marmorsäulen und der Ausstattung. Archäologische Grabungen stellten den Grundriß einer länglichen, dreischiffigen, sechsstützigen Kreuzkuppelkirche fest. Er erinnert an höfische Kirchenbauten Konstantinopels, die staatsoffiziellen Charakter trugen: Textabb. S. 11 an die Nea Ekklesia Kaiser Basileios' I., an die dieser eng verwandte Nordkirche des Konstantin-Lips-Klosters (Fenari Isa Camii), an deren Einweihung im Jahre 907 Kaiser Leo VI. teilnahm, und an die Kirche des Myrelaion-Klosters (Bodrum Camii), die um 920 Kaiser Romanos Lakapenos in seiner Residenz hatte errichten lassen. Das Tonnenkreuz war einem Quader »eingeschrieben«. Jedoch fällt der Unterschied zwischen der sogenannten Zwei- und Vier-Stützen-Variante auf: In Kiew verschmolzen die östlichen Pfeiler der Hauptkuppel mit den Mauerinnenecken zwischen den drei Apsiden, so daß nur die westlichen Stützen frei im Raum standen. Der östliche Kreuzarm war als Vorjoch der Hauptapsis, die Vierung zusammen mit dem nördlichen und südlichen Kreuzarm als Querschiff ausgebildet. Diese Zwei-Stützen-Variante findet sich häufig in Griechenland, auf dem Balkan und im Orient. In Konstantinopel dominierte die Vier-Stützen-Variante mit ausgeprägtem Altarvorraum. So sind in Kiew Einflußgrößen aus mehreren Regionen anzunehmen.

TSCHERNIGOW, CHRISTI-VERKLÄRUNGS-KATHEDRALE
Erläuterungen und Textabb. S. 350
Abb. 18–22

Das älteste überkommene Denkmal ist die Christi-Verklärungs-Kathedrale in Tschernigow. Unter der Metropolie Kiew entstanden im Jahre 988 Suffraganbistümer in Nowgorod, Polozk und hier, wo seit 1024 der Sohn Wladimirs, Fürst Mstislaw, regierte. Er gab die Kathedrale 1033 in Auftrag, in deren Rohbau er 1036 beigesetzt wurde und die sein Bruder und Rivale Jaroslaw der Weise bis 1041 vollenden ließ. Die Schäden aus dem Tatarensturm, späteren Kriegshandlungen und Bränden sowie die Umbauten des 17. und 18. Jahrhunderts beeinträchtigen erheblich ihre ursprüngliche, klare Baugestalt. Sie ähnelt der höfisch ausgereiften Konstantinopler Ausführung der Kreuzkuppelkirche: der Vier-Stützen-Variante mit Altarvorraum und abgesondertem Narthex. Die Fünfkuppelkonstruktion verweist auf die Verwandtschaft zur Nea Ekklesia. Es gibt noch weitere Belege, daß die in die Rus berufenen griechischen Meister zur Schule von Konstantinopel gehörten: die Einheitlichkeit und Transparenz des Innenraums, die Verwendung von Marmorsäulen an den unteren Arkaden, die Schieferreliefs der Emporenbrüstung, die Nischengliederung der Fassaden, besonders der Apsiden, die aus scharfkantigen und runden Formen zusammengesetzten Pilaster, der Ziegeldekor, die Verdeckte-Schicht-Technik. N. Brunow vermutet, daß selbst kleinasiatische und kaukasische Motive in der Konstantinopler Umformung übernommen wurden. Der Auftraggeber muß die Meister allerdings angehalten haben, justinianische Hoheitszeichen zu berücksichtigen: Den nördlichen und den südlichen Kreuzarm teilt eine durchsichtige, von einem Bogen überfangene, dreiteilige Arkade ab, wie sie Textabb. S. 9 sich bei der Hagia Sophia und bei Hagioi Sergios und Bakchos findet. H. Sedlmayr hat dieses »übergreifende System der Wandgestaltung« mit der Kaiserideologie in Zusammenhang gebracht [9]. Die Russen faszinierte, was in Konstantinopel an Bedeutungsträgern aus der großen

Vergangenheit des Imperiums präsent war. Neben Ähnlichkeiten existieren allerdings Unterschiede. Die vier Nebenkuppeln sind über den das Tonnenkreuz ausfüllenden, niedrigeren Eckräumen plaziert und nicht wie bei der Konstantinopler Lips-Kirche über den Pastophorien und den seitlichen Enden des Narthex. Die dreigeteilten Arkaden, die den nördlichen und südlichen Kreuzarm im Erd- und Emporengeschoß von der Vierung trennen und das Mittelschiff verlängern, bewirken den Eindruck einer Kuppelbasilika. So hat man Vergleiche zur Nikolaus-Kirche in Myra und zur Wallfahrts-Kirche in Dere Ashy (Ende des 9. Jahrhunderts) gezogen. Hier wie dort verläuft die Empore U-förmig bis in die Seitenschiffe hinein. Von Bedeutung sind die Rundgiebel (Sakomari), die dem Umriß der Tonnengewölbe folgen. An dem frühesten Beispiel altrussischer Baukunst zeigt sich eine Gesinnung, die das höfische Vorbild Alt- und Neu-Konstantinopels aufgriff, sich jedoch zugleich durch Verarbeitung kleinasiatischer Einflüsse und eigene Erfindungen um eine neue, schöpferische Formsynthese bemühte.

Das Bauprogramm Jaroslaws des Weisen

Die zweite, für die frühfeudale Rus bedeutende Bauperiode fällt in die Zeit Jaroslaws des Weisen. Er ging 1036 aus den Thronfolgekämpfen der Söhne Wladimirs als Sieger hervor und regierte bis 1054. Seine Macht festigte er durch diplomatische und – mittels Heiratspolitik – dynastische Beziehungen zu zahlreichen europäischen Ländern. In dem Feldzug gegen Byzanz im Jahre 1043 versuchte er, gegen Konstantin IX. den Gegenkaiser Georgios zu unterstützen und eine Bevormundung durch eigene Einmischung zu unterbinden. Sein kirchliches Aufsichtsrecht weitete er praktisch zum Anspruch auf Autokephalie aus. Er inthronisierte zunächst eigenständig den Nowgoroder Bischof Luka Shidjata (1036–1059) und setzte dann Ilarion, seinen Hofgeistlichen, als Kiewer Metropoliten ein (1051–1054). Jaroslaw unterzog sich mit seiner politischen Aktivität einem starken Repräsentations- und Bauzwang. Er benötigte gleichwertige architektonische Bedeutungsträger wie der byzantinische Kaiser, wenn er sich auch nicht mit der gleichen Aura »römischer« Größe und Macht umgeben konnte. So übernahm er den mittelbyzantinischen Leitbau, den Typ der »eingeschriebenen« Kreuzkuppelkirche, vergrößerte ihn aber auf fünf Schiffe mit umlaufenden, breiten Galerien. Zugleich ahmte er das städtebauliche Vorbild Konstantinopels nach.

Großfürst Jaroslaw erweiterte die kleine »Wladimir-Stadt« Kiews durch einen neuen Verteidigungsring um einen sechsfach größeren Stadtteil, den man später nach ihm benannte. Drei mächtige, steinerne Tortürme bildeten die Einfahrten. Am Schnittpunkt der Einfallstraßen entstand das neue Zentrum, während der Palast Wladimirs mit der Desjatin-Kirche zur Zitadelle (Kreml) ausgebaut wurde. Die Namen der Neubauten sind dieselben

Plan Kiews, 10.–11. Jahrhundert

I Wladimir-Stadt:
1-3 Gebäude des Palastes;
4 Desjatin-Kirche;
5 Basilios-Kirche;
6 Batu-Tor;
7 Schloß-Tor;
8 Tor zur Auffahrt des Boris

II Jaroslaw-Stadt:
9 Sophien-Kathedrale;
10 Kirche des Irenen-Klosters;
11 Kirche des Georgs-Klosters;
12 Palast;
13 Goldenes Tor;
14 Lwower Tor;
15 Ljad-Tor

Kiew, Goldenes Tor,
Rekonstruktion

wie die der berühmten Bauwerke der byzantinischen Hauptstadt: Goldenes Tor, Sophien-Kathedrale, Irenen-Kirche, Georgs-Kirche. Die schon von Wladimir berufenen griechischen Meister dürften wiederum eng mit russischen Bauleuten zusammengearbeitet haben. In den Chroniken finden sich keine Nachrichten über eine neue Anwerbung. Alle drei Kiewer Kirchenbauten gehören zum Kreuzkuppelschema mit zwei freistehenden westlichen Hauptkuppelpfeilern und sind in Verdeckter-Schicht-Technik ausgeführt. Große Aufmerksamkeit galt dem Goldenen Tor, das sinnbildlich die Stadt und in Reminiszenz an die antike Polis den ganzen Staat verkörperte. In Konstantinopel nahmen von ihm die Staatsprozessionen, die Triumphzüge der Kaiser und Feldherren ihren Ausgang, die dann weiter über die Hauptstraße (Mese) bis zum Augusteion, dem gemeinsamen Platz für Hagia Sophia, Kaiserpalast und Senat, führten. Sie waren nicht nur Reflex der spätantiken Einholung des Gottkaisers, ihnen wurde auch in Anspielung auf den Einzug Christi in Jerusalem der Sinn der Epiphanie und Parusie unterlegt. Jaroslaw muß das architektonische Symbol wichtig gewesen sein, wenngleich über russische Triumphzüge dieser Zeit nichts bekannt ist. Er gab das Haupttor um 1040 in Auftrag. An der westlichen Stadtmauer Kiews ist es heute neu aufgebaut. Wie in Konstantinopel vereint es Triumphbogen, Festungsturm und Oratorium. Über der Durchfahrt liegt die Mariä Verkündigung geweihte Kapelle. Jaroslaw empfahl sich und seine Hauptstadt nach dem Beispiel des byzantinischen Kaisers dem Schutz der Gottesmutter. Die Kapelle gehört zum Kreuzkuppelschema mit vier freistehenden Stützen. Das in Verdeckter-Schicht-Technik aufgemauerte Goldene Tor erhielt noch ein besonderes Gepräge durch die Einordnung in den altslawischen

Holz-Erde-Stadtwall. Baugestalt, Funktion und Sinngebung wiederholten sich später in zahlreichen anderen russischen Stadt- und Klosterbefestigungen.

Thietmar von Merseburg erwähnt für den Anfang des 11. Jahrhunderts mehr als 400 Kiewer Kirchen. Aber vermutlich hat sein Berichterstatter alle Turmformen der Holzarchitektur mitgezählt. Immerhin spiegelte sich in dem Eindruck die Bedeutung, die auch Adam von Bremen der Stadt zuerkannte, wenn er sie als Rivalin des Zepters von Konstantinopel und schönstes Kleinod des griechischen Kulturkreises bezeichnete. Ilarion hat – vor seiner Einsetzung als Metropolit – in der Predigt »über Gesetz und Gnade« Kiew gehuldigt: »Siehe die Stadt an, die in Erhabenheit erstrahlt; siehe die Kirchen an, die aufblühen; siehe das Christentum an, das wächst; siehe die ganze Stadt an, die, von den Ikonen der Heiligen erleuchtet, glänzt, die vom Weihrauch umhüllt ist, die vom Klang der Lobpreisungen und göttlichen Lieder erfüllt ist …« Ilarion charakterisierte Großfürst Wladimir als »Neuen Konstantin«, als Täufer, als Apostelgleichen und das russische Volk selbst als Heilsträger. Seinen Herrn Jaroslaw rühmte er, weil dieser das vom Vater unvollendete Werk vollende, weil er die Gebote Wladimirs erfülle wie Salomo die Davids. Damit war vor allem das Kirchenbauprogramm gemeint. Ilarion hielt die Predigt vermutlich um 1039 an Wladimirs Sarkophag in der Desjatin-Kirche. Im Vergleich zum Neubau Jaroslaws, der Sophien-Kathedrale, bediente er sich der Allegorien zum Salomonischen Tempel und zum Himmlischen Jerusalem. [10] Die Topoi entsprechen denen der Festpredigt, mit der Bischof Eusebios im Auftrag Kaiser Konstantins im 4. Jahrhundert die Kathedrale von Tyros eingeweiht hatte.

Die neue Lösung der Sophien-Kathedrale

Kiew, Sophien-Kathedrale
Erläuterungen S. 349 f.
Textabb. S. 30, 59, 61, 62, 349
Abb. 1–17

Schon Wladimir hatte zusätzlich zu seiner Hofkirche als Hauptheiligtum der Rus, als »Mutter der russischen Kirchen«, eine imposante Metropolitan- und Stadtkathedrale geplant. Den Grundstein legte aber erst sein Sohn Jaroslaw im neuen Stadtzentrum. Die Bauzeit ist nicht eindeutig zu ermitteln, ihr Beginn im Zusammenhang mit seinen anderen Neubauten zwischen 1032 und 1037 zu vermuten, als er nach dem Bruderzwist um die Thronfolge endgültig seine Residenz in Kiew bezog. Der um 1035 vom Patriarchen in Konstantinopel ernannte Metropolit Theopemptos, ein Grieche, weihte die Kathedrale nach 12 Jahren Bauzeit unter dem Schutz der heiligen Sophia, der göttlichen Weisheit, ein. Die Namenswahl und Namensgleichheit zur Hagia Sophia war ein politischer Anspruch, der an die byzantinische Kaiserideologie anknüpfte: Der Bezug auf den in Christus Fleisch gewordenen Logos verwies auf den Sieg über das Heidentum, auf die Verbindung zwischen göttlicher Schöpfung und Imperium, auf die Gesetzesübergabe an den christlichen Herrscher, auf die irdische Vertretung von Christus als Pantokrator. [11] Zugleich wurde die alttestamentliche Weisheitsliteratur als Modell frommer und vernünftiger Lebensführung ins Bewußtsein gerufen. Nach der Legende legte Jaroslaw den Grundstein an dem Ort, an dem sein Vater einst die asiatischen Petschenegen geschlagen und die »göttliche Weisheit« die »heidnische Finsternis« erleuchtet hatte. Dabei spielt die Symbolik der Zahl Zwölf eine Rolle: zwölf Pfeiler im Raumzentrum, zwölf Nebenkuppeln und zwölf Fenster im Hauptkuppeltambour, Abschluß der Hauptapsis auf Grundlage eines Zwölfecks usw. Vermutlich ging es um die historische – zwölf Apostel als Stützen der Kirche – und kosmische – zwölf Tore des apokalyptischen Jerusalems – Beschwörung des Heilswegs Christi und die symbolische Übertragung auf die Autorität des Herrschers, des »13. Apostels«. Das Patrozinium der Sophia, das seit Justinian im byzantinischen und im abendländischen Kulturkreis wel-

Textabb. S. 9

lenweise auftrat, stand stets im Zusammenhang mit dem Missionsprogramm, mit der Christianisierung heidnischer Völker, oft jedoch – wie hier – auch mit der Weisheit des neuen, gottbegnadeten, christlichen Monarchen.

Die Sophien-Kathedrale stellt die seltene Variante einer »eingeschriebenen«, fünfschiffigen Kreuzkuppelkirche mit fünf Apsiden und 13 Tambourkuppeln dar, die an drei Seiten von breiten Arkaden-Galerien umgeben ist. Das Schema soll nach der Meinung von N. Brunow im 10. Jahrhundert in Konstantinopel entstanden sein. Unsere Kenntnisse dort sind allerdings man-
Textabb. S. 11
gelhaft, da sich bei jüngsten Forschungen die Konstantin-Lips-Kirche nur als dreischiffiger Bau mit äußeren Seitenkapellen und Umgang erwiesen hat. Fünfschiffige Basiliken existierten von der frühbyzantinischen bis zur ottonischen Architektur. Vergleiche im Zentral- und Kuppelbau drängen sich zur Ausführung der ersten erzbischöflichen Kathedrale von Preslaw (um 800) in Bulgarien und des Doms von Mokwi (957–987) im georgischen Königreich Abchasien auf. Beide Bauten nehmen in ihrer Region eine Sonderstellung ein, die auch der Sophien-Kathedrale zukommt. Diese bietet allerdings eine ganz neue, selbst für Rußland einmalige Lösung. Jaroslaws Auftrag zielte auf einen Massenversammlungsraum mit einer großflächigen, höfischen Empore. So mußten die intimen, kleinen Dimensionen der mittelbyzantinischen Kreuzkuppelkirche dem repräsentativen, gewaltigen Maßstab der Hagia Sophia angenähert werden. Die Entscheidung im Detail hatten die Meister selbst zu treffen. Sie vermehrten die Motive und Formen: Das war nicht nur ein Problem der Quantität. Was an der Sophien-Kathedrale besticht, ist die schöpferische Synthese aus Elementen des justinianischen und des zeitgenössischen Konstantinopler Kirchenbaues, der Architekturkopie und der eigenen Erfindung. Trotz der Monumentalisierung bevorzugte Jaroslaw den »type simple«: Die östlichen Hauptkuppelpfeiler fließen mit den Trennwänden der Apsiden zusammen. Das zentrale innere Tonnenkreuz bildet einen hohen, hellen Einheitsraum als »sakrale Schaubühne«. Die Baumeister konstruierten die Hauptkuppel mit 29 m Höhe und genau der doppelten Spannweite der Konstantin-Lips-Kirche, nämlich 7,60 m. Vermutlich vollzog sich unter ihr die spezifisch höfische Liturgie, die in der Hagia Sophia gefeiert wurde. Das Vierungsquadrat gibt das Maß für die ein Viertel seiner Fläche einnehmenden Joche der Seitenschiffe und der inneren Galerien an. Das justinianische Hoheitszeichen der Dreierarkade schließt die inneren Kreuzarme ab. Die Bogenabstände entsprechen denen der Sophien-Kirche von Thessaloniki. An der Peripherie im Erdgeschoß herrscht die Addition niedriger, düsterer Raumzellen. Hier standen die einfachen Gläubigen. Der Herrscher thronte mit seinem Gefolge im vollen Licht der Hauptkuppel: an der westlichen Stirnseite der Empore. Die Herren des Hofstaats nahmen auf dem südlichen, die Damen auf dem nördlichen Flügel Platz. Das Emporengeschoß umzieht großflächig das innere Tonnenkreuz und reicht bis in die Konchen der äußeren Seitenschiffe. Im Nord- und Südwesten befinden sich zwei im Grundriß quadratische, helle Saalräume, in deren Mitte ein Bündelpfeiler konstruktiv die Gurtbögen von vier Nebenkuppeln aufnimmt. Sie dürften feudalen Hoheitsakten gedient haben. Auf die Bedeutung der westlichen Eingangszone als Repräsentations- und Aktionsort des Großfürsten verweisen zugleich das Bildprogramm und die beiden Treppentürme.

Der Westbau spielte als Hoheitsgebiet des Herrschers schon in der Hagia Sophia eine wichtige Rolle. Für die Markierung mit Türmen existieren Beispiele aus dem 5. bis 9. Jahrhundert in Syrien (Der Termanin), Ravenna (S. Vitale), Armenien (Ereryk), Bulgarien (Rundkirche Preslaw) und aus dem 10. Jahrhundert – risalitförmig – an Konstantinopler Kreuzkuppelkirchen

Kiew,
Sophien-Kathedrale,
Rekonstruktionen
des Baues von 1037
(Nordostansicht) und
um 1100 (Südostansicht)

(Konstantin-Lips-Kirche). Außerdem bietet sich als Einflußgröße das karolingische Westwerk und die ottonische Doppelturmfront an, zumal während der Herausbildung der Kiewer Rus Beziehungen zu Deutschland und zu Frankreich gepflegt wurden. Trotzdem dürfte das Vorbild damit nicht endgültig bestimmt sein. Die Kuppel- oder Zeltform der Turmdächer und die Benennung deuten auch auf den Einfluß der heimischen, hölzernen Palastarchitektur hin. Nach N. N. Woronin soll dabei ein altslawisches Hoheitszeichen mitgewirkt haben: die sogenannte Diele oder Halle (Seni), die im Grundriß vier- oder achteckig auf einem Altan oder Söller angelegt war und sich als Loggia nach außen öffnete. Hier konnte sich der Herr vom Volk huldigen lassen. In Chroniken wird dieser erhöhte Festraum wie der bescheidenere Erkerturm des Wohnhauses »Terem« genannt. Etymologisch interessant ist, daß das gleiche Wort hölzerne und steinerne Treppentürme bezeichnet.

Die barocke Überformung des 17. und 18. Jahrhunderts gibt der äußeren Erscheinung der Sophien-Kathedrale heute das Gepräge. Zunächst erfolgte der fünfschiffige Kernbau mit den inneren Arkaden-Galerien. Sodann stockte man diese um das Obergeschoß auf und legte drei neue, breitere Wandelgänge an, weil unter dem Gewicht der vielen Kuppeln in den Gewölben Risse aufkamen und sich die Mauern nach außen neigten. Um den Schub des massigen Zentrums abzufangen, wurden an jeder Seite je zwei viertelkreisförmige Strebebögen eingezogen. Ob es zwei auseinander liegende Bauphasen gegeben hat und ob die Treppentürme der ersten oder zweiten angehören, ist umstritten. Jedenfalls stammen alle Teile aus dem 11. Jahrhundert. Die Erweiterung potenzierte die ursprüngliche, pyramidale Staffelung und Vielkuppligkeit des Baukörpers. Zudem betonte sie die Breiträumigkeit und Erdgebundenheit, die additive Reihung und den weichen Rhythmus der runden Formen. Wie die Fassaden ursprünglich ausgesehen haben, weiß man nicht genau. Einige Forscher vermuten, sie seien weder verputzt noch geweißt gewesen, so daß die Polychromie des Opus mixtum und der Verdeckten-Schicht-Technik unmittelbar wirkte. Andere Forscher meinen, man habe auf Putz mit Farbe die Struktur des Mauerwerkes wiederholt und in die Nischen Heiligenfiguren gemalt.

Der Baukörper stuft sich von Osten nach Westen und zentral von den Galerien zu den äußeren Schiffen, von diesen zu den inneren Schiffen und von hier zur überkuppelten Vierung empor. Die äußere Erscheinung entspricht der Abtreppung der Gewölbe im Innenraum, selbst in den Kreuzarmen. Acht Nebenkuppeln sitzen auf Tambouren an der Peripherie, vier umgeben in den inneren Ecken des Tonnenkreuzes die gewaltig aufragende, zwölffenstrige Trommel der Hauptkuppel. Während die Hauptapsis etwa die Höhe des Mittelschiffs erreicht, vermindert sich die Höhe der Nebenapsiden entsprechend der Abstufung der Seitenschiffe. Zur Mitte hin treten die Nebenapsiden stärker hervor. Für diese »pyramidale Silhouette« gibt es in Byzanz und den anderen christlich-orthodoxen Architektur-Landschaften keinen Vergleich. Einige Forscher führen sie auf die Struktur und Funktion der Massenversammlungsarchitektur und auf den Zweck der Tambourkuppeln zurück, die großflächige höfische Empore zu belichten. Andere beziehen sie auf die spezifisch russische Vorliebe für Turmformen und räumlich-körperliche Addition. Die Hypothese des slawophilen Historikers I. E. Sabelin über die Einwirkung der Holzarchitektur ist oft übertrieben worden. Man verkannte die Tatsache, daß sich aus dem 10./11. Jahrhundert kein künstlerischer Blockbau erhalten hat, nur aus späterer Zeit. Die Nowgoroder Chronik berichtet über eine Sophien-Kathedrale, die 989 im Nowgoroder Kreml errichtet wurde und 13 «Stolpy« (Säulen), also hohe Bedachungen, aufgewiesen haben soll. Die poetische Beschreibung reicht jedoch nicht für eine Beweisführung aus. Nur: Warum sollte für Kiew nicht gelten, was man sonst, etwa bei romanischen und gotischen Stilformen, akzeptiert? Warum sollte der Holzbau keinen Einfluß auf den Monumentalbau genommen haben? [12]

Die Kiewer Lösung ist neu, aber nicht »unbyzantinisch« zu nennen. Die griechische Inschrift in einer Nebenapside läßt auf maßgebliche Beteiligung byzantinischer Baumeister und Maler schließen. Die Verdeckte-Schicht-Technik des »opus mixtum«, die dreibogigen Arkaden und die Höhe der Kreuzarme, die Kämpferplatten der Pfeiler, das Umgangs-Motiv, die Nischen-Gliederung der Fassaden, besonders der Apsiswände, verweisen auf höfische Vorbilder in Konstantinopel. Andere Formen deuten auf Impulse aus den byzantinischen Ostprovinzen, dem Kaukasus und der westlichen Romanik: die körperliche Kompaktheit, die mächtigen Pfeiler mit kreuzförmigem Querschnitt, die gewaltigen Konchen, die Gewölbe mit tief herabgezogenen Gurtbögen, die Dienste, die Reduktion der Fenstergröße und -zahl, die überdimensionale Breite, die sogar die Länge des Baues übertrifft. Das Bildprogramm hält sich an den mittelbyzantinischen Standard und setzt sich aus Mosaiken und Fresken zusammen, die man einer gemischten byzantinisch-russischen Werkstatt zuschreibt. Trotz der zahlreichen Rezeptionen kam etwas ganz Eigenes zustande. Während die Desjatin-Kirche eine einfache Architekturkopie blieb, herrscht in der Sophien-Kathedrale das Prinzip der Überbietung. Wladimir hatte sich mit der Übernahme des mittelbyzantinischen Kreuzkuppelschemas begnügt, Jaroslaw den Weisen trieb der Anspruch auf Steigerung, um die russische Gleichwertigkeit zu demonstrieren. Seinen Auftrag, den für die Kiewer Rus zentralen Monumentalbau zu schaffen, haben die Meister hervorragend verwirklicht: Die Sophien-Kathedrale imponierte den Zeitgenossen durch Größe und Pracht und symbolisierte die Macht des christlichen Glaubens, die herrscherliche Autorität und die Eigenständigkeit des Landes. Die Semantik des Wortes »Weisheit« (Mudrost), Ehrenname des Großfürsten und zugleich kirchliches Patrozinium, ging im Verständnis der altrussischen Literatur über in die des Wortes »Ruhm« (Slawa), ein Zentralbegriff des feudalgesellschaftlichen Daseinsgefühls [13].

Nowgoroder Abwandlung des Kiewer Vorbilds

Bis zum Ende der Herrschaft Jaroslaws 1054 war die Sophien-Kathedrale das Vorbild russischer Hof- und Bischofskirchen. Ausgrabungen lassen vermuten, daß die um dieselbe Zeit in Kiew errichteten Kirchen des dynastischen Georgs- und Irenen-Klosters ebenfalls fünf Schiffe aufgewiesen haben. Das gleiche Schema findet sich bei den Sophien-Kathedralen in Polozk (1044–1066) und in Nowgorod (1045–1066). Die Namensgleichheit zeigt die Absicht der fürstlichen Bauherren, die Symbolik aus Kiew zu übertragen. Jedoch konnten sie hier nicht den gleichen Rang beanspruchen. Die Zahl der Nebenkuppeln wurde auf vier reduziert: Symbol der vier Evangelisten. Die äußeren Seitenschiffe waren – nachweisbar an den nur drei ursprünglichen Apsiden – eigentlich hohe Galerien mit gerader Abschlußwand im Osten. In der Substanz erhalten hat sich – trotz mancherlei Veränderungen – nur der Nowgoroder Bau. Die feudale Rangfolge plazierte das im 9. Jahrhundert gegründete Nowgorod neben Tschernigow unmittelbar nach Kiew. In der alten Handelsstadt am Ausfluß des Wolchow aus dem Ilmensee hatte Jaroslaw wie sein Vater Wladimir bis zur Kiewer Thronbesteigung residiert. So konnten Jaroslaw und sein Sohn, Fürst Wladimir Jaroslawitsch, bei der Grundsteinlegung im Nowgoroder Kreml die Ausmaße von dem Vorbild übernehmen: 100 griechische Fuß von Nord nach Süd. Die Ausformung erfolgte allerdings auf eigene Weise. Mitte des 11. Jahrhunderts traten schon regionale Stilmerkmale hervor.

Nowgorod, Sophien-Kathedrale im Kreml
Erläuterungen S. 350 f.
Textabb. S. 163, 350
Abb. 23–28, 100–104

Die Lage Nowgorods an der Kreuzung mehrerer Verkehrsadern – von den Ostseeländern nach Byzanz und über Wolga und Kaspisches Meer nach Asien – begünstigte die Entwicklung des Fern- und Zwischenhandels und der handwerklichen Produktion. Der städtische Adel errang früh »Freiheiten«, die sich im kulturellen Klima ausdrückten. In der Statussymbolik widerspiegelt sich ein selbstbewußter, nüchterner Lebensstil. Er prägte die Predigtform des Bischofs Luka Shidjata, der dem Auftraggeber zur Seite stand, ebenso wie die Bauformen der Sophien-Kathedrale. Man unterzog das Kiewer Modell einer Vereinfachung und Verblockung. Der Innenraum ist steiler, der Kuppeldurchmesser kleiner, der Bogenabstand enger als dort. Der Baukörper erscheint als ein breit dahingelagerter, in der Höhe nur gering differenzierter Quader. Die wenigen kleinen Öffnungen scheiden den Innenraum streng von der Umwelt. Das umlaufende Emporengeschoß ist im gleichen Grundriß wie in Kiew eingebaut und deutet auf die Übernahme der höfischen Gottesdienstordnung der Hagia Sophia hin. Aber seine Einwölbung unterscheidet Galerie und Seitenschiffe. Strenger als in Kiew trennt es das Tonnenkreuz von den Raumzellen der Peripherie, dichter als dort schlossen die Kreuzarme mit einem romanischen Doppelbogen doppelgeschossig ab, kompakter als dort wirken die kreuzförmigen Pfeiler als Überreste durchbrochener Wandflächen und erhalten Eigenwert wie die Außenmauern. Die Fünfkuppelkonstruktion sorgt für die Belichtung und prägt den oberen Abschluß. Die Anordnung der Nebenkuppeln entspricht der in Tschernigow: Die Tamboure erheben sich über den Innenecken des Tonnenkreuzes. Infolge der Verkürzung des Ostteils (»type simple«) wachsen die rechteckigen Postamente des östlichen Tambourpaars bündig aus der Ostwand heraus. Der fünfschiffige Baukern überragt geringfügig die dreiseitige, breite Galerie, die im Bauverlauf um ein Geschoß erhöht wurde. Er ist ihr gegenüber asymmetrisch leicht nach Westen verschoben. Die Fassaden sind durch mächtige Wandpfeiler (Lopatki) unterteilt und die Giebel halbrund und – entsprechend dem Parabolgewölbe – dreieckig ausgebildet. Erstmalig erscheinen Pseudo-Sakomari neben den echten Rundgiebeln der Kreuzarme. Man verzichtete auf den höfischen Konstantinopler Nischendekor. Die Hauptapsis wird in gleicher Höhe von den beiden schlanken inneren Nebenapsiden flankiert und durch Rundstäbe gegliedert, die an romanische Dienste erinnern. Romanischen Einfluß verrät auch der östliche Abschluß der äußeren Seitenschiffe: Sie enden flächig und sind von halben Tonnen eingewölbt, so daß ihr Ostgiebel eine Viertelkreisform bildet.

Die stärksten Impulse empfing die Nowgoroder Hauptkirche aus Kiew und Byzanz. Vermutlich kamen von dort die Bauleute. Griechische und russische Künstler schufen im 11. und

1–17 KIEW, SOPHIEN-KATHEDRALE, erste Hälfte des 11. Jahrhunderts

Vorhergehende Seite:
1 Ostseite

2 Nordteil der Empore mit Repräsentationsraum in der Westecke

3, 4 Blick durch die nördliche innere Galerie mit Grabmal Jaroslaws des Weisen, 1125

5 Musikanten und Gaukler im Hippodrom, Fresken im südwestlichen Treppenturm

6 Blick in den nördlichen Kreuzarm mit seiner zweigeschossigen, dreiteiligen Arkatur

1–17 Kiew, Sophien-Kathedrale, erste Hälfte des 11. Jahrhunderts

7 Blick von der westlichen Empore durch das Mittelschiff in den zentralen Kuppel- und Altarraum, Ikonostas Mitte des 18. Jahrhunderts

8 Mosaik des Pantokrators in der Hauptkuppel, Mitte des 11. Jahrhunderts

9, 10 Apostelkommunion, Mosaik in der Hauptapsis, Mitte des 11. Jahrhunderts: Darreichung des Kelches an Paulus (südliche Seite) und der Prosphore an Petrus (nördliche Seite)

IC XC

ΠΙΕΤΕ ΕΞ ΑΥΤΟΥ ΠΑΝΤΕC

ΦΑΓΕΤΕ ΤΟΥΤΟ ΕCΤΙΝ ΤΟ CΩΜΑ ΜΟΥ ΤΟ ΥΠΕΡ ΥΜΩΝ ΚΛΩΜΕΝΟΝ ΕΙC ΑΦΕCΙΝ ΑΜΑΡΤΙΩ

1–17 Kiew, Sophien-Kathedrale, erste Hälfte des 11. Jahrhunderts

11 Blick in den Kuppeltambour mit Figuren des Petrus und Paulus sowie Medaillon »Christus als Hoherpriester«

12, 13 Verkündigung Mariä: Erzengel Gabriel und Gottesmutter, Mosaike an den beiden Pfeilern des Triumphbogens, Mitte des 11. Jahrhunderts

1–17 Kiew, Sophien-Kathedrale, erste Hälfte des 11. Jahrhunderts

14 Heilige Laurentios, Basilios der Große, Johannes Chrysostomos, Gregor von Nazianz und Gregor der Wundertäter, Mosaike aus dem Bischofs-Rang im südlichen Teil der Hauptapsis

15 Märtyrer von Sebaste, Mosaikmedaillon am Nordpfeiler des Triumphbogens

16 Evangelist Markus, Mosaik im Pendentif über dem nordwestlichen Kuppelpfeiler

17 Märtyrerin, Fresko in der Kapelle Joachim und Anna; sämtlich Mitte des 11. Jahrhunderts

18–22 Tschernigow, Christi-Verklärungs-Kathedrale, 1033–1041

18 Westseite, oberer Teil des Nordwestturms und Südwestturm 18. Jahrhundert

19 Ansicht von Südosten

20 Blick von Nordosten

21 Blendnischen und Mäander am Nordwestturm

22 Blick aus dem Mittelschiff auf die südliche Arkatur

23–28 Nowgorod, Sophien-Kathedrale im Kreml, 1045–1052

23 Südseite

24 Ansicht von Westen

23–28 Nowgorod, Sophien-Kathedrale im Kreml, 1045–1052

25 Ostseite

26 Westteil der Empore und Repräsentationsraum in der Nordecke

27 Emporen im Nordwestteil

28 Blick in die Hauptkuppel

29, 31 KIEW, DREIEINIGKEITS-TORKIRCHE des Höhlenklosters, 1106–1108, barocke Verkleidung um 1700

29 Ansicht von Osten

31 Südseite

30, 32 KIEW, ERLÖSER-KIRCHE zu Berestowo, 1113–1125

30 Westseite

32 Teilansicht der Nordseite

33–37 Tschernigow, Boris-und-Gleb-Kathedrale, 1120–1123

33 Westseite

34 Ansicht von Südosten

35 Ostseite

36 Wasserspeier und Figurenkapitell mit Panthern an der Südseite

37 Wasserspeier und Flechtbandkapitell an der Westseite

38–40 Tschernigow, Mariä-Himmelfahrts-Kathedrale
im Jelezki- (Ölbaum-) Kloster, Mitte des 12. Jahrhunderts

38 Blick aus dem Querschiff in den südwestlichen Eckraum mit der Apsis der Taufkapelle

39 Südseite

40 Ostseite

41 Grodno, Boris-und-Gleb-Kirche
in Kolosh, zweite Hälfte des 12. Jahrhunderts, Ansicht von Nordosten

42, 44 Smolensk, Erzengel-Michael-Kathedrale (Swirskaja), 1191–1194

42 Westseite

44 Blick in Vierung und Kuppel

43, 45, 46 Tschernigow, Paraskewa-Pjatniza-Kirche, Ende des 12./Anfang des 13. Jahrhunderts

43 Westseite

45 Blick in Vierung und Kuppel

46 Ansicht von Südosten

Nachfolgende Seite:

47 Wladimir-Wolynsk, Mariä-Himmelfahrts-Kathedrale, um 1160, Ansicht von Nordosten

48 Smolensk, Peter-und-Paul-Kirche, 1146, Südseite

49 Galitsch, Panteleimon-Kirche, um 1200, Ansicht von Nordosten

12. Jahrhundert das Bildprogramm. Anstelle der Mosaike mit ihren entmaterialisierenden optischen Effekten entstanden Wandmalereien in einem die Flächigkeit betonenden graphischen Stil. Nowgorod war für Rußland das Tor nach Nord- und Westeuropa. Skandinavier und Balten bildeten einen Teil der Stadtbevölkerung. So zeigen sich auch zahlreiche romanische Stiltendenzen: Doppelbögen, gleich Widerlagern abbrechende Lisenen, halbe Tonnengewölbe, Dienste, zweihängige Dächer, Bogen- und Sägezahnfriese, Stufenportale. Im Westportal befindet sich die berühmte zweiflügelige romanische Bronzetür aus Magdeburg. Sie wurde Mitte des 12. Jahrhunderts gegossen. Die Forscher streiten sich, auf welchem Wege sie nach Nowgorod kam und wann die Neuinstandsetzung erfolgte. Die »Heilige Sophia« bildete eine neue Formsynthese. Sie symbolisierte die städtische Frömmigkeit und Eigenständigkeit. Der Nowgoroder Regionalstil, der mit ihr einsetzte, war im Vergleich zu dem der Kiewer und Wladimir-Susdaler Rus einfacher und schlichter.

Exkurs: Das Bildprogramm der Kiewer Sophien-Kathedrale

KIEW, SOPHIEN-KATHEDRALE
Erläuterungen S. 349 f.
Textabb. S. 30, 59, 61, 62, 349
Abb. 1–17

Die Anordnung und Ikonographie der Mosaike und Fresken in der Kiewer Sophien-Kathedrale ist beispielhaft für das mittelbyzantinische Dekorationsprogramm, das sich nach dem Bilderstreit im Einklang mit der Vereinheitlichung der Liturgie und der Funktion und Symbolik der Kreuzkuppelkirche herausgebildet hatte. [14] Entsprechend dem Lichteinfall sind die bedeutendsten und größten Bilder oben plaziert. Abwärts, der Erde zu, dringen mehr und mehr irdische Sinnbezüge in die himmlischen ein, verdunkelt sich der Innenraum und werden die Bildfelder kleiner und vielteiliger. Die Dreiteilung der Raumstruktur ist in der Anordnung deutlich. In der oberen Zone, im »Himmelsgewölbe« der Hauptkuppel, kulminiert das Programm in der Darstellung der Weltherrschaft Christi: Zeichen seiner Erscheinung und Wiederkehr und umgekehrt der »Vergöttlichung« des Menschen. In der mittleren Zone, auf der Höhe der Gewölbe und oberen Wandfelder, folgt die Inkarnation mit der Gottesmutter über den Fenstern der Hauptapsis, mit der Apostelkommunion und im Kirchenschiff mit narrativen Szenen der Heilsgeschichte, also Festtagsmotiven. Die untere, zur Peripherie zunehmend dämmrige Zone repräsentiert die »irdische Kirche« und zeigt im hellsten Teil, dem Altarraum, den Rang der Kirchenväter und Bischöfe. Den Gläubigen sollte die kirchliche Hierarchie vor Augen geführt werden, durch deren Fürbitte sie zu Gott aufsteigen können. Auf ihrer Ebene und in ihrer Nähe, an den Wänden und Pfeilern befinden sich Einzelfiguren von Märtyrern, kanonisierten Hierarchen und Herrschern. Diese manifestieren sinnlich-sinnhaft die Allgegenwärtigkeit der unsichtbaren Urbilder. Es gibt kaum eine Stelle, an der sich die Gläubigen nicht von dem weit geöffneten Augenpaar eines Heiligen angesprochen, zur Verehrung aufgefordert fühlen. Dagegen wahren Hauptkuppel und Hauptapsis, in denen Christus, die Gottesmutter, die Apostel und die Kirchenväter erscheinen, ehrfurchtgebietenden Abstand. Sie sind auch formal die »reineren« Raumteile, demonstrieren Hoheit durch Höhe und Klarheit und empfangen das bessere Licht. Die Kreuzkuppelkirche verwandelte den hellen Imponierraum frühbyzantinischer Kirchenarchitektur in einen mystischen Stimmungsraum. Das Sakrale offenbarte sich der Gemeinde, indem es sich zeigte und zugleich wieder entzog.

Zwar verfügte das mittelalterliche Byzanz über kein den gesamten Kirchenraum bis ins Detail erfassendes kanonisches Schema. Aber aus den hierarchischen Prinzipien der Liturgie und Theologie resultierten verbindliche Richtwerte, denen auch die altrussische Dekoration folgte. Sie räumten den nationalen, regionalen und individuellen Interessen und Traditionen die Möglichkeit der Abwandlung und Ergänzung ein. Die aus der ersten Hälfte des 11. Jahrhunderts stammenden Mosaike und Fresken der Sophien-Kathedrale spiegeln die Intentionen des Auftraggebers, Jaroslaws des Weisen, und seines Hofgeistlichen Ilarion wider. Das Kiewer Bildprogramm wird im Scheitel der Hauptkuppel eröffnet durch das Mosaik des Pantokrators: Christus als Halbfigur mit Monogramm in einem Medaillon, die rechte Hand zum Segensgestus erhoben, während die linke das geschlossene Gesetzesbuch hält, das am Tag des Jüngsten Gerichts aufgetan werden soll. Er erscheint als Allherrscher, erhabener Lehrer und apokalyptischer Richter, in dem sich die erste und die zweite göttliche Person vereinen. Die Gemeinde verweilt ständig unter seinem durchdringenden, feierlichen Blick und ist zugleich von ihm durch das schräg aus den Fenstern des Tambours einfallende Licht streng geschieden. Die vier Erzengel in seinem unmittelbaren Umkreis gelten als seine Diener und Werkzeuge, die »über den vier Ecken der Erde stehen« (Apokalypse 7,1) und deshalb über den Vierungspfeilern abgebildet sind. Angetan mit dem prächtigen, perlenübersäten Gewand eines byzantinischen Hofbeamten und himmlischen Diakons, umfaßt jeder rechts wie ein Feldzeichen (Labarum) den liturgischen Fächer (Rhipidion), mit dem während des Abendmahls die Herabkunft des Heiligen Geistes auf die heiligen Gaben symbolisiert wird. In griechischer Schrift ist dreimal das »Hagios«, das »Dreimalheilig« der Meßliturgie, zu lesen, das die Erzengel auch in der Apokalypse anstimmen. In der Linken halten sie als Zeichen der Herrschaft Christi die Weltkugel mit dem Kreuz. Zwischen den zwölf Fenstern des hohen Tambours sind die Apostel dargestellt. Die Pendentifs über den Pfeilern, tektonisch Eckzwickel zur Überleitung vom Kuppelrund zum Vierungsquadrat und symbolisch Übergang vom Kuppelhimmel zur Vierung der Erde, zeigen als »Säulen der Heilslehre« die Evangelisten. Ihre göttlich inspirierten, sich an die vier Weltgegenden richtenden Schriften sollen das Jenseits mit dem Diesseits vereinen. Dargestellt sind sie wie in den Evangeliaren der Buchkunst im Typ des antiken Autorenbildes, d. h. im Zimmer am Schreib- oder Lesepult sitzend.

Der Pantokrator und seine Begleitung in der Kuppelzone korrespondieren ikonographisch mit der Inkarnationssymbolik und der liturgischen Thematik im Altarraum. Über den Bogenscheiteln der Vierung, also zwischen den Evangelisten, sind im Osten Christus als einer der 22 Priester des Tempels von Jerusalem (apokryph), im Westen die Gottesmutter, im Norden und Süden (im 19. Jahrhundert ergänzt) deren Eltern Joachim und Anna abgebildet. Auf den vier Leibungen der Kuppelbögen sieht man die Brustbilder der vierzig Soldatenmärtyrer von Sebaste (Armenien), die auf Befehl des Kaisers Licinius 320 in einem eiskalten See zu Tode kamen. R. Hamann-Mac Lean verweist auf den apotropäischen Charakter des Motivs: Die körperliche Standhaftigkeit der Soldaten, mit der Standfestigkeit im Glauben verbunden, sollte die Haltbarkeit des Tragwerks sichern und den Kirchenbau vor Einsturz bewahren. Im Tondo, gewissermaßen im Siegeskranz, schweben die Krieger dem Pantokrator entgegen. Der Anbringungsort ist folglich als symbolische Schutzmaßnahme zu verstehen. Das sichelförmige Feld zwischen Gewölbe und Vorjoch der Hauptapsis nimmt ein »Deisus« ein (Christus als Weltenrichter zwischen Maria und Johannes dem Täufer als Fürbittern der Menschheit). Das Motiv dürfte der Gottesmutter Orans in der Hauptapsis zugeordnet sein. K. Weitzmann bringt es beim Katholikon des Katharinen-Klosters auf dem Sinai (6. Jahrhundert) mit dem Interzessionsgebet, also mit der Liturgie, in Zusammenhang. Vom Stirnbogen der Hauptapsis wanderte es später in Rußland direkt über die Königstür des Ikonostas, über den Eingang zum Allerheiligsten. Am Triumphbogen befindet sich eine Verkündigung mit dem Text »Siehe, ich bin die

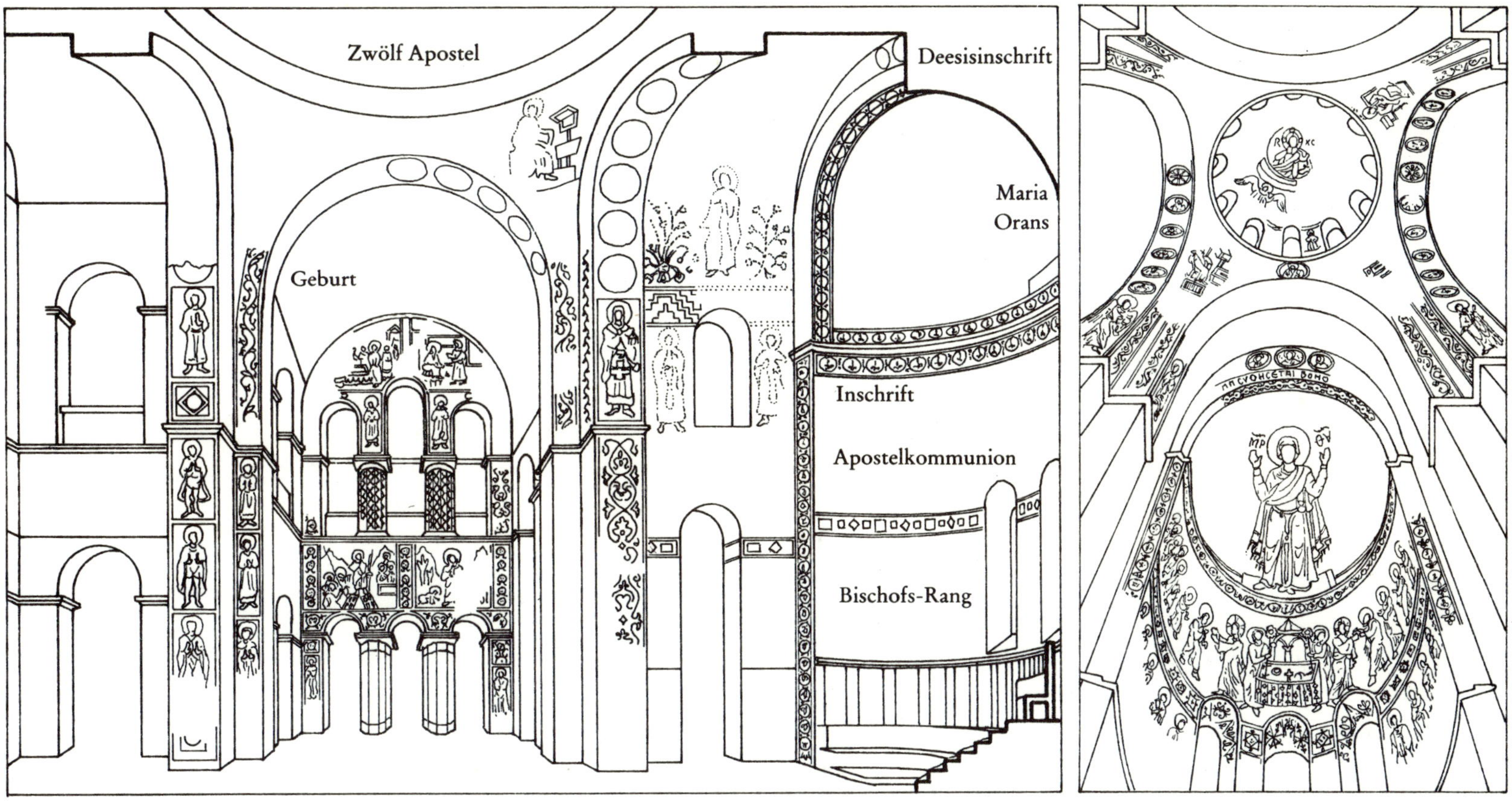

Kiew, Sophien-Kathedrale, erhaltene Mosaike im Nordarm des Querhauses (Längsschnitt) sowie in Kuppelraum und Bema

Magd des Herrn, mir geschehe, wie du gesagt hast«: als Raumikone mit aufeinander bezogenen Mosaik-Figuren des Erzengels Gabriel am nordöstlichen und der Gottesmutter am südöstlichen Vierungspfeiler. Zu den Jungfrauensternen, die dreifach oder – wie hier – kreuzförmig angeordnet in der mittelbyzantinischen Malerei häufig auftauchen, finden sich Parallelen in der zeitgenössischen griechischen Literatur: Maria als Stern des Meeres, als leuchtendes Gestirn, als Ewige Lampe, als mit der Sonne Bekleidete, als Mutter der Sonne der Gerechtigkeit.

Das »Haupt« der Kirche existiert nicht ohne seinen »Leib«, die irdische Gemeinschaft der Gläubigen, und wird deshalb unmittelbar bezogen auf das Sinnbild der Inkarnation, die Gottesmutter in der Hauptapsis, die vor ihm einsteht für die Sünden der Welt. Im Verständnis der Orthodoxie ist sie als »Tempel« der Menschwerdung Christi, der sinnlichen Verkörperung Gottes die symboltragende Kraft des ganzen Kirchengebäudes. Sie wird musivisch mit ausgebreiteten Armen als riesige, in ihrer Größe einmalige Orans (Höhe 5,50 m) dargestellt. Das Schema ohne Kind geht zurück auf die frühchristliche Sepulkralkunst. Unverkennbar ist allerdings auch die Beziehung zur »Blachernotissa«, der Gottesmutter-Ikone in der Blachernen-Kirche in Konstantinopel, die als Patronin der Hauptstadt und Palladium des byzantinischen Kaiserhauses verehrt wurde. Der gleiche Typ und seine Abwandlung als »Große Panhagia« verbreiteten sich seit dem 12. Jahrhundert in russischen Hof- und Kloster-Kathedralen als Symbol fürstlicher Schutzherrschaft mit Stifterbildnissen: Die Herrscher unterstützten die Gottesmutter in ihrer Fürbitte für ihre eigenen Schutzbefohlenen. Auf die Inkarnation verweist in Kiew die Inschrift aus dem 45. Psalm: »In ihr ist Gott; sie kann nicht wanken. Beisteht ihr Gott von Tag zu Tag.« Der gleiche Text wird vom Bischof bei der sakramentalen Ölung des Grundsteins der Kirche gelesen und bezieht sich auf das ganze Gebäude. In diesem Zusammenhang und weil das Volk glaubte, daß allein die Mauer mit der Orans bei der Zerstörung Kiews durch die Tataren unbeschädigt geblieben sei, spricht man auch von der »Gottesmutter der unzerstörbaren Mauer«.

Die helle Zone der Hauptkuppel als Symbol des Himmels und der Parusie geht in die noch gut belichtete Zone des Tonnenkreuzes als symbolische Verbindung zur irdischen Kirche über. Dieser Korrespondenz dient auch die Apostelkommunion in der Hauptapsis mit der Inschrift der eucharistischen Einsetzungsworte, die bis heute im Mittelpunkt der Anaphora (des eucharistischen Hochgebetes) und der Epiklese (Herabrufung des Heiligen Geistes als Abschluß der Konsekration) im orthodoxen Meßopfer stehen. In dem Mosaik erscheint Christus als priesterlicher Spender zweimal entsprechend der liturgischen Praxis, bei der die Kommunion des Brotes und des Weines durch die Zelebranten (im Unterschied zu den Laien) nacheinander erfolgt. So wird zu beiden Seiten des vom Ziborium überbauten Altartisches das Abendmahl ausgeteilt; nach links an den von Petrus geführten Zug das Brot, nach rechts an den Zug mit Paulus an der Spitze der Wein. Wieder fächeln Erzengel als himmlische Diakone mit dem Rhipidion über den heiligen Gaben. Auf ihre Anwesenheit während des Meßopfers deutet der Cherubim-Hymnus hin, der am Anfang des Großen Einzugs steht. Die Ikonographie der Eucharistie (Einsetzung des Abendmahls) steigerte sich in der mystischen Idee, daß der irdische Gottesdienst eine Nachahmung und Vergegenwärtigung der »Göttlichen Liturgie« sei, die im Himmel Christus als Priester gemeinsam mit der Engelshierarchie vollziehe. Das Motiv findet sich schon im 6. Jahrhundert, z. B. in einer Miniatur des Purpur-Codex von Rossano. Gleichzeitig wie in Kiew taucht es in der Sophien-Kirche von Ochrid auf. Im östlichen Vorjoch bzw. Kreuzarm, der mit der Hauptapsis verschmilzt, haben sich keine Mosaike erhalten. W. N. Lasarew vermutet hier die Hetoimasia, die Thronbereitung für die Wiederkunft Christi, sowie Reihen alttestamentlicher Könige und Propheten. Aaron und Melchisedek (nicht erhalten) an den östlichen Kuppelpfeilern beziehen sich auf die Priesterwürde Christi.

Zum Thema der Eucharistie gehört, angebracht zu beiden Seiten der drei Fenster der Hauptapsis, eines der wichtigsten Mosaike der Sophien-Kathedrale: der sogenannte Bischofs-Rang mit einer nördlichen und einer südlichen Gruppe. Die nördliche zeigt – von innen nach außen –: Archidiakon Stephanus, Nikolaus den Wundertäter (von Myra), Gregor von Nazianz (den Theologen), den Apostolischen Vater Clemens I. (den dritten Nachfolger auf dem Stuhl Petri) und Epiphanius von Zypern (Salamis), die südliche: Archidiakon Laurentios (in der verhüllten linken Hand das Weihbrotgefäß), Basilios den Großen, Johannes Chrysostomos, Gregor von Nyssa und Gregor Thaumaturgos (den Wundertäter). Abgebildet sind die Bischöfe barhäuptig (ohne Mitra), mit Omophorion (Pallium) über der Schulter als Zeichen ihrer geistlichen Gewalt, das Evangelium in der Linken, die rechte Hand zumeist zum Lehrgestus erhoben. Die Körpersprache gehört zur Wortverkündigung. Die Figuration von Daumen, Zeige- und Mittelfinger dürfte ein Hinweis auf die göttliche Dreieinigkeit sein, während Ring- und kleiner Finger die beiden Naturen Christi symbolisieren. Man hat auch den Vergleich zum Christusmonogramm (IX) angestellt. Die Figuren stehen frontal und unbeweglich im imperialen Schema der Thronwacht. Nur Laurentius wendet sich leicht zur Mitte hin und deutet den Übergang zur liturgischen Prozession an. Der Bischofs-Rang, wenngleich oft bis auf die Liturgieväter Johannes Chrysostomos und Basilios den Großen reduziert, fehlt in keinem Kirchenbau. Er erinnert an die historische Entstehung der Liturgie und bezieht zugleich die Kirchenväter als Zelebranten in das aktuelle eucharistische Geschehen ein. Nirgendwo sonst ist die Einheit von sinnlich-sinnhaftem Bild und heiligem Urbild so deutlich herausgearbeitet wie in diesem Motiv. Die Auswahl der Figuren hat oft kirchenpolitische Bedeutung. In Kiew kommt der in Konstantinopel nach dem Bilderstreit vorherrschende Triumph der Orthodoxie zum Ausdruck, der auch Päpste einbezog, denen man sich verbunden fühlte. Entlang der Hauptapsis zieht sich ein Synthronos, eine Bank für die Hierarchen, mit dem Thron des Metropoliten in der Mitte.

Die Freskomalerei in den vier Nebenapsiden und den entsprechenden Eckräumen bezog sich auf die Heiligen, denen die hier befindlichen Kapellen geweiht wurden; die äußere nördliche Georg, dem christlichen Namenspatron Jaroslaws (in ihr befindet sich dessen Marmorsarkophag), die äußere südliche dem Erzengel Michael, dem Schutzherrn der fürstlichen Macht. Die Prothesis trug den Namen des Apostels Petrus (entsprechend dem Brauch, ihn zur Rechten Christi darzustellen) und das Diakonikon den der Eltern der Gottesmutter, Joachim und Anna, deren Ikonographie auf apokryphe Einflüsse zurückgeht. Biblisch ist die Szene Mariä Heimsuchung: Maria besucht die ältere Elisabeth, die Frau des Zacharias und Mutter Johannes' des Täufers. Die byzantinische Auffassung, in der die Majestät der Himmelskönigin betont wird, hat an Strenge und Distanz verloren und ist in der Darstellung der zärtlichen Umarmung und des gesegneten Zustandes der beiden Frauen irdischer Anmut und Würde gewichen.

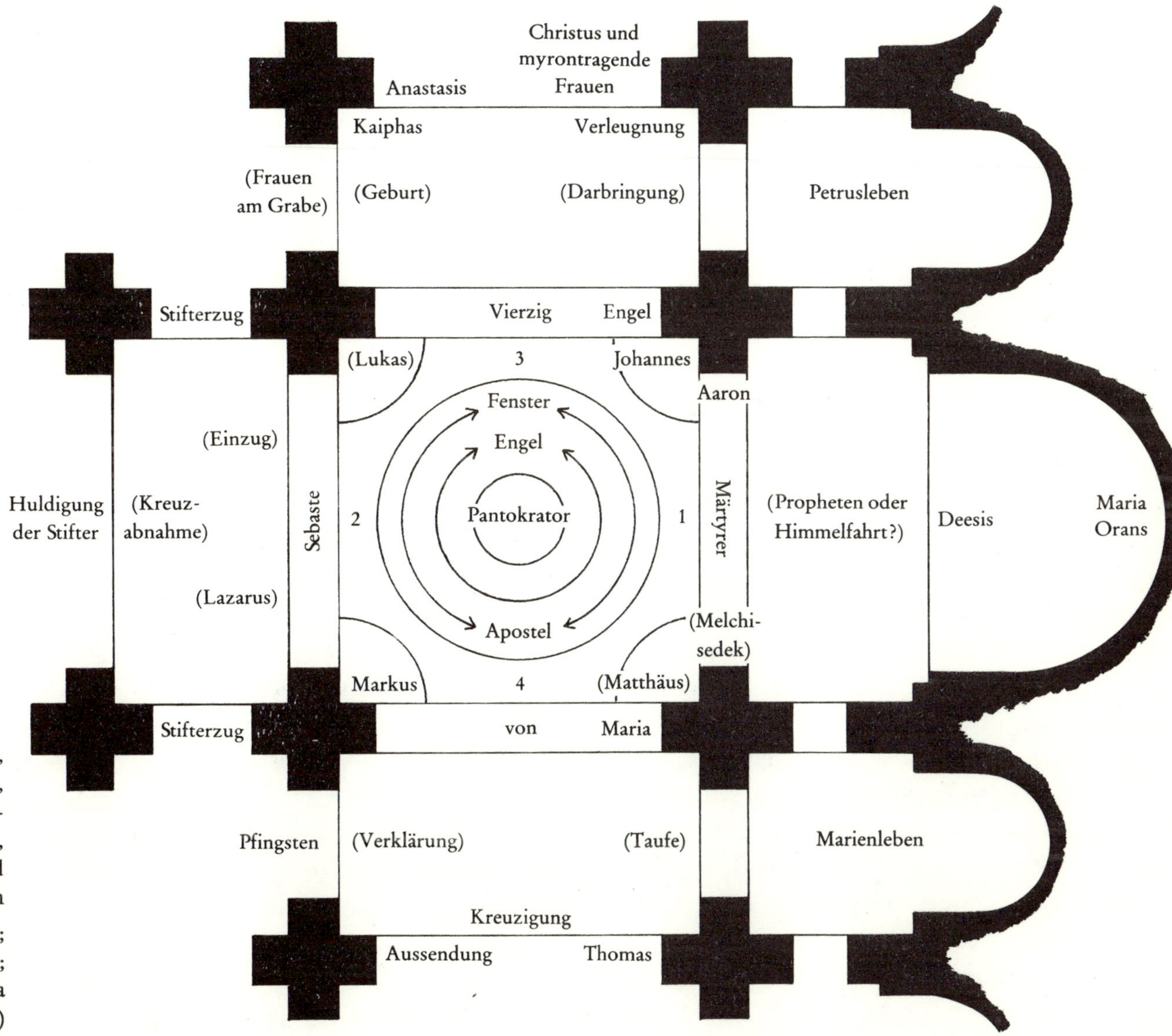

Kiew, Sophien-Kathedrale, Grundriß mit Bildprogramm in Bema, Kuppelraum und Kreuzarmen

1 Christus als Priester; 2 Maria; 3, 4 Joachim und Anna (im 19. Jh. ergänzt)

Die Erzähl- oder Ereignisbilder – sechzehn Festtagszyklen in freilich nicht mehr überkommener Freskomalerei – nehmen die Gewölbeflächen und die Schildbögen des Tonnenkreuzes ein. Zu sehen sind im nördlichen Kreuzarm: Christi Geburt und Darbringung im Tempel, Christus vor Kaiphas und die Verleugnung des Petrus, die Anastasis (Höllenfahrt) und der auferstandene Christus mit den Myrophoren sowie die Frauen am Grabe; am westlichen Kreuzarm zusätzlich zu den Stifterbildnissen: die Kreuzabnahme, der Einzug in Jerusalem und die Auferweckung des Lazarus; am südlichen Kreuzarm: Christi Verklärung und Taufe, die Kreuzigung, die Berufung der Apostel und der ungläubige Thomas sowie die Ausgießung des Heiligen Geistes. Auffällig ist die Bevorzugung der Passions- und Osterikonographie gegenüber den in dieser Zeit beliebten Bildern aus dem Marienleben. In der unteren Zone des Kirchenschiffs bedecken Fresken von Heiligen die Wände, Pfeiler und Pilaster, wobei die männlichen Gestalten in der Nähe der Altarpartie, die weiblichen dagegen in den westlichen und seitlichen Teilen des Innenraums angeordnet sind. Zusammen mit den Mosaiken gibt es über 300 autonome Einzelfiguren – mehr als in jeder anderen byzantinischen Kirche.

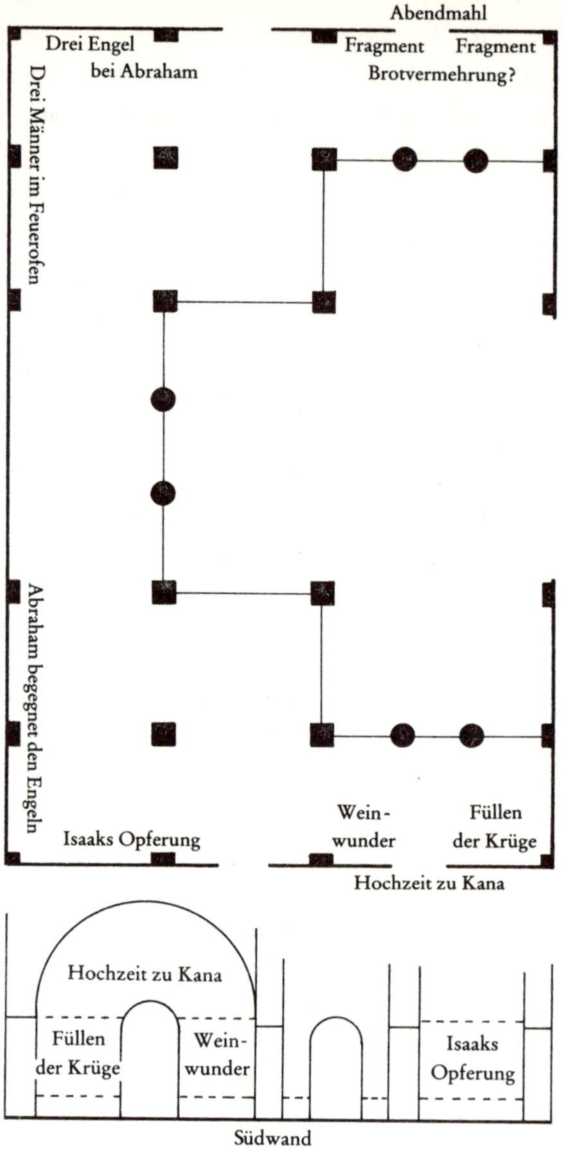

Kiew, Sophien-Kathedrale, Grundriß der Empore und Schnitt der Südwand mit Bildprogramm

Auf der Empore, wo dem Großfürsten und seiner Begleitung gesondert das Abendmahl gereicht wurde, behandeln Fresken das Geschehen der Eucharistie mit entsprechenden Szenen aus dem Neuen und Alten Testament, aus der Abraham-Geschichte und mit dem Bild der drei Jünglinge im Feuerofen. Die Bedeutung der westlichen Eingangszone als Gebiet der Finsternis verschwand ebenso wie bei anderen herrscherlichen Kathedralen hinter der staatspolitischen Symbolik. Das kommt in Stifterdarstellungen zum Ausdruck: Über der dreibogigen Arkade der das Mittelschiff abschließenden Westwand (die später einem Abriß zum Opfer fiel), also unterhalb der Emporenbrüstung, überreichte Jaroslaw der göttlichen Dreieinigkeit das Modell des Kirchenbaues. Seine Gattin Irina stand betend daneben. An der südlichen Mittelschiffwand huldigen dieser Szene vier seiner Söhne, an der nördlichen vier seiner Töchter. Die Stifterbildnisse korrespondierten mit der Gottesmutter Orans im Altarraum, die Söhne und Töchter wiederholen die Prozession der Apostelkommunion und betonen dadurch das großfürstliche Gottesgnadentum. Die Freskofragmente aus dem 11. und 12. Jahrhundert, die an den Wänden der Wendeltreppen in den beiden westlichen Türmen freigelegt worden sind, unterstreichen die architektonische Symbolik: Man entdeckte Szenen aus dem Hippodrom zu Konstantinopel und dem Leben am Kiewer Hof: Gaukler, Zirkusspiele, Wettkämpfe, Tänze, Jagden. Den Triumph, den der byzantinische Kaiser im Hippodrom empfing, beanspruchte auch der Herrscher der Rus, der sich als gleichwertiger Partner empfand. In den profanen Themen kommt zudem der Anspruch zur Geltung, das Höfische mit dem Sakralen unter einem Dach zu vereinen.

Leider hat sich der Gesamtbestand der Mosaike nicht erhalten. Um die kompositorischen und farblichen Besonderheiten des Originalzustandes zu bewahren, wurden die überkommenen Bilder während der großen sowjetischen Restaurierung 1952 bis 1954 nur gründlich befestigt und gereinigt. Heute erstrahlen sie in ihrem ursprünglichen Licht, dessen Kraft durch die großformatigen, in unterschiedlichen Winkeln und Höhenunterschieden zusammengefügten Würfel und die gewölbten, daher reflexionskräftigen Grundflächen noch gesteigert wird. Trotz der reichen Farbskala und der Vielfalt der Nuancen einer Farbe – W. N. Lasarew stellte nicht weniger als 117 verschiedene Tönungen fest – wirkt das Kolorit verhalten. Es baut auf satten grauvioletten, dunkel- und hellblauen, grünen und grellgelben Tönen auf. Die Kompositionen heben sich von dem goldfunkelnden Grund eindrucksvoll ab und sind für eine Betrachtung aus größerer Entfernung bestimmt. In linearer Geschlossenheit ausgeführt, scheinbar frei in den Raum gestellt, mit frontal und statuarisch postierten Figuren, gehören sie zu den ältesten und wertvollsten Zeugnissen christlicher Kunst. A. Grabar nennt das Programm das am weitesten gespannte, das je im byzantinischen Wirkungsbereich realisiert wurde.

Über die stilistische Zuordnung gibt es keine einhellige Meinung. Die Auffassung, die Mosaike würden ausschließlich von Meistern der Konstantinopler Schule stammen, wird von W. N. Lasarew nicht geteilt. Er nimmt an, unter Leitung eines bedeutenden griechischen Künstlers mit hauptstädtischer Ausbildung sei eine Arbeitsgemeinschaft am Werk gewesen, der auch Mosaizisten verschiedener byzantinischer Provinzen und russischer Herkunft angehörten. Die archaische Manier der Eucharistie und des Pantokrators deute auf orientalischen Einfluß hin, während der Bischofs-Rang eine hauptstädtisch gewandte, feiner und individueller arbeitende Hand vermuten lasse, wahrscheinlich die des Leiters selbst. Lasarew neigt zu der Auffassung, die Kompositionen im Zentralraum seien 1046 bereits fertig gewesen, die anderen nicht später als 1067. Ikonographisch sind die Vergleiche bestechend, die R. Hamann-Mac Lean zwischen dem Kiewer Bildprogramm und dem der umgebauten und um die gleiche Zeit – ab 1037 – mit Fresken ausgemalten Sophien-Kirche in Ochrid zieht. [15] Formal-stilistisch liegt allerdings die Bezugnahme zu den Mosaiken der griechischen Klosterkirchen des 11. Jahrhunderts näher: zum Katholikon in Hosios Lukas (um 1011), zur Nea Moni auf Chios (um 1045) und zum Kloster Daphni (zwischen 1070 und 1080). In der antiklassizistischen Tendenz ähneln z. B. die Figuren von Hosios Lukas mit ihren gedrungenen Proportionen, steifen Bewegungen, ernsten Gesichtszügen stark den bäuerlichen Aposteln des Kiewer Eucharistiebildes. Dagegen zeigt z. B. der Kopf des Johannes Chrysostomos im Kiewer Bischofs-Rang Verwandtschaft zu der feineren, nuancierteren, menschlicheren Kunst von Daphni, die zum Stil der Komnenen-Zeit überleitet, sowie zur Buchmalerei der »makedonischen Renaissance«. Man muß im Auge behalten, was K. Wessel für die Malerei der Makedonen-Zeit feststellt: das Nebeneinander und Ineinander verschiedener Stilrichtungen. In der byzantinischen Hauptstadt war der Klassizismus ebenso zu Hause wie die abstrahierende, lineare, anti-antike Tendenz, die provinzielle Mönchskünstler durch ihre handwerkliche Unbeholfenheit noch gesteigert haben mögen. [16]

Die Fresken stammen aus einer gemischten byzantinisch-russischen Werkstatt. Sie zeigen Verwandtschaft zum Lokalstil von Thessaloniki. Im Zentralraum sind sie in das ganze 11. Jahrhundert, einige, zum Beispiel in den Kapellen und Wandelgängen, in das 12. Jahrhundert zu datieren. Der Erhaltungszustand ist weniger gut als bei den Mosaiken. Außerdem erfolgte im 19. Jahrhundert eine barbarische Übermalung mit Ölfarbe, die während der 1936 begonnenen und bis in die fünfziger Jahre fortgeführten Restaurierung sorgfältig wieder entfernt werden mußte. Von den 16 das Evangelium illustrierenden Zyklen sind nur acht fragmentarisch überkommen.

Die formal-stilistischen Differenzen spielten für die Sinn- und Funktionszusammenhänge kaum eine Rolle. Im Grunde ging es um das Verhältnis von himmlischer und irdischer Kirche, von Gottesreich und christlicher Gesellschaft. Die Apostelfiguren des Kiewer Eucharistiebildes, selbst Altar und Ziborium, schweben ohne Bodenlinien frei im Goldgrund. Die unräumliche Bildfläche, die breiten, muskulösen Körper, die rundlichen, vollen Gesichter, die großen Füße und schwerfälligen Schritte haben nichts mit klassizistischen oder illusionistischen Tendenzen zu tun. Trotzdem wirkt die liturgische Prozession tänzerisch. Die Apostel stellen im rhythmischen Wechsel das linke und das rechte Bein voran. Unverkennbar ist der Bezug des kirchlichen Rituals zum byzantinischen Hofzeremoniell, das im feierlichen Schreiten gravitierte. Regnum und Sacerdotium, irdische und himmlische Majestät, Hofstaat und Jünger Jesu bilden eine Einheit. Konstantin VII. Porphyrogennetos (913–959) bemerkt in seinem Zeremonienbuch, daß »die kaiserliche Macht in Rhythmus und Ordnung sich auswirkt und so ein Abbild ist jener Harmonie und Bewegung, die der Schöpfer diesem Weltall verliehen hat«. Großfürst Jaroslaw bedurfte der byzantinischen Herrschaftsstrategie, der staatskirchlichen Organisation und der Kultus-Ästhetik, die schon das Entzücken der Gesandten seines Vaters Wladimir erregt hatten.

Der Reduktionsprozeß der Klosterarchitektur

Stifterwesen und Mönchsspiritualität

Mit der Annahme des Christentums erhielt die orthodoxe Kirche in der Rus die Funktion, Staat und Gesellschaft zu konsolidieren. Kirchenzehnt, Verwaltungsaufgaben, Gerichtsbarkeit, das Recht zur Aneignung erbenlosen Vermögens, Stiftungen erhöhten ihre Macht und verschafften ihr Grundbesitz. Als nach Jaroslaws Tod gemäß seinem Testament das Kiewer Reich in selbständige Herrschaftsgebiete aufgeteilt wurde, die nur die Rangordnung und Rotation des Seniorats zusammenhielt, blieb sie die eigentliche Hüterin der Einheit. Zwar nahm mit der feudalen Zersplitterung die Zahl der Suffraganbistümer zu. Eine byzantinische Liste führt für die Mitte des 12. Jahrhunderts elf Suffragane an. Aber sie unterstanden der Kiewer Metropolie, die so bis zu einem gewissen Grad die niedergehende staatliche Zentralgewalt ersetzen mußte. Sie umklammerte kirchenrechtlich das föderal gelockerte Staatsgefüge. Da die Metropoliten zumeist Griechen waren, entwickelte sich das Zentrum des russischen Patriotismus nicht an deren Hof, an der Sophien-Kathedrale, sondern im Kiewer Höhlenkloster (Kiewo-Petscherskaja-Lawra). Die Äbte scheuten selbst eine Auseinandersetzung mit den Fürsten nicht, wenn diese dynastische Zwistigkeiten über die Interessen des Landes stellten. Die nationale Geschichte Rußlands ist wesentlich mit der Geschichte seines Mönchtums verbunden.

Das russische Mönchtum ging von den Städten aus. Selbst die ersten uns bekannten Einsiedler ließen sich am Stadtrand von Kiew und Nowgorod nieder. Thietmar und Ilarion erwähnen in allgemeiner Weise Kiewer Klöster zu Wladimirs Zeit. Die Klöster, die wir aus der Chronik genauer kennen, gehören zur Gruppe der höfischen Ktitor-(Stifter-)Klöster. 1037 gründete Großfürst Jaroslaw das Kloster des heiligen Georg (zu Ehren seines christlichen Namenspatrons) und seine Frau Irina das Irenen-Kloster. Um 1050 stiftete ihr Sohn Isjaslaw (1024–1078) das Demetrios-Kloster, das man später als Michael-Kloster mit den goldenen Kuppeln bezeichnete, und um 1070 ihr Sohn Wsewolod (1030–1093) das Wydubizki-Kloster. Auch die anderen Klöster aus der zweiten Hälfte des 11. Jahrhunderts in Kiew, Tschernigow, Nowgorod, Pereslawl und Susdal waren Stifterklöster. Die Fürsten, Adligen oder Bischöfe übereigneten ihnen nach mittelbyzantinischem Vorbild Ländereien, Einkunftsquellen und Privilegien. Dafür genossen sie besondere Rechte: der Fürbitte im Gottesdienst, der Bestattung in der Klosterkirche, der Altersversorgung bzw. ökonomischen Nutznießung, der Vererbung, der Einflußnahme auf disziplinäre und liturgische Entscheidungen und sogar auf die Berufung des Abts. Da die Orthodoxie im Unterschied zur römisch-katholischen Kirche keine Mönchsorden kennt, erhielt jedes Kloster sein eigenes Typikon. Dieses fixierte die Patronatsrechte sowie – nach den Modellen der frühchristlichen Mönchsväter Pachomios, Basilios und Sabbas – die Gottesdienstformen, die Festtagsbestimmungen und die Verfassung des gemeinsamen Zusammenlebens. Jedes Stifterkloster war zugleich Gemeinschaftskloster (Koinobion).

Auf andere Weise entstand das Kiewer Höhlenkloster. Die Klosterchronik (Väterbuch, Paterikon) schreibt: »Viele Klöster nämlich sind von Fürsten oder Bojaren oder mit Reichtum errichtet, aber sie sind nicht wie die, welche gegründet sind mit Tränen und Fasten und Beten und Wachen« [17]. Damit ist der Unterschied zur Einsiedelei oder Einsiedler-Kolonie (Laura, Skit) angesprochen. Nicht die Vorschriften der Stifter und repräsentative Gebäude standen am Anfang, sondern einsame Askese und stille Gebete. Die Brüder wählten sich selbst ihre Vorsteher und setzten diese selbst wieder ab. Nicht die Architektur, sondern die Natur kennzeichnete zunächst die Behausung. Höhlen dienten als Wohnräume und Kapellen. Die ersten Kiewer Eremiten Ilarion (der spätere Metropolit, vermutlich identisch mit Nikon, dem späteren Abt) und Antoni haben sich Mitte des 11. Jahrhunderts ihre Zellen mit eigenen Händen in den Uferhang des Dnepr gegraben und so »frei« die Höhlen-Lawra gegründet.

Antoni († 1073) gilt als geistlicher Vater. Er wurde um 983 in Ljubetsch (unweit Tschernigow) geboren und auf dem Athos als Mönch eingekleidet. Durch sein persönliches asketisches Vorbild wirkte er mehr als durch seine Leitung und Lehre. Konflikte mit Fürst Isjaslaw und das Anwachsen der Mönchsgemeinde veranlaßten ihn, sich zurückzuziehen. Nachdem sein unmittelbarer Nachfolger Warlaam von dem Großfürsten zum Abt des Demetrios-Klosters berufen worden war, übernahm 1062 sein Schüler Feodossi († 1074) die Führung. Ihn verehrt man als zweiten Gründer des Höhlenklosters. Er verwandelte die Laura in ein Koinobion, arrangierte sich mit Isjaslaw und ordnete die Übersiedlung über die Erde an. Auf einem den Höhlen benachbarten und von dem Fürsten geschenkten Gelände ließ er 1062 eine Holzkirche und Blockbauten für Mönchszellen errichten. Die Gemeinschaftsordnung bezog er aus dem Konstantinopler Mariä-Himmelfahrts-Kloster, für das Patriarch Alexios (1025–1043) die Regeln des Studios-Klosters im koinobitischen Sinn überarbeitet hatte. Sie haben sich nicht schriftlich erhalten. Vermutlich forderten sie strenge geistliche Übungen, produktive Leistungen in Arbeit und Dienst am Nächsten (Diakonia) und Verzicht auf alles, was das Evangelium nicht ausdrücklich begründete.

1073 gab Feodossi zusammen mit Fürst Swjatoslaw, der 1073–1076 den Kiewer Thron einnahm und gegen den er politisch opponierte, die monumentale Mariä-Himmelfahrts-Kathedrale in Auftrag. Der Fürst legte eigenhändig den Grundstein. Nachdem Isjaslaw aus dem Machtkampf mit Swjatoslaw als Sieger hervorgegangen war, unterstellte ihm Feodossi das Kloster und entzog es der Aufsicht des Metropoliten. Der Bericht der Klosterchronik über seine Kritik am sich anhäufenden persönlichen Besitz der Mönche zeigt nicht nur, wie das ursprüngliche Eremitenleben in die Krise geriet, sondern überhaupt, wie zwischen dem Stifterwesen und den asketischen Verpflichtungen des Typikons Widersprüche aufkamen.

Nicht näher eingegangen werden kann hier auf die Spannung, die zwischen dem Höhlenkloster als Pflanzstätte altrussisch-nationaler Ideen und Ideale und dem Metropolitanhof an der Sophien-Kathedrale bestand. Zwar kam es nie zu einer offenen Konfrontation mit den griechischen Metropoliten. Das russische Mönchtum war den monastischen Zentren von Byzanz – besonders dem Studios-Kloster und dem Athos – eng verbunden. Jedoch dürfte die Opposition eine neue architektonische Leitlinie gefördert haben, die von dem Katholikon ausging. Materielle Basis der Eigenständigkeit des Höhlenklosters wurden die zahlreichen Schenkungen und Übereignungen, die ihm nach der Unterstellung unter das fürstliche Patronat zunehmend Reichtum einbrachten. Die Parteinahme in den dynastischen Zwistigkeiten wechselte. Die Fürsten lavierten in ähnlicher Weise zwischen den beiden kirchlichen Zentren je nach der innen-

Kiew, Höhlenkloster, Lageplan aus dem 17. Jahrhundert (nach Herbinius)

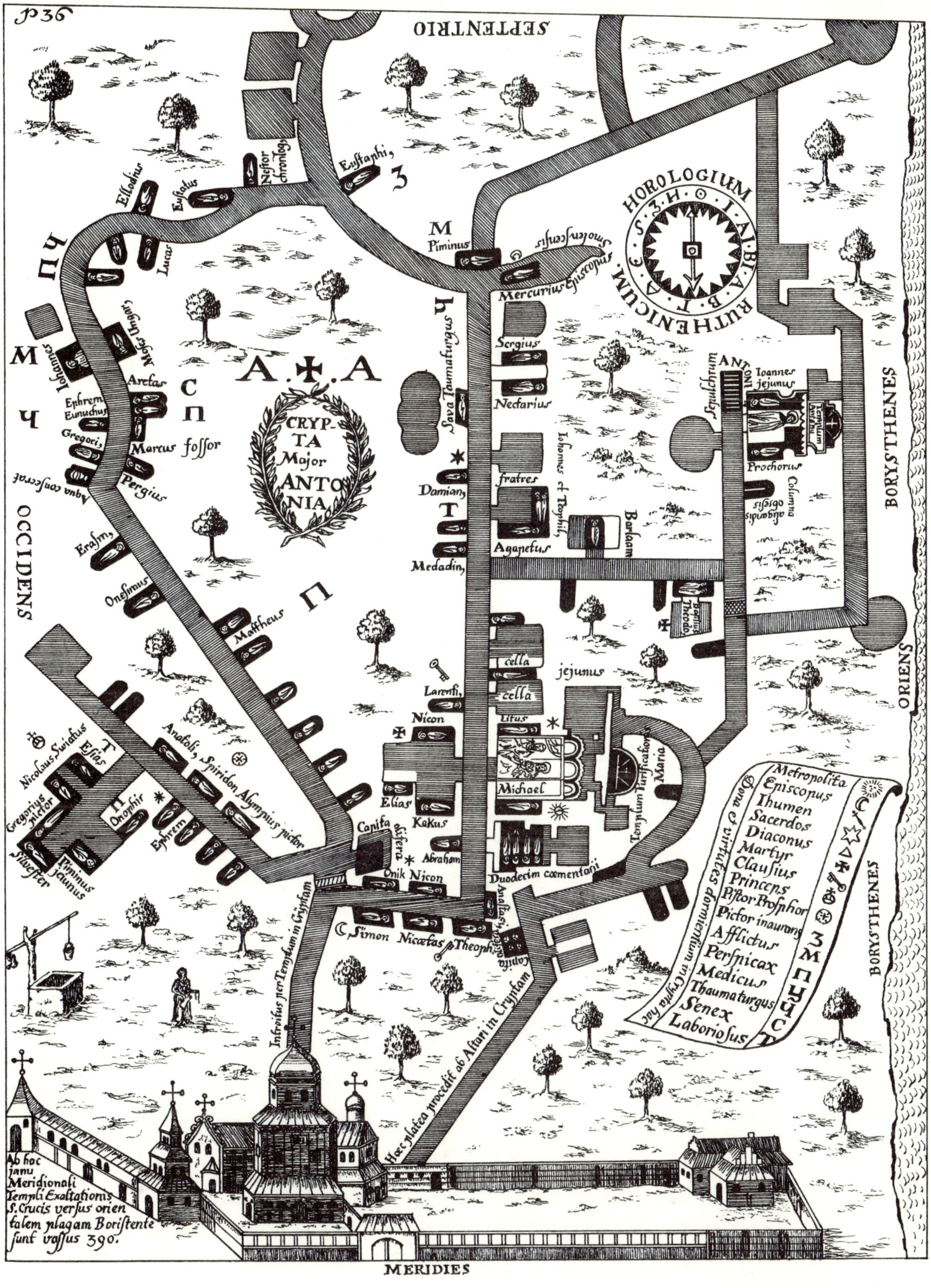

politischen Konstellation und dem Verhältnis zu Byzanz. Jedoch gab es ideologisch immer Übereinstimmung in dem Grundgedanken, den Ilarion formuliert hatte: Herrscher und Volk der Rus als Heilsträger zu legitimieren. Praktisch entfaltet wurde der Gedanke durch Beratung und Seelsorge der Fürsten – nur Mönche waren Beichtväter –, oft verbunden mit Sozialkritik und Protest gegen feudale Uneinigkeit, und durch den Nachweis eigener russischer Heiliger, Märtyrer und Reliquien.

Die Kanonisierung mußte zwar der Metropolit vollziehen. Aber die Mönche schufen die Voraussetzung: durch Anfachen der Verehrung im Kirchenvolk, durch Bestätigung von Wundern am Grabe und durch Vorlage der notwendigen Lebensbeschreibung. Die Vita von Boris und Gleb, der ersten nationalen Heiligen, findet sich in der Chronik, die der Mönch des Kiewer Höhlenklosters Nestor verfaßt hat. Die zwei der zwölf Söhne des Großfürsten Wladimir waren nach dessen Tod von ihrem Halbbruder Swjatopolk, der nach Alleinherrschaft strebte, heimtückisch ermordet worden. Nestor betont – entsprechend dem Senioratsprinzip – das Recht des Ältesten und glorifiziert die Brüder als Helden der nationalen Einheit. 1072 wurden sie offiziell heiliggesprochen und ihre Reliquien in einer neuen, ihnen geweihten Holzkirche in Wyschgorod, der Kiewer Residenz, ausgestellt. Ihnen folgten in der Kanonisierung Großfürstin Olga, die sich schon 957 hatte taufen lassen, und die Mönchsväter Antoni und Feodossi. Im 12. Jahrhundert entstand im Höhlenkloster die Legende von der direkten Missionierung Kiews und Nowgorods durch den Apostel Andreas.

Von den Klosterkirchen Jaroslaws wissen wir kaum etwas. Als seine Söhne in Kiew ihre Hausklöster gründeten, entschieden sie sich für das in der Desjatin-Kirche vorgebildete dreischiffige Sechs-Pfeiler-Schema. Die im Auftrag von Isjaslaw um 1062 erbaute Demetrios-Kathedrale des Demetrios-Klosters und die unter Wsewolod im Wydubizki-Kloster 1070–1088 errichtete Michael-Kathedrale besaßen eine Tambourkuppel über der Vierung und im Nordwesten – asymmetrisch hervorragend – einen Treppenturm. Das »klassische« Beispiel für die neue Baurichtung bot die einkupplige und turmlose Mariä-Himmelfahrts-Kathedrale des Kiewer Höhlenklosters, die 1073–1078 entstand, 1089 geweiht und 1941 zerstört wurde. Ihrem Modell folgten die meisten höfischen, klösterlichen und städtischen Kathedralen der Zeit vor dem Tatareneinfall. Charakteristisch waren die architektonische Reduktion und Vereinfachung – in den Dimensionen, im Grundriß und in den Formen. Die fürstlichen Stifter befehdeten sich in der Politik und wetteiferten miteinander in der Baukunst. Zwischen ihren weltlichen Interessen und den asketischen Gelöbnissen der Bruderschaft kam es jedoch zu Spannungen, für die architektonische Kompromißlösungen gesucht werden mußten. Die Reduktion war einerseits eine Folge der materiellen Einschränkung, die sich die Teilfürsten im Prozeß der feudalen Zersplitterung aufzuerlegen hatten, andererseits des apostolischen Armutideals der Mönche. Die neue Baurichtung trug höfische und monastische Stil-

Kiew, Mariä-Himmelfahrts-Kathedrale des Höhlenklosters, Rekonstruktion der Nordseite

merkmale. Man nahm sowohl das Vorbild der Desjatin-Kirche als auch Formen der zeitgenössischen Klosterarchitektur in den byzantinischen Provinzen auf.

Die Chronikberichte belegen eine wachsende Verflechtung von Aristokratie und koinobitischem Mönchtum. Die »Epoche des Mönchruhms« in Byzanz hatte ihre russische Parallele. Einerseits griff das Stifterwesen um sich, andererseits traten immer mehr Adlige in den Mönchsstand ein. Er diente als Zuflucht jener Herrensöhne, die sich der Abhängigkeit vom Fürsten entziehen wollten oder als Nachgeborene keinen gebührenden Platz in der Erbfolge finden konnten. Andere, reiche Laien kauften sich mit Schenkungen oder Geld in die Klöster ein und erwarben dadurch das Recht auf Unterhalt. Die Koinobien entwickelten eine »geschlossene Hauswirtschaft« mit einer »ökonomischen« Einteilung der Zeit für den Gottesdienst und die Arbeit. Die Verachtung der manuellen Tätigkeit schlug um in eine positive Wertung als notwendiges Sozial- und Bußwerk. Feodossi organisierte die Arbeitsteilung der Mönche und Laienbrüder und eine großzügige öffentliche Alters-, Armen- und Krankenfürsorge. Ökonomisch und moralisch mag die Klosterwirtschaft beispielgebend für die Feudalhöfe gewesen sein, die in Übereinstimmung mit der wachsenden Agrar- und Naturalwirtschaft immer stärker nach Autarkie strebten und sich als kleine Festungen abkapselten. Man darf jedoch auch nicht die liturgische Reform übersehen: Im Studiten-Typikon traten die theatralischen Riten der Hagia Sophia zurück gegenüber intensiven Gesängen und Gebeten. Das Kiewer Höhlenkloster vererbte die neue Gottesdienstordnung allen anderen Stifter- und Gemeinschaftsklöstern, und von hier aus drang sie in die Hof- und Pfarrkirchen ein. Der Tageszyklus aus eucharistischem Meßopfer, vier Offizien und vier Horen soll bis ins 17. Jahrhundert in den russischen Kirchen eingehalten und erst später auf fünf und drei Gottesdienste verkürzt worden sein. Die Lebensweise und die Mittel der gesellschaftlichen Disziplinierung veränderten sich und somit auch den Kirchenbau.

Es gibt kein ausgesprochen monastisches Bauprogramm. Trotzdem zeichnen sich die koinobitischen Lebensformen in den Bauformen ab. Typisch ist der Prozeß der Reduktion und Vereinfachung, der im mittelalterlichen Rußland wie kaum anderswo die Geschichte der gesamten Sakralbaukunst beeinflußte. Ein weiteres Charakteristikum ist die Vereinzelung. Elemente des Einsiedlerlebens wurden im Koinobion bewahrt, so auch das individuelle Wohnen in eigenen Höhlen, Hütten oder Zellen. Das Typikon wandte sich an das einzelne Kloster und an den einzelnen Bruder, beschäftigte sich nicht so sehr – wie Benedikt von Nursia in seinen Regeln – mit der Führungsposition und dem Erziehungswerk des Abts. Trotz Normierung wurde die individuelle Religiosität respektiert, folglich die organisatorische und gesetzgeberische Grundlage auf ein notwendiges Maß beschränkt. Gehorsam bedeutete »nicht durchgängig die Bindung an den Oberen ein und desselben Klosters und Armut nicht durchweg den Verzicht auf jeden Besitz« (H. G. Beck) [18]. Grundlage dürfte der Spielraum gewesen sein, den die orthodoxe Glaubens- und Denkhaltung als solche einräumte: in der Vorstellung vom Individuum als Gefäß und Bild Christi, in seinem Zusammenwirken mit der göttlichen Gnade an der Erlösung. So sind denn auch die orthodoxen mehr als die römisch-katholischen Klosterkomplexe auf das Leben des einzelnen orientiert.

Gesamtchristlich war die Forderung nach Stille und Abgeschlossenheit, die sich in der Umfassung des Klosters ausdrückt. Innerhalb dieser befinden sich Behausungen, Werkstätten, Brunnen, Gärten, um möglichst unabhängig zu bleiben und der Pflicht zur Fürsorge und Gastlichkeit zu genügen. Die beiden Zentren sind die Hauptklosterkirche (das Katholikon) und das Speisehaus (Refektorium, Trapesnaja). Während die Benediktiner zusammen wohnen und schlafen, haben die als Koinobiten lebenden Mönche ihre eigenen Zellen. Diese sind in einem steinernen Wohntrakt an der Umfassung tonnenförmig eingewölbt oder ziehen sich hier – wie im alten Rußland die Regel – einzeln als Blockhütten entlang. G. Bandmann vergleicht die Anordnung mit dem Umgangsmotiv des Peristyls [19]. Die Koinobiten strömen zentripetal von der Peripherie zur Mitte zusammen, wenn mehrfach am Tage das Semantron oder die Glocke zum Gottesdienst oder zu den Mahlzeiten ruft, und entfernen sich nach Abschluß zentrifugal wieder in die Vereinzelung.

Im orthodoxen Gemeinschaftskloster ergriff die Zentralisation nicht nur das Gebäude des Katholikons, sondern auch den Lebensrhythmus der Mönche, also das Ensemble. Im Gegensatz zum Idealplan von Sankt Gallen zeichnet sich die Bebauung durch lockere, zum Teil zufällige Anordnung aus. Den einzig festgelegten Orientierungsort bildet das Katholikon. Es muß sich selbständig und frei, von allen Seiten sichtbar, im Zentrum des Geländes erheben. Unmittelbar gegenüber oder ganz in seiner Nähe steht das zweitwichtigste Gebäude, das Speisehaus. Da die Orthodoxie nur einen Hauptaltar im Kirchenraum gestattet, entstanden »Kirchenfamilien« mit unterschiedlichen Funktionen: neben dem Katholikon für das eucharistische Meßopfer Brunnen- und Taufkapellen, Reliquien- und Sepulkralheiligtümer. Vor allem dem Hauptportal, das überdacht und oft als Betkapelle ausgestaltet wurde, galt die Aufmerksamkeit. Eine spezifisch altrussische Ausformung ist der Typus der steinernen Torkirche. Die Synthese von Torturm-, Zentral- und Kuppelkirchenbau verweist auf die Symbolik des Eingangs zum Himmlischen Jerusalem. Sie wurde wie die Wehrfunktion vom »Goldenen Tor« übernommen. Die brüderliche Gemeinschaft war gleich dem Einsiedler in seiner gottesfürchtigen Persönlichkeit Bild des mystischen Leibes Christi, die »Klosterstadt« Bild des himmlischen Zion. Die Fortifikation mittelbyzantinischer Klöster mit gewaltigen, zinnenen Umfassungsmauern – häufig verstärkt durch breite Wehrgänge über Arkadengewölben – ähnelt im Streben nach Geraden, gleichen Winkeln und Symmetrie sehr oft dem spätrömischen Kastell. Dagegen entlehnten die frühen russischen Klöster ihr Befestigungssystem mehr den slawischen Siedlungen und paßten ihren Grundriß dem natürlichen Bodenrelief an.

Die Kathedrale des Kiewer Höhlenklosters

Wie Feodossi einen Bruder nach Konstantinopel schickte, um die Studiten-Regeln abzuschreiben, soll er dort durch Werber auch neue Baumeister unter Vertrag genommen haben. D. Ainalow spricht von der zweiten byzantinischen Schule in Kiew. Das Mauerwerk läßt keine eindeutigen Schlüsse zu. Die Mauerreste der Mariä-Himmelfahrts-Kathedrale zeigen jedoch eine neue Technik: Statt des »opus mixtum« der Sophien-Kathedrale herrscht die reine Ziegelbauweise vor. Die Mörtelfugen zwischen den Ziegellagen sind mit Ritzungslinien versehen, für die es in Byzanz Parallelbeispiele, aber keine direkte Übereinstimmung gibt. [20] In der Formgebung erfolgte eine neue, spezifisch russische Synthese. Bis zum Tatareneinfall bedingte sie eine regional differenzierte, aber kontinuierliche Stilfolge des Kreuzkuppeltyps. Wie das Kiewer Höhlenkloster zum gesellschaftlichen Kultur- und Bildungszentrum, zum »Sauerteig des ganzen russischen Christentums« (E. Benz) wurde und das staatlich zersplitterte Land zusammenfaßte, wie es seine geistliche Ordnung und Zucht allen etwa siebzig bis Anfang des 13. Jahrhunderts entstandenen Stifter- und Gemeinschaftsklöstern vererbte, wie es zahlreiche Suffraganbischöfe und Äbte stellte, so gab sein Katholikon eine neue Leitlinie an. Mit dem Tatareneinfall brach sie ab, aber mit dem Aufstieg des Moskauer Staats erfuhr sie eine neue Rezeption.

Kiew, Mariä-Himmelfahrts-Kathedrale des Höhlenklosters, Grundriß, siehe auch Textabb. S. 68

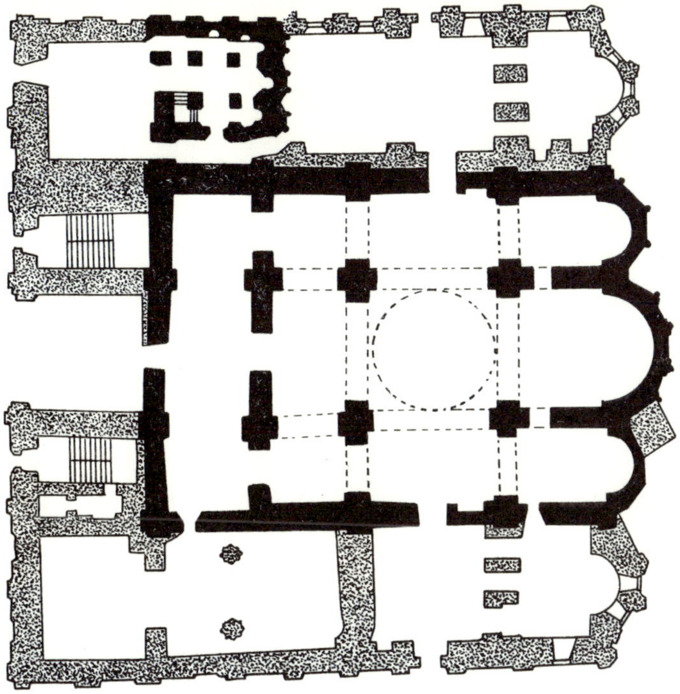

Das Gebäude der Mariä-Himmelfahrts-Kathedrale wurde 1073 begonnen und 1078 zur Amtszeit von Nikon, dem früheren Eremiten, fertiggestellt. Es besaß nur eine, die Vierungskuppel: Symbol des einen, einzigen Herrn. Anstelle der Nebenkuppeln verwendete man über den Eckräumen Tonnengewölbe. Das Grundrißschema entspricht dem »type simple« und weist drei Schiffe mit polygonal ummantelten Apsiden, sechs Pfeiler und einen abgesonderten, doppelgeschossigen Narthex auf, dessen Obergeschoß als Empore diente. Das östliche Paar der im Querschnitt kreuzförmigen Pfeiler verschmolz mit den Innenwänden der Apsiden, das westliche Paar mit der Trennwand des Narthex, nur das mittlere Paar, das im Westen die Kuppel stützte, stand frei im Raum. Das Tonnenkreuz erhob sich über die in gleicher Höhe angeordneten anderen Tonnengewölbe. Die flachen, konstruktiven Lisenen (Lopatki), die an Mauerverstärkungen romanischer Architektur erinnern, gliederten die Seitenfassaden in vier und die Westfassade in drei Abschnitte. Sie gingen unmittelbar in die Gesimsstreifen der Rundgiebel und Pseudo-Sakomari über, so daß ein »Wellendach« mit erhöhtem Mittelabschnitt erschien. Selbst den Seitenabschnitten, die der Gewölbestruktur nach geradlinig abschnitten, wurden Sakomari aufgesetzt. Das der Pfeilerstellung und Einwölbung im Innenraum angemessene Arkadenmotiv markierte das Skelett, ohne die tragenden Wände zu entmaterialisieren. Nischen-Reihen dekorierten wie bei der Sophien-Kathedrale die Apsiden und bezeugten höfische Einwirkung.

Mit dem Katholikon setzten sich das Sechs-Pfeiler-Schema und der blockhafte Sakomari-Typ durch. Neben der Tradition der »ersten Schule« byzantinischer Meister spielte die Rezeption der zeitgleichen Klosterarchitektur Griechenlands, Kleinasiens und Bulgariens eine Rolle. Hier gab es die Neigung zur basilikalen Streckung, während bei den kleinen Konstantinopler Bauten aus der Herrschaftsperiode des Militär- und Beamtenadels (1034–1081) und der Komnenen-Dynastie (1081–1185) die zentralisierenden Tendenzen dominierten. In dem Christus Pantokrator geweihten dynastischen Konstantinopler Kloster der Komnenen finden sich drei Kirchen aus der ersten Hälfte des 12. Jahrhunderts, deren Westfassade mit Rundgiebeln abschließt. Die Sakomari sind also keine russische Erfindung. Aber in Byzanz erreichen sie keine dekorative Ausformung und umziehen nie die ganze Dachzone.

Das Patrozinium der Gottesmutter war kein Zufall. Um die Baugeschichte ranken sich zahlreiche Marienwunder. So berichtet die Klosterchronik, die Ikone der Gottesmutter von Blacherna in der Konstantinopler Blachernen-Kirche habe griechische Architekten und Maler entsandt. Bei der Mosaizierung, an der Meister Alimpi – der älteste, namentlich bekannte russische Malermönch – teilnahm, sei eine weiße Taube aus dem Mund der Orans in der Hauptapsis hinauf zum Pantokrator in der Hauptkuppel und von dort aus zurück geflogen, wobei sie jedes Heiligenbild aufgesucht habe. Die Nachricht belegt die Rezeption des mittelbyzantinischen Bildprogramms, aber auch die Bezugnahme Marias zum Heiligen Geist, die im christlichen Orient eine wichtige Rolle spielte. Durch Ausformung des Marienkults – in Korrespondenz zur Jerusalemer Grabestradition – hatte das Studios-Kloster die liturgischen Riten, Gesänge und Gebete intensiv angereichert. Besondere Aufmerksamkeit schenkte man dem Fest des Entschlafens der Gottesmutter (russisch: Uspenije, griechisch: Koimesis), das wir als Mariä Himmelfahrt bezeichnen. Patriarch Alexios gründete 1034 bei Konstantinopel ein Kloster dieses Namens und setzte seine Überarbeitung der Studiten-Regeln hier als Typikon ein, die gleiche Fassung, die Feodossi für das Kiewer Höhlenkloster übernahm. Zahlreiche Kirchen in anderen byzantinischen Klöstern, besonders auf dem Athos, wurden dem Marienfest (15. August) geweiht.[21] Seit Mitte des 11. Jahrhunderts mehrten sich auch die Koimesis-Darstellungen in der byzantinischen Wandmalerei. A. Grabar stellt noch eine politische Funktion fest: In der Geschichte der altrussischen Baukunst sei das Patrozinium Mariä Entschlafen immer wieder mit dem nationalen Gedanken der Kontinuität des russischen Staates verbunden worden.

Höfisch-monastische Motivbildung

Der Klostergottesdienst stand allen Gläubigen offen. Unter monastischem Aspekt erfolgte die Abtrennung des Narthex. In ihm fanden die Teile des klösterlichen Gebetsgottesdienstes und die Segnungen statt, die besonderen Bußcharakter trugen. Nach den Studiten-Regeln mußten außer dem eucharistischen Meßopfer an jedem Tag Morgengottesdienst (Matutin, Utreniza), Vesper (Wetschernja, im Komplex mit dem Nachtgottesdienst) und Mitternachtsgottesdienst (Polunoschtschina) gefeiert werden, dieser letzte ausschließlich im Narthex. In Byzanz und auf dem Balkan entwickelte sich der Narthex zu einem eigenen Baukörper. Wenn er die Empore aufnahm, konnte er in einen inneren Narthex (Endonarthex) und einen äußeren Narthex (Exonarthex) gegliedert werden. Dann öffnete sich der innere Narthex durch eine Säulenstellung zum Naos, aber der äußere Narthex erfuhr eine strenge Abtrennung. Bei den meisten mittelbyzantinischen Klosterkirchen ist er als Querriegel separat im Westen angelegt und überragt die Eckräume des Naos. In Rußland besitzt er etwa die gleiche Breite wie die Seitenschiffe und – analog zum inneren byzantinischen Narthex – eine enge räumliche Beziehung zum Naos. Schon im 12. Jahrhundert löste er sich als Querriegel auf und wurde Bestandteil des Kirchenschiffs, wobei er die Empore beibehielt. Das Katholikon des Erlöser-Klosters zu Berestowo (1113–1125) bei Kiew übernahm noch die Abtrennung von der Höhlenkloster-Kathedrale und betonte sie sogar durch Risalite. Dagegen ordnete die Georgs-Kathedrale des Nowgoroder Jurjew-Klosters (1119) den Narthex schon in den Naos ein. Die Tonne des westlichen Kreuzarms setzt sich – unterbrochen nur durch den üblichen Gurtbogen – im mittleren Joch der Westempore fort, und die Wandmalerei betont die Kontinuität der Scheitelachse. Die Emporenecken bleiben allerdings isoliert.

Erläuterungen und Textabb. S. 351, 357f. und Abb. 110

Bei den Stifterklöstern diente das Emporengeschoß der höfischen Repräsentation und der Privatfrömmigkeit. Zugleich wuchsen dem Narthex öffentliche Gebrauchswerte zu. Unter dieser Bedingung entstand eine Funktionsverlagerung. Seit dem 12. Jahrhundert lassen sich zwei Motivketten feststellen: Bei der einen Lösung ragen drei eingewölbte Vorhallen in der Art von Portiken oder Lauben vor den Eingängen des nördlichen, westlichen und südlichen Kreuzarms aus der Bauflucht heraus. Georgisch-abchasische Kirchenbauten des 7. bis 10. Jahrhunderts (Bzibi, Anagoria, Mokwi) zeigen die gleiche Anlage, die sich Mitte des 13. Jahrhunderts an der

Sophien-Kathedrale in Trapezunt wiederholte, sonst jedoch in der byzantinischen Architektur nicht findet. Allerdings waren Portalvorbauten am westlichen Eingang und am Querhaus Bestandteil romanischer Stilfolgen. Eine zweite Motivkette führt die Tradition des Umgangs durch den dreiseitigen Anbau eingeschossiger Galerien fort, also eine Lösung, die wir aus Konstantinopel, dem Balkan und von Bauphasen der Kiewer und Nowgoroder Sophien-Kathedrale kennen. Wie in den Vorhallen oder Galerien der Mitternachtsgottesdienst stattfand, weiß man nicht. Als Bereich zwischen Kirchenhoheit und öffentlichem Leben boten sie jedenfalls Akten feudaler Machtausübung und gesellschaftlichen Zusammenkünften Platz. Der Name »Pritwor« weist auf höfische Funktionen hin. Außerdem konnten sich die Gläubigen, die oft lange Wegstrecken zurückzulegen hatten, hier ausruhen. Sie verweilten und beteten, bevor sie den Kirchenraum betraten. Davon zeugen Kapellen und kleine Nischen für Ikonen. Katechumenen existierten kaum noch, da die Kindertaufe obligatorisch geworden war.

KIEW, ERLÖSER-KIRCHE im Erlöser-Kloster zu Berestowo
Erläuterungen und Textabb. S. 351
Abb. 30, 32

Erläuterungen S. 357
Abb. 105–107

Zwischen der Mitte des 11. und der Mitte des 13. Jahrhunderts gründete fast jeder Teilfürst in seiner Residenzstadt ein Männer- oder Frauenkloster. Praktisch bestimmte er den Abt, den der Bischof dann weihte. Aber auch die Bischöfe traten als Stifter von Klöstern auf. Eine exakte Festlegung läßt sich historisch oft nicht treffen. So war das Erlöser-Kloster zu Berestowo bei Kiew eine episkopale Gründung, aber neben der 1113–1125 errichteten Klosterkirche lag die Gruftkapelle des Fürstenhauses, so daß die Mitsprache von Großfürst Wladimir Monomach (1053–1125) anzunehmen ist. Im Rahmen der Stiftungen entfaltete sich eine rege Bautätigkeit, besonders in Nowgorod. Die Mariä-Geburts-Kathedrale des Antonius-Klosters hat eine interessante Baugeschichte. Die Legende berichtet, Antonius der Römer sei von den Gestaden Süditaliens auf einem Stein »wie auf einem Nachen« angeschwommen und am rechten Ufer des Wolchows gelandet. Vor der Stadtmauer der Nowgoroder Handels-Seite habe er 1106 eine Einsiedler-Kolonie gegründet. Vermutlich begann vor 1117 der Bau einer schlichten, vierpfeilerigen Klosterkirche. Wie beim Kiewer Höhlenkloster muß aber bald – unter dem gemeinsamen Druck des Fürsten Mstislaw Feodor und des ihm sonst verfeindeten Bischofs Nikita – die Umwandlung in ein Gemeinschaftskloster erfolgt sein. Man hat wahrscheinlich noch während des Bauprozesses die Klosterkirche um ein westliches Pfeilerpaar und den Narthex erweitert. Nicht nur in der Lebensweise, auch in der Architektur der Klöster verquickten und widerstrebten sich monastische und höfische Intentionen. Das Stifterwesen führte zur reichen Bebauung und Ausstattung und zur allmählichen Verweltlichung. Der gegenweltliche Protest blieb nicht aus. Einerseits setzte innerhalb der Gemeinschaftsklöster eine Absonderung einzelner Mönche durch übertriebene Askese ein. Andererseits entwickelte sich seit dem 13. Jahrhundert, ausgehend vom Rostow-Susdaler Land, eine Einsiedlerbewegung, die ihre Ideale in »Einöd-Siedlungen« jenseits der Wolga zu verwirklichen trachtete. Sie begnügte sich mit der Holzarchitektur.

Seit der Mitte des 12. Jahrhunderts wurden die überkommenen Formen nochmals einer Reduktion und Vereinfachung unterzogen. Man baute in kleineren Dimensionen, verzichtete auf den Narthex und beschränkte sich auf die vier Kuppelpfeiler im Innenraum, beim »type simple« auf zwei freistehende. Der Baukörper weist einen fast quadratischen Grundriß, eine kubische Verblockung, eine einzige Kuppel und das Wellendach der umlaufenden Sakomari auf. Die Pfeiler stehen dicht an den Außenwänden und verbreitern das Tonnenkreuz etwa um das Doppelte der Seitenschiffe, so daß in der Fassadengliederung die seitlichen Abschnitte schmaler ausgebildet sind als der zentrale Wandabschnitt. Häufig verbleibt im Westteil die Empore, während sich die Altarpartie durch drei etwa gleich hohe Apsiden auszeichnet.

Das aus der frühbyzantinischen Architektur Kleinasiens, Syriens und des Kaukasus und aus der mittelbyzantinischen Architektur Griechenlands und des Balkans bekannte Vier-Pfeiler-Schema erscheint in der russischen Baugeschichte zuerst über dem Goldenen Tor von Kiew und dann im Kiewer Höhlenkloster. Ende des 11. und Anfang des 12. Jahrhunderts wurden hier zwei Kreuzkuppelkirchen errichtet, die ihrer Funktion nach den Narthex ohnedies nicht benötigen: die steil proportionierte Johannes-Taufkapelle an der Nordwestecke der Mariä-Himmelfahrts-Kathedrale und die kubische Dreieinigkeits-Kirche über dem Haupttor des Klosters. In der Folge rückte der vierpfeilerige Sakomari-Typ einerseits zum Katholikon auf, vermutlich das erste Mal im Nowgoroder Antonius-Kloster. Andererseits wurde er immer mehr als Hauptpfarr- und Hofkirche genutzt. Die Kiewer Basilios-Kirche (Mitte des 12. Jahrhunderts), die Peter-und-Paul-Kirche in Smolensk (1146) und die Basilios-Kirche in Owrutsch (Ende des 12. Jahrhunderts) dienten städtischen Gemeinden. Die Boris-und-Gleb-Kirche in Kidekscha (1152) war eine der ersten Hofkirchen. Der vom Mönchtum bevorzugte neue Bautyp entsprach Bedürfnissen und materiellen Mitteln in der Periode der feudalen Zersplitterung: einer eingeschränkten, bescheideneren Hofhaltung der Teilfürsten bei einem wachsenden partikularistischen Selbstbewußtsein.

Textabb. S. 68, 71
Erläuterungen und Textabb. S. 351
Abb. 29, 31
Abb. 48
Textabb. S. 84

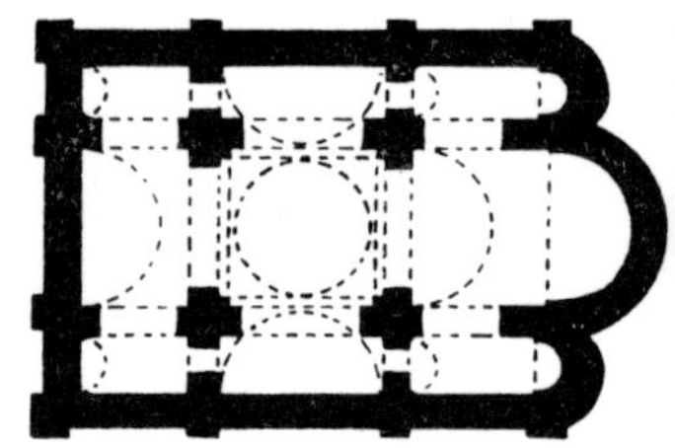
Kiew, Basilios-Kirche, axonometrische Darstellung und Grundriß

Der monastisch-höfische Prozeß architektonischer Reduktion und Vereinfachung verquickte sich mit der Rezeption romanischer und orientalischer Stilelemente. Den Ursachen jeder konkreten Ausformung nachzuforschen ist kaum möglich. Romanische Formen drangen besonders über Nowgorod, die westrussischen Fürstentümer und Galizien-Wolynien ein – vornehmlich aus Polen und Ungarn. Die Krim war das Tor nach Kleinasien, zum Kaukasus und zum Heiligen Land. Wechselnde Bündnisse und dynastische Heiratspolitik, wandernde Handwerker und Werkstätten, Händler, Diplomaten, Emigranten und Pilger sorgten für die Vermittlung. Die russischen Teilfürstentümer standen trotz ihrer politischen Verselbständigung im regen kulturellen Austausch. In der Architektur gab es einerseits gesamtrussische Stiltendenzen, andererseits bildeten sich regionale Eigenarten heraus.

Süd- und westrussische Fürstentümer

Kubisch-linearer Sakomari-Typ und malerischer Turm-Typ

Wladimir Monomach (1053–1125), einem Enkel Jaroslaws des Weisen und des byzantinischen Kaisers Konstantin IX. Monomachos, gelang vorübergehend nochmals die Einigung der Rus. Literarisch bekannt wurde er durch die »Belehrung«, ein Erziehungshandbuch, in dem er das Idealbild eines christlichen Herrschers entwarf, seine Söhne zur Demut und Nächstenliebe ermahnte und die Natur als Lobpreis des Schöpfers betrachtete. Er gründete die Stadt Wladimir an der Kljasma (1108), während er seinen Erbbesitz, das Fürstentum Perejaslawl, verwaltete (1094–1113). Nach dem Tod des Fürsten Swjatoslaw Isjaslawitsch 1113 kam es in Kiew zu einem Aufstand, in dessen Verlauf Wladimir Monomach den großfürstlichen Thron bestieg. Vermutlich gab er im gleichen Jahr die Erlöser-Kirche zu Berestowo in Auftrag, die sich nach dem Modell der Mariä-Himmelfahrts-Kathedrale richtete, jedoch bemerkenswerte Eigenheiten aufweist. Besondere Aufmerksamkeit widmete er dem Boris-und-Gleb-Kult. Mit seinem Tod im Jahre 1125 traten die Beschlüsse des Fürstentags von Ljubetsch (1097) in Kraft, nach denen jeder Sohn sein »Vatererbe« behalten sollte. Dadurch wurde freilich weder die Primogenitur eingeführt, noch hörten die Onkel-Neffen-Konflikte auf. Die feudalen Fehden dehnten sich sogar aus und trugen zusammen mit dem wachsenden Druck der Steppennomaden zum Zerfall des Kiewer Reichs und zur Verlegung der Handelswege nach dem Nordosten bei. Manche großen Städte wählten nach einem Aufstand von sich aus ihre Fürsten. So war Wladimir Monomach der Kiewer Thron von der Stadtobrigkeit angetragen worden, und Nowgorod entmachtete 1136 Fürst Wsewolod Gawriil und rief die »Republik des Wetsche« aus.

In der Rangfolge stand Kiew formell an der Spitze, dann folgten Tschernigow (mit Tmutorakan) und Perejaslawl (zunächst mit Rostow, Wladimir-Wolynsk und Turow). Relativ unabhängig war Nowgorod. Bald separierten sich neue Teilfürstentümer wie Smolensk, Galitsch, Rjasan, Susdal usw. Jeder Herrscher sorgte möglichst bald für die Einsetzung von Suffraganbischöfen und die Niederlassung von Bauwerkstätten.[22] Politisch bildeten sich vier neue Zentren heraus: Galizien-Wolynien, Smolensk, Rostow-Susdal (mit Wladimir an der Kljasma) und Groß-Nowgorod. Die im Verlauf des 12. Jahrhunderts analog entstehenden regionalen Bauschulen griffen gemeinsam auf das Erbe von Kiew und Byzanz zurück. Historisch läßt sich nur schwer belegen, woher jeweils die Angehörigen einer Bauwerkstatt stammten. In der Regel ersetzten die einheimischen allmählich die fremden Meister. Nach den Angaben der Chronik wäre die »Einladung der Griechen« für den Bau der Höhlenkloster-Kathedrale die letzte Anwerbung in Byzanz gewesen. Grundriß, Raumstruktur, Dachpartie, Kuppelform weisen immer mehr Unterschiede zu byzantinischen Kreuzkuppelkirchen auf. Die regionalen Bauschulen vereinfachten oder vervollkommneten die übernommenen technischen Methoden. Sie richteten Ziegeleien ein und nutzten die eigenen Natursteinsorten. Die Verdeckte-Schicht-

Technik wich bald dem einfachen Ziegelmauerwerk, Hausteinmauerwerk, Blendmauerwerk oder opus mixtum. In Kiew wurden einige Kirchen von einer Werkstatt aus Smolensk errichtet. Der vom Seniorat bestimmte Wechsel der Residenzen betraf wohl oft auch Baumeister, die sich an ihren Bauherrn gebunden fühlten.

Hier ist es weder möglich, auf die sozialen Verhältnisse der Teilfürstentümer und die Veränderungen der politischen Bündnisse und territorialen Grenzen näher einzugehen, noch, alle erhaltenen Bauten des 12. Jahrhunderts einzeln vorzustellen.

Textabb. S. 13, 68, 84

Neben den spezifischen Formtendenzen regionaler Bauschulen spielten übergreifende Motive der höfischen Klosterarchitektur eine Rolle. In allen Architekturlandschaften findet sich die kubisch-lineare Variante des Sakomari-Typs mit der Verblockung des Baukörpers nach dem Beispiel der Mariä-Himmelfahrts-Kathedrale. Die Fassaden zeichnen sich durch eine Arkatur aus abgestuften Wandpfeilern bzw. Lisenen und Giebelstreifen aus und betonen die Massivität der Mauern. Den oberen Abschluß bildet das Wellendach, wobei der zentrale Wandabschnitt entsprechend dem erhöhten Tonnenkreuz eine breitere und höhere Gestalt aufweist als die seitlichen Abschnitte. Im Verhältnis zu byzantinischen Kreuzkuppelkirchen herrschen steilere Proportionen. Sechspfeilerige Kreuzkuppelkirchen dieser Art haben sich in Tschernigow, Wladimir an der Kljasma und Nowgorod erhalten, vierpfeilerige in allen Regionen. Allerdings kam in der Klosterarchitektur noch eine zweite, wirklich vertikale und »malerische« Variante auf. Aus welchen konstruktiven und künstlerischen Quellen sie entstand, ist umstritten. N. Brunow meint, Einflüsse des christlichen Orients und der bodenständigen Holzarchitektur zu erkennen, A. Grabar solche der abendländischen Romanik. Charakteristisch ist der pyramidale Aufbau: in der Abstufung der Bauteile und im oberen Abschluß. Einerseits steigerte sich die Höhendifferenz zwischen Vorhallen bzw. Apsiden und zentralem Baukörper, zwischen Tonnenkreuz und Vierungsbögen. Andererseits entwickelte sich ein Dreipaß in der Dachzone.

Textabb. S. 351, 77, 352, 14

Der Dreipaß formte in der Regel die Einwölbung, Giebel und Dachform. Die uns bekannten Bauten ergeben folgende historische Kette: westliche Eingangsvorhalle der Erlöser-Kirche zu Berestowo (12. Jahrhundert), Baukörper der Erzengel-Michael-Kathedrale (Swirskaja) in Smolensk (1191–1194), der Paraskewa-Pjatniza-Kirche in Tschernigow (Ende des 12. Jahrhunderts) und der gleichnamigen Kirche auf dem Nowgoroder Markt (1207). Eine Übergangslösung stellt das Katholikon des Erlöser-Euphrosyne-Klosters in Polozk (um 1150) dar: Apsiden und Narthex waren wesentlich niedriger angelegt als der Naos. Entsprechend prägten an der Ost- und Westseite zwei voneinander abgestufte Giebelreihen den oberen Abschluß. Zudem umgab ein dreilappiger Blendbogen das hohe Postament des Kuppeltambours und deutete dekorativ den Dreipaß an, der dann zum Konstruktionsprinzip wurde.

Polozk, Erlöser-Kathedrale des Erlöser-Euphrosyne-Klosters, Rekonstruktion der Westfassade

Über die Herkunft des Dreipasses im oberen Abschluß lassen sich nur Vermutungen anstellen. Als Ornament ist er im spätromanischen Stil üblich. Konstruktiv finden sich Viertelkreisgewölbe und Strebebögen gegen Schubwirkung über Seitenschiffen und in der Dachzone romanisch-normannischer Basiliken. Die an das Halbrund angelegten Viertelbögen kennen wir von Strebebögen der Kiewer und Nowgoroder Sophien-Kathedrale (verdeckt in den Galerien) und von den halbierten Tonnen am Ostteil der Nowgoroder Sophien-Kathedrale. Die Einwölbung ähnelt auch dem Verhältnis der Strebeni-

Smolensk, Erzengel-Michael-Kathedrale, Rekonstruktion der Westfassade

schen zum Tonnen- oder Konchenkreuz bei kaukasischen, syrischen und kleinasiatischen Zentralbauten sowie dem »Rippenbogen« der serbischen Raska-Schule. Die Umformung zum Schaufeldach ist jedoch eine russische Lösung, die in der byzantinischen, abendländischen und orientalischen Architektur kaum Vergleiche erlaubt.

Eine Hypothese zur Symbolik sei gestattet: N. N. Woronin vermutet, bei der Erneuerung der Boris-und-Gleb-Kirche in Wyschgorod 1115 sei das Kreuzkuppelschema der »neuen Idee der Turmkirchen-Komposition« unterworfen worden. Die Bögen der Vierungspfeiler hätten sich über die Tonnen der Kreuzarme erhoben.[23] Der Bauherr war Wladimir Monomach, unter dessen Ägide die Erlöser-Kirche zu Berestowo entstand, vermutlich auch die westliche Vorhalle mit dem Dreipaßdach. Der nationalrussische Impetus, der dem Boris-und-Gleb-Kult eignete, läßt sich bei allen Kreuzkuppelkirchen feststellen, die eine pyramidale Ausformung aufweisen: Der Baumeister der Kathedrale des Erlöser-Euphrosyne-Klosters in Polozk, ein Mönch namens Ioann, hatte zuvor für das dortige Beltschiz-Kloster eine Boris-und-Gleb-Kirche errichtet und diese zum Vorbild genommen. Den Auftrag für die Erzengel-Michael-Hofkirche in Smolensk erteilte Fürst David Rostislawitsch (1141–1197), der im Jahr des Baubeginns 1191 die Reliquien von Boris und Gleb aus Wyschgorod in das ihrem Patrozinium geweihte Hofkloster seiner Residenz Smjadyn überführen ließ. Sein Bruder Rurik Rostislawitsch (1140–1212/13), den er im Kampf um den Kiewer Thron unterstützte, stiftete die Paraskewa-Pjatniza-Kirche des Tschernigower Frauenklosters. Die heilige Paraskewa Pjatniza war zwar auch in Byzanz eine beliebte Patronin, sie symbolisierte in Rußland aber schon früh – neben der Schutzherrschaft für Handel und Haushalt – volkstümlich-slawische Traditionen. Die Nowgoroder Überseekaufleute empfahlen ihr die Marktkirche an. Der Kult um Boris und Gleb und Paraskewa Pjatniza gehörte zum Kampf um territoriale Eigenständigkeit und begünstigte anfangs eine spezifisch russische Ausformung des Kreuzkuppelschemas.

Erläuterungen und Textabb. S. 352 Abb. 43, 45, 46

Als Hoheitszeichen spielte die der römischen Architektur entlehnte romanische Säulenstellung eine Rolle. Sie erscheint kolossal wie in Tschernigow und Wladimir-Wolynsk und graziös wie in Wladimir-Susdal. Die Zerdehnung zum Rundstab verweist zugleich auf byzantinische Antikisierung. Bezeichnenderweise stehen die Säulen in der Regel vor Lisenen oder Pilastern, oder sie gelangen zum »Dienst« an Bögen und Gewölben und sind dadurch umgedeutet. Die Säulenbasis behielt zumeist die attische Grundform bei, während das Kapitell verblockte und Blattwerk, Flechtband oder Figuren ihm nur flächig aufliegen. Die Säulenstellung verlieh der Fassade, der Vorhalle oder dem Portal die Würde der Front eines Herrscherpalastes. Sie gehörte zum Bestand fürstlicher Auftragswerke. Man verzichtete nur dort auf sie, wo man gegen die fürstliche Macht opponierte, also in Nowgorod und Pskow.

Romanische Gliederungs- und Schmuckformen in Tschernigow

Trotz solcher gesamtrussischer Baumotive schließen wir uns der wissenschaftstraditionellen Klassifizierung an und behandeln die wichtigsten Architekturlandschaften. Zunächst fällt die Übernahme romanischer Würde- und Schmuckformen bei fürstlichen Aufträgen in Tschernigow auf. Aus Kalkstein geschnittene Kapitelle, Säulenbasen und Friese zeigen Tierfiguren, Fabelwesen, Flechtwerk und Bogenornamentik. Charakteristisch ist die sechspfeilerige, einkupplige Boris-und-Gleb-Kathedrale. Sie wurde um 1120 im Auftrag des Fürsten David Swjatoslawitsch (um 1053–1123) errichtet, der zu den Initiatoren des Boris-und-Gleb-Kults gehörte und in ihr seine Grablege fand. Der Baukörper zeichnet sich durch ein breites Tonnenkreuz und »lineare« Verblockung aus. Die Fassaden werden durch Lisenen mit vorgelegten mächtigen Halbsäulen gegliedert und von Sakomari abgeschlossen. Figural und vegetabilisch ornamentierte Kapitelle, Wasserspeier, Stufenportale, ein Bogenfries am Ansatz der Sakomari und am Hauptgesims der Apsiden und der Kuppel tragen romanische Formen. Zahl und Größe der Nischen sind reduziert. Während die Boris-und-Gleb-Kathedrale ursprünglich dreiseitig von Galerien umgeben war, lagen bei der nach ihrem Vorbild erbauten Mariä-Himmelfahrts-Kathedrale des Jelezki-(Ölbaum-)Klosters (Mitte des 12. Jahrhunderts) Vorhallen vor dem nördlichen, westlichen und südlichen Kreuzarm. Der heute barock überformte Sechs-Pfeiler-Bau besitzt noch weitere Besonderheiten: Die U-förmige Empore ruht in den westlichen Eckräumen des Naos auf Kreuzgewölben, und den Südabschnitt des separierten Narthex nimmt eine in sich abgeschlossene Taufkapelle ein, deren typisch romanische Apsis in den Naos hineinragt. Einfaches Ziegelmauerwerk löste die Verdeckte-Schicht-Technik ab.

TSCHERNIGOW, BORIS-UND-GLEB-KATHEDRALE
Erläuterungen und Textabb. S. 351 f.
Abb. 33–37

TSCHERNIGOW, MARIÄ-HIMMELFAHRTS-KATHEDRALE
Erläuterungen S. 352
Textabb. S. 13, 352
Abb. 38–40

Die pyramidale Variante des Vier-Pfeiler-Typs gewann in der Paraskewa-Pjatniza-Kirche Gestalt. Sie wurde am Markt für ein Frauenkloster erbaut. P. D. Baranowski, nach dessen Forschungsergebnissen die Rekonstruktion erfolgte, hält auf Grund der Ähnlichkeit zur »Swirskaja« den Smolensker Meister Peter Miloneg für den Erbauer und Fürst Rurik Rostislawitsch für den Auftraggeber. Als Bauzeit nimmt er Ende des 12., Anfang des 13. Jahrhunderts an. Peter Miloneg wird auch ein gewaltiger Ingenieurbau, die Stützmauer am Kiewer Wydubizki-Kloster, zugeschrieben. Der Höhendrang durchwaltet den ganzen Innenraum: Die Pfeiler rücken eng an die Seiten, die zahlreichen Fenster ermöglichen eine gleichmäßige Belichtung, die kleine Westempore stört nicht, auf Gurtbögen verzichtete der Meister. Dadurch, daß die Vierungsbögen oberhalb der an sich schon hohen Tonnengewölbe der Kreuzarme und diese über den Rundgiebeln der Fassaden angelegt sind, ergibt sich eine dreifach abgestufte Bekrönung. Sie entspricht der Einwölbung und wird durch den hohen, vielfenstrigen Kuppeltambour nochmals emporgezogen. Die Tonnen und die viertelkreisförmigen, romanischen Gewölbe über den Eckquadraten bestimmen den dreilappigen oberen Abschluß. Die dynamischen Kräfte, die den Mauerkubus beleben, werden durch den Bauschmuck stark akzentuiert: Bündelpilaster, rundbogige, schmale und hohe Stufenportale, Fenster- und Nischenreihen, Gesimse und Friese. Die ornamentale Form des Dreiecks steigert durch den Kontrast die Wirkung des Halbrunds. Der Name der Kirche bezieht sich auf das Patrozinium der Märtyrerin Paraskewa als Allegorie des Karfreitags und auf den Freitag als Markttag, also auf das Alltagsgeschehen am Ort.

TSCHERNIGOW, PARASKEWA-PJATNIZA-KIRCHE
Erläuterungen und Textabb. S. 352
Abb. 43, 45, 46

Zu erwähnen ist noch ein einschiffiger und einapsidialer Bautyp. Ihn verkörpert die im 12. Jahrhundert über Einsiedlerhöhlen errichtete Elias-Kirche. Vier Bögen eines quadratischen Raums, die von Eckpilastern getragen werden, leiten mittels eines Zwickelsystems zu einer hohen Kuppeltrommel über. Die pfeilerlose Einwölbung kam bereits in frühchristlicher Zeit auf.

TSCHERNIGOW, ELIAS-KIRCHE
Erläuterungen und Textabb. S. 352

Zeitgleich spielte sie in der byzantinisch-komnenischen sowie – modifiziert – in der serbischen und bulgarischen Architektur eine Rolle, die sie nach Osten vermittelt haben dürfte. In Rußland wurde der Baukörper einer vertikalen Streckung unterworfen. Der Typ trat selten auf, gelangte aber immer wieder zur Ausführung (Perejaslawl, Polozk, Wladimir). Seine Existenz beweist, daß sich die russischen Auftraggeber und Bauleute sowohl für das romanische Formengut interessierten als auch neue Lösungen der orthodoxen Nachbarländer aneigneten.

Wolynien-Galizien im politischen Spannungsfeld

Die westlichen Randgebiete der Kiewer Rus lagen von Anfang an im Spannungsfeld der Auseinandersetzung mit Polen und Ungarn. Schon Großfürst Wladimir soll in Wladimir-Wolynsk eine Kathedrale erbaut haben. Das Suffraganbistum wurde zwischen 1078 und 1085 eingerichtet. Im Auftrag von Mstislaw Isjaslawitsch, der 1154 das Fürstentum Wolynien übernahm und sich auch um Kiew bewarb, entstand um 1160 die Mariä-Himmelfahrts-Kathedrale nach dem gleichnamigen Kiewer Modell. Die äußere Erscheinung ist der Boris-und-Gleb-Kathedrale in Tschernigow verwandt, einschließlich der romanischen Details. Die Berührung zur Bauschule des Dneprgebiets kommt auch in der sechsstützigen Boris-und-Gleb-Kirche in Kolosh bei Grodno (zweite Hälfte des 12. Jahrhunderts) zum Ausdruck. Das Patrozinium verweist auf die russische Selbstbehauptung gegenüber den westlichen Nachbarn. Die reiche, polychrome Ausgestaltung der Fassaden und des Fußbodens mit Majolikaplatten sowie mit edlen Natursteinen läßt sich sowohl auf byzantinische oder bulgarische als auch auf süditalienische Einflüsse zurückführen. Für Rußland ist sie um diese Zeit einmalig.

Erläuterungen und Textabb. S. 352f.
Abb. 47

Erläuterungen S. 353
Textabb. S. 79, 353
Abb. 41

Grodno, Boris-und-Gleb-Kirche in Kolosh, Rekonstruktion der Nordfassade

Das alte Galitsch, nach dem sich das Land Galizien nannte, ist verschwunden. Es hatte sich über die Hügel an der Lukwa, einem Nebenfluß des Dnestr, ausgebreitet. Die tatarische Invasion zerstörte seine monumentalen Bauwerke, von denen Urkunden zufolge mehr als dreißig existiert haben. Das ursprüngliche Aussehen konnte nur durch archäologische Untersuchungen festgestellt werden. Die erste Bauphase war bestimmt von Fürst Jaroslaw Osmomysl (1153–1187), der gegen die absinkende Kiewer Zentralgewalt eine Allianz mit Wladimir-Susdal und Kaiser Friedrich Barbarossa einging. Er ließ 1157 nach dem Schema der Kiewer Höhlenkloster-Kathedrale die gleichnamige Mariä-Himmelfahrts-Kathedrale errichten, fügte allerdings als dreiseitigen Umgang eine nach außen geschlossene Galerie hinzu. In der Südwestecke befand sich wie bei der Kathedrale des Tschernigower Jelezki-Klosters eine separate Taufkapelle, deren Apsis in den Naos ragte. Fragmentarisch erhalten blieb aus einem Kloster der zweiten Bauperiode im 13. Jahrhundert die Panteleimon-Kirche, die im 17. Jahrhundert in die römisch-katholische Stanislaus-Kirche umgewandelt und umgebaut wurde. Sie entspricht dem reduzierten, emporenlosen, vierpfeilerigen Kreuzkuppeltyp. Die Bauzeit liegt vermutlich vor der Regierung des Fürsten Daniel Romanowitsch (1238–1264). Charakteristisch für beide Kir-

GALITSCH, PANTELEIMON-KIRCHE
Erläuterungen S. 352
Textabb. S. 80
Abb. 49

chen und für die anderen Monumentalbauten in Galitsch ist die Zweischalenkonstruktion mit lockerem Gußkern und Blendmauern aus fast mörtellos verfugten Kalksteinquadern, die am Ufer des Dnestr gebrochen wurden. Die Hausteintechnik findet sich ähnlich nur noch in der Architekturlandschaft Wladimir-Susdal. Zwischen ihr und der Übernahme neuer Motive im Dekor bestand ein Zusammenhang. So haben sich in den Resten der Mariä-Himmelfahrts-Kathedrale Kapitelle mit Palmetten und Voluten gefunden. Knospenkapitelle zeichnen die sieben erhaltenen Halbsäulchen an der Blendarkatur der Apsiden der Panteleimon-Kirche aus.

Der Erbfolgestreit, der Kampf um die Besetzung des Kiewer Metropolitenstuhls, die Kreuzzüge und die schwankende Haltung der Fürsten und des Adels in Galitsch, ihre zeitweilige Orientierung auf die Staufer, auf die katholischen Könige in Ungarn und Böhmen und auf den Papst dürften die Rezeption romanischer Technik und Formen gefördert haben. Die Panteleimon-Kirche verkörpert nicht den »type simple«, das östliche Pfeilerpaar steht frei im Raum wie bei konstantinopolitanischen Kreuzkuppelkirchen. Jedoch die Halbsäulen an den Blendarkaden der Apsiden, die Dienste, das abgestufte Säulenportal an der Südseite, Würfelkapitelle und korinthische Kapitelle, die Ornamentik der Kämpfer und Archivolten, die Fassadenskulpturen erinnern an die deutsche und französische Portalarchitektur des 12. Jahrhunderts. Andererseits hat man vermutet, daß aus den starken armenischen Umsiedlerkolonien in Südost- und Osteuropa Bauleute angeworben wurden und diese dann die frühharmenische Technik des Zweischalenquadermauerwerks einführten. Sie sollen an der Westseite Ritzzeichnungen und Inschriften hinterlassen haben.

Galitsch, Panteleimon-Kirche, Korinthisches Kapitell und Kämpfer des Säulenportals

Vom Interesse der galizischen Bauschule an der westeuropäischen Romanik zeugten besonders die Kirchen, die Fürst Daniel Romanowitsch in den vierziger und fünfziger Jahren des 13. Jahrhunderts in seiner zeitweiligen Hauptstadt Cholm errichten ließ. Wie die Chroniken berichten, soll er deutsche und polnische Handwerker angeworben und vor der Tatareninvasion fliehende russische Bauleute aufgenommen haben. Leider hat eine Feuersbrunst die monumentale Architektur schon 1259 zerstört. Beeindruckend soll die Vielfalt der Bauplastik und die Vielfarbigkeit der Fassaden gewesen sein. Der galizische Fürst suchte im Gegensatz zu Alexander Newski (1220–1263) und dessen »östlichem Ausweg« das Bündnis mit dem lateinischen Westen. In der Kreuzzugsbulle von Papst Innozenz IV. vom Mai 1253 wurden alle »Christgläubigen« in Böhmen, Mähren, Serbien, Pommern aufgefordert zum Kampf gegen die Tataren und zur Unterstützung Daniels – »unseres in Christus geliebten Sohnes, des berühmten Königs der Russen«. Freilich kam es weder zur Union mit der römisch-katholischen Kirche, noch blieb Galizien-Wolynien von den Tataren verschont. Kurz vor seinem Tod (1264) hat Daniel vor dem Ansturm aus dem Osten kapitulieren müssen.

Die neue Baurichtung in Polozk-Smolensk

N. Brunow spricht von der »neuen Baurichtung in den Klöstern des Gebiets Polozk-Smolensk«. Das quadratische, turmförmige Postament des Kuppeltambours tauchte zuerst an zwei Klosterkirchen auf, die der Baumeistermönch Ioann im Auftrag der Polozker Fürstin Euphrosyne (um 1128–1173) errichtete. Die Tendenz zur Abstufung der Bauteile kannte man zwar von der Kiewer und Nowgoroder Sophien-Kathedrale. Aber die vertikale Ausformung war für Rußland neu. Und neu war der dreilappig aufstrebende Blendgiebel am Kuppelpostament. Die Boris-und-Gleb-Kirche im Hofkloster der fürstlichen Residenz am Flüßchen Beltschiza hat sich nicht erhalten. Nach dem Grundriß und den Mauerresten zu urteilen, besaß sie den gleichen oberen

Polozk, Erlöser-Kathedrale des Erlöser-Euphrosyne-Klosters
Erläuterungen S. 353
Textabb. S. 76, 353

Abschluß wie die wenig später entstandene Kathedrale des Erlöser-Frauenklosters (um 1150) in Polozk. Die Belastung durch die mächtige Kuppelkonstruktion zwang zur Verstärkung der Außenmauern und Pfeiler. Bei der Erlöser-Kathedrale beherrscht die Masse den Raum. Die Seitenschiffe erscheinen ebenso schmal wie der in der Mauer gelegene Treppenaufgang zur Westempore. Außerdem sind sie wesentlich niedriger als die Kreuzarme eingewölbt. Sie wirken wie Korridore. Der pyramidale Aufbau geht eine Synthese mit einem sechspfeilerigen, basilikalen Grundriß ein. Die Längsstreckung ist Folge einer weit herausgewölbten Apsis und eines großen Narthex, die beide etwa die gleiche Fläche wie die Vierung einnehmen. Der Narthex verlängert im Erdgeschoß ohne Unterbrechung die drei Schiffe. Die Eckräume seines Emporengeschosses sind durch Wände abgetrennt. Sie fungierten als Kapellen der Stifterin und Äbtissin Euphrosyne, die schon in ihrer Jugend den Nonnenschleier nahm. Euphrosyne gehört zu den hervorragenden Frauengestalten des altrussischen Glaubenslebens. Sie verfaßte Übersetzungen aus dem Griechischen und Lateinischen, Chroniktexte und liturgische Dichtungen, korrespondierte mit dem byzantinischen Kaiser Manuel I. Komnenos und reiste mehrfach nach Byzanz und Palästina. Als Initiatorin zahlreicher Stiftungen trug sie wesentlich zur Ausbreitung der Gemeinschaftsklöster bei.

Der basilikale Grundriß der Erlöser-Kathedrale läßt sich historisch über die sechspfeilerige, mit schmalen Seitenschiffen versehene Mariä-Verkündigungs-Kirche in Witebsk (Anfang des 12. Jahrhunderts) auf die polnische Romanik zurückführen. Dagegen eröffnete der vertikale Aufbau – die hohe Abstufung zwischen Narthex bzw. Apsis und Naos, das turmförmige Kuppelpostament – eine neue Stilfolge. Das »klassische« Beispiel bietet die Erzengel-Michael-Kathedrale in Smolensk (1191–1194). Sie gilt als ein gesamtrussisches Gründungswerk. Fürst David Rostislawitsch ließ sie als seine Hofkirche errichten, nachdem ihn die Städter durch einen Aufstand gezwungen hatten, seine Residenz aus dem Kreml an den Stadtrand zu verlegen. Das erste Mal erscheint hier über dem gewaltigen Hauptmassiv die Dreipaßform des sogenannten Schaufeldachs. Die Giebel entsprechen den Tonnen über den Kreuzarmen und den Viertelkreisgewölben über den Eckräumen. Die Bögen der Vierung reichen eine Stufe höher und ruhen auf freistehenden Pfeilern, so daß der Innenraum wie eine große Halle wirkt. Der Kuppeltambour erhebt sich auf einem Postament mit dreilappigen Blendbögen. Vor dem nördlichen, westlichen und südlichen Kreuzarm liegen – durch Wandecken leicht abgesondert – hohe Eingangsvorhallen. Zusammen mit den drei Apsiden ergeben sie eine dem zentralen Baukörper untergeordnete, ihn stufen- und kreuzförmig mit dem Erdboden verbindende Baugruppe. Die Dynamik wird verstärkt durch breite Bündelpilaster, dicht gereihte Bogenfenster, Dekor aus Archivolten, Nischen und Kreuzen. Die Galizo-Wolynische Chronik berichtet: Der Fürst »ging jeden Tag in die Kirche des Erzengels Gottes, Michael, die er selbst gebaut hat in seinem Fürstenhof, wie keine im nördlichen Land, und alle, die kommen, verwundern sich über ihre Pracht und Schönheit …«

Smolensk, Erzengel-Michael-Kathedrale
Erläuterungen S. 353
Textabb. S. 77, 353
Abb. 42, 44

In Smolensk war die Volksversammlung ähnlich wirksam wie in Nowgorod. Sie verhalf – in den vierziger Jahren des 12. Jahrhunderts – dem Fürstentum zur Selbständigkeit, schränkte aber zugleich die fürstliche Macht ein. So entstanden neben den sechs- und vierpfeilerigen Kreuzkuppelkirchen des Hofs und der Hofklöster (Boris-und-Gleb-Kathedrale, 1145–1146) vierpfeilerige städtische Pfarrkirchen wie die Peter-und-Paul-Kirche (1146) und die Kirche Johannes' des Evangelisten (1166–1170). Sie halten sich an die einfache und kubische Ausformung des Baukörpers: Wellendach, dreifache Fassadengliederung durch Lisenen mit Halbsäulen, Ziegelmauer-

Smolensk, Peter-und-Paul-Kirche
Abb. 48

werk. Vermutlich wurden die Ziegelwände geweißt oder verputzt. Zur regionalen Eigenart gehören Bogenfriese aus Keramik, ornamentale Ziegelkreuze, runde Stufenportale mit glattem Tympanon, Holzasche im Mörtel. Leider haben sich außer der Erzengel-Michael-Kathedrale keine Bauten der pyramidalen, turmförmigen Stilvariante erhalten. Auf Grund von Ausgrabungen nimmt man aber an, daß mehrere existierten und schon die sechspfeilerige Mariä-Himmelfahrts-Kathedrale, die 1101 Wladimir Monomach gestiftet hatte, eine Übergangslösung darstellte. Die kulturelle Blüte von Smolensk dauerte bis zu den dreißiger Jahren des 13. Jahrhunderts, als eine Epidemie dreißigtausend Menschenleben dahinraffte, die Einfälle der Litauer einsetzten und der Tatarensturm die Bindung an die anderen russischen Regionen abbrach. 1404 wurde das Teilfürstentum vom Litauischen Großreich okkupiert.

Die fürstliche Repräsentation in Wladimir-Susdal

Kiewer Tradition und neues Zweischalenquadermauerwerk

Die Architekturlandschaft Wladimir-Susdal entstand Mitte des 12. Jahrhunderts, als mehr und mehr Kolonisten nach neuem Grundbesitz oder Steuerprivilegien im dünnbesiedelten Nordosten suchten und – wegen der Blockade des unteren Dnepr durch Nomadenstämme – die Handelswege verlegt werden mußten. Zwischen oberer Wolga, Oka und Moskwa bildete sich ein mächtiges Teilfürstentum heraus. Auftraggeber der Monumentalbauten waren die Nachfahren von Wladimir Monomach, die Fürsten von Rostow-Susdal-Wladimir. Staatspolitisch erstrebten sie die gesamtrussische Vormacht, kirchenpolitisch eine relative Eigenständigkeit. Zwar kämpften sie um den Großfürstenthron, aber sie residierten »hinter den Wäldern« (Salessje), um ihre politische und ökonomische Position gegenüber dem niedergehenden Kiew zu festigen und den Hauptkonkurrenten Groß-Nowgorod unter Druck zu halten. Dabei nutzten sie die »Weichenstellung« in dem weitreichenden Handelssystem zwischen Kaukasus, Balkan, Kleinasien, Byzanz und Westeuropa. Ihre Herrschaft stützte sich auf den neuen Dienstadel und die Einwanderer aus Südrußland: steuerbegünstigte Kleinbauern und Handwerker. Die alteingesessenen Bojaren und die um ihre Rechte im Wetsche kämpfenden Städter wurden brutal unterdrückt, so daß Konflikte nicht ausblieben. Fürst Andrei Bogoljubski ermordeten Bojaren sogar in seinem eigenen Palast.

Analog zum Anspruch auf das dynastische Erbe übernahmen die fürstlichen Auftraggeber Kiewer Vorbilder: das Sechs-Pfeiler- und das Vier-Pfeiler-Schema in der kubisch-linearen Ausformung des Sakomari-Typs. Der Stilunterschied zu anderen russischen Regionen beruht auf der technischen Konstruktion und der ästhetischen Wirkung des Zweischalenmauerwerks aus Kalksteinquadern. Über die Herkunft gehen die Meinungen auseinander[24]. Die geographisch am nächsten gelegenen Regionen, die um diese Zeit die gleiche Bautechnik praktizierten und zu denen enge politische und ökonomische Verbindungen bestanden, waren Wolga-Bulgarien und die Stadt Galitsch. Jenes hatte die Zweischalenkonstruktion aus der frühharmenischen Architektur übernommen, diese richtete sich nach dem Beispiel der westlichen Romanik. Leider sind beider Bauwerke während der Tatareninvasion zerstört worden. Jedoch ist inzwischen erwiesen, daß eine Werkstatt (Artel) einwanderte, die in den zwanziger Jahren des 12. Jahrhunderts in Galitsch in der Technik Zentralpolens arbeitete. Mauerwerk, Fundamente, Bauplastik entsprechen denen galizischer Bauten während der Zeit des Bündnisses mit Fürst Jaroslaw Osmomysl. Der galizische Herrscher heiratete 1150 die Tochter des Wladimir-Susdaler Fürsten Juri Dolgoruki (Langhand). Die Chroniken berichten für die spätere Zeit nur über die Anwerbung von Handwerkern »aus allen Ländern«, auch »von den Deutschen«, und über die Zusammenarbeit mit einheimischen Meistern in gemeinsamen Werkstätten. Zudem steht fest, daß man das Baumaterial zu Schiff über weite Entfernungen heranbringen mußte. Man verlegte reihenweise, sorgfältig und fast trocken weißlichgraue Kalksteinquader in Formaten zwischen 40 bis 50 und 70 bis 80 cm. Der Raum zwischen den Blendmauern wurde mit Bruchsteinen gefüllt und locker mit Mörtel ausgegossen. Die Entscheidung für das Hausteinmauerwerk wirkte sich nicht auf den Grundriß und kaum auf die Raumgestalt aus, prägte aber bald das Gliederungssystem und förderte die Aufnahme der Fassadenskulptur.

Erläuterungen und Textabb. S. 353f.
Abb. 50–52

In der ersten Periode der Wladimir-Susdaler Baukunst unter Fürst Juri Dolgoruki (um 1090/1125–1157), der die Stadt Moskau gründete, einige Jahre zugleich als Großfürst von Kiew regierte und engen Kontakt zum Höhlenkloster pflegte, wirkt der Stil noch primitiv, schwerfällig und trutzig. Ein Beispiel dafür ist in der ehemaligen Residenz Kidekscha die – später freilich mehrfach veränderte – vierpfeilerige Boris-und-Gleb-Kathedrale aus dem Jahre 1152. Wie eine kleine Festung steht sie auf dem Hochufer des Nerl. Die beiden ersten russischen Nationalheiligen, denen die Hofkirche geweiht war, sollen einst in Kidekscha ihr Lager aufgeschlagen haben, als sie von Rostow und Murom nach Kiew zogen. Die Wahl des Bauortes hatte also ideologische Gründe: Die Berufung auf die beiden Patrone der Einheit Rußlands, für die schon Juris Vater, Wladimir Monomach, Memorialkirchen errichten ließ, hob das Prestige im Kampf um das Kiewer Erbe. Die kubisch-lineare Ausführung als Sakomari-Typ weist die übliche Dreiteilung der Fassaden durch konstruktive Lisenen auf. Sie erscheint zur gleichen Zeit dergestalt in Groß-Nowgorod. Während dort aber infolge der Breite der Wandstützen der Eindruck eingetiefter Felder dominiert, scheinen in Wladimir-Susdal die Gliederungselemente mehr der Wandfläche aufgelegt zu sein. Die beiden seitlichen Wandabschnitte besitzen noch die gleiche Breite. Originell ist das Ornamentband, das in Höhe der westlichen Empore und unter dem Apsidendach verläuft: Es besteht aus einem Bogenfries über keilförmigen Konsolen – ähnlich dem lombardischen Band – und aus einem Zahnfries. In der folgenden Phase weitete es sich zum Blendarkaden- und Säulenfries aus. Zwar fehlt es als Gurtgesims noch bei der 1152 unter Juri Dolgoruki begonnenen vierpfeilerigen Christi-Verklärungs-Kathedrale in Pereslawl-Salesski, die 1157 unter dessen Sohn und Nachfolger Andrei Bogoljubski vollendet wurde. Aber es taucht als Dachgesims der Apsiden auf.

Susdal,
Boris-und Gleb-Kirche
in Kidekscha,
Rekonstruktion
der Südfassade

Pereslawl-Salesski,
Christi-Verklärungs-Kathedrale

Erläuterungen und Textabb. S. 354
Abb. 53, 54

An der Christi-Verklärungs-Kathedrale läßt sich überhaupt die Wladimir-Susdaler Technik und Ästhetik gut darlegen. Man ging vom Modul der Mauerstärke aus. Die Eckräume besitzen die doppelte und die Vierung die vierfache Breite der Außenmauer. Für den Abstand zwischen Fußboden und Boden der Westempore gilt das gleiche Maß wie für das Kuppelquadrat. Acht Modul hoch verläuft die Scheitellinie des Tonnenkreuzes. Der Portalbogen schließt ab, wo die Fensterbänke der Apsiden liegen. Die Fenster der oberen Wandzone setzen in der gleichen Höhe an, in der sich die Bogenscheitel der Apsidenfenster befinden. Die Kämpferlinie der Sakomari stimmt mit der der Tonnengewölbe überein. An der Fassade markiert eine Wandstufe die Empore. Jedoch entspricht die vertikale Begrenzung der Längsfassaden nicht genau der Struktur des Innenraums. Die Pilaster sind herausgerückt, und zwar dergestalt, daß der westliche Wandabschnitt breiter und höher ausgebildet ist als der östliche. Ähnliche Maßeinheiten und Proportionen herrschen bei allen anderen Kirchenbauten der Region.

Steigerung der Ideologiefunktion unter Fürst Andrei

Andrei Boguljubski (1111/1157–1174) war ein talentierter und erfolgreicher, aber despotischer Herrscher. In seinem gesamtrussischen Konzept zeichnet sich schon die spätere Politik der Moskauer Großfürsten ab. Zwar hatte ihn das Wetsche in Rostow und Susdal zum Fürsten ge-

Plan Wladimirs, 12.–13. Jahrhundert

I Monomach-Stadt; II Wetsche-Stadt; III Neue Stadt; IV Detinez 1 Goldenes Tor; 2 Silbernes Tor; 3 Wolga-Tor; 4 Mariä-Himmelfahrts-Kathedrale; 5 Demetrios-Kathedrale; 6 Kirche der Kreuzerhöhung auf dem Markt

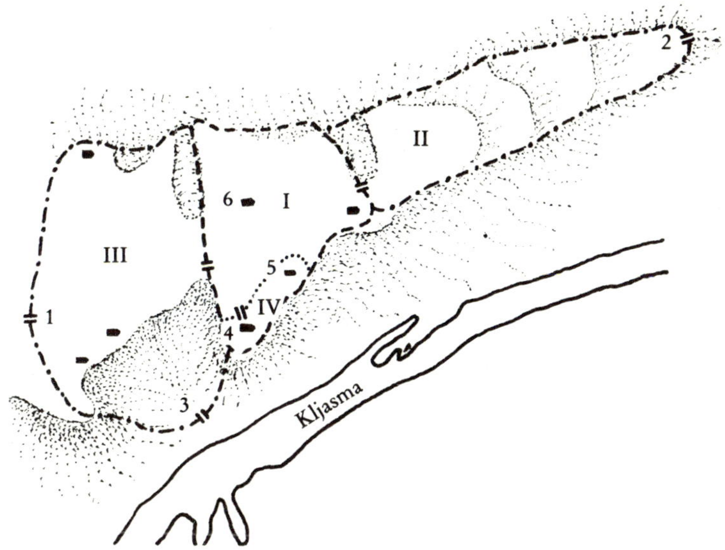

wählt, er regierte jedoch, ohne weitere demokratische Zustimmung, in Wladimir. Die alte Monomach-Stadt auf dem keilförmigen Hochplateau über der Kljasma ließ er 1158 bis 1164 um das Dreifache ihrer Fläche erweitern und durch neue hölzerne oder steinerne Tore, Mauern und Erdwälle befestigen. Sie sollte zur Hauptstadt ganz Rußlands werden. Andrei kämpfte im Süden lange um den großfürstlichen Thron, verblieb aber, nachdem er Kiew 1169 geplündert hatte, in Wladimir. Die Herrschaftsstrategie resultierte aus der Verschmelzung monarchisch-feudaler, orthodox-kirchlicher und patriotisch-nationaler Ideen. Ausdruck war die Bemühung, in Wladimir den zweiten russischen Metropolitansitz einzurichten. In Verbindung damit steht die Überführung der als »Reichsregalie« geltenden »Wladimirskaja«, einer um 1150 in Konstantinopel entstandenen Standarten-Ikone vom Typ der »Gottesmutter des Erbarmens«. Andrei ließ sie am Kiewer Hof in Wyschgorod in Beschlag nehmen und als Gnadenbild in der neuerbauten Wladimirer Mariä-Himmelfahrts-Kathedrale anbringen. Später fand sie in der gleichnamigen Kathedrale im Moskauer Kreml Platz und wurde das Palladium des Zarenreichs. Unter dem Aspekt feudaler Hoheitsakte betrieb Andrei auch die Kanonisierung des Rostower Märtyrerbischofs Leonti und die Einführung des neuen Festes Mariä Schutz und Schirm (Pokrow), das mit dem Ritus des Mantelschutzes zusammenhängt. Der Gottesmutter-Kult sollte

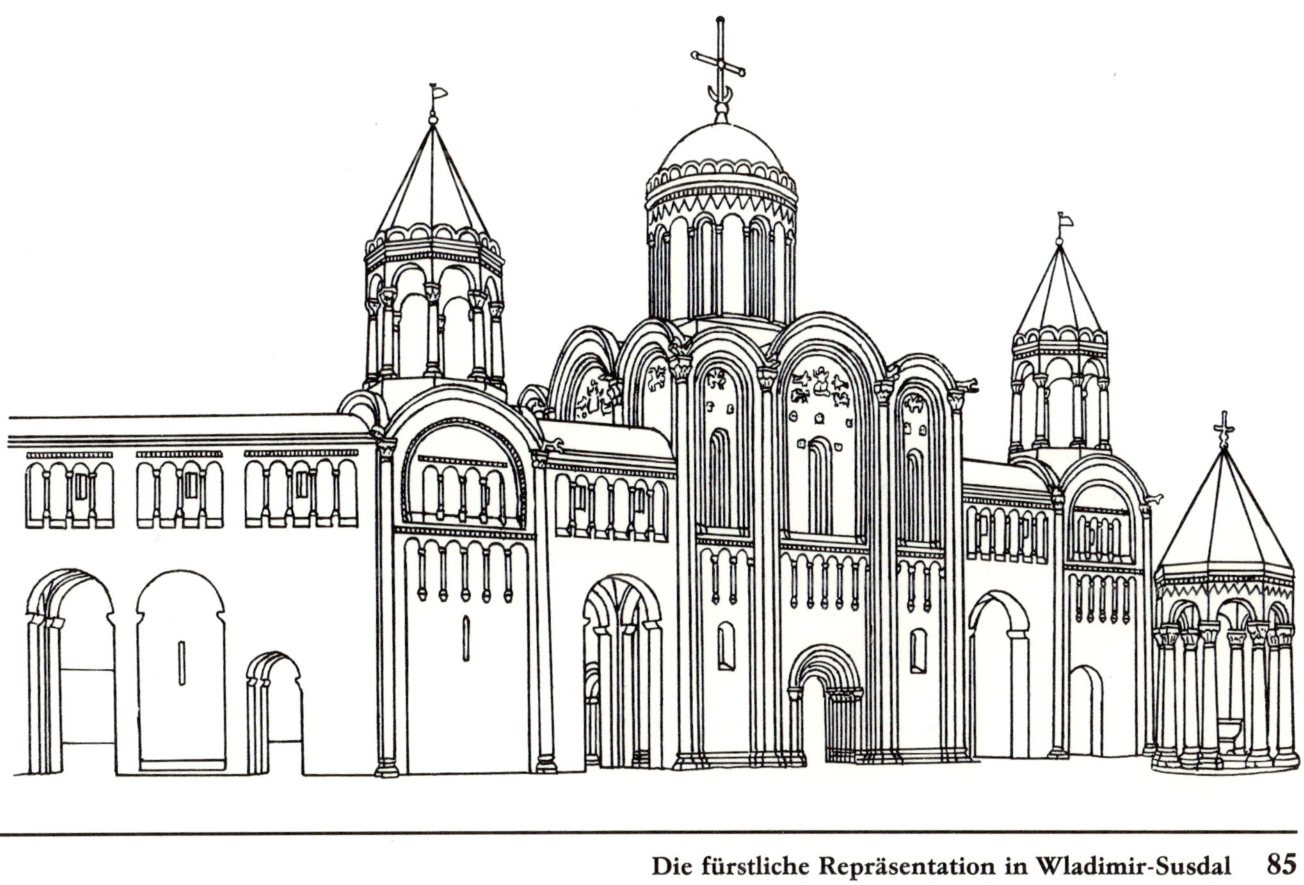

Wladimir/Bogoljubowo, Residenz des Andrei Bogoljubski, Rekonstruktion

die Schutzherrschaft Mariä über seinen Thron und seine junge Hauptstadt zur Geltung bringen. Andreis Kandidat für den neuen Metropolitenstuhl, der Rostower Bischof Feodor, erhielt jedoch nicht die notwendige Zustimmung des Kiewer Metropoliten und des Patriarchen in Konstantinopel. So entstand eine ernste Spannung zu Byzanz. Um den Gegensatz für sich zu nutzen, schickte Papst Alexander III. im Jahre 1169 eine Gesandtschaft nach Wladimir. Auch dessen Gegenspieler, Friedrich I. Barbarossa, versuchte, Andreis Sympathie zu gewinnen. Vermutlich hat er ihm Baumeister und Steinmetze vermittelt, denen das romanische Formengut der Stauferzeit geläufig war.

Andrei nutzte bewußt die Architektur als Bedeutungsträger seiner Staatsideologie. Die in seinem Auftrag entstandenen Bauwerke gehören zum Eindrucksvollsten, was das alte Rußland hervorgebracht hat. Gleichzeitig mit dem Ausbau von Wladimir erfolgte 10 km vor der Stadt, in der Nähe der Mündung des Nerls in die Kljasma, die Anlage seiner Residenz Bogoljubowo, »Gottesliebe«, die ihm seinen Beinamen einbrachte. Bis auf einen zweigeschossigen Treppenturm mit Übergang hat sich von ihrem Ensemble nichts erhalten. Aus dem Obergeschoß öffnet sich durch ein romanisches Drillingsfenster ein herrlicher Blick auf die ferne Nerl-Kirche. Der Übergang über dem Torbogen führte auf die Empore der Mariä-Geburts-(Leonti-)Hofkirche, während auf der anderen Seite ein Flügel des Palastes angrenzte. Die Palastarchitektur wurde für die gesamte weitere Stilfolge der Region entscheidend. Nach romanischem Vorbild ist die Fassade in zwei Schichten zerlegt. Dabei spielt eine plastische, antikisierende Blendarkatur mit Säulen und korinthischen Blattkapitellen eine Rolle. Sie dient der vertikalen Gliederung und als breiter Gürtel der Geschoßeinteilung. Allerdings verzichtete man auf die – bei Stauferbauten übliche – dekorative Unterbrechung der vertikalen Gliederungselemente in Höhe der Geschosse. In Bogoljubowo erscheinen romanische Einzelformen das erste Mal in einer Kombination, die sich historisch als Leitmotiv der Region durchsetzen sollte.

WLADIMIR/ BOGOLJUBOWO, RESIDENZ DES ANDREI BOGOLJUBSKI
Erläuterungen S. 354
Textabb. S. 85, 354
Abb. 55, 56

Der Säulengürtel weist an dem Treppenturm zwei Lösungen auf: In der oberen Zone erhebt er sich über der Wandstufe bzw. Wandschräge, in der unteren hängt er von dieser herab. A. Kometsch führt die erste Variante auf die romanische Formgesinnung zurück, die davor zurückscheue, Säulen wie Teppichfransen zu behandeln. Dagegen entspreche die zweite Variante der byzantinischen Formgesinnung, die jedes Bogensystem von oben nach unten orientiere. Man muß dazu allerdings feststellen, daß auch in der späten Romanik, besonders bei Stauferbauten, Doppelbögen und Bogenfriese mit stark herabgezogenen Enden und hängenden Schlußsteinen auftreten. Beide Lösungen vererbten sich motivisch, am meisten die Hängesäulchen. Das Staufische kam mit seiner bauplastischen Aktivität der byzantinischen Neigung zur Antikisierung entgegen. Ausgehend von Bogoljubowo, verbreiteten sich Säulenportale mit Archivolten, Basen mit Eckspornen, profilierte Gewände und Fensterumrahmungen, Fassadenskulpturen, reich ornamentierte oder figurierte Kapitelle und Konsolen. Andrei ließ seine Residenz ganz anders anlegen als eine romanische Pfalz oder Burg, aber Gliederung und Dekor der

Wladimir, Goldenes Tor, Rekonstruktion

Wladimir,
Mariä-Himmelfahrts-Kathedrale,
Rekonstruktion

Wladimir,
Goldenes Tor
Erläuterungen S. 354f.
Textabb. S. 86, 355
Abb. 57

Fassaden belegen eine enge Stilverwandtschaft. Der Außenbau ist nicht mehr nur Raumhülle, sondern ein eigener künstlerischer Organismus.

In der Stadtplanung folgte Andrei dem Vorbild Kiews und Konstantinopels. Dazu gehörte das Goldene Tor mit seiner Portalsymbolik. 1164 wurde es in der charakteristischen Kombination von Torkapelle, Triumphbogen und Wehrturm erbaut. Erhalten hat es sich in weitgehend veränderter Gestalt. In Höhe des Schwibbogens befand sich auf Querbalken ein Holzboden mit Brustwehr zur Verteidigung des Torraumes, während die eigentliche Verteidigungsplattform direkt über den Tonnengewölben etwa an der jetzigen Fensterreihe angelegt und etwas nach Westen vorgeschoben war. Auf ihrer Mitte erhob sich eine kleine, vierpfeilerige Sakomari-Kirche, die ihren Namen nach dem »Pokrow« verwandten Fest der Gewandniederlegung Mariä trug. Das Goldene Tor führte aus dem Westen in den neuen, höfischen Stadtteil. Hier steht in der hochgelegenen Südwestecke, direkt am Steilufer der Kljasma, das ganze Stadt- und Landschaftsbild beherrschend, die Mariä-Himmelfahrts-Kathedrale. Sie wurde 1158–1161 nach dem Modell der Kiewer Höhlenkloster-Kathedrale mit sechs Pfeilern, Wellendach, einer Kuppel und breiten Kreuzarmen errichtet. Jedoch wies sie zugleich in der vertikalen und horizontalen Gliederung die antikisierende Blendarkatur sowie Fassadenskulptur und Säulenportale auf. Andrei stattete sie mit verehrungswürdigen Reliquien und Ikonen aus und versorgte ihren Episkopalhof mit günstigen Einkunftsquellen und Privilegien. Als Kathedrale des potentiellen Metropoliten wurde sie gewaltiger angelegt als alle anderen Kirchen: mit einem Kuppeldurchmesser von 6,30 m im Verhältnis zu üblichen 5 m und mit einer zwölffenstrigen Trommel. Wie die Kiewer Sophien-Kathedrale und romanische Bauten besaß sie eine Doppelturmgruppe. Aber auch die Türme selbst waren doppelt ausgeführt. Der eine diente als Treppenturm, der andere feudalen Hoheitsakten Andreis. Die Bedeutungsträger fürstlicher Macht flankierten risalitartig die Ecken des Westteils mit der Empore. Sie waren gestaltet wie die Türme der zur gleichen Zeit erbauten Residenz und trugen Namen, die aus der Palastarchitektur bekannt sind: »Herrschaftsdiele« der nördliche und »Erker« der südliche.

Wladimir,
Mariä-Himmelfahrts-Kathedrale
Erläuterungen S. 355
Textabb. S. 87, 355
Abb. 80–84

In Sichtweite, etwa eineinhalb Kilometer entfernt von Bogoljubowo, entstand ein Hofkloster mit der Mariä-Schutz-Kirche. Diese wurde von Andrei im Verlauf nur eines Jahres 1165 als Memorialbau für die siegreiche Schlacht gegen die Wolga-Bulgaren (1164) und für den dabei gefallenen Sohn Isjaslaw errichtet. Der Bauplatz war ungewöhnlich: ein 5,30 m hoch fundamentierter und mit Kalksteinplatten verkleideter künstlicher Hügel an der damaligen Mündung des Nerl in die Kljasma, der bei Hochwasser als Insel erscheint. Er markierte den lebenswichtigen

Wladimir/
Bogoljubowo,
Mariä-Schutz-Kirche
am Nerl
Erläuterungen S. 356
Textabb. S. 88, 89, 356
Abb. 58–63

Wasserweg zur Oka und zur Wolga. N. Woronin meint, die ausländischen Gesandten und Gäste hätten hier mit ihren Schiffen angehalten und am Gottesdienst teilgenommen, bevor sie weiterreisten. Die Weihe auf das Gottesmutterfest Mariä Schutz und Schirm (Pokrow, am 1. Oktober), das die griechische Kirche nicht kannte, hatte politische Bedeutung. Es war von Andrei offiziell eingeführt worden, um die Eigenständigkeit gegenüber Byzanz zu demonstrieren.

Wladimir/Bogoljubowo, Mariä-Schutz-Kirche am Nerl, Rekonstruktion

Der vierpfeilerige Sakomari-Typ verlor die kubische Schwere der ersten Periode und gewann eine höfisch-elegante, zarte und schlanke, ja spirituelle Form. In der Laurentius-Chronik heißt es, Andrei habe eine Kirche gebaut, »wie es sie in Rußland nie gab und auch nie geben wird«. Der Eindruck der Vergeistigung beruht auf mehreren Komponenten: der Verkleinerung des Grundrisses und seiner stärkeren Verschiebung in ein längliches Rechteck, der Erhöhung der Kuppelpfeiler und des Oberteils, der Verminderung des Kuppeldurchmessers auf nur 3 m, trotz acht Fenstern in der Trommel, der Veränderung der Maßverhältnisse zwischen einzelnen Bauelementen. In der vertikalen Gliederung stehen vor Pilastern antikisierende Halbsäulen, die attische Basen mit Eckspornen aufweisen. Ihre Blattkapitelle liegen hoch über den Scheiteln der Fensterbögen. Die Zerdehnung vom Sockel- bis zum Giebelgesims gleicht romanischen Diensten. Der breite Säulengürtel hat seine volle Ausbildung erfahren. Er unterteilt die Fassaden horizontal und markiert das relativ tief ansetzende Emporengeschoß. Breit schneiden die profilierten Gewände in die Mauer ein. Außerdem erscheint – vorerst in wenigen Motiven – figurale Reliefplastik in den Sakomari und an den Konsolen der Säulchen. Sowjetische Forscher haben festgestellt, daß Abmessungen von Fassadendetails der Hofkirche von Bogoljubowo genau kopiert wurden, aber hier an einem kleineren Gebäude und an schmaleren Wandabschnitten. So nahmen die Zahl und der Abstand der Säulen ab und die Tendenzen zur Öffnung und Vertikalität zu. Das große Portal ist in den zentralen Wandabschnitt eingezwängt. Die hohen Bogenfenster der drei Apsiden werden durch die Säulenstellung eingeengt. Allerdings fällt kaum ins Auge, daß an den Längsseiten der östliche Wandabschnitt schmaler ausgebildet ist als der westliche. Nach der Rekonstruktion von N. Woronin war die Kirche ursprünglich von einer dreiseitig umlaufenden, nach außen offenen Arkadengalerie mit einem Treppenturm im Südwesten umgeben.

Das Bildprogramm, das sich an allen drei Fassaden wiederholt, wird im Rundgiebel des breiten Mittelabschnitts eröffnet durch die Darstellung des Königs David. Er sitzt auf einem Thron, hält in der linken Hand die Harfe und erhebt die Rechte zum Lehrgestus. Als Prototyp Christi und Prophet der Gottesmutter hat er unmittelbare Beziehung zu der Kirche, als Held des Volkes, Sieger über die Philister, Gründer des jüdischen Staats war er Vorbild Andrei Bogoljubskis. Zur Erklärung hat man die Psalmen und das Lied vom »Taubenbuch« (Golubinnaja Kniga) herangezogen. Löwen und Greifen neben David symbolisieren die dämonische

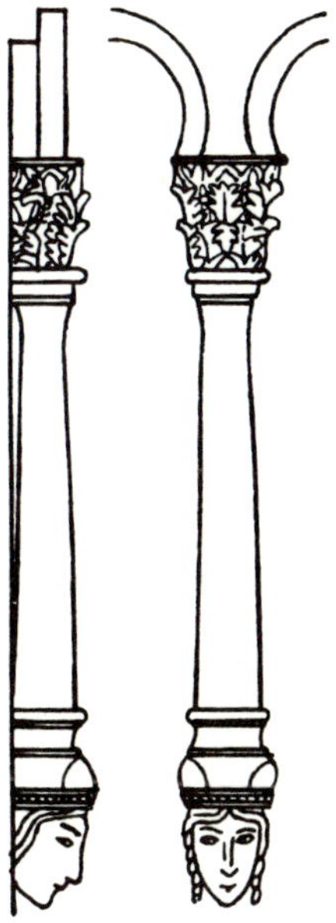

Wladimir/Bogoljubowo, Mariä-Schutz-Kirche am Nerl, figürliche Konsolen

Welt, die er bezwingt. Zweifellos ist das Motiv des »königlichen Sängers« mehr profan-herrscherlich als liturgisch zu verstehen. Darauf weisen auch die Wappentiere hin. Die Löwen neben dem Fenster erscheinen nach dem »Physiologos« in ihrer »zweiten Natur« als »nimmermüde Wächter«. Die Greifen in den seitlichen Sakomari halten in den Fängen einen Hirsch, zerreißen ihn aber nicht. Entweder sind sie als Allegorie des Triumphs oder des Bösen zu verstehen, das gegen seinen Willen an der Lobpreisung des Schöpfers teilnimmt. Die aneinandergereihten Frauenmasken sind Symbole Marias bzw. der altslawischen »Mutter Erde« und besitzen vermutlich apotropäische Bedeutung. An den Kämpfern der Pfeiler des Innenraums finden sich gleichfalls paarig liegende Löwen: mehrsinnig als Symbole Christi, der Wachsamkeit, der Dämonenabwehr und des gebannten Bösen.

Die graziöse kleine Kirche in der reizvollen Flußlandschaft verleitet zu poetischen Schwärmereien. Oft wurde die Harmonie von Architektur und Natur gepriesen. A. Kometsch hat auf Elemente aufmerksam gemacht, die einer idealen Lösung widerstreben: die Isolierung auf dem kahlen, künstlichen Hügel, das unglückliche Verhältnis der Portale und Fenster zur Säulenstellung, die eingeengten Bogenfelder des Säulengürtels. Er meint, man habe hier eine Stadtkirche, die optisch für nahe Betrachtung gestaltet sei, schematisch in die Landschaft versetzt. Tatsächlich ist auch die Fassadenskulptur dem menschlichen Sehen nicht angemessen. Für die Betrachtung vom Hügel aus ist sie zu hoch angebracht, aus größerer Entfernung läßt sie sich nicht erkennen. Die Ikonographie schließt eine Deutung unabhängig von menschlicher Rezeption nur zum Lobe Gottes aus.

Wsewolods bauplastische Agitation

Nach Andreis Ermordung durch aufständische Bojaren behielt im Streit um die Nachfolge sein jüngster Bruder Wsewolod III. (1154/1176–1212) die Oberhand, der vor ihm sechs Jahre lang nach Byzanz flüchten mußte. Die zahlreichen Söhne brachten Wsewolod den Beinamen »Großes Nest« ein. Seine Regierungszeit war gekennzeichnet durch kluge Politik, innere Konsolidierung und – oft mit militärischer Macht betriebene – Erweiterung seines Herrschaftsgebietes. Auch einigte er sich mit dem Kiewer Metropoliten und erreichte dadurch die Besetzung des neuen Wladimirer Bischofssitzes mit seinem Kandidaten. Die Chronik nennt ihn »Großfürst«, um seinen Führungsanspruch zu unterstreichen: Nur durch die irdische Natur dem Menschen ähnlich, »durch die Herrschaft ist seine Würde wie Gott«. Er war der mächtigste russische Feudalherr des ausgehenden 12. Jahrhunderts.

Wladimir, Demetrios-Kathedrale
Erläuterungen S. 356
Textabb. S. 91, 356
Abb. 64–79

Wegen Unruhen in der Stadtbevölkerung ließ Wsewolod in den neunziger Jahren seine Wladimirer Residenz zur Zitadelle ausbauen und den Markt mit dem Versammlungsplatz des Wetsche hierher verlegen. Als seine Hofkirche entstand, aus Anlaß der Geburt seines jüngsten Sohnes und zu Ehren seines christlichen Namenspatrons Demetrios von Saloniki, 1194–1197 die vierpfeilerige Demetrios-Kathedrale. Die Grabplatte des Heiligen wurde als Reliquie aus Thessaloniki geholt. Im Baustil läßt sich eine dritte Periode feststellen. Die Eleganz der Zeit Andreis wich dem Ausdruck der Feierlichkeit, Gewichtigkeit und Ruhe, ohne daß die Schwerfälligkeit der Periode Juri Dolgorukis wiederholt worden wäre. Dieser Eindruck wird zunächst hervorgerufen durch die scheinbare Verminderung der oberen Zone, durch die gewaltige, auf einem flachen Postament sitzende Trommel und durch die gedrungene Helmkuppel. Die Sakomari halten die vertikalen Kräfte der dreiteiligen Fassadengliederung gleichsam fest. Im Typ ist die Demetrios-Kathedrale der Nerl-Kirche sehr ähnlich. Die Archivolten der Portale, die Bögen des Säulengürtels und die Sakomari weisen sogar eine leichte Überhöhung auf. Konstruktiv bleibt auch die Höhe der Kuppelpfeiler und des Oberteils erhalten, die zur Zeit Andreis üblich geworden war. Aber der Aufbau wirkt nicht mehr vertikal und dynamisch. Der Baukörper verblockt zum Quader. So besitzt die Westfassade eine Breite von 15,50 m und eine Höhe von 16,40 m. Die Westempore rückt nach oben genau auf die halbe Gebäudehöhe und mit ihr der Säulengürtel der Fassaden. Im zentralen Wandabschnitt befinden sich bei der Demetrios-Kathedrale im Westen acht, an den Längsseiten neun, bei der Nerl-Kirche hier wie dort fünf Säulchen (mit engeren Abständen). Die Kapitelle der vertikalen Gliederungselemente liegen wieder näher an den Scheiteln der Fensterbögen. Die drei Apsiden haben wieder die Gestalt mächtiger Halbzylinder. Die Proportionen und Durchmesser der Stützen und Bögen nehmen von unten nach oben ab. Die Gewände schneiden tief und schräg in die Mauerstärke ein. Der Säulengürtel wirkt wie herabhängende, schwere Teppichfransen.

Ursprünglich war der Bau dreiseitig von einer geschlossenen Arkaden-Galerie und symmetrisch zu beiden Seiten der Westfassade von Treppentürmen umgeben. So ist vermutlich das Fehlen der Skulptur in den unteren Wandabschnitten zu erklären. Der Umgang fiel im 19. Jahrhundert einer unsachgemäßen Restaurierung zum Opfer, bei der auch die Steine der Reliefs willkürlich ausgewechselt und grobe Nachbildungen angebracht wurden. Der Reliefschmuck überzieht üppig die Portale, die obere Zone der Fassaden, die Apsiden, den Kuppeltambour und erstmalig figürlich die Felder im Bogenfries. Die Steinmetze des 12. Jahrhunderts haben sowohl die Bedingungen menschlicher Wahrnehmung als auch die natürlichen Lichtverhältnisse berücksichtigt: Im allgemeinen wächst die Reliefschicht von unten nach oben an, um trotz zunehmender Entfernung dem Auge des Betrachters deutlich zu bleiben; und die nur in den frühen Morgenstunden der Sommertage von der Sonne beschienenen Darstellungen der Nordfassade wurden kräftiger herausgearbeitet als alle anderen.

Trotz der späteren Veränderungen lassen sich zwei verschiedene Stilrichtungen erkennen: Die eine neigt zum abgerundeten Hochrelief, das weich in die Wandfelder übergeht, die andere zum linearen Flachrelief, dessen Umrisse sich zur geschnittenen Fläche und Wand in einem nahezu rechten Winkel befinden. An der einen waren vermutlich ausländische Skulpteure beteiligt, während die andere auf die an der Holzschnitzkunst geschulten einheimischen Meister zurückgeht. Freilich gibt es noch zahlreiche individuelle Handschriften zwischen diesen beiden Richtungen. Die Anordnung folgt reihenweise (in »Zeilen«) den Lagen der Kalksteinquader in der Blendmauer. Historisch früher findet sie sich so nur noch bei den figuralen Friesen und Ornamentbändern der Heilig-Kreuz-Kirche in Achtamar/Armenien (915–921). In der Regel konzentrierte sich die Fassadenskulptur dieser Zeit in Ost und West auf Eingangszonen, Vorhallen, ganz besonders Portale, Fenster, Giebelfelder, aber auch auf die Apsiden. Nur Wladimir-Susdal bietet Beispiele für eine gleichmäßige Verteilung. Die etwa 800 Reliefs wirken wie gehäkelt und dem oberen Baukörper übergeworfen, ohne daß die Konstruktion dadurch verschleiert würde.

Wenn sich ikonographisch und formal mancherlei Analogien zur Fassadenskulptur der westeuropäischen Romanik, Serbiens und der Kaukasusländer aufdrängen, so darf man nicht die Universalität christlicher Symbolik und Gestaltung in der mittelalterlichen Welt übersehen. Ihrer bedienten sich gleicherweise die einheimischen russischen wie die aus unterschiedlichen Kunstlandschaften einwandernden Meister. Dabei vermischten sich die zeitgenössischen Einflüsse mit frühchristlich-frühbyzantinischen Traditionen und mit dem bodenständigen Erbe, in dem die ostslawische Holzschnitzkunst fortwirkte. Über das Bildprogramm ist viel gerätselt worden. Es scheint in ausführlicherer Version das Thema der Nerl-Kirche zu wiederholen. Die Motive haben sich vermehrt. Wiederum erscheint im mittleren Giebelfeld an allen drei Seiten König David, diesmal als Prediger mit emporgehobener Rechter und Buchrolle in der Linken. Da der Typ des thronenden und lehrenden Königs im Herrscherkult eine wichtige Rolle spielte, betonen viele Wissenschaftler den höfischen Charakter des Bildprogramms, die Idee der göttlichen Legitimation des Großfürsten. G. K. Wagner hat Vergleiche zum literarischen Genre des »Enkomions« (»Lobpreises«) gezogen. Er meint, in den Darstellungen würden persönliche Eigenschaften des Auftraggebers durch Bezugnahme auf Bibelstellen glorifiziert. A. Grabar nimmt an, die Symbolik stehe in der Folge des Raumschmucks byzantinischer Palastarchitektur, der sich immer auch christlicher Stoffe bediente. Der höfische Charakter betrifft besonders die Südseite, die man »Fürstenfassade« nennt, weil der Herrscher durch ihr Portal einzog – eine orientalische, in Byzanz fortgeführte und besonders in Georgien praktizierte Tradition. Der Fürst erschien dort, wo die Sonne ihren höchsten Stand erreicht. Im östlichen Giebelfeld ist die Greifenfahrt Alexanders des Großen zu sehen, die als Zeichen imperialen Triumphs, aber auch als Warnung vor Hoffart gilt. Eine Besonderheit sind die Löwen, die Alexander in den Händen hält. Die russische Übersetzung des Alexander-Romans fällt etwa in die gleiche Zeit. Auf herrscherliche Bezüge deuten auch die Taten des Herakles-Christus – an der Westfassade –, die Reiterheiligen (wie Theodor und Georg, Boris und Gleb) und die Namenspatrone der Fürsten hin. Die Reliefs der Jäger, Ringer, Tierkämpfe zählen zur Kategorie der höfischen Zerstreuungen. Das Vorherrschen von Löwen-, Panther- und Greifenfiguren erklärt sich apotropäisch und heraldisch. Das östliche Giebelfeld der Nordfassade zeigt die Darstellung Wsewolods III. und seiner fünf Söhne, den jüngsten auf den Knien. Am Außenbau finden sich ähnliche Stifterreliefs historisch früher nur noch an armenischen Kirchen.

Wladimir, Demetrios-Kathedrale, Rekonstruktion der Reliefanordnung am Ostabschnitt der Nordfassade

Die Polysemantik der Darstellungen umfaßt weitere Sinnzusammenhänge: Vor den Augen entbreitet sich die Welt, wie sie der Hand des Schöpfers entsprang. »Alle Welt lobe den Herrn!« heißt es im 148. Psalm: Bäume, Tiere, Könige, Fürsten, Völker. Der Psalter war die Lieblingslektüre aristokratischer Kreise. Im Lied vom »Taubenbuch« besingt König David nacheinander alle Lebewesen der göttlichen Schöpfung. Aus dem »Physiologos«, den Bestiarien und der ostslawischen Folklore stammen die Figuren, die in das Fabelreich der Zentauren, Basilisken und Sirenen führen. Eine stärker religiöse Bedeutung käme dem Bildprogramm zu, wenn man es in die Symbolik des Lebensbaums einordnen und so auf Paradies und Endzeit beziehen könnte. Aber dafür fehlen wesentliche Motive, z. B. das Kreuz. Kaum anzweifeln läßt sich dagegen die religiöse Thematik des Säulengürtels. Zwischen den Säulchen der – sich vor der Wandfläche verselbständigenden – Blendarkatur befindet sich ein Fries von plastisch herausgearbeiteten Heiligenfiguren, dessen ursprüngliche Anordnung durch spätere Zutaten und die »Restaurierung« im 19. Jahrhundert verlorenging. G. K. Wagner kam durch eine Rekonstruktion zu folgendem Ergebnis: Dargestellt war ein großer Deisus mit dem Zentrum an der Westseite, nämlich Christus-Pantokrator zwischen der Gottesmutter, Johannes dem Täufer und den Aposteln. Die Fürbitte vollzogen an der Nordseite eine Märtyrer-Galerie (darunter Boris und Gleb), an der Südseite eine Reihe von Namenspatronen und Angehörigen des Fürstenhauses. Leider haben sich originalgetreu nur die Figuren im Westabschnitt der Nordfassade erhalten. Jetzt bildet den Mittelpunkt der Westfassade eine Dreieinigkeit oder Vaterschaft (möglicherweise aus dem 16. Jahrhundert): der Heilige Geist als Taube, links von ihm Christus mit Krone als Hoherpriester, rechts Gott-Vater, an jeder Seite je zwei Evangelisten. Der Deisus besaß als Gerichtsszene herrscherliche Bezüge, als Fürbittenbild jedoch zugleich populäre Schutzfunktion. Apotropäischen Charakter bezeugen die figurativen Motive der Konsolen. Die romanischen Gewändeportale zeichnen sich durch kräftige Säulen mit korinthischen Kapitellen und durch – in Umfang und Ornamentik unterschiedlich behandelte – Archivolten aus. Blatt-, Flechtband- und Tiermotive trifft man dergestalt zur gleichen Zeit im ganzen byzantinischen Kunstbereich. Figürliche Themen sind selten und finden sich nur im Bogenscheitel (etwa König Salomo am Südportal oder der Deisus am Nordportal). In Serie dagegen erscheinen apotropäische Chimären und Masken. Allerdings fehlt das Tympanon, das sowohl im christlichen Orient als auch im Okzident üblich und Ausgangsort figürlicher Plastik war. Der Skulpturenschmuck fordert auf, in relativ naher Sicht bewundert und interpretiert zu werden. Außenbau und Bildprogramm sollten als steingewordene christliche Staatsideologie auf die Umwelt ausstrahlen und die liturgische Thematik des Innenraums ergänzen.

Eine besondere Rolle spielte das antikisierende Blattkapitell. G. Bandmann erklärt, es sei in Deutschland in nachottonischer Zeit das Hauptrequisit jedes imperialen Gedankens gewesen. Dabei meint er die Salier und Staufer ebenso wie die Welfen. [25] Zwar drängte die Antikisierung die blockhaften, frühromanischen Formen zurück, aber sie erreichte kaum eine mehrschichtige, vollplastische Entfaltung. Das Blattkapitell verschmolz mit der Tradition des Würfelkapitells. Ein ähnlicher Prozeß vollzog sich in Wladimir-Susdal. Die Akanthus- und Palmettenbildung ist nicht durchgearbeitet, sondern dem Würfel, Trapez oder Kelchblock nur vorgelegt. Der Rückgriff auf hellenistisch-römisches Formengut, der sich seit Heinrich IV. unter dem Eindruck der Rivalität zum Papsttum und dem Anspruch auf augusteische Macht in den Aufträgen deutscher Herrscher wiederholte, fand in Wladimir-Susdal eine Parallele. Die Vermutung drängt sich auf, daß oberitalienische Steinmetzen (Comaciner), die seit salischer Zeit für die deutschen Kaiser und für die Welfen-Herzöge arbeiteten, über Süditalien, Griechenland, den Balkan und Galizien in die Wladimir-Susdaler Rus gekommen sind. Vielleicht ist das antike Erbe auf dem Umweg und in der Synthese des Okzidents eingedrungen, wenngleich es in den Bauten der Nachbarländer näher lag. Die Frage ist nicht, ob die deutsche »Reichsmetaphysik« auf das russische Staatsdenken Einfluß ausgeübt hat. Man könnte freilich daran denken, daß einer der Getreuen Friedrich Barbarossas, Erzbischof Wichmann von Magdeburg, über das Bistum Płock weit in den slawischen Raum hinein wirkte. Seine Figur kann man noch heute an der aus einer Magdeburger Gießhütte stammenden Bildtür der Nowgoroder Sophien-

Kathedrale sehen. Wladimir-Susdal war ganz und gar in den Bereich des Ostchristentums integriert. Die eigentliche Frage ist, ob der aktuelle Eindruck, den die politische Opposition der Staufer in Westeuropa gegen den päpstlichen Stuhl erweckte, die russische Entscheidung für eine eigenständige Kirchen- und Kulturpolitik stimulieren half. Natürlich wurde hier wie dort nicht die geistliche Gewalt in Frage gestellt. Die Herrscher entzogen sich der Kirche nicht. Aber sie verstanden sich als irdische Stellvertreter Gottes, die ihre Herrschaft direkt als Lehen von Gott selbst erhielten. Andrei und Wsewolod sahen sich legitimiert durch die Wahl des Wetsche, das sie dann allerdings entmachteten.

WLADIMIR,
MARIÄ-HIMMELFAHRTS-
KATHEDRALE
Erläuterungen S. 355
Textabb. S. 87, 355
Abb. 80–84

Die durch den Stadtbrand von 1185 arg mitgenommene Mariä-Himmelfahrts-Kathedrale Andrei Bogoljubskis mußte Wsewolod III. in der Zeit bis 1189 faktisch neu aufbauen lassen. Die drei Apsiden des Vorgängerbaues wurden abgetragen und die Mauerflächen zwischen den Pilastern entfernt, um eine geräumigere, wesentlich stärker ausbuchtende Altarpartie und eine Arkatur zu schaffen, die sich an den anderen drei Seiten zu den neu errichteten, rechteckig abschließenden Galerien öffnet. Deren kraftvolle hohe Außenwände ummanteln in einem Abstand von etwa 5 m den Baukern und sind mit ihm durch Gurtbögen verbunden. Die alten Mauerreste mit den Pilastern verwandelten sich praktisch in Stützen einer größeren, scheinbar fünfschiffigen Kathedrale mit 18 Pfeilern. Außerdem wurde die Hauptkuppel durch vier Nebenkuppeln an den Enden der seitlichen Galerien ergänzt. In Verbindung mit der neuen Grundrißlösung war die Fünfkuppelkonstruktion einmalig. Der Grundriß des Raummantels folgte nicht genau dem des alten, dreischiffigen Baukerns. Besonders an der Südseite ergaben sich Differenzen. Der zentrale Wandabschnitt entspricht nicht dem Kreuzarm. Er ist schmal und niedrig, und das mächtige Fenster wirkt in seine obere Zone eingequetscht. Der südliche Säulengürtel erhebt sich über einer Wandstufe. Seine Höhe stimmt mit der alten Plazierung am Bau von Andrei überein. Die Fenster der unteren Wandzone ragen uneinheitlich und disharmonisch in seine Bogenfelder. Die Westseite ist dagegen symmetrisch in fünf Wandabschnitte gegliedert, der zentrale am Kreuzarm. Im Unterschied zur Südseite hängt der Säulengürtel hier von oben herab. Zudem ist er nicht nur höher angebracht, sondern auch sorgfältiger und künstlerischer gearbeitet. Die westliche sollte als Hauptfassade auf die städtische Umwelt einwirken, während die Südseite über dem Hochufer der Kljasma liegt und sich guter Sicht entzieht.

Bei der bischöflichen und städtischen Kathedrale dominiert die Mauermasse über die Öffnungen und den Dekor. Sie ist das Gegenbeispiel zur Nerl-Kirche. Die Standardmaße aus Bogoljubowo wurden auf ein wesentlich größeres Gebäude übertragen. Interessant ist die neue Form der Ecken: zwei Halbsäulen, zwischen denen der Pilaster hervortritt, so daß die scharfen Gebäudekanten die Abgeschlossenheit des Baukörpers akzentuieren. Das Mauermassiv, das Bestreben, das Halbrund der Sakomari ständig zu wiederholen, und die dominierende Waagerechte beeinflußten von hier aus die Moskauer Baukunst. Die gleichnamige Kathedrale Fioravantis im Moskauer Kreml rezipierte dreihundert Jahre später im Auftrag Iwans III. die Tradition Wladimirs.

Das Innere ist ein komplizierter Organismus. Im wesentlichen besteht es aus dem breiten Tonnenkreuz des alten Baukerns mit der gut belichteten Vierung. Die Höhe bis zum Scheitel der Hauptkuppel beträgt wie bei der Kiewer Sophien-Kathedrale 29 m. Der Durchmesser entspricht dem der Hauptapsis. Zwischen den vier großen Pendentifs der Hauptkuppel sind noch acht kleinere eingefügt und bewirken dadurch einen fließenden Übergang zum Rund der Trommel. Diese Konstruktion erinnert an armenische Vorbilder. Bis auf die Verlängerung der

Kreuzarme bleiben die breiten, neuen Galerien mehr im Dunkeln und unterstreichen dadurch ihre Bestimmung als Begräbnisstätte. Die Empore befindet sich im Westteil über Galerie und Schiff. Dadurch wird das Querhausmotiv betont. Überhaupt herrscht – wie in der Anlage der Kiewer Sophien-Kathedrale – eine Bewegung in die Breite. Die Prozession vor der Ikone der »Wladimirskaja«, die links von der Königstür in einem Schrein aufbewahrt wurde, machte das deutlich. Der Strom der Gläubigen zog an der Altarschranke entlang und an dem Gnadenbild vorbei. Zwischen Nord- und Südportal waren quer durch den Innenraum sakrale Tücher (Vela) aufgehängt, so daß ein Korridor entstand, der sich außen bis zum Dielenturm des fürstlichen Palastes und bis zum Kirchplatz fortsetzte.

Lösung des Dekors von der Konstruktion

Nach dem Tod Wsewolods III. im Jahre 1212 setzte auch innerhalb der Wladimir-Susdaler Rus der Prozeß der feudalen Zersplitterung ein. Die alten Städte Rostow und Susdal machten Wladimir das Vorrecht streitig, gleichzeitig entwickelten sich Jaroslawl, Nishni-Nowgorod (Gorki) und Jurjew-Polski zu selbständigen Zentren. Dabei lassen sich zwei Bauschulen feststellen: Die eine arbeitete in Ziegelmauerwerk mit Kalksteindekor. Erhalten haben sich aus dem ersten Drittel des 13. Jahrhunderts Reste der beiden Mariä-Himmelfahrts-Kathedralen in Rostow und Jaroslawl, die das Sechs-Pfeiler-Schema und den Sakomari-Typ der Kiewer Höhlenkloster-Kathedrale wiederholen. Bauherr war Konstantin, der älteste Sohn Wsewolods, genannt »der Weise«, der zahlreiche Gelehrte und Künstler an seinem Hof versammelte, eine Lehranstalt gründete, eine Bibliothek wertvoller Handschriften anlegte und die berühmte Gruppe Jaroslawler Ikonenmaler protegierte. Die andere Bauschule pflegte die Tradition der Zweischalenkonstruktion mit Kalkstein- und Tuffsteinquadern. Nur sie wollen wir hier im Zusammenhang mit der vierten Periode verfolgen, in der sich die Dekoration von der Konstruktion ablöste und die mit dem Tatarensturm ein Ende fand.

Susdal, Mariä-Geburts-Kathedrale
Erläuterungen S. 356
Textabb. S. 95, 356
Abb. 85–93

Ein Beispiel ist die 1222–1225 im Auftrag von Fürst Juri Wsewolodowitsch und Bischof Simon errichtete sechspfeilerige und dreikupplige Mariä-Geburts-Kathedrale in Susdal, deren fünfkuppliger Oberbau aus der Wende zum 18. Jahrhundert stammt. Die vertikale Aufgliederung der Nord- und der Südfassade in vier ungleiche Abschnitte erfolgt in alter Weise durch flache und glatte Lisenen, die allerdings keine konstruktive Funktion mehr erfüllen. Zudem stimmt ihre Anordnung nicht mit der Stellung der drei Pfeilerpaare im Innenraum überein. Einerseits verzichtete man auf die antikisierenden Halbsäulen vor den Lisenen und auf die reiche Fassadenskulptur. Die ornamentalen und figuralen Reliefs wurden flacher und vereinzelten. Andererseits löste man die Dekoration von der Konstruktion und verlieh ihr ein Eigenleben. So steht auch der Säulengürtel über der Wandstufe in keinem Verhältnis mehr zur inneren Anlage der Empore, so entsprechen die Rundgiebel der Ostfassade nicht mehr der Einwölbung, so überschneidet ein Flechtband die ohnedies schwachen Lisenen, so überzieht ein Tannennadel-Ornament selbst noch den Zahnfries. Drei im Grundriß quadratische Eingangsvorhallen mit Portalen ziehen den Bau an Mittel- und Querschiff kreuzförmig auseinander. An ihrem Giebel zeigt sich die Kielbogenform. Sie öffneten sich früher frei zum Inneren. Wir kennen ähnliche Anlagen von georgisch-abchasischen Kirchenbauten des 7. bis 10. Jahrhunderts und von Kirchen in Serbien, Süd- und Westrußland.

Eine Besonderheit stellt in Susdal der südliche Portikus dar. Er erinnert an einen eintorigen Triumphbogen. Durch seine »Goldene Pforte«, eine zweiflügelige, feuervergoldete Bildtür, betraten der Fürst und sein Gefolge den Kirchenraum. An den Säulen des Portals haben sich die antikisierenden Tendenzen am besten erhalten. Aber die Blattbildung der korinthischen Kapitelle verflachte, und zugleich kamen Blockkapitelle mit Löwenreliefs auf. Der Abakus ist zum Kämpferaufsatz ausgebildet und mit Flechtband verziert. Am Schaft erscheint ein breiter, dreifach gegliederter Ring, dessen Form an slawische Holzornamentik erinnert. Die Vermischung von Pflanzen-, Ranken-, Knoten- und Flechtbandmotiven in der Ornamentik zeigt eine merkwürdige Ähnlichkeit der mittelbyzantinischen und romanischen zur bodenständigen Stillage. Der Löwe als Torwächter geht auf die orientalische Portal-Architektur zurück und war ein im ganzen Mittelalter, besonders in der Romanik, beliebtes Motiv. Nach biblischen Quellen kann er sowohl Symbol Gottes als auch des Teufels sein. Hier ist er vermutlich als Zeichen herrscherlicher Macht und Wachsamkeit, als Beziehung zu Christus, dem »Löwen aus dem Stamme Juda« (Apokalypse 5,5), zu deuten. Die Verbindung des Schweifs mit einer dreiblättrigen Palmette weist auf die Gottesmutter, die Keuschheit der Jungfrau Maria hin, deren Geburtsfest die Kathedrale geweiht war.

Der elegante und dekorative Zug bestimmt auch die Gravierkunst der beiden zweiflügeligen Bildtüren im Süd- und im Westportal. Sie dürften in den zwanziger bis vierziger Jahren des 13. Jahrhunderts geschaffen worden sein. Ihre Auftraggeber waren vermutlich Fürst Juri Wsewolodowitsch und der Bischof von Susdal Mitrophan, der 1238 bei der Eroberung der Stadt Wladimir durch die Tataren ums Leben kam. Das Bildprogramm im südlichen Haupteingang umfaßt die »Taten der Erzengel«, besonders Michaels, des Herrschers über die himmlischen Heerscharen und Schutzheiligen der Fürsten. Im Westportal sind Szenen aus dem Leben Christi und der Gottesmutter dargestellt. Die Bildtüren bestehen aus massiven Holzplatten, innen mit Eisen, außen mit Kupfer beschlagen, und sind an jedem Flügel durch Wülste in je 14 (mit Ausnahme

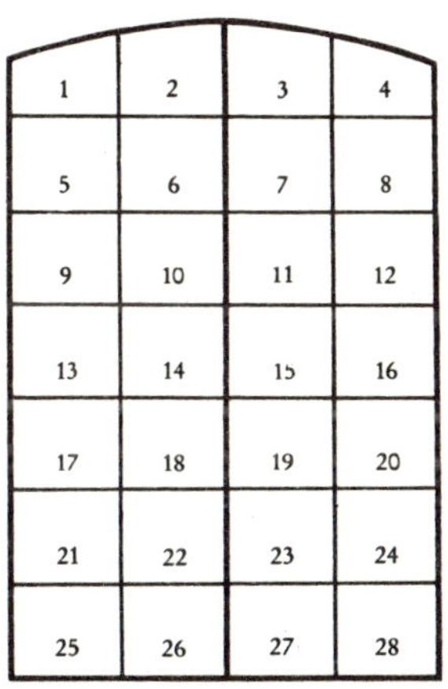

Susdal, Mariä-Geburts-Kathedrale, Bildprogramm der Türen

Südportal: 1 Alttestamentliche Dreieinigkeit; 2 Höllensturz; 3 Erschaffung Adams; 4 Vertreibung aus dem Paradies; 5 Michael lehrt Adam, die Erde umzugraben; 6 Abels Opfer; 7 Kain erschlägt Abel; 8 Adam gibt den Tieren Namen; 9 Jakobs Traum von der Himmelsleiter; 10 Jakob ringt mit dem Engel; 11 Abraham und Sara empfangen die drei Engel; 12 Wunder Michaels in Chonae; 13 Die drei Jünglinge im Feuerofen; 14 Lot empfängt die drei Engel; 15 Drei Engel erscheinen Daniel (?); 16 Daniel in der Löwengrube; 17 Wasserwunder; 18 Lot weigert sich, den Sodomitern die Engel auszuliefern; 19 Warnung Lots vor dem Untergang von Sodom und Gomorrha; 20 Gideon und der Engel; 21 Vernichtung der Assyrer; 22 Davids Buße; 23 Bileam wird verboten, Israel zu fluchen; 24 Michael erscheint Josua vor Jericho; 25 Löwe; 26 Greif; 27 Bestie; 28 Greif

Westportal: 1 Cherubim; 2 Majestas Domini; 3 Alttestamentliche Dreieinigkeit; 4 Seraphim; 5 Begegnung von Joachim und Anna an der Goldenen Pforte; 6 Mariä Geburt; 7 Mariä Tempelgang; 8 Mariä Verkündigung; 9 Christi Geburt; 10 Darbringung im Tempel; 11 Taufe Christi; 12 Christi Verklärung; 13 Auferweckung des Lazarus; 14 Christi Einzug in Jerusalem; 15 Kreuzigung; 16 Myrontragende Frauen am Grab; 17 Christi Niederfahrt zur Hölle; 18 Pfingstwunder; 19 (fehlt); 20 Grablegung Mariä; 21 Niederlegung des rechtschaffenen Gewandes der Gottesmutter; 22 Mariä Himmelfahrt; 23 Niederlegung des Gürtels der Gottesmutter; 24 Gottesmutter Schutz und Schirm; 25 Löwe; 26 Greif; 27 Löwe; 28 Greif

der oberen) rechteckige Felder unterteilt. Durch das von Rom über Byzanz und Kiew überlieferte Feuervergoldungsverfahren stehen die zarten, golden schimmernden Gravierungen im reizvollen Kontrast zum samtenen Schwarz des Untergrunds. Die Türgriffe in Form eines Löwenkopfes entsprechen ganz dem Stil westlicher Romanik.

JURJEW-POLSKI, GEORGS-KATHEDRALE

Erläuterungen S. 357
Textabb. S. 97, 357
Abb. 94–97

Im Auftrag des Fürsten Swjatoslaw Wsewolodowitsch entstand 1230–1234 in dessen Residenzstadt Jurjew-Polski die Georgs-Kathedrale, das letzte große Bauwerk vor dem Tatareneinfall. In ihrer eigentlichen Gestalt ist sie nicht überkommen. Schon 1471 leitete W. D. Jermolin, der Baumeister Iwans III., im Zuge der Erberezeption des aufstrebenden Moskauer Großfürstentums die erste Restaurierung. Leider ging dabei die ursprüngliche Anordnung der Fassadenskulpturen verloren, so daß sich die Aussage des Bildprogramms in ein Rätsel verwandelte. Auch die alte Einwölbung und Bedachung vermochte Jermolin nicht zu rekonstruieren. Am besten erhalten haben sich die Nordwand und der an sie anschließende westliche Teil.

Der Baukörper besitzt einen dem einkuppligen Vier-Pfeiler-Schema folgenden quadratischen Grundriß, war jedoch sehr schlank. Er wird im Nordosten durch die Grabkapelle des Stifters ergänzt und kreuzförmig durch drei Portiken auseinandergezogen. Die westliche Eingangsvorhalle nimmt gegenüber den beiden seitlichen eine größere Grundfläche ein und war höher und zweigeschossig ausgeführt. Das Obergeschoß diente durch einen sich weit nach innen öffnenden Bogen als fürstliche Empore und zugleich als Platz feudaler Hoheitsakte, vor allem der Gerichtssitzungen. Die Fassade war durch ein romanisches Drillingsfenster gekennzeichnet, wie es sich auch am Treppenturm des Palastes in Bogoljubowo befindet. Die Reliefskulptur, die sich um das Drillingsfenster gruppierte, unterstrich ikonographisch die höfische Funktion. Das dreilappige Bogenmotiv findet sich bei den Blendgiebeln am rechteckigen Postament der Kuppeltrommel und bei den Blendarkaden des Heiligenfrieses. Der obere Abschluß war als Wellendach angelegt. Erstmalig fällt an den Rundgiebeln und an den Blendarkaden die kielbogenförmige Spitze auf, die vordem als zaghafter Ansatz nur die Portiken der Mariä-Geburts-Kathedrale in Susdal schmückt. Zu dieser gibt es überhaupt eine enge Verwandtschaft: in der Struktur des Innenraums und im Anbau der Vorhallen.

G. K. Wagner rekonstruierte die ursprüngliche Fassadengestalt mit dem reichen, aus Kalkstein geschnittenen Reliefschmuck, der sich von oben nach unten verdichtet und die Fugen der Blendmauer übergreift. Die etwa 400 erhaltenen Skulpturen werden 12 Meistern und ihren fast 30 Schülern zugeschrieben. Von ihnen hat einer bei dem im romanischen Stil gearbeiteten Kopf des Erlösers an der nördlichen Vorhalle dic Signatur »Baku« hinterlassen. Zwei Drittel sind menschliche Figuren. Im Unterschied zur Demetrios-Kathedrale dominiert die kirchliche über die höfische Thematik. Am Außenbau wiederholt sich das Bildprogramm des Innenraums. Leitmotiv war der segnende Christus-Immanuel zwischen Engeln an den Blendgiebeln des Kuppelpostaments. Am westlichen Hauptgiebel erschien die Verklärung, am nördlichen die Kreuzigung, am südlichen die Himmelfahrt Christi. In den Feldern des kielbogenförmigen Säulenfrieses entbreitete sich ein vielfiguriger Deisus. Nur die Reliefs der drei Vorhallen mit dem Stifterbild von Swjatoslaw, die Himmelfahrt Alexanders von Makedonien am Ostgiebel der Südfassade, einige Namenspatrone wie Georg und Wappentiere verweisen auf höfische Funktionen. Man hat den Eindruck, das religiöse Dogma dränge die Staatsideologie in den Hintergrund. In der Zone unterhalb des Säulenfrieses sind alle Wandflächen und Bauglieder – selbst die Halbsäulen, Lisenen und Kapitelle – dicht von einem linearen, feinen Pflanzenornament überzogen. Die Ranken umfangen Tiere und Fabelwesen und erinnern immer wieder an das Motiv des Lebensbaums.

Im Unterschied zu Wladimir bildete sich in Jurjew-Polski ein Kontrast zwischen flächigen, kleinteiligen Hintergrundreliefs und halbplastischen Ikonen heraus. Jene haben volkstümlich-phantastische Züge, diese halten sich an den Kanon. Sie schweben in den Nischen zwischen den Säulchen der Blendarkatur und ähneln so den frontal dargestellten Heiligen der Wand- und Ikonenmalerei. Neu ist allerdings eine gewisse Protorenaissance, die andere Züge trägt als die Paläologenkunst. Christus-Immanuel wird dem Pantokrator, die jungfräuliche der höfischen

Jurjew-Polski,
Georgs-Kathedrale,
Rekonstruktion
der Westfassade

Darstellung der Engel, das jugendliche dem martialischen Aussehen der Krieger vorgezogen. Die Löwen sind als gutmütige Katzen, die Zentauren in russischer Volkstracht, die Sirin-Vögel mit Mädchenkopf nach dem Bild heimischer Sagen reproduziert. Uns erscheint der Vergleich zur Frühgotik erlaubt. Aber während sich mit dem Ende der Romanik, mit dem Eindringen bürgerlich-realistischer Stilelemente in Frankreich, Italien und Deutschland die Plastik von der engen Bindung an die Wand löste, blieb in Jurjew-Polski die Wirkung des Flächigen und Tektonischen erhalten. Nur selten wird der Kontur architektonischer Form aufgehoben, etwa wo ein dreiköpfiger Ring das Rund einer Ecksäule unterbricht. Im Prinzip schimmert immer der Baukörper mit seinem »Knochengerüst« durch die Grob- und Feinmaschigkeit des Dekors.

In der Fassadenskulptur der Wladimir-Susdaler Rus kann man stilistisch und ikonographisch erstaunliche Analogien herstellen: zum Kaukasus etwa bei Pflanzen, Tieren und Reiterheiligen, zu Byzanz bei der Heiligen-Galerie des Säulengürtels und Motiven antiker Mythologie, zur Romanik bei apotropäischen Fabelwesen und skulptierten Konsolen. Die Vorbilder stammen sowohl aus der Stein- und Holzplastik als auch aus der Wand-, Ikonen- und Buchmalerei, aus der Heraldik, dem Kunsthandwerk und der Kleinkunst, besonders aus Metall- und Textilarbeiten. Während bei den Kaukasus-Ländern – mit Ausnahme der Heilig-Kreuz-Kirche in Achtamar – die ornamentalen die figuralen Motive überwiegen und umgekehrt in romanischen Kunstlandschaften die figuralen Skulpturen dominieren, herrscht in Wladimir-Susdal ein ausgeglichenes Verhältnis. Völlig eigenständig ist die Anordnung der Reliefs. Organisiert durch die Blendarkatur, beleben sie die ganze Wandfläche: am Anfang der Stilfolge noch verhalten und singulär, dann reichhaltig und systematisch. Lediglich an Hallenfassaden Südwestfrankreichs aus der Mitte des 12. Jahrhunderts kann man eine ähnliche »Überspinnung« feststellen (Notre-Dame-la-Grande in Poitiers). In der Verteilung betont sind die zentralen Rundgiebel, in denen sich das Leitmotiv befindet, und der Säulengürtel mit der Heiligen-Galerie. Aber formal sind alle Reliefs gleichwertig. Während sie in Achtamar großfigurig mehrere Steine bedecken, bewahren sie in Wladimir den Eigenwert ihres Trägers. Heilige haben den gleichen Rang wie Tiere und Pflanzen. Dabei folgen sie dem Prinzip der Reihung und Serie. Ein von der einen zur anderen Fassade übergehendes ikonographisches Register existiert nur am Säulengürtel, wo die Heiligenfiguren nach der Ordnung des Deisus nebeneinanderstehen. Wenn auch der Anteil der profan-herrscherlichen und der kirchlichen Ikonographie bei den einzelnen Bauten unterschiedlich ausfällt, wenn man auch über die Dominanz von religiöser Legitimation und Lobpreis der Fürsten, von Theophanie und Kosmogonie verschiedener Meinung sein kann, eindeutig ist die Darstellung der irdischen als Abbild der göttlichen Ordnung, die Idee von dem unter besonderem Schutz der Gottesmutter stehenden Wladimir-Susdaler Fürstentum, das zum neuen Zentrum Rußlands aufsteigen sollte.

Die Bauformen der Wladimir-Susdaler Rus bieten den seltenen Fall, eine Entwicklung periodisieren zu können. Der Stilverlauf führt vom Einfachen zum Komplizierten und ist oft mit dem Übergang von der frühen zur späten Romanik verglichen worden. Am Einbau der Westempore läßt er sich verdeutlichen. In der Zeit von Juri Dolgoruki gleicht der Abstand zwischen Fuß- und Emporenboden dem zwischen Empore und Scheitellinie des Tonnenkreuzes. In der Zeit von Andrei Bogoljubski erhöht sich mit den Kuppelpfeilern die obere Zone und der Abstand der Empore zum Gewölbescheitel, so daß diese im Verhältnis tief ansetzt. In der Zeit Wsewolods bleibt zwar die allgemeine Höhe des Gebäudes erhalten, aber die Empore rückt relativ nach oben, nämlich in die Mitte der Außenwände. Nicht mehr der Kuppelpfeiler, sondern das Gebäude dient als Vergleichsmaßstab. In Jurjew-Polski verschlankt wiederum der Baukörper, ohne daß sich die Raumstruktur verändert. Die Fassadengliederung spiegelt die gleiche Entwicklung. Zugleich entstehen Schauwände für die städtische Umgebung. Skulptierung und kleinteilige Ornamentierung steigern sich zusammen mit der Durchgliederung, so daß sich das Verhältnis von Konstruktion und Dekoration immer stärker verschiebt. Ein Symptom ist der im 13. Jahrhundert aufkommende Kielbogen, dessen Spitze keiner Gewölbeform mehr entspricht. Aber diese Folge führte nirgends zur spätromanischen Differenzierung oder gar Aufsplitterung des Mauermassivs und zur Konstruktion eines gotischen Strebewerks. Die Blendarkatur, die Säulenstellung ersetzt räumlich keine Wandschicht. Laufgänge und reale Galerien fehlen. Trotz antikisierender Plastizität dominiert der Massiv- und nicht der Skelettbau. Auch die Reliefplastik ist völlig auf Sichtbarkeit angelegt. Sie hebt die körperliche Wirkung der Mauer nicht auf. Zwar erfolgt eine plastische Auflockerung wie in keiner anderen russischen Region dieser Zeit. Aber der Baukörper bleibt nach außen geschlossen, die Fassade ohne echte Tiefe. Die Raumgrenze wird nicht wie in Nowgorod hervorgehoben, jedoch auch nicht wie in der Gotik entmaterialisiert. Wo Eingangsvorhallen erscheinen, sind sie nicht tief ausgebuchtet, bilden sie keinen Sog für Ankömmlinge, verschleifen sie nicht die Zone zwischen Innen- und Freiraum. Durch die Komplizierung der Formensprache entsteht keine Formentgrenzung. Der Umschwung in einen divisiven und malerischen Stil findet nicht statt, die stereometrischen und linearen Formen, die additiven Prinzipien bleiben bewahrt, durch die sich die gesamte altrussische Baukunst auszeichnet.

Die Bürgerkirchen von Groß-Nowgorod

Herausbildung »republikanischer« Normen

Der Aufschwung zur Weltstadt, den Nowgorod nach 1136 nahm, hing mit der wachsenden Bedeutung des Ostseehandels und dem politischen Status als »Republik des Wetsche« zusammen. Fürst Wsewolod Gabriel, Enkel des Wladimir Monomach, wurde verjagt. Die eigentliche Macht ging allerdings nicht vom Volk, sondern vom Patriziat aus, in dessen Händen sich Großgrundbesitz und Handelskapital vereinten. Ihm gehörten die unermeßlichen Ländereien zwischen Finnischem Meerbusen und Weißem Meer, ihm kam deren Mehrprodukt und der Profit aus dem Handel zugute. Von 1189 stammt der erste Vertrag mit der Hanse. Die etwa vierzig »großen Familien« beschickten den Herrenrat, und dieser dirigierte, was die Volksversammlung zu diskutieren hatte. Er arbeitete die Vorlagen und Gesetzesentwürfe aus, und er schlug die drei obersten Beamten zur Wahl vor: den Bischof, seit 1165 Erzbischof, den Bürgermeister (Possadnik) und seit 1185 den Oberbefehlshaber des Militärs, den Tausendschaftsführer (Tyssiazki). Der Erzbischof bedurfte nur der formalen Bestätigung des Kiewer, später Moskauer Metropoliten, mit dem er oft rivalisierte. Er war Vorsitzender des Herrenrats, also Staatsoberhaupt, und er repräsentierte den größten Grundbesitz. Der erzbischöfliche Hof zahlte zwar an die Staatskasse Steuern. Aber er vermehrte seine Besitzungen nicht nur durch den üblichen Kirchenzehnt und Schenkungen, er erhielt auch die konfiszierten fürstlichen Ländereien. Der Fürst mußte sich außerhalb der Stadt ansiedeln und verlor immer mehr Rechte. Entweder wurde er vom Herrenrat vorgeschlagen und vom Wetsche gewählt, oder – wie Alexander Newski – »aus der Hand« Wladimir-Susdals empfangen. Er mußte einen Eid auf die Verfassung leisten und konnte rasch wieder abberufen werden. Trotz der Oligarchie war die Volksversammlung keine leere Formalität. Oft errangen die »schwarzen Leute« – Handwerker, Kleinhändler, Schiffer, Ruderer, Arbeiter – Zugeständnisse. Und oft lehnten sie sich gegen die Willkür der Obrigkeit auf und erzwangen demokratisch eine Entscheidung zu ihren Gunsten oder die Annahme ihres Kandidaten.

Die Handelskontore gruppierten sich auf der Handels-Seite am östlichen Ufer des Wolchow um den sogenannten Hof des Jaroslaw (genannt nach dem Ort, an dem einst Jaroslaw der Weise sein Heer sammelte). Hier befanden sich auch die Schiffsanlegestellen, die Kanzleien des Bürgermeisters und des Tausendschaftsführers sowie – unter freiem Himmel – die Tagungsstätte des Stadtwetsche mit der Rednertribüne und der Wetsche-Glocke, dem Symbol der »städtischen Freiheiten«. Ganz in der Nähe liegt der Markt. In der Kirche Johannes' des Täufers »auf den Felsen« (1127–1130) hielten die Kaufleute ein eigenes Handelsgericht ab. Waage und Gewichtsmaße befanden sich im Narthex [26]. Dem Hof des Jaroslaw gegenüber und mit ihm durch eine große Holzbrücke verbunden, ragt am westlichen Wolchow-Ufer der Kreml mit der Sophien-Kathedrale auf, der Sitz des Erzbischofs und des Herrenrats. Die im Grundriß etwa kreisförmige und vom Wolchow halbierte Stadt wurde durch die Radiallinien der Fern- und

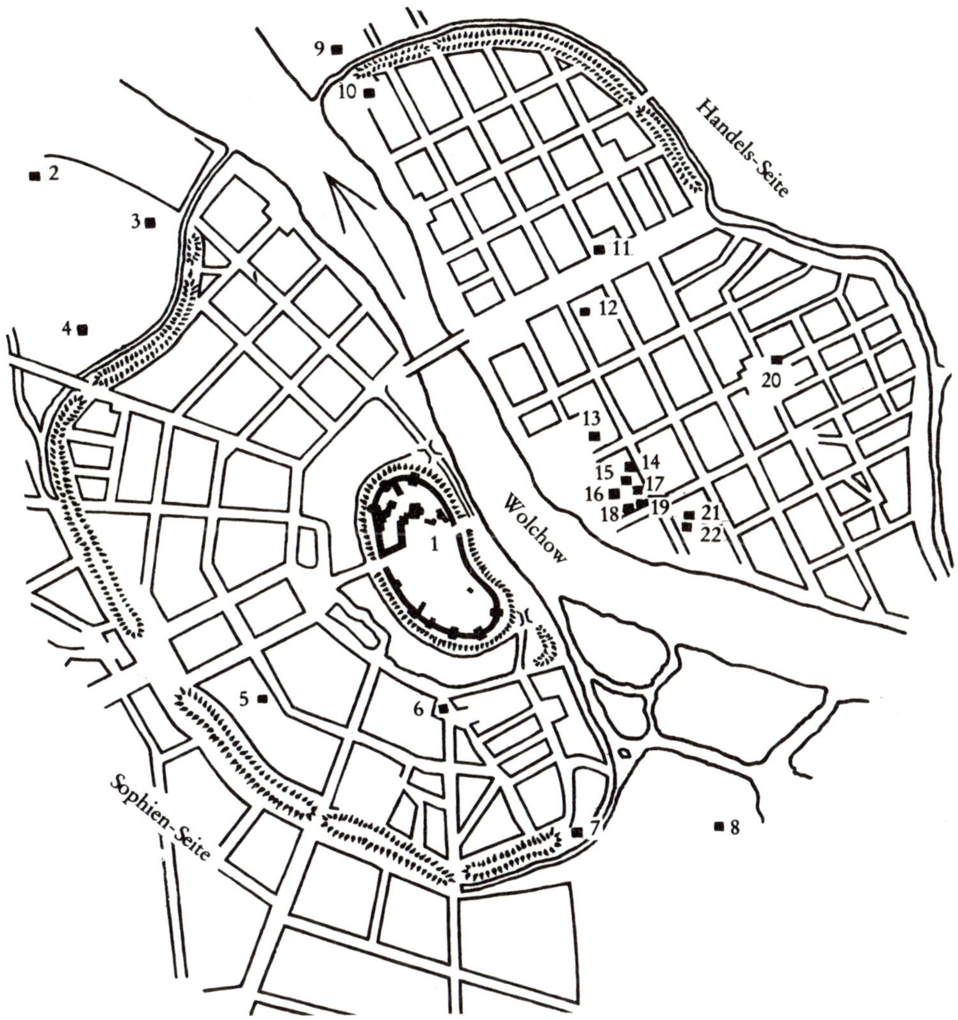

Plan Nowgorods, 14.–16. Jahrhundert

Sophien-Seite:
1 Kreml;
2 Simeon-Kirche im Swerin-Kloster;
3 Peter-und-Paul-Kirche in Koshewniki;
4 Dreieinigkeits-Kirche im Heilig-Geist-Kloster;
5 Zwölf-Apostel-Kirche »an der Schlucht«;
6 Wlassi-Kirche an der Wolos-Straße;
7 Weißer Turm;
8 Kirche Johannes' des Barmherzigen in Mjatschino

Handels-Seite:
9 Kirche Johannes' des Evangelisten zu Witko (in Radokowizi);
10 Boris-und-Gleb-Kirche in Plotniki;
11 Theodor-Stratilat-Kirche;
12 Kirche des Demetrios von Saloniki;
13 Kirche Johannes' des Täufers »auf den Felsen«;
14 Mariä-Himmelfahrts-Kirche auf dem Markt;
15 Paraskewa-Pjatniza-Kirche auf dem Markt;
16 Torbau des Gästehofes;
17 Nikolaus-Kathedrale auf dem Jaroslaw-Hof;
18 Kirche der myrontragenden Frauen auf dem Jaroslaw-Hof;
19 Prokopius-Kirche auf dem Jaroslaw-Hof;
20 Christi-Verklärungs-Kirche an der Elias-Straße;
21 Mariä-Verkündigungs-Kirche;
22 Erzengel-Michael-Kirche

Hauptstraßen und ein Netz zumeist planloser Gassen unterteilt. Die Kirchen sind auf diese Umwelt orientiert. Das Pflaster bestand aus Holzbohlenbelag. Die Verwaltung gliederte sich in fünf Fünftel (oder »Enden«): drei auf der Kreml- oder Sophien-Seite (Nerewski-, Vorstadt- und Töpferfünftel) und zwei auf der Handels-Seite (Zimmermanns- und Slawenfünftel). Es gab ethnische und berufliche Siedlungskonzentrationen. Aber Patrizier und »schwarze Leute« wohnten eng benachbart. In blutigen Straßenkämpfen trugen sie manchmal ihre Gegensätze aus. Auf der Wolchowbrücke prallten des öfteren die in Streit geratenen beiden »Seiten« aufeinander. Die städtische Selbstverwaltung wurde ergänzt durch koloniale Fünftel mit einzelnen Bezirken – genannt nach den wichtigsten Wasser- und Landwegen – und durch sogenannte Beistädte, wie Pskow (bis 1348), Staraja Ladoga, Wolok-Lamskij, Torshok, Isborsk. Jede Verwaltungseinheit hatte neben kommunalen oder regionalen auch militärische Aufgaben zu erfüllen. Sie berief eigenständig die Pfarrgeistlichen und erteilte Bauaufträge. An ihrer Spitze stand ein Wahlfunktionär, ein Starost (Ältester). Grundsatzentscheidungen traf ein eigenes Wetsche.

Nowgorod, Nikolaus-Kathedrale
Erläuterungen und Textabb. S. 357
Abb. 108

Anfang des 12. Jahrhunderts, also noch vor der städtischen Revolte, entstanden im fürstlichen Auftrag großräumige Kirchenbauten nach dem Vorbild der Höhlenkloster-Kathedrale. Die sechspfeilerige, ursprünglich fünfkupplige Nikolaus-Kathedrale auf dem Hof des Jaroslaw (1113–1136) weist im typischen Regionalstil drei halbrunde, bis zur Höhe der Schiffe reichende Apsiden und einen zweistufig-flachen, gereihten Nischendekor auf, der die Wandmasse mehr betont als gliedert. Ganz ähnlich bietet sich die Mariä-Geburts-Kathedrale (1117–1119) im Antonius-Kloster dar. Zwei Eigentümlichkeiten sind zu vermerken: der asymmetrisch an die Nordwestecke angefügte, runde und überkuppelte Treppenturm,der in Dreierkomposition mit der Nebenkuppel über der südlichen Emporenecke und der Hauptkuppel den Eindruck labilen Gleichgewichts vermittelt, und die leichte Verschiebung des Querschiffs nach Westen durch die quadratischen Räume vor den Apsiden, also durch die Ausweitung der Altarpartie.

NOWGOROD, MARIÄ-GEBURTS-KATHEDRALE im Antonius-Kloster
Erläuterungen S. 357
Abb. 105–107

Das Katholikon erfuhr seine Fortentwicklung in der Georgs-Kathedrale des höfischen Jurjew-Klosters, als deren Bauzeit das Jahr 1119 und als deren Schöpfer aus der Chronik ein Meister namens Peter bekannt ist. Zumeist schreibt man diesem auch die beiden anderen Kathedralen zu. Als Bauherr gilt Fürst Wsewolod Gabriel, der 1136 nach seiner Vertreibung aus der Stadt auf der dem Kloster gegenüberliegenden Wolchow-Seite Gorodischtsche als neue Residenz bezog. Der Innenraum besticht durch seine Einheitlichkeit, Höhe und Lichtfülle. Dazu tragen die hochgezogenen Eckräume, die dreifach geöffneten, hohen Bögen zwischen Pastophorien und Bema, die Hauptkuppelkonstruktion und die großen Fenster bei. Die Emporenecken sind vom Naos abgetrennt, die südliche mit überkuppelter Kapelle. Der Außenbau in strengen Formen und schlichten Proportionen ist ein monolithischer, kolossaler Quader. Die Begradigung des ursprünglichen Wellendachs hebt diesen Eindruck noch hervor. Der Treppenturm mit der dritten Kuppel besitzt einen quadratischen Grundriß und verbindet sich trotz seiner asymmetrischen Anordnung organisch mit der West- und Nordfassade. Die vier Reihen flach profilierter, zweistufiger Fensteröffnungen und Nischen unterstreichen durch ihre langgezogene Bogenform die Vertikale und dadurch die Höhenwirkung der breiten, die Wand- und Giebelfelder rahmenden Lisenen. Das mit Kalkmörtel verputzte Mauerwerk der drei Nowgoroder Kathedralen besteht aus opus mixtum – für dessen untere Teile vor allem Fluß- und Feldsteine verwendet wurden – und Zwischenlagen aus Flachziegeln.

NOWGOROD, GEORGS-KATHEDRALE im Jurjew-Kloster
Erläuterungen und Textabb. S. 357f.
Abb. 109, 110

Durch die »Nowgoroder Herrschaft« konnte die Beistadt Pskow die Produkte ihres Handwerks und Gewerbes dem Welthandel zuführen. Von Nowgorod aus wurde hier das Mirosh-Kloster gegründet und die architektonische Anregung zu dessen vierpfeileriger, kubischer Christi-Verklärungs-Kathedrale (1156) vermittelt. Diese gehört zu den ersten Sakralbauten der Feudalrepublik, nimmt jedoch in der altrussischen Baukunst eine Sonderstellung ein. Stifter war der erste »Wladyka«, Bischof Nifont (1130–1156). Er hatte sich an die Spitze der Freiheitsbewegung gestellt, den Fürsten entmachtet und 1137 das »Kirchenstatut« erzwungen, das dem »Hause der heiligen Sophia« seine ökonomische und politische Vormacht einräumte. Er sorgte hier für die besondere Baugestalt: die starke Abstufung durch niedrige Eckteile und sie hoch überragende Kreuzarme. Dabei weist die Altarpartie nicht einmal Vorjoche auf. Sie besteht nur aus den halbzylindrischen drei Apsiden. Die weit ausbuchtende Hauptapsis ersetzt ganz den östlichen Kreuzarm. Die weniger hervortretenden Pastophorien beschränken sich auf die Konchen, die direkt dem Querschiff angefügt sind und dadurch den Platz der östlichen Wand-

PSKOW, CHRISTI-VERKLÄRUNGS-KATHEDRALE im Mirosh-Kloster
Erläuterungen S. 358
Textabb. S. 102, 358
Abb. 111, 114

Pskow, Christi-Verklärungs-Kathedrale im Mirosh-Kloster, Nordfassade

abschnitte der Längsfassaden einnehmen. Kuppelkirchen ähnlicher Art kannte man aus dem Innern Kleinasiens, dem Kaukasus und aus Cherson. Ursprünglich entsprachen dem Tonnenkreuz Halbrundgiebel. Eine Gliederung durch Lisenen fehlte, und auf dem breiten Tambour saß eine flache Kuppel. Bald erhöhte man die niedrigen westlichen Eckteile durch ein Emporengeschoß. Der kubische Charakter wird betont durch die geringen Dimensionen, die winzigen Fenster und den kargen Bauschmuck. Im Inneren zeichnet sich die Kreuzform deutlich ab. Die Pastophorien und die westlichen Eckräume sind durch Wände abgetrennt. Die Bögen bleiben schmal und niedrig. Analog separierten sich im Emporengeschoß die Ecken zu eigenen Kapellen. Daß die Pskower Meister mit Kiewer Traditionen vertraut waren, zeigen die beiden Mauertechniken: opus mixtum der einheimischen Zechsteinplatten mit Flachziegeln und, insbesondere bei den oberen und tragenden Teilen, Backstein in »verdeckten Lagen«. Die Kathedrale wurde von der Kliment-Kirche in Staraja Ladoga (zweite Hälfte des 12. Jahrhunderts) und von der Mariä-Geburts-Kathedrale (1310–1311) im Pskower Snetogorski-Kloster nachgeahmt. Die spätere Baukunst Nowgorods griff zwar auf die Verkürzung der Ostpartie und auf die Abtrennung der Eckteile zurück, entwickelte sie sogar zu eigenen Stilmerkmalen. Aber die Zwei-Giebel-Front, die mit dem Verzicht auf die Vorjoche der Apsiden verbunden ist, fand anderswo keine Wiederholung.

Abb. 112, 113

Die Mitte des 12. Jahrhunderts auf etwa zwanzigtausend Einwohner angewachsene Stadtbevölkerung Nowgorods hatte unmittelbaren Anteil am kulturellen Leben. Das höfische Auftragswesen ging zurück. Nach 1135 ließen die Fürsten kein einziges Bauwerk mehr in der Stadt errichten. Statt der großartigen, aber vereinzelten Kathedralen entstanden zahlreiche kleinere Kirchen. Bischof, Bürgermeister, Patrizier, Kaufmanns- und Handwerkervereinigungen, Pfarr- und Straßengemeinschaften waren die Auftraggeber und Stifter. Aus der Verbindung von städtischer Kultur und Religion resultierten sowohl die Blüte der Baukunst als auch die lokale Eigenart des Stils der Literatur, des Kunsthandwerks, der Monumental- und Ikonenmalerei. Zwar lassen sich als Reflex der gesellschaftlichen Auseinandersetzung aristokratisch-konservative und demokratisch-emanzipatorische Tendenzen unterscheiden. Aber im ganzen gewann die Nowgoroder Kunst ein freieres Verhältnis zu kirchlichen Vorschriften und ikonographischen Regeln. Die Verwurzelung in der Lebendigkeit und Anschaulichkeit der Folklore und in der Individualität, Rationalität und Wirklichkeitsnähe bürgerlicher Geisteshaltung führten zur kritischen Überprüfung der mittelbyzantinischen und Kiewer Formensprache.

Die neuen Auftraggeber setzten sich mit der Vergangenheit auf eigene Weise auseinander. Entweder konkurrierten sie den fürstlichen Repräsentationsbauten, oder sie bekannten sich zur Einfachheit und trieben den monastischen Reduktionsprozeß weiter. Die Gilde der Überseekaufleute ließ 1207 auf dem Markt die Paraskewa-Pjatniza-Kirche als Kopie der Smolensker Erzengel-Michael-Kathedrale errichten. Schaufeldach, Kuppelpostament, tonnenüberwölbte Vorhallen, breite Bündelpilaster wiederholen sich, die Fassaden freilich im kleineren Maßstab und mit weniger Fenstern und Nischen. Die Konchen der Pastophorien sind hier wie dort geradwandig ummantelt. Gleichzeitig mit der attraktiven Turmkirche verbreitete sich der schlichte, vierpfeilerige Sakomari-Typ, beispielhaft bei der Georgs-Kirche in Staraja Ladoga. So tauchen beide in Süd- und Westrußland entwickelten Formen des oberen Abschlusses in Nowgorod auf. Doch verkleinerten sich hier die Dimensionen, verblockte sich der Baukörper zum Kubus, selbst beim dreipaßförmigen Dach, und verknappte sich der Dekor. Die Gestaltung ist bürgerlich nüchtern und linear. Im 12. Jahrhundert herrschte noch die Dreiteilung der Fassaden durch

NOWGOROD, PARASKEWA-PJATNIZA-KIRCHE
auf dem Markt
Erläuterungen S. 359
Textabb. S. 14, 359
Abb. 115–117

breite, abgestufte Lisenen oder Pilaster, die als Streifen in die Rundgiebel übergehen. Sie wirken wie eine vordere Wandschicht. Die Wandfelder scheinen eingenischt zu sein. Die Bleihaut der Bedachung liegt unmittelbar den Tonnen, Viertelkreisgewölben und Pseudo-Sakomari auf. Der mittlere Wandabschnitt – entsprechend dem Tonnenkreuz breiter und höher – zeichnet sich durch eine neuartige Verteilung der Öffnungen aus: In der Achse der Tür befindet sich die Trennwand von zwei schmalen Bogenfenstern und über dieser ein drittes Fenster im Rundgiebel. Unter dem Kuppeldach zieht sich – nach dem Vorbild der Nowgoroder Sophien-Kathedrale – ein Bogenfries entlang. Auf Nischendekor wurde zunächst verzichtet. Die Eingänge bleiben schlicht und ignorieren das Portal als Hoheitsform.

Zu den ältesten Zeugnissen städtischer Bautätigkeit und zum vierpfeilerigen Sakomari-Typ gehören die Mariä-Verkündigungs-Kirche am Mjatschino-See (1179), die von den Bewohnern der Luka-Straße errichtete Peter-und-Paul-Kirche (1185), die Kirill-Kirche im Kirill-Kloster (1196) und die Mariä-Himmelfahrts-Kirche in Staraja Ladoga (zweite Hälfte des 12. Jahrhunderts). Gut erhalten hat sich in Staraja Ladoga die Georgs-Kirche. An ihr sind typische Nowgoroder Stilmerkmale festzustellen. Die dreiteilige Altarpartie schrumpft im Verhältnis zum Westteil zusammen, so daß an den Längsfassaden der östliche Abschnitt erheblich schmaler ausgebildet ist als der westliche. Gurtbögen ersetzen die Vorjoche der weit ausbuchtenden drei Apsiden. Auf der Westempore sind die Eckräume durch Trennwände isoliert, während sich im westlichen Kreuzarm ein Holzbalkon befindet und die Verbindung herstellt. Die Treppe verläuft in einem Spalt der westlichen Mauerstärke. Die Kuppelpfeiler besitzen quadratischen Querschnitt. Vermutlich hatten die sachlichen und selbstbewußten Nowgoroder das höfisch-theatralische Ritual im Gottesdienst weitgehend eingeschränkt. Vor allem unter dem Einfluß wachsender Privatfrömmigkeit und aufkommender Ketzerbewegungen nahmen ihre Vorbehalte gegen kultische Überfeinerung und Erstarrung zu. Den Platz, den sie bei der Altarpartie sparten, benötigten sie für den Westteil. Bislang Bedeutungsträger fürstlicher Macht, wurde er im bürgerlichen Sinn umfunktioniert. Die Stifter und Eigentümer ließen in den Emporenecken kleine Kapellen mit Nebenaltären abtrennen, die ihren Namenspatronen und den Schutzheiligen der Kirche geweiht waren. Jedoch wurden hier auch Besucher empfangen, Beratungen abgehalten und Geschäfte getätigt, so daß der Vergleich zu den Gildekapellen der Hansestädte naheliegt.

Nowgorod, Mariä-Verkündigungs-Kirche
am Mjatschino-See
Erläuterungen und Textabb. S. 358
Abb. 120

Staraja Ladoga, Georgs-Kirche
Erläuterungen und Textabb. S. 358
Abb. 118

Die einheimischen Werkstätten wiederholten mit örtlichem Material die Kiewer Technik: Lagen aus grauen und dunkelroten Kalksteinblöcken wechseln mit unregelmäßigen Reihen flacher, quadratischer Ziegel ab und sind in groben, mit Ziegelsplitt vermischten Kalkmörtel eingebettet. Als Putz diente ein dünner, rosafarbener Mörtel. Durch die schwankenden Linien, unebenen Flächen, abgeschrägten Ecken, ungleichmäßigen Krümmungen erhalten die Bürgerkirchen eine eigenartige, malerische Plastizität, die im Gegensatz zu ihrer linearen Ausformung steht.

Selbst die letzte fürstliche Hofkirche, die Erlöser-Kirche an der Nerediza, folgte der Stiltendenz bürgerlicher Sakralarchitektur. Sie wurde in dreieinhalb Sommermonaten des Jahres 1198 im Auftrag des Fürsten Jaroslaw Wladimirowitsch in der Nähe seiner neuen Residenz vor der Stadt (bei Gorodischtsche) erbaut. Die Ausführung hat ihre Besonderheiten: Die Hauptapsis wölbt sich stärker als üblich heraus und überragt fast um die doppelte Höhe die beiden Nebenapsiden. Die Fenster stehen in keinem symmetrischen Verhältnis zueinander. Die Fensterverschlüsse sind – was Schule bei den späteren Bürgerkirchen machte – aus Ziegeln zurechtge-

Nowgorod, Erlöser-Kirche
an der Nerediza
Erläuterungen und Textabb. S. 358f.
Abb. 119

50–52 SUSDAL, BORIS-UND-GLEB-KIRCHE in Kidekscha, 1152

Vorhergehende Seite:

50 Ansicht von Westen, Torturm (Ende des 17. Jahrhunderts) und Stephan-Kirche (1780)

51 Ostseite

52 Südseite

53, 54 PERESLAWL-SALESSKI, CHRISTI-VERKLÄRUNGS-KATHEDRALE, 1152–1157

53 Ansicht von Südwesten

54 Blick aus dem Nordosten

55, 56 Wladimir/
Bogoljubowo,
Residenz des
Andrei Bogoljubski,
nördlicher Treppenturm
mit Übergang zur Empore
der Hofkirche, 1158–1165

55 Westseite

56 Blick von Nordosten

57 WLADIMIR, GOLDENES TOR, 1164, Ostseite, über dem Tor Kirche der Niederlegung des Gewandes Mariä (15.–18. Jahrhundert)

58–63 WLADIMIR/ BOGOLJUBOWO, MARIÄ-SCHUTZ-KIRCHE am Nerl, 1163

58 Ansicht von Südosten

58–63 Wladimir/
Bogoljubowo,
Mariä-Schutz-Kirche
am Nerl, 1163

59 Blick in die Kuppel

60 Reliefs
im mittleren Giebelfeld
der Südfassade:
König David unter Tieren,
Frauenköpfe und Löwen

61 Säulenportal an der
Südseite

62 Westseite mit
Säulenportal

58–63 Wladimir/ Bogoljubowo, Mariä-Schutz-Kirche am Nerl, 1163

63 Ansicht von Nordwesten

64–79 Wladimir, Demetrios-Kathedrale, 1194–1197

64 Ansicht von Südosten

64–79 Wladimir, Demetrios-Kathedrale, 1194–1197

65 Mittelabschnitt der Südfassade mit König David im Rundgiebel

66 Ostabschnitt der Südfassade mit Himmelfahrt Alexanders des Großen im Rundgiebel

67 Friese und Blendarkaden der Apsiden

68 Säulengürtel der Blendarkatur mit Heiligenfiguren im Mittelabschnitt der Südfassade

64–79 Wladimir, Demetrios-Kathedrale, 1194–1197

69 Giebelfeld der Westfassade

70 Ansicht von Südwesten

64–79 Wladimir, Demetrios-Kathedrale, 1194–1197

71 Nordabschnitt der Westfassade mit Heiligenfiguren im Säulengürtel

72, 73 Tiere, Soldatenheilige und Pflanzen sowie Figuren der Dreieinigkeit im Säulengürtel, Reliefs im Mittelabschnitt der Westfassade

74 Archivolten des Westportals

64–79 Wladimir, Demetrios-Kathedrale, 1194–1197

75 Ansicht von Nordosten

76 Die Kuppel

64–79 Wladimir, Demetrios-Kathedrale, 1194–1197

77, 78 Löwenreliefs am Bogenkämpfer im Innenraum

79 Petrus im Einzug der Gerechten ins Paradies, Fresko am südwestlichen Eckgewölbe, Ende des 12. Jahrhunderts

80–84 Wladimir, Mariä-Himmelfahrts-Kathedrale, 1158–1160 und 1185–1189

80 Ostseite

81 Ansicht von Südwesten

80–84 Wladimir, Mariä-Himmelfahrts-Kathedrale, 1158–1160 und 1185–1189

82 Jüngstes Gericht, Fresken unterhalb der Westempore von Andrei Rubljow und Daniil Tschorny, um 1408

83 Konsole einer Säule der Blendarkatur

84 Fresko des Erzvaters Abraham, Detail aus Abrahams Schoß

85–93 Susdal, Mariä-Geburts-Kathedrale, 1222–1225

85 Blick von Nordwesten, Glockenturm und Erzbischöflicher Palast aus dem 16.–18. Jahrhundert

85–93 SUSDAL, MARIÄ-GEBURTS-KATHEDRALE, 1222–1225

86 Südseite

87 Säulengürtel der Blendarkatur im Westabschnitt der Nordfassade

88 Westliche Ecke der Nordfassade mit Blendarkatur, Gesims am Eckpilaster und Löwenrelief

89 Detail der Blendarkatur an der Südfassade mit weiblicher Maske an der Lisene

85–93 Susdal, Mariä-Geburts-Kathedrale, 1222–1225

90 Detail der Blendarkatur an der Südfassade

91, 92 Säulen mit Löwenrelief, Trapezkapitellen und Schaftringen am Südportal

93 Ein Feld des linken Flügels der südlichen Bildtür, 20er–40er Jahre des 13. Jahrhunderts: Wundertat des Erzengels Michael

АРХГЛЪ ГНЬ · МИХАИЛЪ ВЪ
ЗМѸЩАН ТЫ ЮѸПѢЛЬ ДАНЦЪ
ЛНТЬБО ЛАЩА
НА

94–97 Jurjew-Polski, Georgs-Kathedrale, 1230–1234/1471

94 Säulengürtel der Blendarkatur mit Heiligenfiguren im westlichen Abschnitt der Nordfassade

95 Gottesmutter des Zeichens, Relief im Bogenfeld über dem Südportal

96 Heiliger Georg mit Wappenschild, Relief im Bogenfeld über dem Nordportal

97 Ansicht von Südosten

Nachfolgende Seiten:

98, 99 Nowgorod, Kreml

98 Südöstliche Befestigungsanlage mit Erlöser-Turm (links) und Schloß-Turm, 15. Jahrhundert

99 Südwestliche Befestigungsanlage mit Kokui-Turm, Mariä-Schutz-Turm und Mariä-Schutz-Kirche, 15.–17. Jahrhundert

100–104 Nowgorod, Sophien-Kathedrale im Kreml, Relieffelder der Bronzetür im Westportal, angefertigt von der Magdeburger Gießhütte, 1152–1154, angebracht im 14. Jahrhundert

100 Herodes; Geißelung Christi

100–104 Nowgorod, Sophien-Kathedrale im Kreml, Relieffelder der Bronzetür im Westportal, angefertigt von der Magdeburger Gießhütte, 1152–1154, angebracht im 14. Jahrhundert

101 Sechs Relieffelder der Bronzetür – obere Felder: Mann mit Buch; Die drei Magier (links) bringen ihre Gaben dem (im rechten Feld) auf dem Schoß der Gottesmutter sitzenden Christuskind, daneben ein Engel; Rahel beweint ihre Kinder – mittlere Felder: Darbringung Jesu im Tempel; Diakon mit Weihrauchfaß; Löwenkopf mit Menschenköpfen im Rachen (Die Hölle verschlingt die Sünder) – untere Felder: Mariä Heimsuchung; Flucht nach Ägypten; Diakon mit Buch; Bischof Alexander von Płock zwischen zwei Diakonen

102 Majestas Domini

103 Kreuzigung; Nikodemus

104 Erzgießer Awram; Erschaffung Evas

MARC
LVCAS

105–107 Nowgorod, Mariä-Geburts-Kathedrale im Antonius-Kloster, 1117–1119

105 Blick in die Hauptkuppel und zur Empore im Westteil

106 Ostseite und nordwestlich angrenzender Treppenturm

107 West- und Südseite mit umlaufender Galerie aus dem 17. und 18. Jahrhundert

108 Nowgorod, Nikolaus-Kathedrale auf dem Jaroslaw-Hof, 1113–1136, Ansicht von Südosten

109, 110 NOWGOROD, GEORGS-KATHEDRALE im Jurjew-Kloster, 1119

109 Nordseite mit westlich angrenzendem Treppenturm

110 Blick aus dem Altarraum in die Hauptkuppel und in den Westteil

111, 114 Pskow, Christi-Verklärungs-Kathedrale im Mirosh-Kloster, 1156

111 Blick über die Welikaja auf die Ostseite

114 Blick aus dem Mittelschiff in die Apsis und den südlichen Kreuzarm

112, 113 Pskow, Mariä-Geburts-Kathedrale im Snetogorski-Kloster, 1310–1311

112 Ansicht von Süden

113 Ostseite

115–117 Nowgorod, Paraskewa-Pjatniza-Kirche auf dem Markt, 1207

115 Ansicht von Nordwesten, oberer Abschluß aus dem 14., 16. und 18. Jahrhundert

116 Ansicht von Nordosten

117 Blick in die Kuppel

118 Staraja Ladoga, Georgs-Kirche, 2. Hälfte des 12. Jahrhunderts, Apsiden und Nordseite

119 Nowgorod, Erlöser-Kirche an der Nerediza, 1198, Ansicht von Südosten

120 Nowgorod, Mariä-Verkündigungs-Kirche bei Arkash, 1179, Blick auf die Ostseite

121 Nowgorod, Nikolaus-Kirche auf Lipna, 1292, Blick von Südosten

122 Nowgorod, Mariä-Geburts-Kirche im Mariä-Geburts-Kloster am Platz des Perun, 14. Jahrhundert, Ansicht von Süden

123 Nowgorod, Christi-Verklärungs-Kirche in Kowaljewo, 1345, Ansicht von Südwesten

124 Nowgorod, Mariä-Verkündigungs-Kirche auf der Handels-Seite, 1362, Blick von Südosten, Glockenturm aus dem 17. Jahrhundert, links: Erzengel-Michael-Kirche, 14., 15. und 19. Jahrhundert

125-127 NOWGOROD, THEODOR-STRATILAT-KIRCHE, 1360–1361

125 Ornamentik an der Westfassade

126 Ansicht von Südwesten, Glockenturm und Anbau aus dem 17. Jahrhundert

127 Ansicht von Südosten

128, 129 Nowgorod, Christi-Verklärungs-Kirche an der Elias-Straße, 1374

128 Ansicht von Südosten

129 Pantokrator, Fresko von Theophanes dem Griechen in der Kuppel, 1378

130 Nowgorod, Wlassi-Kirche an der Wolos-Straße, 1407, Ansicht von Nordosten

131 Nowgorod, Peter-und-Paul-Kirche in Koshewniki, 1406, Ostseite

132 Nowgorod, Kirche des Demetrios von Saloniki, 1381–1383/1463, Ansicht von Nordosten

133 Nowgorod, Kirche Johannes' des Evangelisten zu Witko, 1383–1384, Südostansicht

134 Nowgorod, Kirche Johannes' des Täufers »auf den Felsen«, 1453, Südseite

135 Nowgorod, Zwölf-Apostel-Kirche »an der Schlucht«, 1455, Blick von Nordosten

136 Nowgorod, Simeon-Kirche im Swerin-Kloster, 1464, Ostseite

137 Nowgorod, Stundenläuter des Euthymios im Erzbischöflichen Hof des Kremls, 1443

138 Nowgorod, Glockenwand im Kreml, 1439, Umgestaltung im 16./18. Jahrhundert, Ansicht von Südwesten

139 Pskow, Kathedrale Johannes' des Täufers im Johannes-Kloster, um 1240, Ansicht von Süden, Glockengiebel und Anbauten 15.–16. Jahrhundert

140 Pskow, Basilios-Kirche »auf dem Hügel«, 1413, Ansicht von Nordosten, Bedachung und Kapellen aus dem 17. und 19. Jahrhundert

141 PSKOW, NIKOLAUS-KIRCHE an der Steinmauer, 15.–16. Jahrhundert, Ostseite

142 PSKOW, MARIÄ-HIMMELFAHRTS-KIRCHE in Meljotowo, 1462–1463, Ansicht von Südwesten

143 PSKOW, KOSMAS-UND-DAMJAN-KIRCHE, 1462–1463, Westseite

Nachfolgende Seite:

144 PSKOW, KIRCHE DER ERSCHEINUNG CHRISTI in Sapskowje, 1496, Blick von Westen

schnitten und lassen aus runden und eckigen Öffnungen das Licht ein. Diese Form richtete sich nach dem ursprünglich hölzernen Modell: Brettern, die man dergestalt ausgesägt hatte. In der Vollständigkeit und Qualität einmalig in ganz Europa dürfte – bis zur Zerstörung im zweiten Weltkrieg – das Bildprogramm der Freskomalerei gewesen sein. Es stammte aus dem Jahre 1199 und ließ in dem hellen Inneren keinen Platz von der Kuppel bis zum Boden unbedeckt. Den tragenden und lastenden Elementen verlieh es gleichwertige Bedeutung, wodurch eine gewisse Unabhängigkeit von der Architektur bewirkt und der Raum vereinheitlicht wurde.

Formwandel im 13. Jahrhundert

Zwischen 1240 und den neunziger Jahren des 13. Jahrhunderts bauten die Nowgoroder nur drei – noch dazu hölzerne – Kirchen. Ursache war die Tatareninvasion. Zwar erreichten die Reiterscharen des Chans Batu im Frühjahr 1238 Nowgorod nicht, weil auf dem Weg dahin die Stadt Torshok heldenhaften Widerstand geleistet und dann Tauwetter die Seen, Flüsse und Sümpfe eisfrei gemacht hatte. Der vernichtende Schlag, den die nord- und südrussischen Fürstentümer erlitten, blieb der Stadtrepublik erspart. Aber die Invasion brachte eine harte Bedrohung und wirtschaftliche Depression. Zur gleichen Zeit mußte man sich der Aggression aus dem katholischen Westen erwehren, der Schweden und der deutschen und livländischen Ordensritter, die von Papst Gregor IX. zum Kreuzzug aufgerufen worden waren.

Zu Nowgorods Glück gereichte die Tüchtigkeit des Fürsten Alexander, der 1238 die Nachfolge seines – als Großfürst in das zerstörte Wladimir gegangenen – Vaters Jaroslaw angetreten hatte. Er schlug 1240 an der Newa die Schweden – ein Sieg, der ihm den Ehrennamen Newski eintrug –, 1242 auf dem Eis des Peipussees die Ordensritter und 1245 die vereinten litauischen Heere. Zudem begann er ein geschicktes diplomatisches Spiel, das von den beiden Übeln den »östlichen Ausweg« wählte. Er entschied sich zur Tributverpflichtung gegenüber dem mongolischen Chan Batu und gewann dessen wohlwollende Neutralität. Und da der Mongolenstaat der Goldenen Horde selbst an einem reibungslosen wirtschaftlichen Austausch mit Westeuropa interessiert war, begünstigte er die Verträge mit der Hanse, die nach den neunziger Jahren zu einer neuen Prosperität und Anerkennung Nowgorods als internationales Handelszentrum führten. Man exportierte Pelze, Wachs, Honig und Flachs aus Nordrußland, verschiffte Tuchwaren nach dem Orient und von dort Luxusartikel und Gewürze nach den Ost- und Nordseeländern. Mit der eigenständigen Rolle und mit inneren gesellschaftlichen Gegensätzen hing ein ständiges Schwanken in der Orientierung auf West und Ost zusammen, das sich dann auf das Verhältnis einerseits zu Polen und Litauen, andererseits zum Moskauer Feudalstaat übertrug. So wurde das architektonische Erbe in einer Zeit bewahrt und fortgeführt, in der die anderen russischen Länder geringe Möglichkeiten zum Monumentalbau hatten, und zugleich die lokale Eigenart herausgearbeitet.

Nowgorod, Nikolaus-Kirche auf Lipna
Erläuterungen und Textabb. S. 359 f.
Abb. 121

Die einzige erhaltene Steinkirche des 13. Jahrhunderts ist das Katholikon eines kleinen Klosters auf einer Insel am östlichen Ufer des Ilmensees, die 1292 errichtete Nikolaus-Kirche auf Lipna. Sie wiederholt den Typ der Paraskewa-Pjatniza-Kirche auf dem Markt und trägt wie diese ein Schaufeldach. Der städtische Reduktionsprozeß verhinderte allerdings die Vertikaltendenz und den reichen Dekor. Das Kuppelpostament entschwand, und der Baukörper verblockte zum Kubus. Die neuen Proportionen deutet N. Brunow anthropomorph. Er meint, das architektonische Grundmaß werde von der menschlichen Gestalt bestimmt und der Dreipaß sei eine Analogie zu Kopf und Schulter. In der schmal bleibenden Altarpartie verschwanden die

Nebenapsiden. In der Breite des Mittelschiffs wölbt sich nur die halbrunde und halbhohe Hauptapsis heraus. Anfangs verzichtete man auf die Dreiteilung der Fassaden. Die Gebäudekanten sind durch breite Lisenen markiert, die in das Dachgesims mit Sägezahnschnitt übergehen. Dadurch verstärkt sich die Massivität, selbst wenn die Wandfelder durch Öffnungen und Nischen ausgefüllt sind. Die Anordnung der bescheidenen Tür- und Fensterbögen richtet sich nach der Vertikalachse. Im Innenraum rücken die im Querschnitt quadratischen Pfeiler noch näher an die Außenwände als bei den Kirchen des 12. Jahrhunderts. Die Abtrennung der Emporenecken als Seitenkapellen und der hölzerne Balkon im westlichen Kreuzarm wurden übernommen. Die Bautechnik veränderte sich gleichfalls: Statt der abwechselnden Lagen von Natursteinen und quadratischen Flachziegeln verwendeten die Nowgoroder Bauwerkstätten nunmehr grob behauene Blöcke unterschiedlicher Maße und Gesteinsarten sowie Mörtel aus Kalk und Sand. Ziegel von einem neuen, breiteren und längeren Format wurden bei Pfeilern, Lisenen, Gurtbögen und Gewölben, beim oberen Fassadenabschluß, bei der Kuppeltrommel und der Bauornamentik und zum Ausgleich in den Wandteilen vermauert. Verputzt waren vermutlich nur die Wandflächen, so daß sich die Lisenen und Giebelstreifen rot von ihnen abhoben. Ein romanischer Bogenfries mit nach unten gezogenen, konsolenförmigen Enden zieht sich am Hauptgesims entlang. Über den langen Fenstern der Trommel sind wie Augenbrauen runde Wülste, sogenannte Browki, angebracht. Archivoltenblenden dieser Art finden sich schon in der frühen kaukasischen Baukunst, wurden hier vermutlich aber aus dem Westen rezipiert. Eine Architekturkopie der Nikolaus-Kirche entstand im 14. Jahrhundert am gegenüberliegenden westlichen Ufer – die Mariä-Geburts-Kirche am Platz des Perun. Abb. 122

Im Zusammenhang mit dem Ostseehandel verstärkten sich die romanischen Einflüsse. In den Nowgoroder Handelshöfen der Hanse und der Skandinavier mögen auch romanische Kirchen gestanden haben. So lassen sich an der Nikolaus-Kirche die Klostergewölbe der westlichen Eckräume erklären, die I. Roosval »zeltförmig« nennt und als spezifisch gotländisch charakterisiert. Die gleiche Gewölbeform findet sich in der Mariä-Himmelfahrts-Kirche auf dem Wolotowo-Feld (1352) und der Michael-Kirche im Skoworod-Kloster (1355). Der Kunstgriff, die unteren Teile der Pfeiler abzurunden, um einen einheitlicheren Innenraum zu gewinnen, wurde aus Pskow übernommen. Beide Kirchen besaßen kleine, an Größe und Form unterschiedliche Vorbauten.

Nowgorod, Mariä-Himmelfahrts-Kirche auf dem Wolotowo-Feld, Christi-Verklärungs-Kirche in Kowaljewo, Mariä-Verkündigungs-Kirche auf der Handels-Seite
Erläuterungen und Textabb. S. 360
Abb. 123, 124

In der ersten Hälfte des 14. Jahrhunderts hielt sich neben diesen Kirchen mit dreipaßförmigem oberem Abschluß noch das alte Wellendach mit umlaufenden Sakomari, etwa bei der Christi-Verklärungs-Kirche in Kowaljewo (1345). Einige Forscher vermuten, daß als dritte und neue Lösung schon das Kreuzdach aufkam, bei dem sich Satteldächer von den Tonnen der Kreuzarme über die Gewölbe der Eckräume ziehen. Charakteristisch dafür ist die Mariä-Verkündigungs-Kirche auf der Handels-Seite (1362). Die erste Jahrhunderthälfte war eine Übergangszeit mit der Durchdringung von Traditionen und Innovationen. Man kehrte selbst zu Formen zurück, die man soeben preisgegeben hatte. So wurde die Dreiteilung der Fassaden durch Lisenen wieder aufgenommen. Der Verzicht auf die Neben-

Nowgorod, Mariä-Himmelfahrts-Kirche auf dem Wolotowo-Feld, Rekonstruktion der Westfassade

Nowgorod, Plan des Kremls

1 Sophien-Kathedrale; 2 Glockenwand; 3 Facetten-Palast; 4 Erzbischöflicher Palast; 5 Stundenläuter des Euthymios; 6 Lichudow-Korpus; 7 Haus des Metropoliten; 8 Kirche des Einzugs Christi in Jerusalem; 9 Nikita-Korpus; 10 Denkmal »Tausend Jahre Rußland«; 11 Museum; 12 Andreas-Stratilat-Kirche; 13 Mariä-Schutz-Kirche; 14 Torbogen anstelle des Pretschistenski-Turms; 15 Schloß-Turm; 16 Erlöser-Turm; 17 Fürsten-Turm; 18 Kokui-Turm; 19 Mariä-Schutz-Turm; 20 Chrysostomos-Turm; 21 Torbogen anstelle des Auferstehungs-Turms; 22 Metropoliten-Turm; 23 Theodor-Turm; 24 Wladimir-Turm, daneben Wasser-Tor

apsiden verlieh der Ostfassade ein ungewohntes Aussehen. Neben den üblichen Rundbögen der Öffnungen zeigten sich erstmalig Spitzbögen. Allerdings verschloß sich das Nowgoroder Patriziat den neuen Formen der Teilfürstentümer Twer und Moskau.

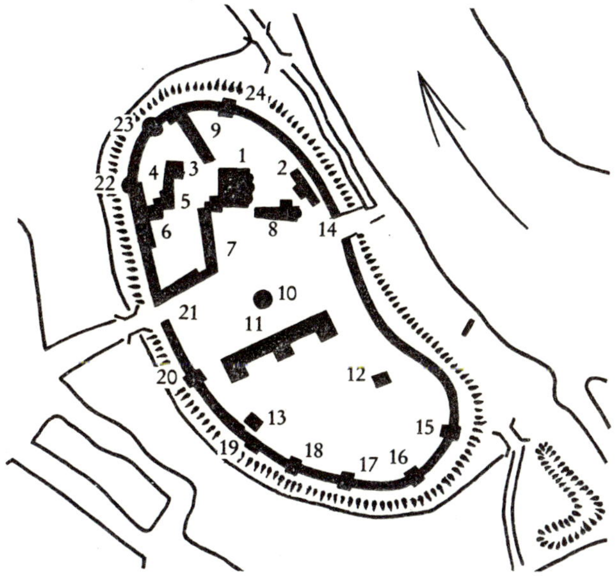

Als Vorsitzender des Herrenrats, also Staatsoberhaupt, und mächtigster Feudalherr unterlag der Erzbischof dem stärksten Repräsentations- und Bauzwang. Er widmete sich vornehmlich der Befestigung und Erweiterung seiner Residenz im Nowgoroder Kreml und dem Ausbau von Klöstern. Die Chroniken berichten, in seinem Auftrag seien in der ersten Hälfte des 14. Jahrhunderts im Kreml »eine Steinstadt« sowie neue Wehrmauern und Torkirchen entstanden. Dabei hat man wahrscheinlich im Westportal der Sophien-Kathedrale die zweiflügelige romanische Bronzetür angebracht. Sie wurde Mitte des 12. Jahrhunderts im Auftrag des Magdeburger Erzbischofs Wichmann in der Magdeburger Gießhütte für Bischof Alexander von Płock hergestellt. Stifter und Empfänger sind reliefiert. In Einzelteilen muß die Bildtür aus der Kathedrale von Płock (etwa 100 km nordwestlich von Warschau) nach Nowgorod gelangt sein. Man weiß nicht, warum, wann und wie. Mit der Neuinstandsetzung waren Veränderungen und russische Inschriften verbunden. Der Erzgießer Awram hat sich vermutlich porträtiert, aber es gibt keine Figur des Nowgoroder Erzbischofs. Ihm genügte der kulturelle Anspruch: die Gleichrangigkeit mit den westlichen Nachbarn. Schon das war eine Entgegnung auf das Bestreben der Moskauer Großfürsten, unter dem Schutz der Tataren die gesamtrussische Vormacht zu erringen. Zudem versuchte der Erzbischof, in Rivalität zu Moskau, Einfluß auf die wachsende Einsiedler- und Kolonisationsbewegung in der »Thebais« Nordrußlands zu nehmen. Er entsandte seine Vertrauten und stiftete Mittel für den Klosterbau.

Nowgorod, Sophien-Kathedrale, Bronzetür, siehe auch Abb. 100–104

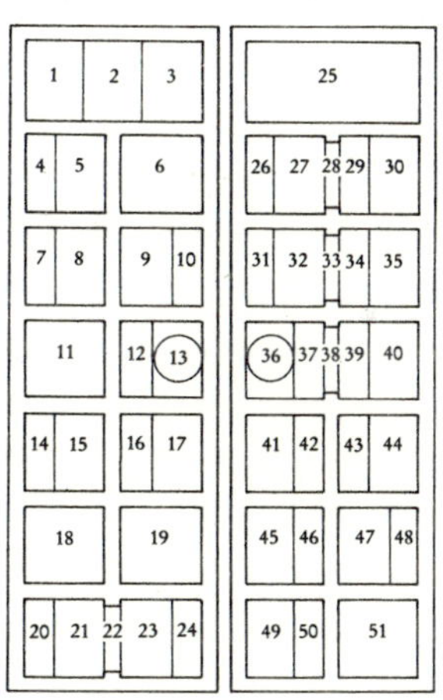

1 Gottesmutter und sechs Apostel; 2 Christus zwischen Paulus und Petrus (Traditio legis); 3 Sechs Apostel; 4 Taufe Christi; 5 Verkündigung Mariä; 6 Christi Geburt; 7 Bartloser Laie mit Buch; 8, 9 Anbetung der Heiligen Drei Könige, rechts: Gottesmutter mit Kind; 10 Rahel beweint ihre Kinder; 11 Darbringung im Tempel; 12 Diakon mit Weihrauchfaß; 13 Löwenkopf mit Türring und fünf Menschenköpfen im Rachen, russische Inschrift: »Die Hölle verschlingt die Sünder«; 14 Mariä Heimsuchung; 15 Flucht nach Ägypten; 16 Diakon mit Buch; 17 Bischof Alexander von Płock zwischen zwei Diakonen; 18 Himmelfahrt des Elias; 19 Zwei Ritter stehen auf getöteten Männern (Sieg der Tugend über das Laster); 20 Erzgießer Riquin; 21 Sündenfall; 22 altrussische Ergänzung: Meister Awram; 23 Erschaffung Evas; 24 Erzgießer Waismuth; 25 Majestas Domini (Christus in der Mandorla mit Engeln und Evangelisten-Symbolen); 26 Mann mit bereitgehaltenem Gewand; 27 Christi Einzug in Jerusalem; 28 Ritter kämpft gegen Bestie (Sieg des Guten über das Böse); 29 Mann mit Schriftrolle; 30 Einwohner Jerusalems erwarten Christus am Stadttor (zu 27 gehörend); 31 Mann mit Hund; 32 Gefangennahme Christi; 33 Ritter auf kopfständiger Figur (Sieg des Guten über das Böse); 34 Mann mit Schlange; 35 Christus im Gefängnis oder Befreiung des Petrus durch den Engel; 36 Löwenkopf mit Türring und einem Menschenkopf im Rachen; 37 König mit Schwert; 38 Ritter kämpft gegen Bestie (Sieg des Guten über das Böse); 39 Herodes; 40 Geißelung Christi; 41 Kreuzigung; 42 Nikodemus; 43 altrussische Ergänzung: Figur in Frauenkleidung; 44 Myrontragende Frauen am Grabe; 45 Christi Höllenfahrt; 46 (Erz)bischof Wichmann von Magdeburg; 47 Christi Himmelfahrt; 48 Mann mit Schwert; 49 Drei Ritter (hl. Mauritius mit Gefährten?); 50 Bethlehemitischer Kindermord (zu 39 gehörend); 51 altrussische Ergänzung: bogenschießender Zentaur

Die Verantwortung für die städtische Bebauung lag bei dem zweiten Mann des Stadtstaats, dem Bürgermeister (Possadnik) und bei den Ältesten (Starosti) der sogenannten Enden (Stadt- und Provinzialbezirke) und Straßen. Die Chroniken erwähnen die urbanistische Planung und den guten Zustand der mit Eichenholz mehrfach gepflasterten Straßen. Die Pfarrkirchen waren in das Straßennetz eingefügt und – einfach zwischen die Wohnhäuser gestellt – ein Bestandteil städtischen Lebens. Davon zeugen besonders in den Emporenecken die Stifterkapellen, die zugleich als Tagungsräume, Warenlager, sogar als Handelskontore dienen konnten. Die Westempore wurde Symbol einer »städtischen Religiosität«, die das frühbürgerliche Erfolgs- und Besitzstreben rechtfertigte. Ob die kommunale Selbstverwaltung oder die Kaufmanns- und Handwerkerkorporationen nach dem Beispiel des Handelsgerichts in der Johannes-Kirche den ganzen Kirchenraum als Versammlungsstätte nutzten, weiß man nicht. Jedoch existieren genügend Zeugnisse, daß sich im Nowgoroder Selbstbewußtsein die »städtischen Freiheiten« als Gottesgnadentum widerspiegelten. Das Profane wurde sakralisiert und das Sakrale profanisiert. Das galt auch für die Votivgabe von Eigenkirchen bzw. Privatkapellen: Wunsch, Gelübde oder Dankesopfer aus einem religiös deklarierten, eigentlich aber oft sehr materiellen Anlaß.

Die stadtstaatliche Souveränität, an deren Bewahrung alle Schichten interessiert waren, und der bürgerlich-pragmatische Lebensstil prägten den »kulturellen Code«: die auf die Lösung praktischer Probleme orientierte Frömmigkeit und Theologie, die faktographische Pilgerliteratur, Chronik- und Vitenschreibung sowie den nüchternen Kirchenbau. Charakteristisch war die Position, die der Nowgoroder Erzbischof Wassili Kalita (1330–1352) in dem Streit um die Existenz des Paradieses einnahm. Bischof Fjodor von Twer hatte erklärt, seit dem Sündenfall könne das Paradies nur ideell vorgestellt werden. Dagegen meinte Kalita, zwei Kaufleute seiner Eparchie, die nordwärts »bis ans Ende der Welt gereist seien«, hätten es dort wirklich von einem hohen Berg aus gesehen [27]. Das Verlangen, die irdische Ordnung, sogar das Jenseits auf Nutzen und Erfolg auszurichten, ordnete sich ein in die magischen Kontakte des Zweiglaubens. Die plakativen Gestaltwerke der Ikonen-Schule sind Ausdruck der niederen Mythologie.

Dynamisierung und Ornamentierung im 14. Jahrhundert

Unter den Bedingungen wirtschaftlicher Blüte begann Mitte des 14. Jahrhunderts eine Glanzzeit der Nowgoroder Kunst, die bis ins 15. Jahrhundert währte. Die neue Stillage führte die überlieferte Formensprache kontinuierlich fort, ersetzte jedoch endgültig die »Denkmalhaftigkeit« und »heraldische Symbolik« (D. S. Lichatschow) der Kiewer Periode durch eine stärkere Sicht auf die innere und äußere Welt des Menschen. In Baukunst, Malerei und Literatur läßt sich eine eigenartige Vereinigung von Dynamik und Ornamentik, Abstraktion und Einfühlung, rationeller Durchdringung und emotionaler Überhöhung feststellen. Sie stammte aus der geistigen Unruhe, die an der Wende zum 14. Jahrhundert die Kunst von ganz West- und Osteuropa erfaßte. Der Nowgoroder Boden war durch die bürgerlich-demokratischen Tendenzen gut vorbereitet. Der Wohlstand bedingte einen steigenden Kunstsinn, aber auch eine wachsende Sozial- und Religionskritik. Der Stadtstaat unterzog sich dem Wechselbad des Glaubens zwischen monastisch-asketischer Verinnerlichung und »reformatorischer« Versachlichung – bis zur Ablehnung der institutionellen Kirche und ihrer Sakramente durch die Ketzerbewegung der Strigolniki. Gesinnungsethik, Bürgerfrömmigkeit, Bildungsrenaissance, Repräsentationsbedürfnis waren die unterschiedlichen Quellen des »klassischen« Nowgoroder Stils. Allerdings sorgte der städtische Wirklichkeitssinn immer dafür, daß künstlerische Effekte nicht theatralisch wirkten.

Das neue Welt- und Menschenbild machte sich künstlerisch von katholischer und orthodoxer Seite her bemerkbar. Aus Norddeutschland, dem Baltikum und Skandinavien drangen spätromanische und gotische Einflüsse ein. Stärker war allerdings die ererbte Orientierung auf Byzanz, das im 14. Jahrhundert infolge der Türkeninvasion und des inneren Verfalls seine Rolle als Großmacht einbüßte, aber kulturell erneut seine Anziehungskraft bewies. Gegenüber den Stürmen und Krisen suchte es Halt in der hellenistischen und patristischen Vergangenheit. Die »palaiologische Renaissance« prägte die ganze Kultur und reichte weit nach dem Osten. Dazu kam: Im Lebensstil und Wertgefüge der Nowgoroder »großen Familien« und der Clans des urbanisierten spätbyzantinischen Provinzadels gab es weitgehende Ähnlichkeiten. Der Zuwachs an Macht, Reichtum und Selbstbewußtsein stärkte das Privatinteresse, belebte das Auftragswesen und förderte den Prozeß der Individualisierung. Man wollte sich nicht nur den Platz im Himmel sichern, sondern auch dem Leben auf Erden mehr Beachtung schenken.

Die »palaiologische Renaissance« in Byzanz erstreckte sich zwar nicht auf die Architektur. Trotzdem kam auch hier zur Geltung, was die Literatur und die bildenden Künste bewegte: das Vordringen individueller und profaner Werte, die Vertiefung und Verfeinerung des Gefühlslebens. Die Kreuzkuppelkirchen der Palaiologenzeit zeichnen sich durch den dreiseitigen Anbau breiter Galerien nebst überkuppelter Parekklesien aus, die als Grabstätten der Stifterfamilien bzw. als Stifterkapellen dienten. Verbunden war damit die Neigung zu »Arkadenfassaden«, die Zunahme malerisch-dekorativer Bauornamentik, die breite Lagerung und Abstufung des Baukörpers. Auf Nowgorod wirkte die Aufwertung des äußeren Erscheinungsbildes als Bestätigung eigener Intentionen. Der Zwang des Repräsentationsvergleichs mit den russischen Fürsten führte zur Erneuerung traditioneller Hoheitsformen. Die schlichte Tür wurde wieder zum Portal ausgestaltet und nischenförmig abgestuft. Zwar verzichteten die Patrizier auf die Wladimir-Susdaler Säulenstellung und Fassadenskulptur, aber sie gaben Schauwände in Auftrag, durch die der Kirchenbau seine »Bürgernähe« verlor. Die einzelnen Stilelemente wurden weder aus dem Architekturstil der Palaiologen noch aus der Umformung entnommen, die dieser durch serbische und bulgarische Bauschulen erfuhr. Sie stammten aus dem eigenen Erbe.

In traditioneller Weise ergriff der Vertikaldrang den Baukörper: durch Betonung des dreilappigen, dem Gewölbesystem entsprechenden Schaufeldachs, durch Überhöhung der Proportionen, durch leichte Neigung der Außenwände zum Inneren, durch Verlängerung der Kuppeltrommel, durch Verjüngung der Fensteröffnungen. Im Dekor kam die Dynamik durch stärkere Verwendung schmaler und eckiger Formen zum Ausdruck. Die Dreiteilung der Fassaden in ungleiche Abschnitte durch breite Lisenen wurde wieder aufgegriffen. Dabei weist der Streifen, der die Mauervorlagen am Giebel zweistufig fortführt, über jedem seitlichen Wandabschnitt zwei Knickungen auf und wiederholt in der Mitte den Umriß des ganzen Dachs. Die verkürzte Ostpartie und die Reduktion auf die eine Apsis wurden beibehalten. Die Schauwände schufen die Patrizier ganz anders als die Fürsten von Wladimir-Susdal. Die figurale und vegetabilische Reliefierung wurde durch geometrische Ornamentierung ersetzt. Dabei spielten Motive eine Rolle, die wir aus Südrußland kennen: Spitzbogenfenster, bogenförmig verbundene Rundstäbe an der Apsis, in die Wand eingelassene Kreuze und Rosetten. Andererseits zeigen die Fassaden alle bislang in Nowgorod gebräuchlichen Ziermotive, allerdings in ungewöhnlicher Reichhaltigkeit: Tür- und Fensterprofilierung, Fenster- und Nischenreihen, Bogenfriese, Zahnfriese und Sägezahnschnitt, Archivoltenblenden (Browki) über den Öffnungen. Die Formgebung entspricht dem freieren, expressiven Stil der zeitgenössischen Monumentalmalerei, für den Theophanes der Grieche schulbildend wirkte. Die scharfen Gesichtszüge, Augenbrauen, Gewandfalten, die gezackten Architektur- und Naturformen, das kontrastreiche Kolorit drücken das gleiche Lebensgefühl aus wie der Fassadendekor. [28] Auch die Tendenz zu einem einheitlichen Innenraum durch an die Wand gerückte Pfeiler und halbierte Tonnen über den Eckräumen wurde bewahrt.

Die dem Soldatenheiligen Theodor Stratilat geweihte Kirche der Handels-Seite ist die klassische Vollendung der mehr als zweihundertjährigen Folge Nowgoroder Bürgerkirchen und zugleich Vorbild späterer Bauten. Sie wurde 1360 bis 1361 an der Theodor-Straße im Auftrag des Bürgermeisters Semjon Andrejewitsch errichtet. Ihr unmittelbar verwandt ist ganz in der Nähe die Christi-Verklärungs-Kirche an der Elias-Straße. Der Patrizier Wassili Danilowitsch und die Straßengemeinde dürften nicht nur, wie die Chronik vermerkt, 1378 Theophanes den Griechen mit der »Untermalung« beauftragt, sondern schon vier Jahre vorher einer einheimischen Werkstatt den Bau selbst angetragen haben. Die Stiftergräber befanden sich in Anbauten. Bei beiden Kirchen konzentriert sich der Schmuck auf die breite Apsis und die Kuppeltrommel. Während bei der Theodor-Kirche die zumeist spitzbogig auslaufenden Fenster- und Nischenschlitze die Wandfelder durch einfache, horizontale Addition beleben, wirkt ihre Anordnung bei der Verklärungs-Kirche üppig, vielfältig und vertikal; der Eindruck leichter Asymmetrie entsteht hier durch die ungleichmäßige Verteilung und Gestalt der Steinkreuze und durch die in die Mauer eingelassenen Ziegel-Rosetten und -Dreiecke. Für Nowgorod neu ist die Komposition aus drei Fenstern und zwei Nischen, die durch eine viellappige, den Umriß des oberen Abschlusses wiederholende Bedachung zusammengefaßt wird. N. Brunow spricht von einer Vielheit in der Einheit, einer Spannung und Sättigung der Formen, einer vertikalen Steigerung im Verhältnis zum menschlichen Maßstab [29]. Es gibt keine andere Straßengemeindekirche, bei der die intime Stimmung in eine so unaufdringliche Eleganz übergeht. Nur hat sich das Äußere insofern verändert, als ein Kreuzdach das ursprüngliche Schaufeldach abgelöst hat.

NOWGOROD,
THEODOR-STRATILAT-KIRCHE,
CHRISTI-VERKLÄRUNGS-KIRCHE
an der Elias-Straße
Erläuterungen und Textabb. S. 360f.
Abb. 125–127; 128, 129

Über die Entstehungszeit und Zuschreibung der Wandmalereien der Theodor-Kirche streiten sich die Forscher. Die eine Partei betrachtet sie als die früheste Nowgoroder Arbeit von Theophanes dem Griechen, die andere differiert in der Datierung und entscheidet sich für eine Zuordnung zu dessen Schülern, bei denen lokale Traditionen stärker zur Geltung kommen. Nachweisbar von Theophanes stammen die Freskofragmente der Verklärungs-Kirche. Der vermutlich Anfang der siebziger Jahre aus Konstantinopel zugereiste Künstler gestaltete die Leitformen der »palaiologischen Renaissance« unter dem Eindruck der urbanen, undogmatischen, klaren Nowgoroder Denkungsart zu einer realistischen Sprache. W. N. Lasarew kennzeichnet sie als Einheit von strenger Vergeistigung, individueller Charakterisierung, tragischem Pathos und kühner malerischer Technik.

In der weiteren Folge wurde einerseits die repräsentative Fassadengestalt fortgeführt. Ein Beispiel dafür ist die Peter-und-Paul-Kirche in Koshewniki (1406), deren südliche Schauwand man beim Herankommen aus der Stadt wahrnimmt. Die Ostseite mit der einen, hoch und weit herausgewölbten Apsis orientiert sich auf den Wolchow. Das Mauerwerk der Wandflächen aus vielfarbigen, grob behauenen Bruchsteinen kontrastiert zu der Ziegeltechnik der Fassadengliederung und Ornamentik. Vermutlich waren die Nowgoroder Kirchen des 14. Jahrhunderts nicht verputzt. Andererseits wiederholte sich die strengere und bescheidenere Fassadengestalt. Beispiele sind die gedrungen proportionierte Mariä-Geburts-Kirche auf dem Friedhof (1381–1382) und die Blasius-(russisch: Wlassi-)Kirche an der Wolos-Straße (1407), die sich durch ein Stufen-

NOWGOROD,
PETER-UND-PAUL-KIRCHE
in Koshewniki,
WLASSI-KIRCHE
an der Wolos-Straße
Erläuterungen und Textabb. S. 361
Abb. 131, 130

portal mit parabolförmigen Archivolten auszeichnet. Die Vereinfachung mag die Neigung zu dem neuen, achtflächigen Kreuzdach verstärkt haben. Die in der byzantinischen, kaukasischen und romanischen Baukunst übliche sattelförmige Bedachung der Kreuzarme zieht sich hier in geradlinigen Flächen über die Eckräume hinweg. Trotz dieser Begradigung blieb der dem Umriß des Schaufeldachs folgende dreilappige, oft nochmals geknickte Giebelstreifen erhalten, der die Lisenen zweistufig und gesimsartig fortsetzt. Charakteristisch ist die Kirche des Demetrios von Saloniki in Slawkowo (oder an der Bolna-Straße, 1381–1383). Häufig wurde das ursprüngliche Schaufeldach durch das Kreuzdach ersetzt, so bei der kleinen und schlanken Kirche Johannes' des Evangelisten zu Witko (oder in Radokowizi, 1383–1384). Sie und die zahlreichen gleichartigen Kirchen unterscheiden sich nur geringfügig in den Ausmaßen und in der Bevorzugung bestimmter ornamentaler Motive. Manchmal konzentriert sich an den Gesimsen des Kuppel- und Apsisdachs und in den Giebelfeldern ein der Backsteingotik entlehntes, üppiges Ziegelspitzenmuster. Die Demetrios-Kirche ist vermutlich die erste sogenannte Lagerkirche Nowgorods. Ein Kellergeschoß – äußerlich an den kleinen Fensteröffnungen erkennbar – wurde als Vorratsspeicher genutzt. Später hat man in älteren Kirchen nachträglich Kellerräume angelegt und durch Balkenlagen abgedeckt.

NOWGOROD, KIRCHE DES DEMETRIOS VON SALONIKI, KIRCHE JOHANNES' DES EVANGELISTEN zu Witko
Erläuterungen S. 361
Abb. 132, 133

Städtischer Konservativismus gegen Moskauer Einigungspolitik

Die Nowgoroder Chronisten erwähnen in den Jahren zwischen 1407 und 1422 den Bau von fast 40 Kirchen. Jedoch hat sich nur eine erhalten, die Kirche Johannes' des Barmherzigen in Mjatschino (1422). Leider ist sie im 17. Jahrhundert erheblichen Veränderungen unterworfen worden, so daß sie nicht mehr genau rekonstruiert werden kann. Um die Mitte des 15. Jahrhunderts löste der wachsende Einfluß des Moskauer Staats mit seiner Politik der nationalen Einigung eine konservative Apologetik aus, die sich in der Baukunst bemerkbar machte. Einerseits pflegte man die bürgerlich-individualistischen Ideale: Vergleichbar der Beliebtheit der kleinformatigen, privaten Andachtsikonen, für die eine miniaturartige Technik charakteristisch ist, entstanden – zumeist anstelle von Holzkirchen – in Ziegelmauerwerk zahlreiche winzige Votivkirchen und Betkapellen, darunter die Zwölf-Apostel-Kirche an der Schlucht (1455) und die Simeon-Kirche im Swerin-Kloster (1464). Trotz der Verkleinerung wurde an dem überlieferten Vier-Stützen-Schema festgehalten.

NOWGOROD, KIRCHE JOHANNES' DES BARMHERZIGEN in Mjatschino
Erläuterungen S. 362

NOWGOROD, ZWÖLF-APOSTEL-KIRCHE »an der Schlucht«, SIMEON-KIRCHE im Swerin-Kloster
Erläuterungen S. 362
Abb. 135, 136

Andererseits ließ man alte Kirchenbauten des 12. Jahrhunderts restaurieren und rekonstruieren, um die vergangene, antifürstlich »revolutionäre« Glanzzeit ins Bewußtsein zurückzurufen. Besonders Erzbischof Euthymios (Jewfimi), der von 1429 bis 1458 die Eparchie innehatte und gegenüber Moskau energisch die städtische Autonomie verteidigte, förderte die althergebrachten Traditionen. Unter seiner Obhut entstand ein Zyklus hagiographischer Texte, der den Schutz der »Gottesmutter des Zeichens« für die Nowgoroder im siegreichen Kampf gegen die Susdaler metaphorisch auf die Gegenwart übertrug. In seinem Auftrag wurde 1454 die baufällig gewordene Kirche Johannes' des Täufers »auf den Felsen« (1127–1130) abgerissen und auf den alten Fundamenten im Grundriß und im Aufbau kopiert. Nur das Wellendach mit Rundgiebeln mußte den moderneren Dreiecksgiebelfronten weichen. Ähnlich ahmt die Erlöser-Kirche in Staraja Russa (1422) den Vorgängerbau von 1198 und die Elias-Kirche in Slawno (1445) den aus den Jahren 1198 bis 1202 »auf der alten Grundlage« nach.

NOWGOROD, KIRCHE JOHANNES' DES TÄUFERS »auf den Felsen«
Erläuterungen S. 362
Abb. 134

Das Nowgoroder Patriziat erkannte seine historische Chance nicht. Es vermochte der – durch den Zerfall der »Goldenen Horde« begünstigten – »Sammlung der russischen Lande« unter dem Großfürstentum Moskau kein positives Programm entgegenzustellen. Während die »schwarzen Leute« mit der nationalen Einigungspolitik sympathisierten, suchte es Unterstützung in Polen-Litauen. So konnte Großfürst Wassili schon 1456 erzwingen, daß Ländereien Nowgorods um den Weißen See an ihn abgetreten und Staatsverträge von ihm bestätigt werden mußten. Das frühkapitalistische Handelsbürgertum überließ der stärksten Feudalmacht die historische Initiative und verpaßte über seinem partikularistischen Machtstreben seine nationale Mission. Trotzdem versäumte es nicht, auf die Fortentwicklung der Typologie und des Baustils Einfluß zu nehmen.

Drei Typen für Glockenträger

Erzbischof Euthymios protegierte den künstlerischen Konservativismus, aber er hatte auch Sinn für Neues, wenn er es lokalpatriotisch nutzen konnte. So veranlaßte er 1422 bis 1443 den Umbau des Episkopalhofs im Kreml und gab als Tagungsstätte des Herrenrats bei einheimischen und deutschen Baumeistern einen neuen Palast in Auftrag. Unter dem Einfluß der Gotik errichteten sie einen dreigeschossigen Ziegelbau. Im dritten Geschoß breitet sich ein großer Audienzsaal aus, dessen vier Sterngewölbe auf den Mauern und einem einzigen, in der Mitte frei stehenden Pfeiler ruhen (Granowitaja Palata, 1433). Nach Euthymios ist auch der »Stundenläuter« (1443), ein Wachturm, benannt, der später als Uhr- und Glockenturm diente. Der ursprünglich niedrigere, achtekkige Pfeilerbau trug über einer Beobachtungswarte ein Zeltdach und wird von M. K. Karger in »direkte Beziehung zur Entstehungsgeschichte der nationalen Zeltdacharchitektur des 15. und 16. Jahrhunderts« gebracht [30]. Außerdem entstand unter Euthymios die Glokkenwand (1439). In ihrer ursprünglichen Gestalt war sie ein schmales Bauwerk, das sich an die zum Wolchow gelegene Kremlmauer lehnte: Über drei eingewölbten Torbögen des Erdgeschosses befand sich eine Plattform, die an der östlichen Seite über vier stämmigen Pfeilern eine dreibogige Glocken-Arkatur trug.

Abb. 137

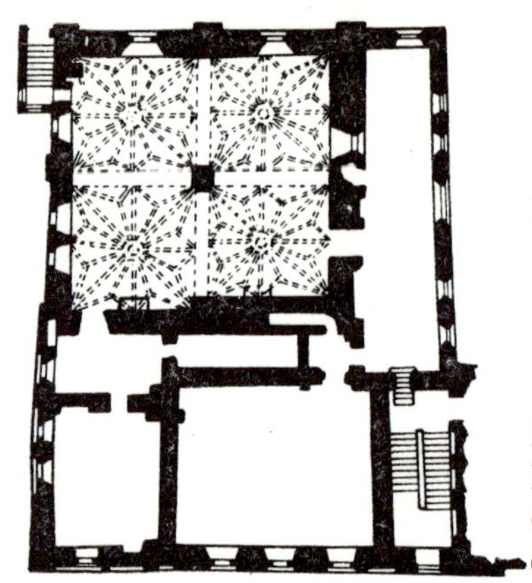
Abb. 138

Nowgorod, Facetten-Palast, Querschnitt und Grundriß

In der altrussischen Baukunst gibt es drei Typen für Glockenträger: den eigentlichen Glockenturm (Kolokolnja) mit der aus ihm hervorgegangenen »Kirche unter Glocken«, den Glockengiebel und die ihn monumentalisierende Glockenwand (Swonniza). Wie A. J. Gurjewitsch schildert, hielt der Klerus im Mittelalter die »soziale Zeit« unter Kontrolle. Durch den Gottesdienst- und Festzyklus regulierte er den Tages- und Jahresablauf der ganzen Gesellschaft. [31] Zunächst war der Lebensrhythmus des Klosters bestimmend. Hier markierte nach byzantinischem Vorbild der Klang des Semantrons, eines Holzbalkens oder Metallstabs, die Zeiteinteilung. Das Semantron hing zumeist an einem Holzgerüst, zuweilen in einem Turm. Man schlug es mit einem Hammer. Profan wurde es in den Städten zum Zusammenrufen des Wetsche verwendet. Als aus dem Westen im 14. Jahrhundert der Gebrauch der Glocke eindrang, kamen der Glockenturm und der Glockengiebel auf. Einer der ersten Glockentürme dürfte die 1329 von Großfürst Iwan Kalita im Moskauer Kreml errichtete Johannes-Klimakos-Kirche gewesen sein, bei der sich unter dem Glockenstuhl eine Kapelle befunden haben soll. Von deutschen Baumeistern stammte der Glockenturm im Chutynski-Kloster (1445), den Erzbischof Euthymios in Auftrag gab. Abb. 189, 192

Abb. 128

N. Woronin nimmt an, zu den ältesten Beispielen eines Glockengiebels gehöre der Aufbau über der – nicht erhaltenen – westlichen Eingangsvorhalle der Nowgoroder Christi-Verklärungs-Kirche (1374). Da im mittelalterlichen Rußland kein Rathaus existierte, ist der Glockenträger Bestandteil der Kirche, des Klosters oder Kremls und der Glockenturm oft zugleich auch Wachturm. Die mit der Agrarstruktur verbundene Gemächlichkeit mußte mit der Entwicklung der Stadt und der Erfindung der mechanischen Uhr einer strengeren, stündlichen Zeiteinteilung weichen. Die Bürger hatten mit ihrer Zeit sparsamer umzugehen als die Mönche und Landleute. Die ersten Uhrtürme mit Stundenschlag wurden Anfang des 15. Jahrhunderts in Städten errichtet.

Abb. 138, 139, 144, 189, 194

Mit der 1439 im Nowgoroder Kreml erbauten Glockenwand setzte ein spezifisch russischer Typ ein. Seine Entwicklung läßt sich wegen verlorengegangener Dokumente und Denkmäler nicht genau verfolgen. Genetisch ist er auf eine Monumentalisierung des einfachen Glockengerüstes und des Glockengiebels zurückzuführen. Das Glockengerüst besteht aus Holzpfosten mit einem Querbalken, an dem die Glocken horizontal nebeneinander hängen. Die Kopie im Steinbau ist der Glockengiebel: ein Aufbau über der Wand mit einer oder mehreren Öffnungen für das Geläut. Die ersten Glockengiebel sollen in der zweiten Hälfte des 14. Jahrhunderts über Pskow nach Rußland eingedrungen sein – möglicherweise unter westlichem Einfluß. Sie zeigten schon die besondere pskowitische Form: Drei abgerundete Pfeiler mit würfelförmigen Basen und Kapitellen sind durch bogenartige, mit einem kleinen Satteldach versehene Querstücke verbunden. Die Stärke der Pfeiler und der Abstand richten sich nach der Größe und dem Gewicht der vorgesehenen Glocken. Die im 15. Jahrhundert entstehende und sich besonders in Pskow ausbreitende Glockenwand übernahm und erweiterte diese Gestalt zu einer ebenso überdachten Arkatur mit mehreren und unterschiedlichen Bogenöffnungen. Sie erhebt sich über dem Narthex, einer Galerie, der Außentreppe, einer glatten Fassade oder über einem angrenzenden Gebäude.

Pskow, Kirche der Erscheinung Christi in Sapskowje, Rekonstruktion

Die Baugesinnung der Pskower Mittelschicht

Pskow, Kathedrale Johannes' des Täufers
Abb. 139

Die Stadt Pskow war noch lange nach den Siegen von Alexander Newski in heftige Grenzkämpfe gegen einfallende litauische Truppen und Ordensritter verwickelt. Sie konzentrierte ihre Bautätigkeit auf die ständige Erneuerung des Festungsgürtels. Trotzdem entstand um 1240 in dem höfischen Frauenkloster die Johannes-Kathedrale, in der sich die Grablegen der weiblichen Mitglieder des Fürstenhauses befinden. Da sich das Erdbodenniveau stark gehoben hat, wirkte ihre ursprüngliche Gestalt schlanker als heute. Sie gehört zum Sakomari-Typ sechspfeileriger Nowgoroder Repräsentationsbauten, obwohl Treppenturm und Nischendekor fehlen. Dem breiten Tonnenkreuz entspricht die gewaltige achtfenstrige Kuppeltrommel. Die Westempore ist bis zum Querschiff vorgezogen, aber an den Seiten nicht abgesondert. Zwei schmale Nebenkuppeln erheben sich über den inneren Westecken des Tonnenkreuzes. Die unteren Teile der Pfeiler sind abgerundet – ein Merkmal, das für die Pskower Architekturschule charakteristisch werden sollte. Das Mauerwerk besteht aus heimischen Zechsteinplatten mit Zwischenlagen aus Flachziegeln und erhielt einen rosa Verputz aus Kalkmörtel und Ziegelsplitt. Vermutlich handelte es sich um den letzten fürstlichen Auftrag. Der zweibogige Glockengiebel über dem Westabschnitt der Südfassade wurde im 15. Jahrhundert hinzugefügt.

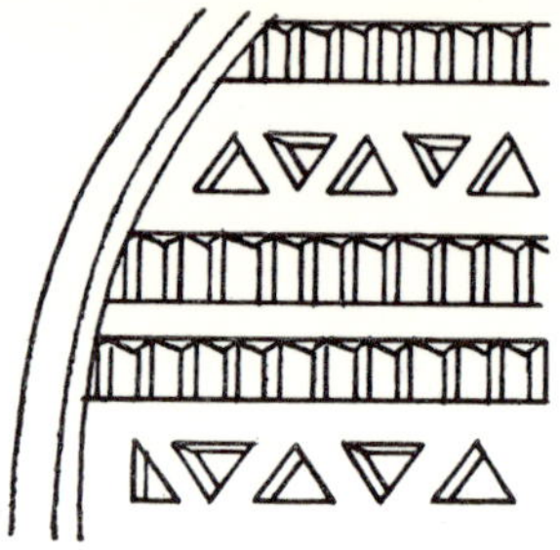
Begunez und Porebrik

Im Jahre 1348 schied Pskow aus dem Staatsverband Groß-Nowgorod aus und erhielt seine Autonomie als eigene Stadtrepublik. Zugleich führte der Handel mit den Ostseestaaten und der gute Ruf und Absatz seiner handwerklichen Erzeugnisse zu einem wirtschaftlichen und politischen Aufschwung, an dem die bürgerliche Mittelschicht starken Anteil hatte. Auf die Volksversammlung nahmen die Handwerker und Händler entscheidenden Einfluß. Verwaltungssystem und Wahlmodus der Ältesten und des Bürgermeisters waren ähnlich festgelegt wie in Nowgorod, nur die aristokratische Institution des Herrenrats fehlte. Dem Stadtadel mangelte es an Großgrundbesitz. So integrierte die Mittelschicht die politische Haltung des Weltklerus, bildete den Nährboden für das starke Sektenwesen und bestimmte den Charakter des Kirchenbaues. Im 15. Jahrhundert wurden in Pskow mehr Kirchen errichtet als zusammen in beiden Jahrhunderten zuvor.

Der Baustil setzte einerseits die gemeinsamen Nowgoroder Traditionen fort. Andererseits zeigte er eine gewisse Affinität zum frühmoskowitischen Gewölbesystem. Katalysator eigenständiger Verarbeitung war die profane Holzbaukunst. Das Gotteshaus sollte dem hölzernen Wohnhaus gleichen: durch die praktischen Funktionen, durch die ungezwungene Gruppierung zahlreicher Anbauten, durch die Form der Bedachung, durch den der Volkskunst entlehnten Dekor. Selbst das Kirchenschiff sollte das intime Interieur einer Wohnstube wiederholen. Die Dimensionen der Pskower Kirchen sind geringer, die Öffnungen kleiner, die Proportionen gedrungener, die Schmuckelemente bescheidener, aber die Mauern stärker als in Nowgorod. Der vierpfeilerige, kubische Kreuzkuppelbau ist – in der Regel mit asymmetrischer Akzentuierung – von einer breiten westlichen Vorhalle und seitlichen Kapellen, Galerien und Vorratsspeichern umgeben. Das Sockelgeschoß diente der Einlagerung von Waren. Als Pendant zur Kuppeltrommel und zweite Vertikale türmt sich an der westlichen Eingangszone noch ein Glockengiebel beziehungsweise – anschließend an den Narthex oder selbständig – eine monumentale Glockenwand auf. Die in Nowgorod verschwundenen Nebenapsiden wurden erneuert. Optisch durch Kontraste belebend wirkt die Bedachung, die vielteilig in geraden oder krummen Flächen den Rundungen der Gewölbe und Blendbögen folgt.

Als Denkmal »städtischer Freiheiten« und Hauptpfarrkirche erbauten die Pskower Bürger nach ihrer Unabhängigkeitserklärung zwischen 1365 und 1367 im Kreml die Dreieinigkeits-Kathedrale. Sie hat sich leider nicht erhalten. Man vermutet eine einkupplige Turm-Kirche mit stufenförmig ansteigenden Gewölben, gestaffelten Dächern und einem dreischiffigen, doppelgeschossigen und tonnenüberwölbten Narthex. Der obere Abschluß erinnerte an die Paraskewa-Pjatniza-Kirche in Nowgorod und an die konstruktive Lösung, die in den frühmoskowitischen Klöstern aufkam. Allerdings ließen sich die Pskower Baumeister Neuheiten einfallen. Zunächst beim Parekklesion, später bei kleinen Kirchenbauten verzichteten sie völlig auf die Pfeiler,

Textabb. S. 172

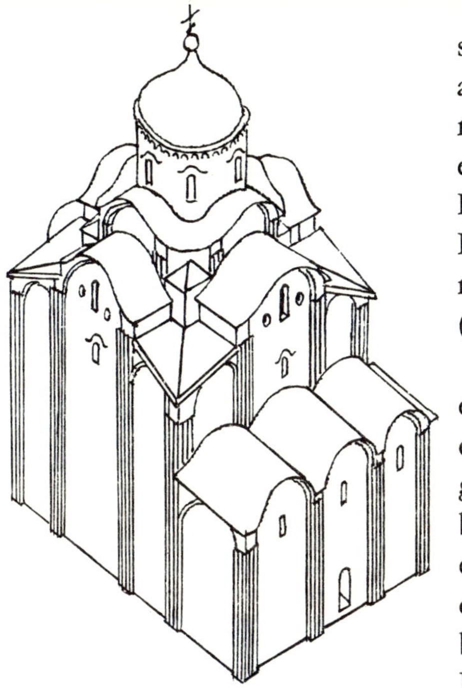

Pskow, Dreieinigkeits-Kathedrale, Rekonstruktion des Baues von 1365–1367

so daß ein einschiffiger Typ entstand. Auf quer verlaufende, abgestufte Bögen stützen sich stufenförmig solche in Längsrichtung und bilden, dergestalt sich kreuzend, im Zentrum ein offenes Quadrat, das durch Zwickel in eine miniaturhafte Kuppeltrommel übergeht. Teils um die Akustik in den kleinen Räumen zu verbessern, teils um den Gewölbedruck zu vermindern, wurden in die Innenwände tönerne Resonanztöpfe (Golosniki) eingelassen.

Charakteristisch für die Pskower Bauornamentik ist der – einem Strickmuster ähnliche – Dreibandfries unter den Dächern der Kuppel und der Apsiden. Er besteht aus dreieckigen und rechteckigen Wandaussparungen (Begunez, Porebrik). Oft wird er von einem abgetreppten Bogenfries ergänzt. Die Apsiden sind zuweilen durch schlanke, in Arkaden übergehende Rundstäbe und die Wandfelder durch rundbogige Nischen geschmückt. Die verfließende Abstufung der Flächen unterstreicht die weiche, plastische Behandlung, die auf dem dicken Bewurf mit Kalkmörtel und der Mauertechnik beruht. Man verwendete mehr und mehr die in der Gegend in unregelmäßigen Formaten gebrochenen Zechsteinplatten, selbst für die Ornamentik. Dabei handelt es sich um einen porösen, leicht verwitternden, grauen Kalkstein. Ziegel wurden immer weniger als Ausgleichsmaterial und immer mehr für die konstruktiv belasteten Glieder gebraucht. Während in Nowgorod und Südrußland der Begunez aus hochkant und übereck gestellten Ziegeln besteht, ist er in Pskow konisch in den Kalkstein eingeschnitten. Alle diese Komponenten prägten den einfachen, volkstümlichen, zu malerischen Effekten neigenden Stil, der dem demokratischen Milieu der bürgerlichen Mittelschicht entsprach.

Pskow, Basilios-Kirche »auf dem Hügel« Erläuterungen und Textabb. S. 362 Abb. 140

Trotz des Aufschwungs der Bautätigkeit nach der Autonomie, trotz der in den Chroniken für das 15. Jahrhundert mehrfach erwähnten Arbeit einheimischer Baugenossenschaften an 22 neuen, steinernen Kirchen haben sich aus der zweiten Hälfte des 14. und der ersten Hälfte des 15. Jahrhunderts kaum Gebäude erhalten. Als ältestes Bauwerk überkam die Basilios-Kirche »auf dem Hügel« aus dem Jahre 1413. Zwischen dem 17. und 19. Jahrhundert hat man den oberen Abschluß, die seitlichen Kapellen und Galerien verändert und den Narthex im Westen mit seinem zweibogigen Glockengiebel abgerissen. In den beiden Seitenkapellen war vermutlich zum ersten Mal die pfeilerlose Einwölbung durch stufenförmig ansteigende Bögen praktiziert worden. Durch das stark gehobene Erdbodenniveau wird das Kellergeschoß gegenwärtig verdeckt, so daß die Proportionen heute gedrungener wirken als früher. Ursprünglich soll sich in der Bedachung die Gewölbestruktur des emporenlosen Innenraums widergespiegelt haben: Die Gurtbögen zwischen den vier Kuppelpfeilern erhoben sich leicht abgestuft über die Tonnen der Kreuzarme und diese über die Tonnen der niedrigen Eckräume. Die mit den beiden Seitenkapellen früher insgesamt vier Nebenapsiden vergrößerten sich in den Abmessungen und pyramidal zur Hauptapsis in der Mitte hin. Die Wände der Galerien waren unten blind, oben besaßen sie spezifisch Pskower Bogenöffnungen: breit an der Basis und mit niedrigem Scheitel. In der zweiten Hälfte des 14. Jahrhunderts entsprach die Bedachung der meisten Kirchen den Sakomari in Höhe der Vierungsbögen und des etwas niedrigeren Tonnenkreuzes. Die Eckteile trugen je nach ihren Gewölben sphärische, zweiflächige (in Art eines umgekehrten Satteldachs) oder pultartige Dächer. Es gab freilich auch noch eine andere, dekorative Lösung, bei der Stufenbögen außen mit Dreiecksgiebeln verkleidet und sattelförmig abgedeckt waren. Im 15. und 16. Jahrhundert setzte sich das achtflächige, über die Eckräume hinweggezogene Nowgoroder Kreuzdach durch. Es erscheint beispielsweise bei der Erzengel-Michael-Kirche des Dorfs Kobylje Gorodischtsche (1462), bei der innen die Kuppeltrommel direkt auf dem Tonnenkreuz aufliegt, und bei der Alten Christi-Himmelfahrts-Kirche in Pskow (16. Jahrhundert), die über einem von außen durch zwei Treppen zu erreichenden Lagerkeller angelegt ist.

Pskow, Mariä-Himmelfahrts-Kirche in Meljotowo, Kosmas-und-Damjan-Kirche
Erläuterungen und Textabb. S. 362
Abb. 142, 143

Die Mariä-Himmelfahrts-Kirche in Meljotowo (1462–1463), an der Gabelung der Straßen von Pskow nach Nowgorod und Moskau gelegen, soll der Dreieinigkeits-Kathedrale des 14. Jahrhunderts ähnlich sein. Der Bauherr, der Patrizier Jakow Krotow, wollte in bewußt konservativer Haltung, allerdings in bescheidenerem Rahmen, die Formen des Denkmals städtischer Unabhängigkeit erneuern. In Pskow spielte sich politisch der gleiche Prozeß wie in Nowgorod ab: Während sich die Unterschicht zum aufstrebenden Moskauer Staat hingezogen fühlte, versuchte das Patriziat, die entschwindende Autonomie im Bündnis mit Polen-Litauen zu wahren. Die mit einer Holzempore ausgestattete, vierpfeilerige Kreuzkuppelkirche weist Stufengewölbe auf. Die Auskragungen der Vierungsbögen, über denen sich die Kuppeltrommel erhebt, sind außen als achteckiges Postament behandelt, das kleine Satteldächer trägt (Blendgiebeldreiecke). Die niedriger angelegten, gleichfalls mit flachen Satteldächern versehenen Kreuzarme überragen geringfügig die vier Eckteile, die dem Gefälle nach zwei- oder dreiflächig überdacht waren. So erhielt der obere Abschluß eine dreistufige Form. Die Nebenapsiden sind im Grundriß trapezförmig, die Pfeiler unten halb abgerundet. Die Gliederung der Fassaden in Nowgoroder Art durch breite Lisenen und – zusätzlich durch einen Sägezahnschnitt markierte – viellappige Blendbögen entspricht nicht mehr der inneren Struktur. In ähnlicher Form hat ein anderer Patrizier die Kosmas-und-Damjan-Kirche (1462–1463) in Auftrag gegeben.

Pskow, Nikolaus-Kirche an der Steinmauer, axonometrische Darstellungen, siehe auch Abb. 141

Eine der ersten stützenlosen, einschiffigen Konstruktionen aus dem 15. Jahrhundert ist neben der Mariä-Himmelfahrts-Kirche in Gdow und der Pskower Märtyrer-Nikita-Kirche die Nikolaus-Kirche an der Steinmauer. Der kleine unterkellerte, einheitliche Innenraum wird durch quer und stufenförmig ansteigende Bögen überwölbt und hat nur eine Apsis. Die äußere Gestalt bewahrte die Dreiteilung und den Dekor des vierpfeilerigen, dreischiffigen Leitbaues sowie das Kreuzdach. Die Miniaturkirchen besaßen gewöhnlich keine Seitenkapellen oder Vor- und Anbauten. Die Idee, Kreuzkuppelkirche und Saalkirche zu vereinen, indem man die Stützen durch ein Tragwerk von Wandbögen ersetzt, stammt aus der byzantinischen Baukunst der Komnenenzeit und wurde schon im 12. Jahrhundert auf dem Balkan und in Südrußland aufgegriffen.

Die im Auftrag der Bewohner mehrerer Straßen eines »Endes« im neuen Stadtteil Sapskowje (»jenseits der Pskowa«) 1496 erbaute Kirche der Erscheinung Christi wächst auf dem Hügelgelände des Flußufers gleichsam wie eine Baumgruppe in zwei Wipfeln empor: der Kuppeltrommel und der Glockenwand. Sie gehört zu den größten vierpfeilerigen Pskower Kreuzdachkirchen des 15. Jahrhunderts. Für ihre Komposition sind zwei Komponenten maßgebend: die asymmetrische Anordnung der vierbogigen Glockenwand über dem Unterbau eines Wirtschaftsgebäudes an der Nordwestecke und die symmetrisch an der Nordost- und Südostecke angelegten, überkuppelten Kapellen, die durch dreiseitig umlaufende, niedrige und geschlossene Galerien verbunden werden. Diese beziehen an jeder Seite noch eine sattelförmig

Pskow, Kirche der Erscheinung Christi in Sapskowje
Textabb. S. 169
Abb. 144

überdachte Eingangsvorhalle ein. Die beiden Seitenkapellen sind unterkellert, und zu dem Kellergeschoß führt jeweils eine Außentreppe mit einem dreifach abgestuften Pultdach hinab.

So verstanden die Pskower Meister immer wieder, durch eine mehrteilige, abwechslungsreiche Komposition und eine landschaftlich und urbanistisch reizvolle Plazierung dem Vier-Pfeiler-Typ eine malerische Gestalt zu verleihen. Allein in der »Dowmontow-Stadt« sollen auf einer Fläche von etwa einem Hektar zwanzig Kirchen gestanden haben. Die originelle und umfangreiche Baupraxis begründete den Ruhm der Pskower Meister in ganz Rußland. Sie haben unter Iwan III. am Ausbau des Moskauer Kremls mitgewirkt und unter Iwan IV. »Grosny« die Mariä-Schutz-(Basilius-)Kathedrale auf dem Roten Platz errichtet. In Einwölbung und Bedachung entwickelten sie besonders den Stufeneffekt fort.

Mit dem Aufschwung Moskaus bildeten sich gesamtrussische Stilmerkmale heraus und gingen die Eigenarten der regionalen Schulen mehr und mehr zurück. Dieser Vorgang vollzog sich im engen Zusammenhang mit der politischen und wirtschaftlichen Okkupation. Nach Kriegszug und harter Belagerung besiegte Iwan III. 1478 endgültig den stolzen »Herrn Groß-Nowgorod« und vereinnahmte dessen Privilegien und Besitzungen. Mehr und mehr mußten die Nowgoroder den Moskauer Großkaufleuten weichen. Der Erzbischof wurde ins Kloster verbannt, der Bürgermeister durch einen Statthalter abgelöst, die große Wetsche-Glocke – Symbol der »städtischen Freiheiten« – nach Moskau verfrachtet, der Kreml nach Moskauer Vorbild befestigt. Das feierliche Zeremoniell des Kreuzküssens zum Zeichen der Unterwerfung fand im erzbischöflichen Hof statt. 1510 ging Pskow in den Moskauer Staat ein, allerdings auf weniger dramatische Art. Der Anschluß machte sich in der Baukunst beider Städte bemerkbar. Trotzdem bewahrte Pskow seine Traditionen aus dem 14. und 15. bis weit ins 17. Jahrhundert, während Nowgorod die seinen um die Mitte des 16. Jahrhunderts einbüßte. Umgekehrt wirkte die Nowgoroder und Pskower Architektur auf den entstehenden gesamtrussischen Stil ein, der aus ihr zahlreiche Elemente und Motive rezipierte.

Zentralrußland während der Tatarenzeit

Bruch und Kontinuum in der Geschichte

Die Nowgoroder Chronik beklagt unter dem Jahr 1224 die blutige und vernichtende Niederlage, die russische Truppen an dem Fluß Kalka erlitten hatten. Als Sieger bezeichnet sie »unbekannte Stämme«, die »um unserer Sünden willen« gekommen seien. »Niemand hat recht gewußt, wer sie sind und von wo sie aufgebrochen sind, welches ihre Sprache ist, aus welchem Geschlecht sie stammen und welcher ihr Glaube ist. Man nennt sie Tataren« [32]. Es handelte sich um jene zentralasiatischen Völkerschaften, die Anfang des 13. Jahrhunderts unter Tschinggis-Chan ihren Eroberungszug nach Westen begannen, sich bald aber zurückzogen. In der ersten Zeit haben Mongolen die militärische Elite in der turksprachigen Mehrheit gestellt. Unter Batu-Chan wiederholte sich 1236 die tataro-mongolische Invasion, die von den Russen als göttliches Strafgericht und Naturereignis empfunden wurde. Im Winter 1237/1238 unterwarfen sich die Eindringlinge die Fürstentürmer Rjasan und Wladimir-Susdal, und nur das im März einsetzende Tauwetter und der Widerstand der Stadt Torshok verhinderten ihren Vorstoß über die vereisten Sümpfe nach Groß-Nowgorod. Statt dessen zogen sie südwärts, nahmen 1239 Tschernigow, 1240 Kiew und darauf Galizien-Wolynien ein. Batu gründete zwischen Irtysch und Dnestr, Wolga, Kaspischem und Schwarzem Meer sein Reich der Goldenen Horde, das über 150 Jahre eine unangefochtene Herrschaft über Rußland ausübte.

Die Tatarenzeit richtig und gerecht zu beurteilen ist schwierig, weil die Geschichte von den zuerst besiegten und dann siegreichen Russen geschrieben wurde. Sicherlich erleichterten die Fürstenstreitigkeiten und die feudale Aufsplitterung die Fremdherrschaft. Und zweifellos hinterließ ein grausam geführter Krieg in Zentral- und Südrußland eine dezimierte und verarmte Bevölkerung. Morde, Plünderungen, Brandstiftungen setzten sich dann in tatarischen Strafexpeditionen und Raubzügen fort. Die nach Kopfzahl, Grundbesitz, Handwerksproduktion, Handel, Verkehr in einer komplizierten Veranlagung bemessenen Abgaben wurden schonungslos eingetrieben. Die gesamte russische Wirtschaft befand sich in einem katastrophalen Zustand. Weite Landstriche entvölkerten sich. Der Verfall der fürstlichen Macht und der Städte hatte einen Zusammenbruch des Auftragswesens zur Folge. Um die Mitte des 13. Jahrhunderts ging die monumentale Bautätigkeit ganz zurück, selbst in dem vom Krieg verschonten Nowgoroder Gebiet. So ist zu fragen, von wem die Aufträge, woher die Kenntnisse kamen, als zu Beginn des 14. Jahrhunderts wieder Steinkirchen errichtet wurden. Die Antwort hängt mit der merkwürdigen sozialen und politischen Struktur zusammen. Die alten Sitten und Gesetze wurden nicht abgeschafft. Trotz der Fremdherrschaft blieb eine eigene russische Ordnung erhalten. Aus ihr stammten die anfangs geringen Mittel und wenigen Bauleute.

Das Herrschaftssystem der Goldenen Horde funktionierte auf mehreren Ebenen. Von einer ständigen Besatzungsmacht kann man nicht reden. Die Gunst des Chans bestimmte den jeweiligen Großfürsten und die amtierenden Teil-(Udel-)Fürsten. Einen rechtlichen Anspruch auf ihren Thron besaßen diese nicht. Sie bedurften urkundlicher, jederzeit widerrufbarer Genehmigungen (Jarlyki). Der Großfürst mußte zum Empfang seiner Jarlyki persönlich in Sarai, der Residenzstadt des Chans am Unterlauf der Wolga, erscheinen. Die Fürsten hatten Heerfolge zu leisten, hohe Tribute zu entrichten und die tatarischen Steuereinnehmer zu unterstützen, die zugleich als Beobachter des Chans an ihrem Hof fungierten. Jedoch schon Ende des 13. Jahrhunderts wurde ihnen die Steuereintreibung selbst übertragen, so daß sich allmählich in ihren Händen bescheidene Mittel für ein eigenes Auftragswesen ansammeln konnten. [33] Für die Generationsfolge der Bauleute und Künstler dürften allerdings weniger die kleinen Vasallenstaaten als vielmehr die orthodoxen Bischöfe und Klöster gesorgt haben.

Alexander Newski – 1252–1263 Großfürst von Wladimir – wurde in seiner »östlichen Lösung« unterstützt von dem Kiewer Metropoliten Kirill (1249–1281), der in den zentralrussischen Gegenden – freilich mit wechselndem Sitz – amtierte und 1274 in Wladimir die erste Bischofssynode abhielt. Er richtete in Sarai eine bischöfliche Gesandtschaft ein, die zum Hof des Chans gehörte und in russischen und byzantinischen Fragen konsultiert wurde. Er erwirkte auch 1279 von Chan Mangu-Timur den bedeutungsvollen Jarlyk, der die orthodoxe Kirche von Steuerzahlung und Zwangsaushebung befreite und die Unantastbarkeit des Klerus und sämtlichen kirchlichen Eigentums garantierte. Die »kirchlichen Meister« – Steinbaumeister und Zimmerleute sind besonders erwähnt – bezog der Schutzbrief ein. Im kirchlichen Auftrag sollen bereits 1253 die Boris-und-Gleb-Kirche in Rostow ausgebessert, um 1280 die Mariä-Himmelfahrts-Kathedrale in Wladimir mit einer neuen Kapelle und einem Zinndach versehen und die Mariä-Himmelfahrts-Kathedrale in Rostow mit einem Fußboden aus rotem Marmor ausgelegt und mit Zinn gedeckt worden sein. Die ersten Neubauten nach dem Tatarensturm sind allerdings erst aus dem Ende des 13. Jahrhunderts bekannt: in Nowgorod und in dem 1271 neu eingerichteten Bischofssitz des Fürstentums Twer. Die kirchlichen Malerschulen begannen sich gleichfalls zu erholen. So konnte die orthodoxe Kirche als einzige rechtlich selbständige und die staatliche Zersplitterung übergreifende Institution die Kontinuität der russischen Traditionen sichern. Die von ihr in Auftrag gegebenen Neufassungen der Fürsten- und Heiligenviten von Olga, Wladimir, Boris und Gleb, Andrei Bogoljubski, von den Kiewer Mönchsvätern Antoni und Feodossi sollten die glorreiche Vergangenheit ins Bewußtsein rufen. Ende des 13. Jahrhunderts schrieb ein Mönch aus der Umgebung des Metropoliten Kirill schon die Erzählung über das Leben und die Taten Alexander Newskis. Die Kirche wurde zum Sammelbecken nationaler Kräfte und damit zur Geburtsstätte neuer, gesamtrussischer Stiltendenzen. Zugleich sorgte sie aber auch für den kulturellen Austausch mit Byzanz und den orthodoxen Balkanländern. Die religiöse Toleranz der sich ursprünglich zum Schamanentum bekennenden Tataren kam ihr entgegen und blieb selbst noch wirksam, als die Goldene Horde Anfang des 14. Jahrhunderts den Islam als Staatsreligion einführte.

Allerdings hatte die orthodoxe Kirche mit inneren Schwierigkeiten zu kämpfen. Einerseits galt es, die durch die Wirren beeinträchtigte kirchliche Zucht und Ordnung wiederherzustellen. Zwar legte die »Kormtschaja Kniga« (Steuermannsbuch) nach altem byzantinischem Vorbild das russische Kirchenrecht neu fest, aber in der Praxis schritten der moralische Verfall und die Simonie fort und lösten eine monastische und häretische Opposition aus. Andererseits wurde die Kirche in die Auseinandersetzung mit Litauen-Polen und in die Rivalität der Fürsten um die Nachfolge auf dem großfürstlichen Thron von Wladimir einbezogen. Die Verlegung des Metropolitensitzes von Kiew nach Zentralrußland, 1299 unter Metropolit Maxim nach Wladimir und 1325 unter Metropolit Peter (1308–1326) nach Moskau, blieb nicht ohne Widerspruch. Galizische, litauische und polnische Herrscher erreichten sogar beim Patriarchat in Konstantinopel zeitweilig die Einrichtung einer eigenen Metropolie für die von ihnen verwalteten west- und südrussisch-orthodoxen Gebiete. So ist es nicht verwunderlich, daß der nach Moskau umgesiedelte Oberhirte immer wieder Anspruch auf den Titel »Metropolit von Kiew und ganz Rußland« erhob.

Im Streit der zentralrussischen Fürsten um den Vorrang, der sich Anfang des 14. Jahrhunderts auf die Auseinandersetzung zwischen Twer und Moskau zuspitzte, nahmen die Metropoliten bald Partei für Moskau. Auch das ökonomische und politische Schwergewicht verlagerte sich allmählich hierher. Das ursprünglich zu Wladimir-Susdal gehörende Fürstentum verselbständigte sich kurz nach Alexander Newskis Tod (1263). Durch Zuwanderung zahlreicher Flüchtlinge aus den Grenzgebieten zur Goldenen Horde blühte das Handwerk auf. Gegen Twer konnten sich die Moskauer Herrscher aber eigentlich nur auf zwei Wegen durchsetzen: durch territoriale Expansion und durch Arrangement mit dem Hof des Chans. Iwan I. (1328–1330, 1332–1341) erwarb sich von Chan Uzbek mit der großfürstlichen Würde zugleich das Recht, in ganz Rußland, einschließlich Groß-Nowgorod, für ihn die Steuern einzutreiben – was den ständigen Straf- und Beutezügen der Tataren ein Ende setzte. Der Beiname »Kalita« (Geldsack) zeigt, daß er ansehnliche Summen in seinen eigenen Beutel abzweigte. Er nutzte sie für Bestechungen und »Zukäufe« von Ländereien und kleinen Teilfürstentümern, bis er sein »Vätererbe« verfünffacht hatte. Seine Herrschaft reichte von der litauischen Grenze bis zum Onegasee. In seinem Auftrag wurde 1326–1339 der Moskauer Kreml als höfische Residenz und neuer Sitz des Metropoliten ausgebaut. Wie eine Legende des 14./15. Jahrhunderts berichtet, soll ihm bei seinem Tode Metropolit Peter den Aufstieg des Moskauer Staates geweissagt haben.

In der zweiten Hälfte des 14. Jahrhunderts begann die Macht der Goldenen Horde zu zerbröckeln, der Wohlstand des Moskauer Hofs zu wachsen, das Auftragswesen sich zu mehren. Die Nachfolger Iwan Kalitas, Simeon Gordy (der Stolze, 1341–1353) und Iwan II. (1353–1359), konnten die Mehrzahl der nordrussischen Teilfürstentümer vereinnahmen oder in ihre Abhängigkeit bringen. Als Regent für den mit neun Jahren zur Macht gekommenen Dmitri Donskoi (1362–1389) war Metropolit Alexei (1354–1378), Sohn eines in Moskauer Dienste getretenen Bojaren aus Tschernigow und Patenkind Iwan Kalitas, eine Zeitlang praktisch Staatsoberhaupt. Er und Dmitri förderten die Erweiterung und Verstärkung des Kremls mit Mauern und Türmen aus Kalksteinquadern (1366/67) und ließen eine Reihe neuer Kirchen errichten. Um die Mitte des 14. Jahrhunderts berichten die Chroniken auch über Instandsetzungsaufträge und Neubauten der Fürsten von Rjasan, Murom und Nishni-Nowgorod sowie des Bischofs von Rostow. So gibt es Zeichen, daß sich – in Korrelation mit der politischen Entwicklung – das weitere Schicksal der russischen Architektur im Moskauer Großfürstentum entscheiden sollte. A. Grabar verweist auf die Bedeutung der Anlage eines steinernen Festungsgürtels: Ohne die Fortifikation der Moskauer Residenz, die dem Herrscher und dem Metropoliten Sicherheit verschaffte, und ohne die Kreml im Lande, in denen sich russische Truppen versammeln konnten, wären die künftigen Ereignisse undenkbar gewesen.

Die Frage, warum im frühmoskowitischen Staat neue Bauformen aufkamen, läßt sich nicht klar beantworten, nur einkreisen. Der Hinweis auf den gesamtrussischen Führungsanspruch des Moskauer Großfürsten und auf das erwachende Nationalbewußtsein trifft zu, reicht aber nicht aus. Tatsächlich wandte man sich – wie Byzanz der griechischen Antike und Italien dem alten Rom – der eigenen Vergangenheit zu. Historiker haben den Bildungskult um die Kiewer und Wladimir-Susdaler Rus, um Großfürst Wladimir, Metropolit Ilarion und die ersten nationalen Heiligen mit der Frührenaissance verglichen und als »Historismus« bezeichnet [34]. Die Nestor-Chronik, das Väterbuch (Paterikon) des Kiewer Höhlenklosters, Ilarions Predigt »über Gesetz und Gnade« wurden neu erschlossen, Kirchen restauriert, die Ikonen der »Wladimirskaja« und des »Demetrios von Saloniki« aus Wladimir zur Verehrung nach Moskau gebracht. Die nationale Wiedergeburt blieb allerdings dem Mittelalter, die sich konstituierende Zentralgewalt der Kirche verhaftet. D. Lichatschow spricht von einer »Verkirchlichung« aller Kunstgattungen. Altes und Neues, Traditionen und zukunftsträchtige Vorstellungen stießen zusammen. Die frühmoskowitische Baukunst, die sich zwischen den sechziger Jahren des 14. und den zwanziger Jahren des 15. Jahrhunderts entfaltete, bietet einen Übergangsstil voller Gegensätze.

Den historischen Vorbildcharakter bestimmten zwei einander widersprechende Erfahrungen: der Kontinuitätsbruch infolge der Tatareninvasion und das Fortleben der russischen Traditionen trotz der Tatarenherrschaft. Das Bewußtsein der historischen Distanz, das E. Panofsky als Kennzeichen der italienischen Renaissance der mittelalterlichen Antikisierung entgegenstellt [35], war ebenso wirksam wie das Bewußtsein, sich in einem Entwicklungskontinuum zu befinden. Nicht nur frühere Sitten und Gesetze, auch frühere Seh- und Gestaltungsgewohnheiten existierten fort. Die Wahl der historischen Formen war nicht zufällig, sondern vom Wunsch zur Identifikation gelenkt. Sie äußerte sich in Neubauten ebenso wie in Restaurationsarbeiten, die von denselben Stiftern in Auftrag gegeben und von denselben Bauleuten ausgeführt wurden. Dmitri Donskoi ließ die Mariä-Himmelfahrts-Kathedrale in Wladimir und sein Sohn Wassili I. 1403 die Erlöser-Kathedrale in Pereslawl-Salesski erneuern. Wassili erteilte auch um 1408 Andrei Rubljow und Daniil Tschorny den Befehl, die alte Wandmalerei der Mariä-Himmelfahrts-Kathedrale in Wladimir zu überarbeiten.

Im 14. Jahrhundert war die architektonische und künstlerische Tätigkeit zwar nicht erloschen, aber stark gebremst. In den von Litauen-Polen okkupierten Gebieten führte der Einfluß des römischen Katholizismus zum Rückgang oder sogar zum Abbruch vormongolisch-russischer Traditionen. Der orthodoxe Kirchenbau zeigte die Tendenz, das Kreuzkuppelschema zu überwinden. Charakteristisch ist die dreigliedrige Reihung von jeweils überkuppeltem oder gewölbtem, im Grundriß rechteckigem Westbau (»Babinez« für die Frauen), einfachem Saal als Naos und polygonalem Altarraum (Michael-Kirche in Tschesniki, Nikolaus-Kirche in Kremenez). Auch kreuzförmige und pfeilerlose Kuppelbauten (Nikolaus-Kirche in Lwow) und überkuppelte, zentralisierte Konchenbauten (Basilios-Kirche in Wladimir-Wolynsk) haben sich erhalten. In Grundriß und Aufbau erinnern diese Pfarr- und Klosterkirchen an Ausformungen in den Balkanländern und an Holzkirchen, die in der deklassierten, orthodoxen Kultur ohnedies dominierten. Später kamen Einwirkungen des der Renaissance verpflichteten polnischen Burgenbaues – beispielsweise vier Ecktürme – zur Geltung (Klosterkirche von Suprasl, 1568).

TSCHESNIKI, ERZENGEL-MICHAEL-KIRCHE
Erläuterungen S. 362

WLADIMIR-WOLYNSK, BASILIOS-KIRCHE
Erläuterungen und Textabb. S. 363

Architektur des Fürstentums Twer

In Zentralrußland begegnen wir trotz des langfristigen Auftragsrückgangs den höfischen Traditionen der Baukunst Wladimir-Susdals. Die Teilfürsten übernahmen zur Legitimation ihres Anspruchs auf die Großfürstenwürde das architektonische Erbe von Andrei Bogoljubski und Wsewolod III. So stand ihrer politischen Rivalität eine einheitliche Stiltendenz gegenüber. Die

Verknappung der Mittel und Kenntnisse bedingte allerdings eine Vereinfachung und Reduktion der Bauplastik. Nach dem Tod von Alexander Newski gewann zunächst infolge der günstigen Lage am Drehkreuz des Wolgahandels das Fürstentum Twer Bedeutung, das bis 1246 zu Wladimir-Susdal gehört hatte. Es erhielt 1271 eine eigene Eparchie. Als höfische, bischöfliche und städtische Hauptkirche wurde 1285–1290 die nur in Resten überkommene Christi-Verklärungs-Kathedrale errichtet; sie folgte dem Vorbild der Mariä-Himmelfahrts-Kathedrale von Wladimir und der Mariä-Geburts-Kathedrale von Susdal. Von ihnen stammten das Sakomari- und das Sechs-Pfeiler-Schema, die Fünfkuppelkonstruktion und die westliche Herrscherempore. In der Ausführung wiederholte sich die alte Wladimir-Susdaler Technik: Gußmauerwerk mit Schalmauern aus Kalksteinquadern. Eine Neuheit war der hohe Sockel oder das Kellergeschoß. Die Chronik vermerkt Treppenaufgänge zu den drei Portalen. Im Vergleich zum gleichzeitigen Nowgoroder Stilkontinuum und zu der galizo-wolynischen Tendenz, sich vom konventionellen Kreuzkuppeltyp zu lösen, überrascht in Twer die Einheit von vormongolischer Tradition und Innovation. Woher auch immer die Aufsockelung angeregt wurde, sie wirkte für die Zukunft stilprägend. Im Jahre 1327 brach in Twer nach der Ermordung tatarischer Steuereinnehmer ein Aufstand aus, den die Goldene Horde mit Hilfe von Iwan Kalita und seiner Moskauer Truppen brutal niederschlug. Neubauten sind erst Ende des 14. Jahrhunderts zu verzeichnen. Trotzdem muß die künstlerische Tätigkeit bald wieder aufgenommen worden sein. Die Chronik vermerkt unter dem Jahr 1343 eine feuervergoldete, kupferne Bildtür. Der Bischof gab sie nach dem Vorbild der beiden Portale in der Susdaler Mariä-Geburts-Kathedrale für die Christi-Verklärungs-Kathedrale in Auftrag. Eine Bildplatte der Dreieinigkeit brachte Iwan IV. Grosny nach der Zerstörung Twers 1569 im Westportal der Mariä-Schutz-Kirche seiner Residenz in Alexandrow (Moskauer Vorstadt) an.

In der ersten Hälfte des 15. Jahrhunderts nahm die Bautätigkeit von Twer nochmals einen Aufschwung. Der 1327 niedergebrannte Kreml wurde wiederhergestellt und verstärkt. Das Panorama einer von Fürst Michael und seiner Mutter Xenia in Auftrag gegebenen Ikone aus dem Ende des 14. Jahrhunderts zeigt eine einkupplige, dreischiffige Kreml-Kathedrale mit Blendgie-

Twer, Kreml

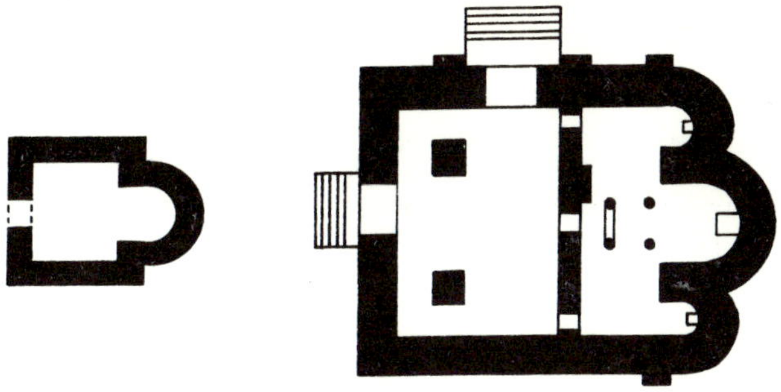

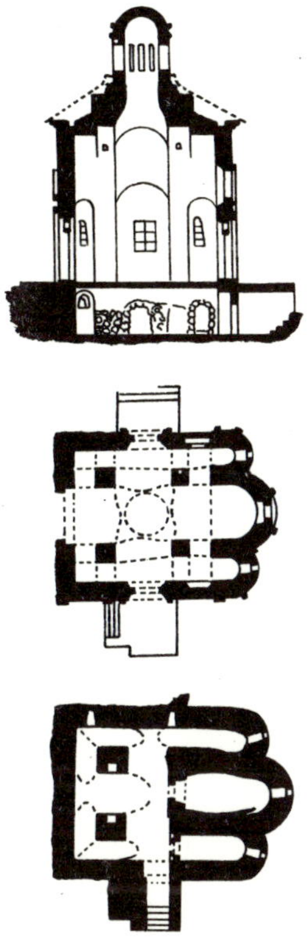

Stariza, Nikolaus-Kirche und Erzengel-Michael-Kathedrale, Grundrisse

Gorodnaja, Mariä-Geburts-Kirche, Querschnitt und Grundrisse von Ober- und Kellergeschoß

beln und überkuppelten Seitenkapellen, einen hohen, oktogonalen Holzglockenturm und eine Zeltdachkirche. Bei Ausgrabungen in Stariza, der nach Twer wichtigsten Stadt des Fürstentums, wurden die Kalksteinfundamente der vierpfeilerigen und dreiapsidialen Erzengel-Michael-Kathedrale (1396–1399) und der pfeilerlosen Nikolaus-Kirche (1404) freigelegt. Aus Zweischalenquadermauerwerk entstanden im Kreml von Twer 1435–1437 die Boris-und-Gleb-Kirche und 1452–1453 die Erzengel-Michael-Kathedrale sowie im Dorf Gorodnaja Mitte des 15. Jahrhunderts die Mariä-Geburts-Kirche. Die kleine Dorfkirche auf dem hohen Wolga-Ufer erhebt sich über einem Kellergeschoß mit der Kapelle der Geburt Johannes' des Täufers. Außentreppen führen zu Gewändeportalen, die westlichen Emporenecken schließen sich als eigene Kapellen ab, und das von vier Pfeilern getragene Gewölbesystem staffelt sich sternförmig zu dem einen engen Kuppeltambour empor. Der politische und psychologische Bedeutungshorizont der Bautätigkeit war analog dem im Fürstentum Moskau. So ähnelten sich auch die Stilformen. Dazu kam der Gedanke, daß die russischen Länder das Erbe des untergehenden Byzanz und die russischen Fürsten die Nachfolge des byzantinischen Kaisers antreten. Er hat überhaupt zuerst in Twer seinen Ausdruck gefunden. Die »Lobrede« des Mönchs Foma auf Fürst Boris Alexandrowitsch (Mitte des 15. Jahrhunderts) rühmt diesen in blumenreicher Sprache als »Selbstherrscher und Herr«, vergleicht ihn mit Moses, Joseph, den Kaisern Augustus, Konstantin, Justinian, berichtet von einem Sieg über Moskau und dem Bau von Kirchen, Klöstern und Städten. In der Chronikschreibung tauchten Formulierungen wie »Twer – das dritte Rom« auf. Münzen zeigten das Emblem des doppelköpfigen Adlers. Der Anspruch auf das oströmische Erbe korrespondierte mit der Aufgeschlossenheit für spätbyzantinische und südslawische Formen, vor allem aber mit der Rezeption der vormongolischen, »alten Zeiten«. In dem Briefwechsel mit Jepifani dem Weisen suchte der Abt des Athanasios-Klosters, Kirill, »historische« Ideen für den Ausbau des Kremls von Twer. In der zweiten Hälfte des 15. Jahrhunderts wendete sich das Blatt endgültig zugunsten Moskaus.

Einsiedlerbewegung und neue Mystik

Die Entwicklung der Architektur in Zentralrußland hing nicht nur mit der politischen Rolle der Moskauer Herrscher und Metropoliten zusammen. Es gab sozial- und mentalitätsgeschichtliche Motivationen, die den politischen Aufstieg Moskaus begünstigten. Die existentielle Unsicherheit durch die Tataren und die blutigen Fürstenfehden führten zu einer Bevölkerungsabwanderung von Grenzgebieten der Goldenen Horde und alten Siedlungszentren in die unwegsame Waldgegend des Nordostens. Wurde diese zunächst von einem Netz Nowgoroder Stützpunkte beherrscht, die der Handelsstadt den Pelzreichtum garantierten, so geriet sie mit den Neusiedlern allmählich in die Hand des jungen Großfürstentums. Dabei verband sich die Binnenkolonisation mit einer Einsiedlerbewegung. Man nennt das 14. Jahrhundert das »asketische Zeitalter«. Die Tatareninvasion, die als göttlicher Aufruf zu einem Leben in Gebet und Buße verstanden wurde, begünstigte den »engelgleichen Stand des Mönchs«. Hatte sich dieser bis ins 13. Jahrhundert – gleich ob in Stiftungen von Fürsten und Hierarchen oder in Gründungen von Asketen – vorwiegend in und nahe von Residenzstädten entfaltet, so stieg nunmehr enorm die Zahl der »Einödklöster«. Zwischen dem 14. und 16. Jahrhundert sollen im Moskauer Staat 150 Einödklöster und nur 104 Stadtklöster gegründet worden sein. Um die Einsiedler-Kolonie (Laura, Skit) bildete sich ein Dorf, und die Bauern und Dorfhandwerker vereinten sich mit den Mönchen in deren Holzkirche zu einer Gemeinde. Die Klosterkirche wurde zur Pfarrkirche, wenn die Eremiten den Ort wieder verließen, um dem Lärm der Welt erneut zu entfliehen. Ein weiterer Weg war der zum Koinobion (Gemeinschaftskloster). Er hatte den fortifikatorischen und kulturellen Ausbau des Klosterensembles und die Feudalisierung der bäuerlichen Siedlungen zur Folge.

Eine Einsiedler-Kolonie bestand aus einer Reihe von Holzhütten, Eremiten-Zellen, die sich um eine Holzkirche gruppierten, und war von einem Holzzaun umgeben. Das Leben richtete sich nach der Ordnung der sogenannten Idiorhythmie: Jeder Bruder baute für sich seine eigene Zelle, sorgte durch Gemüseanbau und Handwerksarbeit für seine Nahrung und Kleidung und verrichtete seine Gebete allein und nach seinem Gutdünken. Gemeinsam – bei einigen Lauren nur an Sonn- und Feiertagen – versammelte man sich zum Gottesdienst, zuweilen auch zum Essen. Der Gründer rückte zum Vorsteher auf und erhielt vom Bischof oder sogar vom Moskauer Metropoliten die Priesterweihe, um die Sakramente spenden zu dürfen. Oft entzog er sich dieser Weihe und erbat einen Mönchspriester. Anders bei der koinobitischen Ordnung: Hier besaß anfangs keiner eigenes Vermögen. In den Zellen zu essen oder Lebensmittel aufzubewahren war verboten. Die Bruderschaft vereinte sich täglich dreimal im Refektorium, wo nach gemeinsamem Gebet und dem Segen des Abts alle die gleiche Speise erhielten, und bis zu fünf- und siebenmal in der Kirche zum Gottesdienst (zu Meßopfer, Offizien und Horen, die ineinander übergingen). Eine strenge Gemeinschaftsregel bestimmte die Rangfolge und die Zeit- und Arbeitseinteilung. Zu den Ämtern gehörten diakonische Aufgaben wie Kranken-, Alten- und Armenpflege und Funktionen in Bau-, Schreib- und Malwerkstätten. Der Abt wachte über die Ordnung und setzte sie praktisch um. Ohne seine Erlaubnis durfte sich kein Bruder mit etwas anderem beschäftigen. Das Koinobion war selbst eine große, befestigte Siedlung und verstand sich als »Gottesstadt«.

Erläuterungen und Textabb. S. 186, 363f. Abb. 150–153, 219

Der hl. Sergius (um 1314–1392), Sohn eines Rostower Dienstadligen, gründete 1338 gemeinsam mit seinem Bruder Stefan etwa 60 km nordöstlich von Moskau auf einer kleinen Anhöhe, der heutigen Stadt Sagorsk, eine Einsiedelei. Für sie errichtete er mit eigenen Händen eine der Dreieinigkeit geweihte Holzkirche. Nach Empfang der Priesterweihe um 1344 amtierte er offiziell als Vorsteher der kleinen Bruderschaft, wobei sich sein Ruf als gottbegnadeter Asket und Seelsorger rasch verbreitete und immer mehr Mönche anzog. Bald mußte eine größere Holzkirche erbaut werden. Die Umwandlung in ein Koinobion erfolgte ganz allmählich, aber nicht ohne Widerstand einiger Brüder, die das Kloster dann verließen. Der Anlaß wird von der später mehrfach überarbeiteten Vita Jepifanis des Weisen auf eine Empfehlung des Patriarchen von Konstantinopel Philotheos zurückgeführt. Er dürfte aber eher bei dem Moskauer Metropoliten Alexei zu suchen sein, den Sergius um Rat fragte. Alexei förderte mit allen Mitteln die Moskauer Vormachtstellung. Im Koinobion mag er das geeignete Instrument für eine Symbiose von Staat und Kirche nach byzantinischem Modell gesehen haben. Gemeinschaftsklöster ließen sich besser als die kleinen, verstreuten und individualistisch-widerspenstigen Einödklöster als militärische und ideologische Bastionen ausbauen. Außerdem boten sie notwendige wirtschaftliche Ressourcen und Kaderreserven. So ist der Gottesmann Sergius durch Annahme der Gemeinschaftsregel um 1354 zugleich ein Staatsmann geworden. Das Moskauer Herrscherhaus hat ihm gedankt, indem es an seiner Grabstätte bis ins 16. Jahrhundert die Thronfolger taufen ließ. Das Dreieinigkeits-Kloster spielte für den Moskauer Staat und das spätere Zarenreich die gleiche

Rolle wie das Kiewer Höhlenkloster für die Rus vor dem Tatareneinfall. Beide entwickelten sich aus schlichten Einsiedeleien zu großen und mächtigen Koinobien. Beide wurden zum »Sauerteig« russischen Glaubenslebens, aber auch zum Hort der sakralen Verklärung des Herrscheramtes.

Sergius legte den Grundstein für das Bündnis zwischen monastischer Reformbewegung und Moskauer Politik. Er ließ das Dreieinigkeits-Kloster durch Palisaden aus Eichenholz befestigen und ein Refektorium sowie weitere Wirtschaftsgebäude anlegen. Außerdem regte er die Gründung von acht koinobitischen Tochterklöstern an: darunter 1360 das Moskauer Andronikow-Kloster, 1363 das Boris-und-Gleb-Kloster bei Rostow, 1370 das dem großfürstlichen Hof eng verbundene Simonow-Kloster in Moskau, 1374 das Wysozki-Kloster in Serpuchow, 1381 das Golutwin-Kloster bei Kolomna. Auf mehreren Reisen versuchte er, die Fürstenfehden zugunsten von Moskau zu schlichten. Mit seinem Zuspruch und Segen soll Dmitri im September 1380 in die Schlacht gegen die tatarischen Truppen des Chans Mamai gezogen sein. Zwei Mönche aus dem Dreieinigkeits-Kloster – »geschickt im Kriegshandwerk und geübt in der Feldherrnkunst« – haben ihm zur Seite gestanden und selbst legendären Ruf errungen.

Zahlreiche Schüler und Freunde des Heiligen sind als Klostergründer und Auftraggeber von Klosterkirchen bekannt. Drei Zöglinge – Pawel, Sergius und Silvester – erhielten den Beinamen »Obnorski«, weil sie jenseits der Wolga im Obnora-Gebiet tätig waren. In Swenigorod entstand ein Kloster unter dem Mitbruder Sawwa Storoshewski, in Serpuchow unter dem Schüler Afanassi Wysozki. Der mit Sergius befreundete Stefan, später Bischof von Perm, missionierte mit einem Schutzbrief von Großfürst Dmitri finnische Stämme und gründete zwischen der Dwina und dem Ural vier Klöster. Eine innige Beziehung bestand zu Kirill Beloserski (1337–1427). Dieser stand lange im Dienst eines Bojaren, der zum Gefolge des Moskauer Herrschers gehörte, ließ sich aber als Mönch im Simonow-Kloster einkleiden, wo ihn Sergius oft besuchte. Er kam hier zur Abtswürde, entsagte ihr, zog mit einem Mitbruder in die sumpfigen Wälder am Weißen See (Beloosero) und errichtete 1397 ein Kloster mit besonders strengem Gemeinschaftsleben. Sein Gefährte Ferapont gilt als Gründer des unweit gelegenen Therapontos-Klosters. Die Chroniken deuten an, beide Mönchsväter seien im geheimen Auftrag des Großfürsten Wassili I. (1389–1425) in das Wologoder Gebiet gekommen, um es Nowgorod abspenstig zu machen und unter Moskauer Herrschaft zu bringen.

In den näheren Umkreis von Sergius gerieten auch der Vitenschreiber Jepifani der Weise und die Malermönche Prochor aus Gorodez, Andrei Rubljow (um 1360–1430) und Daniil Tschorny. In ihren Werken hat sich die reformerische und patriotische Gesinnung des russischen Mönchtums eindrucksvoll erhalten. Trotzdem herrschte eine kritische Distanz zur politischen Hybris Moskaus. Jepifani machte am Anfang seiner Sergius-Vita aus seiner anti-moskowitischen Einstellung gar kein Hehl. In seiner Stefan-Vita folgte er trotzdem Ilarions Vorstellung von der russischen Eigenapostolizität, die sich gegen die byzantinische Meinung richtete, die Christianisierung der Rus sei dem Konstantinopler Patriarchat zu verdanken. In dem historischen und künstlerischen Denken der Sergius-Schule vereinten sich asketische und nationale Ideale. Gegen staatliche Reglementierung waren die »Intellektuellen« mißtrauisch. Die Praktiker dagegen konnten auf die Stiftungen, Privilegien und politischen Hilfsmittel der Moskauer Großfürsten gar nicht verzichten, um Klöster neu zu gründen und Kirchen zu bauen. Auch die »Zweite Generation« war den Herrschern eng verbunden: so Pafnuti Borowski, der von dem Sergius-Schüler Nikita ins Mönchsleben eingeführt wurde, und Iossif Wolozki, der mit etwa

20 Jahren in das Pafnuti-Borowski-Kloster eintrat. Die Versuche Nowgorods, den Moskauer Einfluß auf die monastische Reformbewegung zu schmälern, scheiterten. Allerdings gelang es dem Nowgoroder Erzbischof Euthymios, um 1435 den Sohn eines Nowgoroder Patriziers, Sossima, als Abt des Solowezki-Klosters einzusetzen. Auf der Solowezki-Insel im Weißen Meer hatten sich 1429 zwei Mönche der »asketischen Schule« des Sergius, Sawwati und German, niedergelassen. Später wurde das Kloster zum Zentrum einer Opposition gegen die Staatskirche.

Der Umwandlungsprozeß der »Einödklöster« in Gemeinschaftsklöster begann in der zweiten Hälfte des 14. Jahrhunderts. Die Preisgabe persönlichen Eigentums trug zur Besitzanhäufung der Bruderschaft, die starke Führungsposition des Abts zur straffen Organisation des Klosterlebens bei, so daß eine aktive Landerwerbspolitik möglich wurde. Tatarische und fürstliche Steuerprivilegien sowie Stiftungen von Immobilien, Geld und Schmuck ließen den monastischen Großgrundbesitz anschwellen. Mehr und mehr wurde bäuerliches Siedlungsland angekauft und vereinnahmt. Zudem unterstellten sich die Bauern von selbst den Koinobien, weil sie hier günstigere Arbeits- und Abgabebedingungen erwarteten als in der Abhängigkeit vom Bojaren- und Dienstadel. Im gegenweltlichen Protest flüchteten Mönche erneut in die Einsamkeit des Nordens. Ende des 15. Jahrhunderts bildete sich die Skit-Bewegung der »uneigennützigen« Transwolga-Starzen heraus. Trotzdem ging allmählich etwa ein Drittel des ganzen russischen Bodens in Kloster- und Kirchenbesitz über. Zugleich vermehrte sich das Kapital durch Warenumschlag und Handel der sogenannten Klosterkaufleute.

Infolge der günstigen ökonomischen Voraussetzungen entwickelten sich die Koinobien zu geistig-kulturellen Zentren. Die Holzbauten im Klosterensemble wurden durch Steinbauten ersetzt. Die Klosterwerkstätten schufen neue Chroniken und Heiligenviten, Abschriften und Übersetzungen, vor allem aber Ikonen, Miniaturen, Wandgemälde und liturgisches Gebrauchsgut. Da die Bischöfe aus dem Mönchsstand hervorgingen, die Klosterordnungen den Gottesdienst und die Organisation der »Weltkirchen« bestimmten, die Mönchsspiritualität auf die höfische Ideologie und die Gemeindefrömmigkeit einwirkte, sind die Reformanliegen des Mönchtums eng mit der »frühmoskowitischen Renaissance« verbunden. In den Klöstern bildete sich die Grundlage für die Entstehung einer gemeinsamen russischen Sprache und gesamtrussischer Kunsttendenzen heraus.

Die neue mystische Frömmigkeit stand unter dem Einfluß der Lichtmetaphysik des byzantinischen Hesychasmus. Die in frühbyzantinischer Zeit konzipierte, von Symeon dem Neuen Theologen († 1022) fortentwickelte und Mitte des 14. Jahrhunderts von den Hesychasten des Athos und von Gregorios Palamas (1296–1359) reaktivierte und in die aktuelle Politik getragene Mystagogie erregte die Gemüter der gesamten orthodoxen Glaubenswelt. Sie bot auch der russischen Mönchsbewegung Kriterien für ihr Selbstverständnis. Der Hesychasmus galt seit 1351 in Byzanz als offizielle Lehrmeinung. Die Frage, wie sich Gott irdisch mitteile, wurde auf das kontemplative Verhältnis zum intelligiblen, »ungeschaffenen« Licht der Verklärung Christi auf dem Berg Tabor zurückgeführt. Über eine Stufenleiter von inneren Erkenntnissen, Tugenden, Übungen sollte sich ihm die menschliche Seele öffnen. Die besondere Aufmerksamkeit galt der Einheit von Spiritualität und Leiblichkeit. Vermutlich Metropolit Alexei (unter dem Einfluß von Patriarch Philotheos), sicherlich Metropolit Kiprian Zamblak (1375/1390–1406), ein ehemaliger Athos-Mönch, hingen der Lichtmetaphysik an.

In Rußland hat man über die »Erleuchtungen« des Glaubens eifrig nachgedacht, freilich ohne intellektuell-theologisches Gedankengut zu entwickeln. Der russische Beitrag konzentrierte sich auf die Kultusästhetik, auf die Gestaltung und den Gebrauch der Ikonen. [36] Wo zum Umgang mit Lichtsymbolen angeleitet wurde, hätte man eigentlich auf bildhafte Darstellungen verzichten können. Der russischen Mentalität waren diese aber unentbehrlich. Sie empfand das Leibliche als Wohnstatt des Heiligen Geistes und suchte nach einer Lösung des Widerspruchs, die intelligiblen, himmlischen Visionen visuell zu reproduzieren. Andrei Rubljows Dreieinigkeitsikone weist zahlreiche Bezüge zum Hesychasmus auf. Wie weit in Rußland die jogaähnliche, psychophysische Meditationstechnik des Athos verbreitet war, weiß man nicht. Immerhin berichtet die Sergius-Vita über den »Genuß des Schweigens« und der »inneren Ruhe« – griechisch: hesychia –, über lichte Engelsgestalten, die mit dem Heiligen die Messe zelebrierten, und über ein »göttliches Feuer«, das sich von oben herab in seinen Meßkelch senkte. Jepifani der Weise charakterisiert Sergius als den ersten russischen Mystiker.

Die Erneuerung der asketischen Ideale blieb keine esoterische Angelegenheit. Sie beeinflußte über die Kolonisationsbewegung die ganze russische Weltanschauung des 14. und 15. Jahrhunderts. Nicht nur der Fürst, der Krieger, sondern auch der Mönch, der Glaubensheld wirkte als gesellschaftliches Vorbild. Das Volk sehnte sich nach dem Herrscher, der seine Lebensprobleme praktisch lösen half. Aber es bedurfte auch der himmlischen Fürbitte, die ihm das Kloster als »Haus der Engel« vermittelte. Die Vita Dmitri Donskois berichtet, er habe wie ein Engel in Fasten und Gebet gelebt und sich jeden Tag gewünscht, das Mönchsgewand anzulegen. So vertrug sich das Bekenntnis zum Hesychasmus, der die Gleichgültigkeit gegenüber allen weltlichen Dingen und den Sieg über alle persönlichen Emotionen forderte, durchaus mit dem leidenschaftlichen Engagement für die Sache Moskaus, zumal, wenn diese von den Metropoliten, Mönchsvätern und Künstlern als Sache Gottes vorgetragen wurde. Zugleich wurde ein anderer Widerspruch ausgeglichen: Die asketischen Ideale waren verbunden mit der Entdeckung der inneren und äußeren Natur des Menschen. Individualpsychische Vorgänge rückten stärker ins Wirkungsfeld der Religion, und durch die Kolonisationsarbeit stieg das Interesse an der äußeren Welt. In die Hymnen, Predigten, Heiligen-Viten und Ikonen zogen biographische Details und Landschaftsdarstellungen, das Intime, Idyllische und Dramatische ein.

Frühmoskowitische Bauaufgaben und Bauformen

Aus der Zeit Daniils, der als jüngster Sohn Alexander Newskis 1263 das Fürstentum Moskau erbte, hat sich nichts erhalten. Das von ihm 1282 zu Ehren seines Namenspatrons, des Propheten Daniel, gegründete Kloster dient heute dem Patriarchen als Residenz. Weitere Klosterstiftungen folgten. Iwan Kalita ließ nach der Verlegung des Metropolitensitzes in den Moskauer Kreml dort vier Kirchen erbauen, die gleichfalls nicht überkommen sind. Die metropolitane Mariä-Himmelfahrts-Kathedrale (1326), in die 1395 das Gnadenbild der »Gottesmutter von Wladimir« übergeführt wurde, soll eine Kopie der Georgs-Kathedrale in Jurjew-Polski gewesen sein. Auch die Erlöser-Kathedrale »im Walde« (1330) und die Erzengel-Kathedrale (1333) richteten sich nach dem höfischen Wladimir-Susdaler Vier-Pfeiler-Schema. Der Kalkstein für das Zweischalenquadermauerwerk wurde am Ufer der Moskwa gebrochen. Ornamentale, flache Steinschnitte an Ausgrabungsstücken bezeugen vorhandene Bauornamentik. Jedoch weiß man nichts über den oberen Abschluß des Baukörpers. Die Kirche des Johannes Klimakos »unter Glocken« (1329) gilt als Ausprägung des neuen russischen Glockenturm-Typs (Kolokolnja). Patrozinium und Funktion verweisen auf eine Inspirationsquelle des Hesychasmus: die »Himmelsleiter«. Der Mystiker Johannes verfaßte sie als »Tugendleiter« zum »himmlischen Paradies«.

Um 1339 wurde der Moskauer Kreml durch eine Befestigung aus Eichenholz erweitert. Die Bauleute gehörten zum Hof des Metropoliten. Nach der Niederschlagung des Aufstandes von Twer sollen sich ihnen die dortigen Meister hinzugesellt haben.

Moskau, Kreml am Ende des 14. Jahrhunderts

In den siebziger Jahren war die Goldene Horde durch feudale Zwietracht und Absplitterung so schwach, die militärische Bedrohung durch die Litauer so gefährlich und der Moskauer Staat so mächtig, daß Großfürst Dmitri die Unterordnung Twers erzwingen und die russischen Fürstentümer offen zur Heerfolge gegen die Tataren auffordern konnte. Der Segen der Kirche verlieh dem Aufruf Kreuzzugscharakter. Einem ersten erfolgreichen Kampf an der Grenze des Fürstentums Rjasan 1378 folgte 1380 die siegreiche Schlacht auf dem Feld von Kulikowo (Schnepfenfeld) am oberen Don – daher Dmitris Ehrenname »Donskoi«. Unter gewaltigen Verlusten der Russen wurden die Truppen des Chans Mamai geschlagen, ehe sie sich mit den Litauern verbünden konnten. Zwar gelang nicht die endgültige Befreiung vom Tatarenjoch – schon die nächsten Jahre brachten Rückschläge –, aber der Bann der Angst war gebrochen und der Boden für die nationale Einheit unter einer Moskauer Zentralgewalt bereitet. Während sich Dmitri Donskoi auf die Auseinandersetzung mit den Tataren vorbereitete, ließ er an der Südgrenze seines Fürstentums zahlreiche Klöster und Kirchen errichten, besonders in den Städten an Don und Oka, die der künftigen Schlacht am nächsten lagen. Ob und wie weit militärische Zwecke dabei eine Rolle spielten, bleibt eine offene Frage.

In der Zeit zwischen 1379 und 1382 soll im Kreml von Kolomna, wo sich das russische Heer vor der Entscheidung auf dem Schnepfenfeld sammelte, die bischöfliche Mariä-Himmelfahrts-Kathedrale entstanden sein. Paulus von Aleppo, der den Patriarchen von Antiochien Mitte des 17. Jahrhunderts auf einer Reise durch Rußland begleitete, beschreibt sie wie folgt: »Sie ist äußerst großartig und hoch und wie in der Luft hängend. Man betritt sie über drei hohe Treppen von drei Seiten her, entsprechend den drei Türen. Sie ist ganz aus behauenen Steinen, erhebt sich zu beträchtlicher Höhe und hat ringsherum eine Borte aus Reliefarbeit über die ganze Breite ihrer Wände. Die Pfosten der Türen und Fenster gleichen geschliffenen Säulen ... Auf den Kuppeln sind vergoldete Kreuze. Die große Kuppel befindet sich über dem Naos, die anderen zwei befinden sich über Prothesis und Diakonikon, denn die Kathedrale hat drei Altarräume wie gewöhnlich alle Kirchen ... Das Dach sowohl dieser Kirche als auch aller oben erwähnten Kirchen (aus dem Kreml von Kolomna) ähnelt einem Zedernzapfen oder einer Artischocke; es ist nicht flach und nicht bucklig ausgebildet, sondern jede der vier Mauern schließt mit drei Bögen ab, über denen sind andere, kleinere, dann noch kleinere, rings um die Kuppel – eine sehr hübsche Anordnung ... Unter dieser Kirche sind sehr viele Speicher und

Keller. Über dem Narthex ist noch ein Geschoß, wo sich die Schatzkammer des Episkopus befindet ...« [37] Ob die von Paulus beschriebene Gestalt der 1672 abgetragenen und durch einen Neubau ersetzten Kathedrale wirklich aus dem Ende des 14. Jahrhunderts stammte, ist nicht nachweisbar. Aber es werden Stilelemente genannt, für die sich frühmoskowitische Beispiele aus der Wende zum 15. Jahrhundert erhalten haben: die Quadermauern, die Erhöhung durch ein Kellergeschoß, die drei Säulenportale mit Außentreppen, der den Baukörper umlaufende, reliefierte Fries, die Giebelpyramide in Art eines Zedernzapfens oder einer Artischocke. Allerdings handelt es sich um keine großräumigen und mehrkuppligen Kirchen wie bei der Kathedrale von Kolomna, sondern um den kleinen, einkuppligen Vier-Pfeiler-Typ.

Kurz nach der Zeit, in der man im Auftrag von Dmitri Donskoi und Metropolit Alexei begann, das Siedlungsgelände des Moskauer Kremls zu erweitern und die Palisaden durch Mauern und Türme aus Kalksteinquadern zu ersetzen (1367), entstanden dort neue Kirchen: das Katholikon des höfischen Tschudow-Klosters (1365), die Palastkirche der Auferweckung des Lazarus (1393) und die Hofkirche Mariä Verkündigung (1397). Leider haben sie sich nur fragmentarisch erhalten. Zuverlässige Quellen gibt es für die Kirche der Auferweckung des Lazarus, die ursprünglich der Geburt der Gottesmutter geweiht war. Sie wurde von der Witwe Dmitri Donskois, der Großfürstin Jewdokia, in Zweischalenquadermauerwerk aus Kalkstein in Auftrag gegeben. N. N. Woronin nimmt an, daß sie einen quadratischen Grundriß, vier Pfeiler, drei Apsiden, eine Westempore und Säulenportale besaß. Anhand der Portalarchitektur verweist er auf die Übernahme von Hoheitsformen aus den fürstlichen Bauten Wladimir-Susdals. Neu war eine Fensterrosette. Der obere Abschluß soll aus abgetreppten Kielbögen bestanden und dem Staffelgiebel der Mariä-Himmelfahrts-Kathedrale von Kolomna geähnelt haben. Wenn die Hypothese Woronins stimmt, war der Moskauer Kreml die Geburtsstätte des neuen Baustils. [38]

Bei zwei Klöstern an der Peripherie Moskaus verketteten sich ebenfalls zur gleichen Zeit Kirch- und Wehrbau: Zusammen mit einer neuen Holzbefestigung entstand aus Kalksteinquadern die Mariä-Himmelfahrts-Kathedrale (1378–1404) des dem großfürstlichen Hof eng verbundenen Simonow-Klosters. Sie wurde Mitte des 16. Jahrhunderts vollständig umgebaut, diesmal

Abb. 155

in Ziegelmauerwerk. Nur die Erlöser-Kathedrale (1410–1424) im Andronikow-Kloster ist in alter Pracht restauriert und weist Formen auf, wie sie Woronin bei der Kirche der Auferweckung des Lazarus beschreibt. Die Nachbarschaft von sakralen und fortifikatorischen Bauaufgaben führte nicht zum kirchlichen »military look« – das geschah unter ganz anderen Umständen im 16. Jahrhundert. Aber sie dürfte die Bauherren und Bauleute in ihrer Neigung bestärkt haben, den oberen Abschluß aufzutürmen.

Swenigorod, Mariä-Himmelfahrts-Kathedrale, Mariä-Geburts-Kathedrale, Sagorsk, Dreieinigkeits-Kathedrale

Erläuterungen S. 363 f.
Textabb. S. 186, 363 f.
Abb. 145; 146–149; 150–153, 219

Fürst Juri Dmitrijewitsch von Swenigorod (und dem nordrussischen Galitsch, 1374–1437) war der dritte Sohn von Dmitri Donskoi und ein Patenkind von Sergius. Die politische Opposition zu seinem älteren Bruder, dem Moskauer Großfürsten Wassili I. (1389–1425) und dessen Sohn, Wassili II. (1425–1462), regte ihn zum Wetteifer in der Repräsentation an. Drei in der Größe und Ausformung unterschiedliche Kirchen, die er in Auftrag gab, sind die ältesten erhaltenen Steinbauten der Moskauer Region: die Mariä-Himmelfahrts-Kathedrale »im Städtchen«, das heißt im Kreml von Swenigorod (um 1400), unweit davon die Mariä-Geburts-Kathedrale in dem von Sergius und Sawwa Storoshewski gegründeten und Juris Hof verbundenen Wehrkloster (um 1405) und das neue Katholikon des Dreieinigkeits-Klosters (1422–1423), das sich über der Grablege von Sergius erhebt. Sie wiederholen im Typ, im Mauerwerk und in der Baugestalt die Kirche der Auferweckung des Lazarus im Moskauer Kreml (1393). Die Fassaden sind durch Pilaster untergliedert, besitzen abgestufte Säulenportale und schließen mit einer Reihe kielbogenförmiger Sakomari ab. Eine zweite Reihe Blendgiebel schmückt in der Diagonale die Ecken. Eine dritte Reihe umzieht – außer bei der Dreieinigkeits-Kathedrale – das Postament der Kuppeltrommel. Das am Ufer der Moskwa gebrochene Baumaterial, der sogenannte weiße Stein (russisch: bely kamen) besteht aus dem Mineral Kalzit, das sich sehr gut bearbeiten läßt. So wurde der ornamentale Dreibandfries aus Pflanzen- und Kreuzreliefs, der auf halber Höhe am Baukörper und unterhalb des Apsidendaches entlangläuft, direkt flach in den Kalkstein geschnitten. Im Innenraum ist die Absonderung der östlichen Pfeiler von den Wandstücken zwischen den Apsiden bemerkenswert: Der »type simple« verschwand, ohne daß sich ein ausgeprägter Altarvorraum herausbildete. Höfische Zwecke bedingten eine Westempore, die vermutlich nur den Frauen des Herrscherhauses diente. Der Herrscher selbst nahm im Erdgeschoß vor dem Ikonostas Platz. Die Empore fehlt bei den Kloster-Kathedralen.

Swenigorod, Mariä-Himmelfahrts-Kathedrale »im Städtchen«, Rekonstruktion

Der Stil widerspiegelt höfisch-repräsentative und monastisch-mystische Tendenzen. Einerseits wurde der im Grundriß quadratische, dreiapsidiale und einkupplige Vier-Pfeiler-Typ der Wladimir-Susdaler Hofkirche (Mariä-Geburts-Kirche in Bogoljubowo, Mariä-Schutz-Kirche am Nerl, Demetrios-Kathedrale in Wladimir) übernommen. Die Konstruktion hält sich an das traditionelle Zweischalenquadermauerwerk aus Kalkstein. Andererseits wurden die technischen Probleme nicht mehr wie in vergangener Zeit gemeistert. Parallel lief die für die Kloster- und Bürgerarchitektur charakteristische Reduktion und Vereinfachung: durch Verzicht auf die Wandschichtung, auf den dekorativen Arkaden- bzw. Säulengürtel und die Fassadenskulptur, durch sparsamere Antikisierung, durch weniger und kleinere Öffnungen, durch die relativ glatt aufgelegten Gliederungselemente. Zwar sind die Lisenen erstmalig zu echten Pilastern ausgestaltet: Sie haben Kapitelle erhalten. Bei der Swenigoroder höfischen Mariä-Himmelfahrts-Kathedrale stehen vor ihnen sogar noch Halbsäulen mit Garbenkapitell und Abakus. Aber im äußeren Erscheinungsbild sind an die Stelle einer wandgliedernden Abstufung und Säulenarkatur flache Streifen getreten. Die Portale vertiefen sich weniger in die Mauerstärke. Bei den Fenstern ersetzt die schlichte Einnischung die Gewändeprofilierung. Der Innenraum ist ein kreuzförmiger Einheitsraum, obwohl das Körperliche dominiert. Der kreuzförmige Querschnitt der Kuppelpfeiler tritt zurück. An den Innenwänden fehlen die Pilaster, die ihm korrespondieren. Überhaupt mangelt es an Übereinstimmung: Die Fassadengliederung entspricht nicht der Stellung der Kuppelpfeiler und der Anlage der Westempore, der Staffelgiebel nicht der Gewölbestruktur, die Breite des Kuppeltambours nicht dem mittleren Wandabschnitt. Die Hoheitsform des Portals erfuhr eine grundlegende Veränderung: Die Archivolten sind kielbogenförmig

Abb. 58–79

Sagorsk, Dreieinigkeits-Kathedrale, Gewände des Säulenportals

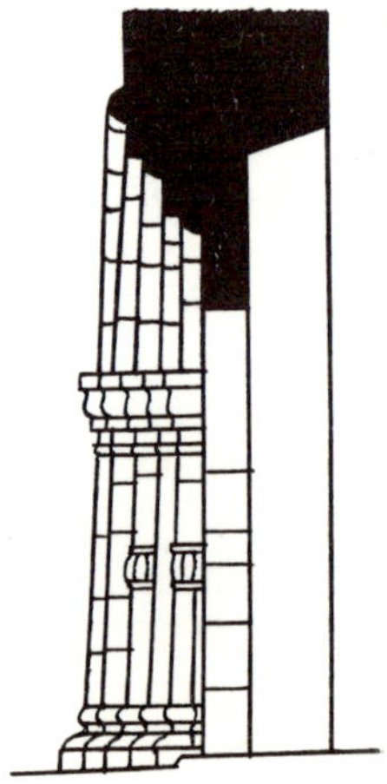

Dynki

emporgezogen und bleiben glatt, die Kapitelle verblocken, die Säulen unterbricht in der Mitte ein melonenartiger Schaftring. Traditionell ist nur noch die fünffache Abtreppung des Gewändes durch drei Säulenpaare und zwei diese trennende Viertelpfeilerpaare.

Die Vertikaltendenz wird als Ausdruck des politisch-nationalen Aufschwungs gedeutet. Sie korrespondierte aber auch der neuen, mystischen Frömmigkeit. Davon zeugt die Bevorzugung des Kielbogens. Genetischer Ausgangspunkt war die Königs- bzw. Paradiestür des Ikonostas, die das himmlische Geschehen am Altar und das Irdische verbinden sollte. Der Kielbogen prägte diese Bildtüren, die Portale der Fassaden und den ganzen oberen Gebäudeabschluß – im Gegensatz zum Rundbogen der Wladimir-Susdaler Rus. Die kielbogenförmigen Blend- und Ziergiebel nannte der Volksmund nach einem Frauenkopfputz »Kokoschniki«. Außerdem förderten die Stufengewölbe, die Giebelpyramide und das Postament der Kuppeltrommel die Vertikaltendenz. Wie wir oben gesehen haben, finden sich diese Formen bei der Erzengel-Michael-Kathedrale in Smolensk und bei den nach deren Vorbild errichteten Paraskewa-Pjatniza-Kirchen in Tschernigow und Nowgorod. Ihr Konstruktions- und Stilprinzip wurde in der Moskauer Region übernommen und abgewandelt. Der obere Abschluß besteht aus treppen- oder sternförmig angelegten Gewölben bzw. Bögen, die sogar das Postament aushöhlen. Allerdings verzichtete man auf das dreilappige Schaufeldach. In der Regel entspricht die erste Reihe Sakomari der Rundung des Tonnenkreuzes und der Tonnen der Eckräume, die zweite ist dekorativ der oberen Gewölbeabstufung und – zumeist – eine dritte dem Postament des Kuppeltambours vorgeblendet. Die Belastung durch die schweren Blendgiebel der zweiten Reihe nahm man in Kauf, um der Optik einen vertikalen Bewegungsablauf zu verleihen. Man baute nicht logisch, sondern ideologisch. Die Stabilität der Baukonstruktion wurde gefährdet.

Textabb. S. 14, 77
Abb. 42, 45

N. Brunow stellte eine Hypothese auf, die später bestritten wurde: An der Hofkirche von Swenigorod hätten serbische Meister mitgewirkt und gotische Formen vermittelt. Auf serbischen Einfluß würden zudem die neue Art der Hausteinverkleidung, das Stufengewölbe (analog zur Gottesmutter-Kirche in Gracanica, um 1320) und das dreiteilige ornamentale Band verweisen. Brunow ordnet die neue architektonische Lösung der südslawischen Strömung zu, die im 14. Jahrhundert die russische Liturgie und Literatur erfaßte. [39] Aber Quellenbelege lassen sich nicht finden. Ebenso wenig überzeugt seine Meinung, zwischen der Hofkirche und den beiden zeitlich folgenden Klosterkirchen vollziehe sich eine »Entwicklung« vom Kultivierten und Schlanken zum Primitiven und Massigen. Sicherlich sind die Klosterkirchen einfacher und breiter. Für eine Verallgemeinerung gibt es aber zu wenig Denkmäler. Außerdem gipfelt die frühmoskowitische Stilsequenz in einem künstlerisch meisterhaften Katholikon: Bei der mit Mitteln der Kaufmannsfamilie Jermolin errichteten Erlöser-Kathedrale des Moskauer Andronikow-Klosters (1410–1427) löst sich der ganze Baukörper in eine pyramidal und kreuzförmig anwachsende Stufenfolge auf. Der Höhenabstand zwischen den Stufen vergrößert sich. Die mit der ersten Reihe kielbogenförmiger Giebel abschließenden Eckteile sind so niedrig angelegt, daß die Tonnen der Kreuzarme – ergänzt durch Kokoschniki an deren Seitenwänden – die zweite Giebelreihe bilden. Hinter der dritten Reihe verbergen sich die hochgezogenen Bögen der Kuppelpfeiler. Um die Verbindung zu den niedrigen Eckteilen herzustellen, schufen die Bauleute in der Höhe der zweiten Reihe viertelkreisförmige Blendgiebel, die sich mit den zentralen Sakomari der dritten Reihe zum Dreipaß zusammenfügen. Das konische Postament der Kuppeltrommel umzieht eine vierte Reihe von Kokoschniki. So fand der frühmoskowitische Stil seine verspielteste, aber auch folgerichtigste Ausführung.

Moskau,
Erlöser-
(Acheiropoietos-)
Kathedrale
im Erlöser-Andronikow-Kloster

Erläuterungen und
Textabb. S. 364
Abb. 154, 155

Die Giebelpyramide tauchte zuerst bei vormongolischen Kirchenbauten Süd- und Westrußlands, also in Regionen auf, die sich nun wegen der litauisch-polnischen Okkupation vom russischen Mutterland losgelöst hatten, deren Zugehörigkeit aber – wie schon vom Moskauer Metropoliten in seinem Titel – betont werden mußte. Die Nachbildung in Kolomna demonstrierte den Anspruch Dmitri Donskois und des Moskauer Metropoliten auf die süd- und westrussischen Gebiete. Dmitri hatte auf dem Schnepfenfeld zugeschlagen, bevor sich die tatarischen Truppen mit dem litauischen Heer vereinen konnten. Die Abwehr einer »Sammlung der russischen Lande« durch den litauischen Großfürsten und durch den in Litauen residierenden orthodoxen Metropoliten war für den Moskauer Staat lebensnotwendig. Metropolit Alexei exkommunizierte die Fürsten von Smolensk und Twer, weil sie sich mit den Litauern verbündeten. Besonders gefährlich wurde der litauische Großfürst Olgerd (1340–1377). Ihm gelang es sogar, den Patriarchen von Konstantinopel zu bewegen, 1354 seinen Verwandten Roman zum Metropoliten von Kiew und ganz Rußland zu weihen, obwohl kurz vorher schon Alexei mit dem gleichen Titel eingesetzt worden war. Um nicht Litauen als eigentlichen Nachfolgestaat der Kiewer Rus erscheinen zu lassen, suchte Moskau mit allen Mitteln, seinen gesamtrussischen Anspruch zu vertreten. Dazu gehörte das Massenmedium der Architektur. Das Motiv der Giebelpyramide wirkte bis ins 16. Jahrhundert in Rußland fort, obwohl sich die politische Situation bereits im 15. Jahrhundert grundlegend änderte, Moskau sogar einer kirchlichen Trennung von den süd- und westrussischen Gebieten zustimmte.

Die Erhöhung des Baukörpers durch ein Sockelgeschoß ist von N. Brunow auf den Einfluß des doppelgeschossigen Grabeskirchenbaues zurückgeführt worden. Ihn bestätigt S. Guyer. Er bringt den Gedanken des »Gen-Himmel-Ragens« mit den prähistorischen, orientalischen, antiken und spätrömischen Turmgrabformen in Zusammenhang, bei denen sich über der Grabkammer ein Kultraum erhebt [40]. Sie durchdrangen die frühchristliche Sepulkralarchitektur und finden sich während des Mittelalters auch im islamischen Mittelasien und im christlichen Kaukasus. Ob die seßhaft gewordenen Tataro-Mongolen diese von den unterjochten Völkern übernahmen und damit den Russen imponierten, ist nicht bekannt. Näher als die fremden Beispiele liegen innerrussische Anregungen. Etwa seit der Wende vom 13. zum 14. Jahrhundert kennen wir unterkellerte Kirchen in Twer und – als Lagerkirchen – in Nowgorod und Pskow. Dabei griff die Tendenz des Blockbaues über, Wohnhäuser additiv mit einem Wirtschaftsgeschoß zu unterbauen. Die unsicheren Zeiten dürften das Bedürfnis gefördert haben, wertvolle Gegenstände und Waren statt in Holzhäusern in den gegen Feuer weniger anfälligen, stabileren Steinkirchen zu lagern, die zudem noch rechtlichen Schutz durch die Chane genossen. In der frühmoskowitischen Architektur wurde dann die bloße Zweckform zur Stilform ausgebildet.

Das Sockelgeschoß monumentalisierte den frühmoskowitischen Kirchenbau. Es bedingte einen Aufgang, der die Symbolik des Oben und Unten betonte. Während sich die Nowgoroder Lagerkirchen – ähnlich wie die Wohnhäuser mit Wirtschaftsräumen im Erdgeschoß – auf eine praktische, einläufige Treppe, zumeist eine Holzkonstruktion, beschränkten, entstand an den frühmoskowitischen Kirchen eine repräsentative, mit drei Aufstiegen und Podest versehene, steinerne Außentreppe. Nicht nur, daß der aufgesockelte Kirchenraum weniger einladend wirkte als der ebenerdige, weil er den Abstand vergrößerte, vor allem diese Treppenform verstärkte die Aura der Erhabenheit und Feierlichkeit. Durch sie wurde den Gläubigen evident gemacht, daß sie zum Kirchenportal emporblicken und emporsteigen mußten. Da sich das Erdbodenniveau im Verlauf der Zeit erhöht hat, existierten früher noch mehr Stufen als heute.

Man weiß allerdings nicht, ob solche Außentreppen aus der frühmoskowitischen Zeit stammen oder am Ende des 15. Jahrhunderts bzw. im 16. Jahrhundert ausgeformt wurden. N. Brunow nimmt an, daß sie sich von Anfang an vor den Eingängen im Westen, Norden und Süden befunden haben und durch Terrassen oder offene Galerien verbunden waren. Aber das breite Podest vor dem Portal, das bequeme Steigungsverhältnis und die Auftrittsbreite der Stufen sprechen eher für einen Einfluß der italienischen Renaissance. Die Anlage wäre jedenfalls undenkbar ohne Funktionen im höfischen und kirchlichen Zeremoniell. Welche Rolle die Außen- und Freitreppe im späten Byzanz gespielt hat, ist nicht erforscht. Aus dem Italien des späten Mittelalters und der Renaissance weiß man, daß sie als Symbol der weltlichen Autorität der Kirchenfürsten und Ort der Rechtsprechung diente. Im Hinblick auf die mystische Praxis des Jesusgebetes – eine rhythmische Anrufung Christi – und die Verbreitung des Hesychasmus in frühmoskowitischer Zeit drängt sich die Hypothese auf, daß die Außentreppe als Symbol der Paradies- und Tugendleiter fungierte: Mit wiederholten Gebeten könnten Mönche und Gläubige in einem bestimmten Rhythmus von Stufe zu Stufe emporgestiegen sein und ihre Seele geläutert und Gott näher gebracht haben. [41] Der auf Öffentlichkeitswirkung ausgerichtete Aufstieg zu höherer Würde hätte sich dann schon am Kirchenportal mit einer intimen, das Heil des einzelnen angehenden Tendenz zur Selbstvervollkommnung durchdrungen.

Selbstdisziplinierung durch die Liturgie

Der kirchliche und kulturelle Austausch der Russen mit den Griechen und Südslawen erfolgte auf vielen Wegen. Die Moskauer Metropoliten bedurften der Weihe durch den Patriarchen von Konstantinopel. Sie sorgten ständig für eine Angleichung an Kult und Theologie in Byzanz, erbaten sich Ikonen und liturgisches Gebrauchsgut und beriefen byzantinische Meister. Metropolit Theognostos (1328–1353), der Iwan Kalita bei der Beseitigung des letzten Großfürsten aus dem Twerer Geschlecht und beim Ausbau des Moskauer Kremls half, war selbst gebürtiger Grieche. In seinem Auftrag arbeiteten byzantinische Künstler 1334 in der Mariä-Himmelfahrts- und in der Erzengel-Kathedrale des Moskauer Kremls und 1345 in der Moskauer Erlöser-Kathedrale »im Walde«. Metropolit Alexei (1354–1378), Gönner des Sergius von Radonesh, erfreute sich seinerseits der Gunst des Patriarchen Philotheos, eines Anhängers des Hesychasmus. Von ihm erhielt er die Weihe und 1355 ein noch heute bestauntes Geschenk: das sogenannte Philotheos-Kreuz, einen mit den Leidenswerkzeugen Christi bestickten Überrock (Analobos). 1357 empfing er aus Konstantinopel ein Bild des Acheiropoietos und stellte es dem Erlöser-Andronikow-Kloster als Ortsikone zur Verfügung. Alexei und Sergius dürften besonders unter dem Einfluß von Philotheos den Hesychasmus rezipiert und verbreitet haben. Der aus Tirnowo, der Hauptstadt des Zweiten Bulgarenreichs, zuerst nach Kiew und dann nach Moskau berufene Metropolit Kiprian Zamblak (1375/1390–1406), der im Studios-Kloster in Konstantinopel und auf dem Athos gelebt hatte, übersetzte ein Standardwerk des Hesychasmus: die »Himmelsleiter« des Johannes Klimakos. Kiprian brachte durch Korrektur von Abschreibfehlern und falschen Auslegungen die altslawische mit der byzantinischen Liturgie zur Übereinstimmung und gab eine einheitliche russische (die Dreieinigkeits-) Chronik in Auftrag. In der zweiten Hälfte des 14. Jahrhunderts existierten in Konstantinopel, auf dem Athos und in den Balkanländern zahlreiche russische Mönchskolonien, in denen Bücher übersetzt und Miniaturen und Ikonen kopiert wurden. Umgekehrt nutzte das Konstantinopler Patriarchat die Vorteile seines – bis zur Florentiner Union 1439 unangefochtenen – Primats in der Orthodoxie: durch kultische, kirchenrechtliche sowie ideologische Einflußnahme. Eine besondere Vermittlerrolle übernahm die Literatur des Balkans. Südslawische Handschriften – zumeist Übersetzungen aus dem Griechischen – überschwemmten die russischen Hof- und Klosterbibliotheken und trugen zur Ablösung des »heraldischen« durch einen emotionalen Literaturstil bei. Im Verlauf des 15. Jahrhunderts veränderte sich sogar das russische Schriftsystem. Der sogenannte jüngere Halbustaw, der sich aus der südslawischen und griechischen Schrift ableitete, ersetzte die traditionelle Mönchsschrift, den »älteren Halbustaw«.

Auf Metropolit Zamblak ist vermutlich die Einführung der neuen Redaktion des Jerusalemer Typikons in den frühmoskowitischen Klöstern zurückzuführen. Die liturgische Erneuerung ging ursprünglich von der byzantinischen Aristokratie aus. Stifter- und Charistikarier-Klöster führten Riten, Gesänge, Texte und Bilder ein, in denen sich die weltlichen Patrone ihr Verlangen nach historischer Kommemoration und emotionaler Anteilnahme erfüllten. Schubweise übernahm man Elemente der Jerusalemer Gottesdienstordnung. Im 13. Jahrhundert drangen die liturgischen Neuerungen aus den »Eigenklöstern« in die Hagia Sophia, die »Mutter der Kirchen«, in das Konstantinopler Studios-Kloster und in einige Athos-Klöster ein. Und von hier aus strahlten sie auf alle orthodoxen Regionen aus. Ausgehend von der Passionssymbolik, emotionalisierte und individualisierte man den Gottesdienst.

Die These, daß sich der Mensch seinen Weg selbst wähle, hatte schon Symeon der Neue Theologe neben die Idee von der Gnade Gottes und den Anspruch der Kirche auf Zucht und Gehorsam gestellt. Im 14. Jahrhundert wiederholten sie die Hesychasten, die sich auf Symeon als Kronzeugen beriefen. Die Selbstdisziplinierung – durch Gregorios Palamas aus der Praxis asketischer Erfahrung ins theologische Bewußtsein gehoben – wurde zur kirchenamtlichen Lehrmeinung. Die Anziehungskraft lag in dem »funktionalen« Aspekt: in der Interpretation der göttlichen »Energien«. Gregorios behandelte das Verhältnis von Gottes Wesen zu seiner Lichtemanation wie die Beziehung zwischen einer Person und ihren Handlungen. So schuf er ein intellektuelles Modell, um der äußeren Kirchenzucht psychologische Selbstzwänge hinzuzufügen. Unter dem Einfluß der Hesychasten gewannen Heiligenkult, Heiligenviten, Heiligenbilder individuellere Formen. Sie sollten der Vergewisserung der eigenen Existenz dienen. Die Gläubigen wurden angehalten, ihre Vorbilder aus dem Personalangebot selbst zu wählen und sich ihnen zu »verähnlichen«. Die byzantinische Wirkungsstrategie kam den russischen Bedürfnissen entgegen, als sich im »asketischen Zeitalter« unter ganz anderen Voraussetzungen eine ähnliche Mentalität entwickelte.

Um die Wende zum 15. Jahrhundert verbreitete sich in den frühmoskowitischen Klöstern der Brauch, den Gottesdienst nach der in Konstantinopel, auf dem Athos und inzwischen auch auf dem Balkan praktizierten, neuen Redaktion des Jerusalemer Typikons zu halten. Die Übersetzung ins Kirchenslawische besorgte Afanassi Wysozki, Schüler des Sergius von Radonesh und Gründer des Klosters von Serpuchow. Genaue Kenntnisse über die gottesdienstliche Praxis fehlen uns, zumal sich bald die neuen mit den traditionellen Elementen, etwa der alten Studiten-Ordnung, vermischten und eigene Offizien für die russischen Heiligen hinzukamen. Sicherlich trugen Geburts- und Passionssymbolik Christi, Marienfrömmigkeit, feierlichere Prozessionen, ausgeprägtere Gebetsübungen, Ausformung des Wortklangs und der Gesänge, vor allem die Koordination von öffentlichem und intimem Bildgebrauch zur Emotionalisierung des Kults bei. Sie übten das Miterleben als Rollenverhalten ein. Auf den frühmoskowitischen Kirchenbau dürften drei liturgische Faktoren von Einfluß gewesen sein: das Licht- und das

Höhlenmotiv der Inkarnations- und Passionssymbolik, die neuen Ansprüche an die Akustik und die Ausbildung des Ikonostas.

Bei Vergleichen mit den vormongolischen Hofkirchen von Wladimir-Susdal und den gleichzeitigen Bürgerkirchen von Nowgorod bemerkt man, daß der frühmoskowitische Bautyp durch das Stufengewölbe den Eindruck einer mystischen Höhle steigert, der an sich jeder Kreuzkuppelkirche eignet. Wie dort, so sorgen auch hier die Raumstruktur und die Anordnung und Form der Fenster für eine von oben nach unten, von Osten nach Westen und vom Zentrum zur Peripherie abnehmende Belichtung. Aber im Naos, in dem die Gemeinde steht, werden die Grenzflächen optisch stärker entwertet. Ein ambivalentes Hell-Dunkel entmaterialisiert die tektonischen Formen. Im oberen Abschluß nimmt zwar das Licht zu. Trotzdem erscheinen die Konturen schwach, da das Stufengewölbe sie verschleift und verunklärt. Der Eindruck der mystischen »Lichthöhle« (K. Onasch), den primär der Kuppeltambour hervorrufen sollte, wird durch die Abstufung in den Kreuzarmen gesteigert. In den liturgischen Innovationen war das Höhlenmotiv vorgebildet. Mit der Aufwertung der Inkarnations- und Passionssymbolik wurde das Andenken an die Geburts- und Grabeshöhle Christi neu beschworen. So verbreitete sich das Motiv in der Malerei – bis in die Ikonographie der Taufe Christi –, und so dürfte die Symbolik bald auch dem oberen Abschluß des Kirchenbaues unterlegt worden sein.

Die neuen Gottesdienstformen, die man in den frühmoskowitischen Klöstern und unter deren Einfluß dann in den »Weltkirchen« praktizierte, betonten die Vorstellung von »Christus als wahrem Menschen und wahrem Gott«. Was die byzantinische Bildertheologie im Kampf gegen den Ikonoklasmus als Argument für die anthropomorphe Darstellung Christi herausgearbeitet hatte, wurde aus der zeitlos-sakramentalen in die historisch-individuelle Ebene transponiert. Die zeitgenössischen byzantinischen Liturgiekommentare (Theodor von Andida, Gregorios Palamas, Symeon von Thessaloniki) besagen, daß zu den alten Riten und Bedeutungen neue hinzukamen, ohne jene zu verdrängen. Zur überirdischen Gestalt des Pantokrators, des Allerhalters und Weltenrichters, gesellte sich der menschliche und »leidende« Gott, der persönliche Anteilnahme und Mitleid erregt. Patriarch Athanasios I. forderte, Christi Leiden zu den eigenen zu machen und mitzutragen. Einerseits sollte sich die ewige himmlische Liturgie, wie sie ikonographisch in der Apostelkommunion Gestalt fand, im Gottesdienst der Kirche auf Erden widerspiegeln, bot die historische Erinnerung nur die Einkleidung für die zeitlos-sakramentale Herabkunft und Präsenz Christi. Andererseits ging es um eine möglichst bildhafte, rituelle Nachahmung des Lebens Jesu. Dabei erfuhr die leibliche, sinnliche Komponente des »sakralen Schauspiels« eine Aufwertung, die ihr die Kirchenväter nie zugebilligt hätten. Die liturgischen Mittel gleichnishafter, anagogischer Abstraktion wurden durch solche der historischen Belehrung und der persönlichen Einfühlung ergänzt. Theodor von Andida ging in seinem Liturgiekommentar sogar so weit, jede biographische Phase von der Menschwerdung bis zur Himmelfahrt Christi anzufordern. [42] Das Bildprogramm des Kirchenraums bezog er ausdrücklich in das Instrumentarium ein. So dienten das ikonographische und architektonische Licht- und Höhlenmotiv sowohl der Begegnung mit dem »wahren Menschen« als auch der mystischen Vereinigung mit dem »wahren Gott«.

Um die Wende zum 15. Jahrhundert übernahm die altslawische von der byzantinischen Liturgie die schon vor dem Bilderstreit bezeugte, danach jedoch erst zum eigenen Meßteil ausgestaltete und neu interpretierte Proskomidie (Vormesse). Sie findet im Prothesisraum statt, der wegen der Bereitung der Opfergaben mit der »Lanzette«, der sogenannten Schlachtung des

Lamms, in Byzanz schon in der ersten Hälfte des 8. Jahrhunderts als Kreuzigungsstätte (Golgatha) gedeutet wurde. Der Hauptaltar im Bema galt als Stelle der Grablegung und Auferstehung, die Hauptapsis als Grotte von Bethlehem. Mit der Historisierung des Heilsdramas wurde die Inkarnationssymbolik in die Vormesse verlegt, also die Prothesis zugleich als Geburtshöhle verstanden. Da das Ritual am Rüsttisch unverändert blieb, kommentierte man es als Selbstopferung Christi bei der Menschwerdung und in den ersten 30 Lebensjahren. Theodor von Andida meinte, der Diakon, der das Opferbrot zerteile, stelle den Engel dar, der Maria das »Ave« entbietet. Der Rüsttisch sei Schauplatz der Ereignisse von Bethlehem und Nazareth, und am Hauptaltar werde dargestellt, was einst in Jerusalem geschah. Die feierliche Übertragung der Gaben aus der Prothesis ins Bema, der »Große Einzug«, ahme den Einzug Christi in Jerusalem nach und künde seine Wiederkunft als »König der Herrlichkeit« an. Praktisch handelte es sich um eine ähnliche Prozession, wie sie am Karfreitag mit dem Epitaphios stattfand. Die Passionsliturgie integrierte die reguläre Meß-Liturgie. Prothesisakt und »Großer Einzug« gewannen an Wert dadurch, daß zusammen mit den Diakonen nunmehr die vordem nicht beteiligten Priester agierten. Im Abend- und im Morgenoffizium wiederholte sich die Historisierung bzw. Psychologisierung. Prothesisraum und Bema wechselten in ihrer Funktion und Bedeutung als Geburtsgrotte, Opferstätte und Grabeshöhle. Die vielschichtige Symbolik übertrug sich von ihnen auf den ganzen Kirchenraum, besonders auf den Kuppelraum.

Die altslawische Gottesdienstordnung übernahm aus Byzanz mit der neuen Redaktion des Jerusalemer Typikons die besondere Passionsliturgie der Karzeit. Die Einführung der Epitaphios-Zeremonie bezeugen liturgische Decken mit Darstellungen des Leichnams Christi, der Grablegung und der Beweinung. Die Tuchikonen wurden während des Abendgottesdienstes des Karfreitags, zuweilen auch am Abend des Gründonnerstags und Morgen des Karsamstags, vom Hauptaltar durch die Prothesis-Tür zu einem »Grab« genannten Katafalk getragen und dort zur Anbetung niedergelegt. Zumeist handelt es sich um Stickereiarbeiten von Damen des Herrscherhauses.

Gesänge und Bilder waren den liturgischen Riten und Gebeten zugeordnet und in die Wirkungsstrategie des Gottesdienstes einbezogen, zumal nach dem Bilderstreit alle Handlungen eine stärkere Verbildlichung erfuhren. Die altslawische Liturgie richtete sich im großen und ganzen nach der byzantinischen Dramaturgie und Textgestalt, obgleich Korrekturen immer wieder eine wichtige Rolle spielten. Sie besaß jedoch von Anfang an ihr eigenes musikalisches Repertoire. Leider ist über die Entwicklung der altrussischen Kirchenmusik wenig bekannt. Wir wissen aus vormongolischer Zeit, daß an bischöflichen Kathedralen Sängerschulen, sogar ein zum niederen Klerus gehörender Sängerstand existierten. Da im orthodoxen Gottesdienst die Instrumentalmusik verboten und die vokale Aufführung dem Diakon und dem Kirchenchor, auch dem Priester vorbehalten war, unterlag sie der strengen Kontrolle der Kirchenbehörde. Der Gemeindegesang trat schon deshalb zurück, weil – nach Pseudo-Dionysios vom Areopag – die Sänger im Kirchenraum ein »Echo« der übersinnlichen Engelsgesänge zu Füßen Gottes vermitteln, also himmlisch inspiriert sein sollten. Aus dem gleichen Grund dominierte bis ins 16. Jahrhundert die Einstimmigkeit. Während sich im Westen die Kirchenmusik durch die Polyphonie verjüngte, versuchte die Ostkirche durch ornamentale melismatische Ausformung und Solokoloraturen eine – Laien kaum nachvollziehbare – technische Verfeinerung zu erreichen. In den frühmoskowitischen Klöstern sind eigene Gesangsschulen aufgekommen. Nachweisbar hat sich in Zentral- und Nordrußland ein spezifischer, von fremden Einflüssen kaum berührter Klostergesang herausgebildet (Snamennyi rospew). In der Moskauer Region sang man anders als in Groß-Nowgorod, Süd- und Westrußland.

In der Vokalmusik vollzog sich der gleiche Prozeß, den man aus der frühmoskowitischen Literatur kennt: eine Psychologisierung durch das Stilmittel der »Überhöhung«. An der Wende zum 15. Jahrhundert galt es, den Wandel des religiösen Verhaltens phonetisch im Wortklang zu berücksichtigen. Jepifani der Weise († um 1420) und der um 1430 in Rußland eingewanderte serbische Mönch Pachomi Logofet († nach 1484) entwickelten auf der Grundlage der byzantinischen »Lobrede« in der Hagiographie eine Methode des »Wortflechtens«, die durch ein Schmuckwerk von Redefiguren die Emotionalisierung der (ohnehin zumeist analphabetischen, also einem Vorleser zuhörenden) Adressaten bewirkte [43]. Der neue, auf die Rhetorik abgestimmte, feierliche Sprachstil dürfte den liturgischen Sprechgesang von Priester und Diakon im Gefühlston gesteigert haben. Den akustischen Ansprüchen an den Innenraum kam man zunächst durch Einbau von Tontöpfen (Golosniki) in die Wände entgegen. Das Stufengewölbe bot eine noch bessere Möglichkeit, die gewünschte Resonanz für Gesang und Wortklang zu erzielen. Es dürfte kein Zufall sein, daß um die gleiche Zeit in Rußland die Glocken das Semantron ablösten und in den liturgischen Zyklus des Tages und des Kirchenjahres einbezogen wurden. D. Lichatschow verweist auf eine Analogie zwischen »Wortflechten« und architektonischem Dekor: Beide bedienten sich des Prinzips rhetorischer Wiederholung, der Kirchenbau besonders bei den jeder konstruktiven Logik entzogenen Kokoschniki.

Herausbildung des Ikonostas

Im Zusammenhang mit den Innovationen in Liturgie und Heiligenkult verwandelte sich in Byzanz zwischen dem 11. und 14. Jahrhundert die locker gefügte Altarschranke in eine dicht abgeschlossene Bilderwand, die Ikonostase (russisch: der Ikonostas). [44] Die Gestaltung folgte der dreitorigen Form des Kirchenportals. Für die Dramaturgie des »sakralen Schauspiels« bot sich das Vorbild des antiken Triumphtors und der dreitürigen Wand des Proszeniums bzw. Szenengebäudes im antiken Theater an. Die nördliche Bildtür führt zum Rüst- oder Opfertisch im Prothesisraum, die mittlere, die sogenannte Königs- bzw. Paradiestür, zum Hauptaltar im Bema und die südliche Bildtür in das Diakonikon, die Sakristei. Die neue Frömmigkeit entzog das eucharistische Geheimnis einer zudringlichen Öffentlichkeit. Sie bedingte eine stärkere Trennung der Altarpartie, zu der nur die Zelebranten Zutritt haben, von dem Naos als Platz der Gemeinde. In der Interpretation der Kirchenväter und Bildertheologen galt vordem schon die frühbyzantinische Altarschranke als Raumscheide zwischen ungeschaffener, göttlicher und erschaffener, menschlicher Welt. Nun verhinderte der Ikonostas – bei geschlossenen Türen – jeden unerlaubten und entweihenden Blick ins Allerheiligste. Die neuen mystischen Tendenzen wurden institutionalisiert. Nach Symeon von Thessaloniki († 1429) dient der Ikonostas aber nicht nur als Trennwand. Zugleich sollte er Schau- und Agitationswand sein für den »Bund der Liebe der Himmlischen und der Irdischen«. Er mache sichtbar, was hinter ihm unsichtbar geschehe. Das Heilsdrama bedurfte mehr als vordem der Leiblichkeit, der Bildmittel, der Visualisierung. Dabei ging es konventionell um kultische Repräsentation und Ordnung, aktuell um Psychologisierung und Emotionalisierung. Der Aufgabenstellung entsprechend, entwickelten sich am Ikonostas bestimmte Bildränge und Bildklassen.

Die Altarschranke – nach dem Bilderstreit griechisch »templon« genannt – bestand im frühen Byzanz aus einer lichten Säulenstellung mit Brüstungsplatten (Transennen) und einem

Querbalken (Architrav bzw. Epistyl). Das Material – Marmor, Stein oder Holz mit Email-, getriebenen Goldblech- und Silberblechbeschlägen – ermöglichte figuralen und ornamentalen Dekor. Dem Querbalken wurden zunächst Heiligenbilder fest inkorporiert: in der Regel Christus Pantokrator mit einem Gefolge von Engeln und Aposteln. Zwischen den Säulen hingen kostbar bestickte Vorhänge (Vela), die man während des Gottesdienstes und des Tages- und Festzyklus auf- und zuzog. Nach der Mitte des 11. Jahrhunderts erfolgte eine Ablösung durch bewegliche Tafelbilder, Ikonen, und damit die Verdichtung und Erhöhung der Konstruktion zum Ikonostas. Aus der skulptierten, als Treibarbeit ausgeführten oder gemalten Majestas Domini am Querbalken entstanden die einzelnen Deesisbilder, die man auf ihm in einer Reihe aufstellte und oft durch kleinere Festtagsbilder flankierte. Zuweilen verselbständigte sich der Festzyklus, in dessen Ikonographie die 12 großen Herren- und Marienfeste (Dodekaortion) dominieren. Er schob sich dann als eigener, schmaler Bildrang unter die Deesis-Reihe an das Gebälk. Seine Tafeln wurden an den jeweiligen Feiertagen abgenommen und auf einem Pult (Proskynetarion), das nahe der Königstür vor der Altarstufe (Solea) steht, zur Verehrung ausgelegt. Seit dem 12. Jahrhundert brachte man auch zwischen den Säulen Ikonen an. Wie den Pultikonen lassen ihnen die Gläubigen durch Verneigung, Bekreuzigung, Kuß, Gebete, Lichter, Votivgaben direkt Ehre zuteil werden. Da sie sich in erreichbarer Höhe befinden, spricht man vom »Verehrungsrang«. Er war thematisch nicht genau festgelegt, enthielt jedoch stets zu beiden Seiten der zentralen Königs- bzw. Paradiestür die Ikone Christi, der Gottesmutter und des Patrons oder Festes der Kirchweihe (Ortsikone). Man bezeichnet ihn auch als »lokalen« Rang. Ein Kruzifix oder Tafelkreuz bildet den oberen Abschluß der Konstruktion.

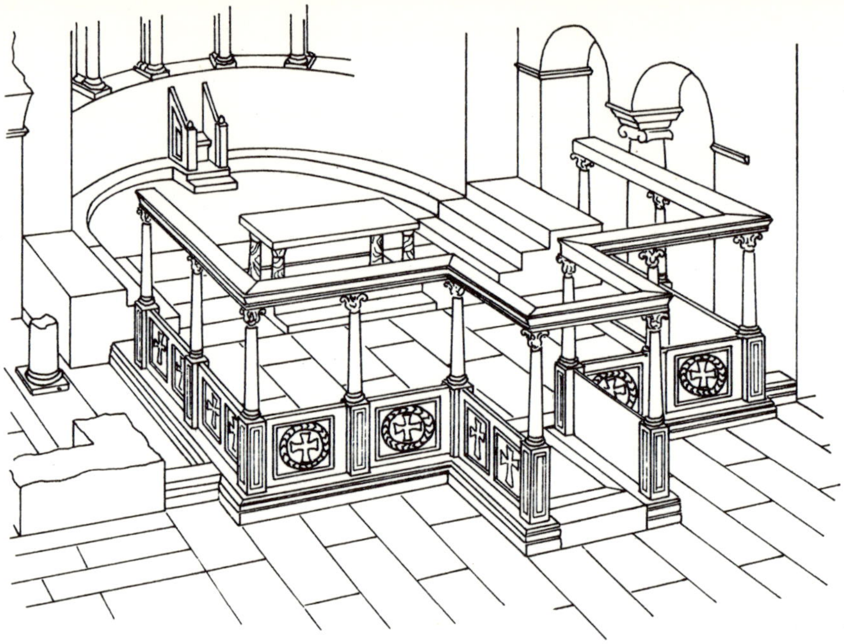

Rekonstruktion eines Templons

Analog zur Polyfunktionalität und Polysemantik des Gottesdienstes durchdringen sich in jeder Ikone mehrere Funktionen und Bedeutungen. Wir haben es mit einer Werthierarchie zu tun, in der jeweils eine Valenz dominiert. So kann man – wie E. Panofsky, K. Weitzmann, H. Belting – bestimmte Bildklassen nach der »Bildrhetorik« und Aussage unterscheiden [45]. Und so läßt sich am Ikonostas eine Art Arbeitsteilung feststellen. Sie entspricht der Korrelation sakramental-anagogischer, historisch-didaktischer und emotional-psychologisierender Elemente im Gottesdienst und wiederholt die Grundthemen des Dekorationsschemas der Wände. Nach dem Bilderstreit wurden zunächst die Ikonen bevorzugt, die vornehmlich als Mittel der Theophanie, der Präsenz des Göttlichen und der »Vergöttlichung des Menschen« dienten: repräsentative, große Kultbilder. Sie konzentrierten sich im Deesis-Rang auf dem Querbalken und unten im »Verehrungsrang«. Frontal und statisch als »Stele« – analog zum Repräsentationseffekt des Hofzeremoniells – wurde in der Deesis (russisch: der Deisus) allerdings nur der Pantokrator dargestellt. Die Begleitfiguren neigten sich ihm fürbittend in Dreiviertelwendung zu. Zwar entsprach die Huldigungsgeste durchaus der imperialen Herkunft des Motivs, aber mit der zarten Kurvatur tauchte schon verhalten eine natürliche Regung auf.

Im Rahmen der liturgischen Neuerungen erhielt die Fürbitte (Interzession) besonderes Gewicht: in der Proskomidie und nach der Anaphora (eucharistische Darbringung des Opfers) der Meßliturgie und in den Offizien und monastischen Horen. Zwar trug das Beten von Anfang an den Charakter der Fürbitte. Aber nunmehr erfolgte eine Koordinierung von öffentlichen und intimen Werten. Der Anruf um Beistand der Heiligen vor Gottes Thron und Richterstuhl gewann höhere Bedeutung für die individuelle Heilsvergewisserung. An der Spitze stehen im Gebet und im Bild die Gottesmutter (zur Rechten Christi) und Johannes der Täufer (zur Linken), der das Alte mit dem Neuen Testament vereint. Es folgen im Bild die Erzengel und – liturgisch und ikonographisch in unterschiedlicher Reihenfolge – Apostel, Propheten, Liturgie- bzw. Kirchenväter und ausgewählte Märtyrer bzw. Heilige. Das Gedächtnis im Gottesdienst umfaßte am Schluß noch die verstorbenen Stifter und die lebenden Herrscher und Hierarchen. Von der Deesis-Darstellung im Bildrang aus organisierte sich das gesamte Bildprogramm. Der Deisus-Rang heißt russisch »Tschin«, was so viel wie Ordnung bedeutet. Er ist genetisch der Ausgangspunkt und symbolisch das Zentrum der ganzen Agitationswand: offizielle Würde- und Verehrungszone.

Analog zur liturgischen Aufwertung der Lebensphasen Jesu entstand sodann ein eigener Festtagsrang, bei dem die historische Kommentierung, die Anregung zu kognitiver Kontemplation dominiert. In der Regel umfaßt er die 12 großen, innerhalb des Kirchenjahrs hervorgehobenen Herren- und Marienfeste. Aber die Zahl und die Wahl ist nicht streng fixiert. In Liturgiekommentaren ist zu ihm die »Anamnese« in Bezug gesetzt worden. In ihr ruft der Priester nach dem Einsetzungsbericht still betend die Heilstaten Christi, die Kreuzigung, Grablegung und Auferstehung in Erinnerung. Die Anamnese besitzt allerdings auch eine sakramental-anagogische Komponente. Dementsprechend wird die Festtagsikone zum jeweiligen Fest auf einem Pult zur Verehrung durch die Gemeinde ausgelegt. Anfangs hat man sie aus dem Rang der Bilderwand herausgenommen, später bewahrte man eine zweite Serie des Festzyklus im Diakonikon auf. Typisch sind die kleinen Ausmaße. Sie setzen den unmittelbaren Kontakt zum Betrachter voraus. Am Ikonostas ist die Festtagsikone wegen ihrer Kleinformatigkeit bei größerer Entfernung oft schwer zu erkennen. Die Darstellung erfolgte in den abstrakten Stilformen monumentaler Kurzszenen, gleichsam als Ergänzung und Kommentar der Deesis. Die konkrete Historisierung bleibt eine Nebensache. Die Klassifizierung als Erzähl- oder Ereignisbild trifft nur bedingt zu. Aber das psychologische Bedürfnis nach persönlicher Heils- und Lebenshilfe und das Wissensinteresse förderten dann seit dem 14. Jahrhundert Formen der natürlichen Erfahrung und der emotionalen Ausdrucksintensität. Eine reichere illustrative Ausgestaltung verband sich mit dem Appell an das intime Miterleben.

So umfaßt die Grundform der byzantinischen Bilderwand drei Ränge: die Säulenstellung mit den »lokalen« Ikonen, den Festzyklus und die Deesis. Allerdings differenzierte sich in der folgenden Zeit die »Bildrhetorik«. Aus der Kombination humaner mit kultisch-repräsentativen Funktionen entstand die neue Klasse intimer Andachtsbilder (z. B. die »Imago pietatis«). Die Ikone »Gottesmutter des Erbarmens« oder der Rührung (Eleusa, Umilenie), die schon im 11. Jahrhundert als Antityp zur hieratischen »Gottesmutter Hodigitria« beliebt war, erfuhr eine besondere Variation und Verbreitung. Die Andachtsbilder wurden vorwiegend für den privaten Gebrauch hergestellt, jedoch erschienen sie auch im Verehrungsrang und an den Kirchenwänden: zur Festigung des »kollektiven Stils affektiver Religiosität« (H. Belting). Zuletzt hat sich aus dem theologischen Interesse, dogmatische Informationen visuell-didaktisch umzusetzen, mystischen Paradoxien anschauliche Beweiskraft zu verleihen, die Klasse der Denk- und Lehrbilder entwickelt. Ob und wie weit sich mit der Verdichtung der Altarschranke zur Bilderwand der Kirchenraum veränderte, ist noch nicht untersucht worden. Jedenfalls dürfte der Kontext im Bildprogramm die Ikone liturgisch überhaupt erst zur Geltung gebracht haben. Anders läßt sich nicht erklären, daß zur gleichen Zeit, in der sich der Ikonostas herausbildete, die Ikone als »heilige Sache« unter den Schutz des Kirchenrechts gestellt wurde und einen eigenen Weiheritus erhielt.

Man nimmt an, daß sich die ersten byzantinischen Ikonostasen zwischen dem 11. und 14. Jahrhundert in Konstantinopel und auf dem Balkan herausgebildet haben. Was Rußland betrifft, ist man gleichfalls auf Vermutungen angewiesen. Das einfache Templon existierte schon am Ausgang des 12. Jahrhunderts, da aus dieser Zeit zwei Wladimir-Susdaler Deisus-Ikonen überkommen sind: jeweils drei Brustbilder auf einer Quertafel, die auf dem Architrav gestanden haben dürfte. Das Paterikon des Kiewer Höhlenklosters berichtet über fünf Deisus-Darstellungen des russischen Malermönchs Alimpi († 1114), und die Chronik des Bogoljubow-Klosters erwähnt unter dem Jahr 1158 eine Deisus-Gruppe aus Christus Pantokrator, der Gottesmutter, Johannes dem Täufer und den Erzengeln Michael und Gabriel. Im Unterschied zum späteren Ikonostas ist das Templon gekennzeichnet durch zwei Bildränge, die uneinheitliche Verteilung der Ikonen und die Frontalität der Heiligenfiguren. Zwei Flügel einer Königstür aus Twer, die man in die erste Hälfte des 14. Jahrhunderts datiert, zeigen die Liturgieväter Johannes Chrysostomos und Basilios den Großen schon einander zugewendet in Konversationshaltung. Die Interzessionsgestik – Körperdrehung und fürbittend erhobene Hände – stammte aus der byzantinischen Deesis. Der Terminus »Ikonostas« taucht in der russischen Sprache Ende des 14., Anfang des 15. Jahrhunderts auf. Bis dahin spricht man von der »Altarschranke«.

Aus Schriftquellen wissen wir, daß zwischen 1378 und 1395 Abt Afanassi Wysozki eine siebenteilige Halbfiguren-Deesis aus Konstantinopel in sein Kloster von Serpuchow mitbrachte. Zweifellos hat der Import mit dem Wandel im religiösen Verhalten und mit dem geistigen Klima des russischen Mönchtums zu tun. Vielleicht hat auch das Interesse des Übersetzers der neuen Redaktion des Jerusalemer Typikons mitgewirkt. Die Deesis, von der sich sechs Tafeln heute in sowjetischen Museen befinden, umfaßt neben der Kerngruppe die Erzengel Michael und Gabriel und die Apostel Petrus und Paulus. Die für griechische Verhältnisse ungewöhnlich großen Formate von 149 mal 98 cm führt man auf den Wunsch des Auftraggebers zurück. Die im Gebiet von Groß-Nowgorod überlieferten Ikonostasfragmente und Deisus-Reihen aus dem 14. und 15. Jahrhundert besitzen kleinere Dimensionen. Schon hier zeigt sich die spezifische Moskauer Tendenz zur Monumentalisierung.

Die überkommenen Ikonostastüren folgen dem byzantinischen Vorbild: In der Bekrönung der Königs- bzw. Paradiestür ist die Verkündigung Gabriels an die Gottesmutter, auf den beiden Flügeln sind die Väter der Liturgie oder die vier Evangelisten zu sehen, zuweilen auch die zweifache Apostelkommunion. Für den Dekor der Prothesistür und der Tür zum Diakonikon wurden örtlich unterschiedlich Heiligenfiguren bevorzugt. Ins 13. Jahrhundert datiert man eine bei Archangelsk gefundene Königstür, die mit einem – später typischen – Kielbogen abschließt, wie er auch die Architektur charakterisiert. Im 13. oder 14. Jahrhundert erschien in Rußland über dem Deisus-Rang als selbständiger Rang der Festtagszyklus, der nach byzantinischem – auch in der westlichen Ukraine praktiziertem – Brauch am Gebälk angeordnet war. So bestand schon an der Wende zum 15. Jahrhundert der zentral- und nordrussische Ikonostas aus drei Reihen: dem »Verehrungsrang« mit den drei Türen und der »Ortsikone«, dem fünf, sieben oder neun Figuren umfassenden »großen Deisus« und dem – auf das »Dodekaortion« konzentrierten – Festzyklus. Bald kam als oberster der Prophetenrang hinzu.

Der Deisus verlor zwar nicht seine ursprüngliche eschatologische Beziehung zum Jüngsten Gericht und zum Richteramt Gottes, die der heidnisch-imperialen Tradition des Repräsentations- und Adorationsbildes folgte. Aber durch das liturgische Verständnis des Ikonostas als Ort der mystischen Aussöhnung und des intimen Dialogs von Gott und Mensch gewann er neue Inhalte hinzu. Entsprechend der Idee der universellen Fürbitte vollführen alle Heiligen eine Wendung zur Mitte, um sich der Interzession von Maria und dem Täufer anzuschließen. Körperhaltung und Gebärde setzen Christus als Bezugsperson und eine persönliche Beziehung zu ihm voraus. Besonders die zarten Kurvaturen der Figuren Rubljows vermitteln eine Stimmung friedlicher, harmonischer und gedankentiefer Meditation. Die horizontale Reihung von Einzelbildern wurde integriert von einem Bewegungsablauf, der von den Seiten zur Mitte führt. Die anderen Bildränge schlossen sich der Anordnung des Deisus an. Zugleich wurde die zentrale Vertikale durch Großformatigkeit und Ikonographie betont und so eine »Seheinheit« hergestellt. Polyfunktionalität und Polysemantik entwickelten sich aus einem horizontalen und vertikalen Koordinatennetz.

Erläuterungen und Textabb. S. 363ff.

In der Konstruktion dominiert das mit kostbaren Schnitzereien verzierte, übergipste und vergoldete oder mit Treibarbeit verkleidete Holzgerüst. Im Moskauer Gebiet existiert noch eine Ausführung, die mit den aus Fels gehauenen Ikonostasen der kleinasiatischen und kaukasischen Höhlenkirchen verglichen worden ist, sich jedoch eher von dem frühen byzantinischen Templon aus Stein ableitet. Die Mariä-Geburts-Kathedrale des Sawwa-Storoshewski-Klosters bei Swenigorod (1405) weist zwischen den östlichen Kuppelpfeilern, die Dreieinigkeits-Kathedrale des Sergius-Klosters (1422–1423) über die ganze Raumbreite eine etwa drei Meter hoch aufgemauerte Wand auf, die vermutlich den Deisus- und Festtagsrang trug. In der Mariä-Geburts-Kathedrale war die zur Gemeinde liegende Westseite – wie in der späteren Mariä-Himmelfahrts-Kathedrale des Moskauer Kremls (1475–1479) – mit Fresken von Heiligen bedeckt, so daß sie vermutlich den »Verehrungsrang« ersetzt hat. In der Dreieinigkeits-Kathedrale ist die steinerne Altarscheidewand nicht mit Malereien versehen worden, jedoch deuten Reste von Konsolen an, daß an ihr Ikonen angebracht waren – vermutlich als Ortsikone auch die »Dreieinigkeit« von Andrej Rubljow (datiert zwischen 1411 und 1423). Am Platz erhalten hat sich jedenfalls weitgehend der von ihm, Daniil Tschorny und Mitarbeitern 1427–1428 hergestellte Deisus- und Festtagsrang. Ob von ihren Händen schon der obere Rang der Propheten stammte, den im 16. Jahrhundert ein Werk der Godunow-Schule ersetzte, bleibt umstritten. Andrei Rubljow, Theophanes der Grieche und Prochor aus Gorodez malten 1405 die Mariä-Verkündigungs-Kathedrale im Moskauer Kreml aus und schufen dort den Ikonostas, der in den Neubau von 1484–1489 übernommen wurde. Trotz zahlreicher späterer Restaurierungen und Ergänzungen gilt er als das »klassische« Muster und als die älteste Ausführung altrussischer Kunst. Eine Fülle von Abhandlungen sowjetischer Kunsthistoriker beschäftigt sich mit der Abgrenzung der individuellen Handschriften im neunteiligen Deisus- und im 15 Bilder umfassenden Festtagsrang. Der ursprüngliche »Verehrungsrang« hat sich nicht erhalten, den Propheten-Rang datiert man in die

Moskau, Mariä-Verkündigungs-Kathedrale im Kreml, Ikonostas
Textabb. S. 198
Abb. 165, 166, 173, 174

Moskau, Mariä-Verkündigungs-Kathedrale, Ikonostas

A Reihe der Erzväter, in der Mitte: Gott-Zebaoth
B Reihe der Propheten, in der Mitte: Gottesmutter Hodigitria (16. Jahrhundert)
C Festtags-Reihe: 1 Mariä Verkündigung; 2 Christi Geburt; 3 Darbringung im Tempel (Mariä Reinigung); 4 Unterweisung (Mittpfingsten); 5 Taufe Christi; 6 Verklärung Christi; 7 Auferweckung des Lazarus; 8 Christi Einzug in Jerusalem; 9 Abendmahl; 10 Kreuzigung; 11 Grablegung; 12 Christi Niederfahrt zur Hölle (Auferstehung); 13 Christi Himmelfahrt; 14 Ausgießung des Heiligen Geistes; 15 Mariä Himmelfahrt
D Deisus-Reihe: 1 Basilios der Große; 2 Apostel Petrus; 3 Erzengel Michael; 4 Gottesmutter; 5 Erlöser auf dem Thron; 6 Johannes der Täufer; 7 Erzengel Gabriel; 8 Apostel Paulus; 9 Johannes Chrysostomos (beide Reihen 1405)
E Reihe der Monats-Ikonen (18. Jahrhundert)
F Verehrungs-Reihe: 1 Gottesmutter von Tichwin (16. Jahrhundert); 2 Erzengel Uriel, Tür zur Prothesis (18. Jahrhundert); 3 Erlöser auf dem Thron (17. Jahrhundert); 4 Gottesmutter Hodigitria (16. Jahrhundert) mit Medaillons der Urmütter (18. Jahrhundert); 5 Königs- oder Paradiestür mit Darstellungen der Verkündigung und der vier Evangelisten; 6 Erlöser auf dem Thron (1337); 7 Verkündigung von Ustjug (Kopie aus dem 17. Jahrhundert); 8 Johannes der Täufer, Apostel Petrus, Alexius der Gottesmensch (1683); 9 Erzengel Rafael, Tür zum Diakonikon (18. Jahrhundert); 10 Erlöser von Smolensk (16. Jahrhundert)

zweite Hälfte des 16., den Rang der Erzväter in das 19. Jahrhundert. Andrei Rubljow arbeitete auch um 1408 an der Restaurierung der Fresken und an neuen Ikonen für den Deisus- und den Festtagsrang der Mariä-Himmelfahrts-Kathedrale von Wladimir und um 1427 in Swenigorod.

Dabei fällt auf, daß die relativ kleinen, in der Regel halbfigurigen Deisus-Darstellungen, wie wir sie aus Byzanz, den Balkanländern und Groß-Nowgorod kennen, in der Moskauer Region abgelöst wurden durch großformatige Bildtafeln mit ganzen Figuren und einer auf Fernwirkung berechneten Perspektive und Ausdrucksintensität. Zwar lassen sich seit dem 14. Jahrhundert für die Ganzfigurigkeit byzantinische und serbische Beispiele anführen, aber sie halten sich, wie der Deisus-Rang in Gracanica, in kleinen Dimensionen, dort mit einer Höhe von nur 77 cm. Im Gegensatz dazu gestaltete Theophanes der Grieche seine Figuren auf Tafeln von mehr als zwei, Rubljow auf Tafeln bis zu drei Meter Höhe. Im Unterschied zu den Ikonen des Festzyklus, die kleinformatig sind, aber auf dem Proskynetarion der Gemeinde nahegebracht werden konnten, blieb der Deisus-Rang unmittelbarer Verehrung unerreichbar. Um die repräsentativ-kultische Distanz durch die Möglichkeit der visuellen Annäherung zu ergänzen, mußte man die besonderen Stilmittel finden, die auf uns heute noch außergewöhnliche Reize ausüben. Die vorher nicht dagewesene Koordinierung von Monumentalität und Intimität ging nicht einher mit der Vergrößerung des Kirchenraums. Die frühmoskowitischen Hof- und Klosterkathedralen besitzen keine größeren Ausmaße als die spätbyzantinischen oder Nowgoroder Kirchen. Entscheidend dürfte gewesen sein, daß die Funktions- und Bedeutungsanreicherung des Ikonostas der architektonischen »Raumikone« unterlegt wurde.

Ohne den Ikonostas als Trenn- und Schauwand wäre die frühmoskowitische Raumordnung undenkbar. Er entzieht das Sakramentale der Aufdringlichkeit der Betrachter und hüllt es bei geöffneten Türen in ein geheimnisvolles Hell-Dunkel. Er bietet sich aber selbst als Ersatz an. Vor ihm ist der Platz für repräsentative Feierlichkeit: für die Zelebration des Gottesdienstes und für den Herrscher, der nicht mehr auf der Westempore thront. Hier ist der Platz für die historisierende und dogmatische Belehrung und für die stille Andacht, die den Weg zur Selbstbesinnung und Selbstdisziplin bahnt. Analog diente der Raum einerseits der mystischen Union, der kirchlichen und patriotischen Gemeinsamkeit, andererseits der Selbstversenkung. Er schloß von der Außenwelt ab mit der Geborgenheit einer Höhle, erhob die Seele ins göttliche Licht und konzentrierte das Bewußtsein auf die christlichen Bildungs- und Tugendwerte. Es ging nicht mehr nur um die Symbolik der »nicht von Menschenhand geschaffenen« göttlichen, kosmischen Ordnung, sondern zugleich um die Absicht, Platz für das Menschliche und Individuelle zu schaffen. Das Sakrale erhielt anthropomorphe Dimensionen. G. K. Wagner schreibt: »Alle Maßstäbe und Proportionen sind auf den Menschen bezogen.« Der Kirchenraum sollte zum mystischen Stimmungsraum organisiert werden. So kann man die Stilmotivation durchaus mit D. Lichatschows Begriff der »Psychologisierung« bezeichnen.

Vergleicht man den frühmoskowitischen Bautyp mit spätbyzantinischen Kreuzkuppelkirchen, so fällt eine spezifisch russische Ausformung auf, die sich auch schon bei vormongolischen Bauten findet: Die Altarstufe (Solea) zieht sich direkt unter der Hauptkuppel entlang. Der vor den östlichen Kuppelpfeilern aufragende Ikonostas präsentiert so die Ikonen trotz des ambivalenten Hell-Dunkels der unteren Raumzone in relativ günstiger Belichtung. Er ließ sich ohne Schwierigkeit durch weitere Bildränge erhöhen. Die Plätze vor der Königs- und vor der Prothesistür, der Prozessionsweg zwischen beiden, der Ambo, die beiden Stellflächen des Chors, das Proskynetarion samt Festtagsikone, sie alle waren durch die Raumorganisation und Lichtsymbolik besonders ausgezeichnet. Sie entfalteten im unmittelbaren Zusammenhang mit der Bilderwand als Komplexprogramm ihre Wirkung. Die ikonologische und funktionelle Systematisierung des Ikonostas erfolgte überhaupt erst zwischen dem 14. und 16. Jahrhundert in der Moskauer Region. Sie ist mit den Namen von Theophanes dem Griechen, Andrei Rubljow und Dionissi verbunden. Der russische Beitrag zur Mystik trug bildlichen Charakter. Visuelle und räumliche Formen vermittelten zwischen Ritual und Wort.

Die Moskauer Herrscher und Metropoliten benötigten beim Aufbau des Einheitsstaats und bei der Abwehr innerer und äußerer Feinde nicht nur die absolute Staats- und Kirchenräson, sondern auch die – als kollektives Rollenverhalten einzuübende – Ableitung von Systemstörungen ins Individuelle. Die Gläubigen sollten als innere Konflikte austragen, was sie in Konflikt mit der offiziellen Meinung gebracht hätte. Sie sollten den asketischen Idealen folgen, die im Mönchtum vorgedacht und vorgelebt wurden und die der Stabilisierung der russischen Feudalgesellschaft dienten. In der wechselnden Sympathie der Großfürsten für die beiden gegensätzlichen monastischen Reformbewegungen, die Anhänger von Iossif Wolozki und von Nil Sorski, kam später der jeweilige politische Stellenwert zum Ausdruck. Wie auch immer: Um die praktisch-moralische »Verähnlichung«, um die Selbstbeherrschung durch Selbstversenkung zu stimulieren, wurde ein Stimmungsraum benötigt. Der Kirchenbau mußte als Instrument der äußeren und der inneren Disziplinierung wirksam sein. Er mußte die Gläubigen zu gehorsamen Untertanen erziehen und den Weg zum Seelenheil ebnen.

Der Aufstieg des Moskauer Staates

Sakrale Verklärung des Herrscheramtes und internationaler Repräsentationsvergleich

Die »Sammlung der russischen Lande« unter dem zur Zentralgewalt aufsteigenden Moskau bedingte eine Tendenz zur Stilvereinheitlichung. Die Moskauer Region wurde zum Schmelztiegel der verschiedenartigen Einflüsse aus den anderen Architekturlandschaften, drängte diesen aber ihre Formen auch immer energischer auf. Der Historisierungsprozeß, den der frühmoskowitische Kirchenbau eingeleitet hatte, weitete sich aus. Typisch war das Streben nach Bewahrung des sechs- und vierpfeilerigen Kreuzkuppelschemas und nach Kostümierung der Fassaden. Das Gewand selbst konnte unterschiedlich zugeschnitten sein: in Anpassung an die fürstliche Repräsentation in der Wladimir-Susdaler Rus, an die nüchternen und intimen Bürgerkirchen Groß-Nowgorods und Pskows, an die Giebelpyramide bzw. Gewölbestruktur der frühmoskowitischen Hof- und Klosterarchitektur und an das zeitgenössische Erscheinungsbild oberitalienischer Renaissancepaläste. Auftraggeber und Baumeister nutzten wechselweise die Formen vergangener und zeitgenössischer Stilrichtungen.

Schriftliche Quellen verweisen auf politische Beweggründe: Moskauer Zentralgewalt und Herrscheramt bedurften zu ihrer Legitimation und Stabilisierung des vormongolischen Nationalerbes, des Anspruchs auf die Nachfolge von Byzanz und des Repräsentationsvergleichs mit westlichen Feudalstaaten. Dabei spielte die schon in Byzanz geübte sakrale Verklärung der Staatsmacht und der Herrscherpersönlichkeit eine Rolle. Allerdings genügte es nicht mehr, Machtverhältnisse durch imponierende Größe und Pracht zum Ausdruck zu bringen. Die Untertanen sollten durch die architektonische Formensprache nicht nur überredet, sondern auch überzeugt werden. Dem entsprach die unterschiedliche »Verkleidungssymbolik« der Fassaden und eine Differenzierung der Raumorganisation, die sich aus den spezifischen Funktionen als Hof-, Bischofs-, Pfarr- oder Klosterkirche und aus der Formtradition allein nicht erklären läßt. Man griff den neuartigen, in der Bildrhetorik noch deutlicheren Appell an die Übereinstimmung individueller und staatsbürgerlicher Gesinnung auf. Wie das Bild, so sollte der Raum beitragen, Herrschaftsintentionen in religiös-moralische Normen und diese in persönliche Imperative umzusetzen: Um »anzukommen«, mußte dieser Appell eine reale soziale Basis haben. Er besaß sie in dem neuen Dienstadel, dessen Interessen sich eng an denen des Herrscheramtes orientierten. Betrachten wir die wichtigsten Bedingungen des neuen Bauens in der zweiten Hälfte des 15. und am Anfang des 16. Jahrhunderts:

Nachdem Iwan III., »der Große« (1462–1505), die Fürstentümer Jaroslawl, Rostow, Perm, teilweise das Rjasaner Land und das rivalisierende Twer (1485) vereinnahmt, die Feudalrepublik Groß-Nowgorod unterworfen (1478) und deren nördliche Besitzungen in Moskauer Provinzen verwandelt hatte, konnte er sich als »Zar und Selbstherrscher von ganz Rußland« bezeichnen lassen. Er bemühte sich um ein erstes zentrales Regierungs- und Verwaltungssystem und um eine einheitliche Gesetzesgrundlage. Gleichzeitig mit der nationalen Einigung kündigte er der Goldenen Horde die Tributzahlung auf. In der »Begegnung an der Ugra« (1480) zwang er die durch innere Zwiste ohnedies geschwächten Tataren zum Rückzug. Die von Moskauer Bischofssynoden 1448 und 1459 verkündete Autokephalie, die eigenständige Einsetzung des Metropoliten Jona, die Ablehnung der Florentiner Union (1439) und der Untergang des Byzantinischen Reichs (1453) förderten die sakrale Aura seiner Macht. Er gewann das Prestige des Schutzherrn der christlich-orthodoxen Ökumene. Seine Heirat mit Sophia Paläolog (1472), der Nichte des letzten byzantinischen Kaisers, nutzte Iwan III. zur »translatio imperii«, die später in der Ideologie von »Moskau, dem dritten Rom« gipfelte. Damit schuf er die Voraussetzung für die endgültige Übernahme der Würdetitel »Autokrator« und »Zar«, des byzantinischen Doppeladlers als Staatsemblem und des Konstantinopler Hof- und Krönungszeremoniells. Moskau baute er zur europäischen Metropole und den Kreml zum Zentrum ganz Rußlands aus.

Die Moskauer Staatsideologie war Ideologie des autokratischen Herrscheramtes und erhielt ihr besonderes Gepräge durch dessen sakrale Verklärung. Iossif Sanin (Wolozki, 1439–1515), der 1479 bei Wolokolamsk ein koinobitisches Kloster gründete und ihm dann als Abt vorstand, wurde zum führenden Theoretiker des Staatskirchentums. Er glorifizierte nach justinianischem Beispiel den Herrscher als Abbild und Stellvertreter Christi. In Anlehnung an Eusebios von Cäsarea und Diakon Agapetos übertrug er auf ihn die christologische Zwei-Naturen-Lehre: »Der Zar ist nämlich seiner Natur nach allen Menschen gleich, seiner Macht nach gleicht er aber Gott dem Höchsten.« Oberste Pflicht des Herrschers war die Reinerhaltung des orthodoxen Glaubens, notfalls mit Machtmitteln. Iossif verlangte von ihm einen unerbittlichen Kampf gegen häretische Abweichungen. So wurde das byzantinische Erbe nationalrussisch umfunktioniert. Als Modell eines »Heilsstaats« betrachtete Iossif das Kloster Wolokolamsk, dem er ein strenges Reglement vorschrieb.

Schon als der byzantinische Kaiser im Abwehrkampf gegen die Osmanen beim päpstlichen Stuhl Hilfe suchte und sich 1439 zur Florentiner Union bereitfand, distanzierte sich die Moskauer Bischofssynode von der Konstantinopler Mutterkirche. Der Untergang des Byzantinischen Reichs 1453 wurde von Metropolit Jona als Strafe für den Abfall vom wahren Glauben interpretiert. Moskau fühlte sich als besserer und treuerer Hüter der orthodoxen Traditionen. Gegen Ende des 15. Jahrhunderts konzentrierte sich die kirchliche Propaganda auf den Nachweis, daß die Nachfolge Rußlands durch göttliche Fügung lange in der Geschichte vorbereitet sei. Man zitierte die alte Weissagung vom »blonden Volk« (rusyj), das »Zargrad« (Konstantinopel) befreien werde. Ilarion und Nestor hatten bereits in vormongolischer Zeit auf die Eigenapostolizität und Bedeutung der Russen als der Letztberufenen verwiesen. Als 1492 neue Paschalientafeln (Festlegung der Ostertermine) eingeführt wurden, interpretierte Metropolit Sossima das eschatologische Schriftwort »Die Ersten werden die Letzten und die Letzten werden die Ersten sein« im Sinn der Vollendung der Weltgeschichte im Moskauer Reich. Gott habe den »durch seine Rechtgläubigkeit hervorragenden« Iwan III. als neuen Konstantin, Moskau als neues Konstantinopel und Rußland als neuen Heilsstaat eingesetzt. Die Tatsache, daß für die Nacht vom 24. zum 25. März 1492 nach byzantinischer Rechnung das 7000. Jahr und damit das Ende der Welt erwartet worden, aber nicht eingetroffen war, wertete die russische Kirche als Zeichen göttlicher Vorsehung und Gunst für ihre nationale Mission.

Der religiös-historische Messianismus kam besonders in der Konzeption des Pskower Mönchs Filofei († 1547) von »Moskau, dem dritten Rom« zum Ausdruck: Das erste Rom habe wegen des Gottesdienstes mit ungesäuertem Abendmahlsbrot seine führende Stellung in der christlichen Welt verloren, das zweite Rom – Konstantinopel – sei wegen seiner Union mit den Lateinern zugrunde gegangen, die Rettung aller Rechtgläubigen liege in Moskau, dem dritten Rom, »und ein viertes wird es nicht geben«. In Anbetracht des staatlichen Aufschwungs, des realpolitischen Machtzuwachses und des »Strafgerichts« über die Griechen lag den Russen des 15. und 16. Jahrhunderts der Gedanke der historischen Auserwähltheit nahe. Die nationalrussische Tendenz integrierte das Verhältnis von Staat und Kirche, letztlich zugunsten der Staatsideologie. Analog zur jurisdiktionellen Lösung der Moskauer Metropolie vom Konstantinopler Patriarchat erfolgte die Kanonisierung neuer russischer Heiliger und die Einführung eigener russischer Riten in den Gottesdienst. Im Architekturstil vereinten sich nationalrussische und politisch-herrscherliche Motive mit solchen der sakralen Überhöhung. Charakteristisch dafür war die Fünfkuppelkonstruktion der Kreuzkuppelkirche.

Erläuterungen und Textabb. S. 364f.

Auf Geheiß Iwans III. mußte der aus Italien berufene Architekt Aristotele Fioravanti die Hauptkirche des Moskauer Kremls und Staats, die Mariä-Himmelfahrts-Kathedrale, mit fünf Kuppeln ausstatten. Als Vorbild sollte die gleichnamige, ehemalige Metropolitankirche in Wladimir dienen. In der Forschung nennt man den Bautyp »Quincunx«: Die Kuppeltamboure sind wie die fünf Augen des Würfelsteins angeordnet. Die Fünfkuppelkonstruktion gehörte zum nationalen Erbe vormongolischer Zeit. Religiös bezeichnete sie den über den vier Evangelisten thronenden Pantokrator. In Byzanz und in den Balkanländern wurde sie im 13. und 14. Jahrhundert von höfischen Auftraggebern bevorzugt. Charakteristisch sind die Parigoritissa in Arta (1283–1296), die Chora-Erlöser-Kirche in Konstantinopel (1316–1321), die Apostel-Kirche in Thessaloniki (1312–1315) sowie einige Kirchen in Mistra und auf dem Balkan. Die Fünfkuppelkonstruktion diente hier verschiedenen Symbolwerten: Gottesgnadentum, Grabdenkmal, Fürbitte von Heiligen. Jedoch wuchsen in Moskau historisch neue Bedeutungen hinzu, und zwar aus der Renaissance. Die gleiche Anordnung erschien zur gleichen Zeit in Westeuropa: im Verhältnis der Vierungskuppel zu vier in den Ecken plazierten Türmchen. Hier hat man ihr unterschiedliche, immer jedoch politische Symbolik unterlegt. Für unseren Zusammenhang ist interessant, daß die vier Ecktürme eine Stilform der römischen Quattrocento-Paläste waren. In Entwürfen von Bramante und Filarete finden sie sich an Palastkirchen und vermitteln sie zu den vieltürmigen Palastfassaden. Sie verwiesen auf die öffentliche Stellung des Renaissanceherrschers, der sein persönliches Talent höher schätzte als das traditionelle Gottesgnadentum. Iwan III. dürfte auf diese Bedeutungserweiterung Wert gelegt haben. Er wollte sein Amt nicht

Filarete, Entwurf zu einer Kirche, Grundriß und Ansicht

nur der kirchlichen Apologie, der sakralen Verklärung verdanken, sondern auch durch seine individuelle Befähigung rechtfertigen.[46]

Die neuere Geschichtsforschung vertritt die These, die sakrale Verklärung des Herrscheramtes sei von der orthodoxen Kirche ausgegangen und von Iwan III. und Wassili III. (1479/1505–1533) nur pragmatisch verwertet worden. Staatsoffizielle Bedeutung habe sie erst mit der Krönung Iwans IV. 1547 erlangt. Die These stützt unsere Annahme, daß Iwan III. mit der Renaissance sympathisierte und Stilformen suchte, die innerhalb einer vielschichtigen Symbolik eine persönliche Selbstdarstellung erlaubten. In Westeuropa löste sich allmählich die Herrscherarchitektur aus mittelalterlichen Bindungen und konstituierte einen eigenen, profanen Wertbereich. Ausleben der Individualität, Diesseitigkeit und Sinnenfreude waren dem Moskauer Großfürsten ebensowenig fremd wie den westlichen Potentaten. So dürften die Formen der italienischen Renaissance als Ausdruck einer neuen Zeit empfunden worden sein, dem man sich aufschließen und den man nutzen wollte. In der Kostümierung von Fassaden, in der Gestaltung von Portalen und Türmen, in der Anlage von Treppen und Terrassen finden sich verschiedenartige Formsynthesen zwischen nationalen Traditionen und fremder »Mode«. Um zu demonstrieren, daß sich die Träume der Väter in Rußlands neuer Glorie verwirklichten, bedurfte es nicht nur der Rezeption des Erbes, sondern einer neuen Monumentalität.

Mit Iwan III. setzte sich gegenüber der Thronfolge des Sippenältesten (Seniorat), die Jaroslaw der Weise eingeführt und die zu den Onkel-Neffen-Konflikten und Feudalfehden geführt hatte, die des ältesten Sohnes (Primogenitur) durch. Noch Wassili II. (1425–1462), der Vater Iwans, mußte in der kriegerischen Auseinandersetzung mit seinem Onkel Juri von Swenigorod die Herrschaft dreimal an diesen abtreten. Er wurde sogar geblendet und nach Uglitsch verbannt. Iwan III. war verfassungsrechtlich zum ersten Mal im vollen Besitz der Großfürsten- bzw. Zarenwürde. Seine Brüder bereiteten ihm noch mancherlei Schwierigkeiten. Aber sie schmälerten die Rechte seiner »Selbstherrschaft« nicht. Auch in dem Bündnis mit der Kirche veränderten sich die Machtpositionen. Iwan III. mußte gegenüber der Hierarchie weitaus weniger Kompromisse eingehen als seine Vorgänger. Er beschlagnahmte mehrfach – mit dem Hinweis auf die nationale Notwendigkeit – kirchlichen Grundbesitz und erließ das Verbot, den Klöstern Ländereien zu übereignen. Das Anwachsen des Klosterguts durch Stiftungen und die Ansammlung von etwa einem Drittel des russischen Bodens in den Händen der Kirche wurde für die Zarenregierung eine ernste Gefahr: Sie benötigte selbst mehr und mehr Land zur Verteilung an den neuen Dienstadel, auf den sie sich gegenüber den opponierenden, alteingesessenen Fürsten- und Bojarengeschlechtern stützen mußte.

Seit den siebziger Jahren des 15. Jahrhunderts ließ Iwan III. durch seine Diplomaten Architekten, Ingenieure und Kunsthandwerker in Oberitalien und Südosteuropa anwerben. Die Russen nannten sie wie alle Fremden »Frjasi«: Franken. Aristotele (Rudolfo) Fioravanti, Pietro Antonio Solario, Aloisio Nuovo, Antonio und Bon Frjasin und Marco Ruffo haben am Neubau der Befestigung, der Kathedralen und der Paläste des Moskauer Kremls hervorragenden Anteil. Im Wiederaufgreifen historischer Formen brachten sie ihre Erfahrung mit. Zugleich wurden die besten Bauleute aus den russischen Gebieten berufen: aus Pskow, Twer und Rostow. Unter den einheimischen Meistern tauchten die ersten »Patrone«, eine Art Bauunternehmer auf, die bei Technik und Baumaterial zur Ablösung der Kalksteinquader durch die schneller und preiswerter zu gewinnenden und zu vermauernden Ziegel beitrugen. Bekannt ist Wassili Dmitrijewitsch Jermolin, der im Auftrag Iwans III. historisch bedeutende Bauten aus der vormongoli-

Abb. 57, 94–97 schen Zeit restauriert hat: das Goldene Tor in Wladimir (1469) und die Georgs-Kathedrale in Jurjew-Polski (1471). Er war an Neubauten des Moskauer Kremls und des Dreieinigkeits-Sergius-Klosters (Refektorium) beteiligt. Russische und italienische Baumeister gestalteten gemeinsam einen Historizismus, der ein Schmelztiegel verschiedenartiger nationaler Traditionen und technischer Kenntnisse und Formen der Renaissance war und als Folge der politischen Zentralisierung und sozialen Neuordnung gesamtrussischen Charakter erhielt. Die im letzten Drittel des 15. und im ersten Drittel des 16. Jahrhunderts entstehende Kremlarchitektur bot der im ganzen Land zunehmenden Bautätigkeit die offiziellen, zur Nachahmung empfohlenen Modelle an.

Italienische Architekten arbeiteten an allen europäischen Höfen, selbst beim Sultan in Konstantinopel. Bei der Berufung nach Moskau ging es zunächst um die Nutzung der modernen technischen Erfahrungen. Fioravanti hatte sich in seiner Heimat als Ingenieur, nicht als Künstler hervorgetan. Iwan III. wollte die historische Kostümierung durch eine stabile Konstruktion absichern. Ob gleich anfangs an die politische Aura der Renaissanceformen gedacht war, ist fraglich. Aber dann muß diese Rezeption gut in die herrscherliche Selbstdarstellung und in die internationale Statussymbolik gepaßt haben. Iwan III. und sein Nachfolger und Sohn Wassili III. suchten Kontakt zu Westeuropa und strebten den Ausbau Moskaus zur europäischen Metropole an. Die Würdetitel »Zar« und »Autokrator« wurden vor allem im diplomatischen Verkehr gebraucht. Selbst der byzantinische Doppeladler wurde über den Westen übernommen: vermutlich, um ihn nicht allein dem Kaiser des Abendlandes zu überlassen. Als Bündnispartner gegen Litauen-Polen bot sich das Deutsche und Habsburgische Reich an, das seinerseits durch Moskau die antitürkische Koalition verstärken wollte. Dem deutschen Gesandten Sigismund von Herberstein verdanken wir die erste gründliche Beschreibung des Moskauer Hofs und Reichs. Aber auch zum päpstlichen Stuhl, zu den italienischen Städten, zu England, Frankreich und Indien wurden diplomatische Beziehungen aufgenommen. Der internationale Aufstieg verknüpfte sich eng mit dem Außenhandel. Das besondere Interesse der Moskauer Herrscher galt der ökonomischen und kulturellen Potenz Nowgorods und Pskows gegenüber den norddeutschen Handelsstädten. Iwan III. soll gefangenen Litauern gesagt haben, er wolle Schulen einrichten, damit die russische Jugend die lateinische und deutsche Sprache erlernen könne. Die Rolle im gesamteuropäischen Kräftespiel nötigte zum Repräsentationsvergleich mit westlichen Herrschern. Dafür genügte die Tradierung architektonischer Hoheitsformen aus Byzanz und dem eigenen Erbe nicht mehr. Die Übernahme von Renaissanceformen gewann außenpolitischen Rang. Zwar erwähnt Herberstein in seinem Bericht »Moskowia« die Renaissancearchitektur des Kremls mit keinem Wort. Aber die Zaren konnten gewiß sein, in dem wachsenden Kreis ausländischer Diplomaten und Besucher ein urteilsfähiges Publikum mit internationalem Anspruchsniveau zu besitzen.

Das plurale Modell der Kremlarchitektur

»Kreml« wird allgemein die Burg genannt, die Teilfürsten der zentral- und nordrussischen Gebiete als ihre Residenz anlegten. Bis ins 14. Jahrhundert – in Nowgorod sogar noch später – gebrauchte man den ursprünglichen Terminus »Detinez«. Als Bauplatz eignete sich besonders ein Hochufer an Flüssen oder am Zusammenfluß von Wasserläufen. Die Fortifikation bestand – nach dem Vorbild frühslawischer Wall- und Volksburgen – aus breiten, festgestampften Erdwällen mit Holzgeflechten zur Verstärkung und Balkenlagen als Fundamenten, vor denen sich

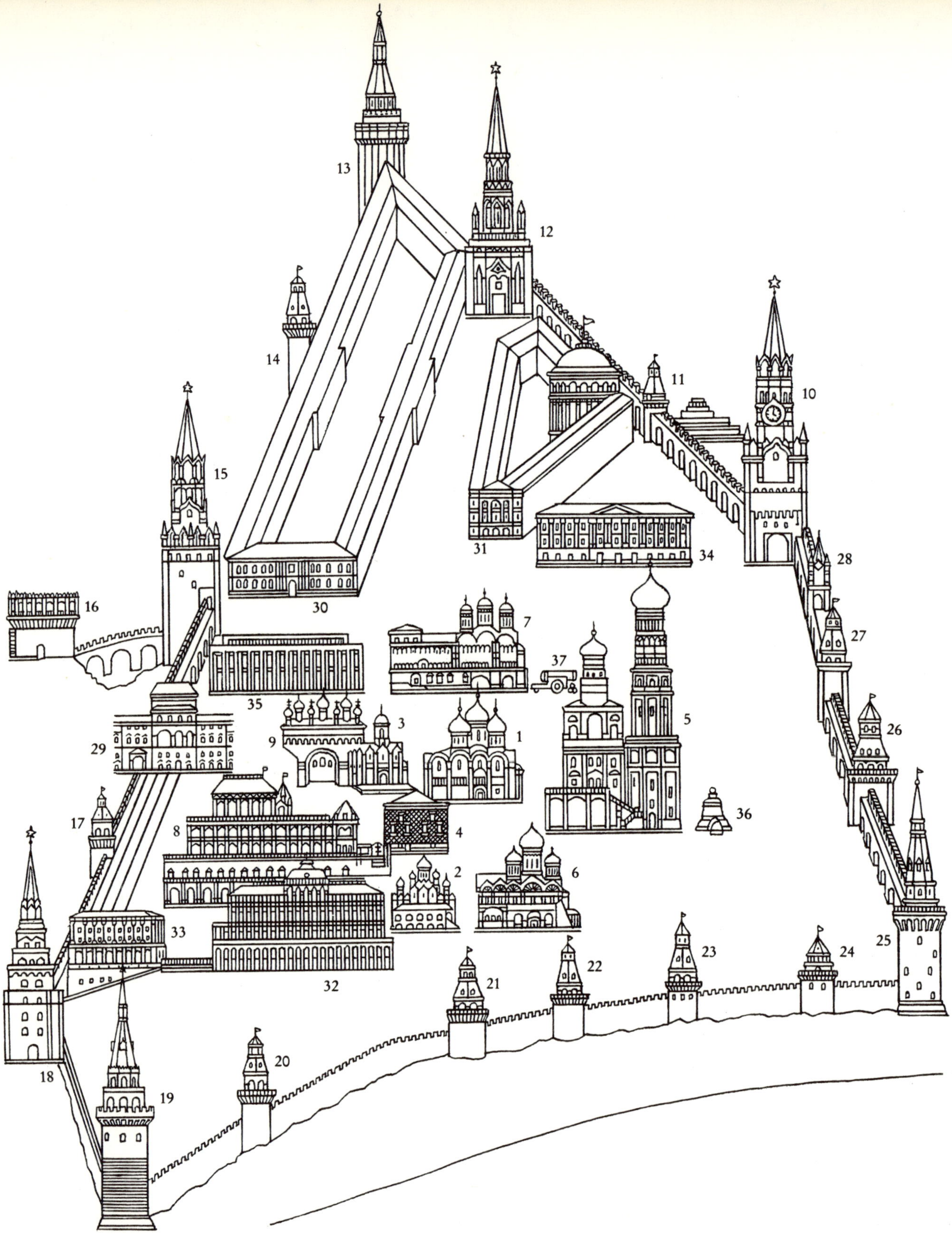

Moskau, Plan des Kremls

1 Mariä-Himmelfahrts-Kathedrale;
2 Mariä-Verkündigungs-Kathedrale;
3 Kirche der Niederlegung des Gewandes Mariä;
4 Facetten-Palast;
5 Glockenturm »Iwan der Große«;
6 Erzengel-Kathedrale;
7 Zwölf-Apostel-Kirche und Patriarchen-Palast;
8 Terem-Palast;
9 Terem-Kirchen;
10 Erlöser- (Frolow-) Torturm;
11 Senats-Turm;
12 Nikolaus-Torturm;
13 Arsenal- (Sobakin-) Eckturm;
14 Mittlerer Arsenal-Turm;
15 Dreieinigkeits-Torturm;
16 Kutafja-Wachtturm;
17 Waffen-Turm;
18 Borowizki-Torturm;
19 Wasserhebe- (Swiblow-) Eckturm;
20 Mariä-Verkündigungs-Turm;
21 Geheim-Turm;
22 Erster Namenloser Turm;
23 Zweiter Namenloser Turm;
24 Petrow-Turm;
25 Beklemischewski-Eckturm;
26 Konstantin-Helena-Torturm;
27 Alarm-Turm;
28 Zaren-Turm;
29 Lustschloß;
30 Arsenal;
31 Ministerrat der UdSSR;
32 Großer Kreml-Palast;
33 Rüstkammer;
34 Oberster Sowjet;
35 Kongreß-Palast;
36 Zarenglocke;
37 Riesenkanone

tiefe Gräben und auf deren Krone sich Palisaden oder Holzwände aus Eichenstämmen entlangzogen. Die Wehr- und Tortürme waren in der Regel mehrgeschossige Blockbauten mit flachen Zeltdächern. Im Verlauf der Geschichte entfaltete sich die Burg zur kleinen Residenzstadt. Aus der Lebensweise ergab sich die Bebauung: Paläste des Fürsten, des kirchlichen Hierarchen, der adligen Gefolgsleute, Kirchen, Klöster, Wirtschaftsgebäude, aber auch Ansiedlungen der Bediensteten und Handwerker, überwiegend in Holzarchitektur. Beim Wohnbau lagen die Wirtschaftsräume im Erdgeschoß, die Wohnräume im Obergeschoß. Der Kreml war in Friedenszeiten öffentlicher Bestandteil der ganzen Siedlung. Aus Verteidigungsgründen grenzte er sich gegen die Vor- und Außenstadt (Possad) ab, die ihrerseits ebenfalls befestigt sein konnte. In ihr gruppierten sich die Blockbauten der zum Teil als Dienstleute in feudaler Abhängigkeit befindlichen Handels- und Gewerbetreibenden um die Märkte. Die einzelnen Stadtviertel und Straßen waren nach bestimmten Berufen und ethnischen Gruppen besiedelt. Freilich gab es auch innerhalb des Possads befestigte Herrenhöfe und Klöster, die im gesamten Verteidigungssystem als Bastionen dienten. Die gleiche Wehrfunktion konnten die vor den Städten gelegenen Klöster und später die im Land aus Einsiedeleien entstandenen Gemeinschaftsklöster ausüben. Der Fortschritt der Artillerie veränderte relativ spät die Fortifikation. Sigismund von Herberstein schildert die Moskauer Vorstadt in der ersten Hälfte des 16. Jahrhunderts »weder mit Mauern, noch Graben, noch Zinnen«. Nur der Moskauer Kreml muß befestigt gewesen sein. Nachdem er im Steinbau verstärkt worden war, erneuerte man auch die Kremlanlagen der anderen Städte. Sie fungierten nicht mehr als fürstliche Residenzen, sondern übernahmen Aufgaben der staatlichen Administration. Oft verblieb in ihnen der Bischofssitz, beispielsweise in Nowgorod.

Moskau, Arsenal-Eckturm des Kremls

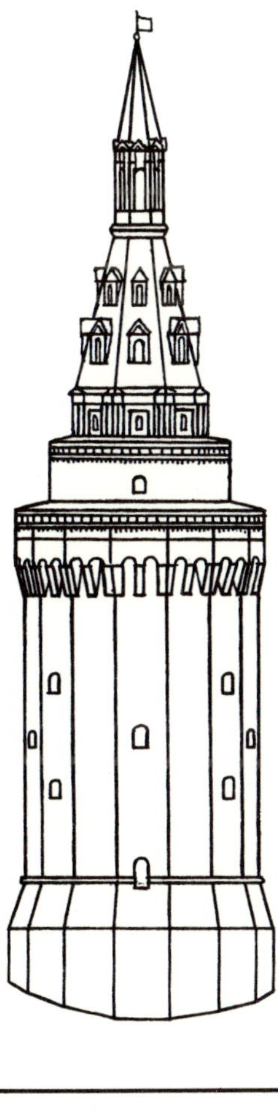

Was der Moskauer Kreml heute dem Besucher darbietet, ist die Leistung von Generationen, die durch Hinzufügungen und Wegnahmen gekennzeichnet ist. Er wurde nach altrussischer Tradition als im Grundriß unregelmäßiges Dreieck auf einem Hochplateau, dem Borowizki-Hügel, zwischen dem Zusammenfluß von Moskwa und Neglinnaja angelegt. An seiner Ostseite zieht sich ein künstlicher Graben entlang. Mit seiner Funktion als Residenz und Stadtkern hängen zwei Aspekte zusammen, die schon das Bild der ersten hölzernen Befestigungen unter Juri Dolgoruki (um 1150) und Iwan Kalita (1326–1340) und der erweiterten, kalksteinernen Fortifikation Dmitri Donskois (um 1367) bestimmten. Durch den gewaltigen, von Iwan III. veranlaßten Neu- und Umbau treten sie besonders in Erscheinung: militärisch-strategisch der eigene Schutz und die Abwehr des Feindes, staatspolitisch die Symbolik der Macht des Herrschers. Der Neubau der Festungsmauern und Türme in rotem Ziegelmauerwerk begann 1485 an der Moskwa, also an der Südseite, da sie für die Überfälle der Tataren die stärkste militärische Bedeutung besaß. Er wurde an der Ostseite zum Roten Platz hin fortgesetzt und an der Nordwestfront entlang der Neglinnaja unter dem Sohn Iwans III., Zar Wassili III., um 1516 beendet. Am Gesamtprojekt war anfangs vermutlich Aristotele Fioravanti beteiligt. Auch die Leitung der einzelnen Arbeiten hatten Italiener. Sie ließen jeweils zuerst die Wehrtürme errichten, insgesamt 19, sechs von ihnen als Tortürme, mehrere mit Brunnen. Das Vorstehen über die Mauerflucht wird auf die Möglichkeit des Vorfeldbeschusses, der ungleichmäßige Abstand auf die Schußweite der für den Turm vorgesehenen Feuerwaffen zurückgeführt. Die Gesamtlänge der Befestigung beträgt 2,25 km, die Höhe der Mauern – die Zinnen nicht einberechnet – schwankt zwischen 5 und 19 m, die Stärke zwischen 3,5 und 6,5 m. Die heute insgesamt 1045 Schwalbenschwanzzinnen weisen als Bedeckung Platten aus Kalkstein mit Wasserrinnen auf. Hinter ihnen zieht sich ein breiter Wehrgang entlang. Um eine dem Feind verborgene Truppenverschiebung zu gewährleisten, ist unter diesem noch ein Korridor eingewölbt. Die großen Rundnischen am Fuß der Innenseite dienten als Standorte der schweren Artillerie. Eigentlich besteht die Befestigung aus Gußmauerwerk. Für die Blendmauern verwendete man einen gut gebrannten roten Ziegel in der Abmessung 30/31 mal 14/15 mal 7/9 cm. Sein Gewicht beträgt etwa 8 kg, weshalb ihn die Bauleute doppelgriffig nannten. Die Füllung erfolgte hauptsächlich mit Kalksteinbruch, den man aus den Mauern des 14. Jahrhunderts gewann. Die mittelalterliche Anlage hat sich im Kern trotz umfangreicher späterer Veränderungen erhalten. Jedoch verliehen ihr der Stil des 17. und die Pseudogotik des 19. Jahrhunderts durch abgestufte Aufbauten mit Hauben bzw. Zeltdächern und durch komplizierten weißen Kalksteindekor ein anderes, ein dekoratives und malerisches äußeres Bild.

Das Herz des Kremls bildet noch heute auf dessen höchster Erhebung der Platz der Kathedralen. Sternförmig führen fast alle Wege auf ihn zu. Asymmetrisch umschließen ihn Kirchenbauten, die typisch für den Historizismus der Moskauer Architekturschule unter Iwan III. geworden sind. Die an der Nordseite des Platzes gelegene Hauptkirche, die Mariä-Himmelfahrts-(Entschlafen-)Kathedrale, strahlt majestätische Feierlichkeit aus, während die beiden kleinen Kirchen, an der Nordwestecke die der Gewandniederlegung Mariä und an der Südwestecke die Mariä-Verkündigungs-Kathedrale, Formen der frühmoskowitischen Kloster- und der Pskower Bürgerkirchenarchitektur aufnehmen. Zwischen ihnen wurde der Facettenpalast (Granowitaja Palata) errichtet, der Ähnlichkeit mit dem Palazzo Bevilacqua von Bologna und dem Palazzo dei Diamanti von Ferrara aufweist. Der Erscheinung eines oberitalienischen Renaissancepalastes gleicht äußerlich auch die Erzengel-Kathedrale an der Südseite des Platzes. Der Glokkenturm »Iwan der Große« schließt zusammen mit der späteren »Glockenwand« die Ostseite ab und erhebt sich etwa im Schnittpunkt der beiden Hauptachsen des Kremls. Seine Vertikale gleicht die asymmetrische Gruppierung aus. Er rezipiert den Typ der Kirche »unter Glocken«. Seine Beobachtungswarte war in ein Signalsystem einbezogen, das bis zum Stadtrand und Sommersitz der Zaren in Kolomenskoje reichte. Die Kuppeln der Kirchen steigen in mächtigen Wellen zu ihm empor. Er bildet die Dominante des Kremls und der Stadt. Der Platz der Kathedralen war für die staatlichen und kirchlichen Zeremonien jene Bühne, die Iwan III. brauchte, um als Monarch und Stellvertreter Christi auftreten zu können.

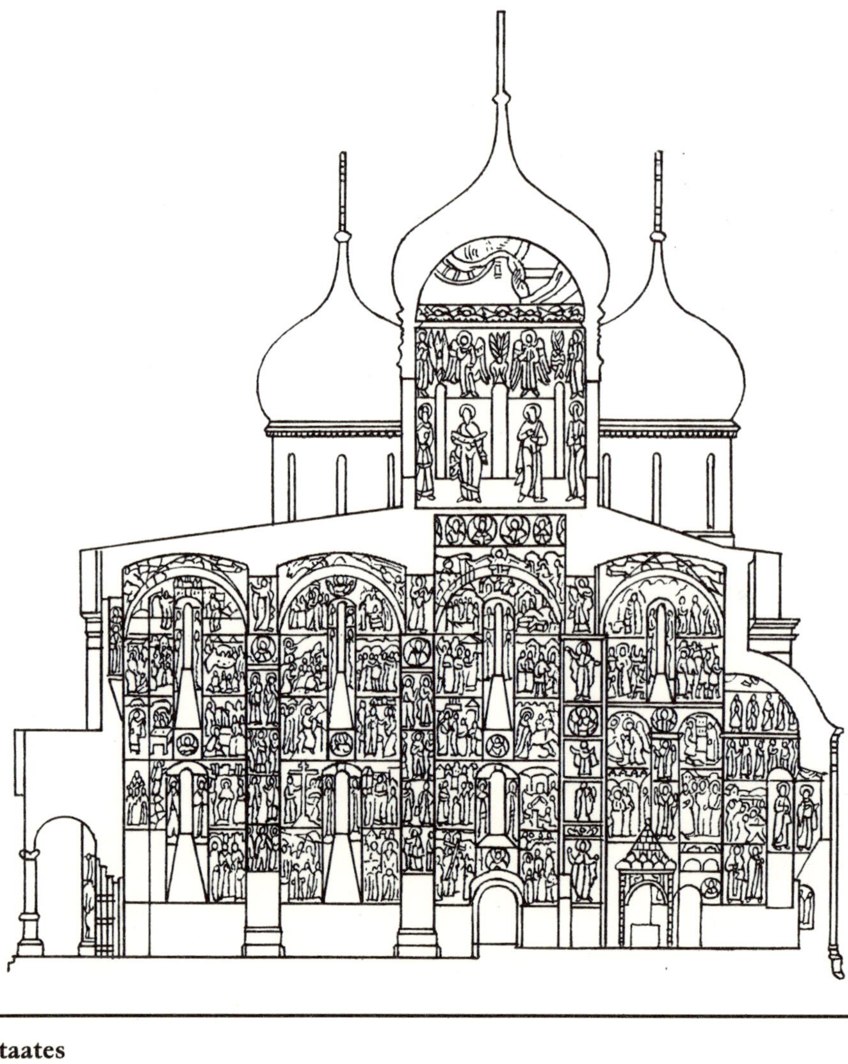

Moskau, Mariä-Himmelfahrts-Kathedrale, Längsschnitt und Blendarkade (rechts)

MOSKAU,
MARIÄ-HIMMELFAHRTS-
KATHEDRALE
im Kreml
Erläuterungen S. 364f.
Textabb. S. 208, 209, 365
Abb. 157–163

Die Mariä-Himmelfahrts-Kathedrale, als erster Neubau des Kremls 1475–1479 von dem Bologneser Architekten Rudolfo, genannt Aristotele, Fioravanti errichtet, war das Hauptheiligtum des Moskauer Staats. Sie übertrifft alle anderen Kirchen ihrer Zeit an Größe und an Pracht. In ihr erfolgte die Einsetzung, seit Mitte des 16. Jahrhunderts die Krönung des Herrschers zum Zaren, in ihr wurden die Metropoliten, später Patriarchen inthronisiert und beigesetzt, in ihr befand sich die »wundertätige« Ikone der Gottesmutter von Wladimir, und in ihr zerriß 1480 Iwan III. die Urkunde des Chans, die die Abhängigkeit von der Goldenen Horde dokumentierte. Der erste Vorgängerbau der Jahre 1326/1327, aus Kalksteinquadern, vierpfeilerig und verhältnismäßig klein, war durch Brände und Witterungseinflüsse in Verfall geraten, so daß Iwan III. und Metropolit Filip I. der damals aufgekommenen Gepflogenheit entsprachen und einen öffentlichen Wettbewerb ausschrieben. Den Auftrag erhielten Iwan Kriwzow und Myschkin, die für den Moskauer Bauunternehmer Iwan Golowa arbeiteten und den niedrigsten Preis zusagten. Sie legten 1472 auf Anweisung des Herrschers die neue Kathedrale nach dem Vorbild der Mariä-Himmelfahrts-Kathedrale in Wladimir an, vergrößerten sie jedoch in den Abmessungen. An der Stelle des künftigen Altars erfolgte die Vermählung Iwans III. mit Prinzessin Sophia Paläolog. Bis zum Gewölbe fertiggestellt, stürzte der Rohbau im Mai 1474 plötzlich ein. Die Chronik vermerkt ein Erdbeben. Die bei der staatlichen Untersuchung als Gutachter tätigen Pskower Baumeister fanden jedoch, daß der Kalk zu dünn mit Sand vermischt und das Mauerwerk ohne guten Verband angelegt worden sei. Den Vorschlag, den zweiten Neubau selbst zu übernehmen, lehnten sie freilich ab.

Blendarkaden

Nach der Katastrophe ließ Iwan III. durch seinen Gesandten Semjon Tolbuchin in Venedig einen in der modernen Technik erfahrenen Architekten suchen. Die Wahl fiel auf Aristotele Fioravanti (um 1415 – Winter 1485/1486) [47]. Er hatte in seiner Vaterstadt Bologna, in Rom, Pavia, Mailand, Neapel und Venedig Glanzleistungen der Ingenieurkunst vollbracht und internationalen Ruhm errungen. Filarete, den er persönlich kannte, erwähnt ihn mehrfach unter dem Decknamen »Letistoria« in seinem »Trattato dell' Architettura« (1451–1465). Fioravanti baute 1467 in Ungarn für König Matthias Corvinus eine Donaubrücke, schlug aber einen Ruf von Sultan Mohamed II. nach Konstantinopel aus. Semjon Tolbuchin warb ihn für ein Monatsgehalt von zehn Rubeln an. Im Januar 1475 begab er sich mit seinem Sohn Andrea (der schon 1476 wieder nach Italien heimkehrte) und seinem Gehilfen Petruccio auf die Reise und traf im April in Moskau ein. Nach Kenntnisnahme der Ruine weigerte er sich, den Bau seiner Vorgänger zu Ende zu führen. So wurde – etwa 4 m tief – bis zum Herbst ein neues Fundament verlegt: »nach seiner Auffassung und nicht so, wie es die Moskauer Meister taten«. Die Urkunden aus der Entstehungszeit berichten ausführlich über Besonderheiten: die Mischbauweise aus Ziegeln und Kalkstein, die eigene Ziegelei für hartgebrannte Steine in der großen Abmessung 29 mal 11 mal 7 cm, die Rezeptur für dickflüssigen Kalkmörtel, die vier Säulen im Kirchenschiff und die beiden im Querschnitt viereckigen Pfeiler aus Ziegeln im Altarraum, die Gewölbe in der Stärke nur eines Ziegels, die Eisengurte in den Wänden, die eisernen Zuganker (statt der üblichen Eichenbalken) zwischen den Stützen und die Arbeit mit Zirkel und Richtscheit.

Textabb. S. 355

Während der Bauzeit machte sich Fioravanti auf Geheiß Iwans III. mit der fünfkuppligen Mariä-Himmelfahrts-Kathedrale in Wladimir vertraut, die bis 1326 gesamtrussische Metropolitankirche gewesen war. Zum Studium weiterer Kreuzkuppelkirchen soll er sogar bis ans Weiße Meer gereist sein. In Wladimir konnte er das von ihm angewandte Schema mit sechs Stützen nicht antreffen. Brunow meint, er habe es bei der Mariä-Geburts-Kathedrale in Susdal kennengelernt. Nowgoroder Kathedralen dürften ebenfalls von Einfluß gewesen sein, besonders die Sophien-Kathedrale (1045–1052). Von ihr übernahm Fioravanti die Anordnung der vier Nebenkuppeln über den inneren Ecken des Kreuzes. In Wladimir sitzen die Nebenkuppeln über den äußeren Enden, da sie erst mit dem Umbau der Jahre 1185–1189 entstanden. Vermutlich ist es Iwan III. mehr auf die Wirkung der Fünfkuppelkonstruktion nach außen als auf die innere Raum- und Lichtwirkung angekommen. Fioravanti begleitete den Herrscher 1478 auf dem Feldzug gegen Nowgorod und ließ die für den schnellen Angriff notwendige Schiffsbrücke über den Wolchow schlagen. Im August 1479 fand die feierliche Einweihung der Moskauer Hauptkathedrale statt. Das Gesuch um Heimsendung wurde von Iwan III. abgelehnt und mit neuen Aufträgen beantwortet: Fioravanti mußte noch Moskauer Stadtkirchen bauen und im Krieg gegen Kasan, Nishni-Nowgorod und Twer Ingenieurbauten ausführen. Außerdem arbeitete er als Kanonengießer und Münzmeister. Wegen der Fürsprache für einen zur Folter verurteilten deutschen Arzt geriet er in Ungnade und starb im Winter 1485/86 vermutlich im Gefängnis.

Textabb. S. 350

Das äußere Erscheinungsbild der Mariä-Himmelfahrts-Kathedrale ähnelt – dem Auftrag entsprechend – dem Wladimirer Vorbild: Die Kompaktheit der Fünfkuppelkonstruktion, das mit der Fassadengliederung und den Sakomari übereinstimmende Wellendach, der Gürtel der Blendarkaden mit Halbsäulchen und Fensterschlitzen, die Mauer aus weißen, freilich kleineren Kalksteinquadern, die Abgeschlossenheit und Verblockung wiederholen traditionelle Hoheitsformen. Auch die Einwirkung der frühmoskowitischen Klosterarchitektur ist zu verspüren: Der Baukörper erhebt sich ohne reiche, antikisierende Schmuckelemente auf einem Sockelgeschoß, das bei dem ursprünglichen Niveau des Platzes der Kathedralen 3,2 m hoch war und zu den Eingängen im Süden, Westen und Norden vielstufige Außentreppen mit Podest erforderte. Auf Wandschichten wurde verzichtet. Die Gliederungselemente sind flach vorgelegt. An den Pilastern, die sich nach oben verjüngen, erscheinen die frühmoskowitischen Kapitelle und an den Halbsäulen der Portale die »Melonen«. Jedoch halten sich hier die Archivolten nicht an den Kielbogen, sondern an den romanisierenden Rundbogen der Wladimirer Hofkirchen. Die Schaftringe und Würfelkapitelle an den Halbsäulchen der Blendarkatur, die horizontalen Abstufungen der Wände und Pilaster, die Stabrahmen der oberen Fenster erinnern gleichfalls an romanische Formen. Die Chronik berichtet, Fioravanti habe von der Mariä-Himmelfahrts-Kathedrale in Wladimir gesagt, sie sei das Werk abendländischer Meister. Die Formverwandtschaft muß für ihn eine wichtige Rolle gespielt haben.

Der Geist der Renaissance drückt sich in der neuartigen Konstruktion aus: Der »Goldene Schnitt«, der den Grundriß bestimmt, ist auch am Außenbau angewendet worden. Alle vertikal durch Pilaster gegliederten Wandabschnitte – vier an der südlichen und nördlichen und drei an der westlichen Fassade – besitzen die gleiche Breite, die wiederum ein harmonisches Verhältnis (2:5) zur Höhe aufweist. Die Trommel der Hauptkuppel gleicht in der Höhe dem unteren Abschnitt der Pilaster, die Trommel jeder Nebenkuppel deren oberem Abschnitt. Der Abstand der oberen Fensterbänke vom Erdboden ist identisch mit der Breite von zwei Wandabschnitten. N. Brunow hat eine Reihe geometrischer Verhältnisse festgestellt, die sich nach dem Modul der oberen, schmalen Fenster richten: Ihm entsprechen die Höhen der Blendarkaden und der Rundgiebel; die große Bogenstellung der Fassade ist fünfmal, die horizontale Wandstufe zweieinhalbmal so hoch. Dabei beträgt der Modul die Hälfte eines Kuppelquadrats im Grundriß. Die fünf Kuppeltrommeln sind nach Osten verschoben und stehen relativ dicht beieinander. Die Konturen der Helme wiederholen die allgemeine Proportionierung. Das für die Renaissance typische Prinzip geometrischer Ausformung verbindet sich mit dem Eigenwert der Südfassade. Diese ist als Schauseite angelegt – wie bei der gleichnamigen Kathedrale von Wladimir die Westfassade. Ein Wandvorsprung in der Art eines breiten Strebepfeilers verdeckt die Apsiden, deren Zahl sich auf fünf vermehrt hat, die aber nur gering hervortreten und dadurch an Bedeutung verlieren. Infolge der niedrigen Ausführung ergeben sich zwischen den Apsidendächern und den östlichen Rundgiebeln drei große Felder für Wandmalereien. Die Gliederung wird durch breite Halbsäulen vollzogen. Die relativ hoch ansetzenden, großen Bogenfenster sorgen für eine gute Belichtung der Altarpartie.

Textabb. S. 71, 203

Die Struktur der Kathedrale zeugt davon, daß Fioravanti das sechspfeilerige, dreischiffige Kreuzkuppelschema der Kiewer Höhlenkloster-Kathedrale beachtet hat, aber sein architektonisches Denken auf den Erfahrungen der italienischen Renaissance beruhte. Allerdings muß es, wie bei Filarete, stark mit gotischen Vorstellungen durchsetzt gewesen sein. Im Innenraum dominiert die Ganzheit. Abb. 160 Weder gibt es ein Tonnenkreuz, das durch die Gewölbe niedriger Eckteile abgestützt wird, noch eine Subordination oder Addition von Nebenräumen. Die flachen Kreuzgewölbe über den Kreuzarmen und dem gleich hohen Westteil sowie die vier schlanken, freistehenden Säulen im Naos – wie die Chronik schreibt: »Bäumen ähnelnd« – bewirken eine einheitliche Raumdurchdringung. Der Chronist rühmte: »Diese Kirche ist wunderbar durch ihre Majestät, durch ihre Höhe und Helligkeit und durch den Klang und den Raum, wie es dies vorher in der Rus nicht gegeben hat, außer bei den Wladimirer Kirchen.« Schon in der Palast-Kirche von Bogoljubowo hatten Säulen die Pfeiler ersetzt. Iwan III. verzichtete auf die ausgeschiedene Vierung und die Westempore, um den Hallenraum nicht zu stören. Seinen Platz bestimmte er zu ebener Erde. Nahe dem Hauptportal, südwestlich der Altarscheidewand, stand für den Herrscher ein Ziborium. Wenn man in Betracht zieht, daß der bis zu den Gewölben reichende und die beiden quadratischen Pfeiler des Altarraums verbergende Ikonostas erst im 17. Jahrhundert entstand, kann man sich die imposante Raumwirkung gut vorstellen. Bei der Gewölbekonstruktion gibt es eine weitere Besonderheit: Weil die 12 Joche den gleichen Grundriß besitzen, hätten die Durchmesser der fünf Kuppeltrommeln übereinstimmen müssen. Entsprechend der Tradition der Kreuzkuppelkirche sollte jedoch der Tambour der Hauptkuppel größer werden. So ließ Fioravanti ihn auf ein rundes Postament setzen, das die Verlegung der Wand vom inneren Ring nach außen und dadurch die Erweiterung des Durchmessers ermöglichte. Um das Gewicht des Unterbaues so gering wie möglich zu halten, wurde in ihm ein Hohlraum angelegt. Auf diese Weise geriet die äußere Gestalt gewaltiger als die der vier anderen Trommeln, während innen die gleichen Entfernungen zwischen den Stützen gewahrt blieben.

Den Auftrag zur Ausmalung erhielten 1481 Dionissi (um 1440 – um 1502) und drei Gehilfen, vermutlich Priester. Sie führten in drei Rängen den Ikonostas aus. Entweder stand er vor der relativ hohen, mit Fresken bemalten steinernen Altarscheidewand oder auf ihr. Erhalten haben sich nur an der Altarscheidewand die Fragmente von 20 Heiligenfiguren und in den Kapellen der Apsiden biblische und theologisch-allegorische Szenen. Formal herrscht die Neigung, die Figuren zu strecken, die Bewegung zu hemmen, die Gesichter zu verzärteln, die Flächen zu ornamentieren, also ein Schauspiel darzustellen, wie es dem liturgischen und höfischen Zeremoniell entsprach. Die Viten-Ikonen des Metropoliten Peter und des Metropoliten Alexei stammen aus der Werkstatt Dionissis. Peter hatte 1326 mit Iwan Kalita den Vorgängerbau gestiftet, und Alexei hatte politisch die Vormacht Moskaus begründen helfen. Beide fanden in der Kathedrale ihre Grablege und wurden als Nationalheilige verehrt.

Der Neubau der Mariä-Verkündigungs-Kathedrale, mehr Haus- als Hofkirche des Großfürsten, begann 1484. Den Auftrag Iwans III. erhielten die Pskower Baumeister, die ein Gutachten zum Einsturz der alten Mariä-Himmelfahrts-Kathedrale abgegeben hatten. Sie übernahmen die Fundamente des ersten Vorgängerbaues und das aus Kalksteinquadern bestehende hohe Sockelgeschoß des zweiten (14./15. Jahrhundert) und errichteten auf diesem in Ziegelmauerwerk die kleine Kreuzkuppelkirche mit vier Pfeilern, drei Kuppeln, Westempore und drei Apsiden. 1489 war sie fertiggestellt. Da sie durch den Unterbau auf das Niveau des Palastes gebracht und an drei Seiten von schmalen Terrassen umgeben wurde, zu denen Außentreppen emporführten, schien sie – besonders von der Ostseite am Platz der Kathedralen aus – hoch aufzuragen. Die vertikale Gliederung der Fassaden erfolgte durch Lisenen, die horizontale nach Wladimir-Susdaler Vorbild durch einen Arkaden- bzw. Säulengürtel. Er hat sich an den Apsiden erhalten. Im oberen Abschluß stimmt der Außenbau nicht mit der Gewölbestruktur überein. Nach dem Vorbild der frühmoskowitischen Klosterkirchen umgibt eine vorgeblendete Reihe Kokoschniki die großen Stufenbögen und eine zweite Reihe das achteckige Postament der zentralen Kuppeltrommel. Auf den gleichen Einfluß verweisen die »Garben« und »Melonen«, Schmuckelemente an den Halbsäulchen der Blendarkaden. Ein neuartiges Motiv sind die Terrakottabaluster am Dachansatz der Apsiden. Gegenwärtig unterscheidet sogar das erfahrene Auge nicht die späteren Zutaten und Veränderungen von der ursprünglichen Bausubstanz. Möglicherweise wurden schon im ersten Jahrzehnt des 16. Jahrhunderts die äußeren Terrassen zu Galerien umgestaltet. 1547 verwüstete eine Feuersbrunst die Kirche. Zar Iwan IV., genannt »der Schreckliche«, veranlaßte in den Jahren 1562–1564/1566 einen umfassenden Umbau. Die beiden östlichen Nebenkuppeln erhielten an der Westseite ein blind aufgesetztes Paar als Pendant, das, entsprechend den größeren Dimensionen der westlichen Eckquadrate, stärkere Durchmesser aufweist. Über den Gewölben der Galerien entstanden Terrassendächer und, durch diese verbunden, an den vier Ecken im Obergeschoß kleine, pfeilerlose und einkupplige Kapellen. Renaissanceportale wurden in der West- und Nordgalerie zum Naos angelegt. Der Dekor wurde durch weitere Blendgiebel, die konische Form der Apsidendächer und eine kassettenartige Aufteilung in Wandfelder (analog zur Erzengel-Kathedrale) bereichert. Auf diese Weise verwandelte sich die dreikupplige in eine neunkupplige Komposition, die zur Bezeichnung »mit den goldenen Dächern« führte. Der Kielbogen zog die bis dahin übliche helmförmige Kuppel wie die Rundgiebel zu einer Spitze empor: Die »Zwiebelkuppel« kam auf.

Moskau, Mariä-Verkündigungs-Kathedrale im Kreml
Erläuterungen S. 365 f.
Textabb. S. 198, 212, 366
Abb. 164–178

Moskau, Mariä-Verkündigungs-Kathedrale, Südseite

Der kleine, im Grundriß quadratische und vierpfeilerige Innenraum zeichnet sich durch hohe Stufen in dem Tonnenkreuz aus. Der vertikale und dynamische Zug, der in der äußeren Erscheinung nur angedeutet ist, herrscht hier vor. Die räumliche Enge lenkt den Blick nach oben in die auf steilem Tambour sitzende Hauptkuppel. Die Trennwände zwischen den drei Apsiden sind in russischer Tradition bis zu dem östlichen Pfeilerpaar vorgezogen (»type simple«). Die beiden ursprünglichen Nebenkuppeln belichten Prothesis und Diakonikon. Das Querschiff zwischen dem hohen, heute sechs Ränge umfassenden Ikonostas und der den Westteil einnehmenden Empore verstärkt die Breitenwirkung. Umstritten ist, ob die Empore Sitz des Herrschers oder nur der weiblichen Mitglieder des Herrscherhauses war. Von ihr führt ein Übergang in den Palast, so daß der Zar aus seinen Gemächern unmittelbar in die Kirche gelangen konnte. Über eine in der Nordwestecke der Mauer eingelassene steinerne Wendeltreppe ist das Erdgeschoß zu erreichen. Das Sockelgeschoß diente als Schatzkammer. Die Ausmalung der Kirche erfolgte erst 1508. Unter Leitung des Malers Feodossi, Sohn des Dionissi, arbeitete eine »Brüderschaft« des Iossif-von-Wolokolamsk-Klosters in einer kombinierten, mit Eitempera trocken zu Ende geführten Freskotechnik.

Moskau, Kirche der Niederlegung des Gewandes Mariä im Kreml
Erläuterungen S. 366 f.
Abb. 179, 180

Die Kirche der Niederlegung des Gewandes Mariä wurde 1484 bis 1486 im Auftrag und am Palast des Metropoliten Geronti von der gleichen Pskower Baugenossenschaft errichtet, die den Neubau der Mariä-Verkündigungs-Kathedrale ausführte. Auf dem hohen Sockelgeschoß des Vorgängerbaues erhebt sich in Ziegelmauerwerk eine kleine, vierpfeilerige und einkupplige Kirche vom Sakomari-Typ. Sie war zunächst dreiseitig von schmalen Terrassen und zwei vom Platz der Kathedralen zu diesen emporführenden Freitreppen umgeben. Die hohe Kuppeltrommel ruht auf einem achteckigen Postament und ist mit der Pskower Ornamentik aus abgestuften Bögen, Begunez und Porebrik geschmückt. Der Pskower Tradition folgt auch die niedrige Höhe der drei Apsiden. Ihr Dachgesims setzt den neuartigen Fassadenfries fort, der aus Terrakottabalustern über keramischen Palmetten in verflochtenen Ringen besteht. Er gliedert den Baukörper in zwei Zonen und verbindet die Pilaster zu einem Gerüst. Die Halbsäulchen der Blendarkatur an den Apsiden reichen bis zum Sockel und erinnern so an den Apsisdekor der beiden »klassischen« Nowgoroder Bürgerkirchen, wogegen die Kielbögen und die Garben-Kapitelle auf frühmoskowitische Einflüsse verweisen. Im Innenraum fehlen die Wandstücke zwischen den Apsiden und den östlichen Pfeilern sowie Pendentifs und Gurtbögen, obwohl keine Stufengewölbe vorhanden sind.

Moskau, Facettenpalast (Granowitaja Palata) im Kreml
Abb. 181, 182

Einer Renaissancefassade begegnen wir zuerst im Profanbau: Die italienischen Architekten Marco Ruffo und Pietro Antonio Solario schufen 1487–1491 als Teil des weitläufigen Zarenpalastkomplexes den sogenannten Facettenpalast (Granowitaja Palata). Solario hatte zwischen 1476 und 1481 gemeinsam mit seinem Vater den Mailänder Dom errichtet. Die Hauptfassade des Palastes zum Platz der Kathedralen besteht aus kalksteinernen Diamantquadern. Über ihr erhob sich ursprünglich ein hohes, vierflächiges, vergoldetes Kupferdach. Das Hauptgesims ist mit einem ionischen Kyma (Eierstab) versehen. In die Ecken sind dünne, spätgotische Spiralsäulen eingestellt. Die Renaissance-Fensterpaare wurden Ende des 17. Jahrhunderts durch die Umrahmungen des »Moskauer Barock« ersetzt: Ornamentierte Säulchen stehen auf Konsolen und tragen ein verkröpftes Gebälk. Im Erdgeschoß liegen die Wirtschaftsräume, im Obergeschoß die »Heilige Diele« und der Thronsaal. Der ursprüngliche Eingang führte über eine an der Südseite gelegene Außentreppe, auf deren Podest vergoldete Löwenskulpturen standen. Die »Heilige Diele« ist ein niedriger, langgestreckter Raum unter einem Tonnengewölbe mit vier tiefen Stichkappen, deren Grate durch plastische Ornamente geschmückt sind. Je zwei reich mit Renaissanceschmuck verzierte und kielbogenförmig abschließende Portale befinden sich an der Stirn- bzw. Eingangsseite und an der Längsseite zum Thronsaal. Unter der »Heiligen Diele« liegt eine geheime Schatzkammer, über ihr noch ein weiteres, niedriges Geschoß. In ihm versammelten sich die weiblichen Mitglieder des Herrscherhauses, die nach Protokoll an vielen Staatszeremonien nicht teilnehmen durften und deshalb durch Fensterchen von hier aus zuschauten. Der etwa quadratische Thronsaal – in seiner Entstehungszeit der größte Festsaal des Landes – nimmt 495 m^2 ein (22,1 mal 22,4 m). Überdeckt wird er von vier im Scheitel 9 m hohen Kreuzgewölben, die sich auf einen ornamentierten Mittelpfeiler stützen. Wandmalereien, kostbare Geräte und der geschnitzte Zarenthron vervollkommneten die Ausstattung.

Der Facettenpalast diente im 16. und 17. Jahrhundert zahlreichen Saalbauten, insbesondere Klosterrefektorien zum Vorbild. Deren Fassaden erhielten sogar manchmal eine gemalte Facettierung. Der Mittelpfeiler findet sich im quadratischen Empfangsraum von Holzpalästen, in der sogenannten Diele. Wir kennen ihn aber auch schon von der Empore der Kiewer Sophien-Kathedrale, dem Nowgoroder Bischofspalast des Euthymios und dem Refektorium von W. Jermolin (1469) im Dreieinigkeits-Sergius-Kloster. Jedenfalls bediente sich der Moskauer Hof das erste Mal der italienischen Renaissanceformen. Man hat Vergleiche zum Palazzo Bevilacqua von Bologna und zum Palazzo dei Diamanti von Ferrara gezogen. Im Thronsaal empfing der Zar Gesandte, beriet sich mit seinen Vertrauten und gab Bankette. So wählte er ein Architekturkleid, das den westlichen Diplomaten aus ihrer Heimat vertraut war und das sie als modisch empfanden. Besonderen Eindruck muß auch der Ufer-(Nabereshni-) Palast gemacht haben, den Marco Ruffo begann und Aloisio Nuovo fertigstellte (1492 bis 1508) und der sich durch eine Arkadenfassade im Erdgeschoß auszeichnete.

Abb. 2, 26
Textabb. S. 168

Im Gegensatz zu ihrer Funktion erzeugt die zweitgrößte Kreml-Kathedrale, die sechspfeilerige Erzengel-Kathedrale, in ihrem äußeren Erscheinungsbild den Eindruck heiterer Festlichkeit. Sie ersetzte auf Anweisung Iwans III. die dem Erzengel Michael geweihte vierpfeilerige Sakomari-Kirche (1333), wurde allerdings erst während der ersten Regierungsjahre Wassilis III. vollendet. Wie ihr Vorgänger diente sie als Grablege des Herrscherhauses. Von Iwan Kalita bis Alexei Romanow sind Moskauer Fürsten, Zaren und Thronfol-

MOSKAU,
ERZENGEL-KATHEDRALE
im Kreml
Erläuterungen S. 367
Textabb. S. 214, 215, 367
Abb. 183–188

Moskau,
Erzengel-Kathedrale,
Westseite

ger, insgesamt 54, in ihr beigesetzt. Ihre heutige Gestalt ist das Ergebnis zahlreicher Veränderungen. Trotzdem kommt das Vorbild zur Geltung, von dem sich Aloisio Nuovo bei der Gestalt der Fassaden leiten ließ: ein oberitalienischer, zweigeschossiger Renaissancepalast. Der venezianische Architekt traf mit mehrjähriger Verspätung Ende 1504 in Moskau ein, weil seine 1499 von dem russischen Gesandten Mitrofan Karatscharow angeworbene Gruppe während der Reise von dem moldauischen Gospodaren zurückgehalten wurde und er dann einen Aufenthalt auf der Krim einschieben mußte, um für den Tataren-Chan das Portal im Palast von Bach-Dschisaraj zu gestalten. Er begann den Ziegelbau 1505 und beendete ihn 1508. Wie die Chroniken vermerken, soll er später noch Moskauer Vorstadtkirchen errichtet haben[48].

Moskau, Erzengel-Kathedrale, Kapitelle

Charakteristisch sind die vertikale Gliederung der Fassaden durch Pilaster nach der »klassischen« Säulenordnung, der Goldene Schnitt der Proportionen, das Schema der korinthischen Kapitelle mit Akanthusblättern, Voluten und Blumen (deren Ausführung individuell variiert), die Geschoßunterteilung durch ein Gurtgesims, die vorgeblendete Renaissancearkatur in der unteren und die Kassettenfüllung in der oberen Zone, die Abtrennung der Rundgiebel durch ein kräftig hervortretendes, breites Gebälk und deren Form venezianischer Muschelnischen. Die sphärischen Scheitel unter der Bedachung zeigen ionische Blend-Akroterien. In der Mitte schneiden in jeden Wandabschnitt schräg Bogenfenster ein, aber ihre relativ kleine Form steht mit der Gesamtgliederung nicht im Einklang. Aloisio verzichtete auf die in der altrussischen Baukunst typische Abgeschlossenheit und Massivität des Außenbaues. Seine Fassadengestalt weist einerseits nach Venedig, wo das byzantinische Erbe fortgeführt wurde, andererseits nach Mailand und in die Toskana (Florenz, Palazzo Serristori). Ursprünglich lag das Dach wellenförmig auf den Tonnengewölben. Auch war der Baukörper dreiseitig von Galerien umgeben, wobei sich im Norden während festlicher Zeremonien auf dem Platz der Kathedralen die Ehrengäste aufhielten. Die Fassaden sollen nicht verputzt gewesen sein. Das Mauerwerk besteht aus hartgebrannten roten (den sogenannten Aloisio-) Ziegeln im Format 14 mal 7 mal 3 cm und kontrastierte zu dem Sockel aus Kalksteinquadern und den ebenfalls aus weißem Kalkstein gefertigten auskragenden und dekorativen Formen. Man kann durchaus von einer Kostümierung sprechen: Nur sind die Fassaden der Erzengel-Kathedrale in einem modischen importierten Gewand zugeschnitten.

Hinter der Fassade liegt, in Übereinstimmung mit ihrer Gliederung, ein mittelalterlicher Raum. Aloisio mußte wie Fioravanti auftragsgemäß das traditionelle Kreuzkuppelschema mit sechs Stützen, drei Schiffen (12 Jochen) und fünf Kuppeln übernehmen. Er fügte sich dem Additionsprinzip, verlieh dem Innern aber eine einheitliche und gewaltige Höhe. In ihm entfaltet sich ein mystisches Spiel von Licht und Dunkel. Die Kreuzarme sind konservativ breit ausgeprägt und wie die westlichen Joche mit Tonnen eingewölbt. Dem großen Vierungsquadrat entspricht der Durchmesser der zentralen Kuppeltrommel. Die auf hohen Postamenten stehenden gewaltigen kreuzförmigen Pfeiler (mit entwickelter Basis und Kapitellen unter dem Kämpfer der Gurtbögen) engen zusammen mit den Pilastern die Seitenschiffe stark ein. Im Westteil sollte Aloisio für die Frauen des Herrscherhauses ein Emporengeschoß in einer separaten Vorhalle anlegen. Dadurch verschob sich der fünfkupplige Baukern weit nach Osten, wurde die Altarpartie zusammengedrückt, blieben zwei westliche Wandabschnitte ohne Bekrönung, bestimmten die im Grundriß kleineren östlichen (Prothesis und Diakonikon) und größeren westlichen Eckquadrate die Dimensionen der Nebenkuppeln. Die Veränderung hätte in den Proportionen zu einer gefährlichen Asymmetrie führen können, wenn diese durch die Gestaltung der Fassaden und die Anlage der Kuppeln nicht wieder ausgeglichen worden wäre. Die Zwiebelform der Hauptkuppel stammt aus dem 19. Jahrhundert.

An der Südseite haben sich Reste der alten Galerie erhalten. Sie werden allerdings durch die 1773 angebauten Strebepfeiler und die zweigeschossige »Palatka« aus dem Jahre 1826, die anstelle der alten Gerichtslaube entstand, verdeckt. An der Ostseite erscheinen trotz der drei Schiffe nach dem Vorbild der Mariä-Himmelfahrts-Kathedrale fünf Apsiden, hier aber noch niedriger und noch flacher. In der zweiten Hälfte des 16. Jahrhunderts wurde an jedes seitliche Konchenpaar je eine kleine Kapelle mit Kuppel angefügt: die des heiligen Uar im Norden und die Johannes' des Täufers (des Namenspatrons Iwans IV.) im Süden. Im Mittelabschnitt der westlichen Vorhalle befindet sich eine große Eingangsloggia mit Fresken aus dem 16. Jahrhundert, im Emporengeschoß ein Zwillingsfenster und in dem mittleren Rundgiebel – hinter dem man später dem Narthex ein drittes Geschoß eingezogen hat – eine Gruppe von vier Rundfenstern. Die Freude am reichen Dekor zeigt sich besonders bei den aus Kalkstein gefertigten Portalen. Ein Prachtstück mit breitem Gewände und Archivolten befindet sich in der Eingangsloggia. Auf blauer Grundfarbe und vergoldet erscheinen ornamentale Motive der oberitalienischen Renaissance: Arabesken, Blütenkelche, Kandelaber, Vasen, Fabeltiere. Die Schmuckformen der Erzengel-Kathedrale, vor allem Pilasterordnung, Kassettenfüllung, Rundfenster im Giebel, Gebälkformen und Portalverzierungen fanden später eine weite Verbreitung.

Das dem ursprünglichen Zustand des 16. Jahrhunderts weitgehend entsprechende Bildprogramm ist eine Dokumentation des dynastischen Geschichtsdenkens. Die untere Zone, die sich über die Wände und die Pfeiler hinweg erstreckt, zeigt die wirkliche und die legendäre Erbfolge des Herrscherhauses. Man sieht 60 Idealporträts, besonders der Moskauer Fürsten, die hier ihre letzte Ruhestätte fanden (u.a. Iwan Kalita, Dmitri Donskoi, Iwan III., Wassili III.), und schräg über ihnen in Medaillons ihre Namenspatrone, zu denen sie betend ihre Hände erheben. Am südwestlichen Pfeiler ist Alexander Newski dargestellt, der in der russischen Kirche die Verehrung eines Heiligen genießt. Während die Westwand von einem »Jüngsten Gericht« eingenommen und dieses wiederum in die umfassendere, sich über die Gewölbe erstreckende Thematik zu Sätzen des Glaubensbekenntnisses einbezogen wird, sieht man an der oberen Zone der Nord- und Südwand Wundertaten des Erzengels Michael. Als Führer der himmlischen Heerscharen war er zugleich Schutzheiliger des Herrscherhauses. Den Höhepunkt bilden zwei figurenreiche Schlachtszenen: »Sieg über das assyrische Heer« (Norden) und »Gideon besiegt die Medianiter« (Süden). Die Taten des Erzengels werden ergänzt durch Ereignisse aus dem Neuen Testament und aus der Legende des Kaisers Konstantin.

Die alte, Johannes Klimakos (Iwan Lestwitschnik) geweihte Kirche »unter Glocken« von 1329, bei der die Basis der Kuppeltrommel als Glockenstuhl ausgebildet war, mag schon eine gewisse Vorwegnahme des Glockenturms »Iwan der Große« gewesen sein. Aber der Neubau im Kreml, den während der Regierung Wassilis III. 1505–1508 der Italiener Bon Frjasin (Marco Bono) errichtete, orientierte sich mehr an der konischen Pfeilerform des festungsartigen Glockenturmtypus, wie er zuerst in den Gemeinschaftsklöstern aufkam. Über einem etwa 10 m tiefen Fundament in Gestalt eines Pyramidenstumpfes erheben sich, durch zwei Stufen getrennt, über 70 m hoch drei im Grundriß achteckige Baukörper, jeder mit einem abgeschlossenen Geschoß für eine hochräumige Kapelle (unten die des Johannes Klimakos) und mit einer Schallarkatur. Als Material für Fundament, Sockel und Bauplastik wurde Kalkstein, für Wände und gewölbte Decken Ziegel gewählt. In das durch eiserne Zuganker gesicherte Mauerwerk, das im

MOSKAU, GLOCKENTURM »IWAN DER GROSSE« im Kreml
Erläuterungen und Textabb. S. 367f.
Abb. 189, 190

Vorhergehende Seite:
145 Swenigorod, Mariä-Himmelfahrts-Kathedrale »im Städtchen«, um 1400, Ostseite

146–149 Swenigorod, Mariä-Geburts-Kathedrale im Sawwa-Storoshewski-Kloster, um 1405

146 Friese an den Apsiden und Oberteil mit Kokoschniki

147 Südseite

148 Blick von Südosten

149 Säulenportal an der Nordseite

Nachfolgende Seiten:
150–153 Sagorsk, Dreieinigkeits-Kathedrale im Dreieinigkeits-Sergius-Kloster, 1422–1423

150 Blick von Osten auf die Dreieinigkeits-Kathedrale und die Nikon-Nebenkirche, 1548

151 Ansicht von Norden

150–153 SAGORSK, DREIEINIGKEITS-KATHEDRALE im Dreieinigkeits-Sergius-Kloster, 1422–1423

152 Blick in die Südostecke vor dem Ikonostas mit dem Grab des hl. Sergius

153 Ornamentfries an der Nordfassade

154, 155 MOSKAU, ERLÖSER-(ACHEIROPOIETOS-) KATHEDRALE im Erlöser-Andronikow-Kloster, 1422–1423

154 Säulenportal an der Südseite

154, 155 Moskau,
Erlöser-
(Acheiropoietos-)
Kathedrale
im Erlöser-Andronikow-
Kloster, 1422–1423

155 Ansicht von
Südosten

156 Moskau,
Kreml,
Blick von Südosten über
die Moskwa auf die
Befestigungsanlage, den
Großen Kreml-Palast,
die Kathedralen und den
Glockenturm,
15.–19. Jahrhundert

157–163 Moskau, Mariä-Himmelfahrts-Kathedrale im Kreml, 1475–1479

157 Ansicht von Südosten

158 Blick über den Platz der Kathedralen auf die Südseite

157–163 MOSKAU, MARIÄ-HIMMELFAHRTS-KATHEDRALE im Kreml, 1475–1479

159 Blick durch den Nordteil nach Osten, Ikonostas und Wandmalerei Mitte des 17. Jahrhunderts

160 Blick in die Gewölbe

157–163 MOSKAU, MARIÄ-HIMMELFAHRTS-KATHEDRALE
im Kreml, 1475–1479

161 Nordwestliche Nebenkuppel mit Acheiropoietos, Fresken 1642–1644

162 Synaxis der Gottesgebärerin, Fresko in der Lobpreisungs-Kapelle, um 1500

163 Rat der Bojaren, Reliefschnitzerei am Monomach-Thron, 1551

164–178 MOSKAU, MARIÄ-VERKÜNDIGUNGS-KATHEDRALE
im Kreml, 1484–1489

164 Ansicht von Nordosten

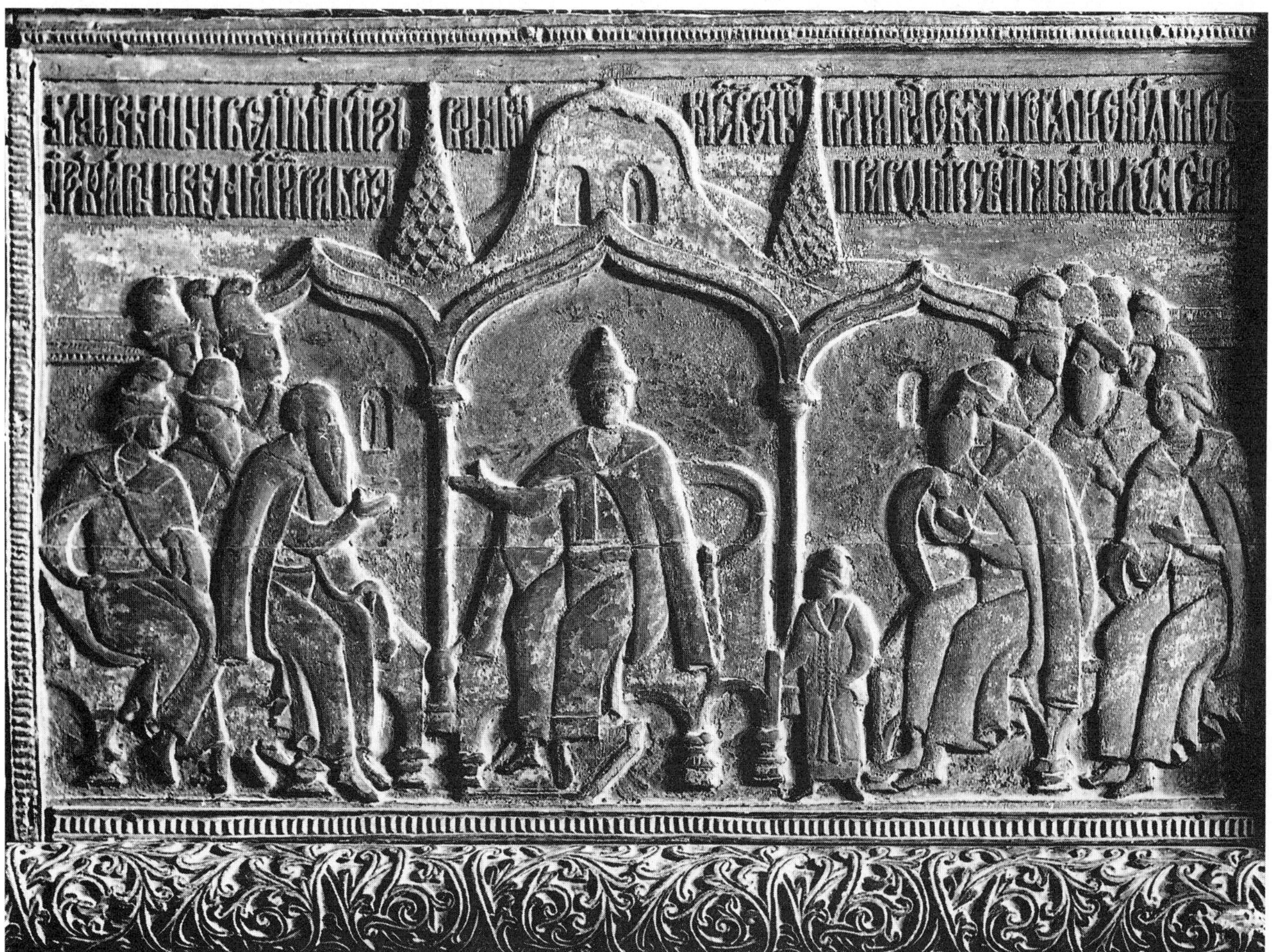

164–178 Moskau, Mariä-Verkündigungs-Kathedrale im Kreml, 1484–1489

165, 166 Blick von der Empore auf die nördliche und auf die südliche Seite des Ikonostas; links im Festtagsrang Ikonen von Andrei Rubljow, um 1405, rechts im Deisusrang Ikonen von Theophanes dem Griechen, um 1405, Prophetenrang aus der zweiten Hälfte des 16. Jahrhunderts, Fresken 16.–18. Jahrhundert

164–178 Moskau, Mariä-Verkündigungs-Kathedrale im Kreml, 1484–1489

167 Hauptkuppel und Stufenbögen der Hauptapsis

168 Fürst Alexander Newski und Großfürst Iwan Kalita, Fresken am nordwestlichen Pfeiler

169 Großfürsten Dmitri Donskoi und Wassili I., Fresken am nordwestlichen Pfeiler

170 Christus als apokalyptischer Reiter, Fresko am Gewölbe in der Südwestecke unter der Empore; sämtlich 16. Jahrhundert

164–178 Moskau, Mariä-Verkündigungs-Kathedrale im Kreml, 1484–1489

171 Mariä Schutz und Schirm (Pokrow), Fresko in der Südwestecke der Empore, 16. Jahrhundert

172 Fresken zum Jüngsten Gericht in der Nordwestecke unter der Empore, 16. Jahrhundert

173 Verklärung Christi und Auferweckung des Lazarus, Ikonen von Andrei Rubljow aus dem Festtagsrang des Ikonostas, um 1405

174 Blick in die Südostecke vor dem Ikonostas, am Pfeiler die Fresken von Georg und Demetrios

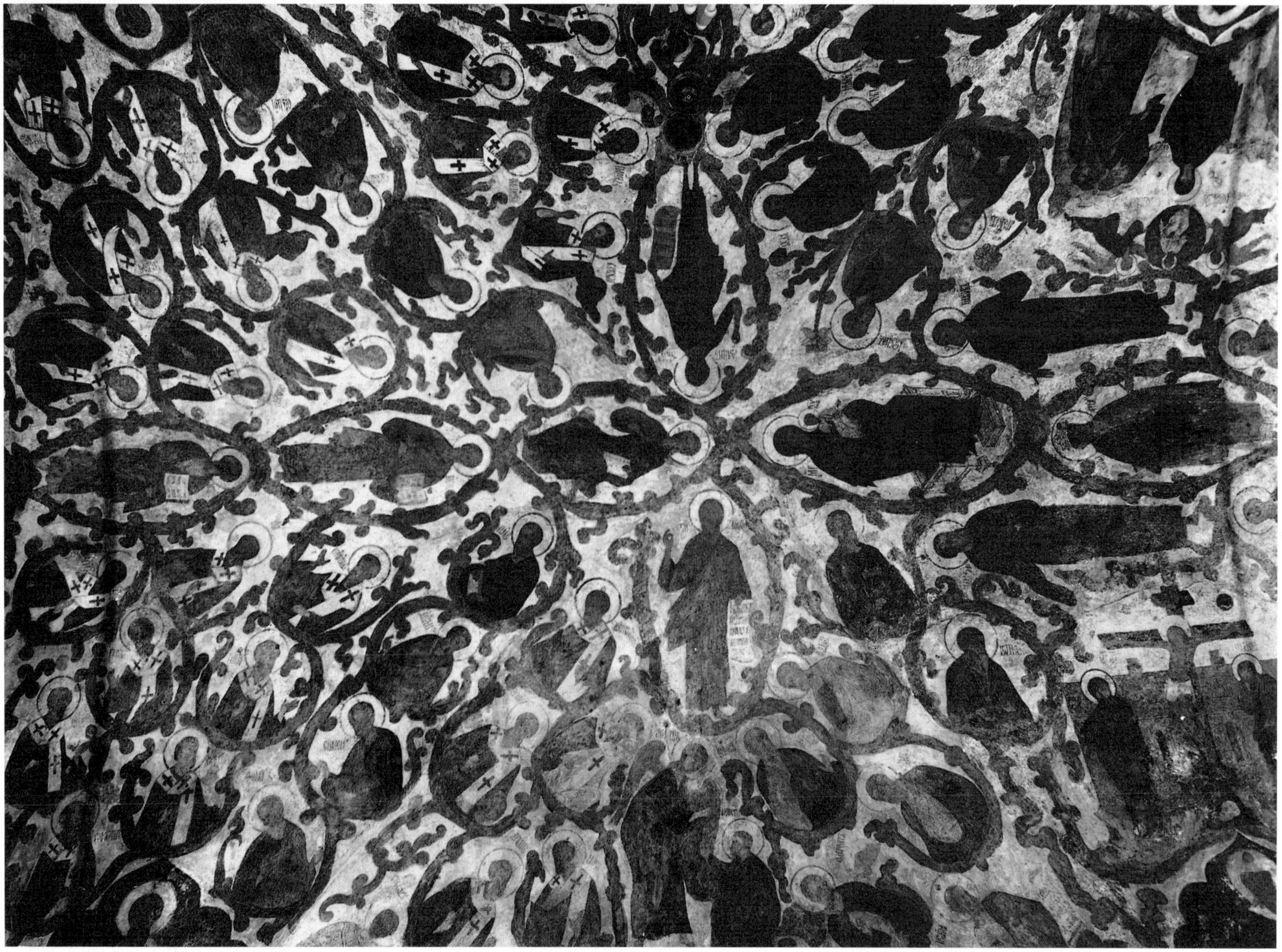

164–178 MOSKAU, MARIÄ-VERKÜNDIGUNGS-KATHEDRALE im Kreml, 1484–1489

175 Baum Jesse, Porträts der Erzväter, griechischer Weisen und Moskauer Fürsten in Medaillons, Fresken am Gewölbe der westlichen Galerie, 16. Jahrhundert

176 Alttestamentliche Dreieinigkeit, Fresko an der Ostwand der westlichen Galerie, 16. Jahrhundert

177, 178 Portal der nördlichen Galerie, Steinschneidearbeit, Mitte des 16. Jahrhunderts, Bildtür mit Gravierungen, 15. oder 16. Jahrhundert; Bildfeld mit Sibylle und Christus

179, 180 MOSKAU, KIRCHE DER NIEDERLEGUNG DES GEWANDES MARIÄ im Kreml, 1484–1486

179 Ansicht von Südosten

179, 180 Moskau, Kirche der Niederlegung des Gewandes Mariä im Kreml, 1484–1486

180 Blick in den südlichen Kreuzarm, Fresken Mitte des 17. Jahrhunderts

181, 182 Moskau, Facettenpalast (Granowitaja Palata) im Kreml, 1487–1491

181 Ansicht von Osten

182 Thronsaal

183–188 Moskau, Erzengel-Kathedrale im Kreml, 1505–1508

183 Ansicht von Nordwesten

184 Blick von Nordosten

185 Südseite

186 Hauptportal an der Westseite

183–188 Moskau, Erzengel-Kathedrale im Kreml, 1505–1508

187 Jüngstes Gericht, Fresken im Westteil, 17. Jahrhundert

188 Blick durch das Mittelschiff über die Sarkophage von Moskauer Großfürsten und Zaren auf das Grabmal des Zarewitschs Dmitri

189, 190 MOSKAU, GLOCKENTURM »IWAN DER GROSSE« im Kreml, 1505–1508, Glockenwand (Mitte) 16.–17. Jahrhundert, Filaret-Anbau mit Zeltdach, 1624

189 Ansicht von Westen

190 Ostseite

191 Moskau, Erlöser- (Spasski-) Torturm im Kreml, 1491, Oberteil 1625, Ansicht von Nordosten

192, 193 Sagorsk, Heilig-Geist-Kirche im Dreieinigkeits-Sergius-Kloster, 1476–1477

192 Ostseite

193 Blick von Südwesten

194 Rostow, Mariä-Himmelfahrts-Kathedrale, Anfang des 16. Jahrhunderts, Glockenwand (rechts) 1682–1687, Ansicht von Nordwesten

195, 196 Moskau, Kathedrale der Ikone der Gottesmutter von Smolensk im Neuen Jungfrauen-Kloster, 1524–1525

195 Ansicht von Südosten

196 Ikonostas, 1683–1686, mit Ikonen aus dem 16.–17. Jahrhundert, Fresken Ende des 16. Jahrhunderts, Weihwasserbecken in der Mitte 1685

197 Nowgorod, Christi-Verklärungs-Kathedrale im Chutynski-Kloster, 1515, Ansicht von Südosten

198 Alexandrow, Dreieinigkeits-Kathedrale, 1513, Blick von Nordosten

199, 200 Kirillow, Kirill-Beloserski-Kloster

199 Dreigeschossige Wehrgänge und Beloserski-Turm der Neuen Stadt, 1633–1679

200 Mariä-Himmelfahrts-Kathedrale, 1497, Blick durch das Mittelschiff auf den Ikonostas und in die Gewölbe

201, 202 KIRILLOW, MARIÄ-GEBURTS-KATHEDRALE des Therapontos-Klosters, um 1490

201 Ansicht von Nordosten, Glockenturm 18. Jahrhundert

202 Detail der Westfassade

203, 205 MOSKAU, MARIÄ-GEBURTS-KATHEDRALE im Mariä-Geburts-Kloster, 1501–1505

203 Blendgiebelpyramide

205 Blick in Kuppel und Gewölbe

204 WLADIMIR, MARIÄ-HIMMELFAHRTS-KATHEDRALE des Fürstinnen-Klosters, Anfang des 16. Jahrhunderts, Ansicht von Südosten, Eckbauten 19. Jahrhundert

206 WOLOKOLAMSK, MARIÄ-GEBURTS-KATHEDRALE im Wosmischtschenski-Kloster, Anfang des 16. Jahrhunderts, Nordostansicht

207 Jaroslawl,
Christi-Verklärungs-
Kathedrale
im Erlöser-Kloster,
1505–1516,
Ansicht von Osten

208 Susdal,
Kathedrale der
Gewandniederlegung
Mariä
im Kloster der Gewand-
niederlegung Mariä,
um 1520,
Ansicht von Südwesten,
Galerien 1688

209, 212, 213, 220
SUSDAL,
MARIÄ-SCHUTZ-KLOSTER

209 Mariä-Schutz-Kathedrale, 1510–1518, Ostansicht, Übergang und Glockenturm 16.–18. Jahrhundert

212 Heiliges Tor mit Mariä-Verkündigungs-Kirche, um 1518, Ansicht von Südwesten

210 MOSHAISK,
MARIÄ-GEBURTS-KATHEDRALE
im Lushezki-Kloster, um 1520, Südseite

211 SUSDAL,
MARIÄ-VERKÜNDIGUNGS-TORKIRCHE
des Erlöser-Euthymios-Klosters, Anfang des 16. Jahrhunderts, Nordseite

209, 212, 213, 220
Susdal,
Mariä-Schutz-Kloster

213 Ansicht von Südosten auf das Refektorium, um 1520

214 Moskau, Erlöser-Andronikow-Kloster, Blick auf die westliche Befestigungsanlage, 17. Jahrhundert, und das Refektorium, 1496–1508

215 Nowgorod, Dreieinigkeits-Kirche im Heilig-Geist-Kloster, 1557, Ostansicht

216–218 Wolokolamsk, Iossif-Wolokolamsk-Kloster, 15.–17. Jahrhundert

216 Inneres des oberen Wehrganges

217 Östliche Befestigungsanlagen

218 Blick von Südosten auf das Ensemble

Nachfolgende Seite:

219 Sagorsk, Dreieinigkeits-Sergius-Kloster, Ansicht von Südosten

220 Susdal, Mariä-Schutz-Kloster, Blick von Nordosten

221 Susdal, Erlöser-Euthymios-Kloster, Blick von Südwesten auf das Ensemble

ersten Geschoß etwa 5 m, im zweiten etwa 2,5 m, im dritten weniger als 1 m stark ist, ließ man eine schmale Treppe ein, unten gerade und mehrläufig, oben wendelförmig. Der Dekor besteht aus breiten Lisenen, flachen Nischen, Karniesen und Gesimsen mit Bögen, Zähnchen und zapfenförmigen Verzierungen.

Nachdem Boris Godunow 1598 zum Zaren gekrönt worden war, befahl er, »die Kuppel höher zu machen und zu vergolden«. Er veranlaßte, vermutlich durch den Festungsbaumeister Fedor Kon, die Aufstockung auf 81 m um die hohe Kuppeltrommel. Der Übergang wird durch je eine Reihe kielbogenförmiger und dreieckiger Kokoschniki verkleidet. Die dreireihige Inschrift unter der Kuppel verweist auf die Würden des Bauherrn, auf den Auftrag »nach dem Willen der heiligen Dreieinigkeit« und auf die Vollendung im Jahre 1600. Die mächtige Vertikale des Glockenturms bildet nicht nur die Dominante des Kremls und des Stadtbilds, die Kuppeltrommel diente zudem als Beobachtungswarte. Bis zu 30 km reicht der Blick ins Land. »Iwan der Große« war Wachtturm und Schlußglied einer Informationskette, die in südlicher Richtung mehrere Türme und Turmkirchen einbezog und vor allem tatarische Überfälle signalisierte.

Der Italiener Petrok Maly begann 1532 nördlich des Glockenturms den Bau, der den Platz der Kathedralen nach Osten abschließt. Die Historiker sind sich nicht einig, ob die jetzige »Glokkenwand« das Original oder eine Ausführung aus dem 17. Jahrhundert ist. Die Fenstereinfassungen, Pilaster und Muschelnischen des viergeschossigen Unterbaues entsprechen dem Stil der italienischen Renaissance, während das Oberteil mit der gewaltigen zweigeschossigen Schallarkatur und der Kuppeltrommel Nowgorod-Pskower Traditionen folgt, freilich im 17. Jahrhundert ornamental gestaltet worden sein muß. Die Außentreppe endet an einem Altan (durch Substruktionen, hier Flachbögen, gestützte Plattform mit Brüstung), der sich auch noch längs des sogenannten Filaret-Anbaues (1624/1814–1815) erstreckt. Von der Treppe aus wurden Zarenerlasse verlesen und öffentliche Bestrafungen verhängt.

Moskau, Michael-Kirche des Tschudow-Klosters im Kreml

Noch vor der Erzengel-Kathedrale wurde 1501 im Tschudow-Kloster des Kremls von Moskauer Bauleuten die kleine, vierpfeilerige Michael-Kirche errichtet. Die Chronik beschreibt den oberen Abschluß als »dreidachigen Aufgang in die Höhe«. Dabei soll es sich um halbrunde Giebel gehandelt haben, wie überhaupt die frühmoskowitische Dachpyramide eine neue Synthese mit dem Formengut Wladimir-Susdals einging. Im Innenraum wie in der äußeren Erscheinung dominierte die Vertikale. Die Mauermasse war weitgehend reduziert. Die im Querschnitt quadratischen, dünnen Pfeiler standen in einem leicht abgestuften Hallenraum, die Gewölbe und Bögen setzten relativ hoch an. Da die Kuppeltrommel steil emporragte und sich in der unteren Wandzone keine Fenster, sondern nur die frühmoskowitischen Portale befanden, müssen sich Raum- und Lichtwirkung gut ergänzt haben. Der Baukörper erhob sich auf einem Sockelgeschoß mit Außentreppen. Die Fassadengliederung betonte die Vertikalität. Die Dreiteilung durch Pilaster war üblich. Aber der Wladimir-Susdaler Blendarkaden-/Säulengürtel schob sich so weit nach oben, daß er dicht unterhalb der Kämpferlinie der ersten Giebelreihe verlief. Leider hat sich die Klosterkirche nicht erhalten.

Moskau, Erlöser-(Spasski-) Torturm im Kreml Abb. 191

Aus der Reihe der Festungstürme ragt besonders der Erlöser- (Spasski-) Torturm an der Ostseite des Kremls wegen seiner eleganten, malerischen Formen und wegen seines Glockenspiels hervor. Er erhielt diese freilich erst Anfang des 17. Jahrhunderts. Der ursprünglich Frolow-Turm genannte Bau trug eine Torkapelle, war aber halb so hoch wie der jetzige (67,3 m). Die Innenmauern des kubischen Unterteils bestehen aus zwei getrennten Wänden, zwischen denen Laufgänge und Treppen liegen. Die Einfahrt galt von alters her als das »Heilige Tor«, also Haupttor des Kremls, und war besonders kirchlichen Prozessionen und diplomatischen Empfängen vorbehalten. Selbst der Zar mußte hier sein Haupt entblößen. Eindrucksvoll wirkt die Inschrift in lateinischer und russischer Sprache, die am Tor angebracht ist: »Iwan Wassiljewitsch, von Gottes Gnaden Großfürst von Wladimir, Moskau, Nowgorod, Twer, Pskow, Wjatka, Ugorsk, Perm, Bulgarien und anderen und Herrscher von ganz Rußland, befahl im Jahr 30 seiner Herrschaft, diesen Turm zu bauen, und gemacht hat ihn Pietro Antonio Solari, der Milanese, im Jahr 1491 seit der Fleischwerdung des Herrn. Gh. M. P.«

Etwa zur Bauzeit von Fioravantis Mariä-Himmelfahrts-Kathedrale errichteten Pskower Baumeister der Hofschule im Dreieinigkeits-Sergius-Kloster die jetzige Kirche der Ausgießung des Heiligen Geistes, die zunächst 1477 als zweite Dreieinigkeits-Kathedrale geweiht wurde. Die architektonische Lösung ist ungewöhnlich, einmalig und ohne Einfluß auf die folgende Entwicklung: Die »Kirche unter Glocken« vereint sich mit der eingeschriebenen Kreuzkuppelkirche, der Glockenturm mit der Kuppeltrommel. Die Basis der steilen Trommel besteht aus einer Schallarkatur mit sechs pskowitischen Pfeilern und einer kielbogenförmigen Überdachung. Einerseits wiederholen sich Merkmale des alten Kreml-Glockenturms, der zu dieser Zeit noch gestanden hat: Auftürmung und Abstufung der Bauteile, Verjüngung des Baukörpers durch nach innen geneigte Wände, kleine Fenster. Andererseits erscheint statt der oktogonalen, pfeilerlosen, engen Turmkapelle eine vierpfeilerige Kreuzkuppelkirche. Im frühmoskowitischen Stil erhebt sie sich auf einem Sockel, schließen ihre Wände mit zwei Reihen kielbogenförmiger, profilierter Giebel ab – die obere Reihe diagonal versetzt –, führen abgestufte Säulenportale mit kielbogenförmigen Archivolten ins Innere. Aber neben den traditionellen tauchen neue Gliederungs- und Schmuckelemente auf: Die vertikale Dreiteilung der Fassaden übernehmen schmale Säulenbündel mit profilierten Kapitellen. Höher als üblich, fast in der Kämpferlinie, befindet sich ein Gürtel aus glasierten Tonbalustern zwischen Reihen ornamentierter Kacheln. Er wiederholt sich am Gesims der Zwiebelkuppel. Der keramische Schmuck wird hier erstmalig an einem altrussischen Kirchenbau in dieser optischen Aktivität verwendet. Die Anregungen lagen nahe: in der Backsteingotik, im spätbyzantinischen Balkan, in der islamischen Kunst, in der italienischen Renaissance. Einen ungewöhnlichen Anblick zeigen auch die drei großen Apsiden durch die Kombination plastischer Girlanden mit Rundstäben. Die Innovationen entsprangen dem Geist der jungen Moskauer Hofschule. Um den Forderungen der Gegenwart zu genügen, durfte man nicht nur das Erbe wiedererwecken, man mußte zugleich nach neuen Lösungen suchen. Den Historizismus erfüllte ein Streben nach Modernität, nach Nochniedagewesenem, das den Blick über die Landesgrenzen hinaus lenkte und zu Experimenten reizte.

SAGORSK,
HEILIG-GEIST-KIRCHE
im Dreieinigkeits-Sergius-Kloster
Erläuterungen S. 368
Abb. 192, 193

Die Herrscherarchitektur verfolgte zwei einander ergänzende Strategien: den Untertanen durch Größe und Pracht zu imponieren, aber auch, Tugenden des Mönchtums als staatsbürgerliche Normen der Gehorsamkeit einzuüben und dadurch gesellschaftliches Konfliktpotential zu binden. Beide Strategien finden sich zur gleichen Zeit in der italienischen Renaissance. J. Burckhardt zitiert die Meinung von Papst Nikolaus V., das unruhige Volk werde durch die Größe dessen, was es sähe, in seinem schwachen Glauben bestärkt. Alberti und Macchiavelli plädierten für eine Entfestigung der Schloßbauten, weil die »Liebe der Untertanen« die beste Festung sei.[49] Beides war gefragt: monumentale Einschüchterung und psychologische Einfühlung. So entstanden in Rußland die Großbauten der höfischen, bischöflichen, städtischen und klösterlichen Kathedralen, bei denen Maßstab und Gebrauchswerte differierten, aber auch die kleinen, intimen Kirchen und an den Großbauten die Kapellen, Stimmungsräume, die zur individuellen Kontemplation anregten. So war der Kreml nicht Gegner, sondern öffentliches Zentrum der Stadt, anfangs mit Wohnsiedlungen versehen wie die unbefestigten Stadtteile. Das »Ausmaß an Konsensfähigkeit«, das M. Warnke einer Formensprache mit »zweckenthobenem ästhetischem Überschuß« zugrunde legt und im hochmittelalterlichen Westeuropa an den Aufträgen der Monarchen belegt, erstreckte sich in zwei Richtungen: Innenpolitisch ging es um eine neue Bündnisstrategie zwischen Staat und Kirche und um die Festigung des neuen Dienstadels, außenpolitisch um das Prestige in der orthodoxen Ökumene und gegenüber den westlichen Feudalstaaten. Diese Intentionen führten auch zu einem neuartigen Bildprogramm.

Die Kirchenbauten des Moskauer Kremls wirkten als Modell: in der unterschiedlichen Typologie, in der differenzierten Kombination historischer und moderner Stilformen und im optischen Überschuß des Fassadendekors. Die russischen und italienischen Baumeister entwickelten das Zentrum einer Reichskunst. Die Ausstrahlung schwächte sich zur Peripherie ab. Zudem zwang die zarische Autokratie zur ehrfürchtigen Distanz. Die meisten provinziellen Kopien – etwa die Auferstehungs-Kathedrale in Wolokolamsk (um 1480) – erreichten weder die Abmessungen noch die ästhetische Aktivität des Moskauer Vorbilds. Aber sie hielten den Zaren, der in dem riesigen Land oft weit weg war, den Untertanen ständig präsent. Die regionalen Eigenheiten traten zurück. Moskauer Regierungsämter vergaben und kontrollierten die Bauaufträge. Sie schickten entweder Hofwerkstätten in die Provinz, oder sie delegierten Meister, um in den Städten und Klöstern die einheimischen Bauleute anzuleiten.

WOLOKOLAMSK, CHRISTI-AUFERSTEHUNGS-KATHEDRALE
Erläuterungen S. 368

Im Dekor verwertete man die Anregungen der italienischen Renaissance, entwickelte aber zugleich die spezifisch russischen Schmuckelemente fort: Blendgiebel, Kielbögen, Nischen, Arkaden, Rundstäbe, Profilierungen. Aus der Volkskunst stammen die Garbenkapitelle. Eine vielgestaltige Modifizierung erfuhr die Nowgoroder Ziegelornamentik, die sich auf die nordeuropäische Backsteingotik stützte: Läufer und Binder wurden im schrägen Winkel hochkant gestellt (Begunez), von der Wandfläche in die Tiefe verlegt (Porebrik), rechteckig eingenischt und abgestuft oder zu kreuzförmigen Öffnungen gestaltet. Neu waren die kleinen und großen Terrakottabaluster und die unglasierten (roten) Kacheln mit ornamentalen Reliefs. Die Schmuckelemente dienten als Gesimse der Fassaden, als Giebelfüllung, zur Verzierung der Säulenportale und im Innenraum in Höhe der Gewölbekämpfer als Friese.

Das Ziegelmauerwerk verdrängte in der Moskauer Bautechnik allmählich das teurere und feuerempfindlichere Quadermauerwerk aus Kalkstein. In den Chroniken heißen Steinbauten schließlich nur noch Ziegelbauten. Trotzdem erschien der weiße Naturstein lange als dekorativer Kontrast zum Ziegelrot. Wegen seiner Weichheit eignete er sich für skulptierte Gliederungs- und Schmuckelemente. Und wegen seiner Widerstandskraft gegen Feuchtigkeit bevorzugte man ihn für Sockel und Kellerräume. Man verwendete ihn – besonders an Orten, wo er gebrochen wurde – im opus mixtum und als Füllung von Zweischalenziegelmauerwerk. Die Moskauer Ziegeleien produzierten seit der zweiten Hälfte des 15. Jahrhunderts – wie in Nowgorod – einheitlich ein Blockformat: Stärke, Breite und Länge im Verhältnis 1:2:4. Die Chroniken vermerken immer mehr Namen von Architekten und geben immer ausführlichere Baubeschreibungen. Etwa 20 russische Meister sind aus Quellen bekannt, u. a. Wassili Jermolin und Andrei Maly aus Moskau, Grigori Borissow aus Rostow, Jermola aus Twer, Barma und Posnik aus Pskow, Fedor Kon. Sie arbeiteten zugleich als selbständige Bauunternehmer. Die Bekanntschaft mit der Renaissancetechnik veränderte ihre Entwurfspraxis. Sie lernten, mit dem Zirkel umzugehen und Bauzeichnungen anzufertigen.

Nishni-Nowgorod, Kreml

Dienstadel und »military look«

Die Bautätigkeit der Zarenregierung nahm mit der Wende zum 16. Jahrhundert im ganzen Land einen noch nie dagewesenen Aufschwung. Sie konzentrierte sich auf Festungen und Kirchen. So entstanden Kreml in Nishni-Nowgorod (1508–1511), Tula (1514–1521), Kolomna (1525–1531), Saraisk (1534) und Serpuchow (1556). In Moskau wurde von Petrok Maly ein zweiter Verteidigungsgürtel um Kitaigorod – den Handelsbezirk (Weliki Possad) – angelegt. Neben den Städten befestigte man zahlreiche Klöster: in einem Ring um die Hauptstadt und als Bastionen im Land. A. Grabar meint, Rußland habe überhaupt in Europa zuerst über so eindrucksvolle Fortifikationen verfügt[50]. Man fragt sich, ob dafür eine unmittelbare Notwendigkeit bestand. Aktuell war nur der Nordwesten Rußlands von einem deutsch-schwedischen Einfall bedroht. Moskauer Baumeister erneuerten Ende des 15. und Anfang des 16. Jahrhunderts die Kreml von Nowgorod, Staraja Ladoga, Korpoja, Jam und Orechowo. Als neue Grenzfestung wurde 1492–1496 Iwangorod an der Narwa errichtet.

Die Festungsarchitektur hatte die Wirkung der modernen schweren Artillerie zu berücksichtigen. Die Baumeister erweiterten den Grundriß des Geländes und begradigten den Verlauf der Wehrmauern. Sie verstärkten diese, legten Brustwehren, Wehrgänge und am Sockel Bogennischen für Kanonen an. Sie errichteten etwa im gleichen Abstand massige, sich verjüngende Türme: rund oder polygonal, zumeist aus der Mauerflucht hervorstehend, mehrgeschossig und mit eingewölbten Decken, um auch hier Geschütze aufstellen zu können. Nach deren Schußfeld richtete sich die Länge des Mauerabschnitts. Als neue Bauelemente gewannen Maschikuli – eine Reihe auskragender, großer Pechnasen –, Schwalbenschwanzzinnen und schräge Schießscharten Bedeutung. Allerdings überrascht oft die dekorative Verwendung. Der »military look«, der visuelle Eindruck kriegerischer Standfestigkeit, muß den Bauherren wichtig gewesen sein.

Eine unmittelbare militärische Bedrohung bestand in der ersten Hälfte des 16. Jahrhunderts nur im Nordwesten. Die Tataren und Polen-Litauen befanden sich in der Defensive. Gegen einen innerstädtischen Aufstand, wie er 1547 in Moskau ausbrach, war der Kreml als öffentliches Zentrum wenig gefeit. Iwan IV. zog während der Zeit der Opritschnina (1565–1572) sogar aus ihm aus. Warum wurden in Zentralrußland also die großartigen Festungen erbaut? Sicherlich war die Gefahr tatarischer Überfälle und westlicher Invasion nicht endgültig gebannt. Aus der schlimmen Erfahrung jüngster Vergangenheit resultierte ein erhöhtes Sicherheitsbedürfnis. Aber es gab auch noch einen weiteren Grund: Die enorme Vergrößerung des Moskauer Reichs zwang zu einer Ausweitung des Militärapparats und des militärischen Statusdenkens. Dabei spielte der Dienstadel eine Rolle, den sich der Zar durch das sogenannte Dienstgut verpflichtete: die Belehnung mit Ländereien für die Dauer eines Dienstes. Die Praxis reichte bis in die Kiewer Rus zurück. Dienstleute hatten in der letzten dynastischen Krise Wassili II. zum Sieg verholfen. Aber erst unter Iwan III. erhielt der Dienstadel soziale und politische Breitenwirkung. Der Begriff »Dienstgut« (Pomestje) findet sich in Urkunden seit dem Ende des 15. Jahrhunderts, als Iwan III. etwa zweitausend Moskauer Adlige in das eroberte Groß-Nowgorod umsiedelte und ihnen das dort konfiszierte Bojaren- und Kirchenland übereignete. Das Dienstgut konnte – wie bei der byzantinisch-komnenischen »Pronoia« – jederzeit durch Befehl des Großfürsten wieder eingezogen werden. Erst später wurde es bedingt erblich. Die Inhaber durften es nicht verkaufen oder verschenken. So entwickelten sie sich im Interesse ihres Lehens und Wohlstands zu gehorsamen und gefügigen Werkzeugen des Herrscheramtes. Das Gerichtsbuch (Sudebnik) von 1497 orientierte auf eine neue Rangordnung nach dem Kriterium der Dienstleistungen. Unter Iwan IV. hatte sich der Grundsatz »kein Land ohne Dienst« endgültig durchgesetzt. Die alteingesessenen Fürsten- und Bojarengeschlechter verloren ihr Recht, das Treueverhältnis zum Herrscher aufzukündigen. Die neue Schicht des Dienstadels integrierte das Heer und die Bürokratie und stützte die Zaren in der Auseinandersetzung mit der konservativen Opposition.

Der »military look« wurde zum Ausdruck der Bündnispolitik zwischen Dienstherren und Dienstleuten. Der eigentliche Zweck blieb oft eine Nebensache. Zum Beispiel fielen zahlreiche Fortifikationen rasch, als kurzfristig 1571 die Krimtataren bis Moskau vordrangen. Charakteristisch ist, daß sich die Historiker bis heute an der ästhetischen Harmonie der Festungen und ihrer Einordnung in Stadt und Landschaft begeistern. Das militärische Statusdenken schob sich in den Vordergrund. Erst nach der Mitte des 16. Jahrhunderts, als sich Iwan IV. in neue Kriege mit Schweden und Polen-Litauen einließ, ging es um wirkliche Verteidigungsprobleme. Was uns heute militärisch-funktionell und nicht ästhetisch-zweckenthoben imponiert, stammt in der Regel aus der zweiten Hälfte des 16. Jahrhunderts und aus der »Zeit der Wirren« im 17. Jahrhundert.

Die Festigung der Zentralgewalt

Kathedralbauten Wassilis III.

Der 1479 von Sophia Paläolog geborene Wassili III. übernahm 1505 nach dem Tod seines Vaters Iwan III. das Herrscheramt. Er führte die »Sammlung der russischen Lande« zu Ende: 1510 wurde von ihm Pskow, 1516/1521 Rjasan und 1522/1523 Nowgorod-Sewerski vereinnahmt. In der Sommerresidenz Alexandrowskaja Sloboda nördlich von Moskau erbaute er 1513 die Mariä-Schutz-Kirche, die Iwan IV. 1565 zur Dreieinigkeits-Kathedrale weihen ließ, als er am Anfang der Opritschnina seinen Sitz aus dem Kreml hierher verlegte. Die Hofkirche gehört zum vierpfeilerigen und einkuppligen Sakomari-Typ und wiederholt das Wladimir-Susdaler Kreuzkuppelschema. Aber ihre Proportionen wirken trotz der Erhöhung durch das Sockelgeschoß plump, weil die Rundgiebel der Mariä-Himmelfahrts-Kathedrale im Maß schematisch übernommen wurden. Zwar existieren Säulenportale in frühmoskowitischer Form mit Renaissanceschmuck, aber es fehlt der feinteilige Säulengürtel der Fassaden. Der frühmoskowitische, dreiteilige Ornamentfries bildet das Hauptgesims der Kuppeltrommel sowie der drei breiten Apsiden und gliedert die Fassaden in zwei Zonen. Der dekorative Reiz soll von der Polychromie der Wände ausgegangen sein. In verschiedenen Farben wurden auf dem weißen Putz Ziegel nachgemalt und mit Kreuzen verziert.

Alexandrow, Dreieinigkeits-Kathedrale
Erläuterungen S. 368
Abb. 198

Die bischöfliche Mariä-Himmelfahrts-Kathedrale von Rostow entstand vermutlich am Beginn des 16. Jahrhunderts, wenngleich das genaue Datum unbekannt ist. N. Brunow vermutet, sie stamme von den gleichen Bauleuten, die das Katholikon des Tschudow-Klosters errichteten. Auf jeden Fall handelte es sich um einen Regierungsauftrag. Der Bischof von Rostow stand dem Zarenhaus als dessen Beichtvater sehr nahe. Bischof Wassian hatte 1479 sogar Wassili III. getauft. Die Fünfkuppelkonstruktion, der sechspfeilerige, rechteckig gestreckte Grundriß und die Ausformung belegen die enge Verwandtschaft zu den beiden großen Kreml-Kathedralen. Der hallenartige hohe Innenraum, die breiten Seitenschiffe, die Proportionen, das Wellendach, der Blendarkaden-/Säulengürtel, die Wandabstufung verweisen auf die Mariä-Himmelfahrts-Kathedrale. Der kreuzförmige Querschnitt der Pfeiler, deren Verbindung durch Gurtbögen mit Pilastern, das Ziegelmauerwerk mit Gliederungs- und Schmuckelementen aus Kalkstein, die in der Fassadengliederung überwiegende Horizontale, die Verwendung von Rahmen und Stäben deuten auf den Einfluß der Erzengel-Kathedrale hin. Die Bauleute fanden allerdings eine Synthese, in die auch Elemente des Vorgängerbaues (1212–1231) und des Katholikons des Tschudow-Klosters eingingen. Die Bögen der Vierung überragen die anderen Gewölbe. Die mehrfache horizontale Fassadengliederung durch Profile und Abstufungen übergreift sogar die kräftigen Lisenen. Der Blendarkaden-/Säulengürtel rückte stark in die Höhe, und trotzdem plazierte man noch über ihm die obere Fensterreihe. Die ungleich breiten Wandabschnitte der Längsfassaden erinnern an die Mariä-Himmelfahrts-Kathedrale in Wladimir. Die Garbenkapitelle der Säulchen

Rostow, Mariä-Himmelfahrts-Kathedrale
Erläuterungen und Textabb. S. 368 f.
Abb. 194

wurden von den vierpfeilerigen Kreml-Kathedralen übernommen und Ende des 15., Anfang des 16. Jahrhunderts allerorts verwendet.

Um Moskau nach Südwesten abzusichern, gründete Wassili III. auf dem sogenannten Jungfrauenfeld das Neue Jungfrauen-Kloster. Er erfüllte damit ein Gelübde, das er 1514 im Krieg gegen Litauen abgelegt hatte: im Fall der Rückeroberung der Stadt Smolensk ein Nonnenkloster zu stiften. Trotz des Sieges verwirklichte er sein Versprechen erst nach zehn Jahren vor einem Feldzug gegen die Kasaner Tataren. Bevor er Moskau verließ, diktierte er sein Testament und erließ unter einer Vielzahl von Verfügungen auch die Anordnung zum Bau des Klosters. Die strategische Lage an einer Biegung der Moskwa schützte drei bei Tatarenüberfällen besonders gefährdete Flußübergänge. Die Spende von 320 kg Silber und von Ländereien aus dem zarischen Grundbesitz bestritt die Bau- und Unterhaltskosten. Da Frauen aus der Herrscherdynastie und alten Bojarengeschlechtern aufgenommen wurden, kamen dem Nonnenkloster auch in der folgenden Zeit reiche Stiftungen und Zuwendungen zugute.

MOSKAU, KATHEDRALE DER IKONE DER GOTTESMUTTER VON SMOLENSK im Neuen Jungfrauen-Kloster
Erläuterungen S. 369
Textabb. S. 271, 369
Abb. 195, 196

Moskau, Kathedrale der Ikone der Gottesmutter von Smolensk, Ansicht

1524–1525 entstand – vermutlich in Quadermauerwerk – die Klosterkathedrale. Als deren Patrozinium wählte Wassili III. die Ikone der Gottesmutter von Smolensk, da die »Smolenskaja«, eine alte Ikone vom Typ der Gottesmutter Hodigitria, als wundertätiges Heiligtum in der Smolensker Stadtkathedrale verehrt wurde. Die 1524 begonnene Klosterkathedrale soll im halbfertigen Zustand eingestürzt sein und 56 Maurer getötet haben. Ihr folgte ein Ziegelbau, der sich nach dem sechspfeilerigen und fünfkuppligen Vorbild der Mariä-Himmelfahrts-Kathedrale im Moskauer Kreml richtet. Die Wandgliederung, die Anordnung und Vermaßung der Fenster und der obere Abschluß durch Rundgiebel zeigen starke Ähnlichkeiten. Allerdings besitzt die Klosterkathedrale Besonderheiten, die an die Gestaltung anderer Kremlkathedralen, vor allem aber der um 1518 im Auftrag von Wassili III. errichteten vierpfeilerigen Mariä-Schutz-Kathedrale des gleichnamigen Susdaler Frauenklosters erinnern. Sie erhebt sich auf einem hohen Sockelgeschoß, ist von einer breiten Galerie mit Kapellen an den östlichen Enden umgeben, weist im Innenraum Tonnengewölbe, Pilaster und im Querschnitt kreuzförmige Pfeiler auf. Im Sockelgeschoß befinden sich Grablegen von Äbtissinnen und Fürstinnen. N. Brunow hat auf den Vertikalismus aufmerksam gemacht, der an der Ostseite besonders zum Ausdruck kommt. Bei der Mariä-Himmelfahrts-Kathedrale im Kreml beträgt das Verhältnis der Breite zur Höhe eines Wandabschnittes 2 : 5, hier 1 : 7. [51] Die großartige und strenge äußere Erscheinung war der Absicht des Bauherrn angemessen, nicht nur eine Votivgabe, sondern ein staatliches Siegesdenkmal zu schaffen. Noch heute gilt die Angliederung von Smolensk an das Moskauer Reich als die bedeutendste Tat Wassilis III.

Abb. 209

Auf Befehl desselben Zaren wurden nach dem Vorbild der Mariä-Himmelfahrts-Kathedrale zwei weitere Kathedralen im Nowgoroder Gebiet mit sechs Pfeilern und fünf Kuppeln errichtet: die Christi-Verklärungs-Kathedrale im Chutynski-Kloster (1515) und die Kathedrale von Tichwin. Auch sie weisen Ziegelmauerwerk auf. Den Gürtel aus Blendarkaden ersetzen zwei etwa in dessen Breite horizontal verlaufende Ziegelrundstäbe. Die Struktur des tonnenüberwölbten Innenraums erinnert mehr an die Erzengel-Kathedrale, von der auch einige Schmuckelemente übernommen wurden. Die beiden großräumigen Neubauten sollten den noch immer widerspenstigen Nowgorodern eindringlich die Macht des Moskauer Herrschers vor Augen führen.

NOWGOROD, CHRISTI-VERKLÄRUNGS-KATHEDRALE im Chutynski-Kloster

Abb. 197

Die Ideologie des Iossif von Wolokolamsk

Iwan III. und Wassili III. lavierten zwischen zwei monastischen Reformbewegungen: der Partei des Iossif von Wolokolamsk (1439–1515), den sogenannten Iossifljanen, und den Anhängern von Nil Sorski (1433–1508). Beide empfanden sich ursprünglich als friedliche Bruderschaften. Unter Berufung auf den hl. Sergius wollten sie den religiösen und sittlichen Verfall im Mönchtum und in der Gesellschaft überwinden. Aber infolge der unterschiedlichen Haltung zur Macht und zum Grundbesitz und infolge der wechselnden Taktik der Herrscher gewannen sie bald gegensätzliche staatspolitische Bedeutung. Iossif hatte die Absicht, nach dem koinobitischen Modell ganz Rußland neu als »Heilsstaat« zu ordnen. Seine Klosterregeln bestanden mehr aus harten, pragmatischen Verboten als aus überzeugenden, geistlichen Geboten. Sie schränkten die Rolle des Individuums gegenüber der Obrigkeit ein und erzwangen eine fast militärische Disziplin. Iossif sah im Herrscheramt die Stellvertretung Christi auf Erden, im Bischof einen Staatsdiener und im Kloster eine öffentliche Erziehungs- und Versorgungsanstalt. Da er den Reichtum der Kirche für den Reichtum Gottes hielt, galten ihm Grundbesitz und Pfründen als unabdingbar für die Erhaltung des Glaubens und der kirchlichen Hierarchie und für die soziale Wirksamkeit der Klöster. Dagegen trat Nil nach dem Vorbild der orientalischen Wüstenväter und der sinaitischen Hesychasten für eine Wiedergeburt durch kontemplative Selbstvervollkommnung ein. Er forderte nicht äußere Zucht und staatliche Eingriffe, sondern den persönlichen Weg zum Heil, ein vom »freien Willen« bestimmtes »uneigennütziges« und asketisches Leben, bei dem sich jeder von der Arbeit seiner Hände ernährt. Seine Partei nahmen die Transwolga-Starzen in den Skit-Klöstern, eine Art Lauren. Nil und sein Schüler, der Fürstmönch Wassian Patrikejew (1460–1532?) befürworteten die »arme Kirche« und die Enteignung der klösterlichen Latifundien durch den Staat. Die Moskauer Herrscher schwankten zwischen beiden Mönchsbewegungen. Einerseits sympathisierten sie mit den Iossifljanen, weil deren Ideologie den staatlichen Zentralisierungsprozeß und – außenpolitisch – die Priorität in der Ökumene festigten. Andererseits paktierten sie mit den Anhängern Nils, weil deren Ideal irdischer Besitzlosigkeit ihnen den Grundbesitz sicherte, den sie als Lehnsgut für den neuen, im Kampf gegen die Bojarenopposition unentbehrlichen Dienstadel benötigten. [52]

Iwan III. konfiszierte in den Moskau neu angeschlossenen Gebieten Kirchenland und verbot, den Klöstern »um des Seelenheils willen« Boden zu übereignen. Wassili III. und Iwan IV. erließen zahlreiche Verordnungen, um Ankäufe, Erbgüter und Schenkungen zu verhindern. Sie fanden dabei die Sympathie der Bevölkerung. Die Großklöster besaßen infolge ihres Wohlstands und ihrer Privilegien Vorteile, die alle anderen Schichten als unlautere Konkurrenz empfanden. Außerdem erregten viele Mönche Ärgernis, weil sie Schacher mit Gaben für die Seelenmessen trieben und Sterbende in Testamentsangelegenheiten erpreßten. Trotz des steigenden Bedarfs an Grundbesitz arrangierte sich das Zarenhaus schießlich mit den Iossifljanen.

In Nils Mönchsspiritualität war der Verzicht auf Latifundien verbunden mit der Absage an das Machtdenken. Die innerkirchliche Opposition gegen das Staatskirchentum schadete jedoch der Konsolidierung der Zentralgewalt und des Herrscheramtes mehr als wirkliche häretische Abweichungen. So wurden die Restriktionen des klösterlichen Grundbesitzes nur halbherzig durchgeführt und immer wieder Kompromisse gesucht. Dazu kam, daß sich die iossifljanischen Gemeinschaftsklöster bald als »Kaderschmiede« und »Rentenstelle« für den Dienstadel, überhaupt als moralische Anstalt des Staates, unentbehrlich machten.

Die Entscheidung fiel durch Wassili III., als Streifzüge der Kasaner und der Krim-Tataren 1521 Moskau bedrohten und in dieser gefahrvollen Situation unzufriedene Fürsten und Bojaren die alte Udel-Ordnung mit Hilfe der Transwolga-Starzen zurückzugewinnen versuchten und als drei Parteigänger von Nil, nämlich Metropolit Warlaam, Wassian Patrikejew und Maxim Grek, die Genehmigung zur Scheidung der kinderlos gebliebenen Ehe mit Solomonija Saburowa verweigerten. Wassili III. verbannte die drei widerspenstigen Kleriker und inthronisierte ohne Befragung einer Landessynode den ihm vorbehaltlos ergebenen Nachfolger Iossifs im Abtsamt Daniil als Metropoliten (1492/1522–1539). Dieser erteilte nicht nur den Dispens für die Heirat mit der polnischen Aristokratin Helena Glinskaja, durch eine gewandte Politik half er auch, die
Abb. 220 letzten Teilfürstentümer zu beseitigen. Die geschiedene Solomonija mußte im Susdaler Mariä-Schutz-Kloster die Nonnenkutte anlegen, während die zweite Frau Helena 1530 den ersehnten Thronfolger Iwan IV. gebar.

Das iossifljanische Mönchtum stieg in der ersten Hälfte des 16. Jahrhunderts neben dem neuen Dienstadel zur staatstragenden Schicht auf. Trotz der anfangs ambivalenten Beziehung zum Herrscher wurden im Regierungsauftrag mehr Klosterkathedralen als Bischofs- und Stadtkathedralen gebaut. Die offizielle Aufmerksamkeit galt den Pflanzstätten des Staatskirchentums. Die materiellen Mittel stellten die Klöster in der Regel selbst bereit. Während die Transwolga-Starzen jede Prachtentfaltung in Gottesdienst und Kirchenbau ablehnten, drückte sich für die Iossifljanen der Reichtum Gottes auch in der Liturgie und in der Architektur aus. Das Katholikon, das Iossif 1484–1486 in seinem Kloster errichten ließ – es wurde allerdings 1688–1692 durch einen Neubau ersetzt –, kopierte die Mariä-Himmelfahrts-Kathedrale des Moskauer Kremls. Den Auftrag zur Ausmalung erhielten Dionissi und seine Werkstatt. Das 1504 erbaute Refektorium gleicht dem Thronsaal des Zaren im Facettenpalast, freilich auch dem Speisesaal, den W. Jermolin 1469 im Dreieinigkeits-Sergius-Kloster ausgeführt hatte.

Iossif schrieb – unter dem Titel »Geistiges Testament« – ein Typikon, das die nun entstehende Klosterarchitektur wesentlich prägen half. In ihm erscheint Gehorsam als oberste Pflicht. Das Gemeinschaftsleben wurde bis in die kleinste Einzelheit reglementiert. Der Abt fungierte weniger als geistlicher Vater denn als Oberbefehlshaber. Das Ritual sollte ohne Auslassungen abgehalten werden, so daß es sich sehr in die Länge zog und kaum Zeit ließ für das individuelle Gebet und die einsame Besinnung. Die Regeln legten genau fest, wie sich der Koinobite beim Gottesdienst, im Refektorium, in seiner Zelle und beim Arbeiten zu verhalten habe. In der Kathedrale wiesen sie jedem seinen Platz und die Tür zu, durch die er gehen mußte. Iossif schrieb sogar die Körpersprache, die Haltung des Kopfes und der Hände vor. Die geistlichen Grundlagen christlicher Askese traten zurück, die ganze Aufmerksamkeit galt der äußeren Disziplinierung. Die Regeln des Gemeinschaftsmönchtums wurden zur moralischen Anstalt des Staates. Damit die im 14. und 15. Jahrhundert ausgelöste Tendenz der Individualisierung und Emotionalisierung nicht zum Nonkonformismus, zur Entfremdung von Staat bzw. Kirche ausartete, mußten sich die herrschenden Kräfte – trotz ökonomisch divergierender Interessen – auf diese starke Abfangbewegung einigen.

Das Gemeinschaftskloster diente als »Kaderschmiede«. I. Smolitsch meint, die Mönche sollten hier »regieren lernen«. Sie sollten erfahren, wie die Bischöfe, die aus dem Mönchsstand hervorgingen, ihre Sprengel leiten, wie die Verwaltungsaufgaben eines großen Feudalhofes zu bewältigen sind, wie man die Staatsmacht gut berät. Zudem übernahm das Kloster soziale Verpflichtungen. Mit ihnen rechtfertigte Iossif Reichtum und Grundbesitz. Adlige mußten sich für ihren Lebensabend einkaufen und durch Stiftungen die Versorgung, die Aufnahme in die liturgische Fürbitte und eine »geheiligte« Grabstätte sichern. Aber Arme und Kranke wurden kostenlos betreut. In einem Brief an die Fürstin Golenina teilt Iossif mit, sein Kloster speise manchmal täglich 600–700 Menschen und brauche deshalb enorme Mittel.

Iossifs Klosterregeln sollten den konventionellen Bestand der Orthodoxie sichern. Sie lassen sich nicht als Unterwürfigkeit unter die Staatsmacht interpretieren, sie paßten die kirchliche Strategie der neuen historisch-gesellschaftlichen Situation an. Im Grunde ging es um die Reinerhaltung des Glaubens und die Unantastbarkeit kirchlichen Eigentums. Erst als Iossif bewußt wurde, daß dies nur durch die Moskauer Zentralgewalt zu garantieren sei, plädierte er für die Oberherrschaft des Zaren. Die sich verbreitende Ketzerideologie der Nowgoroder Strigolniki und der Judaisierenden, die aus dem Westen übergreifende lutherische Reformation und antiklerikale Frühaufklärung, der Individualismus und Nonkonformismus der Transwolga-Starzen erforderten energische Gegenmaßnahmen. Iossifs Hauptwerk heißt »Der Erleuchter« (Proswetitel). Es galt dem Kampf gegen die Häresien, die in der Auflösung kirchlicher Zucht einen fruchtbaren Boden vorfanden. Das Ziel war eine »ecclesia militans« mit dem Zaren als Großinquisitor. Iossifs Konzeption bestimmte bis ins 17. Jahrhundert die russische Kirchengeschichte. Der Pskower Mönch Filofei und die Metropoliten Daniil und Makari waren namhafte Repräsentanten der Iossifljanen. Der Abt selbst wurde bereits 1578/1591 heiliggesprochen.

Architektur der Gemeinschaftsklöster

Die Klosterarchitektur mußte das Gemeinschaftsleben organisieren und die staatskirchlichen Ideale manifestieren. Die Auftraggeber begannen, ein Ensemble zu planen. Koinobien und städtische Kreml dürften sich dabei gegenseitig beeinflußt haben. Ein polygonaler Grundriß wurde bevorzugt. Anfangs entstanden gewaltige Palisaden mit Festungstürmen aus Balkenwerk, später imposante Wehrmauern und Türme aus Ziegel- und Quadermauerwerk. Die ersten steinernen Mauern erhielten in der ersten Hälfte des 16. Jahrhunderts das Susdaler Mariä-Schutz-Kloster, das Dreieinigkeits-Sergius-Kloster und das Kloster des Iossif von Wolokolamsk. Als Ursachen nennt man gewöhnlich die Einbeziehung in die Landesverteidigung und den Schutz des sich an-

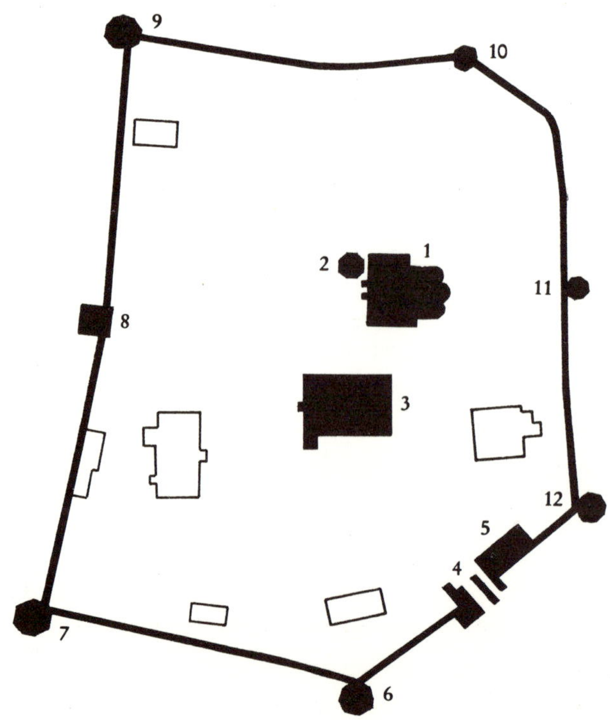

Wolokolamsk, Plan des Iossif-von-Wolokolamsk-Klosters

1 Mariä-Himmelfahrts-Kathedrale;
2 Glockenturm;
3 Refektorium mit Kirche der Erscheinung Christi;
4 Heiliges Tor mit Peter-und-Paul-Kirche;
5 Haus des Abts;
6 Petrow-Turm;
7 Starez-Turm;
8 Germanow-Turm;
9 Schmiede-Turm;
10 Namenloser Turm;
11 Nikol-Turm;
12 Auferstehungs-Turm

Abb. 216–220 häufenden Reichtums. Der Staat rüstete die Klöster sogar mit Geschützen und Munition aus und stellte ihnen besondere Militäreinheiten zur Verfügung. J. M. Owsjannikow meint, im 14. und 15. Jahrhundert seien sie vorrangig »Zitadellen der Kultur« gewesen, im 16. Jahrhundert jedoch an Orten errichtet worden, wo eigentlich eine Festung hätte angelegt werden müssen [53]. Man sollte indessen die ideologische Funktion nicht unterschätzen. Schon in der äußeren Erscheinung hatten die koinobitischen iossifljanischen Klöster durch ihren »military look« die staatstragende Gesinnung und die antiketzerische Standfestigkeit der Insassen zum Ausdruck zu bringen.

Abb. 213 Im Inneren richtete sich die Bebauung nach einer strengeren Ordnung als bisher. In der Regel stand das Katholikon im Zentrum. Südwestlich davon erhob sich das Refektorium (Trapesnaja) mit einer Außentreppe zum Speisesaal im Obergeschoß. Zusammen mit dem Glockenturm umrahmten die Gebäude den Klosterhof, der dem Hauptplatz des städtischen Kremls ähnelte. Der zentrale Weg führte von hier aus zum Heiligen Tor. Die Mönchszellen wurden an der Klostermauer, die Amtsgebäude, Hospize, Spitäler gleichfalls an der Peripherie und in den Achsen des Ensembles angelegt. Das Abtshaus mit der Bibliothek gewann erstmalig attraktive Züge und befand sich in der Nähe des Innenhofs. Die Klöster benötigten große Wohntrakte. Sie dienten den Herrschern als Aufenthaltsorte während ihrer Reisen und Kriegszüge, gaben Schutz und stellten standesgemäßen Raum zur Verfügung. Ihre Reliquien und Ikonen waren begehrtes Ziel von Pilgern und Wallfahrten. Aber auch einfache Reisende fanden in ihnen Speise und Herberge.

Erläuterungen S. 370–372, 378 Die Klöster, in denen man neue Kirchen baute, waren verschiedener Herkunft. Einmal handelte es sich um frühere Stiftungen von Teilfürsten, die nun dem Zarenhaus oder der Metropolie anheimfielen. Zum anderen verwandelten sich ehemalige Einsiedeleien – wie etwa das Therapontos-Kloster am Weißen See – in Koinobien. Die Neugründungen bilden eine dritte Gruppe. Private Initiativen wie die Iossifs spielten dabei eine geringe Rolle. Man trifft sie vor allem in Zentral- und Nordrußland. Die Gründer beeilten sich, vom Großfürsten einen Gnaden- und Immunitätsbrief zu erlangen, worin Besitz, Privilegien und Gerichtsbarkeit festgelegt wurden. Selbst die Einödklöster trugen nunmehr den Charakter eines Feudalhofes, so daß die Bauern vielfach gegen sie rebellierten. Die meisten Klostergründungen erfolgten auf Befehl der Regierung, der Metropolie (seit 1589 des Moskauer Patriarchats) oder der Bischöfe in den zurückeroberten Gebieten Ost- und Südrußlands, im Zusammenhang mit Stadtgründungen, Missionierung der Nomaden und Kolonisation unbebauten Landes. Auch errichteten die Behörden Abb. 250, 251 an der Grenze zu Schweden und Polen–Litauen Klosterfestungen, beispielsweise das Pskower Höhlenkloster (Petschory).

An den neuen Klosterkirchen erscheinen die bekannten, ererbten Stilelemente allerdings in neuen Kombinationen. Im Bautyp herrscht das Vier-Pfeiler-Schema. Der obere Abschluß weist eine, drei oder später fünf Tambourkuppeln auf. Wie die Abstammung und Erbfolge des Zarenhauses und die Geschichte des Russischen Reichs die kirchliche Ideologie beschäftigte, so synthetisierte der Kirchenbau die Formen der zeitgenössischen Kreml-Architektur mit denen der Wladimir-Susdaler Rus und des frühen Moskauer Staats. In der weiten Skala zwischen offizieller Machtpropaganda und der Einübung monastisch-moralischer Lebensnormen besitzen die einzelnen Lösungen unterschiedlichen Stellenwert.

Textabb. S. 276, 370 f. Abb. 200–205 Die frühmoskowitische Stiltendenz, eine Giebelpyramide auszubilden, dominierte in einkuppligen Klosterkirchen wie der Mariä-Geburts-Kathedrale des Therapontos-Klosters (um

Moskau, Mariä-Geburts-Kathedrale, Ansicht

1490), der Mariä-Himmelfahrts-Kathedrale des Kirill-Beloserski-Klosters (1497), der Mariä-Geburts-Kathedrale des Moskauer Mariä-Geburts-Klosters (1501–1505), der Mariä-Himmelfahrts-Kathedrale des Fürstinnen-Klosters in Wladimir (Anfang des 16. Jahrhunderts). Charakteristisch sind Sockelgeschoß, umlaufende Terrassen oder Galerien, Stufengewölbe, zwei oder drei Reihen kielbogenförmiger Giebel, Ziegelornamentik, Profilierungen und Friese aus Terrakotta oder Keramik. Bei dem Katholikon des Therapontos-Klosters wiederholt sich das sogenannte große Stufengewölbe der Kathedrale des Moskauer Erlöser-Andronikow-Klosters: der Höhenunterschied zwischen den Tonnen der Kreuzarme und den Bögen der Vierung nimmt zu, weil man das Postament der Kuppeltrommel stärker aushöhlt und die Bedachung steiler anlegt. Der vierpfeilerige Sakomari-Typ mit – oft zu »Eselsrücken« emporgezogenen – Rundgiebeln fand seine Fortsetzung in dreikuppligen Klosterkirchen wie der Kathedrale der Gewandniederlegung Mariä (um 1520) im gleichnamigen Susdaler Kloster, in der Mariä-Geburts-Kathedrale (1535) des Wosmischtschenski-Klosters von Wolokolamsk und vor allem in fünfkuppligen Bauten: etwa der Mariä-Geburts-Kathedrale (um 1520) des Lushezki-Klosters von Moshaisk oder der Dreieinigkeits-Kathedrale (1521–1523) des Dreieinigkeits-Makari-Klosters von Kaljasin. Von Einfluß dürfte gewesen sein, daß die Michael-Kirche des Tschudow-Klosters im Moskauer Kreml Anfang des 16. Jahrhunderts vier Nebenkuppeln erhielt. Seltener sind einkupplige Bauten des Sakomari-Typs wie die Kathedrale des Daniil-Klosters (um 1530) von Pereslawl-Salesski. Gliederung und Schmuck kombinieren Motive der Kreml- und der Vorstadtkirchen. An der Fünfkuppelkonstruktion ist zu erkennen, daß sich die politische Aura des Herrscheramtes ausbreitete. Selbst das Kunststück wurde vollbracht, der frühmoskowitischen Giebelpyramide fünf Kuppeln aufzusetzen, wenn das – wie bei der Erlöser-Kathedrale (1537–1542) des Erlöser-Priluzki-Klosters von Wologda – ein Befehl des Zarenhauses forderte.

Abb. 208, 210

Aber auch auf die Dreikuppelkonstruktion ging diese Bedeutungsaura über. Das zeigen zwei einander ähnliche Klosterkathedralen des Sakomari-Typs, die Wassili III. persönlich in Auftrag gab: die Christi-Verklärungs-Kathedrale (1505–1516) des Erlöser-Klosters von Jaroslawl und die Mariä-Schutz-Kathedrale (1510–1518) des Mariä-Schutz-Klosters in Susdal. Dreikuppliges Vorbild waren die alte Mariä-Himmelfahrts-Kathedrale von Kolomna und die ursprüngliche Mariä-Verkündigungs-Kirche im Moskauer Kreml. Politisch handelte es sich um Schwerpunktaufgaben. Das Erlöser-Kloster von Jaroslawl, eines der ältesten russischen Klöster, nahm eine bedeutende Stellung in Kultur und Glaubensleben Nordostrußlands ein: als geistliche Ausbildungsstätte (auch von Malern), als Schatzkammer der Literatur und Künste (Fundort des Igorliedes), als Grablege der fürstlichen Wundertäter Fedor, David und Konstantin. Das Mariä-

Erläuterungen und Textabb. S. 372
Abb. 207, 209

Schutz-Kloster in Susdal hat Wassili III. vermutlich schon 1510 als Verbannungsort seiner Frau Solomonija bestimmt, die er zwingen wollte, Nonne zu werden. Allerdings konnte er die gegen das Kirchenrecht verstoßende Scheidung erst 1525 durchsetzen, als er die Opposition der »Uneigennützigen« und der Bojaren niedergekämpft und den Metropoliten ausgewechselt hatte. Auch später besaß das Kloster als Gefängnis von Angehörigen der Bojarengeschlechter politische Brisanz. Die das Ensemble überragende Dreikuppelkonstruktion wurde zum Wahrzeichen der uneingeschränkten Macht des Staatskirchentums und des Herrschers.

Torkirche und Refektorium

Textabb. S. 27, 86, 351, 355
Abb. 29, 55, 191, 211, 212

Neben dem Katholikon spielten in der Klosterarchitektur die Torkirche und das Refektorium eine bedeutende Rolle. Das Haupttor galt als Heiligtum. Als Gattung ist es bisher nicht beschrieben und in seiner Funktion kaum erforscht worden. Der fortifikatorische Charakter früherer Zeit scheint einem Repräsentationsbau zu weichen: Triumphtor im Erdgeschoß und intime Kapelle im Obergeschoß. Charakteristisch ist die Mariä-Verkündigungs-Torkirche (1518) des Susdaler Mariä-Schutz-Klosters, die im Auftrag von Wassili III. entstand. Eine Galerie ersetzt als herrscherliches Wahrzeichen die offene Loggia. Auf den »military look« wurde verzichtet, dafür die Ansicht für einen städtischen Platzraum geschaffen. Der Kirchenbau wiederholt im verkleinerten Maßstab Typ und Form eines Katholikons. Die Fassade zeigt in beiden Geschossen den gleichen, reichen Ziegeldekor. Andere Lösungen finden sich, wo man militärischen Wert auf die Befestigung legte: Entweder steht dann die Torkirche hinter dem eigentlichen Tor – wie im Susdaler Erlöser-Euthymios-Kloster –, oder sie wird von Wehrtürmen eingerahmt. Formen der Städte- und Palastarchitektur beanspruchten die besondere Aufmerksamkeit der Klosterbaumeister.

Die Funktion des »Heiligen Tores« ist vielschichtig. In dem riesigen russischen Land hatte man mühsam und gefahrvoll weite Strecken zurückzulegen. Das Tor bildete Ausgangs- und Endstation. Hier sorgte man sich um die Zukunft und freute man sich über die glückliche Ankunft. Eine russische Sitte schrieb vor, sich kurz zu setzen und ein Gebet zu sprechen, bevor man eine lange Reise antrat, und danach Gott zu danken. Die Torkirche schuf diesem Bedürfnis psychologisch und rituell Raum. Symbolisch markierte sie den Eingang zum geheiligten Bezirk des Klosters, der von jeher als Gottesstadt, als Abbild und Präsenz des Himmlischen Jerusalems verstanden wurde. Die iossifljanische Ideologie vom Reichtum Gottes im Reichtum der Klöster und von der »ecclesia militans« gab diesen Tendenzen neue Impulse, den dekorativen wie den fortifikatorischen, den psychologischen wie den symbolischen.

Textabb. S. 168, 278
Abb. 182, 213, 214

Für das Refektorium (Trapesnaja) gab es drei Vorbilder: den Audienzsaal (1433) deutscher Baumeister im Erzbischöflichen Palast des Nowgoroder Kremls, den nicht erhaltenen Speisesaal (1469) von W. D. Jermolin im Dreieinigkeits-Sergius-Kloster und den Thronsaal von Marco Ruffo und Pietro Antonio Solario im Moskauer Facettenpalast (1487–1491). Alle drei Säle befinden sich im Obergeschoß – im Erdgeschoß liegen die Wirtschaftsräume. Sie weisen einen etwa quadratischen Grundriß auf, sind relativ niedrig eingewölbt und besitzen die gleiche Gewölbestruktur: vier Teil- oder Kreuzgewölbe (in Nowgorod Sterngewölbe), die ein kurzer, starker Pfeiler in der Raummitte abstützt. Die Refektorien des 16. Jahrhunderts wiederholen diese Anlage. Impulse des Profanbaues sind unverkennbar. Sie können aus westlichen Quellen stammen. Denkbar ist auch ein Einfluß der heimischen Holzarchitektur. Paulus von Aleppo schreibt: »Die Speisezimmer in diesem Land, die Säle genannt werden, sind viereckig mit nur einem Pfeiler in der Mitte, ganz gleich, ob sie aus Stein oder gehobeltem Holz gebaut sind.« [54] Der Bau umfaßt zwei Geschosse, eventuell noch, wie in Nowgorod, ein Kellergeschoß, und schließt mit einem vierflächigen Zeltdach ab. Die Fenster sind gleichmäßig angeordnet und spenden gutes Licht. Gliederung und Dekor der Fassaden halten sich in bescheidenem Rahmen. Vergleiche zur Architektur byzantinischer Refektorien kann man nur schwer ziehen. In Rußland entwickelte sich ein eigener Typ der Trapesnaja.

Da sich in den orthodoxen Klöstern bei den Mahlzeiten Abt und Mönche mit den zahlreichen Gästen und Pilgern vereinen, mußte der Saal großräumig sein. An ihn schließen sich gewöhnlich zwei kleine, nebeneinander liegende Räume an, die an die »gute Stube« und die Vorratskammer im heizbaren Teil des russischen Bauernhauses erinnern. Sie dienen dem Anrichten, der Aufbewahrung des Geschirrs, der Austeilung des Brots. Eine Regel für die Anlage des Eingangs läßt sich nicht feststellen, wenn die Refektoriumskirche fehlt. In jedem Fall hat der Abt seinen Platz an der Gegenseite. Seine Tafel bildet die Stirn, zu der im rechten Winkel in parallelen Reihen die Tische der Gemeinde stehen. Zu Beginn des 16. Jahrhunderts kam eine eigene Refektoriumskirche auf. Sie befindet sich im Osten über dem gleichen Erdgeschoß wie der Speisesaal. Anfangs besitzt sie zumeist keine Apsiden, die sich herauswölben. Sie schließt mit einer glatten Ostwand ab und ist nur an der Kuppeltrommel zu erkennen.

Borowsk, Pafnuti-Kloster, Ansicht, Schnitt und Grundriß des Refektoriums

Die ersten neuen Refektorien wurden vor allem in Gemeinschaftsklöstern erbaut, die sich durch besondere Staatstreue auszeichneten: im Moskauer Simonow-Kloster (1485), im Moskauer Erlöser-Andronikow-Kloster (1504–1506), in dem man zur gleichen Zeit ein Gefängnis für abtrünnige Kleriker einrichtete, im Kloster des Iossif von Wolokolamsk (1504), im Pafnuti-Kloster von Borowsk (1511), in dem Iossif nach dem Tod des Gründers Pafnuti 1478 kurzfristig als Abt amtierte und das zum Zarenhaus enge Verbindung unterhielt (zwei Mönche waren 1533 Taufpaten Iwans IV.), im Mariä-Schutz-Kloster von Susdal (um 1520), in das Wassili III. seine geschiedene Frau Solomonija als Nonne verbannte, im Dreieinigkeits-Kloster von Kaljasin (1525–1530), dessen Gründer und Abt Makari († 1483) in der iossifljanischen Hagiographie eine besondere Würdigung erfuhr. Im Pafnuti-Kloster errichtete man schon zusammen mit dem Speisesaal eine kleine Refektoriumskirche. Sie war ungewöhnlicher Bauart: im Grundriß quadratisch, ohne Pfeiler und Apsiden, mit einem flachen, tambourlosen Kuppelgewölbe, dessen 12 Stichkappen an den Fassaden Rundgiebel entsprachen. Die regionale Tradition und der Einfluß der Vorstadtkirchen führten oft zur pfeilerlosen, sphärischen Einwölbung, so bei der Mariä Reinigung geweihten Refektoriumskirche (1535–1537) des Antonius-Klosters Nowgorod.

NOWGOROD, DREIEINIGKEITS-KIRCHE im Heilig-Geist-Kloster Abb. 215

Eine neuartige Lösung zeigt sich im Nowgoroder Heilig-Geist-Kloster. Die Klosterkathedrale dient hier zugleich als Refektoriumskirche. Über einem gemeinsamen hohen Sockelgeschoß schließt sich der Speisesaal im Westen an das Katholikon an. Man nimmt an, daß dieser Typ in Moskau entstand und durch Metropolit Makari vermittelt wurde, der 1526–1542 als Nowgoroder Erzbischof amtierte. Der Ziegelbau der Dreieinigkeits-Kirche stammt aus dem Jahre 1557. Das staatskirchliche Herrschaftszeichen, die Fünfkuppelkomposition, erhebt sich dekorativ über einem pfeilerlosen Innenraum mit Klostergewölbe. Weit buchten nach Moskauer Vorbild die drei Apsiden aus. Die Fassadengliederung durch Pilaster ist reines Schmuckwerk. Im Dekor vereinen sich Nowgorod-Pskower und moskowitische Stilelemente: Die Giebeldreiecke bzw. Satteldächer sind wie Kokoschniki behandelt und zieren das Dach und die Postamente der hohen Kuppeltrommeln. Die Kielbogenform in Friesen und Nischen belegt den Einfluß Moskaus. Der Speisesaal weist in der üblichen Art einen Mittelpfeiler auf.

Der Bautyp der Moskauer Turm- und Zeltdachkirche

Ph. Schweinfurth hat als originellste und eindrucksvollste Leistung der altrussischen Baukunst den Typ der monumentalen Moskauer Turm- und Zeltdachkirche bezeichnet [55]. Andere nennen ihn »revolutionär«. Zwar läßt er sich der allgemeinen historischen Sequenz des Turmtyps zuordnen, die mit der «Swirskaja« von Smolensk und den beiden Paraskewa-Pjatniza- Kirchen von Tschernigow und Nowgorod begann. Aber das steinerne Zeltdach ist eine Innovation. Konstruktive Ähnlichkeiten bestehen zwischen seiner Aufmauerung und der Abstufung der Gewölbe im Pskower und frühmoskowitischen Kirchenbau. Dieser Bautyp stellt eine neue und einmalige Lösung dar und wirkte als ein nationales Ereignis, das die Sensibilität der Menschen veränderte. Er ist nicht zu verstehen ohne die Wiedergeburt der Zentralgewalt, ohne den Einfluß des Festungsbaues und ohne die Formensprache der Holzarchitektur. Anfangs saugte der Turmbau das Kreuzkuppelschema völlig auf. Später suchte man Kompromisse zur Fünfkuppelkonstruktion. Beide Motive standen in Beziehung zur Aura des Herrscheramtes.

Allerdings blieb der neue Typ als Leitbau historisch eine Episode. Er dominierte nur in der kurzen Zeit zwischen den dreißiger und den sechziger Jahren des 16. Jahrhunderts. In ihr erreichten Wassili III. und sein Sohn Iwan IV., Grosny oder »der Schreckliche« (1530–1584), eine

Moskau, Ansicht des Bauensembles in Kolomenskoje

1 Christi-Himmelfahrts-Kathedrale;
2 Georgs-Kirche »unter Glocken«;
3 Falken-Turm;
4 Vorderes Tor mit angrenzenden Wohn- und Wirtschaftsgebäuden;
5 Kirche Johannes' des Täufers in Djakowo

weitgehende politische und soziale Stabilisierung. Ihnen gelang es, die Spannungen zwischen dem alten Erbadel und dem neuen Dienstadel, zwischen den »uneigennützigen« Transwolga-Starzen und den Iossifljanen in ein Gleichgewicht zu bringen, das ihnen absolutistische Macht einräumte und die Gesellschaft relativ »befriedete«. [56] Im »zarischen Gesetzbuch« von 1550 wurden erstmalig auch die Belange der handels- und gewerbetreibenden Kreise berücksichtigt. Mit der Einrichtung der »Opritschnina« 1565 änderte sich die Gewichtsverteilung, und der Typ der Turm- und Zeltdachkirche büßte seine dominierende Rolle ein. Er wurde wieder in den Funktionsbereich abgedrängt, aus dem er stammte, dem der Glockenturm-, Tor- und Refektoriumskirchen.

Moskau, Christi-Himmelfahrts-Kathedrale in Kolomenskoje
Erläuterungen S. 372f.
Textabb. S. 279, 283, 372
Abb. 225–227

Bereits das Gründungswerk, die Christi-Himmelfahrts-Kathedrale in Kolomenskoje, war eine Meisterleistung. Die ältere Forschung nimmt an, Wassili III. habe sie 1530–1532 zusammen mit einem Holzpalast und dem Renaissance-Glockenturm in seiner Sommerresidenz bei Moskau errichten lassen. Die Einweihung soll drei Tage lang offiziell gefeiert worden sein. Wenn das Datum stimmt, vollzog sie Metropolit Daniil, der die zweite Ehe Wassilis mit Helena Glinskaja sanktioniert hatte. Diesem Bund entstammte der Thronfolger, der spätere Zar Iwan IV. Eine Bittgabe 1529 oder die Geburt 1530 soll der Anlaß für den Auftrag gewesen sein. Schon darin drückte sich ein wichtiges Merkmal des neuen Bautyps aus: die Idee des Memorialbaues. Freilich genügt es nicht, festzustellen, daß die traditionelle Funktion der Votivkirche eine stärkere repräsentative und offizielle Geltung erhielt. Die Turm- und Zeltdachkirche war ein staatspolitisches Denkmal. Das zeigt sich schon in der äußeren Gestalt eines Obelisken und in dem »military look« der Fassaden. Die eigentliche Apsis, Pfeiler und Empore im Inneren fehlen. Der Turmraum mit dem offenen Zeltdach bildet einen erhöhten Ehrenbaldachin. Er zeichnet sich durch Vertikalität, Einheitlichkeit und Kleinflächigkeit aus. Inmitten einer Lichtsäule bot er Platz für den Großfürsten und sein Gefolge. Die sakrale Überhöhung des Herrscheramtes war die Hauptsache, der Altarraum die Nebensache. Die Öffentlichkeit sah sich gleichsam ausgesperrt und hatte das Denkmal von außen zu verehren. Das hohe, sich verzweigende Sockelgeschoß mit den Galerien hob den Obelisk in die Höhe und sorgte für gebührenden Abstand. Der »military look« ergriff Gliederung und Schmuck des Kirchenbaues. Allerdings soll die Kathedrale von Kolomenskoje auch eine wirkliche militärische Funktion besessen haben. Sie war in das Verteidigungssystem der Hauptstadt einbezogen: im Süden, von wo aus in der Regel die Angriffe der Tataren erfolgten. Sie stand in einem großfürstlichen, befestigten Hof (Dwor) auf dem Hochufer über einer Biegung der Moskwa, also mit der Möglichkeit eines guten Fernblicks. Der Tambour über dem Zeltdach diente als Beobachtungswarte und blieb bei Tag und Nacht besetzt, um drohende Gefahren zum Kreml-Glockenturm zu signalisieren. Die jüngere Forschung datiert das Bauwerk als Auftrag Iwans IV. zeitlich in größere Nähe zu der Kirche Johannes' des Täufers in Djakowo (1547) und zu der Moskauer Mariä-Schutz-Kathedrale am Graben (Basilius-Kathedrale, 1555–1560), enthebt es dadurch aber nicht dem oben geschilderten politisch-sozialen Milieu und seiner Funktion als Gründungswerk.

Die Chronik vermerkt, die Kathedrale in Kolomenskoje sei »oben wie Holzwerk« gebaut. Das steile Zeltdach wurde damals als typisches Merkmal der Holzarchitektur aufgefaßt. Nur sind sich heute die Forscher nicht einig, welchen Weg der Einfluß nahm. Die einen meinen, schon im 15. Jahrhundert hätten Zimmerleute Zeltdachkirchen von großer Höhe und Ausdruckskraft geschaffen. Die anderen betonen, nichts weise darauf hin, daß es vor den steinernen in der gleichen Gestalt schon hölzerne Zeltdachkirchen gegeben habe. Leider existieren nur

Abb. 223, 224

Panilowo, Nikolaus-Kirche, Ansicht

schriftliche Quellen. Und diese sind mehrdeutig und nicht hinreichend beweiskräftig. Die Vorstellung, die uns zum Beispiel die Mariä-Himmelfahrts-Kirche von Kurizko (1595), die Nikolaus-Kirche in Panilowo, Bezirk Archangelskoi (1600) und die Mariä-Himmelfahrts-Kirche von Kondopoga (1774) vermitteln, kann man nicht einfach historisch zurückprojizieren. Zwar ist ihre Gestalt charakteristisch für zahlreiche Holzkirchen, die sich seit dem ausgehenden 16. Jahrhundert erhalten haben. Ein steiles, achtkantiges Zeltdach ragt über einem kurzen Oktogon empor, das auf einem quadratischen Baukörper ruht. Aber eher bietet sich die umgekehrte Hypothese an: was dic Holzbaumeister in Dörfern, Städten und Klöstern Nordrußlands zimmerten, als Einwirkung des Steinbaues von Kolomenskoje zu verstehen. Der Hinweis der Chronik würde sich dann nicht unmittelbar auf das Vorbild von Holzkirchen, sondern überhaupt auf die Formensprache des Blockbaues beziehen.

In der russischen Holzarchitektur war das Zeltdach heimisch. Es erhob sich über Dachlauben (Terema), Dielen und Treppentürmen von Wohnhäusern und Palästen (Choromen), vor allem über Festungstürmen. Die Dachform besteht aus vier- oder achteckigen Balkenkränzen, die sich nach oben mit jeder Lage zurückstufen und verkürzen. Vertikal sind sie mit Planken abgedeckt.

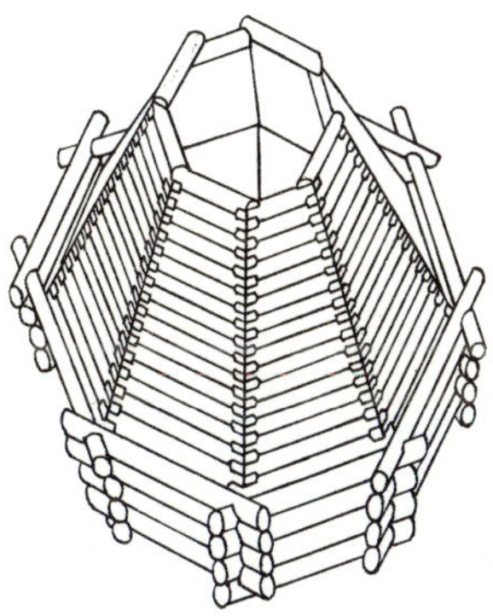

Konstruktion eines hölzernen Zeltdachs

Selbst wo der Steinbau den Blockbau ablöste, wurde das hölzerne Zeltdach übernommen. Charakteristisch sind die Wehranlagen der Kreml und Klöster des 16. Jahrhunderts. Die steinernen Festungstürme trugen hölzerne Zeltdächer, auch wenn man in den unteren Geschossen die Balkenlagen durch flach gewölbte Ziegeldecken und die Holzleitern durch Steintreppen ersetzte. Das gleiche trifft für die benachbarten Sakralbauten zu: Glockenturm-, Tor- und Refektoriumskirchen. Vermutlich hat zuerst bei ihnen ein Zeltdach aus leichtem Naturstein oder Ziegeln die Holzkonstruktion verdrängt. Während das Zeltdach im hölzernen Wohnbau wegen seiner geringen Höhe und kleinen Fläche oft »Kappe« genannt wurde, erreichte es im Festungsbau eine beachtliche Steilheit. Besonders Tortürme und Torkirchen trugen ein hohes, achtkantiges Dach, das mit einer Beobachtungswarte abschloß. Aber wie und wo zuerst der qualitative Umschlag in eine Steinkonstruktion erfolgte, weiß man nicht. Jedenfalls ist die monumentale Kathedrale von Kolomenskoje keine plötzliche und unvermittelte Lösung. Eine kleine Refektoriumskirche mit einem Zeltdach aus Ziegelmauerwerk datieren sowjetische Forscher bereits in das Jahr 1525. Sie steht im Erlöser-Euthymios-Kloster zu Susdal. Das Zeltdach schließt über einem kurzen, mit zwei Reihen Kokoschniki verkleideten Oktogon statt einer Kuppel den kubischen Naos ab.

Abb. 98, 248

Susdal, Mariä-Himmelfahrts-Refektoriumskirche Abb. 222

Eine zweite Verwandtschaftslinie sehen Forscher in dem oktogonalen, pfeilerförmigen Baukörper des Glockenturms oder der Kirche »unter Glocken«. Das Dach besteht aus einem niedrigen, vier- bzw. achtflächigen Zelt, manchmal aus einer Kuppel. Zu diesem Typ gehörten der Vorgängerbau »Iwans des Großen« (1329), die Glockenturmkirchen des Iossif-Wolokolamsk-Klosters (1490), des Erlöser-Kamen-Klosters am Kubenskoje-See (1528–1545) und des Chutynski-Klosters bei Nowgorod (1535). Die Meister stammten aus dem Nowgoroder und Pskower Gebiet oder kamen noch weiter aus dem Westen. Ein italienischer Architekt errichtete neben der Kathedrale von Kolomenskoje die kleine Georgs-Kirche »unter Glocken«. Auf rundem Grundriß erhebt sich ein doppelgeschossiger Renaissancebau mit hoher Schallarkatur und moskowitischen Blendgiebeln.

Abb. 231

SUSDAL, MARIÄ-VERKÜNDIGUNGS-TORKIRCHE und KIRCHE DER GEBURT JOHANNES' DES TÄUFERS im Erlöser-Euthymios-Kloster
Abb. 211, 230

Zu fragen ist, in welchem Milieu sich das steinerne Zeltdach herausbildete. Das früheste Beispiel, das wir kennen, die Mariä-Himmelfahrts-Refektoriumskirche, entstand in einem höfischen Gemeinschaftskloster. Das Susdaler Erlöser-Euthymios-Kloster ist eine Gründung Susdal-Nishegoroder Fürsten aus der Mitte des 14. Jahrhunderts. Im Erbfolgestreit machte dann das Moskauer Herrscherhaus seine Rechte geltend. Anfang des 16. Jahrhunderts dürfte es das Auftragswesen kontrolliert und das architektonische Experiment begünstigt haben. Im selben Kloster existieren noch zwei weitere Zeltdachkirchen. Zu Ehren der Geburt Iwans IV. wurde 1530 die mit einem flachen Zeltdach versehene Kirche der Geburt Johannes' des Täufers »unter Glocken« errichtet. Aus der gleichen Zeit stammt die Mariä-Verkündigungs-Torkirche, die ursprünglich zwei Zeltdächer trug und auf ein anderes Ereignis verweist: 1570 begann mit der Ausstellung der Reliquien die Kanonisierung des ersten Abts Euthymios, der zur Schule des hl. Sergius gehörte. Die Heiligsprechung hatte einerseits den Zweck, mit dem Pilgerstrom den Reichtum des Klosters zu mehren und die Mittel für die Neubauten einzubringen. Sie diente andererseits der Festigung des Staatskirchentums. Als die Hundertkapitelsynode 1551 eine Sammelkanonisierung nationaler Heiliger vornahm, knüpfte sie an solche Vorleistung an. Interessant ist, daß etwa zur gleichen Zeit, als man aus Ziegelmauerwerk die drei Zeltdachkirchen errichtete, eine neue Holzbefestigung angelegt wurde. Die höfischen Gemeinschaftsklöster boten das Milieu, in dem sich der neue Bautyp herausbilden konnte, und seine Entfaltung hing eng zusammen mit der autokratischen Festigung des Herrscheramtes.

Außer der Holzarchitektur hat man andere Quellen für die Moskauer Turm- und Zeltdachkirchen zu finden versucht. Manche Vergleiche sind wenig überzeugend, etwa zu den steinernen Kegeldächern kaukasischer, besonders armenischer Kirchen, zum Aufbau zentralasiatischer, islamischer Mausoleen und indischer Pagoden. H. Ladendorf bemerkt einen neuen »Zeitstil«, den Manierismus, der in der Auseinandersetzung mit italienischen Einflüssen in Moskau Mitte des 16. Jahrhunderts einsetzte und sich gotische Formen anverwandelt habe [57]. Abgesehen von der Fragwürdigkeit, den Manierismus undifferenziert zum Zeitstil auszuweiten, ist doch der Blick auf aktuelle gesamteuropäische Phänomene von Nutzen: die Herausbildung des Absolutismus und des Nationalbewußtseins, die Nobilitierung aufsteigender Schichten, nämlich in Westeuropa des Bürgertums, in Rußland der Dienstleute, die von der Gegenreformation übernommene Forderung der Iossifljanen nach der »ecclesia militans«, den Gegensatz von Prunksucht und Askese, den Neuerungszwang, die Entwicklung des Schloßbaues, die mit Zeltdächern versehenen Glocken-, Palast- und Stadttürme, das Verhältnis von Herrscherarchitektur, Stadt und Landschaft, die historischen Zitate, den optischen Überschuß. In Westeuropa bildeten sich diese Phänomene in Stilformen heraus, die man als Renaissance,

Spätgotik und Manierismus bezeichnet hat. Der Zuordnung zu ihnen steht scheinbar die historische Ableitung aus der Formensprache der russischen Holzarchitektur entgegen. Aber beide Wege verweisen auf eine neue Art des Historizismus.

Die Verhaltens- und Ausdrucksweise der neuen, vom Dienstadel integrierten Oberschicht orientierte sich – angeregt von diesen gesamteuropäischen Phänomenen – an der Volkskultur. Man mußte – nach Luther – dem Volk mehr »aufs Maul schauen«, um mit der eigenen Sprachform »anzukommen«. Das galt für Literatur, bildende Künste und Architektur. Die politisch erfolglosen Transwolga-Starzen bedienten sich der akademisch verfeinerten Sprache der griechischen Theologie. Metropolit Daniil setzte dagegen volkstümliche Grobheiten in der Art von Abraham a Sancta Clara. Von ihm haben sich 16 Predigten und einige Sendschreiben erhalten, die realistische Bilder und Details aus der einfachen Umgangssprache verarbeiten. Sein Nachfolger, der iossifljanische Metropolit Makari (1481/1542–1563), veranlaßte, daß für die »Großen Lese-Menäen« (1552) mündliche Überlieferungen der Volksdichtung systematisch gesammelt wurden. Die Malerei diente zwar, behördlich reglementiert und kontrolliert, der Verbreitung der Herrschaftsideologie. Aber mit der religiösen Verherrlichung und Belehrung war eine Aktualisierung biblischer Gestalten und Geschichte, mit den komplizierten Allegorien kirchlicher Dogmen, Hymnen, Gebete die Darstellung von zeitgenössischen Genreszenen, Architekturen, Kostümen, Gerätschaften verbunden. Die Hundertkapitelsynode von 1551 anerkannte offiziell neben der Gleichnismalerei die Lebensmalerei. Analog eignete sich die Hofbaukunst Stilformen an, die im Volk beliebt waren. Die Adaption sollte die Gleichgerichtetheit der Interessen zum Ausdruck bringen. Das Zeltdach wurde von den russischen Menschen des 16.Jahrhunderts »als eine eigenartig veränderte Form der Kuppel« empfunden. Die Zentralgewalt und die vom Dienstadel integrierte Oberschicht hatten sich historisch zu legitimieren, ihr Emporkommen jedoch zugleich durch Innovationen zu rechtfertigen. Die Suche nach Neuem fand zwei einander ergänzende Lösungen: Anschluß an die internationale »Mode« und Umwertung von Formen der Festungs- und Volksarchitektur.

Moskau, Christi-Himmelfahrts-Kathedrale in Kolomenskoje, Eckfenster des kubischen Baukörpers sowie Pilaster und Teilgewölbe des Innenraums

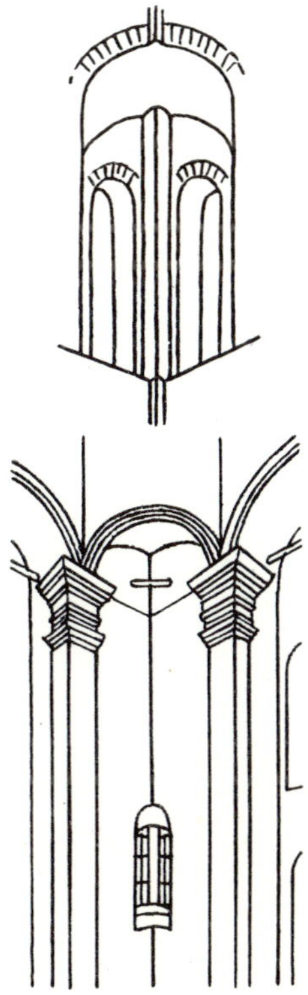

Die insgesamt 62 m hohe Christi-Himmelfahrts-Kathedrale in Kolomenskoje gliedert sich in vier Zonen: das durch Arkaden geöffnete Sockelgeschoß mit nach verschiedenen Richtungen verzweigten Terrassen, den zentralen Kubus mit risalitartigen Vorräumen, das gedrungene Oktogon und auf diesem das 28 m hohe Zeltdach, das einen kleinen Kuppeltambour trägt. Die 20 Eckpilaster mit dreifach gestaffelten Kapitellen und die vorgeblendeten »Pfeile« über den schmalen Fenstern, die drei Reihen gewaltiger, kielbogenförmiger Giebel, die den Seitenschub auffangen und den Übergang zum Achteck verkleiden, das Fehlen einer regelrechten Apsis, der Schmuck am Oktogon und das Rhombennetz kantiger Kalksteinrippen am Dach, alles das betont das pyramidale Aufwärtsstreben. Da die Ziegelmauern aus konstruktiven Gründen bis zu 3 m stark sein mußten, entstand ein kleiner Innenraum, der nur ein Drittel der gesamten bebauten Fläche einnimmt. Er wirkt im Grundriß eher kreuzförmig als quadratisch. Dieser Eindruck verstärkt sich räumlich, weil das Oktogon auf den inneren Mauerteilen des Kubus ruht. Einmalig dürfte die Ausgestaltung der acht inneren Ecken als Pilaster mit Basen, Kapitellen und Gesimsen sein. Die kleinen Bögen und Teilgewölbe über ihnen leiten zum Oktogon über, das ein Ring von Eisenankern zusammenhält. Bei der Anlage des Zeltdachs wurde jede Ziegellage gegenüber der vorhergehenden leicht zurückgestuft, ein Verfahren, nach dem schon in der Kiewer Rus das Kuppelgewölbe entstand. Hier wie dort ist rasch trocknender Mörtel verwendet worden. Die Rippen bzw. Grate haben dekorativen und konstruktiven Charakter. Die bis ins

Zeltdach reichenden Fenster erzeugen eine Lichtpyramide, die den Symbolcharakter des Gesamtbaues eindrucksvoll vor Augen führt. Erst in Zweidrittelhöhe ist ein achtkappiges Gewölbe eingespannt.

Im Bauschmuck wiederholen sich die aus dem Kreml bekannten Einzelformen der Renaissance. Säulenordnung, Ausbildung der Pilaster, Fenstereinfassungen(Ädikulen) und Gesimse haben die Vermutung nahegelegt, ein Italiener sei der Baumeister gewesen. Aber im Gesamteindruck dominiert die körperliche Massivität. Sie bestimmt sogar die technische Konstruktion. Während die Mariä-Himmelfahrts-Kathedrale Fioravantis sozusagen eine gleichmäßige Schale aufweist, kommt es in Kolomenskoje zwischen Außenhaut und Innenwand wegen der unterschiedlichen Mauerstärke zu Differenzen von über 2 m. Der gewaltige Obelisk ist nicht geometrisch, sondern organisch konzipiert. Die Vertikalen verkörpern eine erdgebundene Wachstumskraft, ordnen sich in die Bewegung des hügeligen Geländes am Flußufer ein und erhalten dadurch einen ganz anderen Sinn als beispielsweise das Strebewerk und die »diaphane« Wandstruktur der Gotik. Die über dem Sockelgeschoß breit hingelagerten Terrassen, die ursprünglich nicht überdacht waren, übernehmen die Vermittlung zur Bodenfläche. Darüber hinaus wird die pyramidale Dynamik durch keine ausgeprägten Horizontalen gestört.

An die Außenwand des Altarraums lehnt sich auf der östlichen Terrasse der aus Kalkstein skulptierte Zarenthron an. Einerseits wurde so die sakrale Verklärung des Herrscheramtes demonstriert. Der Thron soll, wie die Chroniktexte vermuten lassen, Stätte der Rechtsprechung gewesen sein. Andererseits war er Ausdruck eines neuen Naturverhältnisses, wie es Jacob Burckhardt in der »Kultur der Renaissance« als »Entdeckung der landschaftlichen Schönheit« charakterisiert. Von hier aus konnte Wassili III. das sich vor ihm ausbreitende Flußpanorama genießerisch überschauen. Die der altrussischen Baukunst eigene, harmonische Einordnung in die natürliche Umwelt stärkte auf neue Weise die profane Bedeutung: Sie diente – schon in der Wahl des Ortes kennzeichnend – dem ästhetischen Genuß, der sich von der religiösen Bindung emanzipierte. Iwan III., Wassili III. und Iwan IV. waren nicht nur mittelalterliche Autokraten, sondern auch Renaissancemenschen. Burckhardt berichtet, wie ähnlich Papst Pius II. die landschaftliche Pracht aus der Sicht der Albanerberge beglückte [58].

Abb. 226

Die Zeit Iwans IV., »des Schrecklichen«

Macht und Manierismus

Iwan IV. Grosny, »der Schreckliche« (1530–1584), entstammte Wassilis III. zweiter Ehe mit der polnischen Aristokratin Helena Glinskaja. Als Iwan drei Jahre alt war, starb sein Vater. Von 1534 bis zu ihrem Tod 1538 übernahm die Mutter die Regentschaft. Ein wichtiger Ratgeber war Metropolit Daniil. Der Tod der Regentin führte zu einem erbitterten Machtkampf von Bojarengruppen, der Iwans Mißtrauen und Haß gegen den Hoch- und Erbadel hervorrief. Schon nach seinem 15. Geburtstag nahm er die ersten Bestrafungen vor. 1547 wurde er als erster Moskauer Großfürst von Metropolit Makari (1481/1542–1563) zum Zaren gekrönt. [59] Makari setzte die iossifljanische Politik Daniils fort und bekräftigte die Ideologie von »Moskau, dem dritten Rom«. Auf seine Veranlassung entstand das »Stufenbuch« (1560–1563) [60], das die legendäre Ahnenreihe des Herrschers in genealogischer Folge bis zur römischen Kaiserdynastie zurückführt und Biographien russischer Kirchenfürsten einbezieht. Schon als Erzbischof von Nowgorod (1526–1542) ließ Makari analog zu dem byzantinischen Menologion für den spezifisch russischen Bedarf eine Enzyklopädie hagiographischer, patristischer, apokrypher, auch populärer weltlicher Texte zusammenstellen, die er nun nach dem Kirchenkalender zu 12 Bänden ordnete und zum Vorlesen in Liturgie und Privathaus bestimmte (»Große Lese-Menäen«). Sie bot den beiden Landeskonzilien 1547 und 1549 die Grundlage, um durch eine Kanonisierung von 21 nationalen Heiligen, vornehmlich aus fürstlichem Geschlecht, die russische Eigenapostolizität zu betonen. Die nationale Mission der Kirche, deren Verhältnis zum Staat und die Kirchenzucht standen im Mittelpunkt der sogenannten Hundertkapitelsynode 1551 (Stoglaw), die Iwan IV. persönlich einberief und leitete und der er hundert Anfragen vorlegte. Mit den neu gebauten Kirchen und neu gegründeten Klöstern wuchs die Notwendigkeit, das religiöse Leben straff zu ordnen, einheitliche liturgische Bücher und klösterliche Vorschriften abzufassen und Anweisungen für die Ausstattung mit Gerät und für die Ikonographie der Malerei zu erlassen. Dabei wurden Ritual und Bildgebrauch bewußt als Mittel der Politik benutzt. Im gleichen Zusammenhang richteten Iwan IV. und Makari in Moskau die erste Druckerei ein. Kirchliche Reformen sollten die staatlichen Reformen begleiten, die 1549 mit der Zeit des »Auserwählten Rats« (Isbrannaja Rada) begannen: die Neufassung des Gesetzbuchs (eine Weiterentwicklung des Sudebniks von 1497), die Einschränkung der Rechte des Erbadels und dessen Angleichung an den Dienstadel, die Reorganisation des Heeres durch Aufstellung von Strelizeneinheiten (die ersten stehenden Regimenter), die Abschaffung der Pfründe für Statthalter, die Einführung fester Beamtengehälter, die Abführung sämtlicher behördlicher Einnahmen und kommunaler Steuern an die Staatskasse usw. Merkbare Eingriffe in den kirchlichen Grundbesitz verhinderte die Hundertkapitelsynode, so daß die iossifljanische Politik der »reichen Kirche« ebenso ihre Bestätigung fand wie die sakrale Verklärung des Moskauer Herrscheramtes.

Unter Iwan IV. begann der Übergang vom mittelalterlichen Feudalstaat zum modernen Absolutismus. In der neuen »Rangplatzordnung« verlor der hohe Erbadel seine politische Selbständigkeit. Wie in Westeuropa der »dritte Stand«, so stieg in Rußland der Dienstadel auf. Zu dem konventionellen Statussystem, an das sich die Bojarenopposition klammerte, kam der Wettbewerbsdruck einer »Verdienstgesellschaft«. Innerhalb der Oberschicht entfaltete sich ein erbitterter Konkurrenzkampf. Auf den ersten Blick scheint es so, als hätten die neuen Herren ihre Macht mit alten Mitteln stabilisiert. Der »Domostroi«, eine Art Hausordnung, projizierte die iossifljanische Staatsdoktrin in die Gesellschaft. Er legte die Pflichten gegenüber Gott und der Kirche, dem Zaren und dem Staat und – innerhalb der Familie – gegenüber dem »Hausvater« fest. Absoluter Gehorsam, strenge Zucht und harte körperliche Strafen sind seine Forderungen. Der Zar sollte gleich Gott, der »Hausvater« (gemeint nicht nur als Oberhaupt einer Großfamilie, sondern auch als feudaler Dienstherr) sollte gleich dem Zaren herrschen. Allerdings taucht die Frage auf, ob die konventionellen mittelalterlichen Mittel echt oder ob sie neu geschaffen und nur fingiert waren. Die Frage betrifft auch die Psychologie des Auftragswesens und die Akzeptanz von Stilformen durch das Publikum.

Die Emporkömmlinge suchten nach immer neuen Gestaltwerten, um sich zu behaupten und zu legitimieren. Der Neuerungszwang ging jedoch vom Herrscheramt aus. Iwan IV. war innerhalb seines Staats konkurrenzlos, aber nicht international. Wie seine Vorfahren, mußte er sich eine möglichst starke Stimme im Konzert der Großmächte sichern. Daß seine Machtpropaganda nicht wirkungslos blieb, zeigen die Berichte ausländischer Besucher. Im Massenmedium der Architektur stand er unter dem Druck des Repräsentationsvergleichs mit den westlichen Mächten und dem Osmanischen Reich. Die Suche nach Innovationen ähnelte dem Manierismus, der sich zwischen 1530 und 1600 in europäischen Residenzen, auch in dem nahen Polen und Böhmen verbreitete, allerdings weder einheitlich noch überall in Erscheinung trat und in der Malerei und Plastik weitaus stärkere Geltung erhielt als in der Architektur. Aus der Absicht, besonders am Außenbau ein auf Publikumswirkung berechnetes, optisch-symbolisches Schauspiel vorzuführen, entstanden ganz unterschiedliche Lösungen und Formsequenzen. Gemeinsam sind ihnen die Spannungen zwischen Innenraum und Fassadengestalt, zwischen Baukörper und Dekor, zwischen Tektonik und Gliederung. Gemeinsam ist auch die Neigung, die traditionelle Symbolik durch moderne politisch-didaktische Bedeutungswerte anzureichern. Der dissonante und freizügige Gebrauch von Gliederungs- und Schmuckelementen beließ den Einzelformen einen Eigenwert und entlehnte sie dort, wo Vergleiche vor Augen geführt werden sollten: Man berief sich auf den altrussischen Herrscher- und Wehrbau, man liebte die italienische Renaissance, die spät- und postbyzantinische Bauweise und die Volksarchitektur, man triumphierte über den verhaßten Islam. Um den Gestaltwandel zu verstehen, muß man den aktuellen politischen, sozialen und kulturellen Kontext herstellen.

Kompromiß zwischen Kreuzkuppelschema und Turmkirche

Die Kirche Johannes' des Täufers in Djakowo wurde nach Meinung einiger Forscher 1547 aus Anlaß der offiziellen Krönung Iwans IV. zum Zaren und seiner Heirat mit Anastasija Romanowa errichtet. Wenn die Moskauer Großfürsten sich bis zu diesem Zeitpunkt auch gern als Zar bezeichnen ließen, so handelte es sich im staatspolitischen Selbstverständnis doch um die erste rechtmäßige Inanspruchnahme des Kaisertums. Die Krönung durch Metropolit Makari mit der sogenannten Kappe Monomachs machte Iwan IV. nicht nur zum Erben der Kiewer Rus

MOSKAU,
KIRCHE JOHANNES'
DES TÄUFERS
in Djakowo
Erläuterungen S. 373
Textabb. S. 279, 373
Abb. 228, 229

Moskau,
Mariä-Schutz-Kathedrale
»am Graben«, Westseite

und des untergegangenen Byzanz, sondern auch zum Nachkommen der römischen Kaiser. Andere Forscher meinen, der Bau stamme aus den Jahren 1553–1554 und habe als Votivgabe der Geburt des ersehnten Sohnes Iwan gedient. Die auf beider Iwan Namenspatron geweihte Kirche verstärkte den »military look«: Flache Helmkuppeln ersetzen das Zeltdach. Wie Bastionen umstehen vier Turmkapellen das gewaltige, zentrale Oktogon. Die acht Halbzylinder um den Tambour imitieren einen Wehrgang. Zackige Ziergiebel häufen sich. Im Innenraum stellt ein Maschikuli-Kranz statt der Pendentifs den Übergang zur Hauptkuppel her. Im Unterschied zur pyramidalen Dynamik von Kolomenskoje herrscht ein Ausgleich von Kraft und Last. Horizontale Gliederungselemente unterbrechen die Vertikalen. Der Grundriß besteht aus fünf Oktogonen. Mit dem achteckigen, zentralen Turm des Naos vereinen sich – durch die Vermittlung der halbrunden Apsis und dreiseitig umlaufender, niedriger und geschlossener Galerien – die vier achteckigen Turmkapellen in den Diagonalen zu einem simultanen Komplex. Im Bauschmuck herrscht Überfluß an profilierten Rahmungen, Friesen, Kassetten, Nischen und Blendgiebeln. Die Gruppierung relativ selbständiger Baueinheiten ist der Versuch, einen Kompromiß zwischen der traditionellen Fünfkuppelkonstruktion und der neuen Turmkirche zu erreichen. Die Zu- und Unterordnung erfolgt durch das Oktogon, das auch im dicht benachbarten Kolomenskoje den pyramidalen Aufbau bestimmt.

Die religiösen Bedeutungswerte der Zahl Acht sind alt: göttlich-kosmische Harmonie und Vollendung, Ausblick auf ein neues Weltzeitalter und die ewige Seligkeit, Himmlisches Jerusalem, liturgischer Oktoechos. Die Symbolik ist in den achteckigen oder achtapsidialen Grundriß von frühchristlichen und byzantinischen Baptisterien, Mausoleen, Palastsälen und Hofkirchen eingegangen. Was in Kolomenskoje als originelle, neue Lösung erschien, erweist sich in Djakowo schon als Glied einer Kette, die sich in der Moskauer Mariä-Schutz-Kathedrale und anderen Kirchen fortsetzt. Die Zahlensymbolik war kein Symptom einer weltabgewandten Mystik, sondern Vereinigung der byzantinischen Tradition mit der aktuellen Politik. Das Zarenreich legte sich die Aura einer Weltmission und eines neuen Zeitalters zu.

Um die ständige Gefahr tatarischer Überfälle an der Südgrenze Rußlands zu beseitigen und den Handelsweg zum Schwarzen und zum Kaspischen Meer zu sichern, belagerte Iwan IV. 1550–1552 mit 150 000 Mann Kasan, die Hauptstadt eines der drei letzten Chanate. Als er nach der siegreichen Eroberung und einigen Tagen Aufenthalt im Dreieinigkeits-Sergius-Kloster nach Moskau zurückkehrte, glich sein Triumphzug der »Einholung des Herrn«, der orthodoxen Zeremonie am Palmsonntag, die schon der byzantinische Kaiserkult nachvollzogen hatte. Der Zar übernahm die Rolle des Weltenheilands. Die Bevölkerung Moskaus, des »neuen Jerusalems«, bereitete ihm mit dem Metropoliten Makari an der Spitze einen feierlichen, überschwenglichen Empfang. Die Vorstellung von »Moskau, dem dritten Rom« assoziierte sich der Vergegenwärtigung des Himmlischen Jerusalems. In Literatur, Malerei und Architekturverständnis kam die neue heilsgeschichtliche Symbolik zum Ausdruck. Charakteristisch ist die großformatige Ikone, die 1552 in der Werkstatt des Zaren oder des Metropoliten entstand und im Kremlpalast hing: die politische Machtallegorie der »streitbaren Kirche«. Sie ist von W. N. Lasarew als Illustration der Predigt interpretiert worden, die Makari auf Iwan IV. bei dem Einzug in Moskau hielt. Man sieht, wie hinter dem Erzengel Michael ein siegreiches Heer in drei Kolonnen eine brennende Stadt verläßt. An der Spitze der mittleren Kolonne reitet in Ritterrüstung mit wehendem Banner der Zar, im Zentrum Kaiser Konstantin der Große, diesem folgen die Fürsten Wladimir, Boris und Gleb. Die seitlichen Kolonnen werden durch Alexander Newski und Dmitri Donskoi angeführt. Makari hatte in seiner Predigt Erbe und Sendung Rußlands an diesen Herrscherfiguren verdeutlicht. Das Heer wird von einer großen Schar mit Siegeskränzen heranfliegender Engel und von der Gottesmutter mit dem Jesusknaben im Schoß empfangen. Sie thront vor einer eigenartigen Architektur des Himmlischen Jerusalems: einer dreiteiligen Apsis und einem gewaltigen, oktogonalen Zelt, wie es Iwan IV. im Feldlager aufgeschlagen haben mag und wie es hier an das alttestamentliche Bundeszelt erinnern sollte. [61]

Vorhergehende Seite:

222 Susdal, Mariä-Himmelfahrts-Refektoriumskirche im Erlöser-Euthymios-Kloster, um 1525, Ansicht von Südosten

223 Nowgorod, am Jurjew-Kloster, Mariä-Himmelfahrts-Kirche aus Kurizko, 1595, Ansicht von Südwesten

224 Kondopoga, Mariä-Himmelfahrts-Kirche, 1774, Blick von Südosten

225–227 Moskau, Christi-Himmelfahrts-Kathedrale in Kolomenskoje, 1530–1532

225 Detail des Übergangs vom Kubus zum Oktogon

226 »Zarenthron« an der Ostseite, 16.–18. Jahrhundert

225–227 Moskau, Christi-Himmelfahrts-Kathedrale in Kolomenskoje, 1530–1532

227 Ansicht von Südosten

228, 229 Moskau, Kirche Johannes' des Täufers in Djakowo, Mitte des 16. Jahrhunderts

228 Blick von Süden

228, 229 MOSKAU,
KIRCHE JOHANNES'
DES TÄUFERS
in Djakowo, Mitte des 16. Jahrhunderts

229 Blick in die Kuppel

230 SUSDAL,
ERLÖSER-EUTHYMIOS-KLOSTER,
Glockenturm; Turmbau links mit Kirche der Geburt Johannes' des Täufers, Anfang des 16. Jahrhunderts, Glockenwand (rechts) 16.–17. Jahrhundert

231 MOSKAU,
GLOCKENTURM
(Georgs-Kirche »unter Glocken«) in Kolomenskoje, Anfang des 16. Jahrhunderts

232–234 MOSKAU,
MARIÄ-SCHUTZ-KATHEDRALE
»am Graben« (Basilius-Kathedrale), 1555–1561

232 Blick in Zeltdach und Kuppel der zentralen Turmkirche

232–234 Moskau, Mariä-Schutz-Kathedrale »am Graben« (Basilius-Kathedrale), 1555–1561

233 Ansicht von Südwesten

234 Nördliche Galerie vor der zentralen Turmkirche, Fresken 17. Jahrhundert

235 Alexandrow, Kreuzigungs-Kirche »unter Glocken«, um 1570, Nordwestansicht

236 Ostrow, Christi-Verklärungs-Kirche, zweite Hälfte des 16. Jahrhunderts, Ostansicht

237 Krasnoje bei Kostroma, Kirche der Erscheinung Christi, 1592, Blick von Nordosten

238 Pereslawl-Salesski, Kirche Peters des Metropoliten, 1585, Nordwestansicht

239 Wologda, Sophien-Kathedrale, 1568–1570, Südostansicht

240 Sagorsk, Mariä-Himmelfahrts-Kathedrale im Dreieinigkeits-Sergius-Kloster, 1559–1585, Südseite

241 Pereslawl-Salesski, Nikita-Kloster, 16.–17. Jahrhundert, Blick auf das Ensemble

242 Moskau, Anna-Empfängnis-Kirche »in der Ecke«, 1478–1483, Ansicht von Südosten

243 Moskau, Triphon-Kirche in Naprudnoje, Ende des 15. Jahrhunderts, Südseite

244 Rostow-Weliki, Kirche des seligen Isidor, 1566, Ansicht von Südosten

245 Nowgorod, Boris-und-Gleb-Kirche in Plotniki, 1536, Nordseite

246 Nowgorod, Prokopius-Kirche (links), 1529, und Kirche der myrontragenden Frauen (rechts), 1510, auf dem Hof des Jaroslaw, Ansicht von Osten

247 Pskow, Nikolaus-Kirche auf dem Trockenen, 1535–1537, Nordostansicht

248 Pskow,
Kreml,
15.–17. Jahrhundert,
Blick von Nordwesten
über die Pskowa

249 Pskow,
Mariä-Schutz-Kirche
und Mariä-Geburts-
Kirche
an der Bresche,
16. Jahrhundert, Westseite

250, 251 Petschory,
Pskower
Höhlenkloster

250 Abbild des Pskower
Höhlenklosters mit
Gottesmutter, Ikone der
Nikolaus-Torkirche,
16. Jahrhundert (?)

251 Nikolaus-Torkirche,
1565, Ansicht von
Südwesten

252 Wjasjomy,
Dreieinigkeits-Kirche,
vor 1598,
Ansicht von Osten

253, 254 Moskau,
Alte Kathedrale
der Ikone der
Gottesmutter vom Don
im Don-Kloster, 1591–1593

253 Ansicht von Süden,
im Hintergrund die
Neue Kathedrale,
1684–1693

254 Giebelpyramide

255–257 MOSKAU, TEREM-PALAST im Kreml, 17. Jahrhundert

255, 256 »Oberes Gemach« und Festsaal, 1637

257 Vergoldete Kuppeln der Gruppe von Hauskirchen, 1635–1636, 1680–1681

258–263 Moskau, Dreieinigkeits-Kirche in Nikitniki, 1628–1653

258 Blick durch das Westportal auf Nordwand und Nordportal im Kirchenschiff

259 Westwand des Schiffes mit Portal

260 Detail des Südportals

261 Fassadenschmuck und Blendgiebel an der südlichen Kapelle

262 Ansicht von Südwesten

258–263 Moskau, Dreieinigkeits-Kirche in Nikitniki, 1628–1653

263 »Großer Einzug« mit byzantinischem Kaiser und der Stifterfamilie, den Kaufleuten Nikitnikow, Malerei an der Konche der Nikita-Kapelle, 1652–1653

264 Moskau, Mariä-Himmelfahrts-Kirche in Gontschary, 1654, Ansicht von Nordwesten

265 Moskau,
Nikolaus-Kirche
in Bersenewka, 1656,
Ansicht von Südosten

266 Moskau,
Mariä-Geburts-Kirche
in Putinki, 1649–1652,
Straßenseite

267 Moskau,
Nikolaus-Kirche
in Chamowniki,
1679–1682, Südseite

268 Sagorsk,
Sossima-und-Sawwati-Kirche
im Dreieinigkeits-Sergius-Kloster, 1635–1637,
Ansicht von Osten

269 Moskau,
Auferstehungs-Kirche
in Kadaschi, 1687–1713,
Oberteil
mit »Hahnenkämmen«

270 Uglitsch, Mariä-Himmelfahrts-Kirche im Alexei-Kloster, 1628, Ansicht von Südosten

271, 273 Istra, Christi-Auferstehungs-Kathedrale im Kloster Neu-Jerusalem, 1658

271 Blick in den Chor

273 Ostseite

272 Moskau, Zwölf-Apostel-Kirche und Patriarchen-Palast im Kreml, 1653–1656, Südseite

274 Jaroslawl, Johannes-Chrysostomos-Kirche in Korowniki, 1649–1654, Ansicht von Südwesten

275 Rostow-Weliki, Christi-Auferstehungs-Kirche im Kreml, um 1670, Nordseite

276 Moskau, Christi-Verklärungs-Torkirche im Neuen Jungfrauen-Kloster, 1687–1689, Südseite

277 Dubrowizy, Kirche der Gottesmutter des Zeichens, 1690–1704, Ansicht von Westen

Nachfolgende Seite:

278 Moskau, Mariä-Schutz-Kirche in Fili, um 1693, Ansicht von Osten

Moskau, Mariä-Schutz-Kathedrale »am Graben« (Basilius-Kathedrale)
Erläuterungen S. 373 f.
Textabb. S. 287, 373, 374
Abb. 232–234

Die Mariä-Schutz-Kathedrale »am Graben«, die Iwan IV. auf dem Roten Platz, dem wichtigsten Marktplatz Moskaus, 1555–1561 errichten ließ, hieß im Volksmund kurz »Jerusalem«. Sie war Siegesdenkmal, Hauptpfarrkirche und Wahrzeichen des »Heiligen Rußlands« gegenüber dem Sündenbabel der Tataren. Ihre Vielgestaltigkeit, Vielkuppligkeit und Vieltürmigkeit entsprach Architekturbildern des Mittelalters und der Renaissance, die Stadtporträts in Bezug zur Gottesstadt setzten. Zugleich wiederholte sie abbreviativ die Erscheinung des – nur durch den ehemaligen Festungsgraben getrennten – Kremls. Die als Eingangszone fungierende westliche Turmkapelle ließ der Zar dem Fest des Einzugs Christi in Jerusalem weihen. Sie ist größer und höher ausgeführt als die anderen Kapellen. Im Palmsonntags-Ritual wurde sie mit dem Kreml verbunden: Iwan IV. führte die (von Peter I. wieder abgeschaffte) »Eselsprozession« ein, in der sich Elemente des bischöflichen Eselsritts und der kultischen Nachahmung Christi durch den byzantinischen Kaiser vermischten. Nach dem Festgottesdienst in der Mariä-Schutz-Kathedrale hielt der Zar eine öffentliche Ansprache und geleitete dann zu Fuß das auf einem Esel reitende kirchliche Oberhaupt zur Mariä-Himmelfahrts-Kathedrale. Die zentrale Turm- und Zeltdachkirche erhielt ihren Namen nach dem Feiertag Mariä Schutz und Schirm (Pokrow, 1. Oktober), an dem die russischen Truppen Kasan eroberten. Die sieben anderen Turmkapellen sind den Heiligen und Festen geweiht, die an den Tagen der wichtigsten Kämpfe gefeiert wurden. Wie die Herrschaftssymbolik »von unten« umgewertet werden kann, zeigt das Patrozinium des Wassili Blashenny (des Seligen), das später für den Baukomplex gewählt wurde. Wassili war ein »Gottesnarr«, der durch seine furchtlose Anprangerung der Grausamkeiten Iwans Berühmtheit erlangte und nach seiner Seligsprechung in einer Nebenkirche (1588) seine Grablege fand.

Iwan IV. gab auf Anraten des Metropoliten Makari und streng nach der Zahlensymbolik des Himmlischen Jerusalems »acht dem heiligen Testament geweihte Altäre« in Auftrag. Da nach orthodoxem Ritus in jedem Sakralraum nur ein Altar aufgestellt werden darf, zielte der Befehl – wie in Djakowo – auf eine Baugruppe. Die beiden Baumeister Barma und Posnik, ein Pskowiter – nach neueren Forschungen kann es sich auch nur um eine Person gehandelt haben –, präsentierten ihm jedoch gemäß »Gottes Verstand, der ihnen geschenkt ward beim Vermessen der Fundamente«, also entsprechend den Anforderungen des Grundrisses, einen Bauplan mit neun Altären. Sie konnten eine Achtergruppe nur um ein Zentrum, um einen neunten Altar anlegen. Das hatte zugleich einen liturgischen Vorteil, der Iwan und Makari zur Zustimmung bewogen haben mag. Die Gottesdienste des Tageszyklus, deren schnelle Folge oft eine Kürzung der Handlung und des Textes notwendig machte, konnten in den neun Räumen im iossifljanischen Sinn vollständig abgehalten werden, ohne daß ein »Vieltönen« (Mnogoglasie) störte [62].

Textabb. S. 203, 322

A. Grabar vergleicht die Kathedrale mit Architekturprojekten von Sangallo (für St. Peter in Rom), Leonardo da Vinci und Filarete, die nicht ausgeführt wurden. Ihre äußere Gestalt ist ein Kubus, der in ein Oktogon übergeht und an jeder Seite Konchen aufweist. Den fünfkuppligen Bau umstehen vier Türme. Der Innenraum zergliedert sich in ein zentrales Oktogon und acht Kapellen, vier in den Himmelsrichtungen und vier andersförmige in den Diagonalen. Filarete begründete in seinem Architekturtraktat die vier schlanken Ecktürme statisch, bezog sich jedoch auch auf die politische Aura und die Bedeutung des Himmlischen Jerusalems. Ein Gemälde von Wolf Huber (1485–1555), betitelt »Erlösungsallegorie«, zeigt den Jerusalemer Tempel mit acht Türmen. Die beiden russischen Baumeister befanden sich also in Übereinstimmung mit der neuplatonischen Zahlensymbolik und Stilformen Westeuropas.

Der Gesamtgrundriß gleicht der Gestalt eines achtstrahligen Sterns, dessen Zentrum aus dem rechteckigen Raum der Mariä-Schutz-Kirche mit im Nordwesten und Südwesten abgeschrägten Ecken und einer großen, trapezförmigen Altarpartie im Osten besteht. In den Hauptachsen (Himmelsrichtungen) schließen sich vier achteckige Kapellen an. In den Diagonalen befinden sich vier im Kern viereckige Kapellen, deren der Zentralkirche zugewandte Ecken abgeschrägt sind, und zwar im Westteil so stark, daß die beiden Grundrisse eine fast herzförmige Gestalt annehmen. Die Ausmaße der Mariä-Schutz-Kirche bestimmen die Anordnung der acht Turmkapellen. Zwischen diesen neun Raumzellen sind, sozusagen als ein innerer und ein äußerer Ring, Gänge und »Plätzchen« eingefügt, die wie die Straßen und Plätze im Stadtbild wirken sollen, in der Ausführung aber eher an Katakomben erinnern. Der stark zergliederte, sich aus düsteren Zellen zusammensetzende Gesamtraum entspricht in keiner Weise dem großartigen Anspruch der äußeren Erscheinung. Eine Ausnahme macht die Mariä-Schutz-Kirche. Sie nimmt im Lichten eine Fläche von 6 mal 6 m ein und besitzt eine Höhe von 46 m. Der an sich rechteckige Grundriß gibt durch die Abschrägung im Westen und die dreiteilige Bogenstellung vor der Apsis die Basis ab für ein sich schon in der ersten Wandzone bildendes Oktogon. Der Übergang erfolgt durch Trompen. Die acht Ekken bzw. Grate sind durch Halbsäulen, in den oberen Zonen durch Lisenen hervorgehoben. Die zahlreichen Fenster sorgen für eine in der Höhe zunehmende Belichtung, so daß man bis in die Spitze des offenen Zeltdachs blicken kann. Textabb. S. 374

Leonardo da Vinci, Entwurf zu einer Kirche, Ansicht und Grundriß

Der Hauptkomplex – ein Ziegelbau – erhebt sich auf einem Sockelgeschoß von Kalksteinquadern, das aus kräftigen Pfeilern und Bogenkonstruktionen gebildet wird. An der Westseite liegt eine zweiarmige Außentreppe. In den neun einzelnen Baukörpern gewinnt der streng durchdachte Grundriß eine formenreiche, fast bizarre Gestalt. Die individuell geschmückten Turmkapellen vereinen sich zu einer pyramidalen Silhouette, die in der pfeilerförmigen Zeltdachkirche emporgipfelt. Der Dekor übernimmt verschwenderisch Motive aus dem Kreml-Kirchenbau, besonders von der Erzengel-Kathedrale, und aus dem italienischen und französischen Festungsbau. Die altrussischen Blendgiebelpyramiden, Lisenen- bzw. Pilasterformen, Profilierungen, Arkaden und Nischen sind kombiniert mit Renaissance-Kassetten und mit Friesen, die Textabb. S. 287

Maschikuli, Zinnenkränze, Brüstungen und Wehrgänge imitieren. Die vorgeblendeten »Pfeile« übertragen die dynamische Wirkung des Zeltdachs auf die Wandfelder. Selbst wenn man die Zutaten des 17. Jahrhunderts abzieht, herrscht ein optischer Überschuß, wie es ihn bis dahin nicht gab und wie er in dieser Lösung einmalig blieb. Die Üppigkeit des Schmucks, die Vielbildigkeit des Komplexes, der Gegensatz zwischen Innenraum und äußerer Gestalt, die Dissonanzen der großen und kleinen, eckigen und runden Formen, alle die theatralischen Effekte verweisen auf den Übersteigerungs- und Neuerungszwang, der für die Architektur des Manierismus charakteristisch war. Innerhalb des Ostchristentums begegnen wir ihm gleichzeitig nur noch bei der Episkopal-Klosterkirche Curteas in Arges, die 1512–1521 der Wojewode der Walachei erbauen ließ.

Gegen Ende des 16. und während des 17. Jahrhunderts entstanden die Kapelle des Wassili Blashenny im Nordosten, der Glockenturm an der Südostecke, die exotisch gerippten und facettierten Zwiebelkuppeln, die Arkatur und die Gewölbe der äußeren Galerien sowie die jetzige Treppenanlage mit den zeltförmig überdachten Lauben. Die volkstümlich bunte Bemalung und der in Schirinki eingelassene Kachelschmuck bereicherten im Geist ihrer Zeit das märchenhafte Formenspiel. Wie man im Inneren von einer Zelle in die andere gezogen wird, so nötigt auch der Außenbau zur Bewegung, zum Umschreiten des Komplexes, wobei sich von jedem Standpunkt ein neues, andersartiges Bild ergibt. Die unter der Sowjetmacht schon 1921 begonnenen und bis heute fortgeführten planmäßigen Restaurierungsarbeiten legten die ursprünglichen Formen und Farben wieder frei. Im Ziegeldekor entdeckte man Elemente, die an Holzkonstruktionen erinnern, so die vertikalen Friese aus kreisförmigen Verdickungen, die auch die Südwestecke der Galerie schmücken. Sie greifen das Motiv der Balkenköpfe an den Eckverbindungen eines Blockbaues auf.

An allen wesentlichen Teilen der Mariä-Schutz-Kathedrale erscheint das Achteck. Wie wir gesehen haben, ist überhaupt das Oktogon die Leitform des Typs der Turm- und Zeltdachkirche. Es dominiert in der äußeren Erscheinung, und es prägt den Innenraum. Die traditionelle byzantinische Zahlensymbolik erfuhr durch die neuplatonische Rezeption der Renaissancekünstler und durch die iossifljanische Staatsideologie eine aktuelle Aufwertung. Hauptpfarrkirche – Hauptstadt – Zarenreich, das war eine Symbolkette, die als Abbild und Präsenz des Himmlischen Jerusalems und des Himmelreichs kosmische und heilsgeschichtliche Dimensionen verschaffte. Mit ihr wurden die Hoffnungen auf ein neues, seliges Leben verbunden, analog zur Auferstehung des Herrn und zum Jüngsten Gericht. Die Drei als Zeichen des fundamentalen Dreieinigkeitsdogmas vereinte sich mit der Fünf, der Triumphzahl des Pantokrators und des irdischen Herrschers. Dazu kam der Bedeutungshorizont des Oktoechos, von dem das ganze orthodoxe Kirchenjahr durchdrungen ist: den liturgischen Achtwochenzyklen nach Pfingsten und den damit verbundenen musikalischen »Echos« des Sphärengesangs. Die kosmisch-heilsgeschichtliche Harmonie soll sich in dem Achttonsystem der Hymnen widerspiegeln. Im Russischen heißt der einzelne Achtwochen- und Achttonzyklus »Stolp« (Säule), genau so, wie man den pfeilerförmigen Baukörper der Turm- und Zeltdachkirchen nannte. Die ersten kirchenslawischen Drucke des Oktoechos erschienen 1492, 1494 und 1521. Das iossifljanische Denken assoziierte noch eine weitere Bedeutungsschicht: Das Zeltdach symbolisierte das Aufschlagen des alttestamentlichen Bundeszelts im Sinn der »ecclesia militans«: Der im Zelt wohnende Gott erwartete von seinem irdischen Heerführer, dem Zaren, Schutz des Glaubens durch Wahrung harter Disziplin und unbarmherzige Verfolgung der Häretiker. Und gleich den

Soldaten im Lagerzelt mußte man immer auf der Hut und bereit zum Streit sein. So motivierten sich Zeltdach, Oktogon und »military look« nicht nur aus dem politisch-sozialen Entstehungsmilieu des Bautyps, sondern auch aus der staatskirchlichen Bedeutungsunterlegung.

Opritschnina und architektonische Restauration

Iwan IV. gab persönlich noch zwei andere Turm- und Zeltdachkirchen in Auftrag: die Sergius-Kirche im Kloster der Erscheinung Christi des Moskauer Kremls (1557) und die Kreuzigungs-Kirche »unter Glocken« (um 1570) in seiner Residenz Alexandrowskaja Sloboda (nördlich von Moskau), die er mit Einrichtung der Opritschnina Ende 1564 bezog. Die Bauzeit der Christi-Verklärungs-Kirche in Ostrow ist umstritten. Ohne Zweifel handelt es sich jedoch gleichfalls um einen höfischen Bau, bei dem Kolomenskoje Pate gestanden hat. Auch er erhebt sich in einem Zarenhof, über einem Steilufer der Moskwa, und sein Grundriß bildet im Kern wie dort ein Kreuz, dessen Baukörper in ein Oktogon mit Zeltdach übergeht. Zugleich herrschen beachtliche Unterschiede. In Ostrow fehlt das Sockelgeschoß. Die kantigen Schmuckformen sind stärker durch runde ausgeglichen, statt Ziegel wurden Kalksteinquader verwendet. Während der zweiten Hälfte des 16. Jahrhunderts entstanden zudem in der Provinz Zeltdachkirchen, die an die Qualität der Zarenbauten nicht heranreichen: u. a. die Kosmas-und-Damjan-Kirche in Murom (1565), die Kirche in Gorodnaja bei Kolomna (1578–1579), die Kirche Peters des Metropoliten in Pereslawl-Salesski (1585) und die Kirche der Erscheinung Christi in Krasnoje bei Kostroma (1592). [63]

Alexandrow, Kreuzigungs-Kirche »unter Glocken«
Erläuterungen S. 374
Abb. 235

Ostrow, Christi-Verklärungs-Kirche
Erläuterungen und Textabb. S. 374 f.
Abb. 236

Abb. 237, 238

Murom, Kosmas-und-Damjan-Kirche, Ansicht

Gleichzeitig kam es immer wieder zu Kompromißlösungen mit der Fünfkuppelkonstruktion. Die von Iwan IV. in Auftrag gegebene (nicht erhaltene) Boris-und-Gleb-Kathedrale in Stariza (1557–1561) trug fünf Zeltdächer. In der Raumgliederung – Zentralkirche und acht Kapellen – und in der Komposition erinnerte sie an die Moskauer Mariä-Schutz-Kathedrale. Sie galt als »Symbol des Triumphs der Zarenmacht über das Udel-System«. Als Filipp, der spätere Metropolit von Moskau, noch als Abt des Solowezki-Klosters amtierte und mit Iwan IV. in Eintracht lebte, wurde dort 1558 bis 1566 die Christi-Verklärungs-Kathedrale errichtet. Diese ist eine ungewöhnliche Synthese von Sakral- und Festungsbau. Der Baukörper erscheint als kolossale kubische Burg, über deren Ecken wie Bergfriede vier Kapellen emporragen. Die Mauern sind bis zu 4 m stark. Im Zentrum erhob sich ein achteckiger Turm mit Zeltdach oder Kuppel. Das Innere besteht aus mehreren Geschossen und ist räumlich stark zergliedert.

Solowezki-Insel im Weißen Meer, Christi-Verklärungs-Kathedrale des Solowezki-Klosters, Ansicht

Mit der Opritschnina-Politik Iwans IV. in den Jahren 1565

bis 1572 geriet der Bautyp der Turm- und Zeltdachkirche ins Abseits. Er wurde in den Funktionsbereich zurückgedrängt, aus dem er sich entwickelt hatte: der Glockenturm-, Tor- und Refektoriumskirche. Die Gewaltherrschaft sollte den alten Erb- und Hochadel dezimieren, seine Ländereien einziehen und seine letzten Mitspracherechte in der Duma abschaffen, führte aber zu einer gesamtgesellschaftlichen Krise. Die politisch-soziale Struktur, die in der ersten Hälfte des 16. Jahrhunderts einen nationalen Aufschwung und Interessenausgleich bedingte, wurde in der zweiten Jahrhunderthälfte einer Neufeudalisierung durch den vom Zaren direkt abhängigen und begünstigten Dienstadel unterworfen. Parallel zur Preisgabe der Reformpolitik verlief im Kirchenbau die restaurative Aufwertung des traditionellen Kreuzkuppelschemas. Mit der zaristischen Gewaltherrschaft setzten sich wieder konservative Stiltendenzen durch. Wologda sollte die Residenz der Opritschnina werden. Die 1568–1570 hier erbaute Sophien-Kathedrale mußte auf ausdrücklichen Befehl Iwans IV. genau die Mariä-Himmelfahrts-Kathedrale im Moskauer Kreml kopieren. Die »revolutionäre« Episode war beendet.

Abb. 239

Man darf jedoch nicht übersehen: Trotz der Bevorzugung und Stilfolge der Turm- und Zeltdachkirche verstummte die Mitsprache der traditionellen Fünfkuppelkonstruktion nie. Zu Ehren des Sieges über Kasan ließ Iwan IV. nicht nur in Moskau die Mariä-Schutz-Kathedrale, sondern schon vorher 1552–1554 im Abraham-Kloster von Rostow-Weliki die Kathedrale der Erscheinung Christi erbauen: mit fünf Kuppeln und im Vier-Pfeiler-Schema mit drei Apsiden. Allerdings handelt es sich eigentlich um einen Baukomplex auf einem gemeinsamen Sockelgeschoß, da die Kathedrale an der Westseite und an drei Ecken Vorhallen sowie an der Südseite eine Galerie aufweist. Nachdem das Dreieinigkeits-Sergius-Kloster zwischen 1540 und 1550 nach dem Vorbild des Moskauer Kremls eine neue Befestigung aus Ziegelmauerwerk erhalten hatte, gab Iwan IV. in der gleichen Bauweise 1559 die fünfkupplige, sechspfeilerige Mariä-Himmelfahrts-Kathedrale in Auftrag. An der analog zur Mutterkirche als Schauseite ausgebildeten Südfassade wird der Gegensatz der kolossalen Ausmaße zur mangelhaften Einordnung in das Ensemble deutlich. 1561 ließ der Zar im Nikita-Kloster von Pereslawl-Salesski die Nikita-Kathedrale Wassilis III. abreißen und im Sakomari-Typ eine neue, großräumige mit fünf Kuppeln, vier Pfeilern und Spitzbögen in der Vierung errichten. Das Mittelschiff ist dreimal so breit wie die Seitenschiffe. Der Tambour der Hauptkuppel besitzt den größten Durchmesser aller Kirchen des 16. Jahrhunderts. An der Nordost- und Südostecke stehen einkupplige Kapellen, und die fünf Apsiden reihen sich nebeneinander – eine Lösung, die Ende des 16. Jahrhunderts besonders auf den Erbgütern der Godunows nachgeahmt wurde. 1562 befahl Iwan IV., die Dreikuppelkonstruktion der Mariä-Verkündigungs-Kathedrale im Moskauer Kreml in eine Fünfkuppelkonstruktion umzuwandeln und vier einkupplige Kapellen im Obergeschoß anzubauen.

Erläuterungen S. 375

Sagorsk, Mariä-Himmelfahrts-Kathedrale im Dreieinigkeits-Sergius-Kloster Erläuterungen und Textabb. S. 375 f. Abb. 240

Abb. 241, 164

Der »Opritschnik« Iwan IV. sah sich als der von Gott beauftragte absolute Herrscher und Richter des russischen Reichs. Die autokratische Staatsdoktrin, auf die hin er im iossifljanischen Geist erzogen worden war, kommt prononciert in seinem Briefwechsel mit dem abtrünnigen Fürsten Kurbski zum Ausdruck: Als Nachkomme des römischen Kaisers Konstantin sei er der Stellvertreter Christi und nur Gott verantwortlich und rechenschaftspflichtig. Alle Untertanen betrachtete Iwan IV. ausnahmslos als seine Hörigen. »Ich bin frei, Erbarmen an meinen Knechten zu üben, ich bin aber auch frei, sie hinrichten zu lassen!« Wer sich der Obrigkeit widersetze, der widerstrebe Gottes Ordnung. [64] Seine Greueltaten empfand er als persönliche Tragik, durch notwendige Bestrafungen Schuld auf sein Gewissen nehmen zu müssen. Das »Charisma« besaß eine Kehrseite. Iwan las Macchiavellis »Principe«, und dessen Interpretation der Religion als Instrument staatlicher Machtpolitik und listiger Erziehung zum Staatsbürger sowie dessen Argumentation für Elitebildungen dürften ihn beeindruckt haben. Charakteristisch ist, daß Iwan IV. sich und den Führungsstab der Opritschnina in Mönchskutten einkleidete. Das war keine Blasphemie, sondern Symbol eines monastisch-despotischen Gesellschaftsmodells. Ihm entsprach die konservative Fünfkuppelkonstruktion mehr als die Turm- und Zeltdachkirche. Der staats- und gesellschaftspolitische Versuch offener Terrorherrschaft scheiterte. Boris Godunow ging wieder dazu über, Bojarentum und Dienstadel gegeneinander auszubalancieren. Doch der Architekturstil war in Bewegung geraten. Mit der zweiten Hälfte des 16. Jahrhunderts begannen ein rascherer Ablauf und eine stärkere Pluralität von architektonischen Formsequenzen. Die Auflösung altrussischer Traditionsformen war allerdings kein Sonderfall. Sie erstreckte sich auf die gesamte Kultur. Die Einführung des Buchdrucks förderte die publizistische Funktion der Literatur. Die stärkere Beachtung einer »öffentlichen Meinung« – sei es auch nur die der gebildeten Oberschicht – zwang wiederum, die konventionellen Mittel mittelalterlicher Abstraktion durch solche der Psychologisierung und Emotionalisierung zu ergänzen. Einerseits wollte man die Adressaten überreden, andererseits überzeugen. So erweiterte sich der historische, erzählerische, biographische und enzyklopädische Aspekt. Die gleiche Intention lag Experimenten im Chorgesang zugrunde, die Einstimmigkeit durch Dreistimmigkeit zu ersetzen. In der Malerei kündigten sich, ausgehend vom Bildprogramm des Kirchenraums, Neuerungen der Ikonographie und Formensprache an.

Das Bildprogramm, das sich seit dem Anfang des 16. Jahrhunderts entwickelte und durch die Hundertkapitelsynode legitimiert wurde, zeichnet sich durch stärkere Variabilität und Anpassung an die Aufträge aus. Charakteristisch ist die Ausmalung der Mariä-Verkündigungs-Kathedrale im Moskauer Kreml unter Wassili III. und Iwan »dem Schrecklichen«. Das Szenische wurde ausgedehnt, das Idyllische ebenso wie das Dramatische. Zugleich erfolgte eine Allegorisierung politischer und theologischer Begriffe. Ein großer Themenkreis, der sich über die Pfeiler und die Wände der Empore ausbreitet, dient unmittelbar der Machtpropaganda des Herrscherhauses. Er zeigt die Erbfolge der Moskauer Dynastie bis zu Kaiser Konstantin. Im Gewölbe der Galerien wiederholt sich das Thema, hier eingeordnet in eine »Wurzel Jesse« und aufgewertet durch Idealporträts griechischer Weiser und russischer Hierarchen. Im Westteil befindet sich eine aus vielen Szenen bestehende Darstellung des »Jüngsten Gerichts«, die mit den eschatologischen Themen im Gewölbe des Altar- und des Kuppelraums korrespondiert. Das gesteigerte Interesse für die Apokalypse stand mit den Endzeitängsten, dem Richteramt des Herrschers und der Ketzerbekämpfung in Zusammenhang. Nationalrussische Heiligenleben, prophetische Visionen, Bilder der Passions-, Trinitäts- und Lichtmystik, der Engelstaten und der liturgischen Riten, Gebete und Hymnen besaßen in der gesellschaftlichen Auseinandersetzung und im Kampf gegen Islam, lateinische Kirche und Häresien politische Bedeutungswerte. Das neue Bildprogramm sollte ein Welt- und Geschichtsbild entwerfen, in dem Rußland die Nachfolge von Rom und Byzanz angetreten hat und die Zaren als Vollstrecker des göttlichen Heilsplans erscheinen.

Herrscher- und Vorstadtarchitektur

Die architektonischen Erfindungen des 16. Jahrhunderts trugen zur Ablösung des traditionellen Kreuzkuppelschemas und zur Stilpluralität des 17. Jahrhunderts bei. Zunächst fällt die Variationsbreite ins Auge: die Turm- und Zeltdach-Lösung bei der Christi-Himmelfahrts-Kathedrale von Kolomenskoje und der Manierismus bei der Moskauer Basilius-Kathedrale. In beiden Fällen handelte es sich um herrscherliche, offizielle Werke. Aber neben den neuen Stilbildungen »von oben« gab es solche »von unten«, weniger auffällig und vermutlich wirkungsintensiver. Die soziale Trägerschicht war die – in sich stark differenzierte – Vorstadtbevölkerung (Possad). »Possadskije ljudi«, Stadtleute, nannte man die Kaufleute, Gewerbetreibenden und Arbeiter, die außerhalb des Kremls wohnten und nicht zu den Dienstleuten und zum Klerus gehörten. Sie genossen nur in Nowgorod und Pskow, und hier auch nur bis zur Einverleibung durch Moskau, Bürgerrechte im westeuropäischen Sinn. Was sie sozial zusammenhielt, waren der staatliche Fiskus und die Kirchengemeinde. Seit den Reformen Iwans IV. hatten sie jährlich die Funktionäre der kommunalen Verwaltung selbst zu wählen, freilich nahmen diese staatliche Aufgaben wahr und wurden von der Regierung bestätigt. [65]

Durch besondere Privilegien, wie Steuerbefreiung, Landerwerb, freie Auslandsreisen, hob sich lediglich die – in sich wiederum heterogene – Gruppe der Großkaufleute (Gosti) heraus. Als Geld- und Ratgeber der Herrscher verschmolz sie mit dem Dienstadel. Iwan III. siedelte Ende des 15. Jahrhunderts zahlreiche Großkaufleute von Moskau nach Nowgorod um, während Iwan IV. 1569/1570 im Zuge seines ersten Strafgerichts gegen die Handelsstadt vierzig Familien wieder nach Moskau zurückverpflanzte. In die Hauptstadt wurden bald auch Großkaufleute aus den anderen Städten abgezogen, um ihre Tätigkeit unter der Aufsicht des Zaren auszuüben, dessen unmittelbarer Gerichtsbarkeit sie unterstanden und dessen Handelsmonopole sie verwalteten. Ohne ihre materielle Unterstützung wären die zahlreichen steinernen Pfarrkirchen nicht entstanden, die seit dem Anfang des 16. Jahrhunderts besonders in den Vorstadtbezirken Moskaus errichtet wurden. Zwar erfolgten die Aufträge über die Kirchengemeinden, aber die Großkaufleute stifteten die meisten Mittel. Wenn sich ihr Reichtum – durch Landwirtschaft, Manufakturen, Pachten – vermehrt hatte, leisteten sie sich bald Eigenkirchen. Ihr Lebensstil prägte den Baustil. Als Emporkömmlinge trachteten sie, es dem Adel gleichzutun. Andererseits bestanden infolge der sozialen Mobilität starke Kontakte zu den unteren Schichten, so daß Formen der hölzernen Volksarchitektur schöpferisch in den sakralen Steinbau übertragen und sogar Guts- und Klosterkirchen vermittelt wurden.

Moskau, Anna-Empfängnis-Kirche
Erläuterungen S. 377
Abb. 242

Charakteristisch ist die älteste erhaltene Moskauer Pfarrkirche, die 1478–1483 erbaute Anna-Empfängnis-Kirche »in der Ecke«. Gemeint ist die Südostecke der Befestigung von Kitaigorod, dem großen Handelsbezirk, fälschlich oft als »Chinesenstadt« übersetzt. Der Name leitet sich von »Kiti« her, den mit Erde gefüllten Körben, die bei Tatarenüberfällen die Palisaden verstärk-

Moskau, Stadtplan

I Kreml und Korb-Stadt (Kitaigorod)

II Weiße Stadt (Bjely Gorod)

III Land- oder hölzerne Stadt (Semljanoi-Gorod)

IV Moskau innerhalb der Grenzen des Kammer-Kollegium-Walles

Nördlicher Verteidigungsring:
1 Empfängnis-Kloster;
2 Alexei-Kloster;
3 Kreuzerhöhungs-Kloster;
4 Nikita-Kloster;
5 Christi-Passions-Kloster;
6 Peters-Kloster;
7 Geburts-Kloster;
8 Mariä-Reinigungs-Kloster;
9 Johannes-Kloster

Südlicher Verteidigungsring:
10 Erlöser-Andronikos-Kloster;
11 Neues Erlöser-Kloster;
12 Simon-Kloster;
13 Daniel-Kloster;
14 Don-Kloster;
15 Neues Jungfrauen-Kloster

ten. In Konkurrenz zu Nowgorod und Pskow ging man in Moskau Ende des 15. Jahrhunderts dazu über, die hölzernen durch steinerne Pfarrkirchen zu ersetzen. Die wohlhabende Kirchgemeinde in Kitaigorod sah sich angesichts der Neubauten im Kreml auf bürgerlicher Ebene einem Repräsentationsvergleich zu den beiden Handelsstädten ausgesetzt, außerdem benötigte sie einen feuersicheren Aufbewahrungsraum für die sich anhäufenden Wertgegenstände. Trotzdem wurde die kleine, aus Kalksteinquadern über einem Sockelgeschoß angelegte Kirche 1547 von der großen Moskauer Feuersbrunst erfaßt. Die Kalksteingewölbe stürzten ein. Heute läßt sich nicht mehr feststellen, ob ursprünglich Pfeiler vorhanden waren. Der neue, aus Ziegelmauerwerk bestehende, dreilappige Abschluß erfolgte pfeilerlos in der Form des sogenannten Kreschtschaty-(Kreuz-)Gewölbes. Dabei handelte es sich um eine spezifisch russische Erfindung. Erhalten hat sie sich vom Ende des 15. Jahrhunderts bei der gleichfalls aus Kalksteinquadern aufgemauerten Triphon-Kirche in Naprudnoje, einem Sommersitz Iwans III. bei Moskau. Auf Grund der feudalen Besitzverhältnisse genossen zahlreiche Vorstadtgemeinden die Unterstützung der Moskauer Herrscher. Hofbaumeister erhielten Bauaufträge für Pfarrkirchen. Aloisio Nuovo errichtete 1512 in Moskau die Mariä-Verkündigungs-Kirche »na Wagankowe« und Andrei Maly auf Befehl Iwans IV. »mit den Mitteln seiner Staatskasse« 1566 in Rostow die Kirche Isidors des Wundertäters. Beide Bauten erhielten die neue Gewölbeform.

Moskau, Triphon-Kirche in Naprudnoje
Erläuterungen und Textabb. S. 377
Abb. 243

Konstruktion des Kreschtschaty-Gewölbes, Schnitt und Grundriß

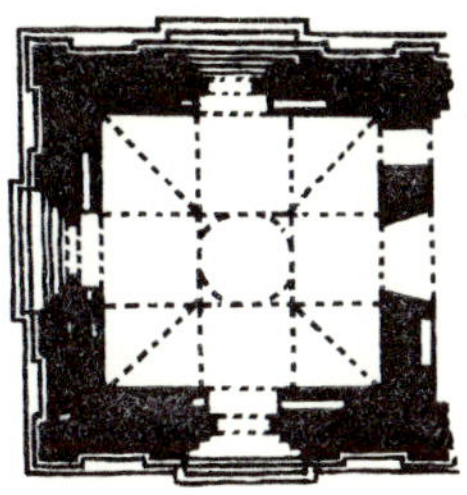

Das Kreschtschaty-Gewölbe strukturierte einen neuen Bautyp. Bei dem Problem, einen einheitlichen, kleinflächigen Innenraum ohne störende Pfeiler zu schaffen, begegnete es der Turm- und Zeltdachkirche. Seine Lösung war von dieser allerdings grundverschieden. Das Kreschtschaty-Gewölbe setzt einen etwa quadratischen Grundriß voraus und besteht aus neun Quadraten: Unter der Kuppeltrommel kreuzen sich Flachtonnen, die sich in den vier Eckteilen auf Fragmente des Klostergewölbes (Stichkappen) stützen. Bei der konstruktiven Lösung vermischten sich Nowgoroder und Pskower Erfahrungen mit denen der frühmoskowitischen Baukunst. Außen erscheint entsprechend der Einwölbung das bekannte dreilappige Schaufeldach. Im Dekor tauchen die gleichen Quellen auf: die Nowgoroder Ziegelornamentik (Begunez, Porebrik) und die frühmoskowitischen, kalksteinskulptierten Profilierungen, Giebel (halbrund wie kielbogenförmig), zuweilen auch die abgestuften Säulenportale. Die Zahl der Apsiden wechselt zwischen einer einzigen nach Nowgoroder Art und drei. Die Dreiteilung der Fassaden durch Lisenen bzw. Pilaster wurde beibehalten. An die Stelle eines Frieses tritt in der Kämpferlinie ein profiliertes und ornamentiertes Hauptgesims, das die Giebel- und Dachzone wie ein eigenes Geschoß abtrennt. In der Regel umgibt eine Reihe Blendgiebel die Basis der Kuppeltrommel.

Der neue Bautyp verbreitete sich Anfang des 16. Jahrhunderts rasch im Moskauer Possad, griff aber auch auf die Umgebung und auf Guts- und Klosterkirchen über. Die Gutskirche im Dorf Jurkino bei Moskau, die im Auftrag des Dienstadligen J. S. Golochwastow entstand, zeichnet sich durch kostbaren Dekor aus: Keramik, Akanthusornamentik, Perl- und Eierstäbe. In den Klöstern wurden zunächst den Kathedralen Kapellen mit dem Kreschtschaty-Gewölbe angefügt, so im Nikita-Kloster von Pereslawl-Salesski und im Sawwa-Storoshewski-Kloster von Swenigorod. Bei dem Übergang zu dem neuen Bautyp durchprobte man mehrere Lösungen: Aloisio Nuovo errichtete noch im Vier-Pfeiler-Schema in Moskau die Wladimir-Kirche »in den alten Gärten« und die Mariä-Himmelfahrts-Kirche in Staroje Simonowo, engte dadurch aber den Innenraum übermäßig ein und suchte optisch einen Ausgleich durch dekorative Säulenportale und Terrakottafriese zu schaffen. Die Moskauer Nikolaus-Kirche »bei den Fleischern« trug das Nowgoroder Kreuzdach, die Pfarrkirche im Blagoweschtschenski-Pogost besitzt zwei Pfeiler, die Kirche im Dorf Iljinskoje (bei Kaluga) übernahm die pfeilerlose pskowitische Gewölbeform sich kreuzender Bögen. Häufig stützen und erweitern drei hohe Vorhallen den Naos. Besondere Aufmerksamkeit widmete man einer reichen, kleinteiligen Verzierung, wie sie am Wohnhaus üblich war.

Pereslawl-Salesski, Nikita-Kathedrale im Nikita-Kloster
Erläuterungen S. 376 f. Abb. 241

Charakteristisch für die Nowgoroder Architektur der ersten Hälfte des 16. Jahrhunderts ist die Verschmelzung eigenständiger Traditionen mit Moskauer Einflüssen. Als ersten Ziegelbau nach der Aufhebung der Nowgoroder Autonomie ließ Iwan Syrkow, das Oberhaupt einer Familie der reichsten Moskauer Großkaufleute, auf der Handels-Seite (Hof des Jaroslaw) neben seiner Handelsniederlassung 1510 die jetzt existierende Kirche der myrontragenden Frauen aufmauern. Sie diente mehr als Warenspeicher denn als Gotteshaus. Nach dem zweiten

Nowgorod, Kirche der myrontragenden Frauen
Erläuterungen S. 377 Textabb. S. 330, 377 Abb. 246

Strafgericht von 1575 wurde in ihr sogar ein Teil des Staatsschatzes Iwans IV. untergebracht. Sie bestand aus drei eingewölbten Geschossen. In dem unter dem Erdbodenniveau befindlichen Kellergeschoß und im Erdgeschoß befanden sich die Lagerräume. Das obere Geschoß beherbergte den hohen vierpfeilerigen Sakralraum. Die Vierungsbögen erheben sich nach dem Vorbild der frühmoskowitischen Klosterarchitektur und der Pskower Bürgerkirchen eine kleine Stufe über das ausgeprägte Tonnenkreuz und sind mit diesem durch große Stichkappen verbunden. Auf die Nowgoroder Verkürzung der Altarpartie und des entsprechenden östlichen Wandabschnitts wurde verzichtet und der heimische Lagerkirchen-Typus mit der von Wladimir-Susdal inspirierten Moskauer Konzeption verquickt. Eine weitere Eigenart ist der durch eine Steinwand abgesonderte Westteil, der in der Art des Sechs-Pfeiler-Schemas mit isoliertem Narthex das Gebäude organisch in gleicher Höhe verlängert. Die Einwölbung erfolgte hier durch Quertonnen. Das obere Geschoß wurde durch eine Holzbalkendecke in zwei Stockwerke unterteilt. An beiden Seiten der obersten Etage befanden sich Kapellen. Den Fassadenabschluß bilden dekorative Sakomari, die Satteldächer tragen. Auf die typischen Nowgoroder Schmuckelemente hat man verzichtet. Nur ein Bogenfries verziert die Kuppeltrommel. Über dem Mittelabschnitt der Westfassade ragt ein doppelbogiger Glockengiebel empor.

Nowgorod, Kirche der myrontragenden Frauen, Westansicht

Die südöstlich benachbarte, im Auftrag des Moskauer Großkaufmanns Dmitri Syrkow 1529 entstandene Prokopius-Kirche zeigt verwandte Züge. Sie ist gleichermaßen eine dreigeschossige, eingewölbte Lagerkirche, deren Kellergeschoß unter der Erde liegt. Aber der Baukörper bietet sich als Kubus mit traditionellem Nowgoroder Kreuzdach dar, da sich im Westen nur eine niedriger angebaute, zweigeschossige Vorhalle befindet. Starke, breite Lisenen dreiteilen die Fassaden in überkommener Manier. Zu dem nördlichen Eingang des Sakralraums führt eine hölzerne Außentreppe. Neu für Nowgorod ist die dynamische Kielbogenform. Sie erscheint als Wandnische des mittleren Fassadenabschnitts sowie als Fries an der schlanken Kuppeltrommel und an der Nord- und Südseite der Vorhalle. Kurze Zeit später, bei der Boris-und-Gleb-Kirche in Plotniki (1536), hat sie sich schon die Sakomari und die Bedachung erobert. Die materiellen Mittel bestritten die Einwohner zweier Straßen und Nowgoroder und Moskauer Kaufleute. Die Ideologie des Staatskirchentums bekundet sich in der Fünfkuppelkonstruktion.

NOWGOROD, PROKOPIUS-KIRCHE
Erläuterungen S. 377f.
Abb. 246

NOWGOROD, BORIS-UND-GLEB-KIRCHE in Plotniki
Erläuterungen S. 378
Abb. 245

Das Kleinbürgertum der Stadt Pskow hatte die Moskauer Einigungspolitik begrüßt, durch den Mönch Filofei sogar ideologisch begründen helfen. Der Übergang vom Alten zum Neuen erfolgte sukzessiver und organischer als in Nowgorod. Der kleine Bürgerkirchentyp paßte sich dort an, wo es ohnedies eine verwandtschaftliche Berührung gab: beim Stufengewölbe. Die kleinen wurden durch größere Stufenbögen abgelöst, wie sie zum ersten Mal 1422/23 bei der Erlöser-Kathedrale des Moskauer Andronikow-Klosters aufgetreten waren. Der Höhenunterschied zwischen Tonnenkreuz und Vierungsbögen vergrößert sich, und der Raum steigt stärker

Pskow, Mariä-Himmelfahrts-Kirche an der Fähre, Ansicht

zur Kuppeltrommel an. In Pskow verbirgt allerdings die äußere Gestalt die Veränderung im Inneren und präsentiert sich in der konventionellen Art des 15. Jahrhunderts unter dem achtflächigen Kreuzdach.

Erläuterungen S. 378
Abb. 247

Beispiele bieten die Mariä-Himmelfahrts-Kirche an der Fähre (»Paromenskaja«, 1521) – neben der separat über einem Wirtschaftsgebäude eine imposante Glockenwand mit fünf unterschiedlichen Bogenöffnungen aufragt – und die Nikolaus-Kirche auf dem Trockenen (»so Ussochi«, 1535 bis 1537). Die überkuppelte Kapelle an deren Nordostecke, neben der nördlichen Eingangsvorhalle, wiederholt miniaturhaft den vierpfeilerigen Kernbau. Dagegen zeichnet sich die in einem flachen Winkel zur südlichen Nebenapside angelegte niedrige und offene Grabkapelle durch die wuchtigen Bögen über den charakteristischen kurzen und dicken Pskower Stützen aus. In die Festungsanlage des Pskower Höhlenklosters (Petschory), die aus Anlaß des Livländischen Kriegs (1558–1583) nach Moskauer Vorbild verstärkt worden war, ist die Nikolaus-Torkirche (1565) einbezogen. Sie gehört zu dem kleinen, pfeilerlosen Lokaltyp mit quadratischem Grundriß und Stufengewölben und zeigt die traditionelle pskowitische Ornamentik. Sockelgeschoß, Kreuzdach, Anbauten, Glockengiebel führten in Pskow immer wieder zu malerischen Gruppierungen. Das einmalige Beispiel einer Doppelkirche stammt aus dem Ende des 16. Jahrhunderts. Die Mariä-Schutz-Kirche (»in der Ecke« oder »an der Bresche«) in dem gleichnamigen Stadtkloster brannte bei der Belagerung Pskows durch den polnischen König Stephan Batory ab und erhielt beim Wiederaufbau 1581 zum Gedenken an dieses Ereignis eine Kopie zur Seite, die Mariä-Geburts-Kirche. Die beiden vollkommen gleichartigen, einkuppligen und pfeilerlos eingewölbten Kirchen sind durch eine Wand getrennt. Jede Kirche trägt ein eigenes Kreuzdach, besitzt eine eigene Eingangsvorhalle, aber der zweibogige Glockengiebel zwischen den Satteldächern der Westseite ist ihnen gemeinsam. Wie überall in Pskow, so erscheinen auch hier an den Kuppeltrommeln Begunez und Porebrik.

Petschory, Nikolaus-Torkirche des Pskower Höhlenklosters
Erläuterungen und Textabb. S. 378
Abb. 250, 251

Pskow, Mariä-Schutz-Kirche
Erläuterungen S. 378
Abb. 249

Nowgorod-Pskowitischen und Moskauer Einfluß verrät die Mariä-Verkündigungs-Kathedrale in Solwytschegodsk (Gebiet der nördlichen Drina), die Moskauer Hofbauleute 1560–1579 im Auftrag der Familie Stroganow erbauten. Die berühmten Großkaufleute, die »russischen Fugger«, waren trotz der Umsiedlungsaktion Iwans IV. in Nowgorod verblieben, besaßen jedoch einen Sonderstatus, da sie wichtige Staatsämter ausübten und mit einem eigenen Heer die Kriege des Zaren unterstützten. 1581 leiteten sie den Vorstoß nach Sibirien ein. Die Kathedrale war ein Wahr- und Wegzeichen. Sie monumentalisiert den Typ, den der erste Wladyka Nowgorods, Erzbischof Nifont, im Pskower Mirosh-Kloster hatte errichten lassen. Drei niedrige Apsiden ersetzen den Ostteil, so daß die Nord- und die Südfassade des hohen Baukörpers nur aus zwei

Solwytschegodsk, Mariä-Verkündigungs-Kathedrale
Erläuterungen S. 378 f.

Textabb. S. 102

Wandabschnitten bestehen. Der Ikonostas steht direkt vor der Ostwand. Die Altarpartie schrumpft zusammen, während sich der Naos vertikal entfaltet. Auf diesem erhebt sich als Symbol der Staatstreue eine Fünfkuppelkonstruktion. Der Tambour der Hauptkuppel setzt zwischen den beiden schlanken Pfeilern in der Raummitte an. Die Nebenkuppeln verteilen sich symmetrisch auf die Ecken. Der »type simple« ist zu einem reinen Zwei-Pfeiler-Typ radikalisiert, bei dem den Apsideninnenwänden bzw. östlichen Wandpfeilern keine stützende Funktion mehr zukommt. Eine Reihe Pseudo-Sakomari bildet die untere Dachzone, die fünf Kuppeltrommeln ragen steil empor. Der Höhendrang wird durch das Sockelgeschoß potenziert, das auch die dreiseitig umlaufende Galerie trägt. Im Dekor dominiert eine vielgestaltige Ziegelornamentik. Die Kathedrale bietet eine individuell neuartige und einmalige Lösung. Einfachere Varianten des Zwei-Pfeiler-Typs finden sich in Vorstadt- und Klosterkirchen. Nicht nur am Zarenhof, auch im Kaufmannsmilieu wurde das konservative Kreuzkuppelschema überwunden und damit eingeleitet, was sich im 17. Jahrhundert in mehreren Sequenzen fortsetzte.

Wie aus zeitgenössischen Schriftquellen hervorgeht, stand Boris Godunow (1552/1584–1605), als ehemaliger Angehöriger der Opritschnina ein Emporkömmling auf dem Zarenthron, unter einem besonders starken Legitimationsdruck und Bauzwang. Dabei bediente er sich des 1583/1584 eingerichteten Amtes für Steinbauwesen. Diesem waren alle Bauleute von den Architekten bis zu den einfachen Arbeitern unterstellt. Es kontrollierte die Aufträge, sorgte für die Organisation der Bauten und legte einheitliche Formate für Kalksteinquader und Ziegelsteine (30,8 mal 13,2 mal 8,8 cm) fest. Auf Anordnung des Regenten (1584) und späteren Zaren (1598) errichtete Fedor Kon den Kreml von Smolensk (1595–1602), entstanden die Festungsanlagen von Moshaisk und der Weißen- oder Zaren-Stadt von Moskau, wurden der Zarenpalast im Kreml erweitert, steinerne Kaufhallen in Kitaigorod und eine überdachte Brücke über die Neglinnaja angelegt. Im Kirchenbau setzte sich die Stilpluralität fort. Die majestätisch-feierliche, fünfkupplige, großräumige Ausführung im konservativen Vier-Pfeiler- und Sakomari-Schema verlieh Klöstern repräsentativen Wert, die dem Herrscherhaus nahestanden, so die Mariä-Geburts-Kathedrale (1596) dem Pafnuti-Kloster bei Borowsk. Die gleiche Stillage erscheint in einem Landsitz der Godunows, der als Vorstadtresidenz diente, in Wjasjomy bei Moskau (1598). Hier ist in der Hauptkuppel der Pantokrator als Architekt der Welt mit einem Zirkel in der Hand gemalt. Im Zusammenhang mit der Erhebung der Moskauer Metropolie zum Patriarchat (1589) plante der Zar im Kreml eine riesige Auferstehungs-Kathedrale, und zwar als Nachahmung der Grabeskirche von Jerusalem. Später hat Patriarch Nikon diese Idee im Kloster Neu-Jerusalem (1656–1666) verwirklicht. Den Kreml-Glockenturm »Iwan der Große« ließ Boris Godunow in diesem Zusammenhang um die Kuppeltrommel erhöhen (1600).

Borowsk,
Mariä-Geburts-Kathedrale
im Pafnuti-Kloster
Erläuterungen S. 379

Wjasjomy,
Dreieinigkeits-Kirche
Erläuterungen S. 379
Textabb. S. 333, 379
Abb. 252

Abb. 189, 273

Andererseits erfand die Hofbaukunst für die kleine Kathedrale der Ikone der Gottesmutter vom Don (1591–1593) im neu gegründeten Moskauer Don-Kloster eine intime Raumlösung mit pfeilerloser Einwölbung, die dem Bautyp des Possads nahekam: Die Kreuzarme stufen sich in frühmoskowitischer Weise in drei Bögen empor, während die Eckteile durch Fragmente des Klostergewölbes (Stichkappen) überdeckt sind. Mit Vorliebe ordnete die Godunow-Schule einem Hauptbau in Nord- und Südosten symmetrisch Seitenkapellen zu und stattete diese mit dem Kreschtschaty-Gewölbe aus, so bei den Gutskirchen der Familie Godunow in Michnewo (1593) und Choroschewo (1598). Gemeinsam ist den verschiedenen Stilrichtungen die Neigung zu gleichmäßigen Baugruppen und zu reichem Dekor. Man bevorzugte Sockelgeschosse, Terrassen, umlaufende Galerien, Apsidenreihen, Vielbildigkeit, große Fenster und Arkaden, Poly-

Moskau,
Alte Kathedrale der Ikone der Gottesmutter vom Don
im Don-Kloster
Erläuterungen und
Textabb. S. 379
Abb. 253, 254

Wjasjomy, Dreieinigkeits-Kirche, Ansicht

chromie zwischen rotem Ziegelmauerwerk und weißem Kalksteinschmuck, Vielkuppligkeit – die Kuppeln selbst in Zwiebelform. An der Westseite sind oftmals Glockentürme, Vorhallen, Außentreppen vorgelagert und mit Zeltdächern versehen. Häufig wurden die Schmuckelemente der Moskauer Erzengel-Kathedrale in kleineren Abmessungen additiv wiederholt. Beliebt waren Karniese, Keramikeinlagen und kleinteilige Blendgiebelreihen, die wie Friese wirken. Im Ausmaß bescheidene Kirchen erhielten ein Fassadengewand, das ein attraktives Schauspiel bot und mehr verhieß, als der intime Innenraum bieten konnte.

Das Motiv der Blendgiebelpyramide entwickelte sich sowohl am Typ der Turm- und Zeltdachkirche als auch in der sakralen Vorstadtarchitektur zu immer komplizierterer Gestalt. In Ostrow verdecken vier Reihen kleiner, profilierter Kokoschniki fast das ganze Oktogon. In Krasnoje sind an der Basis des Zeltdachs jedem kielbogenförmigen Blendgiebel sechs kleinere einbeschrieben. Meisterhaft und festlich wirkt der obere Abschluß der Alten Kathedrale des Moskauer Don-Klosters. Die drei Reihen zu je drei sich nach oben verkleinernden Rundgiebeln bilden das Dach des Naos und folgen damit im Prinzip der Lösung frühmoskowitischer Kirchenbauten. Aber die Ausformung ist ganz anders: harmonisch, exakt, gekonnt. Man vergleiche die Profile dieser Archivolten mit denen an den Sakomari der Mariä-Geburts-Kathedrale im Sawwa-Storoshewski-Kloster (Swenigorod), und man erkennt den »Fortschritt«. Die naive, trotzige und unbeholfene Plastizität an der Wende zum 15. Jahrhundert ist einer überlegten und berechneten optischen Inszenierung gewichen. Dazu gehört der Kontrast der weißen Archivolten zu den roten Giebelfeldern. Was früher in einem gewissen Verhältnis zum Innenraum stand, was symbolträchtig, mutig und neu war, ist jetzt bloßes »Blendwerk«, virtuos durchgespielter Schmuck. Wir entdecken die »innere Logik« einer Motivgeschichte, die vom Einfachen zum Komplizierten führt. Kein Auftraggeber kann diese formale Kettenreaktion erdacht oder verlangt haben. Allerdings entspricht das Ergebnis dem Erwartungshorizont. Die Wirkung von Form auf Form bedarf eines sozio-kulturellen »Klimas«, das sie begünstigt. Die auf Bewunderung zielende, festlich-einladende Gestalt der Blendgiebelpyramide setzte eine moderne höfische Gesinnung voraus, die nichts mehr mit dem politischen und moralischen Rigorismus und Purismus der Opritschnina zu tun hatte.

Abb. 254, 146

Ausblick: Die Übergangsperiode des 17. Jahrhunderts

Die »Zeit der Wirren« (Smuta) am Beginn des 17. Jahrhunderts ist eng verbunden mit dem tragischen Schicksal des Zaren Boris Godunow und dem Auftreten der beiden als »falscher Demetrius« bekannten Usurpatoren, die sich jeweils als jüngster Sohn Iwans IV. ausgaben und mit Hilfe polnischer Magnaten zeitweilig an die Macht gelangten. Die sozialökonomischen Verhältnisse gerieten schon im ausgehenden 16. Jahrhundert in eine Krise: infolge der Rivalitäten der Oberschicht, der Verstärkung der Leibeigenschaft, der Bauernunruhen und der Mißernten. Die polnisch-litauische und die schwedische Invasion scheiterten am leidenschaftlichen nationalen Abwehrkampf, den die orthodoxe Kirche zum »Heiligen Krieg« gegen die westlichen »Häretiker« erklärte. In den nordrussischen Handels- und Handwerkerstätten, insbesondere Nishni Nowgorod (dem heutigen Gorki) und Jaroslawl, sammelte sich ein Volksheer, befreite Moskau und vertrieb die Eindringlinge. Unter seinem Schutz kam die mit Iwan IV. verwandte Dynastie der Romanows zur Herrschaft. 1613 wurde Michail Romanow vom Landtag zum Zaren gewählt und gekrönt. Weder er noch sein Sohn Alexei (1645–1676) noch sein Enkel Feodor III. (1676–1682) waren Herrscherpersönlichkeiten vom Format Iwans IV. Der Grundzug der Regierungspolitik blieb der gleiche: Stärkung der zarischen Autokratie durch Privilegierung des Dienstadels. Allerdings ging die Grundherrschaft in die Gutsherrschaft über. Die Gutsbesitzer übernahmen staatliche Aufgaben, die Schollenpflichtigkeit der Bauern wurde durch das Gesetz (Uloshenije) von 1649 zur Erbuntertänigkeit verschärft, aus den Regimentern der Dienstleute entwickelte sich ein stehendes Heer. Die Verfilzung von zarischem Selbstherrschertum und staatstragendem, sich differenzierendem Dienstadel führte einerseits zur Bürokratisierung der Verwaltung und Gesellschaft, andererseits zur Verelendung der unteren Schichten. Nicht nur die Dorfbewohner, auch die kleinbürgerlichen Vorstadtbewohner litten unter der drastischen persönlichen Abhängigkeit und den wachsenden neufeudalen Lasten. Zwar entstanden Manufakturen mit Großproduktion, so bei der Eisenverhüttung, zwar vermehrte sich mit wachsendem Warenaustausch das Kaufmannskapital, vergrößerten sich die nordrussischen Handelsstädte und bildete sich ein gesamtrussischer Markt heraus, eine eigenständige Bourgeoisie konnte sich jedoch noch nicht entfalten. Die Vorrechte von Zar, Adel und Kirche und die staatlichen Monopole bestimmten Handel und Gewerbe und behinderten die Genesis des Kapitalismus. Außenpolitisch kam Rußland zustatten, daß im Westen der Dreißigjährige Krieg tobte. Auch verbesserte sich die Lage durch die Wiedervereinigung mit der Ukraine (1667) und den Frieden mit Polen (1686). [66]

Die Kirche stand traditionell der Zarenregierung zur Seite. Den Neuerungen im Staatsaufbau korrespondierten die Reformen des Patriarchen Nikon (1652–1667). Sie betrafen zunächst verbindliche Festlegungen in der Glaubenspraxis und sollten Mißstände aus der »Zeit der Wirren« beseitigen. Ihr Ziel reichte allerdings über Entscheidungen wie die Bekreuzigung mit drei statt mit zwei Fingern hinaus. Es ging um die Überwindung nationaler Enge in den Beschlüssen der Hundertkapitelsynode, um durch Angleichung an griechisch-byzantinische Riten die russische Vormacht in der Gesamtorthodoxie zu sichern, und es ging um eine kritische Überprüfung und neue Systematisierung der Lehre. Wie man auf technischem, ökonomischem und militärischem Gebiet westliche Fachleute in Anspruch nahm, weil man nicht hinter der Entwicklung der anderen europäischen Großmächte zurückbleiben konnte, wie sich Kreise des Hofs dem Gedankengut und der Mode des Barock öffneten, so erfolgte vermittels der »ukrainischen Theologie« eine Rezeption der scholastischen Methode. Sie half, die orthodoxe Liturgie und Lehre zu vereinheitlichen und zu vereinfachen. Man darf sich nicht täuschen: Die Aneignung bedeutete zugleich eine Abschirmung. Wie der Staat holländische und englische Kaufleute begünstigte, aber aus dem Binnenmarkt ausschaltete, als ihre Konkurrenz lästig wurde, so hütete sich die Orthodoxie vor der Konvergenz zum römischen Katholizismus. Über die Fragen, wie weit die Neuerung, die »Verwestlichung« und »Rationalisierung«, zu gehen habe und wie der Glaube am besten »rein« zu erhalten sei, kam es zu heftigen Richtungskämpfen. Sie führten zur Auseinandersetzung zwischen Zar und Patriarch, zur Absetzung Nikons, zum »Raskol« der an den Stoglaw-Beschlüssen festhaltenden »Altgläubigen« und letztlich auch zur Preisgabe der religiösen Legitimation des Feudalstaats. Schon das Gesetz, das die Gutsherrschaft verankerte, untersagte die Übereignung von Grund und Boden an die Klöster und entzog den Bischöfen und Äbten die Gerichtshoheit bei Besitzstreitigkeiten. Eine allmähliche Säkularisierung charakterisiert den Staatsaufbau und die Kultur Rußlands im 17. Jahrhundert.

In der Malerei differenzierten sich Funktionen, Bedeutungswerte und Formen. Neben den kultischen Repräsentationsbildern, szenischen Historienbildern und psychologisierenden Andachtsbildern benötigte die Kirche immer mehr Lehr- und Denkbilder: Ökumenische Synoden und Beschlüsse, Predigten, Hymnen, Viten, Chroniken wurden optisch umgesetzt, um die Paradoxien des göttlichen Mysteriums und die Glaubenssätze allegorisch und zeitgemäß zu interpretieren. Im privaten Gebrauch wuchs der Bedarf an Andachtsikonen. Die »Zarenschule« und die »städtischen Meister« erfüllten die Aufträge des Hofs, des Adels und der Großkaufleute, besonders der Stroganows, während sich die Volksfrömmigkeit mit Handwerks- und Manufakturprodukten begnügen mußte, die vermarktet wurden und deren Qualität oft zu wünschen übrigließ. Für die Stilrichtung war entscheidend, welche Position der Maler in der Auseinandersetzung für oder gegen die »fränkische Manier« wählte. Neigte er zu den raum- und zeitlosen Kultbildformen, oder versuchte er, Ort und Zeit zu historisieren?

Die dem Zaren unterstehende »Rüstkammer« des Moskauer Kremls – eine Art Kunstakademie – erlaubte Freiheiten, die auf den Widerstand des hohen Klerus stießen. Vertreter der »Zarenschule« wie Simon Uschakow und Iossif Wladimirow entschieden sich für die »fränkische Manier«. Sie meinten, Gott habe, indem er die Menschen nach seinem eigenen Bild schuf, dem Maler die Aufgabe gestellt, getreu die Natur zu imitieren. Nicht mehr der mittelalterliche Symbolwert »unähnlicher Ähnlichkeit«, sondern die illusionistische Kopie, die »Widerspiegelung« gelte als Kriterium. Die irdische Schönheit der Gestalten der Bibel und der großen Märtyrer sei ein Abbild göttlicher Schönheit. So durchdrang das Porträt das Heiligenbildnis. Ins künstlerische Selbstverständnis zog immer stärker eine formale Ästhetik ein. Um Ereignisse der Kirchengeschichte zu verlebendigen, genügten die wenigen Versatzstücke nicht mehr, die Bildbühne mußte illusionistisch ausgestattet werden. Illustrationen moderner westlicher Bibeldrucke, vornehmlich Kupferstiche der holländischen Piscator-Bibel, dienten als Vorlagen.

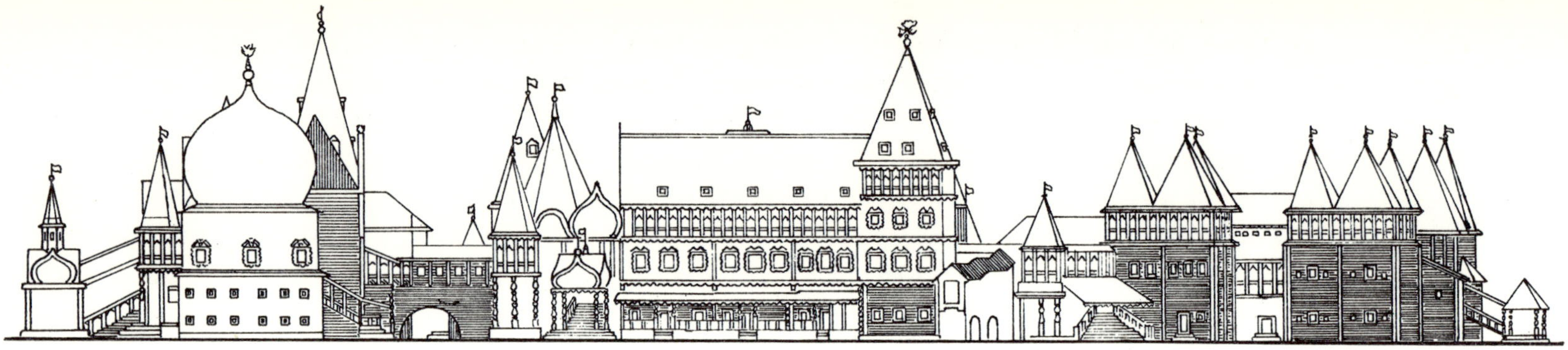

Moskau, Holzpalast in Kolomenskoje, Ansicht (Rekonstruktion)

Das Historien- oder Lebensbild bietet allerdings keine realistische Szene, es verlegte und verwischte nur die Grenzen zwischen historisch bzw. aktuell erfahrener und transzendent geglaubter Wirklichkeit. Patriarch Nikon wandte sich gegen eine solche Entgrenzung, gegen den Illusionismus, gegen das Kriterium der Naturähnlichkeit. Er versuchte einerseits, durch liturgische Reformen die moskowitische Absonderung aufzuheben, aber andererseits auch, die traditionellen kirchlichen Privilegien und mittelalterlichen Symbolwerte zu restaurieren. In der konservativen Kunstpolitik war er sich mit seinem Gegner, dem altgläubigen Erzpriester Awwakum, durchaus einig: Den Maßstab der empirischen Wirklichkeit, der »Sinnlichkeit« nach »fränkischer Manier« zu erweitern und zu bevorzugen heiße, die heiligen, transzendenten Urbilder zu verleugnen und Gott zu freveln. Trotzdem mußte Nikon Kompromisse eingehen.

Ein analoger Säkularisierungsprozeß bestimmte die Architektur. Nachdem im zweiten Viertel des 17. Jahrhunderts die verheerenden Folgen der »Wirren« überwunden waren und sich der Wohlstand der Oberschicht zu mehren begann, nahmen die Aufträge für repräsentative Profanbauten enorm zu. Bei öffentlichen Gebäuden spielten neben der Regierung die Stadtverwaltungen eine größere Rolle, bei Palästen und Herrenhäusern neben dem Zarenhof die Dienstadligen und Großkaufleute. Die alten Bojarenfamilien waren auf 23 zusammengeschrumpft und füllten sich mehr und mehr mit Emporkömmlingen auf. Niemals zuvor errichtete man so viele Profanbauten aus Stein. Trotzdem verlor der Blockbau seine Bedeutung nicht. Die Wechselwirkung ist unverkennbar, ohne daß man die Herkunft einzelner Motive feststellen könnte. Der Terem-Palast im Moskauer Kreml (1635–1636) und der Moskauer Palast des Staatssekretärs

Moskau, Terem-Palast im Kreml

Textabb. S. 337
Abb. 255–257

Moskau, Nikolaus-Kirche in Bersenewka, Nordseite der Kirche mit rekonstruiertem Palast des Awerki Kirillow

Awerki Kirillow (Mitte des 17. Jahrhunderts) ähneln dem Holzpalast des Zaren in Kolomenskoje (1668–1681), der sich nach Quellen rekonstruieren läßt. Hier wie dort handelt es sich um – im Blockbau Choromen genannte – Baukomplexe, die in ihrer malerischen Anordnung und Ausformung an eine kleine Märchenstadt erinnern. In der Breite, Geschoßeinteilung, Höhe und Überdachung unterschiedliche Baukörper sind asymmetrisch um einen Hof gruppiert und durch Galerien, Übergänge, Treppenhäuser, Außentreppen miteinander verbunden.

Das Innere besteht aus einer verwickelten Anlage sich kreuzender und im Höhenniveau verschiebender Fluchten, in denen sich relativ kleine Räume aneinanderreihen. Der Besucher fühlt sich in einem Labyrinth, das ihn mehrfach zum Richtungswechsel verlockt und in dem er ständig Treppen auf- und niedersteigen muß. Die rhythmische Reihung der Fenster und die große Zahl der Stichkappen in den Gewölben verstärken den Drang zur Raumbewegung. Jedoch laden Wohnlichkeit und Intimität der Innenräume zugleich zum Verweilen ein. Im Terem-Palast liegen noch nicht einmal alle Türen einer Flucht in einer Achse. Während die monumentalen, großen Thron- und Paradesäle des 16. Jahrhunderts schon am Eingang Ehrfurcht erregten und unbefugten Zutritt verwehrten, verwandeln sich im 17. Jahrhundert die Repräsentationsräume in freundliche Privaträume. Ähnliches gilt für die Palastkirche. Sowohl bei den »Terema« des Kremls, beim Kirillow-Palast, als auch in Kolomenskoje erscheinen die Eigenkirchen als Bestandteil des Wohnkomplexes. Gedeckte Übergänge und Galerien sorgen dafür, daß die private Stimmung beim Schritt vom häuslichen ins kirchliche Leben erhalten blieb. Wir kennen aus früherer Zeit solche Verbindungsgänge zur Empore (Hofkirche Bogoljubowo, Mariä-Verkündigungs-Kathedrale im Moskauer Kreml), aber nunmehr befindet sich der Sakralraum auf der gleichen Ebene wie die Wohnräume, wenn er auch höher und festlicher als diese angelegt ist.

Textabb. S. 85

Moskau, Terem-Palast im Kreml, Südseite

Die wesentlichen Repräsentationseffekte entfalten sich bei der Bewegung durch die weit verzweigten Raumfluchten und ganz besonders in der äußeren Erscheinung des Palastkomplexes und seiner einzelnen Gebäude. In der Fassadengliederung durch Säulenordnungen, in der Markierung unterschiedlicher Geschoßhöhen durch breite Gesimse, in der Betonung des ersten Obergeschosses, im Abschluß durch das Spiel von Kuppel-, Zelt-, Walm-, Sattel- und Faßdächern, in der Anlage zahlreicher großer Treppen äußert sich soziale Imponierhaltung. Die Tür- und Fensterumrahmungen erhielten sogar die Würdeform einer Ädikula: einer kleinen Tempelfront aus Pilastern bzw. Halbsäulen und einem dreieckigen oder kielbogenförmigen Giebel. Die Formen sollen Staunen und Bewunderung erregen. Der festliche Pomp kommt freilich nicht uneingeschränkt zur Geltung, die Repräsentationseffekte werden durch Mitwirkung bäuerlicher Schmuckmotive erzielt und in der Raumordnung durch Merkmale des intimen Wohnbaues konterkariert.

Die Stein- und Holzpaläste besitzen ein hohes Sockelgeschoß für Wirtschaftszwecke. Durch Treppen, Gliederung und Dekor bevorzugt ist das erste Obergeschoß. Genügend Vestibüle sind vorhanden: Vorräume, Söller, »Dachlauben« (Terema), überdachte Treppen mit Podesten. Aber der eigentliche Festsaal fehlt, auf den die Eingangszone sonst einstimmt. Häufig stuft sich der Baukörper von Geschoß zu Geschoß zurück, so daß schmale, begehbare Terrassen entstehen und den Wohncharakter verstärken. Die Asymmetrien der Gebäude und Bauteile, die Zersplitterung der Gliederungselemente – beispielsweise der Pilaster in aneinandergereihte kleine Baluster oder des Hauptgesimses in zierliche Archivolten –, die ornamentale Kleinteiligkeit der Tür- und Fensterumrahmungen wirken antimonumental. Typisch ist der Gestaltwandel der Ädikula. An dem Zeltdach der Christi-Himmelfahrts-Kathedrale von Kolomenskoje erscheint sie noch im Geist der Renaissance als steife Würdeform und bewahrt die ursprüngliche Bedeutung aus der hellenistischen und römischen Baukunst. An den steinernen Palästen und Kirchen des 17. Jahrhunderts überwiegen dann formal-ästhetische Effekte. Man nennt das Motiv nunmehr »Nalitschnik«: Die Stützglieder der Ädikula lösen sich ornamental auf und nehmen entweder burlesk-manieristische Formen an oder imitieren Drechsler- und Brettprofile der Holzpaläste. Die Giebel setzen sich aus wulstförmigen Streifen oder Archivolten zusammen. So beeindrucken Portale und Fenster mehr durch Heiterkeit und Anmut als durch Würde und Ernst. Die neue Oberschicht neigte zu einer verweltlichten Statussymbolik.

Die Fassaden sind überhaupt mit kleinteiligem Dekor überladen. Die Wandflächen verschwinden in einem Rhythmus von Hell und Dunkel. Die strengen Regeln der Renaissance gelten nicht mehr. Schon der Manierismus der Mariä-Schutz-(Basilius-)Kathedrale hatte sie in Frage gestellt. Gegen Ende des Jahrhunderts übersetzte man die Architektur-Traktate von Sebastiano Serlio, Jacopo Borozzi da Vignola, Hans Vredeman de Vries und Hans Blum ins Russische. Theoretisch wurde ins Bewußtsein gehoben, was längst Baupraxis war: unterschiedliche Säulenordnungen zu kombinieren, Stützglieder zu dehnen, zu pressen, zu unterbrechen, zu paaren und aufzulösen, neue Abstände einzuführen, die Gliederung absichtlich zu verschieben, vor allem aber, den Baudetails einen wichtigen Platz einzuräumen. Bis in die achtziger Jahre des 17. Jahrhunderts scheint die Verwandtschaft der russischen Architektur zum westlichen Manierismus stärker als zum Barock zu sein, wenngleich zwischen beiden Stilströmungen ohnedies keine definitorische Abgrenzung möglich ist. Jedenfalls fehlt den russischen Palästen die mathematische Kurvenordnung der Fassaden, der gleichmäßige Wechsel vor- und zurücktretender Gebäudeteile, die theatralische Dynamik der Baumassen und Raumfluchten. Das

Nalitschniki

»Pathos der Distanz« wird durch die Intimität der Nähe, die politisch motivierte »Machtpropaganda« durch das profane ästhetische Vergnügen konterkariert [67].

Die Zunahme an Aufträgen und die dekorativen Gestaltwerte im Palastbau wirkten sich auf den Kirchenbau aus. Im zweiten Viertel des 17. Jahrhunderts entstanden in Moskau Pfarr- und Eigenkirchen einer bislang unbekannten Stillage. Ein Dichter schrieb, sie »preisen die reiche Hand«. Je üppiger der Schmuck, desto gottgefälliger galt das Werk. Die Stifter waren hohe Beamte aus dem Dienstadel und reiche Großkaufleute. Vermutlich hat der neue Stil überhaupt seinen Ausgang von den privaten Hauskirchen genommen, die durch einen Übergang dem Palastkomplex zugeordnet waren. Merkmale, die sich im 16. Jahrhundert ausgeprägt hatten, gewannen eine neue Qualität: Raumgruppierung durch Anbauten, Aufsockelung des Baukomplexes mit Wandelterrassen und Paradetreppen, pfeilerlose Einwölbung des Naos, Fassadengliederung in ungleichwertige Geschosse, Blendgiebelpyramide, vielgestaltige Ziegelornamente und vielfarbige Keramikfriese. Der Kirchenkomplex besteht nun aus einem zentralen Sakralbau, aus überkuppelten Seitenkapellen oft unterschiedlicher Größe an der Ostseite, aus einer geräumigen und niedrigen Vorhalle, die man Trapesnaja (Refektorium) nannte, an der Westseite und aus einem Zeltdach-Glockenturm, dessen Untergeschoß oft als Eingangsvorhalle dient. Die Saalkirche verdrängte das Kreuzkuppelschema. Der pfeilerlose Naos bewahrt seine Höhe, verliert allerdings mehr und mehr die Belichtung durch die Hauptkuppel. Die immer flacher werdende Einwölbung nähert sich der des Palastraums an. Kloster-, Mulden- und schließlich Spiegelgewölbe lösen Tonnen-, Stufen- und Kreschtschaty-Gewölbe ab. Das Tageslicht strömt hell und unmittelbar durch große Wandfenster ein. Die Tamboure von Nebenkuppeln thronen »blind« auf dem Gewölbe. Die »Lichttrommel« der Hauptkuppel wirkt anfangs durch ein »Auge« im Zentrum, bis auch sie zum dekorativen Beiwerk ohne jede Raumbeziehung entartet. Die Lichtsymbolik hat ein Ende. Die Kuppelkonstruktion bleibt nur noch für die äußere Erscheinung verbindlich. Für die Betrachtung von außen wird sie auf Postamente mit Blendgiebeln gesetzt, durch Blendarkaden, Ziegelornamentik, Keramikeinlagen geschmückt und mit schwungvollen Zwiebelkuppeln und hohen Kreuzen ausgestattet. Die Reduktion der religiösen, räumlichen Symbolwerte, die Einschränkung auf repräsentative Fassadeneffekte ist ein Symptom der Säkularisierung. Die Aufmerksamkeit konzentriert sich auf den Außenbau: die Zuordnung zu Wohntrakten, die Eingliederung ins Straßenbild, die Belebung der Silhouette durch Anbauten, Treppen, Dächer, den optischen Überschuß des Fassadendekors.

Moskau, Dreieinigkeits-Kirche in Nikitniki
Textabb. S. 340
Abb. 258–263

Die Originalität des neuen Kirchenbaustils fällt zuerst bei einer Moskauer Kaufmannskirche ins Auge: der in mehreren Bauzeiten 1628–1652 errichteten Dreieinigkeits-Kirche in Nikitniki. In der ersten Hälfte des 17. Jahrhunderts machten die in Moskau ansässigen und nach hier übersiedelnden Großkaufleute rasch Karriere. Einige wurden von den Zaren sogar als Leiter von Zentralämtern berufen. Als sie sich jedoch mit dem beamteten Hofadel in einen Streit einließen, wem die höhere Ehre gebühre, wurden ihre Privilegien wieder eingeschränkt. Der 1622 mit Familie und Gehilfen aus Jaroslawl zugezogene Großkaufmann Grigori Leontjewitsch Nikitnikow erwarb sich bald eine einflußreiche Position. Im Haupthandelszentrum Kitaigorod wählte er für seinen Kaufhof einen Standort neben der Holzkirche des Märtyrers Nikita. Von hier aus war es nicht weit zum Roten Platz, wo er in den Handelszeilen vier Läden unterhielt. Als die Holzkirche abbrannte, ließ er die Dreieinigkeits-Kirche errichten und in den steinernen Wohntrakt seines Kaufhofs einordnen. Wie Paulus von Aleppo berichtet, stand das Herrenhaus in seiner Größe und Schönheit den Palästen der Minister nicht nach. Auch die Kirche ist ein

Juwel. Vermutlich war sie als Eigenkirche geplant, denn der Treppenaufgang an der Straßenseite soll erst am Schluß angelegt worden sein. In der Südkapelle des Märtyrers Nikita befindet sich die Familiengruft.

Moskau, Dreieinigkeits-Kirche in Nikitniki, Grundriß und Querschnitt

1 Altarraum;
2 Gemeinderaum;
3 Vorraum;
4 Nikolaus-Kapelle;
5 Refektorium;
6 Kapelle des Märtyrers Nikita;
7 Glockenturm-Kapelle Johannes' des Evangelisten;
8 Nördliche Galerie;
9 Westliche Galerie

Um die Jahrhundertmitte entstand so auf einem Sockelgeschoß aus Kalksteinquadern, das als Warenspeicher diente, in Ziegelmauerwerk ein malerischer Komplex: im Zentrum ein hoher, pfeilerloser Naos mit Klostergewölbe und einem Auge zu dem steilen Hauptkuppeltambour – die vier Nebenkuppeln sind blind aufgesetzt –, in einer Achse der einapsidiale Altarraum und die niedrige Trapesnaja, im Nord- und Südosten die Seitenkapellen, die Galerien und – nach Nordwesten verschoben – der Zeltdach-Glockenturm. Die kalksteinskulptierten Portale im Inneren und die Gliederungs- und Schmuckelemente der Fassaden, besonders der Galerie-Arkaden und die Nalitschniki an der Südseite, besitzen starke Ähnlichkeit zu denen des Terem-Palastes und entsprechen vermutlich genau der Dekoration des anschließenden (nicht erhaltenen) Herrenhauses. Man sieht paarige, verkürzte, unterbrochene Säulen, stark profilierte Gesimse, Blendgiebel und Umrahmungen, bunte Kachelfriese, sogenannte Schirinki (Kassetten mit eingelassenen Kacheln) und Girki (Zapfen in der Mitte eines Doppelbogens, die an einer Eisenstange im Mauerwerk hängen). Der weiße Putz verbirgt vielgestaltige Formziegel, die fest im Mauerverband sitzen. An den 1652–1653 in »fränkischer Manier« ausgeführten Wandmalereien waren Vertreter der »Zarenschule« wie Simon Uschakow und Iossif Wladimirow beteiligt.

Die neue Stillage wurde von Baumeistern kreiert, die für den Moskauer Beamtenadel und für Großkaufleute arbeiteten. Der Dreieinigkeits-Kirche in Nikitniki folgten zahlreiche ähnliche Baukomplexe: die durch einen Übergang mit dem Palast des Staatssekretärs Awerki Kirillow verbundene Nikolaus-Kirche in Bersenewka (1656), die Mariä-Himmelfahrts-Kirche der Pfarrgemeinde des Töpfer- und Keramikerviertels Gontschary (1654), die Pfarrkirche Gregors von Neocäsarea (1667–1669), die Nikolaus-Kirche der Gemeinde des Weberviertels Chamowniki (1679–1682). Die Fünfkuppelkonstruktion thront über einer Blendgiebelpyramide des hohen Naos, während sich die drei Apsiden wie die anderen Anbauten breit und niedrig als eigene Baukörper herauswölben. Oft fehlt

Textabb. S. 336
Abb. 264–267

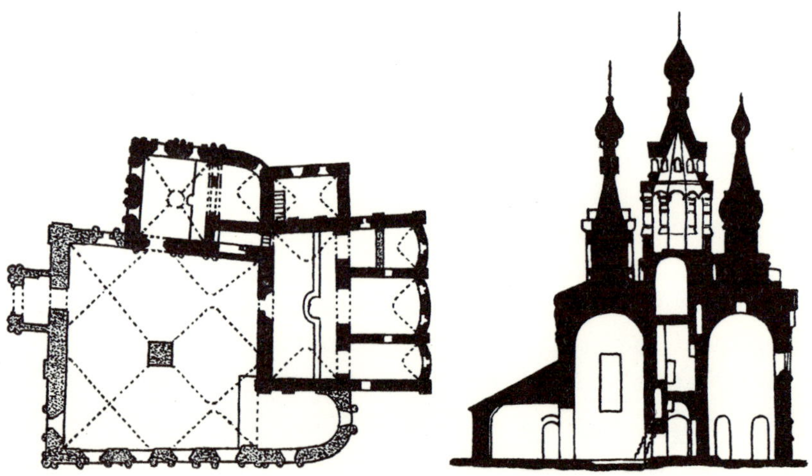

Moskau, Mariä-Geburts-Kirche in Putinki, Grundriß und Längsschnitt

die »Lichttrommel« und ist der pfeilerlos eingewölbte Naos als Breitraum angelegt. Seine Fassaden gliedern sich dann in der Nord-Süd-Richtung in vier, in der Ost-West-Richtung in drei Wandabschnitte.

MOSKAU, MARIÄ-GEBURTS-KIRCHE in Putinki
Textabb. S. 340
Abb. 266

Die Mariä-Geburts-Kirche (1649–1652) ist eine Stiftung von Zar Alexei für die Moskauer Vorstadtgemeinde Putinki. Drei Baukörper ganz unterschiedlicher Dimension und Gestalt treten zu einer komplizierten Gruppe zusammen: die Hauptkirche mit pfeilerlos eingewölbtem Breitraum als Naos und mit drei blind aufgesetzten Zeltdächern, die mit Tambour und Blendgiebelpyramide versehene Kapelle zum »brennenden Dornbusch« und der Zeltdach-Glockenturm. Dieser ist das Verbindungsstück. Die beiden Sakralräume sind voneinander ganz abgesondert. Allein die äußere, asymmetrische Komposition der Baumasse fügt die Teile zusammen. Die Wirkung der Vielbildigkeit und der Überschneidungen ist auf die Straßenseite berechnet. Die Rückseite des Komplexes wurde kaum geschmückt. Der viel- und kleinteilige Dekor wiederholt Gliederungs- und Schmuckmotive der Dreieinigkeits-Kirche in Nikitniki, ufert freilich ins Bizarre aus. Die Mariä-Geburts-Kirche gilt als letzte Zeltdach-Kirche in Moskau.

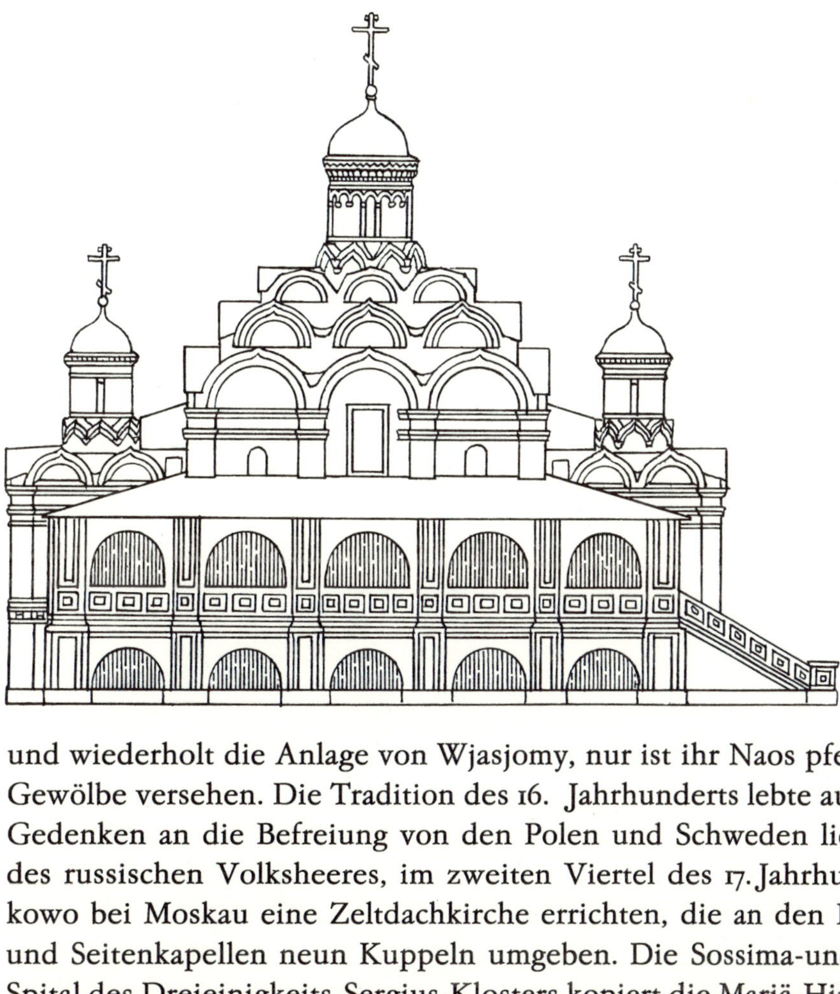

Moskau, Mariä-Schutz-Kirche in Rubzowo, Ansicht der Westseite

Im Vergleich zu den Moskauer Pfarr- und Eigenkirchen stellt N. Brunow in der Hofbaukunst der ersten Jahrhunderthälfte die »Nachwirkung eines ruhigen, klassischen Ideals« fest. Er meint damit das Traditionsbewußtsein. Allerdings wurden die Hofbaumeister mehr mit Palast- als mit Kirchenbauten beschäftigt. Die »Zarenschule« repräsentierte progressive Tendenzen in der religiösen Malerei, jedoch nicht in der kirchlichen Architektur. Die Mariä-Schutz-Kirche in Rubzowo (1619–1621), einem Landsitz der Zaren, folgt dem Vorbild der Godunow-Bauten und wiederholt die Anlage von Wjasjomy, nur ist ihr Naos pfeilerlos mit einem Kreschtschaty-Gewölbe versehen. Die Tradition des 16. Jahrhunderts lebte auch in Zeltdachkirchen fort. Zum Gedenken an die Befreiung von den Polen und Schweden ließ Fürst Posharski, ein Feldherr des russischen Volksheeres, im zweiten Viertel des 17. Jahrhunderts in seinem Gut Medwedkowo bei Moskau eine Zeltdachkirche errichten, die an den Ecken des Kubus, über Apsiden

Abb. 268, 222

und Seitenkapellen neun Kuppeln umgeben. Die Sossima-und-Sawwati-Kirche (1635–1637) am Spital des Dreieinigkeits-Sergius-Klosters kopiert die Mariä-Himmelfahrts-Refektoriums-Kirche im Erlöser-Euthymios-Kloster Susdal, die erste erhaltene Zeltdachkirche. Bald wurde das Zeltdach jedoch dem »dekorativen Ideal« des 17. Jahrhunderts unterworfen. Aus der Holzarchitektur

Textabb. S. 342
Abb. 270

sind Dreierreihen von Zeltdächern bekannt. Analog trägt die »Wunderbare«, die Mariä-Himmelfahrts-Kirche (1628) im Alexei-Kloster von Uglitsch, drei schlanke Zeltdächer in Nord-Süd-

Richtung über dem Naos und den beiden Seitenkapellen und die Kirche in Moskau-Putinki über dem breiträumigen Naos des Hauptbaues.

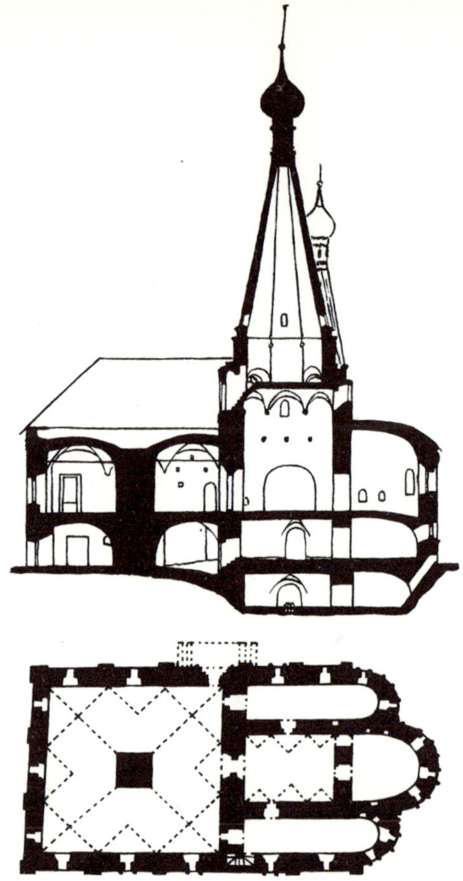

Uglitsch, Mariä-Himmelfahrts-Kirche, Längsschnitt und Grundriß

Im Jahre 1652 begann die Ägide des Patriarchen Nikon. Schon kurz nach seiner Inthronisierung nahm er den Kampf gegen die allgemeine Säkularisierung auf. Er verbot das Zeltdach über dem Kirchenraum und ordnete – »entsprechend dem gültigen und bestätigten Wortlaut des Gesetzes« – die Konstruktion mit einer, drei oder fünf Kuppeln an. Analog zu den Reformen des Gottesdienstes sollte die Baupraxis wieder auf das aus Byzanz übernommene Schema der Kreuzkuppelkirche zurückgehen. Das Zeltdach wertete Nikon – nicht ohne Grund – als nationale Abweichung und Einbruch des Profanen. Damit kritisierte er die zeitgenössischen Auftragswerke, aber auch die zarische Tradition von Kolomenskoje. In das 1654 neu herausgegebene Gesetzeswerk »Kormtschaja Kniga« schaltete er die Nowgoroder Legende von der weißen Mitra ein, in der die Zarenkrone von Kaiser Konstantin, jedoch die Mitra von dem »himmlischen Zaren« Christus hergeleitet und symbolisch über die weltliche Macht erhoben wird: »Das Priestertum ist größer als das Zarentum.«

Während Zar Alexei die liturgischen Reformen nutzen wollte, um die Orthodoxie dem modernisierten Staat unterzuordnen, ging es Nikon um die geistlich-geistige Führung. Im Massenmedium des Kirchenbaues konkurrierte er der weltlichen Macht. Er erlaubte sich, was er dem Zaren und weltlichen Auftraggebern untersagte. Als er 1658 bei Istra nach dem Vorbild von Palästina Pilgerstätten und das Kloster Neu-Jerusalem anlegen ließ, kopierte er mit der Christi-Auferstehungs-Kathedrale – im Grundriß fast maßstabsge-

Textabb. S. 342, 343
Abb. 271, 273

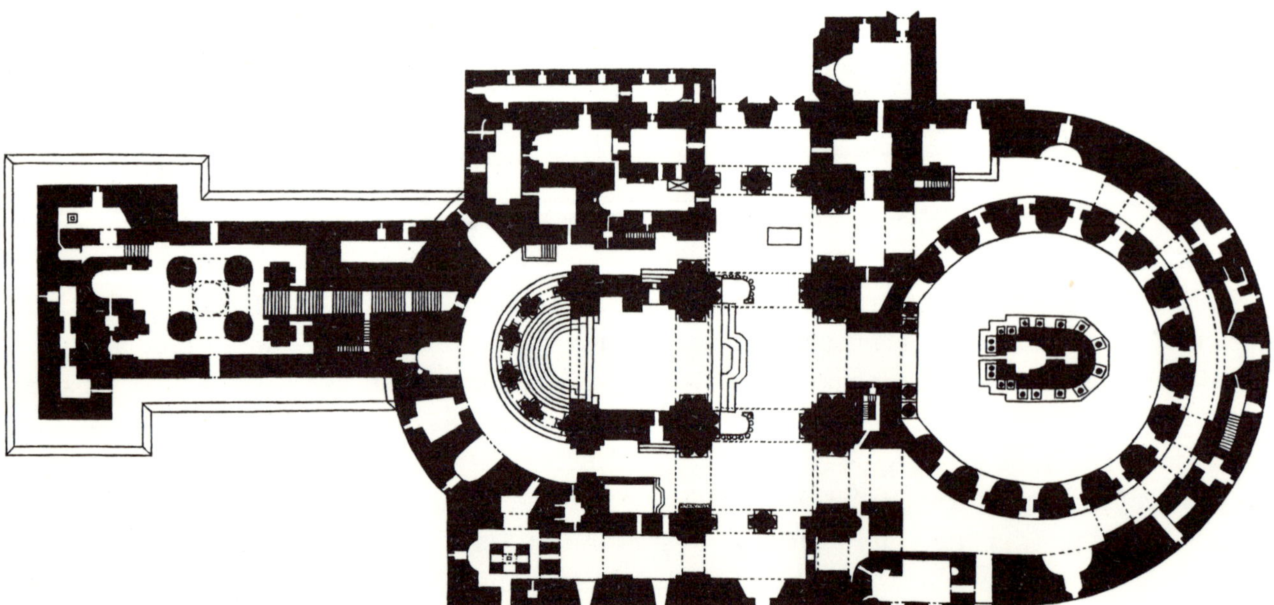

Istra, Christi-Auferstehungs-Kathedrale im Kloster Neu-Jerusalem, Grundriß

Istra,
Christi-Auferstehungs-
Kathedrale im Kloster
Neu-Jerusalem,
Ansicht der Ostseite

treu – die Grabeskirche, und zwar einschließlich des Zeltdachs über der Rotunde des Kreuzfahrerbaues. Er sah fünf Sitze für die fünf orthodoxen Patriarchen vor, den mittleren für sich selbst. Das russische Jerusalem wiederholte den Anspruch Moskaus als drittes Rom. Nikon mußte 1666 abdanken. Ob er die ungewöhnliche Steigerung der formal-ästhetischen Effekte durch bunte Kachelfriese, keramische Nalitschniki und barocke Stukkaturen akzeptiert hätte, die später angebracht wurden, ist nicht sicher. Immerhin hat er zur Ausgestaltung der Kathedrale der Iberischen Gottesmutter des Waldai-Klosters (1655–1658) belorussische Keramiker und Schnitzer herangezogen, die Motive aus dem westlichen Barock mit russischen Ornamenten kombinierten.

Moskau,
Zwölf-Apostel-Kirche
Abb. 272

Im Vergleich zu dem Kloster Neu-Jerusalem trat Nikon im Moskauer Kreml bescheiden auf. Er beauftragte die Hofbaumeister, seine neue Palastkirche, die Zwölf-Apostel-Kirche (1653–1656), im Kreuzkuppelschema mit vier Pfeilern und fünf Tambourkuppeln zu errichten und östlich an den neuen, dreigeschossigen Palast anzuschließen, dessen nüchterne Monumentalität eine Absage an die malerische Formensprache des zarischen Terem-Palastes bedeutete. Aber selbst bei seinem eigenen Bau gelang es Nikon nicht, den modernen Einfluß auszuschalten. Die Fünfkuppelkonstruktion, das »Wellendach« mit der nur einen Reihe von Rundgiebeln, die Säulen- bzw. Blendarkatur – das zeugt vom bewußten Rückgriff auf die byzantinische und russische Tradition. Aber neuzeitliche Stilelemente brechen durch: die einheitliche Fassade des Palast- und des Kirchenbaues, die vor dem 17. Jahrhundert undenkbar gewesen wäre, und innen die enge Verquickung der Wohn- und Repräsentationsräume mit dem sakralen Raum, die Anlage als Torkirche über der doppelten Bogenstellung der Paradeeinfahrt zum Hof des Patriarchen, die Dissonanzen zwischen Fassadengestalt und Raumstruktur, die Säulenordnung sowie die unterschiedliche Behandlung der Süd- als Schauseite und der zum Hof gelegenen Nordseite. Das Portal im ersten Obergeschoß erklärt sich aus einem Altan, der sich hier ursprünglich entlangzog und zu dem eine Außentreppe emporführte. Der sogenannte Kreuz- oder Salböl-Saal im Obergeschoß beschränkt sich zwar auf die Hälfte der Grundfläche des Thronsaals im Facettenpalast, aber der Verzicht auf den Mittelpfeiler und das gewaltige Muldengewölbe gleichen ihn den alltäglichen Nutzräumen an. Paulus von Aleppo notiert, was ihn auszeichnet: »Er ist mit wundervollen bunten Kacheln ausgelegt.« Im Inneren seines Palastes hat Nikon also mit modernem Zierat nicht gespart. Einerseits tradierte er die iossifljanische Ideologie, andererseits mußte er der vom Westen beeinflußten Selbstdarstellung der Oberschicht, der modernen Statussymbolik Zugeständnisse machen, wenn er das Ansehen der Institution Kirche erhalten wollte.

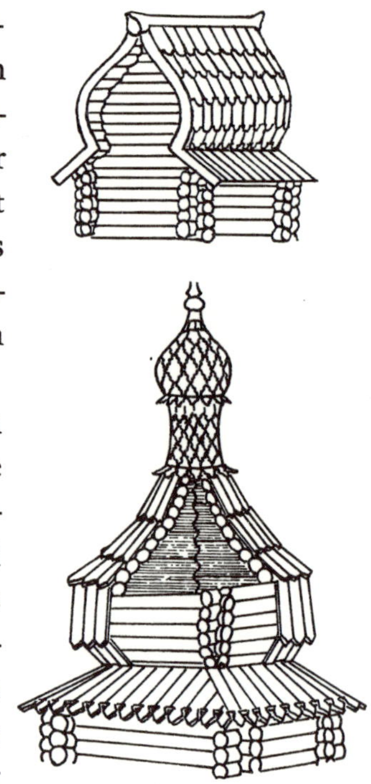

Holzkonstruktion einer Botschka und einer Zwiebelkuppel (Kreuz-Botschka)

Während die Moskauer Oberschicht Innovationen im Baustil förderte, verhielt man sich in der Provinz konservativ. In den Handels- und Handwerkerstädten bildeten sich sogar eigene Architekturschulen heraus, so in Jaroslawl und Rostow. Auftraggeber und Baumeister bevorzugten eine Synthese der alten, feierlichen mit der neuen, dekorativen Formensprache. Dabei mag der vereinfachende Einfluß eines im Grundriß funktionell eingeteilten Herrenhaustyps eine Rolle gespielt haben, den wir aus der Holzarchitektur kennen und der sich in den steinernen Häusern der Kaufmannsfamilie Iwanow und des Metropoliten in Jaroslawl erhalten hat. Im Profan- wie im Kirchenbau kam dem Eingangspavillon mit Treppenaufgang und Podest eine wichtige Bedeutung zu. Im ornamentalen Netz der Kirchenfassaden überwiegen Motive der Holzarchitektur und Volkskunst. Dabei wurden die technischen und ästhetischen Möglichkeiten der Formziegel genutzt: Halbsäulchen, Baluster, »Tönnchen«, Ringe, Profile, Kassetten bestimmen Stützglieder, Gesimse, Nalitschniki und Brüstungen. Endgültig verdrängen glasierte bunte Kacheln mit vegetabilischen, geometrischen und figürlichen Motiven die rote Terrakotta. Hinter der Orientierung auf nationale Eigenarten und dem Abscheu vor dem »Fortschritt« verbarg sich oft der Protest gegen die westliche Konkurrenz im Handel, gegen die Neufeudalisierung und den Merkantilismus des absolutistischen Staats und gegen die »aufklärerische« Interpretation der Religion. Die Frage, ob ein Gefälle in der baukünstlerischen Qualität zwischen der Hauptstadt und den lokalen Schulen besteht, ist umstritten. Vermutlich sorgte das Moskauer Steinbauamt für eine gediegene Ausbildung und Organisation. Es begünstigte eigenständige Architekten, die ihren Beruf vererbten, während die Auftraggeber in der Provinz sich mit – oft leibeigenen – Meistern des Possads und der Bauernschaft begnügten. In den Bauverträgen mehrten sich die Angaben zu den Vorbildern, zum Zweck einzelner Bauteile und zu den Details. So ist die konservative Gesinnung der Bauherren in der Provinz nachweisbar.

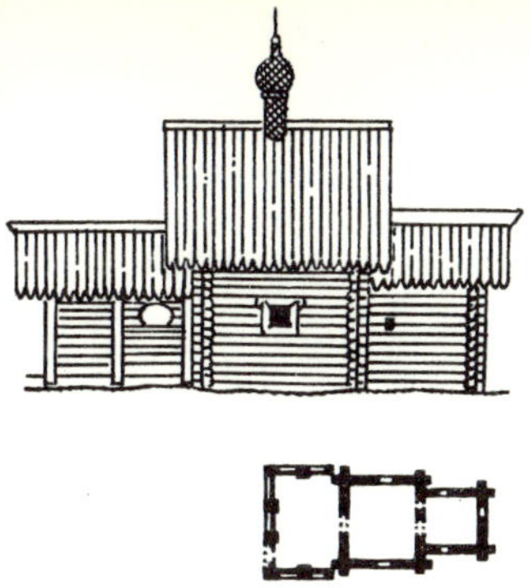

Murom, Lazarus-Kirche, Südseite und Grundriß

Ein Vergleich von Stein- und Holzkirchen ist insofern berechtigt, als die Pfarrkirchen der kleinstädtischen und dörflichen Gemeinden fast alle Blockbauten waren. P. N. Maximow meint sogar, Steinbaukunst und Holzbaukunst seien im 17. Jahrhundert stilistisch den gleichen Weg gegangen [68]. Ein beachtlicher Denkmälerbestand hat sich erhalten. Vier Haupttypen lassen sich feststellen: Die einfache Zellenkirche besteht aus Trapesnaja, Naos und Bema, drei aneinandergereihten Blockbaukränzen mit Satteldächern unterschiedlicher Höhe. Bei der Stufenkirche bleibt die dreigliedrige Reihung die gleiche, aber über dem Kubus im Zentrum türmen sich zwei in den Abmessungen verringernde Oktogone und oben eine Zwiebelkuppel. Trapesnaja und Bema schließen oft mit einem Faßdach (Botschka) ab. Der Typ des »Achtecks auf dem Viereck« verwandelt die Stufenkirche zur Zeltdachkirche. Der achteckige Balkenkranz mit dem Zeltdach erhebt sich über einem quadratischen Balkenkranz. Eine malerische und dynamische Auflockerung erfolgte erst im 17. Jahrhundert durch den Schritt zur Vielkuppelkirche. Dabei ist die zentrale Zelle mit Kuppel oder Zeltdach durch Anbauten an vier Seiten abgestützt und bietet einem reizvollen Spiel verschiedener Dachformen Platz. Mehr und mehr wurde die Baugruppe durch ein Sockelgeschoß erhöht und durch Galerien und einen Zeltdach-Glokkenturm ergänzt. Ende des 17. Jahrhunderts vergrößerte sich zudem die Trapesnaja, was auf die erweiterte Nutzung für profane Zwecke schließen läßt. Zweckformen und Kunstformen neigen zur Übereinstimmung. Je nach Mitteln und örtlichen Gepflogenheiten überzieht ein sparsamer oder reicher Dekor an Schnitzwerk die Giebelfelder, die Nalitschniki und die überdachten Außentreppen. Geometrische Ornamente, beispielsweise Sechsstern und Wirbelrosette, wurden ebenso verwendet wie stilisierte Tierfiguren, wahrscheinlich Relikte der skythisch-sarmatischen Ikonographie. Im 17. Jahrhundert haben sich Stein- und Holzkirchen trotz unterschiedlicher architektonischer Struktur in den Stiltendenzen wechselweise beeinflußt.

Die Großkaufleute und wohlhabenden Handwerkerviertel von Jaroslawl tradierten im Steinbau das Kreuzkuppelschema mit vier im Querschnitt kreuzförmigen Pfeilern, drei Apsiden und fünf Kuppeln, rahmten es zumeist symmetrisch durch Seitenkapellen und eine dreiseitig umlaufende Galerie und hoben den ganzen Baukomplex auf einen Sockel oder ein Sockelgeschoß mit Außentreppen. Der klaren

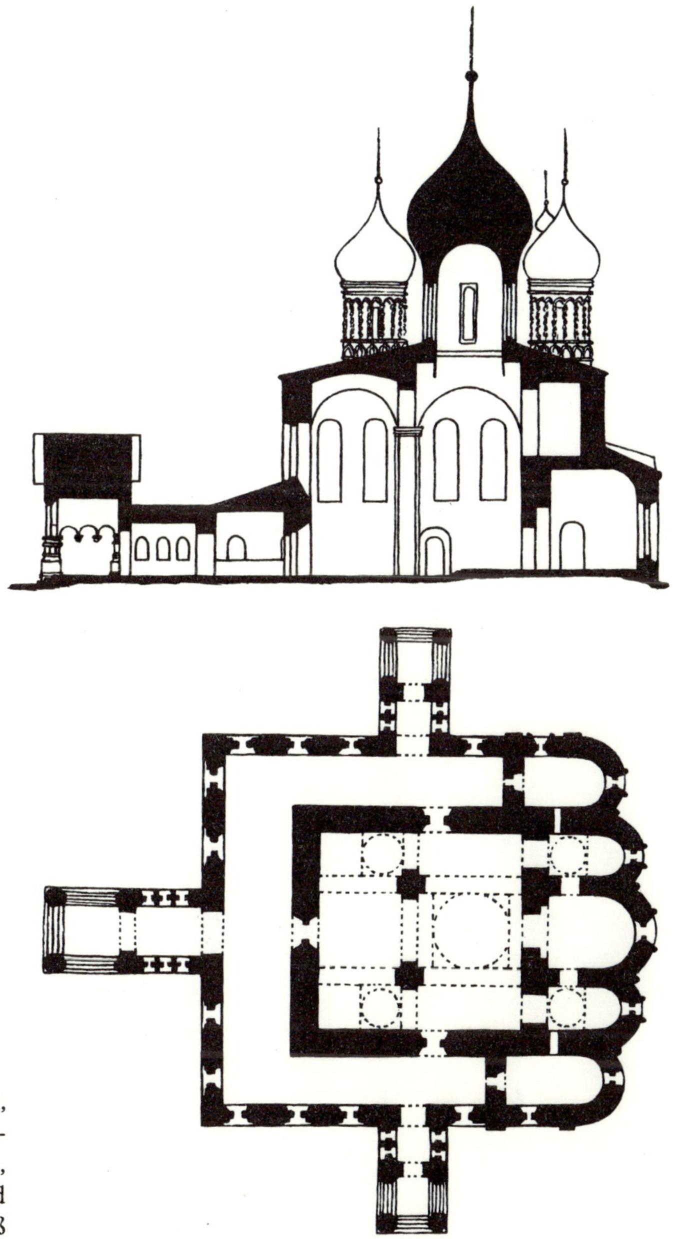

Jaroslawl, Johannes-Chrysostomos-Kirche in Korowniki, Längsschnitt und Grundriß

Gruppierung und Fassadengliederung der Baukörper entspricht eine Steigerung der Dimensionen. Man wollte die Pfarr- und Eigenkirchen als monumentale Kathedralen errichten. Besondere Aufmerksamkeit galt der Fünfkuppelkonstruktion. Bei der Johannes-Chrysostomos-Kirche (1649–1654), die zwei Großkaufleute für die Vorstadtgemeinde Korowniki stifteten, übertrifft die Höhe der Hauptkuppel von dem runden Postament bis zur Kreuzspitze sogar die des kubischen Naos. Die Zeltdacharchitektur erscheint an den Seitenkapellen und an dem 37 m hohen Glockenturm, der im Ensemble die Verbindung zu der fünfkuppligen Kirche der Gottesmutter von Wladimir (1669) herstellt. Zugleich kommt das zeitgenössische Schmuckwerk zur Geltung, es wurde sogar um 1680 nochmals vermehrt. Einmalig ist die ornamentale Kacheleinfassung am Fenster der Hauptapsis, und charakteristisch sind die gebündelten, zudem übereinander gestellten Halbsäulen statt der Eckpilaster an den Fassaden, die krugförmigen Säulen der Arkaden-Galerie, die komplizierten Nalitschniki aus Formziegeln, die beiden Girki am Dreierbogen des westlichen Eingangspavillons. Im Inneren des Komplexes herrscht ein Kontrast zwischen den Öffnungen und dem Bewegungsanreiz der dreiseitigen Galerie und der Abgeschlossenheit und Ruhe des sakralen Zentralraums. In der Freskomalerei der Jaroslawler Kirchen dominiert ein unbefangenes und lebendiges Interesse an der natürlichen Welt und an moralischer Erbauung, das sich durch erzählerische Breite, Vielfigurigkeit, Reichtum an Details und Farbigkeit auszeichnet.

JAROSLAWL, JOHANNES-CHRYSOSTOMOS-KIRCHE in Korowniki
Textabb. S. 345
Abb. 274

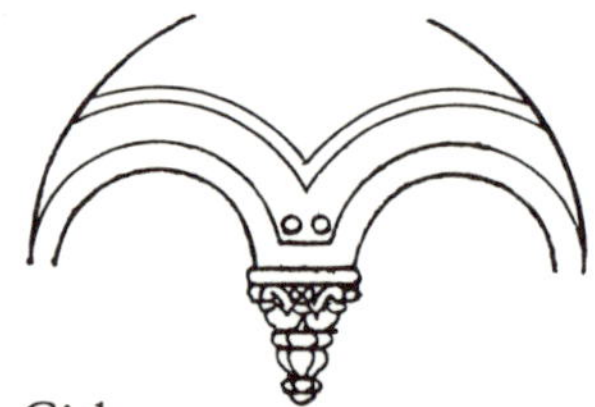

Girka

In Rostow-Weliki wurde der Metropolitenhof (Kreml) zum Leitbild einer eigenen Stilrichtung. Iona Syssojewitsch ließ ihn 1670–1683 von Meistern aus Moskau und dem oberen Wolga-

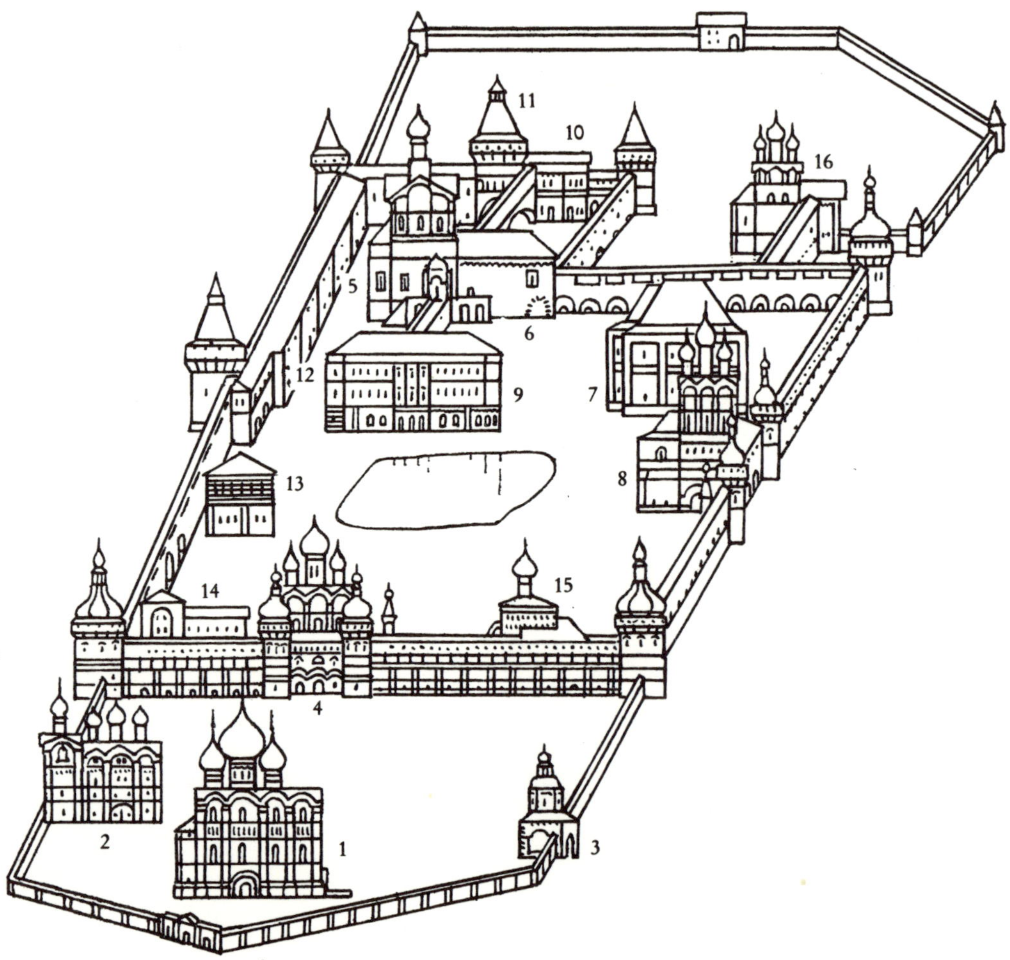

Abb. 275
Rostow-Weliki, Plan des Kremls

1 Mariä-Himmelfahrts-Kathedrale;
2 Glockenwand;
3 Torbau der Einfriedung für die Kathedrale;
4 Christi-Auferstehungs-Torkirche;
5 Christi-Verklärungs-Hauskirche »über der Vorhalle«;
6 Weißer Palast;
7 Roter Palast;
8 Torkirche Johannes' des Evangelisten;
9 Samuel-Korpus;
10 Fürstliche Gemächer;
11 Palast des Jona und Garten-Turm;
12 Hierarchen-Palast und Altes Wirtschaftsgebäude;
13 Wirtschaftsgebäude;
14 Stundenläuter-Korpus;
15 Kirche der Gottesmutter Hodigitria;
16 Gregor-von-Nazianz-Kirche der Geistlichen Lehranstalt

Dubrowizy,
Kirche der Gottesmutter
des Zeichens,
Schnitt und Grundriß

gebiet erbauen. Als Gesinnungsfreund Nikons mußte er sich nach dessen Sturz aus der Hauptstadt in seine Metropolie zurückziehen. Die neue Residenz sollte die ungebrochene kirchliche Macht demonstrieren. Sie kombiniert profane mit sakralen Bauideen. Der »military look« der äußeren Erscheinung ist nicht nur in Konkurrenz zu den Kremlbauten des Zaren repräsentativ gemeint. Die hohen Festungsmauern und Türme mit Wehrgängen, Schießscharten und Pechnasen besitzen reale Verteidigungsfunktion. Die Durchfahrten sind im Inneren rechtwinklig gekrümmt. Wenn man bedenkt, daß der Aufstand der altgläubigen Mönche im Solowezki-Kloster 1668–1676 Rußland tief erschütterte, kann man verstehen,' daß auch ein Anhänger der Kirchenreform wie Iona ein Bollwerk des Glaubens errichten wollte. Die offenen Galerien der Torkirchen, die welschen Hauben, die Nalitschniki und der Ziegel- und Kachelschmuck bilden freilich einen Kontrast zu den militärischen Zweckformen. Die Sakralbauten liegen in gleichen Fluchten mit den Palast-, Amts- und Wirtschaftsgebäuden an der Umfassungsmauer und im südlichen Teil des im Grundriß unregelmäßigen Ensembles: die beiden Torkirchen Christi Auferstehung und Johannes' des Evangelisten, die Christi-Verklärungs-Hauskirche »über der Vorhalle«, die Gregor-von-Nazianz-Kirche der Geistlichen Lehranstalt und die Gottesmutter-Hodigitria-Kirche. Man kann sie über die Wehrgänge und galerieartige Übergänge nacheinander aufsuchen, ohne ins Freie zu gelangen. Asymmetrisch ist nicht nur ihre Verteilung, sondern auch ihre Dimensionierung. Der im Zentrum ausgesparte Platz weist einen quadratischen Teich auf und korrespondiert mit dem Platz nördlich vor dem Kreml, auf dem die alte Mariä-Himmelfahrts-Kathedrale steht. Die moderne Vorliebe für vielteilige, mehrgeschossige, abgestufte Kompositionen, für hohe Saalkirchen und Galerien mischt sich mit konservativen Tendenzen: Fünfkuppelkonstruktion, kubischem Baukörper, steinerner Altarschranke, strenger Fassadengliederung durch Pilaster, fast schmucklosen Wandflächen.

Die Stadt Rjasan war in den achtziger Jahren die Geburtsstätte des sogenannten Naryschkin-Stils. Er äußerte sich an unterschiedlichen Kirchenbautypen, vorzugsweise am »Achteck auf dem Viereck«. Pyramidale, stufenförmige Auftürmung, Symmetrie der Bauteile, einheitliche, hohe und lichte Räume, üppiger Bauschmuck zeichnen ihn aus. Die Aufträge der fürstlichen Familie Naryschkin erstreckten sich bald auch auf die Moskauer Besitzungen (Mariä-Schutz-Kirche in Fili, um 1693) und zogen andere Bauherren in ihren Bann (Stiftung der Großkaufleute Dobrynin: Auferstehungs-Kirche in Kadaschi, 1687–1713). Man spricht deshalb auch vom »Moskauer Barock«. Ein charakteristisches Schmuckelement ist der obere Fassaden-

Moskau,
Mariä-Schutz-Kirche
in Fili
Abb. 278

abschluß: eine Brüstung aus gesprengten und verkröpften Giebeln mit Fialen (»Hahnenkämme«). Zugleich führte der kulturelle Austausch Moskaus mit Belorußland und der Ukraine zur Synthese altrussischer Formtraditionen mit Tendenzen der west- und nordeuropäischen Barockarchitektur. Ein Beispiel sind die Kirchen und Palastteile des Neuen Jungfrauen-Klosters, die 1685–1690 im Auftrag des Zarenhofs, besonders der Regentin Sophia, entstanden. Ihr Dekor wirkt nicht überladen, sondern vornehm. Sogar Architekturallegorien tauchten auf: die Krone über der Kuppel der Kirche der Gottesmutter des Zeichens in Dubrowizy (1690–1704). Das 17. Jahrhundert brachte die altrussische Baukunst zum Abschluß. Die höfisch-weltliche Eleganz des »Moskauer Barocks« bedeutete das Ende der Herrschaft kirchlicher Bauideen. Der Kirchenbau paßte sich der neuen, säkularisierten Kultur an oder erstarrte zur bloßen Konvention.

Abb. 269

Abb. 276

DUBROWIZY, KIRCHE DER GOTTESMUTTER DES ZEICHENS

Textabb. S. 347
Abb. 277

Im gesamteuropäischen Vergleichsrahmen gehört die Gleichartigkeit und Langlebigkeit von Gestalt-, Gebrauchs- und Bedeutungswerten zur Spezifik altrussischer Baukunst. Es gibt bis zur Turm- und Zeltdachkirche keinen Wandel in eine generell andere Art. Architektur stellt immer wieder sich selber dar. Abwechslung herrscht vor, nicht Entwicklung. Die Bauformen der Vergangenheit wurden wiederverwendet: wegen der relativ stabilen religiösen Lebensformen, wegen der ständigen Erneuerung des Bündnisses von Staat und Kirche und wegen der für das mittelalterliche Selbstverständnis notwendigen historischen und dynastischen Legitimierung. Das Prinzip der Wiederholung integrierte alle neuen Stillagen und Stilsequenzen. Immerhin zwang jede gesellschaftliche Veränderung, sich zu einer bestimmten Auswahl aus dem Erbe zu bekennen und durch Innovationen Attraktivität zu erzielen. [69] Dabei begegnet uns eine ähnliche Wirkungsstrategie wie in der orthodoxen Liturgie. Das in der Geschichte Hinzuwachsende sollte nicht verdrängen, was symbolisch überkommen war. Man wollte auf keine Tradition verzichten. Die Gebrauchs- und Bedeutungswerte häuften sich scheinbar ohne Einbußen an. Diese Polysemantik führte zu Formkonflikten und neuen Formsynthesen. Sie förderte die Tendenzen zur Körper- als Werdeform, zur divisiven Raumeinheit, zur malerischen Vielbildigkeit, vor allem zum dekorativen, optischen Überschuß. Bis zur Säkularisierung kam es zu keinen Anzeichen eines grundlegenden Paradigmawandels, eines neuen Epochenstils. Bis dahin kannte man auch keine Denkmäler zu Ehren berühmter Ereignisse oder Helden. Diese Funktion übernahm der Kirchenbau. Er lehrt uns noch heute, das russische Mittelalter von einer besonderen Seite zu verstehen: von der gebauten, symbolischen Umwelt her. Er ist Mitteilung des Daseinsgefühls, der religiösen Heilserwartung, des sozialen Verhaltens, der Statussymbolik seiner Auftraggeber, Baumeister und Benutzer. Er ist ein Zeugnis ihrer Größe und ihrer Grenzen.

Erläuterungen zu den Bauten

Anfänge in der Kiewer Rus

KIEW
SOPHIEN-KATHEDRALE
Sobor Sofii

Textabb. S. 30, 59, 61, 62, 349; Abb. 1–17

Datierungen schwanken zwischen 1019 und 1050, gegründet von Großfürst Jaroslaw dem Weisen. Im Kern fünfschiffige, eingeschriebene Kreuzkuppelkirche mit 12 im Querschnitt kreuzförmigen Pfeilern, 5 Apsiden und 13 Tambourkuppeln. Grundriß 37 mal 55 m. Opus mixtum und Verdeckte-Schicht-Technik, zur Stabilisierung vier bis fünf Lagen Flachziegel, die bandartig den ganzen Baukörper umziehen. Das Tonnenkreuz zeichnet sich gegenüber den Seitenschiffen durch doppelte Breite (7,50 m) aus. Höhe bis zum Kuppelscheitel 29 m. Apsidenwände bis zu den östlichen Pfeilern vorgezogen (»type simple«). Den Baukern umgibt dreiseitig eine durch Arkaden geöffnete Galerie, die – um den Schub aufzufangen – direkt im Anschluß oder Ende des 11./Anfang des 12. Jahrhunderts aufgestockt wurde und eine zweite, breitere Arkaden-Galerie mit runden Treppentürmen erhielt. Bei der Abstützung verwendete man viertelkreisförmige Strebebögen im Mauerwerk. Die Empore umzieht großflächig das innere Tonnenkreuz, das an seinen Armen doppelgeschossig in justinianisch »übergriffenen« dreibogigen Arkaden abschließt. Emporenbrüstung aus reliefierten Schieferplatten. Im Erdgeschoß der Seitenschiffe und in den inneren Galerien dominieren »blinde« Kuppelgewölbe, in den äußeren Galerien Klostergewölbe. Stufenförmig erhöhen sich in den Gewölben bzw. Rundgiebeln die Galerien zueinander, zu den äußeren, diese zu den inne-

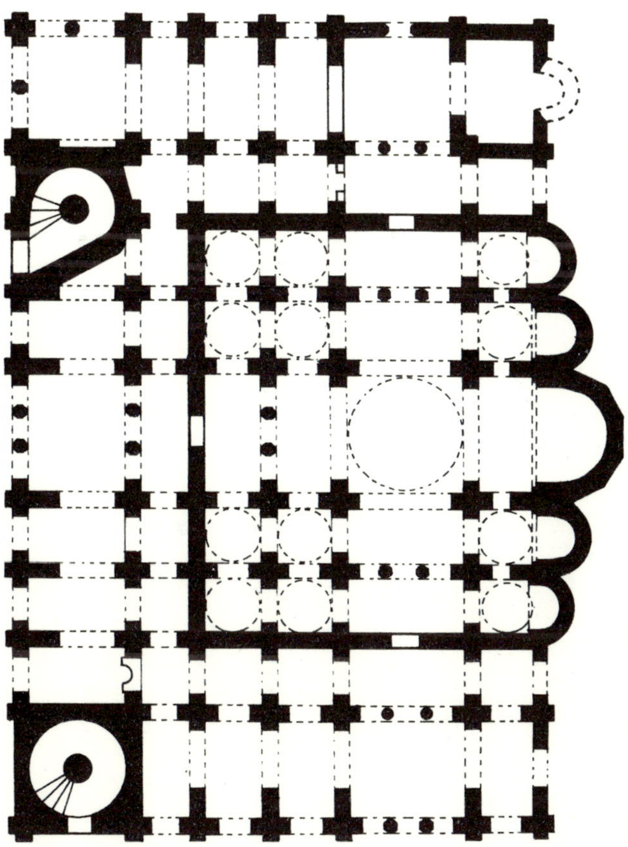

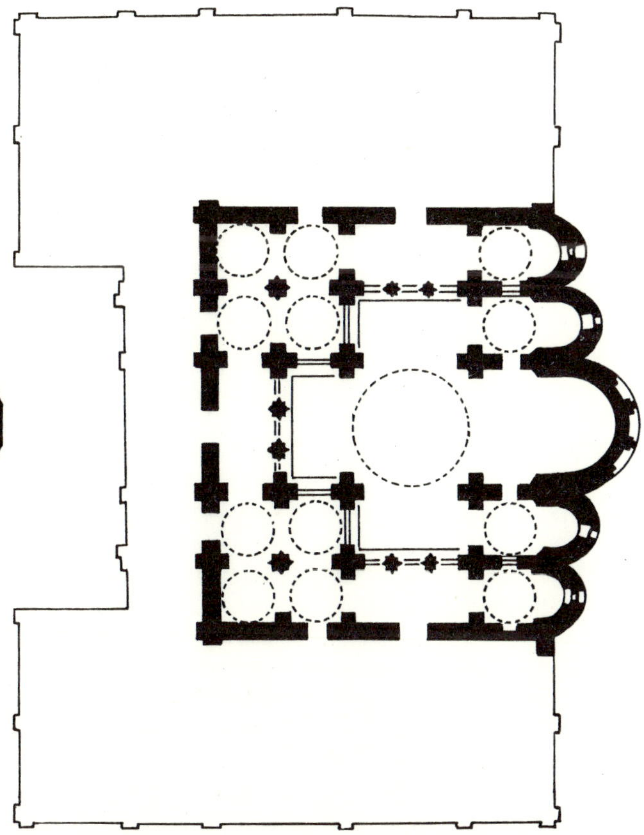

ren Schiffen und diese wiederum zu dem Tonnenkreuz mit der Hauptkuppel über dem zwölffenstrigen Tambour und der Vierung. Ostteil niedriger als Westteil. Die Einwölbung der Hauptkuppel erfolgte in den unteren zwei Dritteln als unechtes Gewölbe durch Vorkragen einer Ziegelreihe über der anderen, im oberen Drittel mit Hilfe des sogenannten Lehrgerüsts und einer Verschalung. Je 4 Tambourkuppeln über den beiden westlichen Seitenabschnitten der Empore (innen von einem Bündelpfeiler abgestützt) und je 2 über den östlichen Pastophorien. Die Bündelpfeiler auf Höhe der Empore bestehen aus einem quadratischen Kern mit vier vorgelegten Diensten und sind für Byzanz untypisch. Der heutige Bau durch das ukrainische Barock stark überformt. Einige Forscher meinen, die Fassaden seien ursprünglich nicht verputzt gewesen. Andere nehmen ornamentale und in den Nischen figurale Malereien an. Der Dekor bestand wesentlich aus Reihen abgestufter, halbrunder Nischen, Rundstäben und byzantinischen Friesen (Mäander). Das Dach war mit Blei gedeckt und lag auf den Gewölben auf. Die im Innenraum erhaltenen Mosaike (etwa 260 m²) und Fresken (etwa 2000 m²) überliefern das beeindruckende Beispiel eines mittelalterlichen byzantinischen Bildprogramms. Der Sarkophag Jaroslaws steht in dem seinem christlichen Namenspatron Georg geweihten äußeren nördlichen Pastophorium.

Tschernigow
Christi-Verklärungs-Kathedrale

Spasso-Preobrashenski sobor

Textabb. S. 350; Abb. 18–22

1033–1041, gegründet von Fürst Mstislaw Wladimirowitsch. Dreischiffige, basilikal wirkende Kreuzkuppelkirche mit 6 im Querschnitt kreuzförmigen Pfeilern, 3 Apsiden, separiertem Narthex und 5 Tambourkuppeln. Grundriß 28,25 mal 19,20 m. Mauerung in Verdeckter-Schicht-Technik, Höhe bis zum Scheitel der Hauptkuppel 30 m. Die Vierung mit der Hauptkuppel rückt nach Westen und wird zweigeschossig durch eine dreiteilige Säulen-Arkade von den Querarmen abgesondert, während der östliche Kreuzarm mit den beiden Eckräumen ein Querschiff (Altarvorraum) bildet. Beide Geschosse des Narthex sind in den seitlichen Jochen mit »blinden« Kuppeln, in der Mitte mit Tonnen eingewölbt. Das Obergeschoß dient als Empore, die ursprünglich als Holzbalkon in den Seitenschiffen fast bis zur Altarschranke verlief (nicht erhalten). Der Zugang erfolgt über den an der Nordwestecke anschließenden runden Treppenturm. Die durch Lisenen gegliederten Fassaden erhielten ihren oberen Abschluß durch Rundgiebel (Sakomari). Die Dachabschnitte folgten unmittelbar den Gewölben. Der Dekor besteht aus Reihen zweistufiger, halbrunder Nischen und ziegelroten Ornamenten wie Mäander, Fischgrat, Flechtwerk. An den Ostecken außerhalb der Kathedrale noch im 11. Jahrhundert Anbau kleiner Gruftkapellen. Im Innenraum Freskofragmente und reliefierte Schieferplatten der Emporenbrüstung aus dem 11. Jahrhundert.

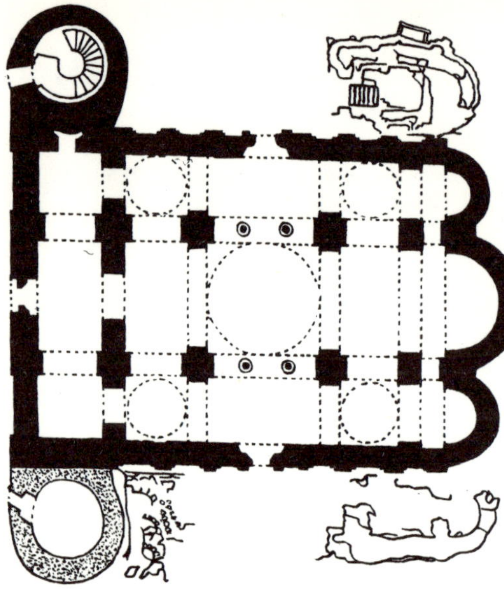

Nowgorod
Sophien-Kathedrale im Kreml

Sobor Sofii w Kremle

Textabb. S. 163, 350; Abb. 23–28, 100–104

1045–1052, nach dem Kiewer Vorbild im Kreml südlich der gleichnamigen, bald darauf abgebrannten Holzkirche gegründet von Jaroslaw dem Weisen und seinem Sohn Wladimir. Ausmaße und manche Einzelformen wie in Kiew, aber steile Proportionen im Innenraum, Trennwände in der Galerie und Vereinfachung und Verblockung des Baukörpers, Polygonalmauerwerk, nur Tragwerk, Bögen, Tür- und Fenstereinfassungen, Ornamentik aus Ziegeln Kiewer Art. 12 Pfeiler, 3 Apsiden, 5 Tambourkuppeln (Nebenkuppeln über inneren Ecken des Tonnenkreuzes), U-förmige Empore. Dreiseitige Galerie mit 3 abgeteilten Kapellen. Ostteil des Baukörpers niedriger als Westteil. Der Treppenturm an der Südwestecke, den die sechste Kuppel krönt, stammt vermutlich aus dem Ende des 11. Jahrhunderts. Neu das Leitmotiv romanischer Doppelbögen im Innenraum. Die Wandpfeiler der Fassaden stimmen mit der inneren Pfeilerstellung überein, jedoch wechseln Rund- mit Dreiecksgiebeln. Erstmalig Parabolbogengewölbe und Pseudo-Sakomari. Die breiten Galerien an den Längsseiten gegenüber dem Baukern asymmetrisch nach Westen verschoben. Das Dachgesims der Kuppeltamboure besteht aus einem romanischen Bogenfries mit Sägezähnen, der zu einer Eigenart der regionalen Schule wurde. Ursprünglich war die untere Zone der Fassaden

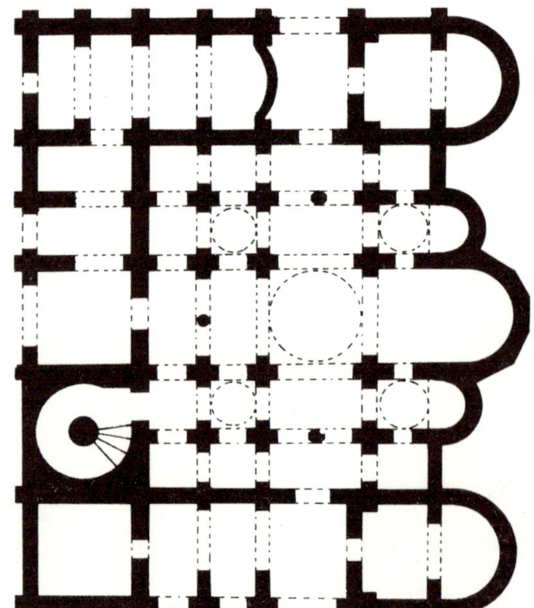

verputzt, die obere Zone mit geometrischer Ziegelornamentik versehen. Zweiflügelige Magdeburger Bronzetür mit 51 Relieffeldern im Westportal (u. a. auch Korsunsche Tür genannt) aus der Mitte des 12. Jahrhunderts. Von der ursprünglichen Wandmalerei (al secco) aus der Mitte des 11. Jahrhunderts am Südeingang erhalten die Figuren von Konstantin und Helena, aus dem 12. Jahrhundert in der Südgalerie ein Deisus. Im Auftrag des Erzbischofs Wassili Kalita entstand 1336 im Feuervergoldungsverfahren eine zweiflügelige Bildtür, die Iwan IV., der Schreckliche, in seine Residenz nach Alexandrow bringen ließ. An der Südecke der Westfassade befand sich in einer Nische ein steinernes Passionskreuz mit Reliefs (Auftrag des Erzbischofs Alexei zwischen 1359 und 1388).

Der Reduktionsprozeß der Klosterarchitektur

KIEW
ERLÖSER-KIRCHE IM ERLÖSER-KLOSTER ZU BERESTOWO
Zerkow Spassa na Berestowe
Textabb. S. 351; Abb. 30, 32

1113–1125. Dreischiffige, eingeschriebene Kreuzkuppelkirche mit 6 im Querschnitt kreuzförmigen Pfeilern, 3 Apsiden, abgeschlossenem und risalitartig an der Nord- und Südseite heraustretendem Narthex und einer Tambourkuppel. Verdeckte-Schicht-Technik in reiner Ziegelvermauerung. Die Stärke der mit Ziegelsplitt versehenen Mörtelausfugungen übersteigt die der sichtbaren Lagen Flachziegel bei weitem. Erste urkundliche Erwähnung des Erlöser-Klosters bereits 1072. Die Bestattung von Mitgliedern der großfürstlichen Familie in einer Gruftkapelle neben den Apsiden (1138 Euthymja, die Tochter von Wladimir Monomach, 1158 Juri Dolgoruki, 1173 Gleb, der Sohn Juri Dolgorukis) deutet darauf hin, daß es sich um ein Hofkloster handelte und Großfürst Wladimir Monomach den Auftrag für den Kirchenbau erteilte, als er 1113 den Kiewer Thron bestieg. Ursprünglicher Grundriß und Baukörper nur durch Ausgrabungen bekannt. Der nördliche Teil des Narthex diente als Taufstätte, später als Grablege, im südlichen Teil befand sich eine Wendeltreppe zur Empore. Der im Westen etwa zu zwei Dritteln seiner ursprünglichen Höhe erhalten gebliebene Baukörper ermöglicht die Rekonstruktion: »Wellendach«, Fassadengliederung durch flache Lisenen, Ziegel-Mäander in Kämpferhöhe der Sakomari, Dekor durch Reihen abgestufter, hoher Nischen und Stein-Kreuze. Beachtenswert vor den drei Eingängen der Kreuzarme sind die Vorhallen in Gestalt dünnwandiger Lauben, die allerdings auch später entstanden sein können. Als spezifisch russische Schöpfung gilt an der westlichen Vorhalle der dreilappige obere Abschluß: Ein Tonnengewölbe wurde von zwei halbierten Tonnen flankiert, deren Scheitel in der Höhe seiner Kämpfer lagen. Zerstörung während des Tatareneinfalls, Neubau 1642–1643 mit 3 barocken Kuppeln, Fresken 1644, weitere Anbauten und 2 weitere Kuppeln im 18. Jahrhundert.

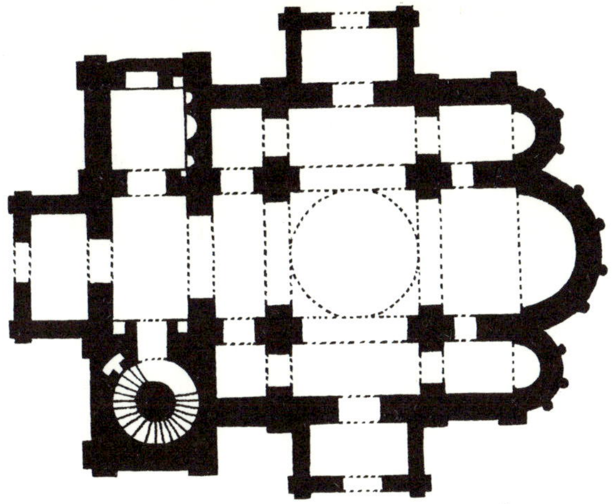

KIEW
DREIEINIGKEITS-TORKIRCHE DES HÖHLENKLOSTERS
Troizkaja nadwratnaja zerkow Petscherskoi Lawry
Textabb. S. 351; Abb. 29, 31

1106–1108, gestiftet von Fürst Swjatoslaw von Tschernigow beim Eintritt in das Kloster, wo er als Mönch unter dem Namen Nikolai Swjatoscha lebte. Errichtet über 3 Torbögen, die den Haupteingang bildeten: im Grundriß quadratische, eingeschriebene Kreuzkuppelkirche mit 4 im Querschnitt kreuzförmigen Pfeilern, »type simple«, 3 in die Ostwand eingelassene Apsiden, eine Kuppel auf oktogonalem Tambour. Opus mixtum, Gewölbe der Apsiden aus Tontöpfen. Entsprechend der inneren Struktur – breites Tonnenkreuz und fast gleich hohe Joche der Eckräume – die Gliederung der Fassaden durch Lisenen in einen breiten mittleren und 2 schmale seitliche Abschnitte. Oberer Abschluß durch Sakomari. Nur die Südwand ist nahezu im alten Zustand erhalten, zeigt die ursprünglichen, abgestuften Blendnischen und Fensterbögen, aber einen barocken Ziergiebel, wie überhaupt der ganze Baukörper im 18. Jahrhundert eine barocke Verkleidung erhielt.

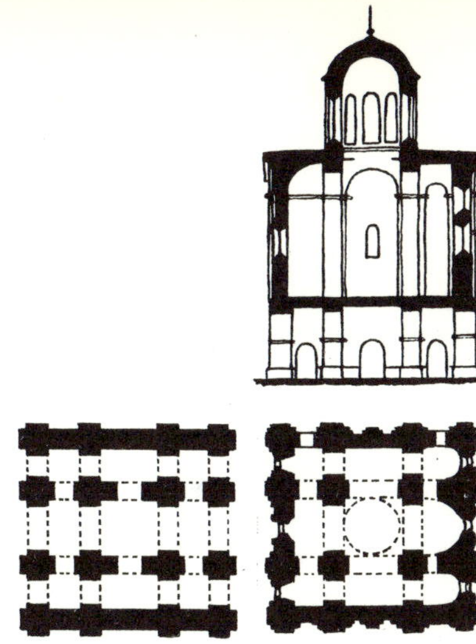

Süd- und westrussische Fürstentümer

TSCHERNIGOW
BORIS-UND-GLEB-KATHEDRALE
Borissoglebski sobor
Textabb. S. 351; Abb. 33–37

1120–1123, gegründet von Fürst David Swjatoslawitsch. Eingeschriebene Kreuzkuppelkirche mit 6 Pfeilern, 3 Apsiden, einer Kuppel.

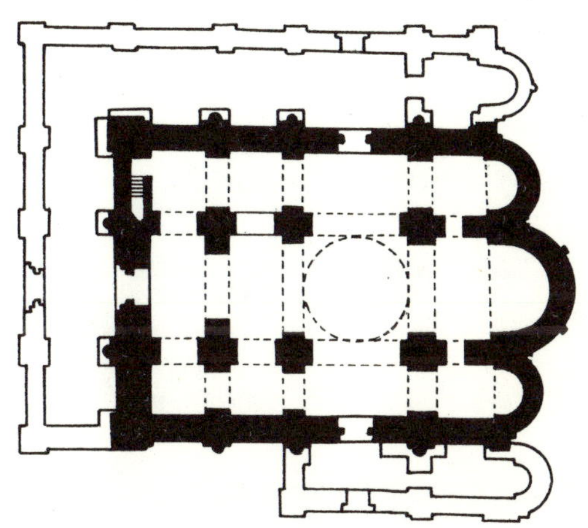

Sakomari-Typ. Einfaches Mauerwerk aus Lagen von Flachziegeln und breiten Mörtelschichten. Obergeschoß des Narthex als Empore, Treppe in der Nordwestecke der Außenmauer. Ursprünglich an drei Seiten breite Galerien mit Grablegen. Zu beachten: Fassadengliederung durch mächtige Halbsäulen vor Lisenen und romanischen Bogenfries an der Kämpferlinie der Sakomari (bzw. am Hauptgesims der Apsiden und der Kuppel), dreifach abgestufte Portale. In Kalkstein geschnittene Reliefs mit paarweise angeordneten Tieren, wie Greifen und Panthern, mit Pflanzen- und Flechtbandornamentik dekorieren die Kapitelle der Halbsäulen.

Tschernigow
Mariä-Himmelfahrts-Kathedrale im Jelezki-(Ölbaum-)Kloster

Uspenski sobor Jelezkogo monastyrja

Textabb. S. 13, 352; Abb. 38–40

Mitte 12. Jahrhundert, 1649–1679 barock umgebaut. Klostergründung um 1060 durch Fürst Swjatoslaw Jaroslawitsch. Eingeschriebene Kreuzkuppelkirche mit 6 Pfeilern, 3 Apsiden, einer Kuppel. Sakomari-Typ. Einfaches Mauerwerk aus Lagen von relativ starken Ziegeln und schmalen Mörtelschichten. Ursprünglich 3 Vorhallen. Im Südteil des separierten Narthex eine eigene Taufkapelle, deren romanische Apsis in den Naos ragt. U-förmige Empore, über der in der Nord- und Südwestecke »blinde« Kuppelgewölbe und unter der im Naos Kreuzgewölbe. Fassadengestalt mit Wellendach ursprünglich wie bei der Boris-und-Gleb-Kathedrale, Bogenfries aus Keramik. Fragmente von Wandmalereien aus dem 12. Jahrhundert.

Tschernigow
Paraskewa-Pjatniza-Kirche

Pjatnizkaja zerkow

Textabb. S. 352; Abb. 43, 45, 46

Ende 12./Anfang 13. Jahrhundert, erbaut (von Peter Miloneg?) in einem Frauenkloster am Markt, das vermutlich Fürst Rurik Rostislawitsch in der 2. Hälfte des 12. Jahrhunderts gründete, rekonstruiert 1962. Eingeschriebene Kreuzkuppelkirche mit 4 Pfeilern, 3 Apsiden, einer Kuppel. Turm-Typ. Ziegelmauerwerk. Kleinflächige Empore zwischen westlichem Pfeilerpaar mit niedrigen Gängen in der Nord- und Südmauer. Halbrunde Stufengewölbe ohne Gurtbögen in den Kreuzarmen, romanische Viertelkreisgewölbe unter den Eckräumen, entsprechende Fassadengliederung, Bündelpilaster (mit Diensten besetzt), Stufenportale.

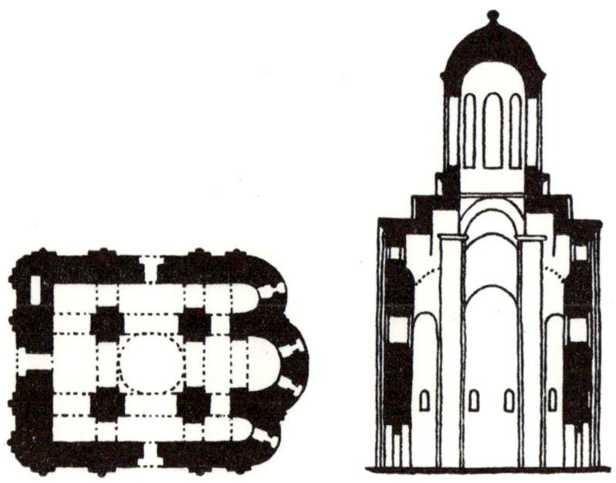

Tschernigow
Elias-Kirche

Zerkow Ili Proroka

Textabb. S. 352

12. Jahrhundert, einschiffiger Zentralbau mit Kuppeltambour, Narthex gleicher Breite und halbrunder Apsis. Verputztes Ziegelmauerwerk. Eingänge im Westen und Süden, die dritte Tür in der Nordwand des Schiffs führt zu den Höhlen. Ursprünglich Obergeschoß des Narthex als Empore, zu der man von einem Absatz des Berghangs gelangte. Fassadengliederung durch Lisenen.

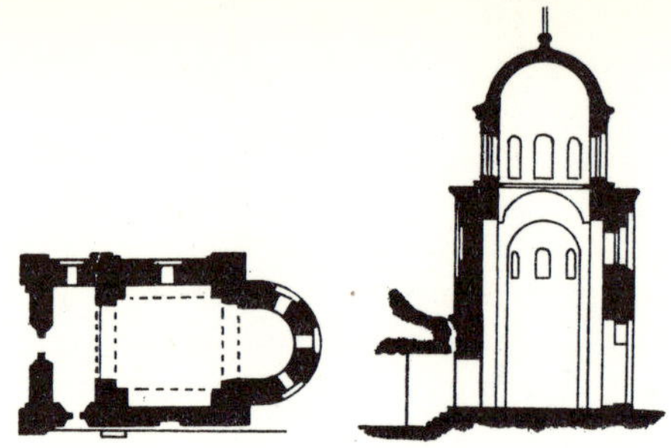

Galitsch
Panteleimon-Kirche

Zerkow Panteleimona

Textabb. S. 80; Abb. 49

Um 1200 vermutlich in einem Kloster errichtet, im 16. Jahrhundert umgebaut. Eingeschriebene Kreuzkuppelkirche mit quadratischem Grundriß (16 mal 16 m), 4 Bündelpfeilern, 3 Apsiden und einer Kuppel. Präzises, fast mörtelloses Zweischalenquadermauerwerk (Kalkstein). Überkommen die unteren Wandteile, profilierte Apsidenecken, das romanische, abgestufte Säulenportal im Süden und die – im 18. Jahrhundert überarbeitete – Blendarkatur der Apsiden (Halbsäulchen mit individuell skulptierten Knospenkapitellen). Das Stufenportal im Westen erhielt 1611 Renaissance-Gestalt.

Wladimir-Wolynsk
Mariä-Himmelfahrts-Kathedrale

Uspenski sobor

Textabb. S. 352; Abb. 47

Um 1160, gegründet von Fürst Mstislaw Isjaslawitsch. Eingeschriebene Kreuzkuppelkirche mit 6 Pfeilern, 3 Apsiden, einer Kuppel. Sakomari-Typ. Ziegelmauerwerk. Breites

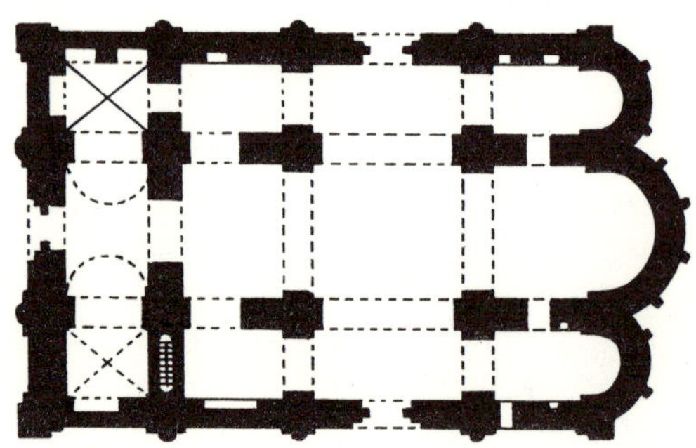

Tonnenkreuz, Fassadengliederung durch Lisenen mit vorgelegten Halbsäulen (skulptierte Kapitelle) und einen Zahn- und Bogenfries unterhalb des Ansatzes der Sakomari. Zahlreiche horizontal wie vertikal aneinandergereihte große Fenster und 3 Stufenportale.

Grodno
Boris-und-Gleb-Kirche in Kolosh
Borissoglebskaja Koloshskaja zerkow

Textabb. S. 79, 353; Abb. 41

2. Hälfte 12. Jahrhundert, errichtet am Steilufer des Njemen, stark zerstört. Eingeschriebene Kreuzkuppelkirche mit 6 Stützen, 3 Apsiden, einer Kuppel. Blendmauern aus Flachziegeln mit breiten Mörtelfugen, Kern aus Bruchsteinen, Kalkmörtel mit Zuschlägen von Ziegelsplitt, Häcksel, Holzkohle, Formziegel verschiedener Profile für Dekor und Details. 2 im

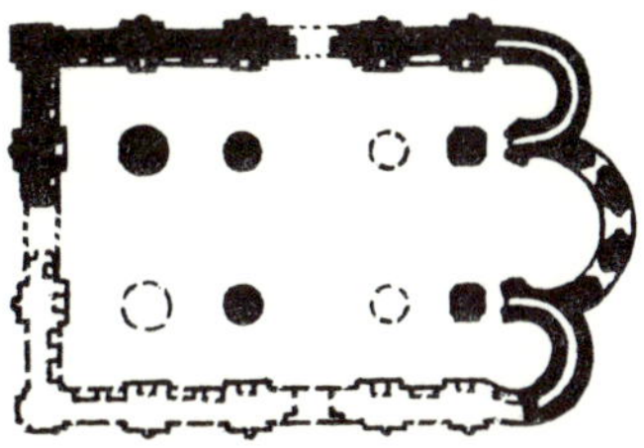

Querschnitt oktogonale Pfeiler stehen direkt vor den Innenecken der Apsiden, 6 Ziegelsäulen tragen die Tonnengewölbe. Hallencharakter des Innenraums, vermutlich steinerne Westempore und hölzerne, schmale Balkone an den Seitenwänden bis zur Altarpartie, Treppen in der Südwestecke und in den Mauern der Nebenapsiden. In die Wände mit der Öffnung zum Innenraum mehrere Reihen »Golosniki« (Tontöpfe) eingelassen. Fassadengliederung durch dreistufige, an den Ecken abgerundete Lisenen. Fußboden aus unterschiedlich gestalteten Majolikaplatten, Fassaden mit unregelmäßig angeordneten Einlagen aus Keramik und Natursteinen in Form von Kreuzen, Rosetten und Rhomben.

Polozk
Erlöser-Kathedrale
des Erlöser-Euphrosyne-Klosters
Spasski sobor
Spasso-Jefrossinijewa monastyrja

Textabb. S. 76, 353

Um 1150, gegründet von Fürstin Euphrosyne (Predslawa) von Polozk, Baumeister Ioann,

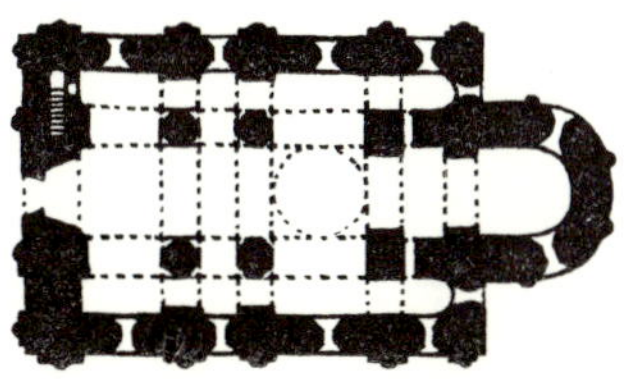

Umbau im 18. Jahrhundert. Eingeschriebene Kreuzkuppelkirche mit 6 Pfeilern, einer Apsis, einer Kuppel. Turm-Typ. Einfaches, starkes Ziegelmauerwerk. Oberer Abschluß im Originalzustand nicht erhalten. »Type simple«, daher Vierung nach Osten gerückt. Kleine Dimensionen, sehr schmale und niedrige Seitenschiffe, Nebenapsiden verbleiben innerhalb der Mauerstärke. Die beiden westlichen Pfeilerpaare stehen so eng beieinander, daß der Narthex im Hauptschiff die gleiche Fläche aufweist wie die Vierung. Im Aufbau dominiert über einem steilen, quadratischen Postament die mächtige Tambourkuppel. Apsis und Narthex sind gegenüber dem Naos abgestuft und tragen dessen Last nach Osten und Westen ab. Im Erdgeschoß verlängert der Narthex die 3 Schiffe, im relativ großflächigen Emporengeschoß sind die Eckräume als eigene Kapellen abgetrennt. Fassadengliederung durch Lisenen mit vorgelegten Halbsäulen. Archivolten über den in Reihen angeordneten Bogenfenstern, dreilappiger Blendgiebel vor dem Kuppelpostament, Stufenportale.

Smolensk
Erzengel-Michael-Kathedrale
Zerkow Michaila archangela (Swirskaja)

Textabb. S. 77, 353; Abb. 42, 44

1191–1194, gegründet von Fürst David Rostislawitsch als Hofkirche, Umbau im 19. Jahrhundert. Eingeschriebene Kreuzkuppelkirche mit 6 Pfeilern, 3 Vorhallen, 3 Apsiden, einer Kuppel. Turm-Typ. Ziegelmauerwerk in Verdeckter-Schicht-Technik, Siegel Smolensker Ziegeleien. Oberer Abschluß nicht original erhalten. Das östliche Pfeilerpaar verschmilzt mit den Apsideninnenecken, die Tambourkuppel ruht über Postament und halbrunden Stufengewölben auf den 4 freistehenden westlichen Pfeilern. Hallenraum, über den Ecken Viertelkreisgewölbe, Hauptapsis halbrund, Nebenapsiden schließen mit geraden Wänden ab, Emporengeschoß in der westlichen Vorhalle. Dreiteilige Fassadenglie-

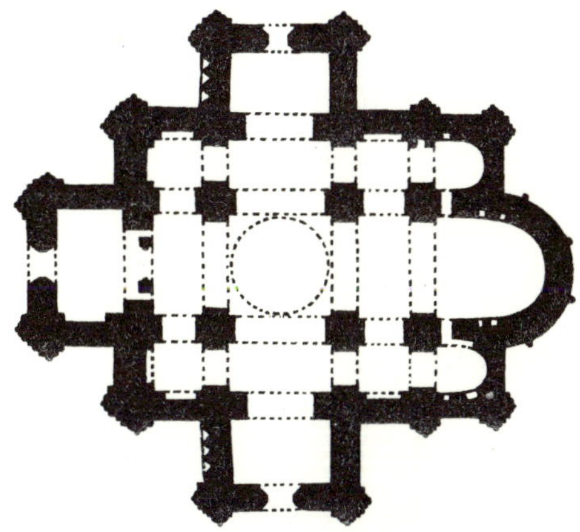

derung durch Bündelpilaster. Bogenfriese am Hauptgesims und an den Kämpferlinien der Giebel, Stufenportale, dicht und reihenweise – an der Hauptapsis in 3 Reihen – angeordnete Bogenfenster mit Archivolten.

Die fürstliche Repräsentation in Wladimir-Susdal

Susdal
Boris-und-Gleb-Kirche in Kidekscha
Zerkow Borissa i Gleba w Kideksche

Textabb. S. 84, 354; Abb. 50–52

1152, gegründet von Fürst Juri Dolgoruki als Hofkirche in seiner Sommerresidenz, Umbau im 16., 17. und 19. Jahrhundert. Eingeschriebene Kreuzkuppelkirche mit 4 im Querschnitt kreuzförmigen Pfeilern, Herrscherempore im westlichen Drittel, 3 halbzylindrischen, hohen Apsiden und einer Kuppel. Sakomari-Typ. Zweischalenquadermauerwerk aus Kalkstein. Sehr schmale Seitenschiffe, in Übereinstimmung mit Pfeilerstellung dreiteilige Fassadengliederung durch dreifach abgestufte, konstruktive Lisenen, breite Mittelabschnitte, symmetrisch gleiche Seitenabschnitte, ornamentales Band (Bogenfries über

keilförmigen Konsölchen und Zahnfries) entlang Wandstufe als Gurtgesims und als Dachgesims der Apsiden, schlichte und rundbogige Stufenportale ohne Tympanon. Im Erdgeschoß unter der Westempore Arkosolien als Grablege der fürstlichen Familie. Freskofragmente aus dem Ende des 12. Jahrhunderts mit Darstellung der Frau des Stifters, einer Komnenen-Prinzessin.

PERESLAWL-SALESSKI
CHRISTI-VERKLÄRUNGS-KATHEDRALE

Spasso-Preobrashenski sobor

Textabb. S. 354; Abb. 53, 54

1152–1157, gegründet von Fürst Juri Dolgoruki als Hauptpfarrkirche, vollendet von seinem Sohn Andrei Boguljubski, Kuppel 16. Jahrhundert. Eingeschriebene Kreuzkuppelkirche mit 4 im Querschnitt kreuzförmigen Pfeilern, «type simple«, Westempore, 3 Apsiden, einer Kuppel. Sakomari-Typ. Zweischalenquadermauerwerk aus Kalkstein. Im Innenraum rükken die Pfeiler so dicht an die Wände, daß die Kreuzarme die doppelte Breite der Eckquadrate aufweisen. Äußere Erscheinung ähnlich wie Boris-und-Gleb-Kirche in Kidekscha, aber statt Gurtgesims schräge Wandabstufung. Je ein schmales, einfaches Bogenfenster in der Mitte jedes oberen Wandabschnitts. An Längsseiten östliche Wandabschnitte schmaler als westliche. Schlichte Stufenportale, Zahnfries und eckig abgestufter Dreiecksfries als Dachgesims der Kuppel.

Zur Empore gibt es keine Treppe, man gelangte zu ihr im Westen über einen Übergang aus einem früheren Palast. Fußboden aus farbig glasierten, keramischen Platten.

WLADIMIR/BOGOLJUBOWO
RESIDENZ DES ANDREI BOGOLJUBSKI

Residenzija Andreja Bogoljubskogo

Textabb. S. 85, 354; Abb. 55, 56

1158–1165, gegründet von Fürst Andrei Bogoljubski. Zum ursprünglichen Bestand gehörten eine Befestigung aus Wehrmauern und Erdwällen, ein Palast mit mehreren Türmen, Wohn- und Wirtschaftsflügeln, 2 vierpfeilerige, kubische Kreuzkuppelkirchen vom Sakomari-Typ in Zweischalenquadermauerwerk, ein von 8 Säulen getragenes »heiliges Zelt« (Ziborium) über einem aus Kalkstein gefertigten Weihwasserbecken, eine Madonnensäule (an dem Ort, an dem Andrei die »Gottesmutter Bogoljubskaja« erschienen sein soll). Der Hof war mit Kalksteinplatten ausgelegt. Zerstörung durch den Tatarensturm 1238. Entstehung eines Klosters Ende des 13. Jahrhunderts, das durch die Heiligsprechung Andreis 1702 zur Pilgerstätte wurde.

Neubau der Mariä-Verkündigungs-Kirche (1804), der Torkirche mit Glockenturm (1841), der historistischen Kathedrale (1866). Die ursprüngliche Mariä-Geburts-(Leonti-) Hofkirche hat vermutlich der Mariä-Schutz-Kirche am Nerl geglichen, war aber kostbarer ausgestattet: 4 romanische Kuppelsäulen, Säulenportale, Blattkapitelle, attische Basen mit gehörnten Greifen, Wasserspeier, Majolikaplatten, Marmordekor, Vergoldungen, Freskomalerei. Überkommen vollplastische Frauenköpfe (dreiblättrige Palmetten im Scheitel als Mariensymbole) von den Seiten der Fenster und Löwenköpfe von den Portalen. Andrei soll befohlen haben, alle Gesandten und Gäste auf die hohe, lichtdurchflutete Westempore zu führen. Erhalten ein im Grundriß quadratischer, zweigeschossiger Turm (Zweischalenquadermauerwerk) mit steinerner Wendeltreppe um zentral gestellten Pfeiler, Gewölben und romanischem Drillingsfenster, oberer Turmabschluß im 17. Jahrhundert verändert. Von ihm aus Übergang zur Kirchenempore über hoher, eingewölbter Bogendurchfahrt. Erstmalig der regional typische Dekor: Dreiviertelsäulen an den Gebäudeekken, vermutlich früher Blendarkade, und zur Markierung der Geschosse Blendarkadenbzw. Säulengürtel mit Zahnfries am Treppenturm in 2 Reihen: oben über abgeschrägter Wandstufe, unten als Hängebogen mit zum Teil skulptierten Konsolen.

WLADIMIR
GOLDENES TOR

Solotyje worota

Textabb. S. 86, 355; Abb. 57

1164, errichtet im Auftrag von Fürst Andrei Bogoljubski nach dem Kiewer Vorbild, Restaurierungen 1469 (Wassili Jermolin), 1641 (Antip Konstantinow), 1691. Bei dem Umbau 1785–1810 die bis an die Tormauern heranreichenden Erdwälle (Höhe 9 m, Stärke 24 m) abgetragen, die Ecken durch runde Pylone abgestützt, auf der Plattform eine neue Kirche errichtet, an der Südseite für den Aufgang zur Kirche eine Treppe und an der Nordseite ein Wohnhaus angelegt. Da sich das Erdbodenniveau um etwa 1,5 m erhöht hat, war das Goldene Tor ursprünglich höher und schlanker. Erhalten haben sich nur die beiden mächtigen parallelen Schalkonstruktionen der Durchfahrt mit weißen Blendmauern aus Kalksteinquadern. Im Inneren ruhten

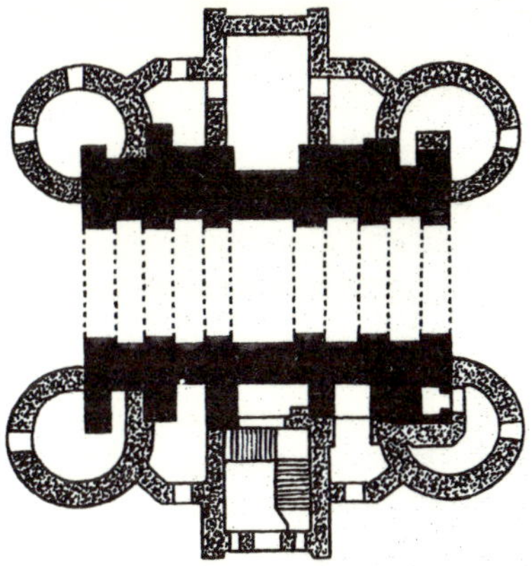

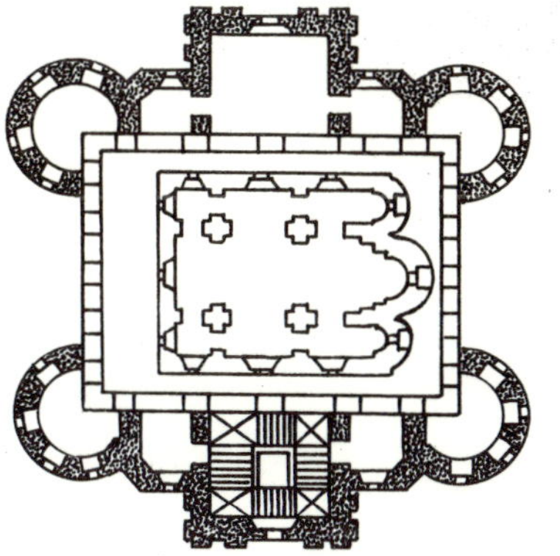

auf 6 Wandpfeilerpaaren und Gurtbögen Tonnengewölbe (Tuffstein) mit einer Scheitelhöhe von 14 m. Das dritte Wandpfeilerpaar wird von einem Schwibbogen überspannt, der den Anschlag für die Torflügel bildete. Tiefe Rundnischen an den Außenwänden dienten als Verbindungsstücke zu den Erdwällen. Hölzerne Brustwehr im Torraum und Verteidigungsplattform auf dem Dach, auf dem sich eine der Gewandniederlegung Mariä geweihte eingeschriebene Kreuzkuppelkirche vom Sakomari-Typ mit 4 Pfeilern, 3 Apsiden, einer Kuppel erhob.

Wladimir
Mariä-Himmelfahrts-Kathedrale
Uspenski sobor

Textabb. S. 87, 355; Abb. 80–84

1158–1160 erbaut im Auftrag von Fürst Andrei Bogoljubski als Hauptkathedrale der Stadt und des Landes nach dem Modell der gleichnamigen Kiewer Höhlenkloster-Kathedrale. Eingeschriebene Kreuzkuppelkirche mit 6 im Querschnitt kreuzförmigen Pfeilern, Westempore, 3 Apsiden, einer Kuppel, 3 kleinen Vorhallen vor den Kreuzarmen, 2 risalitförmig angelegten Treppentürmen an der Nord- und Südecke des verbreiterten Narthex. Sakomari-Typ. Zweischalenquadermauerwerk aus Kalkstein. Sehr breites Tonnenkreuz. Fassadengliederung durch Pilaster mit korinthischen Kapitellen und Gurtgesims aus Säulen bzw. Blendarkaden (Fragmente in der Nordgalerie). In den zentralen Rundgiebeln Flachreliefs: drei Jünglinge im Feuerofen, Himmelfahrt Alexanders von Makedonien, 40 Märtyrer von Sebaste. Aber auch Frauen- und Löwenköpfe. Nach Zerstörung durch Stadtbrand 1185 Wiedererrichtung unter Andreis Bruder und Nachfolger Fürst Wsewolod III. in der Zeit bis 1189. Scheinbare Fünfschiffigkeit durch dreiseitig angebaute, breite und hohe Galerien, die mit flachen Wänden abschließen. Erweiterung der 3 Apsiden. Das innere Maß von Ost nach West erhöhte sich auf 26 m, das von Nord nach Süd auf 27,50 m. Anlage von 4 Nebenkuppeln über den Enden der seitlichen Galerien und Erneuerung der Hauptkuppelkonstruktion (Postament, Vermehrung der Pendentifs, 12 Fenster). In den Galerien Arkosolien als Grablegen. Fassadengliederung durch Lisenen mit vorgelegten Halbsäulen und durch Gurtgesims (Zahnfries und Blendarkaden mit Säulchen und Konsolen). Die Wandabschnitte, die dem Tonnenkreuz und den Galerien entsprechen, weisen die größten Breiten auf. Die Wandabschnitte an der Nord- und Südfassade besitzen unterschiedliche Breiten und Höhen. An der Südfassade ist das Gurtgesims in die Wandstärke eingelassen. Unterschiedliche Anordnung schmaler Fenster in der unteren Wandzone (im Süden innerhalb der Blendarkatur), große Bogenfenster mit breiten und stark profilierten Gewänden in der Mitte der oberen Wandabschnitte. Im Westen 3 (rekonstruierte) Stufen-/Säulenportale mit glattem Tympanon und Archivolten (am Kreuzarm und den äußeren Wandabschnitten), im Süden eins (am Kreuzarm). Skulpturen im bescheidenen Maß. Am neuen Blendarkaden-/Säulenfries figürliche Konsolen (Frauen- und Löwenköpfe, Vögel, Fabelwesen). Die Flachreliefs aus dem Vorgängerbau an die Fassaden der Galerien versetzt, dabei aber zum Teil zerstört. Im Innenraum ursprüngliche Löwenkapitelle erhalten. Zu den Wandmalereien von 1185 gehören Prophetenfiguren zwischen den Säulchen der nördlichen Blendarkaden. Weitere erhaltene Freskofragmente in der Altarpartie. Die Kathedrale hatte ein wechselvolles Schicksal. Die Tataren raubten sie 1238 aus, füllten sie innen mit Holz, verbarrikadierten sie und zündeten sie an. Auf der Empore kamen die Fürstenfamilie, Bischof Mitrophan und viele Städter ums Leben. Instandsetzungsarbeiten seit 1299 im Zusammenhang mit der endgültigen Verlegung des Metropolitensitzes von Kiew nach Wladimir. Bis 1325/26, der weiteren Verlegung in den Moskauer Kreml, gesamtrussische Hauptkathedrale. Restaurierung unter Dmitri Donskoi Ende des 14. Jahrhunderts. 1408 neue Ausmalung durch Andrei Rubljow und Daniil Tschorny im Auftrag des Moskauer Großfürsten Wassili I. Erhalten einige Szenen des Jüngsten Gerichts an den Gewölben unterhalb der Westempore, im Bogenfeld der Westwand und an den Bögen: Christus als Weltenrichter mit den Symbolen der 4 Reiche, Apostel als Beisitzer, Engelchöre, Posaune blasende Erzengel, Einzug der Gerechten ins Paradies, selige Frauen usw. Die für den Ikonostas geschaffenen Deisus- und Festtagsikonen jetzt in der Moskauer Tretjakow-Galerie und im Russischen Museum Leningrad. Heutiger Ikonostas 1773/74. Im Nordwesten klassizistischer Glockenturm (1810) und zwischen diesem und der Kathedrale die Georgs-Kirche (1862).

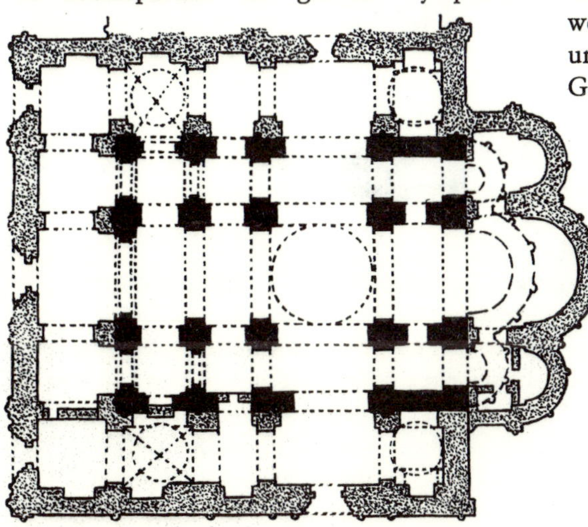

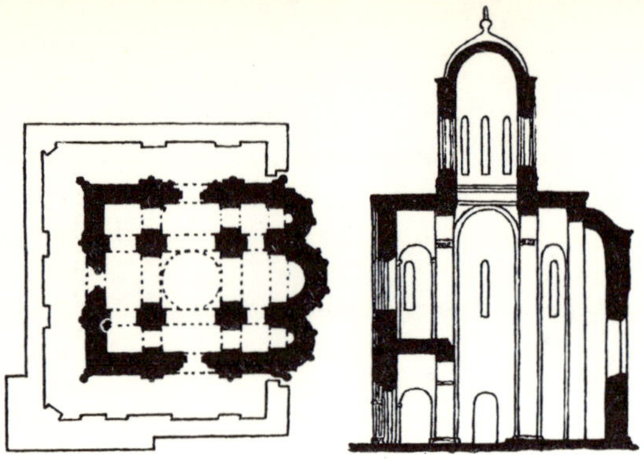

WLADIMIR/BOGOLJUBOWO
MARIÄ-SCHUTZ-KIRCHE AM NERL
Zerkow Pokrowa na Nerli

Textabb. S. 88, 89, 356; Abb. 58–63

1163, gegründet im Hofkloster von Fürst Andrei Bogoljubski. Eingeschriebene Kreuzkuppelkirche mit 4 im Grundriß quadratischen Pfeilern, Westempore, 3 Apsiden, einer Kuppel. Sakomari-Typ mit Treppenturm an der Südwestecke, dreiseitig umlaufender, nach außen offener Arkaden-Galerie auf künstlich aufgeschüttetem und mit Kalksteinplatten belegtem Hügel. Zweischalenquadermauerwerk aus Kalkstein. Tiefe Fundamente. Hoher und heller Innenraum, da die Westempore tief liegt, sich die 3 Apsiden voll zum Naos öffnen, die Spannweite der Bögen zwischen Pfeilern und Außenmauern gering ist und große Fenster für gute Belichtung sorgen. Dreiteilung der Fassaden durch mehrfach abgestufte Pilaster mit vorgelegten, dünnen Halbsäulen. Profiliertes Sockelgesims, erstmalig Gurtgesims aus Blendarkaden-/Säulengürtel und Zahnfries voll ausgebildet, figürliche Konsolen, Stufen-/Säulenportale, ohne Tympanon, aber mit Archivolten, Blattkapitelle, Basen mit Eckspornen. Fassadenskulptur mit eigenem Bildprogramm.

WLADIMIR
DEMETRIOS-KATHEDRALE
Dmitrijewski sobor

Textabb. S. 91, 356; Abb. 64–79

1194–1197, gegründet von Fürst Wsewolod III. als Hofkirche, Umbau Mitte des 19. Jahrhunderts. Eingeschriebene Kreuzkuppelkirche mit 4 im Querschnitt kreuzförmigen Pfeilern (»type simple«), Westempore, 3 Apsiden, einer Kuppel, 2 Treppentürmen, umlaufender Arkaden-Galerie. Sakomari-Typ. Zweischalenquadermauerwerk aus Kalkstein. Der Grundriß leicht gelängt (14,85 mal 16,20 m ohne Apsiden), der Baukörper verblockt, die Fassade durch Pilaster mit vorgelegten Halbsäulen dreigeteilt und horizontal durch einen breiten Gürtel aus Zahnfries, Blendarkaden, Ziersäulen gegliedert. Üppiger Reliefschmuck im oberen Teil der Kathedrale, der den Lagen der Quader folgt. In der Ikonographie der anthropomorphen, zoomorphen und vegetabilischen Motive dominieren höfische und kosmische Sinnbezüge. 3 in Umfang und Dekor unterschiedlich behandelte Stufen-/Säulenportale. Im Innenraum Löwenkapitelle und Freskofragmente aus dem Ende des 12. Jahrhunderts: »Jüngstes Gericht« unter der Westempore, vermutlich Meister aus Thessaloniki.

SUSDAL
MARIÄ-GEBURTS-KATHEDRALE
Roshdestwenski sobor

Textabb. S. 95, 356; Abb. 85–93

1222–1225, gestiftet von Fürst Juri Wsewolodowitsch, Veränderungen im 16. Jahrhundert, 1682–1705 und im 19. Jahrhundert. Eingeschriebene Kreuzkuppelkirche mit 6 im Querschnitt kreuzförmigen Pfeilern, 3 Apsiden, 3 Kuppeln, 3 Vorhallen. Sakomari-Typ. Zweischalenquadermauerwerk aus Tuffstein, Dekor aus Kalkstein. Zwei in der Achse leicht verschobene und größere Vorgängerbauten: 1101–1120 von Wladimir Monomach (Mariä-Himmelfahrts-Kathedrale) im Sechs-Pfeiler-Schema mit abgeschlossenem Narthex, Mauerwerk aus opus mixtum (Lagen von Flachziegeln verschiedener Formate) und 1148 von Juri Dolgoruki in Zweischalenquadermauerwerk (erhalten in Teilen des jetzigen Kellergeschosses). Einweihung 1225 durch Bischof Simon, der berichtet, daß die »Große Kirche« des Kiewer Höhlenklosters als Vorbild gedient habe. Feuersbrunst 1445, Wiederaufbau 1528 im Auftrag von Zar Wassili III. vom Säulenfries aufwärts in Ziegelmauerwerk, Umbau an der Wende zum 18. Jahrhundert (heutige Zwiebelkuppeln). Die Westempore reichte ursprünglich bis zum Querschiff. Der Treppenaufgang lag in der Nordmauer der westlichen Vorhalle. Die beiden Nebenkuppeln erhoben sich über den Pastophorien oder den Emporenecken (Kapellen). Unter der Empore befinden sich Arkosolien. Fußboden mit roten Marmorplatten ausgelegt. Fassadengliederung durch Lisenen und Säulenfries, der sich über einer Wandstufe entlangzieht. Reduzierte Fassadenskulptur: Frauenköpfe und Löwen. Erstmalig Perlstäbe in Ornamentik. 3 abgestufte Säulenportale in den Vorhallen, dekorativ am stärksten ausgestaltet das »fürstliche« im Süden, 2 feuervergoldete Bildtüren (Süden, Westen) aus den 20er bis 40er Jahren des 13. Jahrhunderts, Freskofragmente in der Altarpartie, besonders im Diakonikon, und in einigen Arkosolien aus dem Jahre 1225. Oktogonaler Zeltdach-Glockenturm (1635), im Grundriß U-förmiger, dreigeschossiger Palast des Metropoliten (1682–1707) mit alten Teilen des Bischofspalastes (15./16. Jahrhundert).

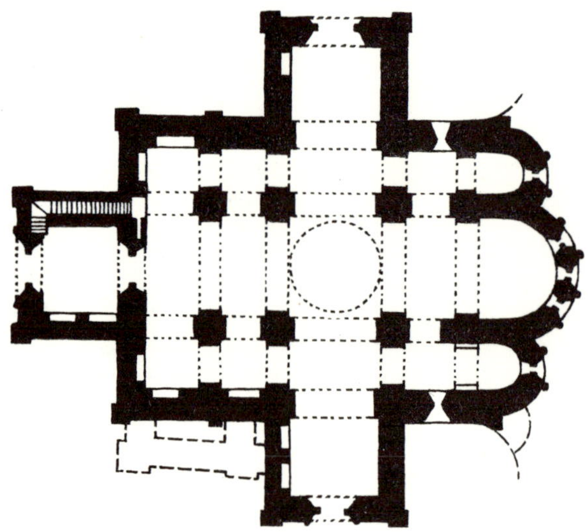

Jurjew-Polski
Georgs-Kathedrale
Georgijewski sobor

Textabb. S. 97, 357; Abb. 94–97

1230–1234, gegründet von Fürst Swjatoslaw Wsewolodowitsch, 1471 umgebaut von W. D. Jermolin im Auftrag Iwans III. Eingeschriebene Kreuzkuppelkirche mit fast quadratischem Grundriß (10,3 mal 10,8 m), 4 im Querschnitt quadratischen Pfeilern, 3 Apsiden, einer Kuppel, 3 Vorhallen mit Gewände-/Säulenportalen. Sakomari-Typ. Zweischalenquadermauerwerk aus Kalkstein. Oberer Abschluß verändert, Walmdach aus dem 18. Jahrhundert. Innenraum hallenartig, da Pfeiler eng an Wandecken gerückt. Zwischen den durch Tonnen verlängerten Konchen der Pastophorien und den breiten Bögen zum Querschiff befinden sich rechteckige Räume,

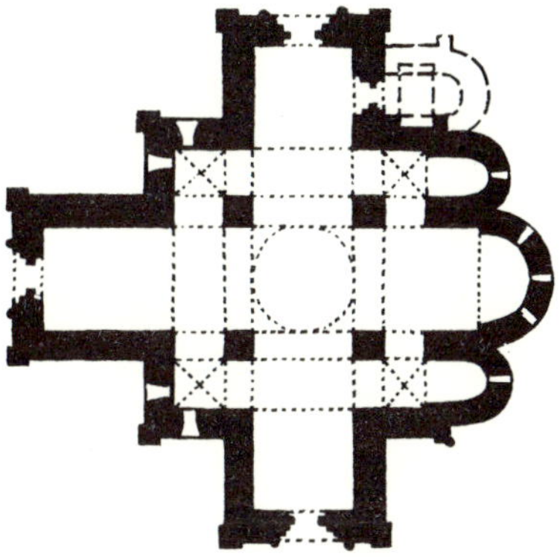

die wie die westlichen Eckquadrate mit Kreuzgewölben versehen sind. Während der westliche Kreuzarm im Grundriß nur ein schmales Rechteck bildet, erweitert sich der östliche Kreuzarm auf eine quadratische Grundfläche. Pilaster im Innenraum fehlen. Die seitlichen Vorhallen öffnen sich voll zum Querschiff. Die größere westliche Vorhalle besitzt eine Empore, seit 1471 auch die Fürstengruft. Die Kuppeltrommel erhebt sich auf einem rechteckigen Postament. Dreiteilige Fassadengliederung (breiter Mittelabschnitt) durch Lisenen mit vorgelegten Halbsäulen, in der Horizontale der übliche Blendarkaden-/Säulenfries. Apsiden ohne Gliederung, nur Bogenfries über Konsolen als Dachgesims. Bildprogramm der Fassadenskulptur (nach G. K. Wagner): Westseite: Verklärung Christi (Hauptgiebel), sieben schlafende Jünglinge von Ephesus (Südgiebel), vielfiguriger Deisus-Rang mit Namenspatronen, Märtyrern, Soldaten- und Arztheiligen im Säulenfries der Vorhalle (von hier aus als Band den ganzen Baukörper umziehend). Gottesmutter Orans (im Giebel der Vorhalle), neben ihr die Namenspatrone der Wladimir-Susdaler Fürsten Georg, Demetrios, Theodor Tiron und Theodor Stratilat sowie (in einer Höhe am nördlichen und südlichen Wandabschnitt) Propheten, biblische Könige (David und Salomo). Nordseite: Kreuzigung Christi (Hauptgiebel), Daniel in der Löwengrube (Westgiebel), drei Jünglinge im Feuerofen (Ostgiebel), Georg als Siegträger – auf dem Schild der sich aufbäumende Panther, das Wappentier der Dynastie (Giebel der Vorhalle), im Zentrum des Säulenfrieses Stifterbild des Swjatoslaw, an Frontwand der Vorhalle Acheiropoietos, Gottesmutter des Zeichens, David und Salomo, Propheten, Löwen, Fabeltiere. Südseite: Himmelfahrt Christi (Hauptgiebel), Himmelfahrt Alexanders von Makedonien (Ostgiebel), Gottesmutter des Zeichens (Giebel der Vorhalle), an den Seiten des Eingangs heraldische Pantherreliefs. Kapitelle der Halbsäulen größtenteils als Kriegermasken. Die untere Zone ähnelt einem gewaltigen Lebensbaum: üppiges Pflanzenwerk mit Blumen, Tieren, Fabelwesen.

Die Bürgerkirchen von Groß-Nowgorod

Nowgorod
Nikolaus-Kathedrale auf dem Jaroslaw-Hof
Nikolski sobor na Jaroslawowom dworischtsche

Textabb. S. 357; Abb. 108

1113–1136, gegründet von Fürst Mstislaw Wladimirowitsch und vollendet von Wsewolod Gawriil, der schon bei der ersten städtischen Revolte 1132 aus dem Kreml vertrieben wurde und bis 1136 im Jaroslaw-Hof residierte, mehrfach umgebaut. So interpretiert man die 5 Kuppeln als Gegenstück zur Sophien-Kathedrale, wenn auch im Typ und in der

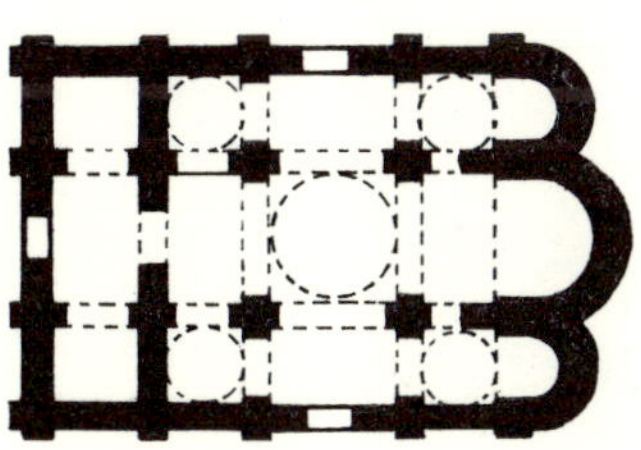

Form die Kathedrale des Kiewer Höhlenklosters nachgeahmt wurde: eingeschriebene Kreuzkuppelkirche mit 6 im Querschnitt kreuzförmigen Pfeilern, 3 Apsiden, 5 Kuppeln. Sakomari-Typ. Opus mixtum aus Feldsteinen und Lagen von Flachziegeln. Breites Tonnenkreuz, abgetrennter Narthex, Fassadengliederung durch kräftige Lisenen, Nischendekor. Fragmente der Wandmalerei in der Altarpartie: Halbfigur der Frau Hiobs aus »Hiob im Elend«.

Nowgorod
Mariä-Geburts-Kathedrale
im Antonius-Kloster
Roshdestwenski sobor Antonijewa monastyrja

Abb. 105–107

1117–1119, Auftrag von Antonius dem Römer, der das Kloster 1106 gründete und seit 1131 als Abt leitete, dann vermutlich fürstliche und episkopale Zuwendungen, zwischen 1671 und 1837 mehrfach umgebaut. Eingeschriebene Kreuzkuppelkirche mit anfangs 4, dann 6 im Querschnitt kreuzförmigen (jetzt oktogonalen) Pfeilern, 3 Apsiden, Kuppeln über Vierung, südlicher Ecke der Westempore und rundem Treppenturm im Nordwesten. Sakomari-Typ. Opus mixtum. Fassadengliederung durch kräftige Lisenen. Zwiebelkuppeln, eingeschossige Galerien, Seitenkapellen, breite Fensterdurchbrüche spätere Zutaten. Wandmalereien (1125) fragmentarisch erhalten, vor allem in Altarpartie: Enthauptung Johannes' des Täufers, Darbringung des Hauptes durch Herodias (Diakonikon), Mariä Einführung in den Tempel (Prothesis), Mariä Verkündigung, Medaillon-Fries mit alttestamentlichen Figuren (Triumphbogen), Mariä Himmelfahrt, Anbetung der drei Magier (östliche Wandteile), Sgraffiti und männliche Figur mit Inschrift »Pjotr« (Turmwand).

Nowgorod
Georgs-Kathedrale
im Jurjew-Kloster
Georgijewski sobor Jurjewa monastyrja

Textabb. S. 358; Abb. 109, 110

1119, gestiftet von Fürst Wsewolod Gawriil (Mstislawitsch) in dem seit 1030 bestehenden Hofkloster, erbaut von Meister Peter, im 19. Jahrhundert verändert. Eingeschriebene

Kreuzkuppelkirche mit 6 im Querschnitt kreuzförmigen Pfeilern, 3 Apsiden, Kuppeln über Vierung, südlicher Ecke der Westempore und quadratischem Treppenturm im Nordwesten. Sakomari-Typ. Opus mixtum.

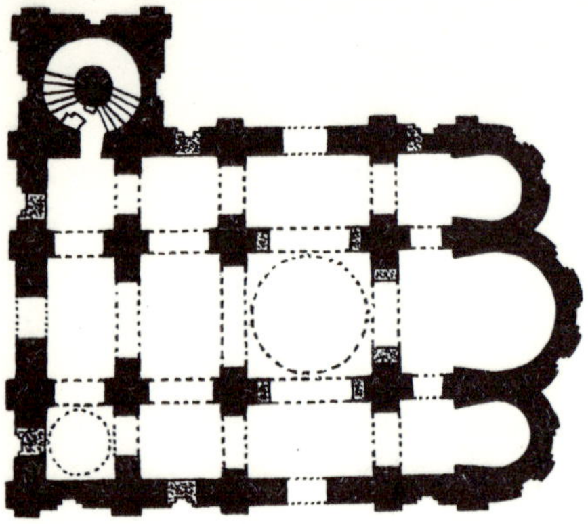

Heller, hallenartiger Innenraum mit Grablegen von Fürsten und Patriziern. Fassadengliederung durch Arkadenmotiv konstruktiver Lisenen entsprechend der Pfeilerstellung im Innenraum, Reihung von schmalen Bogenfenstern und zweistufigen Blendnischen. Abgestufter Bogenfries am Kuppelgesims. Wenig ornamentale Reste der ursprünglichen Wandmalerei. Heiligenfiguren im oberen Teil des Treppenturms.

PSKOW
CHRISTI-VERKLÄRUNGS-KATHEDRALE
IM MIROSH-KLOSTER

Spasso-Preobrashenski sobor Miroshskogo monastyrja

Textabb. S. 102, 358; Abb. 111, 114

1156, gegründet von dem Nowgoroder Bischof Nifont (Staatsoberhaupt), mehrfach umgebaut. Kreuzförmige Kuppelkirche mit 4 Pfeilern, die sich mit den Trennwandstücken (Arkaden) der Eckräume verbinden, 3 Apsiden. Opus mixtum mit Flachziegeln und Zechsteinplatten, Verdeckte-Schicht-Technik. Hohes Tonnenkreuz, niedrige Nebenapsiden und ursprünglich auch westliche Eckräume. Apsiden schließen direkt an das Querschiff an. Noch im 12. Jahrhundert Westteil um Emporengeschoß (mit abgetrennten Eckkapellen) erhöht und mit Tonnen eingewölbt, so daß Sakomari erscheinen. Fassaden ohne Lisenen. Westliche Vorhalle und Glockengiebel aus der Wende vom 16. zum 17. Jahrhundert. Bemerkenswerte Fresken aus dem 3. Viertel des 12. Jahrhunderts erhalten, mittelbyzantinisches Bildprogramm, aber in der Kuppel die

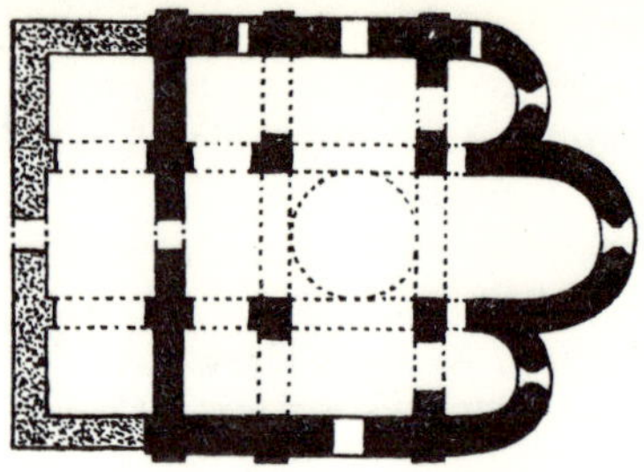

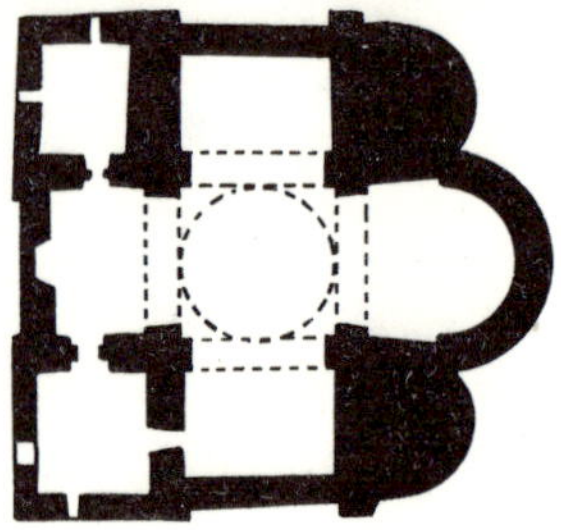

Himmelfahrt Christi und in der Hauptapsis ein Deisus. Zahlreiche Heiligen-Reihen und Festtagsszenen, an Westwand Jüngstes Gericht.

NOWGOROD
MARIÄ-VERKÜNDIGUNGS-KIRCHE
AM MJATSCHINO-SEE

Zerkow Blagoweschtschenija

Textabb. S. 358; Abb. 120

1179, im 1170 vom Erzbischof gegründeten Mariä-Verkündigungs-Kloster, mehrfach umgebaut. Eingeschriebene Kreuzkuppelkirche mit 4 Pfeilern (»type simple«), Grundriß von 18,20 mal 15,30 m, 3 Apsiden, einer Kuppel. Sakomari-Typ. Opus mixtum. Nebenapsiden vom Naos durch Trennwände separiert, mit denen sich die östlichen Kuppelpfeiler verbinden. Fassadengliederung durch breite, kräftige Lisenen, an den Längsseiten östlicher Wandabschnitt schmaler als der westliche. Wandmalerei aus dem Jahre 1189: Szenen aus dem Leben der Gottesmutter (Prothesis) und Johannes' des Täufers (Diakonikon). Kreuzdach und Fensterformen 17. Jahrhundert.

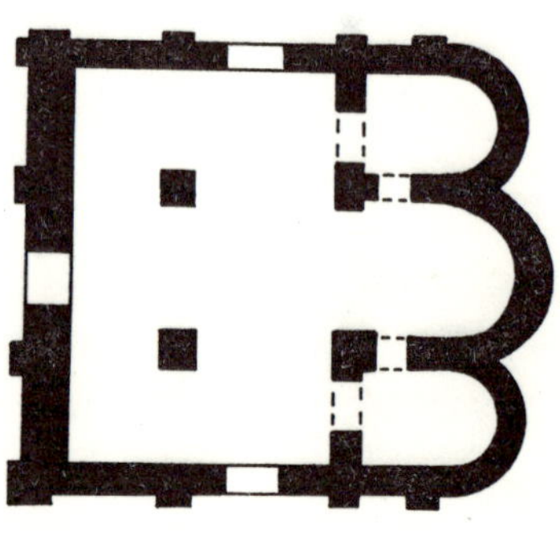

STARAJA LADOGA
GEORGS-KIRCHE

Zerkow Georgija

Textabb. S. 358; Abb. 118

Zweite Hälfte des 12. Jahrhunderts, im Kreml. Eingeschriebene Kreuzkuppelkirche mit 4 Pfeilern, Grundriß von 11,20 mal 10,30 m, Westempore, 3 Apsiden, einer Kuppel. Sakomari-Typ. Opus mixtum. Emporenecken durch Wände abgetrennt, über westlichem Kreuzarm hölzerner Balkon, Treppe in Westmauer.

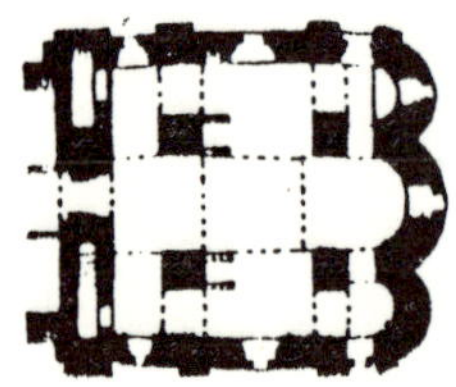

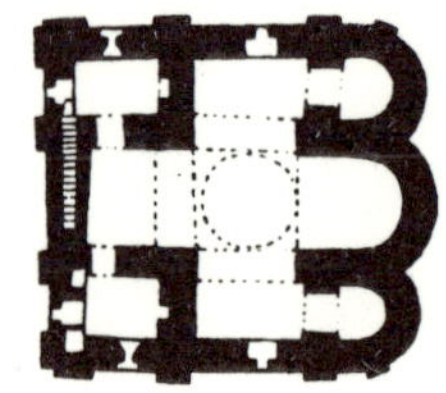

Fassadengliederung durch starke Lisenen, an Längsseiten östlicher Wandabschnitt schmaler als westlicher, Fresken aus den achtziger Jahren des 12. Jahrhunderts nach mittelbyzantinischem Bildprogramm, aber in der Kuppel die Himmelfahrt Christi. Jüngstes Gericht an Westwand und Sieg Georgs über den Drachen.

NOWGOROD
ERLÖSER-KIRCHE AN DER NEREDIZA

Zerkow Spassa na Neredize

Textabb. S. 359; Abb. 119

1198, gegründet von Fürst Jaroslaw Wladimirowitsch im Hofkloster (nahe der Residenz Gorodischtsche auf einem Hügel an der Nerediza), Zerstörung im zweiten Weltkrieg, Rekonstruktion 1958. Eingeschriebene Kreuzkuppelkirche (»type simple«) mit 4 im Querschnitt quadratischen Pfeilern, Westempore, 3 Apsiden, einer Kuppel. Sakomari-Typ. Opus mixtum aus Kalkstein- und Muschelkalksteinblöcken und Ziegellagen. Breites Tonnenkreuz, Emporenecken durch Wände

abgetrennt, über westlichem Kreuzarm hölzerner Balkon, Treppe in Westmauer, sehr niedrige Nebenapsiden. Fassadengliederung durch Lisenen, an Längsseiten östlicher Wandabschnitt schmaler als westlicher, Fenster vertikal in der Achse und horizontal in 2 Reihen angeordnet, Verzicht auf Wandschmuck, Bogenfries als Kuppelgesims. Von den Fresken (1199) durch Zerstörung im zweiten Weltkrieg nur 15 % der Fläche erhalten, mittelbyzantinisches Bildprogramm, in der Hauptapsis Gottesmutter Orans, aber in der Kuppel Christi Himmelfahrt. Die Forschung unterscheidet 10 verschiedene Handschriften. Die Anordnung und die Ikonographie deuten auf Einflüsse der kappadokischen Höhlenklöster hin, die in dieser Zeit bis in den Kaukasus und bis nach Griechenland, Bulgarien, Serbien und Italien reichten und auch von dorther eingewirkt haben können. Am einleuchtendsten ist allerdings die Annahme kaukasischer Impulse, da Jaroslaw mit einer Ossetin verheiratet war und sich in der Altarpartie Darstellungen der Nino (der Nationalheiligen Georgiens) sowie Gregors des Erleuchters und der Jungfrau Ripsime (der beiden armenischen Nationalheiligen) finden. Ein Deisus zeigt statt Maria Martha, die Namensheilige der Frau Jaroslaws. Auf die russische Tradition ging die Szene in der Hauptapsis ein: Boris und Gleb näherten sich an der Spitze von Heiligenprozessionen der Gottesmutter Orans in ihrer Mitte. Im Zusammenhang mit der Darstellung von Mariä Himmelfahrt erschienen die Figuren der Großfürstin Olga und des Großfürsten Wladimir. In einer Zutat Alexander Newskis brachte dessen Vater Jaroslaw, der Stifter, dem thronenden Christus das Modell der Kirche dar. An der Westwand befand sich eine komplizierte Komposition des Jüngsten Gerichts, wie sie zwischen dem 10. und 12. Jahrhundert in Byzanz entstand. Zum Beispiel waren der auf einem wilden Tier reitende Satan mit Judas im Schoß und die »Mutter Erde« dargestellt, die die Toten ausspeit. Die Fresken drückten nicht die Lebensbejahung einer aufsteigenden Dynastie aus – wie die Reliefs in Wladimir-Susdal –, sie standen unter der Beklemmung und dem Groll fürstlicher Entmachtung und prophezeiten schwerfällig und starr den Untergang der neuen, »republikanischen« Welt.

Nowgorod
Paraskewa-Pjatniza-Kirche auf dem Markt

Zerkow Paraskewy Pjatnizy na Torgu

Textabb. S. 14, 359; Abb. 115–117

1207, gegründet von der Gilde der Überseekaufleute, umgebaut 1345 und im 16. und 18. Jahrhundert. Eingeschriebene Kreuzkuppelkirche mit 4 runden Pfeilern, 3 Apsiden, einer Kuppel, 3 Vorhallen. Turm-Typ. Unverputztes Ziegelmauerwerk. Oberer Abschluß wegen mehrerer Brände nicht erhalten. Ursprünglich pyramidal abgestufter Aufbau, Schaufeldach (Dreipaßform), Kuppelposta-

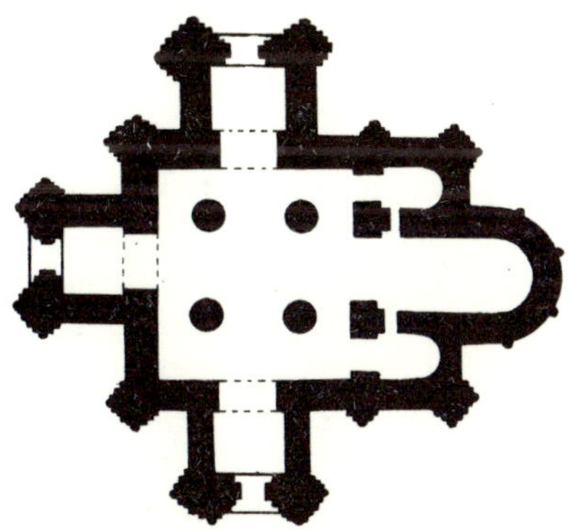

ment. Konchen der Pastophorien von geraden Wänden ummantelt. Tonnenüberwölbte Vorhallen mit Emporen, in breiten Bögen zum Naos geöffnet, Verbindung durch Gang in der Mauer, Treppe in der Nordwestecke. Breite Bündelpilaster an Ecken des zentralen Baukörpers und der 3 Vorhallen, vertikal und horizontal gereihte Fenster, Friese auf Höhe der Bogenkämpfer, Stufenportale, Fußbodenbelag aus polychromen Kalksteinplatten.

Pskow
Kathedrale Johannes' des Täufers im Johannes-Kloster

Sobor Ioanna Predtetschi Iwanowskogo monastyrja

Textabb. S. 359; Abb. 139

Um 1240, gegründet im fürstlichen Frauenkloster, Anbauten im 15. und 17. Jahrhundert. Eingeschriebene Kreuzkuppelkirche mit 6 Pfeilern (die 2 westlichen Paare unten abgerundet), 3 Apsiden, 3 Kuppeln. Opus mixtum aus Zechsteinplatten und Flachziegellagen. Empore reichte bis zum Querschiff. Die Nebenkuppeln sitzen über den inneren Westecken

des breiten Tonnenkreuzes. Fassadengliederung durch breite, kräftige Lisenen, Bogenfriese als Gesimse der Kuppeldächer, sonst Verzicht auf Dekor, zweibogiger Glockengiebel aus dem 15. Jahrhundert.

Nowgorod
Nikolaus-Kirche auf Lipna

Zerkow Nikoly na Lipne

Textabb. S. 360; Abb. 121

1292, gegründet in einem kleinen Kloster aus dem 12. Jahrhundert von Erzbischof Kliment, Possadnik (Bürgermeister) Andrei Klimowitsch und Fürst Andrei, umgebaut 1641–1645 und im 18. Jahrhundert. Eingeschriebene Kreuzkuppelkirche mit 4 Pfeilern, Westempore, quadratischem Grundriß von 10,50 m Seitenlänge, einer Apsis, einer Kuppel. Zeltgewölbe über westlichen Eckräumen. Opus mixtum, grob behauene Wolchowsteine bis

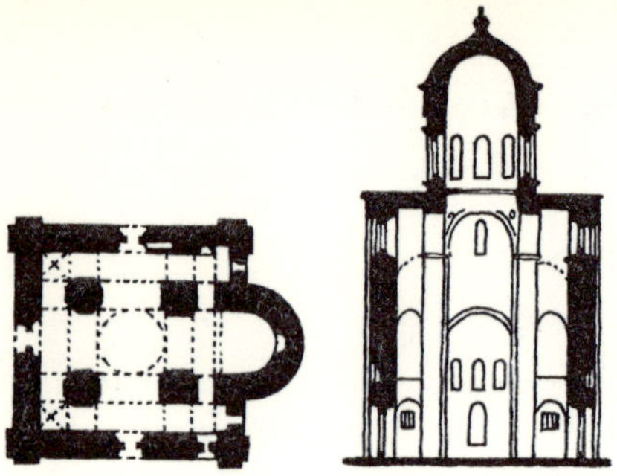

etwa 5 m Höhe, aufwärts Ziegellagen. Kubischer Baukörper mit Schaufeldach (Dreipaßform), Verzicht auf Fassadengliederung, nur Ecklisenen, Fenster in 3 Reihen, Bogenfries am Hauptgesims. Archivolten (»Brauen«) über den schmalen Bogenfenstern der Trommel, schlichte Eingänge.

Nowgorod
Christi-Verklärungs-Kirche in Kowaljewo

Zerkow Spassa Preobrashenija

Abb. 123

1345, gestiftet von dem Patrizier Onzifor Shabin im Stadtteil Kowaljewo, mehrfach umgebaut. Eingeschriebene Kreuzkuppelkirche mit 4 im Querschnitt quadratischen Pfeilern (»type simple«), einer Apsis, 3 Vorhallen unterschiedlicher Form, einer Kuppel. Sakomari-Typ. Opus mixtum. Verzicht auf Dreiteilung der Fassaden, nur Ecklisenen. In Vorhalle Grablege des Stifters.

Nowgorod
Mariä-Himmelfahrts-Kirche auf dem Wolotowo-Feld

Uspenskaja zerkow na Wolotow Polje

Textabb. S. 162, 360

1352, mehrfach umgebaut. Pfarrkirche. Eingeschriebene Kreuzkuppelkirche mit 4 Pfeilern (östliches Paar im Querschnitt quadratisch, westliches Paar abgerundet), nördlicher und westlicher Vorhalle, einer Apsis, einer Kuppel und Schaufeldach. Mauerwerk aus Hau-

und Fundsteinen und konstruktive Elemente aus großen Ziegeln. Klostergewölbe über den

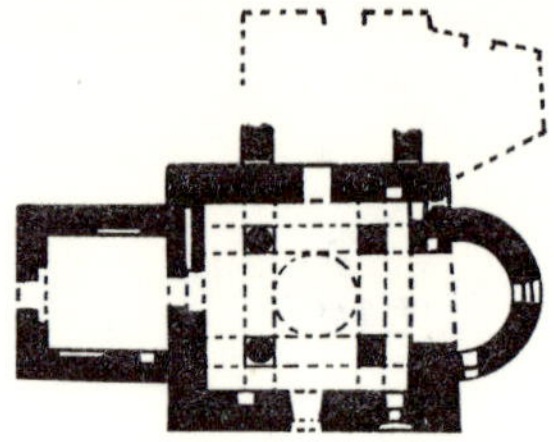

Eckräumen. Durch Auseinanderrücken der Pfeiler Tendenz zur Raumeinheit, keine Fassadengliederung, wenig Dekor.

Nowgorod
Mariä-Verkündigungs-Kirche auf der Handels-Seite

Zerkow Blagoweschtschenija na Torgu

Abb. 124

1362, Umbau im 16. und 19. Jahrhundert. Pfarrkirche. Eingeschriebene Kreuzkuppelkirche mit 4 Pfeilern, einer Apsis, einer Kuppel und Kreuzdach. Dreiteilung der Fassaden durch Lisenen. Friese, Vorhalle, Übergang aus dem 16. Jahrhundert zur benachbarten Erzengel-Michael-Kirche (1300–1302, 1454, 1812), oktogonaler Zeltdach-Glockenturm aus dem 17. Jahrhundert.

Nowgorod
Theodor-Stratilat-Kirche

Zerkow Fedora Stratilata

Textabb. S. 360; Abb. 125–127

1360–1361, gegründet von dem Possadnik Semjon Andrejewitsch anstelle einer Holzkirche gleichen Namens, Veränderungen im 17. Jahrhundert. Eingeschriebene Kreuzkuppelkirche mit 4 im Querschnitt quadratischen Pfeilern, etwa quadratischem Grundriß, einer Apsis, einer Kuppel und Schaufeldach. Opus mixtum, Wand der Kuppeltrommel aus 2 Ziegelschalen und Füllung mit ausgegossenen Tontöpfen. Die Pfeiler rücken so stark an die Außenwände und nach Osten, daß sich ein breites Tonnenkreuz und ein hallenartiger Innenraum ergeben. Ostteil etwa halb so lang wie der Westteil, der die Empore mit 3 Jochen aufnimmt und durch eine Wand völlig vom Naos isoliert. Treppe offen in der Nordwestecke. Unter ihr und im unteren Teil der Westwand geheime Kammern zum Aufbewahren von Wertgegenständen. Über dem Diakonikon die Simeon-Kapelle, zu der längs der Südwand von der Empore ein hölzerner Übergang führt. Die Eckräume besitzen Viertelkreisgewölbe. Längsfassade durch Pilaster in 3 Abschnitte untergliedert, der mittlere breiter und höher als die seitlichen, der östliche sehr viel schmaler als der westliche. Neu ist, daß der abgestufte Giebelstreifen eine mehrlappige, das Schaufeldach dekorativ wiederholende Form erhält. An den Fassaden kielbogenförmige Stufenportale, 2 Reihen abgestufter Fenster und Nischen. Ziegelkreuze und runde Vertiefungen. An der Apsis Dop-

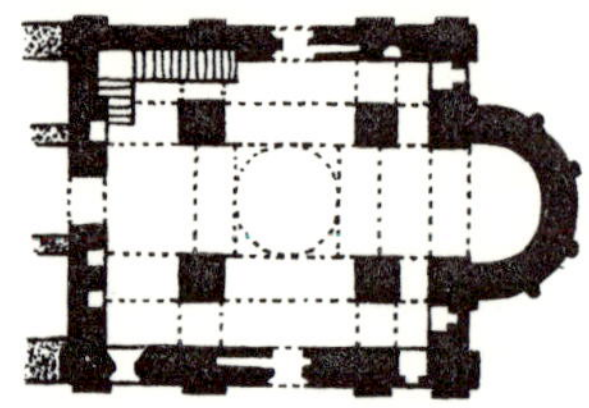

pelarkaden aus Rundstäben mit eingerahmten Fenstern und Nischen. An der Kuppeltrommel 8 schmale Fenster und Nischen mit Archivolten, Gesims aus abgestuftem Bogenfries und Begunez. Ursprünglich im Westen in Breite des Kreuzarms Vorhalle und am östlichen Wandabschnitt der Südfassade Grabkapelle. Heutige, größere Vorhalle und oktogonaler Zeltdach-Glockenturm im Westen aus dem 17. Jahrhundert. Meinungsverschiedenheiten über Entstehungszeit und Meister der Wandmalerei: zwischen 1370 und 1380, Schule des Theophanes? Aufteilung in parallele, die Wandflächen gliedernde, rechteckig umrahmte Felder. Ungewöhnlich die Passionsszenen über der Apostelkommunion in der Apsis. Gut erhalten die Verkündigung an den Pfeilern des Triumphbogens, die Figuren der Erzengel und Propheten in der Kuppeltrommel und einige Szenenbilder aus dem Leben Christi.

Nowgorod
Christi-Verklärungs-Kirche an der Elias-Strasse

Zerkow Spassa Preobrashenija na Iline ulize

Textabb. S. 361; Abb. 128, 129

1374, gestiftet von dem Patrizier Wassili Danilowitsch und der Elias-Pfarrgemeinde, später Abriß der westlichen Vorhalle. Eingeschriebene Kreuzkuppelkirche mit 4 im Querschnitt quadratischen Pfeilern, etwa quadratischem Grundriß, einer Apsis, einer Kuppel und Kreuzdach. Opus mixtum. Struktur und Fassadengliederung analog der Theodor-Stratilat-Kirche, aber Westempore im mittleren Joch durch Holzbalkon zum Naos geöffnet, Treppe in der Westmauer, Überfluß im Dekor. Meinungsverschiedenheit, ob das Kreuzdach wenig später das Schaufeldach ersetzt hat oder ursprünglich ist. Erstmalig in Nowgorod abgestufte Pilaster, Motiv der von einem mehrlappigen Blendbogen zusammengefaßten Gruppe aus 3 ansteigenden Fenstern und 2 Nischen mit halbiertem Bogenabschluß. Zahlreiche skulptierte, vielgestaltige Kreuze im Fassadendekor. Freskomalerei 1378 von Theophanes dem Griechen (einziger in Nowgorod durch Quellen belegter Auftrag): Überkommen in der Kuppel Christus Pantokrator mit Erzengeln und Seraphim, im Tambour Erzväter und Propheten, in der Apsis Fragmente der Apostelkommunion und des Bischofs-Rangs, im Diakonikon Heiligenfiguren, auf der Westempore eine Dreieinigkeit (Dreieinigkeits-Kapelle), im Naos Figuren von Säulenheiligen und Medaillons mit Darstellungen von Johannes Klimakos, Agathon, Abaki, Makarios.

Nowgorod
Peter-und-Paul-Kirche in Koshewniki

Zerkow Petra i Pawla w Koshewnikach

Textabb. S. 361; Abb. 131

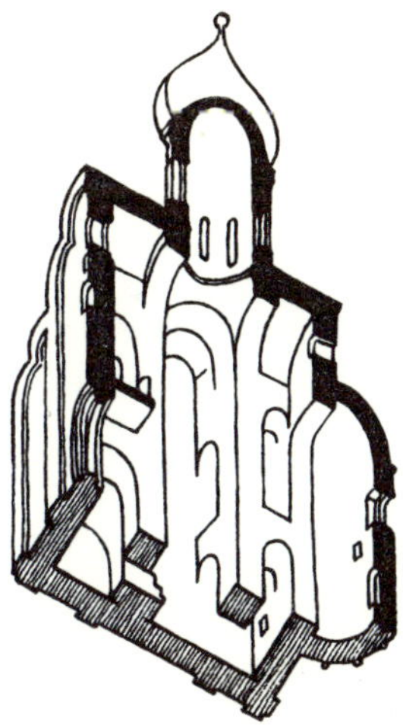

1406, mehrfach umgebaut und ohne Putz restauriert. Pfarrkirche. Eingeschriebene Kreuzkuppelkirche mit 4 im Querschnitt quadratischen Pfeilern, etwa quadratischem Grundriß, Westempore, einer Apsis, einer Kuppel und Schaufeldach. Opus mixtum (im Wechsel Reihen von Steinblöcken und Ziegellagen). Gliederung der Fassaden durch Lisenen und der Apsis durch Rundstabarkatur, reicher Dekor der Südseite mit Motiven der Christi-Verklärungs-Kirche an der Elias-Straße. Neu im breiten Gesims des Kuppeldachs: neben Bogenfries und Begunez der Fries aus Archivolten und Zahnschnitt in Höhe der Fensterbogenkämpfer (verwendet bis ins 18. Jahrhundert). Im 16. Jahrhundert ein Geschoß (Holzbalken) in Höhe der Empore eingezogen.

Nowgorod
Wlassi-Kirche an der Wolos-Strasse

Zerkow Wlassija na Wolossowoi ulize

Abb. 130

1407, mehrfach umgebaut, rekonstruiert. Pfarrkirche. Eingeschriebene Kreuzkuppelkirche mit 4 Pfeilern, etwa quadratischem Grundriß, einer Apsis, einer Kuppel und Schaufeldach. Opus mixtum, aber Trommel und Apsis aus Steinplatten. Fassadengliederung durch Lisenen, mehrlappige Giebelstreifen, Stufenportale mit parabolbogenförmigem Abschluß, dekorative Archivolten, Reduktion und Vereinfachung in Zahl und Anordnung der Fenster und Nischen.

Nowgorod
Kirche des Demetrios von Saloniki

Zerkow Dmitrija Solunskogo

Abb. 132

1463, Vorgängerbau 1381–1383, Umbau Ende des 17. und Anfang des 18. Jahrhunderts. In den Chroniken als Pfarrkirche in Slawkowo oder an der Bolna-Straße erwähnt. Eingeschriebene Kreuzkuppelkirche mit 4 Pfeilern, etwa quadratischem Grundriß, Westempore, einer Apsis, einer Kuppel und Kreuzdach. Opus mixtum (Plattenreihen aus Ilmenkalkstein und örtlichem Bruchstein), konstruktive und dekorative Elemente aus Ziegeln. Kellergeschoß zur Einlagerung von Waren (an Fenstern zu erkennen). Fassadengliederung durch Lisenen, die in mehrlappige Giebelstreifen übergehen. Breite Ziegelornamentik aus verschiedenen Zahnfriesen (Porebrik und Begunez) am Gesims und in den Giebelfeldern. Glockenturm 1691, Erneuerung 1696 bis 1697, Umbau des Westteils mit Einrichtung von Kapellen 1810.

Nowgorod
Kirche Johannes' des Evangelisten zu Witko (in Radokowizi)

Zerkow Ioanna Bogoslowa na Witke

Abb. 133

1383–1384, mehrfach umgebaut. Pfarrkirche. Eingeschriebene Kreuzkuppelkirche mit 4 Pfeilern, etwa quadratischem Grundriß, einer Apsis, einer Kuppel und Schaufeldach, das bald darauf in ein Kreuzdach umgewandelt wurde. Opus mixtum. Fassadengliederung durch Lisenen, an Südseite dekorative Motive der Christi-Verklärungs-Kirche an der Elias-Straße. Eingeschossige westliche Vorhalle aus dem 17. Jahrhundert.

Nowgorod
Kirche Johannes' des Barmherzigen in Mjatschino

Zerkow Ioanna Milostiwogo na Mjatschine

1422, bedeutende Veränderungen im 17. Jahrhundert. Eingeschriebene Kreuzkuppelkirche mit 4 Pfeilern und einer Apsis, Anbau an der Nordseite ohne Konche und mit Gewölbe, das auf einem Pfeiler lastete. Opus mixtum. Im 17. Jahrhundert Oberteil und Anbau abgetragen, heute Klostergewölbe, Kreuzdach, kleine Tambourkuppel, zweibogiger Glockengiebel.

Nowgorod
Zwölf-Apostel-Kirche »an der Schlucht«

Zerkow Dwenadzati apostolow na Propastjach

Abb. 135

1455, gestiftet von Erzbischof Euthymios anstelle einer Votiv-Holzkirche aus dem Jahre 1230 für die Toten einer Epidemie. Eingeschriebene Kreuzkuppelkirche des üblichen Pfarrkirchentyps mit Kreuzdach in stark reduziertem Maßstab und mit einem Minimum an Dekor.

Nowgorod
Kirche Johannes' des Täufers »auf den Felsen«

Zerkow Ioanna Predtetschi na Opokach

Abb. 134

1453, im Auftrag des Erzbischofs Euthymios Kopie des baufälligen Vorgängerbaues aus den Jahren 1127–1130 auf dessen Grundmauern, Umbau im 16. und 17. Jahrhundert. Ursprünglich sechspfeilerige, einkupplige Kathedrale, Narthex mit Empore. Sakomari-Typ. Vom Fürsten noch vor der Revolte der Gilde der Johannes-Kaufmannschaft übergeben (Tuche und Wachs), dann Sitz des Handelsgerichts und im Narthex Aufbewahrungsort der Maß- und Gewichtsmuster. Fassadengliederung durch Lisenen, Wandabschnitte von unterschiedlicher Breite entsprechend der Pfeilerstellung im Innenraum. Die Sakomari erhielten im Jahre 1453 Satteldächer. Im 17. Jahrhundert wurden die Fenster verbreitert und an den Kreuzarmen mit Nalitschniki versehen.

Pskow
Basilios-Kirche »auf dem Hügel«

Zerkow Wassilija na Gorke

Textabb. S. 362; Abb. 140

1413, zwischen 17. und 19. Jahrhundert mehrfach umgebaut. Pfarrkirche. Eingeschriebene Kreuzkuppelkirche mit 4 abgerundeten Pfeilern, etwa quadratischem Grundriß, 3 Apsiden, Kellergeschoß, einer Kuppel. Mauerwerk aus Zechsteinplatten. Infolge der späteren Erhöhung des Erdbodenniveaus das Kellergeschoß verdeckt und die Proportionierung verändert. Keine Empore. Die Kreuzarme mit abgestuften Tonnengewölben überragten die Eckgewölbe. Fassadengliederung durch Lisenen, die ohne Unterbrechung in die Giebelstreifen der Sakomari übergingen. Der Dekor konzentrierte sich auf Kuppeltrommel und Apsiden: Rundstabarkaden, Ziergiebel, Porebrik, Begunez. Nicht erhalten das Dach, der Glockengiebel, die umlaufende

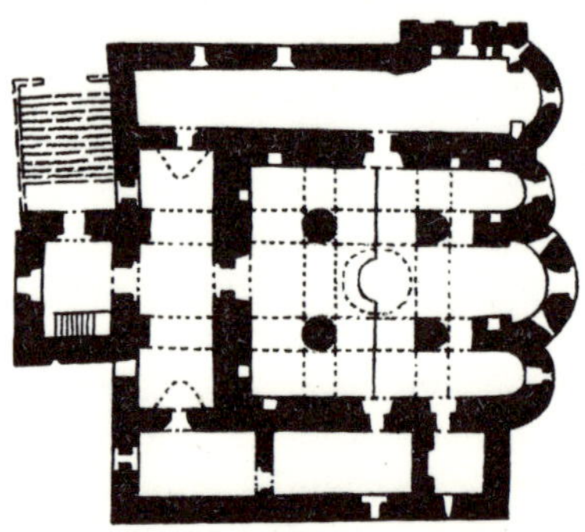

Galerie mit pfeilerlos und stufenförmig eingewölbten, überkuppelten Kapellen am nord- und südöstlichen Ende. Wände der Galerie unten blind und oben mit spezifisch Pskower Bogenöffnungen: breit an der Basis, jedoch niedriger Scheitel. Vierseitiges Dach und Verbreiterung der Fenster im 17. Jahrhundert.

Pskow
Mariä-Himmelfahrts-Kirche in Meljotowo

Zerkow Uspenija w Meljotowe

Textabb. S. 362; Abb. 142

1462–1463, gestiftet von dem Patrizier Jakow Krotow. Pfarrkirche. Eingeschriebene Kreuzkuppelkirche mit 4 halb abgerundeten Pfeilern, etwa quadratischem Grundriß, Stufengewölbe, Westempore, großer halbrunder Apsis und kleinen, flach endenden Nebenapsiden,

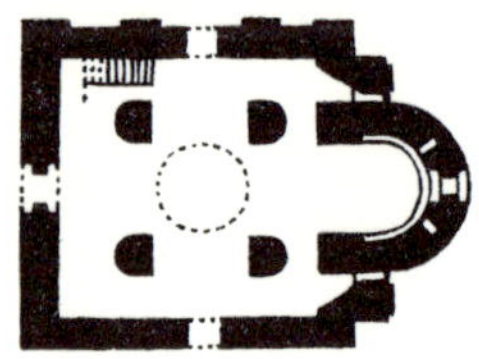

einer Kuppel. Opus mixtum (Zechsteinplatten, Ziegel). Die Vierungsbögen sind außen als oktogonales Postament behandelt, mit einem kleinen Satteldach über jeder Seite. Über den Tonnen der Kreuzarme befinden sich Satteldächer, über den niedrigeren Eckräumen drei- und zweiflächige Pultdächer. Fassadengliederung durch Lisenen, mehrlappige Giebelstreifen und Archivolten. Die westliche Vorhalle mit Satteldach und die südliche Kapelle mit Pultdach und Kuppelchen stammen aus dem 17. Jahrhundert.

Zentralrußland während der Tatarenzeit

Tschesniki / Ukraine
Erzengel-Michael-Kirche

Michailowskaja zerkow

14. Jahrhundert. Pfarrkirche. Dreiteiliger Bau mit Babinez (3,30 mal 5,50 m), Saal als Naos (5,00 mal 6,00 m) und polygonalem, kurzem Altarraum (3,60 mal 5,40 m), dessen Achse quer zur Längsachse der beiden anderen Räume liegt, Opus mixtum. Einwölbung durch 3 blinde Kuppeln, schindelgedecktes hölzernes Walmdach über dem Babinez, zweifach abgestuftes Zeltdach über dem Naos, enge Westempore. Anbau mächtiger Strebepfeiler im 19. Jahrhundert.

Wladimir-Wolynsk
Basilios-Kirche
Wassilewskaja zerkow
Textabb. S. 363

Ende des 13./Anfang des 14. Jahrhunderts, mehrfach umgebaut. Acht-Konchen-Bau mit blinder Kuppel. Opus mixtum. Die 4 großen Konchen orientieren sich nach den Himmelsrichtungen, die größte im Osten ist der Altarraum. Die Grate des Kuppelgewölbes ruhen auf Pilastern an den Wandkanten. 2 Eingänge: westliches Stufenportal aus Ziegeln, nördliches Hauptportal mit romanisch-gotischem Dekor aus Kalkstein skulptiert. Fassadengliederung und oberer Abschluß im 19. Jahrhundert verändert (Zwiebelkuppel).

Swenigorod
Mariä-Himmelfahrts-Kathedrale
»im Städtchen«
Uspenski sobor na Gorodke
Textabb. S. 186, 363; Abb. 145

Um 1400, gegründet von Fürst Juri Dmitrijewitsch (von dem nordrussischen Galitsch und Swenigorod) innerhalb des neuen Kremls auf dem Hochufer der Moskwa als Hofkirche,

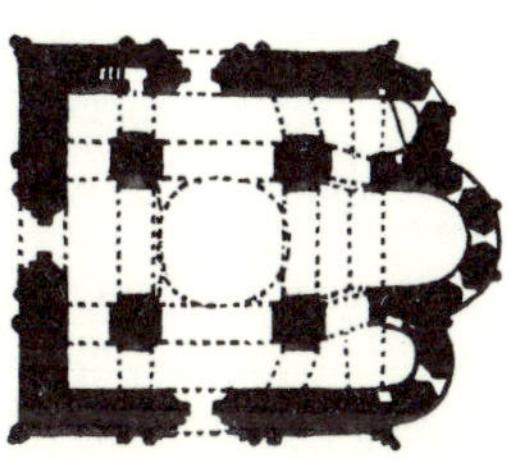

mehrfach umgebaut. Eingeschriebene und aufgesockelte Kreuzkuppelkirche mit 4 im Querschnitt kreuzförmigen Pfeilern, Westempore, Stufengewölbe in Kreuzarmen, Giebelpyramide, 3 Apsiden, einer Kuppel. Zweischalenquadermauerwerk aus Kalkstein. Treppe zur Empore im Westen der Nordmauer. Stand der östlichen Pfeiler entspricht nicht Mauerstücken zwischen Apsiden und Fassadengliederung. Sockelgeschoß mit 3 Außentreppen zu den Portalen, Kuppelpostament. Vertikalität durch Verjüngung des Baukörpers, der Apsiden, der Kuppeltrommel und der Öffnungen. Fassadengliederung vertikal durch schmale Pilaster, vor diesen Dreiviertelsäulen mit Garbenkapitellen und Abaki, an Apsiden nur durch Säulen, horizontal durch Sockelgesims, durch breiten, in Kalkstein geschnittenen, dreiteiligen Ornamentgürtel auf halber Höhe und durch Dachgesims (zweiteilig, vegetabilisches Flechtband). 3 Reihen kielbogenförmig abschließender Giebel: über den 3 Wandabschnitten, vorgeblendet in den Diagonalen und als Kokoschniki am Postament der Kuppeltrommel. 3 kielbogenförmig abschließende Stufen-/Säulenportale mit »Melonen« als Schaftringen. Sechsblättrige Fensterrosette belichtet Empore. Glockenturm aus dem Anfang des 19. Jahrhunderts. Im Innenraum Freskofragmente aus dem Anfang des 15. Jahrhunderts, die zum Teil Andrei Rubljow zugeschrieben werden (Lazarus am Südost-Pfeiler). Ikonostas aus dem 17. Jahrhundert.

Swenigorod
Mariä-Geburts-Kathedrale
im Sawwa-Storoshewski-Kloster
Roshdestwenski sobor
Textabb. S. 363; Abb. 146–149

Um 1405, Auftrag von Fürst Juri Dmitrijewitsch und dem Abt Sawwa in dem Hof- und Wehrkloster am Fuß des Wacht-Berges (Storchi), das den Zugang zu der Stadt schützte. Gründung des Klosters Ende des 14. Jahrhunderts durch Sergius von Radonesh und Sawwa, dessen Einsiedelei sich in der Nähe befand. Katholikon mehrfach umgebaut. Eingeschriebene und aufgesockelte Kreuzkuppelkirche mit 4 im Querschnitt quadratischen Pfeilern, Stufengewölben in Kreuzarmen, Giebelpyramide, 3 Apsiden, einer Kuppel. Zweischalenquadermauerwerk aus Kalkstein. Hohes Sockelgeschoß mit 3 Außentreppen, konisches Kuppelpostament, steinerne Altarscheidewand zwischen östlichen Pfeilern. Fassadengliederung (3 ungleiche Wandabschnitte) durch breite Pilaster, die direkt in die abgestuften Giebelstreifen übergehen, an den Apsiden Lisenen. Als Gurt- und Dachgesims ein dreiteiliger, in den Kalkstein geschnittener Ornamentgürtel (vegetabilisches Flechtband). Überwiegen der Breitendimension, evident am mittleren Wandabschnitt. 3 Reihen massiger, kielbogenförmiger Giebel: über den 3 Wandabschnitten, vorgeblendet in den Diagonalen und als Kokoschniki am Postament der Kuppeltrommel. 3 kielbogenförmig abschließende Stufen-/Säulenportale. Im Innenraum Grablege des Gründerabts Sawwa († 1407) und Freskofragmente vom Anfang des 15. Jahrhunderts aus Kreis Andrei Rubljows. Rubljows Anteil am Deisus-Rang des verlorengegangenen Ikonostas (»Swenigoroder Rang«) umstritten: vermutlich Ikonen des Erlösers, des Erzengels Michael und des Paulus. Als Zar Alexei Michailowitsch

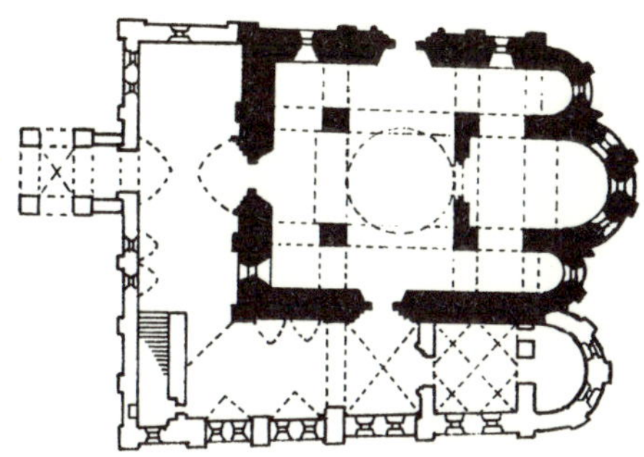

das Kloster zu seinem Hofkloster wählte und 1650–1656 zahlreiche Aufträge vergab, neuer Ikonostas, Wandmalereien der Hofschule (Leitung S. Resanez), Zwiebelkuppel, Anbauten. In Ziegelmauerwerk an der Südseite die einkupplige, pfeilerlos stufenförmig eingewölbte Sawwa-Kapelle mit Schaufeldach und weit herausgewölbter Apsis, anschließend an der Außentreppe eine Sakristei, von der aus auch ein Geheimgang zu dem damaligen Zarenpalast führte, an der Westseite Vorhalle mit Zeltdach.

Sagorsk
Dreieinigkeits-Kathedrale
im Dreieinigkeits-Sergius-Kloster
Troizki sobor Troize-Sergijewoi Lawry
Textabb. S. 186, 364; Abb. 150–153

1422–1423 erbaut im Auftrag des Abts Nikon mit Mitteln des Fürsten Juri Dmitrijewitsch statt einer Holzkirche über dem Grab des kanonisierten Vorgängers und Gründers des Klosters Sergius von Radonesh. Im 15./16. Jahrhundert Taufkirche der Moskauer Großfürsten. Anbauten im 16. Jahrhundert. Einge-

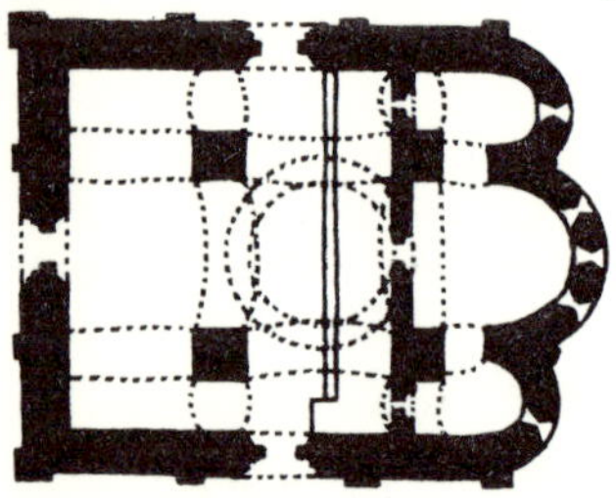

schriebene und aufgesockelte Kreuzkuppelkirche mit 4 im Querschnitt quadratischen Pfeilern, Stufengewölben in Kreuzarmen, Giebelpyramide, 3 Apsiden, einer Kuppel. Zweischalenquadermauerwerk aus Kalkstein. Hohes Sockelgeschoß, Neigung der Wände nach innen, kubisches Kuppelpostament. Verjüngung der Trommel, schmaler Ostteil, daher Naos vergrößert und Kuppelpfeiler bzw. Kuppeltrommel deutlich nach Osten verschoben. Steinerne Altarschranke trennt dreiteilige Altarpartie vom Naos. Struktur des Innenraums stimmt nicht überein mit Fassadengliederung (3 ungleich breite Wandabschnitte) durch Pilaster, in Apsidenecken vor den Pilastern dünne Halbsäulen, als Gurtgesims und als Dachgesims ein dreiteiliger, in den Kalkstein geschnittener Ornamentgürtel (Kreuze zwischen 2 Friesen vegetabilischen Flechtbands). 2 Reihen kielbogenförmiger Giebel: über den Wandabschnitten und in den Diagonalen. Überlieferte Anlage der nördlichen Außentreppe mit Podest aus dem 16. Jahrhundert, dagegen aus der Entstehungszeit das kielbogenförmig abschließende, abgestufte Säulenportal mit »Melonen«. Fresken im Innenraum ursprünglich von Andrei Rubljow, Daniil Tschorny und Gehilfen 1425 bis 1427, aber wegen Übermalung von 1635 nur in wenigen Resten (Türleibung im Diakonikon) erhalten. Gleiche Werkstatt schuf zur gleichen Zeit den Ikonostas, der im Auftrag von Boris Godunow Ende des 16. Jahrhunderts Propheten-Rang erhielt. Genaue Datierung und Funktion von Rubljows berühmter Dreieinigkeits-Ikone (heute Tretjakow-Galerie, Moskau) umstritten; zwischen 1411 und 1423, zuerst Grab-, dann im Lokalrang »Ortsikone«. Grablege des Sergius mit silberner Grabplatte (Treibarbeit) Ende des 16. Jahrhunderts. Im Südosten über dem Grab von Abt Nikon 1548 eine einkupplige, pfeilerlos stufenförmig eingewölbte Kapelle errichtet und 1623 umgebaut. Daneben Serapion-Palast aus der Mitte des 16. Jahrhunderts. Westliche Vorhalle Ende des 16. Jahrhunderts.

MOSKAU
ERLÖSER-(ACHEIROPOIETOS-) KATHEDRALE IM ERLÖSER-ANDRONIKOW-KLOSTER

Spasski sobor
Spassa-Andronikowa monastyrja
Textabb. S. 364; Abb. 154, 155

1422–1423, erbaut im Auftrag des Abts Alexander mit Mitteln der Moskauer Kaufmannsfamilie Jermolin, Klostergründung Ende des 14. Jahrhunderts durch Andronik, einen Schüler des Sergius von Radonesh, mehrfach verändert, rekonstruiert. Eingeschriebene und aufgesockelte Kreuzkuppelkirche mit 4 im Querschnitt kreuzförmigen Pfeilern, Raummaßen von 15,30 mal 10,30 m, 3 Apsiden, einer Kuppel. Zweischalenquadermauerwerk aus Kalkstein. Hohes Sockelgeschoß mit 3 Außentreppen, 3 kielbogenförmig abschließende Stufen-/Säulenportale, Postament für Kuppeltrommel. Völlige Auflösung des Baukubus bei Übereinstimmung der Raumstruktur bzw. Stufengewölbe mit der Fassadengliederung bzw. Giebelpyramide. Oft als Vorgänger der Turmkirchen des 16. Jahrhunderts angesehen. Ausmalung des Innenraums unter Andrei Rubljow, der hier auch begraben sein soll, aber nur wenig ornamentale Freskofragmente (Apsisfenster) erhalten. Im Klosterensemble heute das Rubljow-Museum für altrussische Kunst.

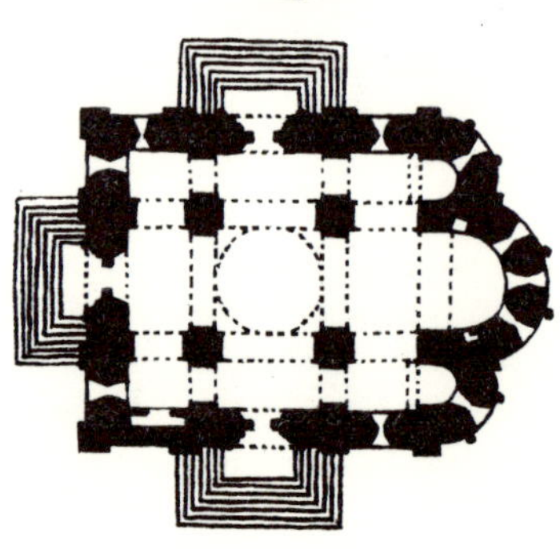

Der Aufstieg des Moskauer Staates

MOSKAU
MARIÄ-HIMMELFAHRTS-KATHEDRALE IM KREML

Uspenski sobor w Kremle

Textabb. S. 208, 209, 365; Abb. 157–163

1475–1479, Auftrag von Großfürst Iwan III., Baumeister Rudolfo (Aristotele) Fioravanti. Hauptkathedrale der Stadt und des Landes, bestimmt für die wichtigsten kirchlichen und staatlichen Zeremonien, Grablege der Metropoliten bzw. Patriarchen. Vorgängerbauten 1326/1327 und 1472–1474, geringe Umbauten im 17. Jahrhundert. Aufgesockelte Hallenkirche mit 6 Pfeilern (das östliche Paar im Bema im Querschnitt quadratisch, die beiden anderen Paare im Naos rund), Kreuzgewölbe, 5 Apsiden. 5 Kuppeln, Sakomari-Typ. Quadermauerwerk aus Kalkstein, etwa 4 m tiefes Fundament aus Eichenpfählen und Bruchstein, östliche Pfeiler und die Gewölbe aus Ziegeln, eiserne Zuganker. Hallenraum ohne Betonung einer Vierung und ohne Empore, Stützen im gleichen Abstand, steinerne Altarscheidewand. Sockelgeschoß von ursprünglich 3,20 m Höhe, daher Außentreppen mit Podest vor Stufen-/Säulenportalen. Fassadengliederung durch Pilaster und einen Blendarkaden-/Säulengürtel nach dem Renaissance-Prinzip des Goldenen Schnitts und geometrischer Proportionen. Nach Brand von 1547 Umgestaltung der Eingangszonen zu offenen Lauben, ein später sehr beliebtes Motiv. Zu Beginn des 17. Jahrhunderts wegen Rissen in den Gewölben die gefährdeten Stellen durch zusätzliche Eisenanker abgesichert. Dabei die korinthischen Kapitelle der Säulen abgeschlagen. In der zweiten Hälfte des 17. Jahrhunderts in die beiden südlichen Nebenapsiden noch zwei Geschosse eingezogen, von denen jedes über eine gesonderte Treppe zu erreichen ist. Die ursprünglich als Diakonikon in der inneren Apside eingerichtete Pochwal-(Lobpreisungs-)Kapelle in der Breite beider Apsiden direkt unter die Trommel der südöstlichen Kuppel, also ins dritte Geschoß, verlegt. Unten verblieb die Demetrios-Kapelle. Um sie und das Diakonikon zu belichten, brach man die beiden quadratischen Fenster ein. Das zweite Geschoß Sakristei und Bibliothek. 1481 Auftrag des Erzbischofs Wassian von Rostow (Beichtvater Iwans III.) zur Ausmalung an Dionissi und 3 Gehilfen. Ikonostas mit 3 Bildrängen nicht erhalten. Von den ältesten Fresken überkommen: an der steinernen Altarscheidewand 20 Heiligenfiguren, in der Peter-und-Paul-Kapelle (der äußeren nördlichen Nebenapside) die sieben schlafenden Jünglinge von Ephesus, die vierzig Märtyrer von Sebaste, Apostel Petrus heilt die Kranken, in der ehemaligen Lobpreisungs-Kapelle (der inneren südlichen Nebenapside) die drei Jünglinge im Feuerofen, Synaxis der Gottesgebärerin (Anbetung der Weisen), Lobpreisung der Gottesmutter, Geburt Johannes' des Täufers. Meinungsstreit über Werkstätten. Ursprüngliche Dekoration um 1515 abgeschlossen, jedoch erneuert 1642–1644 von 150 Malern aus 16 Städten unter Beibehaltung der Ikonographie, später mehrfach übermalt, von der sowjetischen Denkmalpflege gründlich restauriert. In Hauptapsis Mariä Himmelfahrt, der Große Einzug, der Bischofs-Rang, in den Kuppeln Christus als Pantokrator (Hauptkuppel), als Immanuel, Alter der Tage, Acheiropoietos und Knabe im Schoß der Gottesmutter, in den Kuppeltrommeln Erzväter, Propheten, Apostel, auf den Säulen in 5 Reihen Heiligenfiguren, an der Nord- und Südwand Marien-Szenen und Darstellungen der sieben ökumenischen Konzile, an der Westwand Jüngstes Gericht, in den nördlichen Nebenapsiden Szenen aus dem Leben des Demetrios und des Propheten Elias. Der heutige, fünfrangige Ikonostas aus dem Jahre 1652 von Meistern des Dreieinigkeits-Sergius-Klosters, vergoldete Silbereinfassung aus dem Ende des 19. Jahrhunderts. Wertvolle Ikonen im Lokalrang und in Schreinen entlang der Nord- und Südwand: Über dich freuet sich, Mariä Himmelfahrt, Erlöser mit dem zornigen Auge, Christus mit den goldenen Haaren, König der Könige, Georg der Siegträger, Metropolit Peter mit Vita. Feuervergoldete Bildtür im Südportal (15. Jahrhundert), Holzschnitzerei: Monomach-Thron (Betstuhl Iwans IV. aus dem Jahre 1551), Betstuhl des Patriarchen, aus Kalkstein skulptiert (16. Jahrhundert), Bronzegitter mit Zeltdach: »Heiliges Grab« (1624). An den Wänden die Sarkophage von Metropoliten und Patriarchen.

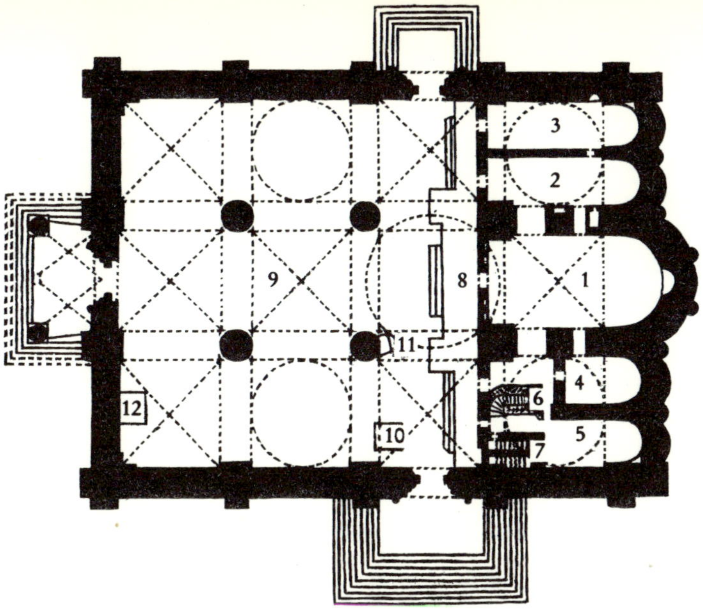

1 Altarraum; 2 Prothesis; 3 Peter-Paul-Kapelle; 4 Diakonikon, davor alter Platz der Lobpreisungs-(Pochwal-)Kapelle; 5 Demetrios-Kapelle; 6 Treppe, die zur Sakristei und Bibliothek führt; 7 Treppe, die zur Lobpreisungs-(Pochwal-)Kapelle im dritten Geschoß führt; 8 Ikonostas; 9 Kirchenschiff; 10 Monomach-Thron (Betstuhl Zar Iwans IV.); 11 Betstuhl des Patriarchen; 12 Bronzezelt (Heiliges Grab)

Moskau
Mariä-Verkündigungs-Kathedrale im Kreml

Blagoweschtschenski sobor w Kremle

Textabb. S. 198, 212, 366; Abb. 164–178

1484–1489, Auftrag von Großfürst Iwan III., Pskower Meister. Hofkirche. Vorgängerbauten 1397 und Anfang des 15. Jahrhunderts, Umbau (nach einem Brand 1547) unter Iwan IV. 1562–1564/1566. Aufgesockelte und eingeschriebene Kreuzkuppelkirche mit 4 im Querschnitt quadratischen Pfeilern, Westempore, hohen Stufengewölben in den Kreuzarmen, 3 Apsiden, ursprünglich 3 Kuppeln. Sokkelgeschoß aus Kalksteinquadern, Baukörper in Ziegelmauerwerk. Dreiseitig von Terrassen umgeben, zu denen Freitreppen emporführten. Von ursprünglicher Fassadengliederung Arkaden-/Säulengürtel an Apsiden erhalten. Oberer Abschluß durch kielbogenförmige Giebel der 3 Wandabschnitte und 2 Reihen Kokoschniki um das oktogonale Postament der zentralen Kuppeltrommel. Porebrik und Begunez als Dekor der Trommeln. 3 kielbogenförmige Stufen-/Säulenportale aus Kalkstein (eins erhalten an der Südseite). Um 1520 Umwandlung der freien Terrassen in eingewölbte Galerien. Unter Iwan IV. 1562–1564/1566 Anlage von 2 blinden Tambourkuppeln über den Ecken der Westempore und von 4 einkuppligen, pfeilerlos und stufenförmig eingewölbten Kapellen über den Ecken der Galerien (zu erreichen über Terrassendächer in Höhe des Emporengeschosses). Füllung der Wandfelder mit Kassettendekor. 1572 im Süden Anbau der Nikolaus-Kapelle (statt Galerie?) mit Außentreppe an der Südostecke. Unter Iwan IV. auch Veränderung des West- und Nordportals durch Schmuckformen der Renaissance, im Norden feuervergoldete Bildtür, Auslegung des Fußbodens mit Jaspisplatten. Im 19. Jahrhundert an die südöstliche Außentreppe Sakristei angebaut und Südfassade einheitlich durch Arkadenmotiv gestaltet. Erste Ausmalung 1508 durch Feodossi (Sohn Dionissis) und seine Werkstatt wenig erhalten, vielleicht deren Ikonographie, obwohl diese mehr ins spätere 16. Jahrhundert gehört und Einflüsse der Renaissance zeigt. Im Westteil eine aus vielen Szenen bestehende und vielfigurige Darstellung des Jüngsten Gerichts, wie sie in diesem Umfang bis dahin in der altrussischen Kunst nicht vorkommt. Der zweite Themenkreis, über die Pfeiler und die Wände der West-

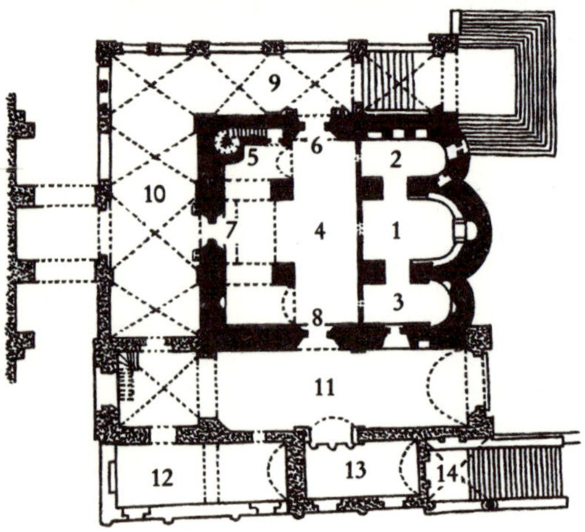

Erstes Geschoß

1 Altarraum; 2 Prothesis; 3 Diakonikon; 4 Kirchenschiff; 5 Treppe zur Empore; 6 Nordportal; 7 Westportal; 8 Südportal; 9 Nördliche Galerie; 10 Westliche Galerie; 11 Kapelle Nikolaus' des Wundertäters; 12 Sakristei; 13 Galerie; 14 Treppe Iwans IV.

empore ausgebreitet, legitimiert Erbfolge der Moskauer Dynastie. Diese zurück bis zu den byzantinischen Kaisern und den Kiewer und Wladimir-Susdaler Fürsten verfolgt. Dargestellt die Herrscher gemeinsam mit ihren Namenspatronen (z. B. Georg und Demetrios am südwestlichen Pfeiler). Der dritte Themenkreis nimmt südliche, nördliche Wand und Altarpartie ein: Heilswirken Christi, Leben der Gottesmutter und einiger Heiliger. Berücksichtigung der Architektur des Raumes: Fresken schmiegen sich eng den Formen der Pfeiler und Gewölbe an. Aus dem mittleren und späten 16. Jahrhundert die Wandmalereien in der westlichen und nördlichen Galerie. Im Gewölbe weit verzweigte Komposition der Wurzel Jesse als Stammbaum Christi nach Jesaja. In ovalen Medaillons, die durch Pflanzenwerk gebildet und verbunden sind, die Stammväter der dreimal vierzehn Generationen bis zu Abraham und Adam dargestellt und – im Anklang an die Renaissance – griechische Weise sowie Ahnengalerie Moskauer Fürsten bis zu Iwans Vater Wassili III. Beachtenswert alttestamentliche Dreieinigkeit oder Gastfreundschaft in der westlichen Galerie. Am Sockel gemalte Vorhänge (Vela), die als Vordergrund wirken und Trennung vom Sakralen markieren. Kostbarkeit der Ikonostas, 1405 gemeinsam von Theophanes dem Griechen, Prochor aus Go-

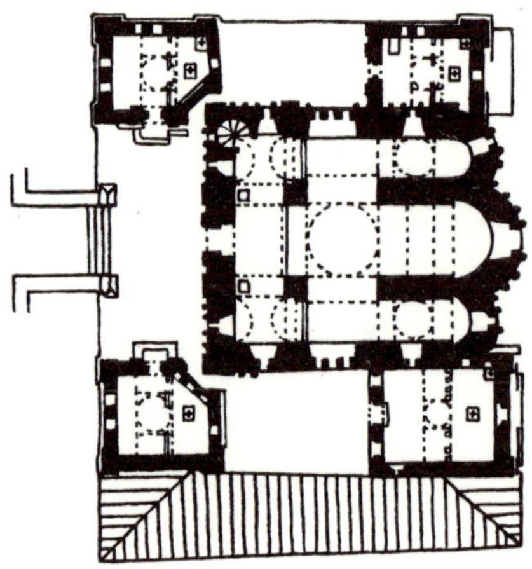

Emporengeschoß

rodez und Andrei Rubljow für den Vorgängerbau geschaffen und im Grundbestand aus diesem übernommen. Das älteste überkommene, »klassische« Beispiel in der altrussischen Baukunst, das sich am gleichen Ort erhalten hat. Mit ihm begann neue, eigenständige, nationale Form in Entwicklung und Aufbau der Altarschranke. Kernstück der Deisus-Rang mit dem thronenden Christus in der Mitte, zu dem sich fürbittend links die Gottesmutter, rechts Johannes der Täufer, außerdem Erzengel, Apostel und Kirchenväter neigen. Durch Brand von 1547 und spätere Übermalungen schwere Schäden. Restaurierung nach 1920 unter der Leitung von I. E. Grabar. Zuweisung der Ikonen in der Forschung unterschiedlich, zumeist: Christus und die rechte Seite des Deisus-Ranges Theophanes, linke Seite Meister Prochor und Rubljow (z. B. Apostel Petrus). Die Tafeln mehr als 2 m hoch und 1 m breit. Aus dem Festtagsrang, für den kanonisch der Zwölferkreis (griechisch: Dodekaortion) maßgebend ist und dessen Anordnung gewöhnlich nicht genau dem Zyklus im orthodoxen Kirchenjahr entspricht, sieben Ikonen der linken Seite (außer der Unterweisung) Rubljow zugeschrieben: von Mariä Verkündigung bis zum Einzug in Jerusalem. Die sieben Ikonen der rechten Seite vom Abendmahl bis Mariä Himmelfahrt von Prochor. Die großformatigen Ikonen des Prophetenranges (und das Festtagsbild der Unterweisung) aus der zweiten Hälfte des 16. Jahrhunderts von Pskower Meistern. Die meisten der kielbogenförmig abschließenden Brustbilder des Ranges der Urväter aus dem 19. Jahrhundert. Im Lokalrang auch Originale aus früherer Zeit und Kopien. Beschlag der Bilderwand aus getriebener, vergoldeter Bronze Ende des 19. Jahrhunderts. Von den Wandikonen verdient die sogenannte Vierteilige (Mitte des 16. Jahrhunderts) im Süden der Ecke vor dem Ikonostas Beachtung. Pskower Meister. Erstmalig eine allegorische Darstellung der Dreieinigkeit nach Hymnen, Psalmen und Schriften der Kirchenväter. Oben links Szene »Gottvater ruht am siebenten Schöpfungstag«, oben rechts »Christus, der eingeborene Sohn«, unten links »Kommt ihr Menschen und verehrt den dreieinigen Gott«, unten rechts »Im Grabe fleischlich …« Die Hundertkapitelsynode wies 1551 – im Geist der Politisierung der Ikonenmalerei durch Iwan IV. und der infolge der Verweltlichung zu einer komplizierten und spekulativen Theologie genötigten Staatskirche – alle Vorwürfe zurück, hier werde das traditionelle, geheiligte Vorbild der Dreieinigkeit von Rubljow verletzt.

Moskau
Kirche der Niederlegung des Gewandes Mariä im Kreml

Zerkow Rispoloshenija w Kremle

Abb. 179, 180

1484–1486, Auftrag des Metropoliten Geronti, Pskower Meister. Palastkirche im Metropolitenhof. Vorgängerbau 1451, Umbau Mitte des 17. Jahrhunderts. Aufgesockelte und eingeschriebene Kreuzkuppelkirche mit 4 im Querschnitt quadratischen Pfeilern, quadratischem Grundriß, 3 Apsiden und einer Kuppel. Sakomari-Typ. Sockelgeschoß aus Kalksteinquadern, Baukörper in Ziegelmauerwerk. Dreiseitig von Terrassen umgeben, zu denen 2 Freitreppen emporführen. Im Innenraum baut sich der enge Kuppeltambour ohne überleitende Pendentifs direkt auf dem Tonnenkreuz auf. Außen Tambour über oktogonalem Postament. Fassadengliederung durch breite Pilaster und Gürtel aus Palmettenfries und Terrakottabalustern. Kielbogenförmig abschließende Giebel und Blendarkatur im zentralen Giebelfeld und an den Apsiden. Stufen-/Säulenportal an Südfassade erhalten. Unter Patriarch Nikon Mitte des 17. Jahrhunderts Einbeziehung in die neuen Paläste des Patriarchen und des Zaren, um diese Zeit sowie im 18. und 19. Jahrhundert mehrere Anbauten. Überkommen Wandmalerei der »Zarenschule« 1644 mit Hauptthema der Lobpreisung der Gottesmutter (nach dem Akathistos-Hymnus) und Marien-Szenen, Ikonostas aus dem Jahre 1627.

Moskau
Erzengel-Kathedrale im Kreml

Archangelski sobor w Kremle

Textabb. S. 214, 215, 367; Abb. 183–188

1505–1508, Auftrag von Großfürst Iwan III., Baumeister Aloisio Nuovo. Grabkirche des Moskauer Herrscherhauses. Vorgängerbau 1333, mehrfache Veränderungen. Aufgesockelte und eingeschriebene Kreuzkuppelkirche mit 6 im Querschnitt kreuzförmigen Pfeilern, separiertem und doppelgeschossigem Narthex, Arkaden-Galerien, Tonnengewölben, Wellendach, 3 Apsiden und 5 Kuppeln. Ziegelmauerwerk, Gliederung und Dekor aus Kalkstein. Emporengeschoß im Narthex mit Kapelle der hl. Akila, wo Frauen des Herrscherhauses – durch einen Fensterbogen vom Naos getrennt – am Gottesdienst teilnahmen. Fünfkuppelkonstruktion weit nach Osten verschoben. Fassadengliederung im Stil der oberitalienischen Renaissance nach der kompositen Säulenordnung durch Pilaster, Gurtgesims teilt untere Zone mit Blendarkaden von oberer Zone mit Kassettenfüllung, die Sakomari über dem Hauptgesims als Muschelnischen gestaltet. Westfassade mit offener, tiefer Loggia und reich dekoriertem Kalksteinportal, an seitlichen Wandabschnitten skulptierte Einfassungen der beiden Eingänge, die zu den Wendeltreppen ins Emporengeschoß und in ein später angelegtes zweites Obergeschoß für die Zarenfamilie führen. In der zweiten Hälfte des 16. Jahrhunderts an jedes seitliche Apsidenpaar je eine kleine überkuppelte Kapelle angefügt: die des hl. Uar im Norden und die Johannes' des

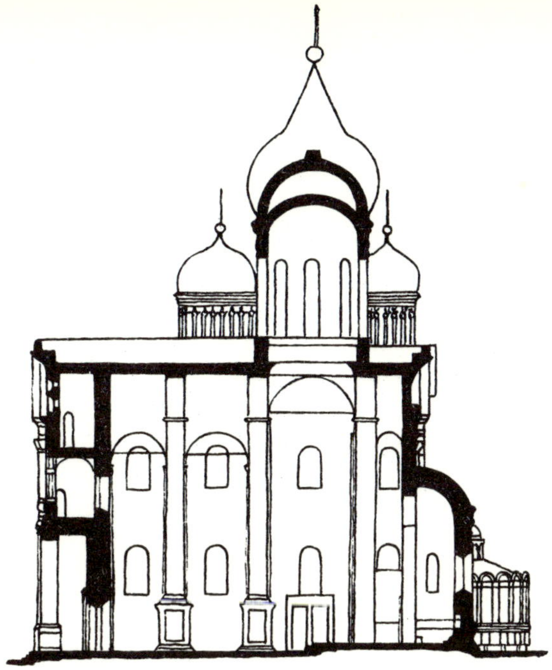

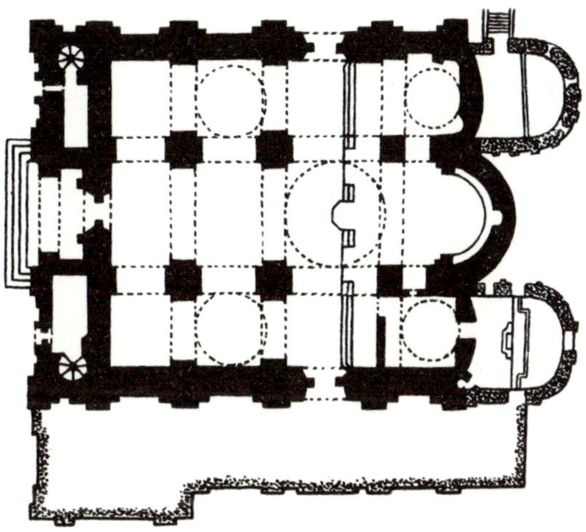

Täufers im Süden. Im 18. Jahrhundert Arkaden-Galerien, Fialen über Rundgiebeln und Bedachung (schwarze Dachziegel) entfernt, Kuppeln verändert, Giebel mit Satteldächern versehen, Südseite durch Strebepfeiler abgestützt. 1826 entstand doppelgeschossige »Palatka« anstelle alter Gerichtslaube. Freskomalerei der Loggia vermutlich aus dem 16. Jahrhundert, u. a. Taufe der Kiewer Bevölkerung unter Wladimir. Der Innenraum vollständig von Freskomalerei bedeckt, wahrscheinlich 1564–1565 unter Iwan IV. ausgeführt, jedoch später schadhaft und 1652–1666 nach der alten Vorlage erneuert. Aus der Entstehungszeit freigelegt nur im Diakonikon (südliche Nebenapsiden), das Iwan IV. für sich und seine beiden legitimen Söhne als Gruft bestimmte, die untere Szenenfolge zu dem Gleichnis »Vom reichen Mann und vom armen Lazarus«. Im 17. Jahrhundert etwa 30 aus vielen Städten des Landes berufene Künstler unter Leitung der Meister der »Zarenschule« D. Resanez, J. Kasanez, zuletzt S. Uschakow und S. Subow tätig. Die untere Fresko-Reihe, die sich über die Wandfläche und die Pfeiler hinweg erstreckt, zeigt die wirklichen und legendären Vorfahren des Herrscherhauses zurück bis in die Zeit der Kiewer und Wladimir-Susdaler Rus und bis zu den byzantinischen Kaisern. Über 60 Idealporträts, besonders der Moskauer Fürsten, in Medaillons ihre Namenspatrone. An Westwand Jüngstes Gericht, einbezogen in Thematik zu Sätzen des Glaubensbekenntnisses im Gewölbe. An der oberen Zone der Nord- und Südwand Wundertaten des Erzengels Michael, ergänzt durch Ereignisse aus dem Neuen Testament und aus der Legende des Kaisers Konstantin. In der Prothesis u. a. Petri Fischzug. 1680–1681 anstelle der niedrigen Altarschranke aus Ziegeln eine vierrangige, hölzerne Bilderwand von 13 m Höhe mit Ikonen des 15. bis 17. Jahrhunderts. Die heutige barockisierte Rahmung aus dem Jahre 1813. Künstlerisch besonders wertvoll die Vitenikone des Erzengels Michael mit 18 Randbildern, vermutlich aus Umkreis Rubljows. Kollektion von Geburtsikonen, nach dem Maß des Neugeborenen und mit der Darstellung seines Namensheiligen, und von Porträtikonen der Verstorbenen erhalten. Über dem Grabmal des ermordeten Zarewitschs Dmitri, dessen sterbliche Überreste man 1606 aus Uglitsch hierher überführte, entstand 1628 Baldachin aus Kalkstein mit kunstvollen Verzierungen. Am südöstlichen Pfeiler über dem Sarkophag Fresko von Andrei Bogoljubski. Insgesamt ruhen 54 Personen, zuweilen zu zweit, in 46 Grabmalen. Diese 1636–1637 in Ziegelmauerwerk mit ornamentaler Kalksteinverkleidung erneuert und 1903 mit einheitlichen Bronzegehäusen versehen.

Moskau
Glockenturm »Iwan der Grosse« im Kreml

Kolokolnja »Iwan Weliki« w Kremle

Textabb. S. 368; Abb. 189, 190

1505–1508, Auftrag von Iwan III. und Wassili III., Baumeister Bon Frjasin. Hauptglockenturm der Stadt und des Landes. 1505 Abriß des »zusammengebrochenen« Vorgängerbaues aus dem Jahre 1329. Zunächst oktogonaler, dreigeschossiger Turmbau mit je einer

Schallarkatur und Kapelle des Johannes Klimakos (Iwan Lestwitschnik) im unteren Geschoß. 1600 im Auftrag von Boris Godunow Aufstockung um die hohe Kuppeltrommel auf 81 m Höhe durch Fedor Kon. Fundament, Sockel und Bauplastik aus Kalksteinquadern, Wände und Gewölbe aus Ziegelmauerwerk. Gliederung durch Lisenen, Bögen, flache Ni-

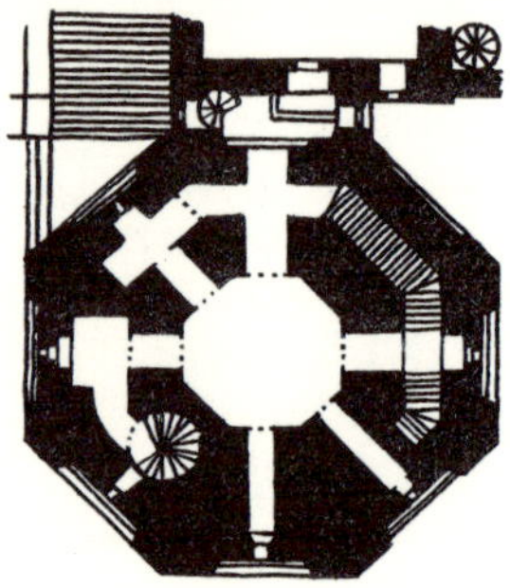

schen, Gesimse. Wandstärke des dritten Geschosses 0,90 m, eiserne Wendeltreppe zur Kuppel, Dachstuhl Eisenkonstruktion mit vergoldeten Kupferblechplatten. An der Nordseite 1532–1543 Anbau einer Glockenwand. Auftrag Wassilis III., Baumeister Petrok Maly, Ziegelmauerwerk. Nach Meinung von S. S. Podjapolski handelte es sich jedoch dabei um die Christi-Auferstehungs-Kathedrale, die Ende des 17. Jahrhunderts abgetragen und durch den jetzigen Bau einer Glokkenwand im Nowgorod-Pskower Typ ersetzt wurde. 1772 im dritten Geschoß die Kapelle des Nikolaus von Gastunsk eingerichtet, nachdem Kirche gleichen Namens, die Aloisio Nuovo 1516 in unmittelbarer Nähe (auf dem Iwan-Platz) errichtet hatte, abgebrochen war. Der sogenannte Filaret-Anbau an der Nordseite der Glockenwand 1624 im Auftrag des Patriarchen Filaret angefügt, Ende 1812 durch abrückende napoleonische Truppen zerstört, 1814–1815 von D. Gilardi nach Entwürfen von I. W. Jegotow und L. Rusca wiederhergestellt. Klassizistische Fassaden, Zeltdach, neogotische Fialen. In Glockenturm und Glockenwand 21 Glocken. Die größte aus dem 19. Jahrhundert, Mariä Himmelfahrt geweiht, wiegt 65 t, die älteste aus dem Jahre 1622 20 t. Ausstellungsstücke zu ebener Erde: »Zarenglocke« (1733–1735) mit einer Höhe und einem Durchmesser von 6 m und einem Gewicht von über 200 t, von der durch Löscharbeiten während eines Brandes in der Gießgrube ein großes Stück absprang, und »Zar-Puschka« (1586), die 40 t schwere, dem Kaliber (890 mm) nach größte Bronzekanone der Welt, dekorative Laffette 1835.

Sagorsk
Heilig-Geist-Kirche im
Dreieinigkeits-Sergius-Kloster

Duchowskaja zerkow Troize-Sergijewoi Lawry

Abb. 192, 193

1476–1477, ursprünglich als zweite Dreieinigkeits-Kirche geweiht, Pskower Baumeister der Moskauer Hofschule, unter Leitung von I. Trofimow und W. Baldin in den sechziger Jahren durch die sowjetische Denkmalpflege rekonstruiert. »Kirche unter Glocken« als aufgesockelte und eingeschriebene Kreuzkuppelkirche mit 4 Pfeilern, Giebelpyramide, 3 Apsiden. Ziegelmauerwerk, Sockel aus Kalksteinquadern, Kalksteindekor. Fassadengliederung durch Säulenbündel mit Kapitell, plastischer Palmettenfries an Oberkante des abgestuften Sockels, dreiteiliger Gürtel aus ornamentierten Kacheln mit dazwischen aufgestellten, glasierten Tonbalustern etwas unterhalb der Kämpferlinie und am Kuppelgesims, an den Apsiden plastische, durch Rundstäbe abgestützte Girlanden. Giebel und Säulenportale mit kielbogenförmigen Archivolten.

Wolokolamsk
Christi-Auferstehungs-Kathedrale

Sobor Woskressenija Christowa

Um 1480, Auftrag von Fürst Boris Wassiljewitsch von Wolozk (Bruder Iwans III.). Hauptpfarrkirche. Gewölbe, Oberteil und Kuppel aus dem Ende des 17. Jahrhunderts. Aufgesockelte und eingeschriebene Kreuzkuppelkirche mit 4 Pfeilern, 3 Apsiden, einer Kuppel. Ziegelmauerwerk, Kalksteindekor. Fassadengliederung durch Lisenen, dreiteiliger Terrakottafries mit Balustern als Gurtgesims in Dreiviertelhöhe der Fassaden und als Hauptgesims der Apsiden. Kielbogenförmig abschließende Säulenportale frühmoskowitischer Art. Am Nordost-Pfeiler und in der Altarpartie Fragmente der ursprünglichen Wandmalerei. Glockenturm aus dem Anfang des 19. Jahrhunderts.

Die Festigung der Zentralgewalt

Alexandrow
Dreieinigkeits-Kathedrale

Troizki sobor

Abb. 198

1513, errichtet im Auftrag von Großfürst Wassili III. in der Sommerresidenz, mehrfach umgebaut. Aufgesockelte und eingeschriebene Kreuzkuppelkirche mit 4 Pfeilern, 3 Apsiden, einer Kuppel. Sakomari-Typ. Ziegelmauerwerk und Quadermauerwerk aus Kalkstein (Sockelgeschoß, Apsiden, Pfeiler und Lisenen, Sakomari, Innenwände, Portale). Hohes Sockelgeschoß mit Kellerräumen, dreiseitig umlaufende Terrassen. Fassadengliederung durch Lisenen und frühmoskowitischen, dreiteiligen Fries. Säulenportale mit Renaissance-Motiven. 1565 verlegte Zar Iwan IV. seine Residenz aus dem Kreml hierher, was neue Weihe, neue Ausmalung und Übernahme der feuervergoldeten Bildtür aus Nowgorod (Wassili-Tür, 1336) im Südportal und einiger Bildplatten der sogenannten Twerer Tür (Mitte 14. Jahrhundert) im Westportal zur Folge hatte. Bis 1582 entstanden die Befestigung sowie Palastgebäude und weitere Kirchen: u. a. die Mariä-Himmelfahrts-Kirche und die Kreuzigungs-Kirche »unter Glokken«. Mitte des 17. Jahrhunderts Umwandlung der Residenz in das höfische Mariä-Himmelfahrts-Frauenkloster. Auf den Terrassen der Dreieinigkeits-Kathedrale Seitenkapellen und Galerien angelegt, anstelle des Thronsaals ein Refektorium, neu die Mariä-Reinigungs-Kirche, das Heilige Tor mit Kapelle (1682) und Zellengebäude.

Rostow
Mariä-Himmelfahrts-Kathedrale

Uspenski sobor

Textabb. S. 369; Abb. 194

Anfang des 16. Jahrhunderts, Bischofs- und Stadt-Kathedrale, Regierungsauftrag, von B. Eding und S. Bessenow in die Jahre 1509 bis 1533 (in Zusammenhang mit der Erhebung zum Erzbistum), von N. Woronin um 1587 (in Zusammenhang mit der Erhebung zur Metropolie) datiert, Vorgängerbauten 1161–1162 und 1213–1231, mehrfache Um- und Anbauten. Aufgesockelte und eingeschriebene Kreuzkuppelkirche mit 6 im Quer-

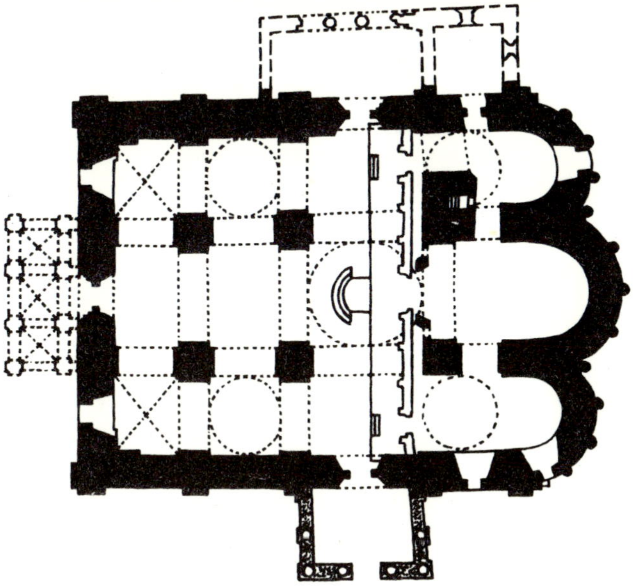

schnitt kreuzförmigen Pfeilern, 3 Apsiden und 5 hohen Kuppeln. »Type simple«, Sakomari-Typ. Ziegelmauerwerk mit Gliederung und Dekor aus Kalkstein. Anlehnung an Grundriß des Vorgängerbaues. Innenraum hallenartig, Vierungsbögen überragen die Tonnengewölbe, in den westlichen Jochen der Seitenschiffe Kreuzgewölbe, zwischen östlichen Pfeilern steinerne Altarscheidewand. Fassadengliederung durch breite Lisenen, horizontal durch Profile, Wandabstufungen und relativ hoch ansetzenden Blendarkaden-/Säulengürtel. Hoher, profilierter Sockel, Rundgiebel mit kielbogenförmiger Spitze. Schmuck der niedrigen Apsiden durch Halbsäulen (ohne Kapitelle) und Nischen. Im Westen Säulenportal mit »Melonen« und Garbenkapitellen, die 3 Vorhallen aus der Mitte des 17. Jahrhunderts. Gittertüren mit »Kubasty«-Muster (1696) und Löwenköpfen aus dem 13. Jahrhundert. Aus Vorgängerbauten stammen Grablegen des hl. Leonti und hl. Ignatius in der südlichen Nebenapside und Arkosolien in den Seitenschiffen. Weitere Grabstätten von Bischöfen und Aristokraten kamen später hinzu, u. a. des Metropoliten Iona Syssojewitsch. Bildprogramm aus der 2. Hälfte des 17. Jahrhunderts von Meistern aus Jaroslawl im 18. und 19. Jahrhundert übermalt, freigelegte Freskofragmente in der Altarpartie aus dem Ende des 16. Jahrhunderts. Der Ikonostas aus den Jahren 1730–1740 enthält aber auch Ikonen aus der Mitte des 17. Jahrhunderts. Monumentale Glockenwand mit 3 Geschossen und vierbogigem, überkuppeltem Glockengiebel in 2 Bauabschnitten zwischen 1682 und 1687, mehrere Glockenspiele.

Moskau
Kathedrale der Ikone
der Gottesmutter von Smolensk
im Neuen Jungfrauen-Kloster

Sobor Smolenskoi Bogomateri
Nowodewitschjego monastyrja

Textabb. S. 271, 369; Abb. 195, 196

1524–1525, Auftrag von Wassili III., Baumeister der Moskauer Hofschule. Aufgesockelte und eingeschriebene Kreuzkuppelkirche mit 6 im Querschnitt kreuzförmigen Pfeilern, 3 Apsiden, 5 Kuppeln. Sakomari-Typ. Ziegelmauerwerk, Kalksteindekor. Sockelgeschoß mit Grablegen, hoher Innenraum, dreiseitig umlaufende Galerie mit einkuppligen Kapellen an der Ostseite (umgebaut Ende des 16. Jahrhunderts/17. Jahrhundert). Fassadengliederung durch Lisenen mit dreifach profilierten Kapitellen, horizontal auf halber Höhe durch Wandabstufung und Profilfries aus zwei Rundstäben. Blendbögen rahmen die relativ breiten Fenster der unteren Zone. 1526–1530 die erste Ausmalung – in 3 Zonen an den Pfeilern, in 5 an den Wänden –, Ende des 16. Jahrhunderts Gewölbefresken der Godunow-Schule, Überarbeitung und weitere Wandbilder 1666, 1725, 1759, 1790. Ursprüngliches Bildprogramm, auf die Herrschaftsstrategie abgestimmt, weitgehend erhalten: Russische Herrscherfiguren, Szenen aus der biblischen und byzantinischen Geschichte (als historische Legitimation), Heilige mit politisch bedeutsamen Patronaten (Merkurios als Schutzheiliger von Smolensk). Barocker, holzgeschnitzter und vergoldeter, fünfrangiger Ikonostas 1683–1686 im Auftrag der Zarenregentin Sophia Alexejewna von den Meistern der Rüstkammer O. Andrejew, K. Michailow, S. Sinowjew. Dominierendes Motiv der Weinranke und Rebe. Ikonen aus dem 16. und 17. Jahrhundert (Ortsikone der Gottesmutter von Smolensk 1524). Schatzkammer reich an Beispielen der Malerei und angewandten Kunst des 16.–18. Jahrhunderts. Befestigung des Klosters mit Ziegelmauern und Türmen Ende des 16. Jahrhunderts auf Anordnung von Boris Godunow, aus dieser Zeit auch die Ambrosius-Kirche mit Refektorium und die sogenannten Gemächer der Irina Godunowa. Unter der Regentschaft von Sophia (1682–1689), die zeitweilig im Kloster residierte, Ausformung der Festungstürme und Neubauten im Stil des »Moskauer Barock«: Marien-Palast und Mariä-Schutz-Torkirche (1683–1688), Mariä-Himmelfahrts-Kirche mit

Refektorium (1685–1687), Christi-Verklärungs-Torkirche mit den sogenannten Gemächern der Jewdokija Lopuchina (1687–1689). Neuzeitliche, axiale Anordnung, in die sich auch die Dominante des Ensembles, der 72 m hohe Glockenturm (um 1690), einfügt.

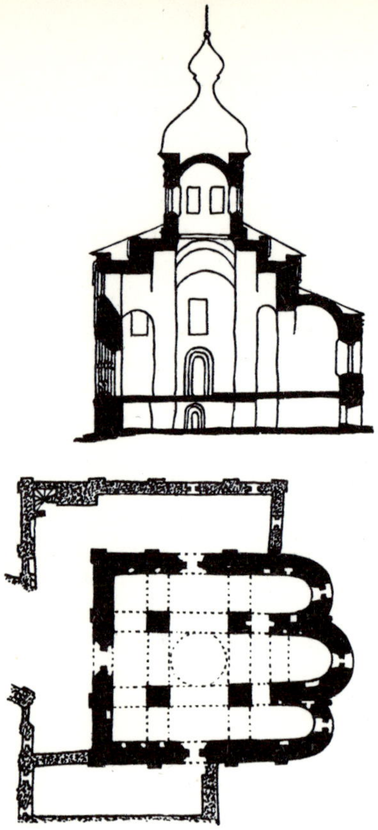

Kirillow
Mariä-Geburts-Kathedrale
des Therapontos-Klosters

Roshdestwenski sobor Ferapontowa monastyrja

Textabb. S. 370; Abb. 201, 202

Um 1490, anstelle einer Holzkirche von 1409, im Zusammenhang mit Umwandlung des 1398 von Ferapont gegründeten Skit-Klosters in ein Koinobion und dessen wachsender politisch-kultureller Bedeutung. Vermutlich Pskower Baumeister der Moskauer Hofschule. Eingeschriebene und aufgesockelte Kreuzkuppelkirche mit kubischem Baukörper, 4 im Querschnitt quadratischen Pfeilern, großen Stufenbögen in den Kreuzarmen, dreireihiger Giebelpyramide, 3 Apsiden, einer Kuppel. Ziegelmauerwerk. Hohes Sokkelgeschoß, dreiseitig umlaufende Terrasse mit Glockengiebel an Nordwestecke. Fassadengliederung durch Pilaster, breites Gesims in Höhe der Kämpfer und am Kuppel- und Apsidendach aus Ziegelornamentik (Porebrik, Begunez, Terrakottabaluster). Kielbogenförmige Giebel, Säulen-/Stufenportale mit kielbogenförmigen Archivolten, kleine Fenster mit abgestuftem Gewände, an der Westfassade füllt die Ziegelornamentik die erste Reihe der Giebelfelder vollständig aus. 1500–1502 Ausmalung durch Dionissi und seine Werkstatt. Neue Themen im Bildprogramm: der Akathistos (Gottesmutter-Hymnus) und die sieben ökumenischen Konzile. In Nikolaus-Kapelle (Diakonikon) ausführliche Ikonographie zur Vita des Heiligen. Weiterer Ausbau des Klosters im 16. und 17. Jahrhundert: Mariä-Verkündigungs-Kirche (1530 bis 1534), Martinian-Kirche (1640–1641), Heiliges Tor (1649).

Kirillow
Mariä-Himmelfahrts-Kathedrale
des Kirill-Beloserski-Klosters

Uspenski sobor Kirillow-Beloserskogo monastyrja

Abb. 200

1497, anstelle einer Holzkirche von 1397, dem Jahr der Gründung des Gemeinschaftsklosters am Weißen See durch Kirill Beloserski. Baumeister aus Rostow. Später zahlreiche Umbauten. Aufgesockelte und eingeschriebene Kreuzkuppelkirche mit 4 Pfeilern, großen Stufenbögen, Giebelpyramide, einer Kuppel. Ziegelmauerwerk. Baukörper durch ausgeprägtes Transept in die Breite entwikkelt, Hauptkuppel nach Osten verschoben, Fassadengliederung durch Pilaster und breite Gesimse aus Ziegelornamentik, an Nordseite Säulen-/Stufenportal mit kielbogenförmigen Archivolten. Ausmalung im 17. Jahrhundert. An die Prothesis 1554 die Wladimir-Kirche, an diese 1645 die Kirche der Erscheinung Christi, an das Diakonikon über dem Grab Kirills in der zweiten Hälfte des 16. Jahrhunderts die Kirill-Kirche angefügt. Ausbau des Klosters zur stärksten Festung Nordrußlands (Gefängnis für politische Gegner der Zaren): »Alte Stadt« im ersten Viertel des 16. Jahrhunderts im Grundriß eines Fünfecks mit Mariä-Him-

A Großes Mariä-Himmelfahrts-Kloster; B Kleines Johannes-Kloster; C Gefängnis; D Neue Stadt

1 Mariä-Himmelfahrts-Kathedrale; 2 Wladimir-Kirche; 3 Kirche der Erscheinung Christi; 4 Kirill-Kirche; 5 Erzengel-Gabriel-Kirche; 6 Glockenturm; 7 Mariä-Opferungs-Kirche mit Refektorium; 8 Küche; 9 Euthymios-Kirche; 10 Großes Krankenhaus; 11 Heiliges Tor mit Johannes-Klimakos-Torkirche; 12 Haus des Archimandriten; 13 Kirche Johannes' des Täufers; 14 Refektoriums-Kirche des Sergius von Radonesh; 15 Kleines Krankenhaus; 16 Gedenkstätten Kirills; 17 Runder Turm; 18 Facetten-Turm; 19 Gefängnis-Turm; 20 Mereshenni-Turm; 21 Küchen-Turm; 22 Brot-Turm; 23 Wasser-Tor mit Christi-Verklärungs-Torkirche; 24 Switotschny-Turm; 25 Fischer-Haus; 26 Kesselhaus-Turm; 27 Kusnetschny-Turm; 28 Wologoder Turm; 29 Kasaner Turm und Tor; 30 Therapontos-Turm; 31 Sensen-Turm; 32 Beloserski-Turm

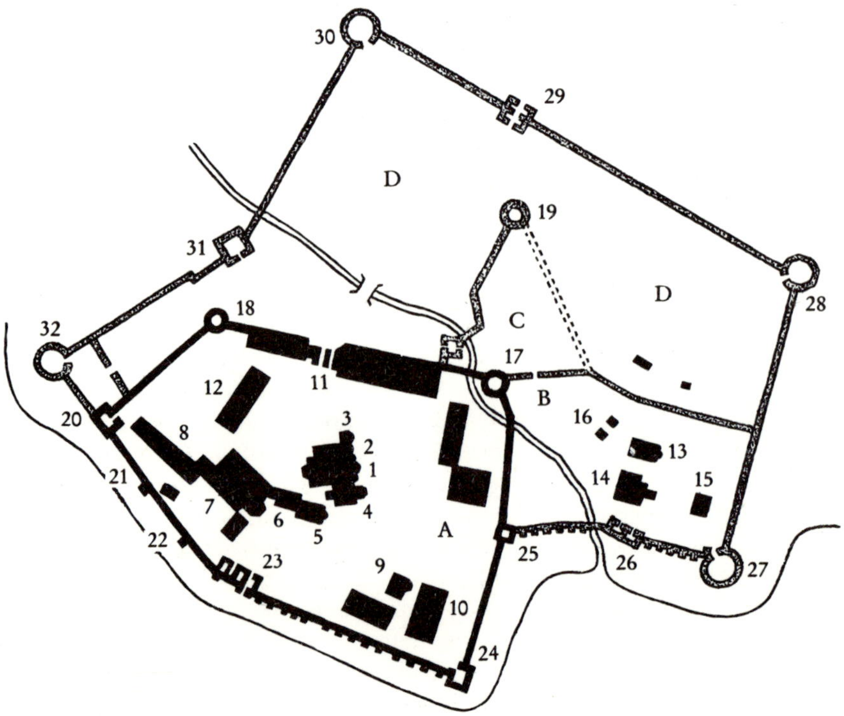

melfahrts-Kloster und Kathedrale, Mariä-Opferungs-Kirche und Refektorium (1519), Heiligem Tor (1523) und Johannes-Klimakos-Kirche (1572), Kirchen des Erzengels Gabriel und Johannes' des Täufers (1531–1534) im Auftrag Wassilis III. aus Anlaß der Geburt Iwans IV.; »Kleines Johannes-Kloster« Ende des 16. Jahrhunderts mit Johannes-Kathedrale, Sergius-Radonesh-Kirche mit Refektorium; »Neue Stadt« im 17. Jahrhundert mit dreigeschossigen Wehrgängen und zentralem Gefängnis-Turm.

Moskau
Mariä-Geburts-Kathedrale
im Mariä-Geburts-Kloster

Roshdestwenski sobor Roshdestwenskogo monastyrja

Textabb. S. 276, 371; Abb. 203, 205

1501–1505, anstelle einer Holzkirche in dem 1386 gegründeten Kloster, vom 17.–19. Jahr-

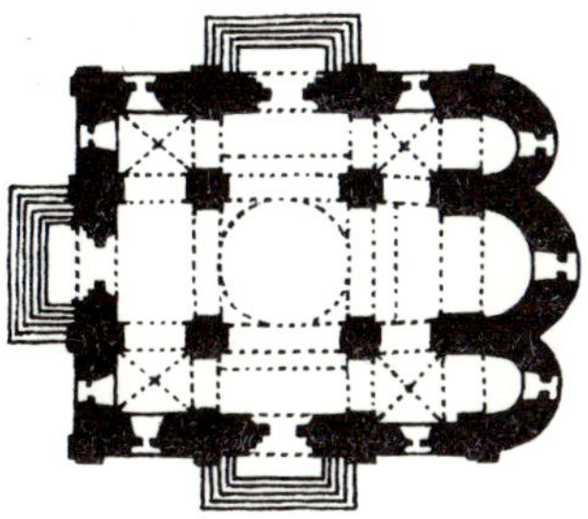

hundert mehrere An- und Umbauten. Aufgesockelte und eingeschriebene Kreuzkuppelkirche mit 4 im Querschnitt kreuzförmigen Pfeilern, Stufenbögen in den Kreuzarmen, Kreuzgewölben in den Eckräumen, Giebelpyramide, 3 Apsiden, einer Kuppel. Ziegelmauerwerk, Sockel und Dekor aus Kalkstein. Auflösung des Baukubus durch 2 Reihen gegenseitig versetzter Sakomari und Kokoschniki um Kuppelpostament analog der Kathedrale des Moskauer Erlöser-Andronikow-Klosters, jedoch ohne hohes Sockelgeschoß. Fassadengliederung durch Pilaster und profilierte Gesimse mit Terrakottabalustern, welche die Giebelfelder abtrennen. Säulen-/Stufenportale mit kielbogenförmigen Archivolten.

Wladimir
Mariä-Himmelfahrts-Kathedrale
des Fürstinnen-Klosters

Uspenski sobor Knjaginina monastyrja

Textabb. S. 371; Abb. 204

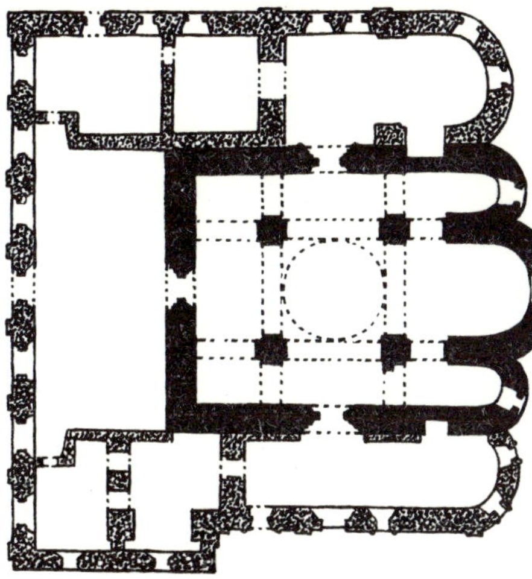

Anfang des 16. Jahrhunderts, in dem an der Wende zum 13. Jahrhundert von der Gemahlin Fürst Wsewolods I. gegründeten Mariä-Himmelfahrts-Frauenkloster, Vorgängerbau 1200–1201, später mehrfach An- und Umbauten. Aufgesockelte und eingeschriebene Kreuzkuppelkirche mit 4 im Querschnitt kreuzförmigen Pfeilern, Gewölbekonsolen an den Innenwänden, Stufenbögen in den Kreuzarmen, dreireihiger Giebelpyramide, 3 Apsiden, einer Kuppel. Ziegelmauerwerk. Breites Tonnenkreuz, hoher Innenraum, Kuppeltambour auf zylindrischem Postament (von Kokoschniki umkleidet). Dreiseitige Galerie mit Kapellen an östlichen Enden. Fassadengliederung durch Pilaster und breite Dachgesimse mit Terrakottabalustern an Kuppel und Apsiden, kielbogenförmige Giebel. Ausmalung Mitte des 17. Jahrhunderts, an Pfeilern Herrscherfiguren.

Susdal
Kathedrale der Gewandniederlegung
Mariä im Kloster der
Gewandniederlegung Mariä

Sobor Rispoloshenija Bogomateri Rispoloshenijego monastyrja

Abb. 208

Um 1520, Auftrag des Bojaren Iwan Schigonja Podshogin, eines Verwandten Wassilis III., der bei der Einkerkerung von Solomonija im Mariä-Schutz-Kloster eine Rolle spielte. Klostergründung 1207. Eingeschriebene Kreuzkuppelkirche mit 4 Pfeilern, 3 Apsiden, 3 hohen Kuppeln (Nebenkuppeln über Pastophorien). Sakomari-Typ mit kielbogenförmigen Giebeln. Ziegelmauerwerk. Fassadengliederung durch Pilaster, Gesims aus fünfeckigen Nischen in Kämpferhöhe und an Dächern der Kuppeln und Apsiden. 1586 aus Anlaß der Kanonisierung der Euphrosyne von Susdal Anbau der nördlichen Kapelle. Galerien aus dem Jahre 1688 mit prachtvollem Ziegel- und Kachelschmuck: Westportal, Fenstereinfassungen, Friese.

Moshaisk
Mariä-Geburts-Kathedrale
im Lushezki-Kloster

Roshdestwenski sobor Lushezkogo monastyrja

Textabb. S. 371; Abb. 210

Um 1520, in dem 1408 von Ferapont gegründeten Kloster. Aufgesockelte und eingeschriebene Kreuzkuppelkirche mit 4 Stützen (östliche im Querschnitt quadratisch, westliche rund), 3 Apsiden, 5 Kuppeln. Sakomari-Typ. Ziegelmauerwerk, Kalksteindekor. Hohes

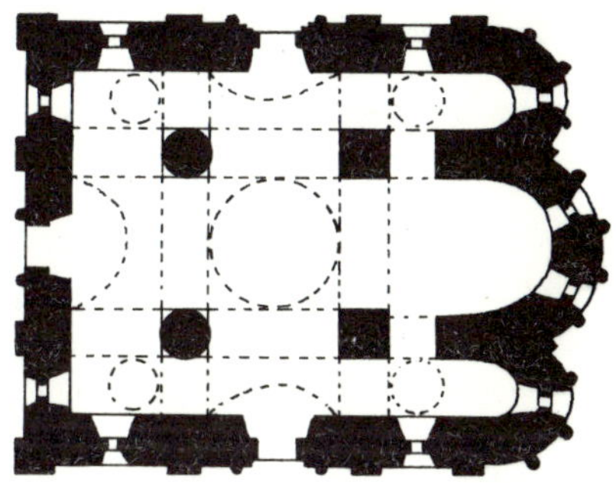

Sockelgeschoß, dreiseitig umlaufende, offene Arkaden-Galerie (abgetragen), schlanke Kuppeltamboure auf zylindrischen Postamenten. Fassadengliederung durch Pilaster, in Kämpferhöhe Gesims aus zwei horizontalen Rundstäben, dazwischen Bogenfries. Säulenportale mit kielbogenförmigen Archivolten. An Trommeln und Apsiden schlichte Blendarkatur. Rundfenster in den Giebelfeldern. Ausmalung des 16. Jahrhunderts nur noch fragmentarisch an Fensterleibungen.

Kaljasin
Dreieinigkeits-Kathedrale des
Dreieinigkeits-Makari-Klosters

Troizki sobor Troizy-Makarijewa monastyrja

1521–1523, Meister Grigori Borissow. Aufgesockelte und eingeschriebene Kreuzkuppelkirche mit 4 Pfeilern, 3 Apsiden, 5 Kuppeln. Sakomari-Typ. Ziegelmauerwerk. Überkuppelte Kapelle im Südosten. Fassadengliederung durch Pilaster, Säulen-/Stufenportale, Kokoschniki an den zylindrischen Postamenten der Kuppeltrommeln.

Jaroslawl
Christi-Verklärungs-Kathedrale
im Erlöser-Kloster

Preobrashenski sobor Spasskogo monastyrja

Textabb. S. 372; Abb. 207

1505–1516, Auftrag Wassilis III., Baumeister der Moskauer Hofschule, anstelle des Vorgängerbaues von 1216–1224 in dem 1216 von Fürst Konstantin gegründeten höfischen Klo-

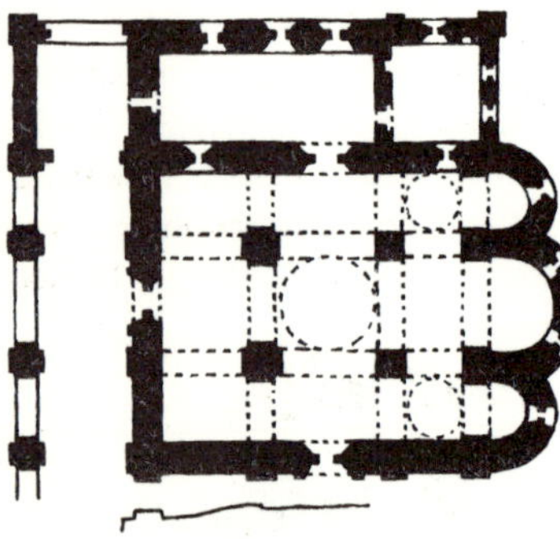

ster. Aufgesockelte und eingeschriebene Kreuzkuppelkirche mit 4 im Querschnitt kreuzförmigen Pfeilern, 3 Apsiden, 3 Kuppeln (Nebenkuppeln über Pastophorien). Sakomari-Typ. Ziegelmauerwerk. Hohes Sockelgeschoß, hoher und geräumiger Naos. Fassadengliederung durch Pilaster, breites profiliertes Gesims in der Kämpferlinie, Rundgiebel mit runden Fenstern, Bogenfries am Dachgesims der Trommeln (zylindrische Postamente). Säulen-/Stufenportale mit breitem Gewände. Ausmalung des Innenraums 1563 bis 1564 durch Meister aus Moskau und Jaroslawl, Übermalung 1781–1782 und 1814. Ursprünglich offene Arkaden-Galerien an Nord- und Südseite 1564 und im 17. Jahrhundert umgebaut und durch Westgalerie erweitert.

Susdal
Mariä-Schutz-Kathedrale
im Mariä-Schutz-Kloster

Pokrowski sobor Pokrowskogo monastyrja

Abb. 209

1510–1518, Auftrag Wassilis III., gleichzeitig ausgeführt mit der steinernen Befestigung des 1364 gegründeten Frauenklosters, seit 1525 Verbannungsort von Solomonija, der ersten Frau des Großfürsten, von der er sich seit 1510 scheiden lassen wollte. Aufgesockelte und eingeschriebene Kreuzkuppelkirche mit kubischem Baukörper, Westempore, 4 Pfeilern, 3 Apsiden, 3 Kuppeln. Sakomari-Typ. Ziegelmauerwerk. Hohes Sockelgeschoß mit zahlreichen Grablegen, das auch die dreiseitig umlaufende Galerie trägt. Außentreppen im Nordwesten und Südwesten. Fassadengliederung durch breite Lisenen mit dreifach profilierten Kapitellen und Blendarkaden-/Säulengürtel. Großer Tambour der Hauptkuppel auf zylindrischem Postament mit Blendgiebeln, schmale Trommeln der Nebenkuppeln über Pastophorien. Den Kielbögen der Giebel entspricht die Überdachung der offenen Arkaden-Galerie. Schießscharten an den Apsiden. Die beiden ersten Geschosse des oktogonalen Glockenturms aus dem Jahre 1515, Erdgeschoß als Mausoleum, Fassadengliederung durch breite Ecklisenen, an deren Kanten Rundstäbe; Obergeschoß, Schallarkatur und Zeltdach aus dem 17. Jahrhundert, Übergang zur Kathedrale aus dem 18. Jahrhundert. Zu den ersten Steinbauten des Ensembles gehören das Heilige Tor mit der Mariä-Verkündigungs-Kirche (um 1518), das Refektorium mit der Anna-Empfängnis-Kirche (1551) und dem Ende des 16. Jahrhunderts angebauten Zeltdach-Glocken- und Uhrturm, einige Teile der Fortifikation. Das Kloster diente auch später als Gefängnis für Angehörige angesehener Bojarengeschlechter.

Der Bautyp der Moskauer Turm- und Zeltdachkirche

Moskau
Christi-Himmelfahrts-Kathedrale
in Kolomenskoje

Zerkow Wosnessenija w Kolomenskom

Textabb. S. 279, 283, 372; Abb. 225–227

1530–1532, Auftrag Wassilis III. als Bittgabe oder zu Ehren der Geburt des Thronfolgers, Sommerresidenz, Moskauer Hofschule vermutlich unter Leitung eines italienischen Ar-

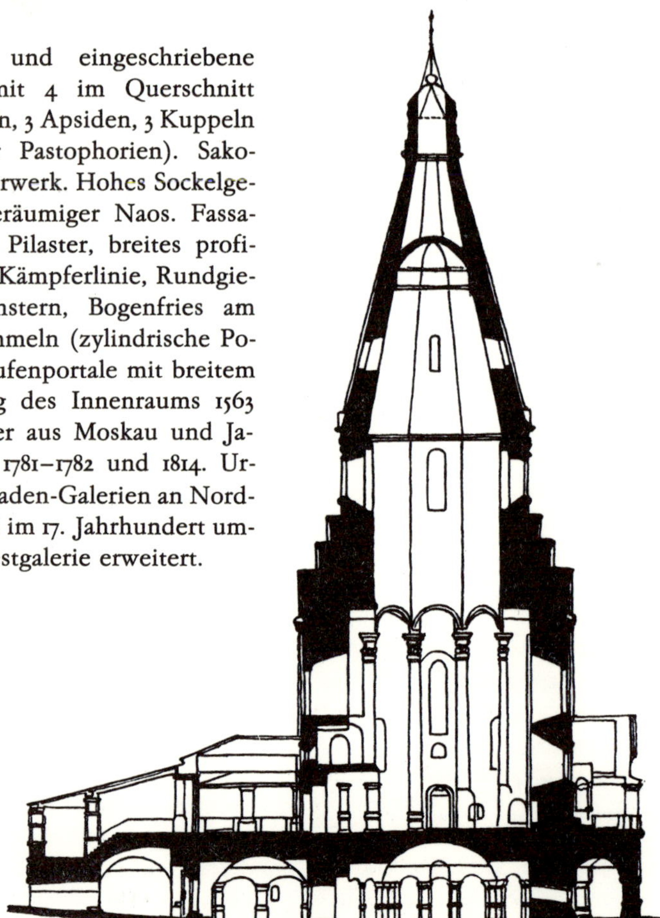

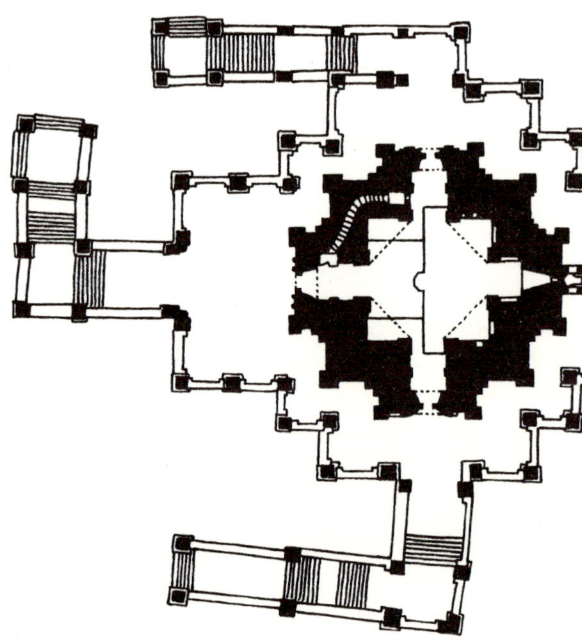

Kolomenskoje

chitekten (Petrok Maly?). Typ der Turm- und Zeltdachkirche. Ziegelmauerwerk, Kalksteindekor. Im Grundriß kreuzförmig angelegte Arkaden-Galerie mit breitem Terrassendach (später in offene Galerien umgewandelt), um Baukern einer Krypta als Sockelgeschoß, 3 verzweigte Freitreppen, zentraler Bauteil über kreuzförmigem Grundriß mit innerem Quadrat von 8,50 m Seitenlänge, Gesamthöhe des Innenraums 41 m, die 8 innen hervortretenden Ecken als Pilaster ausgebildet, auf diesen kleine Bögen, die den achteckigen Bauteil tragen. In Zweidrittelhöhe des Zeltdachs ein achtkappiges Gewölbe. Fenster in den Wänden der Kreuzarme und Eckteile (hier Lichtschächte), des Oktogons und Zeltdachs. Gestaltung der Fassaden – ohne Apsis – gleichförmig durch Eckpilaster und »Pfeile«, 3 Reihen kielbogenförmige Giebel bzw. Kokoschniki am Übergang zum Oktogon, »Rhombennetz« am Zeltdach, ursprünglich 3 Portale. Kalksteinerner »Zarenthron« an Ostseite. Zur gleichen Zeit entstanden in der Sommerresidenz ein repräsentativer Holzpalast (1571 durch Krimtataren zerstört, Nachfolgebauten um 1572, 1668–1681, 1768, 1825) und der Renaissance-Glockenturm (seit dem 17. Jahrhundert Kirche Georgs des Siegbringers), 1649–1653 die Kirche der Ikone der Kasaner Gottesmutter, 1672–1673 das Eingangstor mit zeltdachbekröntem Uhrturm, im 17. Jahrhundert Gebäude für Amtsstellen, der Wasserturm über einem Wehr. Gegenwärtig Ausbau als Museumskomplex der Holzarchitektur.

Die Zeit Iwans IV., »des Schrecklichen«

Moskau
Kirche Johannes' des Täufers in Djakowo

Zerkow Ioanna Predtetschi w Djakowe

Textabb. S. 279, 373; Abb. 228, 229

Mitte des 16. Jahrhunderts, Auftrag von Iwan IV. aus Anlaß seiner Krönung zum Zaren 1547 oder als Votiv-Kirche für den 1554 geborenen Zarewitsch Iwan. Zarenhof, Turmkirchen-Komplex. Ziegelmauerwerk. Zentrale, oktogonale Turmkirche mit breiter Apsis, Innenraum 34,50 m hoch, Übergang zum Kuppeltambour durch Maschikuli, Treppe im

Südwesten der Mauerstärke. An Diagonalseiten 4 oktogonale Turmkapellen, Innenräume 17 m hoch, gegenseitige Verbindung durch umlaufende Galerie, an der Westseite zweigeschossig. Struktur des Grundrisses kommt in Komposition zum Ausdruck. Fassadengestaltung durch Ecklisenen, Kassetten, profilierte Gesimse und Rahmen, Blendarkatur, Fensterschlitze und Rundfenster. Übergänge zu den Kuppeltambouren durch 2 bzw. 3 Reihen halbkreisförmiger und dreieckiger Kokoschniki, Tambour der Hauptkuppel von 8 mächtigen Halbzylindern umgeben, flache Helmkuppeln. An Westfassade Glockengiebel Pskower Typs.

Moskau
Mariä-Schutz-Kathedrale »am Graben« (Basilius-Kathedrale)

Pokrowski sobor »tschto na rwu«

Textabb. S. 287, 373, 374; Abb. 232–234

1555–1561 anstelle einer Holzkirche auf dem Roten Platz, Auftrag Iwans IV. aus Anlaß der Eroberung von Kasan, Baumeister Barma und Posnik. Hauptpfarrkirche der Hauptstadt. Turmkirchen-Komplex. Ziegelmauerwerk, Sockel und Dekor aus Kalkstein. 1588 Anbau der Grabkirche des Wassili Blashenny an der Nordostecke, Ende des 16. Jahrhunderts Umwandlung der flachen Helmkuppeln in gerippte und facettierte Zwiebelkuppeln, Anbau einer dreibogigen Glockenwand an der Südostecke, in den 70er und 80er Jahren des 17. Jahrhunderts Einwölbung der äußeren Galerien, Überbauung der Außentreppen, Veränderung der Glockenwand, neuer Ziegel- und Kachelschmuck und bunte Fassadenmalerei. Grundriß als achtstrahliger Stern: Um die 46 m hohe zentrale Zeltdachkirche »Mariä Schutz und Schirm« mit trapezförmiger Apsis gruppieren sich in den Himmelsrichtungen 4 oktogonale (im Westen des Einzugs Christi in Jerusalem), und (niedriger) an den Diagonalseiten im Nord- und Südwesten 2 herzförmige, im Nord- und Südosten 2 rechteckige Turmkapellen. Gegenseitige Verbindung durch kurze innere und äußere Galerien. Komposition über einem hohen, am Rand durch Arkaden geöffneten Sockelgeschoß, an Westseite zweiarmige Treppe. Reiche Fassa-

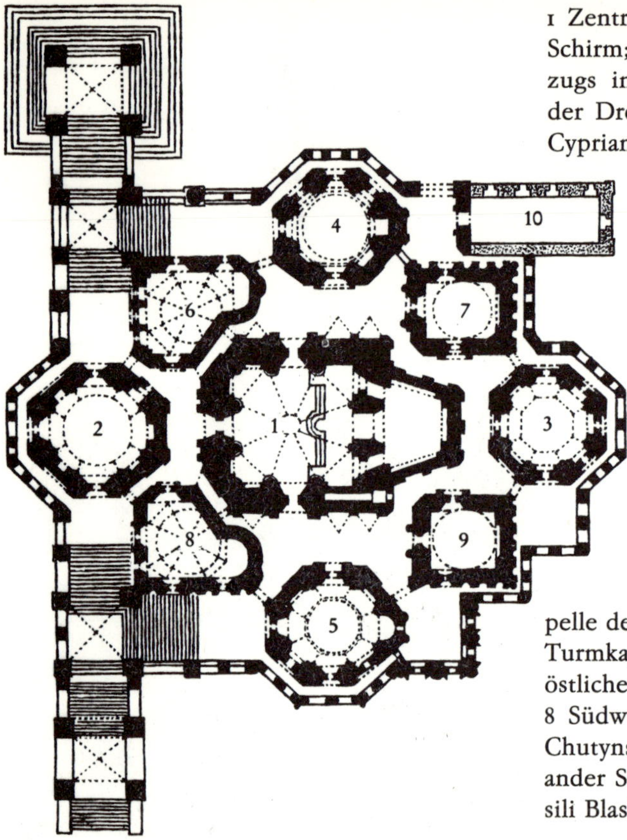

1 Zentrale Turmkirche Mariä Schutz und Schirm; 2 Westliche Turmkapelle des Einzugs in Jerusalem; 3 Östliche Turmkapelle der Dreieinigkeit; 4 Nördliche Turmkapelle Cyprians und Justinians; 5 Südliche Turmkapelle des Großen Nikolaus; 6 Nordwestliche Turmkapelle Gregors des Armeniers; 7 Nordöstliche Turmkapelle der drei Patriarchen; 8 Südwestliche Turmkapelle des Warlaam Chutynski; 9 Südöstliche Turmkapelle Alexander Swirskowos; 10 Nebenkirche des Wassili Blashenny

dengestaltung durch Pilaster, Lisenen, Säulen, »Pfeile«, profilierte Gesimse, Zahnkranz, Maschikuli, Kassetten, Rosetten. Verschiedenförmige Blendgiebel-Reihen an den Postamenten der Kuppeltamboure und am Übergang zum zentralen Zeltdach, an dessen Basis im Gesimsverlauf Wiederholung des achtstrahligen Sterns, ursprünglich mit Zierkuppeln (Glawki) an den Ecken. Individualität und Vielgestaltigkeit des Dekors einem einheitlichen Rhythmus der Komposition und Fassadengliederung unterworfen. Bei der 1921 begonnenen Restaurierung durch die sowjetische Denkmalpflege u. a. die ornamentale Wandmalerei aus der zweiten Hälfte des 17. Jahrhunderts erneuert.

Alexandrow
Kreuzigungs-Kirche »unter Glocken«

Zerkow-kolokolnja Raspjatija

Abb. 235

Um 1570, Auftrag Iwans IV. in der Residenz der Opritschnina, Umbau eines oktogonalen Glockenturms aus dem Anfang des 16. Jahrhunderts. Ziegelmauerwerk, Veränderungen Mitte des 17. Jahrhunderts mit der Umwandlung des Zarenhofs in das Mariä-Himmelfahrts-Frauenkloster. Hoher achteckiger Unterbau mit mächtigen, durch Lisenen dreifach gegliederten Eckpfeilern, zwischen denen sich eine Bogenstellung mit tiefen Rundnischen öffnet, darüber eine niedrige Arkaden-Galerie mit eingestellten Halbsäulen, 3 Reihen halbrunder Blendgiebel, die Schallarkatur und das Zeltdach. Gesamthöhe 56 m. Zerstörung des Zarenhofs während der polnisch-litauischen Intervention Anfang des 17. Jahrhunderts, in zweiter Jahrhunderthälfte im Zusammenhang mit Ausbau des Frauenklosters Wiederherstellung der alten Mariä-Schutz-Kathedrale (1513/1570), Umwandlung der Reste des Zarenpalastes in das Refektorium, Errichtung der Mariä-Reinigungs-Kirche (Gruft im Sockelgeschoß), des Heiligen Tors mit der Theodor-Stratilat-Kirche, der steinernen Zellengebäude und Mauern.

Ostrow
Christi-Verklärungs-Kirche

Preobrashenskaja zerkow

Textabb. S. 325, 374; Abb. 236

Zweite Hälfte des 16. Jahrhunderts, Auftrag des Zarenhauses in einem zum Erbgut gehörenden Landsitz, Pskower Baumeister, Umbau im zweiten Viertel des 17. Jahrhunderts, da 1646 Neuweihe in Anwesenheit des Zaren Alexei Michailowitsch. Turm- und Zeltdachkirche. Kalksteinquadermauerwerk. Nach dem Vorbild von Kolomenskoje Kernbau mit kreuzförmigem Grundriß und hervortretenden Eckpilastern, darüber ein von 4 Reihen Kokoschniki umkleidetes Oktogon, ein am Ansatz von 3 Reihen Kokoschniki umkleidetes Zeltdach und eine Tambourkuppel. Das Sockelgeschoß fehlt, aber es existiert eine Apsis. Den Kernbau umzieht dreiseitig eine breite Galerie symmetrisch mit einkuppligen Kapellen im Nord- und Südosten, die nach Pskower Art Stufenbögen pfeilerlos einwölben und die nach Moskauer Art außen mit einer Blendgiebelpyramide abschließen und

Ostrow

Rundfenster aufweisen. Kräftig hervortretende Gurtgesimse unterbrechen die Vertikale der Zeltdachkirche und wiederholen die Grundrisse ihrer Teilkörper. Die Blendgiebelreihen dienen nicht nur dem Dekor, sondern ermöglichen auch die Verschmelzung der Teile zu einer organischen Pyramidenkomposition. Einmalig für die Zeit der große Bogenfries. Im 19. Jahrhundert Anbau eines neogotischen Glockenturms.

Murom
Kosmas-und-Damjan-Kirche
Zerkow Kosmy i Damjana

Textabb. S. 324, 375

1556–1565, im Auftrag Iwans IV. im Zusammenhang mit dem Feldzug nach Kasan auf dem Hochufer der Oka erbaut. Turm- und Zeltdachkirche. Ziegelmauerwerk. Kubischer

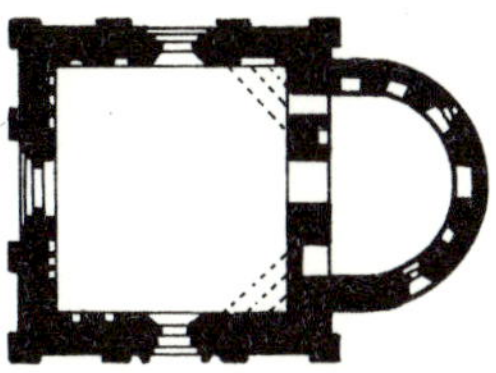

Baukern, an den sich gewaltige Apsis anschließt. Dem kurzen Oktogon sind gegenseitig verflochtene (gotisierende) Kokoschniki vorgeblendet. Nicht erhalten das gerippte Zeltdach.

Pereslawl-Salesski
Kirche Peters des Metropoliten
Zerkow Petra mitropolita

Abb. 238

1585, Regierungsauftrag zum Gedächtnis an den heiliggesprochenen Metropoliten Peter, der 1325 seine Parteinahme für die Moskauer Fürsten durch die Verlegung seines Sitzes aus Wladimir in den Moskauer Kreml bekundet hatte. Turm- und Zeltdachkirche. Ziegelmauerwerk. Über hohem Sockelgeschoß (ursprünglich Kerker) im Grundriß kreuzförmiger Baukern. Im Innenraum Kreuzarme durch zwei Stufenbögen überwölbt, im Zentrum das Quadrat ausgespart. Fassadenabschluß durch eine Reihe runder Giebel und Blendgiebel, darüber kurzes Oktogon und – der Übergang durch eine Reihe Kokoschniki (3 an jeder Seite) verkleidet – kräftiges Zeltdach mit Kuppelchen. Gliederung durch Eckpilaster, Sockelgesims und Gesims in Kämpferlinie der Rundgiebel. Dreiseitige Wandelterrasse im 18. Jahrhundert zur Galerie umgebaut. Glockenturm an Westseite aus 19. Jahrhundert.

Krasnoje (bei Kostroma)
Kirche der Erscheinung Christi
Zerkow Bogojawlenija

Abb. 237

1592, Auftrag der Familie Godunow für einen Landsitz an der Wolga. Turm- und Zeltdachkirche. Ziegelmauerwerk. Über hohem Sockelgeschoß Kernbau fast kubisch, 3 Apsiden, Oktogon, steiles Zeltdach. Im Nord- und Südosten symmetrisch überkuppelte Kapellen vom Sakomari-Typ, dreiseitig umlaufende Galerie, Außentreppen. Fassadengliederung durch Pilaster und profilierte Gesimse, dekorativer Reiz durch Verkleinerung der Pseudo-Sakomari nach oben und Blendgiebelgruppen an Basis des Zeltdachs. An Westseite Zeltdach-Glockenturm aus 17. Jahrhundert.

Wologda
Sophien-Kathedrale
Sofiiski sobor

Abb. 239

1568–1570, Auftrag Iwans IV., Hauptpfarrkirche der Stadt. Eingeschriebene Kreuzkuppelkirche mit 6 Pfeilern, 3 Apsiden, 5 Kuppeln. Sakomari-Typ. Ziegelmauerwerk. Um- und Anbauten vom 17. bis 19. Jahrhundert. Kopie der Mariä-Himmelfahrts-Kathedrale im Moskauer Kreml, jedoch Zergliederung des Innenraums und Verzicht auf Blendarkatur, Gurtgesimse, Fassadendekor. Gliederung lediglich durch Pilaster, auf deren Kapitellen die Bögen der Rundgiebel ruhen. Anordnung der Fenster in zwei horizontalen Reihen, die obere innerhalb der Giebelfelder. 3 Säulenportale mit kielbogenförmigen Archivolten. Aus dem 17. Jahrhundert Wandmalerei (Jaroslawler Meister), Zwiebelkuppeln, westliche Eingangsvorhalle, aus dem 18./19. Jahrhundert Ikonostas, vielflächiges Dach, nördliche und südliche Eingangsvorhalle.

Rostow-Weliki
Kathedrale der Erscheinung
Christi im Abraham-Kloster
Bogojawlenski sobor Abrahamow monastyrja

1552–1554, Auftrag Iwans IV. aus Anlaß des Sieges über das Chanat Kasan. Aufgesockelte und eingeschriebene Kreuzkuppelkirche mit 4 Pfeilern, 3 Apsiden, 5 Kuppeln. Ziegelmauerwerk. An der Westseite und drei Ecken Vorhallen, an der Südseite Galerie. Fassadengliederung durch Pilaster, Arkaden, Gesimse; Dekor: Kokoschniki, »Pfeile«, Ziegelornamente. Zeltdach über südöstlicher Vorhalle aus 17. Jahrhundert. Zum Ensemble des im 12. Jahrhundert gegründeten Klosters gehören u. a. die Kirche Mariä Opferung (1650) und die Nikola-Torkirche.

Sagorsk
Mariä-Himmelfahrts-Kathedrale
im Dreieinigkeits-Sergius-Kloster
Uspenski sobor Troize-Sergijewoi Lawry

Textabb. S. 376; Abb. 240

1559–1585, Auftrag Iwans IV., größter Kirchenbau des Ensembles. Aufgesockelte und eingeschriebene Kreuzkuppelkirche mit 6 Pfeilern (im Querschnitt quadratisch, Ecken eingekehlt), 5 Apsiden, 5 Kuppeln. Sakomari-Typ. Ziegelmauerwerk. An- und Umbauten im 17./18. Jahrhundert. Hallenartiger, hoher Innenraum, »type simple«, gewaltige Altarpartie mit je zwei schmalen, durch Wände getrennten seitlichen Kapellen. Fassadengliederung durch Pilaster und Blendarkatur (Säulchen mit Melonen-Schaftringen). Wandvorsprünge an der Ostseite in Form von Pilastern, Gliederung der relativ flachen Apsiden durch mächtige Halbsäulen, Blendarkaden als Fensterrahmungen. Säulenportale. Aus dem Ende des 17. Jahrhunderts Wandmalerei (von Meistern aus Jaroslawl, später mehrfach übermalt) und holzgeschnitzter, monumentaler Ikonostas. Aus dem 18. Jahrhundert Zwiebelkuppeln, Eingangsvorhallen, Außentreppen. Links vor Westportal die Gruft von Zar Boris Godunow und Familie. Zum Ensemble gehören u. a. die Dreieinigkeits-Kathedrale (1422) mit Nikon-Nebenkirche (1548/1623), die Heilig-Geist-Kirche (1476), das Spital mit der Sossima-und-Sawwati-Kirche (1635–1637), das Refektorium mit der Kirche des Sergius von Radonesh (1686–1692), die Torkirche Johannes' des Täufers (1693–1699), die Brunnen-

1 Dreieinigkeits-Kathedrale; 2 Nikon-Nebenkirche; 3 Westliche Vorhalle; 4 Serapion-Palast; 5 Heilig-Geist-Kirche; 6 Mariä-Himmelfahrts-Kathedrale; 7 Sossima-und-Sawwati-Kirche und Spitalgebäude; 8 Kirche des Sergius von Radonesh mit Refektorium; 9 Michejewskaja-Kirche; 10 Brunnen-Kapelle; 11 Ziborium; 12 Glockenturm; 13 Torkirche Johannes' des Täufers; 14 Zaren-Kartause; 15 Palast des Metropoliten; 16 Kirche der Ikone der Gottesmutter von Smolensk; 17 Sakristei; 18 Roter Turm mit Heiligem Tor; 19 Trockenkammer-Turm; 20 Enten-Turm; 21 Klingender Turm; 22 Torturm; 23 Gezimmerter Turm; 24 Zellen-Turm; 25 Brau-Turm mit Eiskeller; 26 Wasser-Turm; 27 Wasser-Tor; 28 Zwiebel-Turm; 29 Pjatniza-Turm

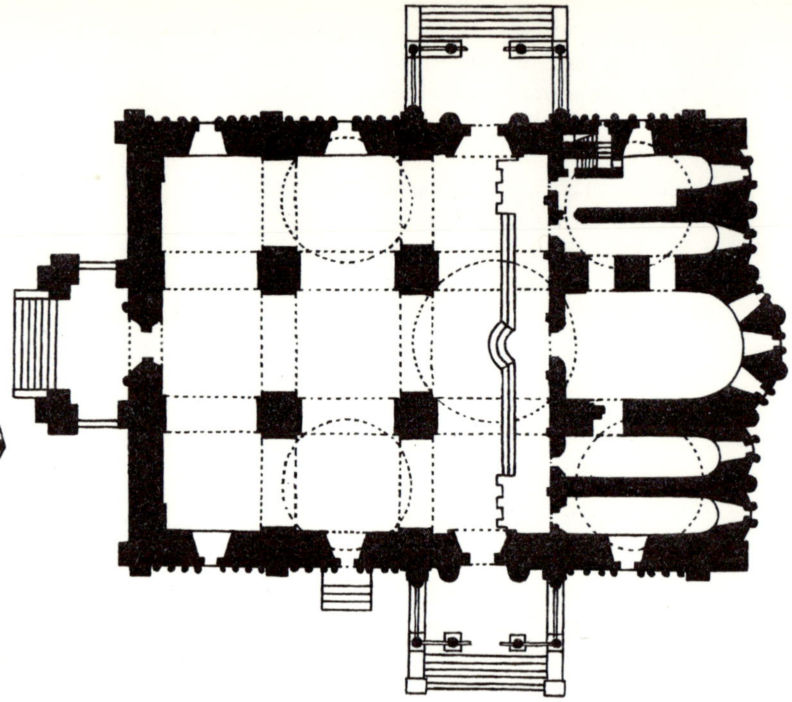

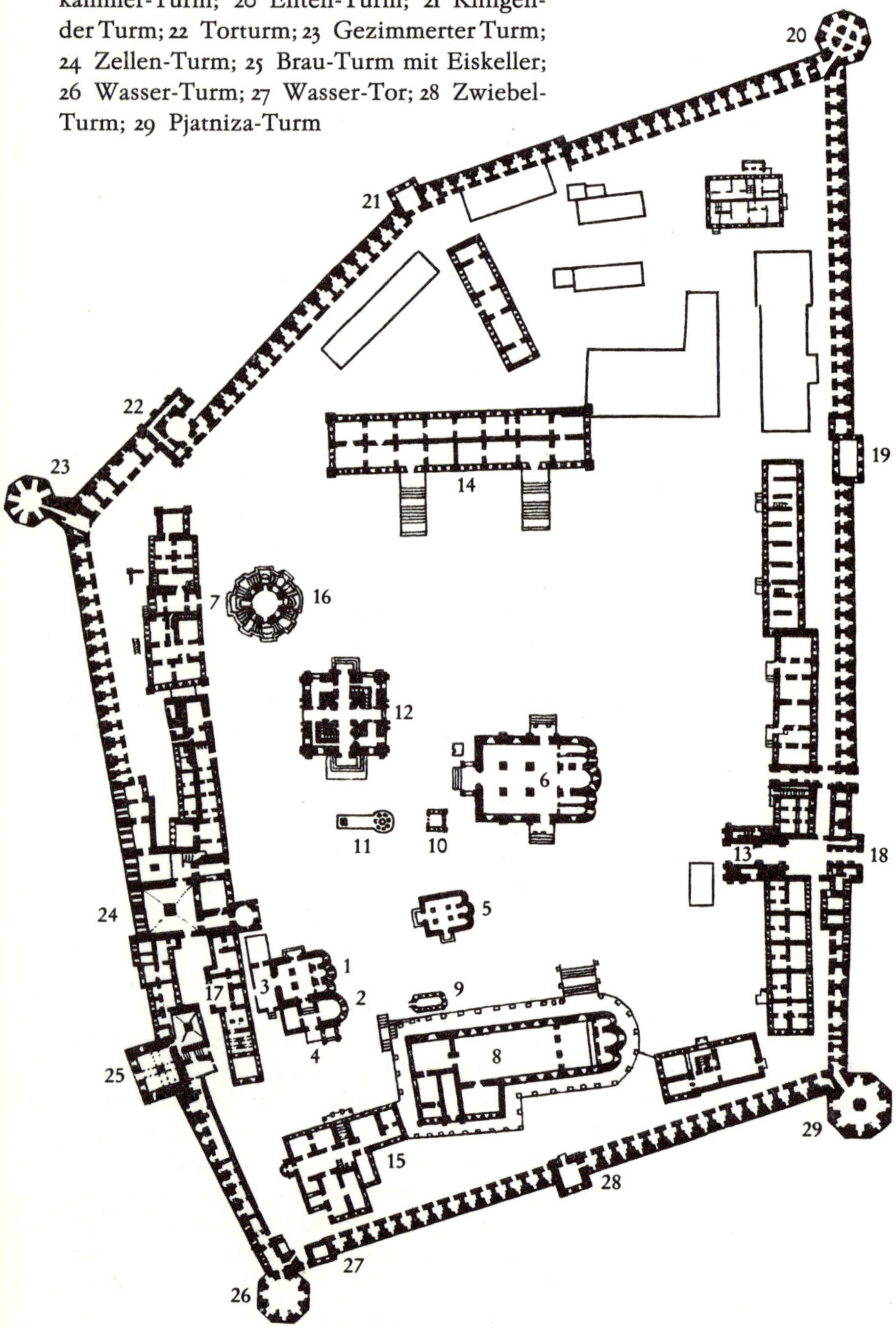

Kapelle (Ende des 17. Jahrhunderts), die Kirche der Ikone der Gottesmutter von Smolensk (1746–1748) und der 87 m hohe Glockenturm (1741–1770). 1744 erhielt das Kloster den Ehrenrang einer Lawra. 1742 Einrichtung des Geistlichen Seminars, 1814 der Moskauer Geistlichen Akademie. Abt und Amtsnachfolger des hl. Sergius seit 1917 der Patriarch von Moskau und ganz Rußland.

Herrscher- und Vorstadtarchitektur

Pereslawl-Salesski
Nikita-Kathedrale im Nikita-Kloster

Nikitinski sobor Nikitinskogo monastyrja

Abb. 241

1561–1564, Auftrag Iwans IV., Klosterkathedrale anstelle des erst drei Jahrzehnte zuvor von Wassili III. errichteten Katholikons. Aufgesockelte und eingeschriebene Kreuzkuppelkirche, im Westteil mit 2 im Querschnitt kreuzförmigen Pfeilern, im Ostteil mit 2 Pilastern, die in die relativ langen Zwischenwände der 3 Apsiden übergehen (»type simple«), 5 Kuppeln. Sakomari-Typ. Ziegelmauerwerk, Kalksteindekor. Im Nordosten und Südosten pfeilerlos eingewölbte, einkupplige Kapellen, letztere (um 1528) vom Vorgängerbau übernommen, Stilform der Moskauer Vorstadtkirchen. Im Innenraum in russischer Baukunst einmalige Spitzbögen als Tragwerk der Hauptkuppel, die den größten Durchmesser aller Kuppeln des 16. Jahrhunderts aufweist, vermutlich kaukasischer Einfluß (im Zusammenhang mit der zweiten Frau Iwans IV., der Tscherkessin Maria Temrjukowa). Fassadengliederung durch Lisenen, sparsamer Dekor. Im 17. und 18. Jahrhundert Anbau von Galerien, Veränderung des Dachs, Erhöhung der Kuppeltamboure. Das Kloster vermutlich Ende des 12. Jahrhunderts für den Wundertäter Nikita gegründet, der im »Stufenbuch« im Zusammenhang mit der Genealogie des Zarenhauses besonders hervorgehoben wird. Unter Wassili III. und Iwan IV. Festungsmauern, steinerne Kirchen, das große Refektorium (um 1560) mit Mariä-Verkündigungs-Kirche (17. Jahrhundert). Glockenturm 17./19. Jahrhundert.

MOSKAU
ANNA-EMPFÄNGNIS-KIRCHE
»IN DER ECKE«

Zerkow Satschatija Anny »tschto w uglu«

Abb. 242

1478–1483, Pfarrkirche im Stadtteil Kitaigorod an einem Eckturm der Festungsmauer, erneuert 1547 und Ende des 16. Jahrhunderts, überkuppelte Kapellen an der Westseite und Galerien aus dem 16./17. Jahrhundert. Aufgesokkelte, im Grundriß quadratische Kuppelkirche mit pfeilerlosem Kreschtschaty-Gewölbe, Schaufeldach und breiter Apsis. Kalksteinquadermauerwerk, Ziegelgewölbe. Dreiteilung der Fassaden durch Lisenen, Abtrennung der dreilappigen Giebel durch Gesims aus Ziegelornamentik, Blendarkatur an der Kuppeltrommel, Blendgiebelreihe an deren Postament.

MOSKAU
TRIPHON-KIRCHE IN NAPRUDNOJE

Zerkow Trifona w Naprudnoi slobode

Textabb. S. 377; Abb. 243

Ende des 15. Jahrhunderts, Auftrag Iwans III. für einen zu seinem Erbgut gehörenden Landsitz. Im Grundriß quadratische Kuppelkirche mit pfeilerlosem Kreschtschaty-Gewölbe, Schaufeldach und breiter Apsis. Kalksteinquadermauerwerk, Ziegelgewölbe. Drei-

teilung der Fassaden durch breite Lisenen, Abtrennung der dreilappigen Giebel durch breites, profiliertes Gesims, Sockelgesims, 3 Säulenportale mit kielbogenförmigen Archivolten. Einbogiger Glockengiebel diagonal über der Südwestecke, Reste von Außenfresken (Ende 16./Anfang 17. Jahrhundert) im Nordosten.

ROSTOW-WELIKI
KIRCHE DES SELIGEN ISIDOR

Zerkow Issidora Blashennogo

Abb. 244

1566, dem Wundertäter Isidor und Christi Himmelfahrt geweihte Pfarrkirche, im Auftrag Iwans IV. und mit Mitteln der Staatskasse, Hofbaumeister Andrei Maly. Im Grundriß quadratische Kuppelkirche mit pfeilerlosem Kreschtschaty-Gewölbe, Schaufeldach und 3 großflächigen Apsiden. Ziegelmauerwerk. Dreiteilung der Fassaden durch Lisenen, Abtrennung der dreilappigen Giebel durch breites, profiliertes Gesims: So erheben sich jeweils über dem breiteren mittleren Wandabschnitt ein Kielbogen und über den seitlichen Abschnitten Viertelkreisbögen. Aus dem Jahre 1572 holzgeschnitzter Ikonostas, aus 17. Jahrhundert westliche Eingangsvorhalle, aus zweiter Hälfte des 18. Jahrhunderts Wandmalerei, untere Zone mit Bildern zur Vita Isidors und Darstellungen Rostower Kirchen, aus 18./19. Jahrhundert Glockenturm.

MOSKAU
CHRISTI-GEBURTS-KIRCHE IN JURKINO

Zerkow roshdestwa Christowa w Jurkine

Vor 1504, Auftrag von J. S. Golochwastow als Gutskirche. Kuppelkirche mit pfeilerlosem Kreschtschaty-Gewölbe, Schaufeldach, 3 Apsiden. Ziegelmauerwerk. Dreiteilung der Fassaden durch Lisenen; Abtrennung der dreilappigen, stark profilierten Giebel durch breites Gesims aus Terrakotta zwischen Karniesen; schmale, hohe Fenster; Stufenportale; feinteilige Ornamentik. Neue Vorhalle 1820.

NOWGOROD
KIRCHE DER MYRONTRAGENDEN
FRAUEN AUF DEM HOF DES JAROSLAW

Zerkow Shen mironossiz na Jaroslawowom dworischtsche

Textabb. S. 330, 377; Abb. 246

1510, Auftrag des Moskauer Großkaufmanns Iwan Syrkow, Eigenkirche am Handelshof anstelle einer Holzkirche. Über 2 Lagergeschossen eine eingeschriebene Kreuzkuppelkirche mit 4 Pfeilern, 3 Apsiden und einer Kuppel. Ziegelmauerwerk. Westlicher Narthex durch Wand abgetrennt: 4 Geschosse, je eins in Höhe der Lagergeschosse und Doppelgeschoß vor Sakralraum, oben mit Seitenkapel-

len. Fassadengliederung durch Lisenen (an Längsseiten 4, im Westen 3 Abschnitte), oberer Abschluß durch dekorative Rundbögen mit Dreiecksgiebeln und Satteldächern. Zweibogiger Glockengiebel über Mittelabschnitt der Westfassade, im Westen auch 2 übereinander liegende Portale (zum oberen Lagergeschoß und zum Sakralraum). Im 17. Jahrhundert ersetzt zweigeschossige Galerie (unten Arkatur, oben Bogenfenster) an West- und Nordseite hölzerne Außentreppen, beachtenswert das Gurtgesims aus fünfeckigen, abgestuften Nischen und der Kachelschmuck im Obergeschoß.

NOWGOROD
PROKOPIUS-KIRCHE
AUF DEM HOF DES JAROSLAW

Zerkow Prokopija na Jaroslawowom dworischtsche

Abb. 246

1529, Pfarrkirche als Stiftung des Moskauer Großkaufmanns Dmitri Syrkow. Über 2 Lagergeschossen eine eingeschriebene Kreuzkuppelkirche mit kubischem Baukörper, 4 Pfeilern, 3 Apsiden, Kreuzdach und einer Kuppel. Ziegelmauerwerk. Niedrigere zweigeschossige westliche Galerie, hölzerne Außentreppe an Nordseite. Fassadengliederung durch Lisenen, der mittlere Abschnitt schließt mit kielbogenförmiger Nische ab, die seitlichen Abschnitte enden in Viertelkreisform. Kielbogenfries an Galerie und Kuppeltrommel.

NOWGOROD
BORIS-UND-GLEB-KIRCHE IN PLOTNIKI
Zerkow Borissa i Gleba w Plotnikach

Abb. 245

1536, Pfarrkirche, anstelle älteren Baues von der Gemeinde der Sapolskaja- und Konjuchowaja-Straße unter Beteiligung Nowgoroder und Moskauer Kaufleute, Nowgoroder Meister. Eingeschriebene, großräumige Kreuzkuppelkirche mit 4 Pfeilern, einer breiten Apsis, 5 Kuppeln. Sakomari-Typ. Ziegelmauerwerk. Fassadengliederung durch Lisenen, kielbogenförmige Giebel, Kielbogenfriese als Hauptgesimse der Apsis und Kuppeltrommeln. Aus 17. Jahrhundert große, doppelgeschossige Vorhalle mit 3 Satteldächern.

PSKOW
MARIÄ-HIMMELFAHRTS-KIRCHE AN DER FÄHRE UND GLOCKENWAND
Zerkow Uspenija s Paromenja i Swonniza

Textabb. S. 331

1521, Pfarrkirche. Eingeschriebene Kreuzkuppelkirche mit 4 Pfeilern, 3 Apsiden, Kreuzdach, einer Kuppel. Zechstein- und Ziegelmauerwerk. An- und Umbauten im 17./18. Jahrhundert. Glockenwand über unterkellertem Wirtschaftsgebäude, Arkatur in Abmessung und Stützen unterschiedlich, jeder der 5 Bögen urspünglich mit eigenem Satteldach.

PSKOW
NIKOLAUS-KIRCHE AUF DEM TROCKENEN
Zerkow Nikoly so Ussochi

Abb. 247

1535–1537, Pfarrkirche. Eingeschriebene Kreuzkuppelkirche mit 4 Pfeilern, 3 Apsiden, Kreuzdach, einer Kuppel. Zechstein- und Ziegelmauerwerk. Zweibogiger Glockengiebel über Mittelabschnitt der Nordfassade. Fassadengliederung durch Lisenen, oberer Abschluß durch mehrlappige, in der Mitte spitzbogen-, an den Seiten viertelkreisförmige Bögen, breite Gesimse aus Bogenfriesen, Porebrik und Begunez an Apsiden und Kuppeltrommeln. Überkuppelte, vierpfeilerige Kapelle und Eingangsvorhalle im Nordosten, niedrige, offene Grabkapelle im Südosten, Galerie 17. Jahrhundert.

PETSCHORY
NIKOLAUS-TORKIRCHE DES PSKOWER HÖHLENKLOSTERS
Nadwratnaja Nikolskaja zerkow Pskowo-Petscherskoi Lawry

Textabb. S. 378; Abb. 250, 251

1565, Auftrag des Abts Kornili. Im Grundriß quadratische, pfeilerlos durch Stufenbögen eingewölbte Kuppelkirche mit einer Apsis, die sich an die Rundung des Nikolaus-Turms

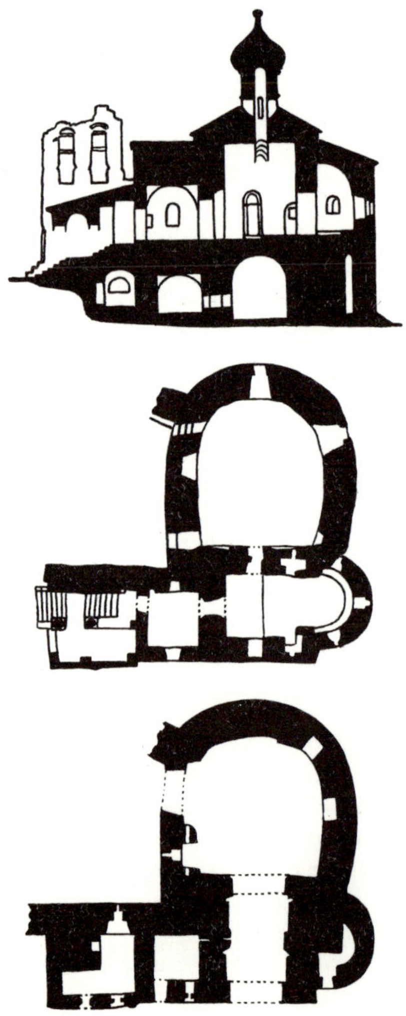

anschließt. Zechstein- und Ziegelmauerwerk. Südfassade durch 3 schmale, flache und darüber 2 breite, profilierte, halbrund abschließende Nischen dekoriert. Kuppeltrommel über dem (später angebrachten) vierflächigen Dach mit typisch Pskower Ornamentband aus Bogen, Begunez und Porebrik. Imposant im Westen die Außentreppe mit dicken Pskower Stützen und zweibogiger Glockenwand (1581). Anfänge des Höhlenklosters unbekannt. 1470 Nachricht über Moskauer Eremiten, dann Ausbau zur Festung, zu Beginn des Livländischen Krieges (1558–1583) Verstärkung der Fortifikation, Wehrmauern und Türme erhalten, Mariä-Himmelfahrts-Kathedrale (1473) und Glockenwand (1523) im 18./19. Jahrhundert umgestaltet.

PSKOW
MARIÄ-SCHUTZ-KIRCHE UND MARIÄ-GEBURTS-KIRCHE AN DER BRESCHE
Zerkow Pokrowa i Zerkow Roshdestwa ot Proloma

Abb. 249

16. Jahrhundert. Doppelkirche in dem seit 1456 bekannten Stadtkloster Mariä Schutz, das 1544 und bei der Belagerung Pskows durch Stephan Batory abbrannte und 1581 neu aufgebaut wurde. Beide Kuppelkirchen gleichartig, durch Wand getrennt. Im Grundriß quadratisch, pfeilerlos durch Stufenbögen eingewölbt, mit Satteldächern. Im Westen geräumige Eingangsvorhalle, gemeinsamer, zweibogiger Glockengiebel in der Mitte. Fassaden ohne Gliederung, nur eingenischte Fenster, kleine, halbrund abschließende Nischen an Westwand und Kuppelgesims aus Porebrik und Begunez.

SOLWYTSCHEGODSK
MARIÄ-VERKÜNDIGUNGS-KATHEDRALE
Blagoweschtschenski sobor

1560–1579, Auftrag der Nowgoroder Großkaufmannsfamilie Stroganow neben ihrem doppelgeschossigen Holzpalast in einem befestigten Handelshof am Fluß Wytschegda, Moskauer Hofbaumeister. Aufgesockelte und eingeschriebene Kreuzkuppelkirche mit 2 Pfeilern, 3 Apsiden, 5 Kuppeln, »type simple«. Ziegelmauerwerk, Kalksteindekor. Altarpartie auf die niedrigen Apsiden eingeschränkt, Ostwand zugleich Altarscheidewand, hoher und breiter Naos mit 2 dünnen, im Querschnitt quadratischen Pfeilern, zwischen denen sich die Trommel der Hauptkuppel erhebt, Nebenkuppeln über den vier Ecken. Über hohem Sockelgeschoß auch dreiseitig umlaufende Galerie. Ost- und Westfassade durch Lisenen in 3, Nord- und Südfassade in 2 Abschnitte geteilt, oberer Abschluß durch eine Reihe Pseudo-Sakomari, Gurtgesims an deren Kämpferlinie aus Ziegelornamentik. Wandmalerei um 1600 durch die Moskauer Meister Fedor Sawin und Stefan Arefjew.

Borowsk
Mariä-Geburts-Kathedrale im Pafnuti-Kloster

Roshdestwenski sobor Pafnutijewa monastyrja

1596, Auftrag der Regierung Boris Godunows anstelle des alten Katholikons von 1467. Eingeschriebene Kreuzkuppelkirche mit 4 Pfeilern, 3 niedrigen Apsiden, 5 Kuppeln. Sakomari-Typ. Symmetrisch im Nord- und Südosten pfeilerlos überwölbte und überkuppelte Kapellen, deren breite Apsiden sich einreihen. Ziegelmauerwerk, Kalksteindekor. Fassadengliederung durch Pilaster, breites Hauptgesims an Kämpferlinie der Sakomari, Wandkassetten, Kokoschniki an Postamenten der Kuppeltrommeln, Blendarkatur an Trommeln, zahlreiche Schmuckmotive der Moskauer Erzengel-Kathedrale. Ausmalung 1644. Das um 1445 von Pafnuti (2. Generation der Schule des hl. Sergius) in der Nähe der Stadt Borowsk gegründete Koinobion stand in enger Beziehung zum Moskauer Herrscherhaus, war eine Hochburg der Iossifljanen und verfügte über großen Grundbesitz. Befestigung aus 16./17. Jahrhundert, Refektorium mit Christi-Geburts-Kirche (1531), Zellenkorpus, Spital mit pfeilerlos eingewölbter Elias-Kirche und Glockenturm aus 17. Jahrhundert.

Wjasjomy
Dreieinigkeits-Kirche

Zerkow Troizy

Textabb. S. 333, 379; Abb. 252

Vor 1598, Auftrag von Boris Godunow für seinen Landsitz, der später als Moskauer Vorstadt-Residenz diente. Aufgesockelte und ein-

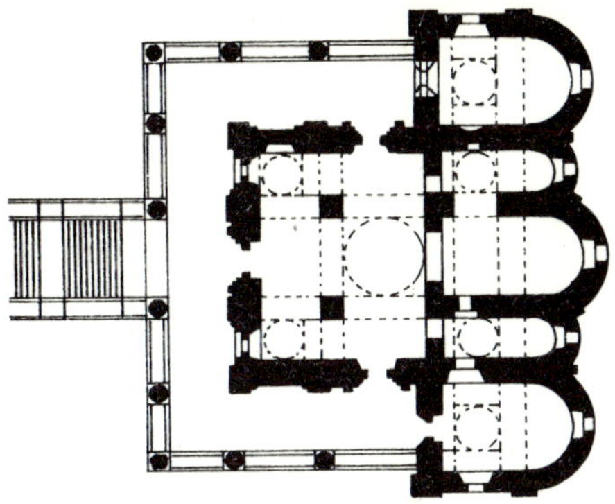

geschriebene Kreuzkuppelkirche mit 4 Pfeilern, 3 Apsiden, 5 Kuppeln. Sakomari-Typ. Symmetrisch im Nord- und Südosten pfeilerlos überwölbte, mit Blendgiebelpyramide versehene und überkuppelte Kapellen, deren breite Apsiden sich einreihen. Kalksteinmauerwerk, Ziegelgewölbe. Dreiseitig umlaufende, offene Arkaden-Galerie. Fassadengliederung durch Lisenen, Sockelgesims, breites Gesims an Kämpferlinie der Sakomari, reicher Schmuck (Profilierungen, Archivolten, Blendarkatur an Trommeln, Kassetten, Motive der Moskauer Erzengel-Kathedrale). Wandmalerei um 1602. An- und Umbauten im 17./18. Jahrhundert.

Moskau
Alte Kathedrale der Ikone der Gottesmutter vom Don im Don-Kloster

Stary sobor Donskoi Bogomateri Donskogo monastyrja

Textabb. S. 379; Abb. 253, 254

1591–1593, Auftrag von Zar Fedor Iwanowitsch und Boris Godunow im Zusammenhang mit dem 1591 gegründeten Wehrkloster (aus Anlaß des Sieges über den Krim-Chan Kasa-Girey, zu Ehren der Ikone der Gottesmutter vom Don, die dem russischen Heer als Palladium diente), Baumeister eventuell Fedor Kon. Im Grundriß quadratische, pfeilerlos durch Stufenbögen in den Kreuzarmen und Kappen in den Ecken eingewölbte Kuppelkirche mit einem auf die 3 niedrigen Apsiden eingeschränkten Altarraum. Fassadengliederung durch Lisenen. 3 Reihen sich nach oben verkleinernder, stark profilierter Pseudo-Sakomari; mittlerer Wandabschnitt mit großem Fenster, aber ohne das die Blendgiebelpyramide abtrennende, breite Gesims. Steile, schlanke Kuppeltrommel mit Blendarkatur und Gesimsen. Ziegelmauerwerk, Kalksteindekor. 1678 an Ostseite symmetrischer Anbau der beiden blind überkuppelten Seitenkapellen mit breiten Apsiden, die sich an die des Hauptbaues anreihen, sowie an Westseite des großräumigen, im Grundriß quadratischen Refektoriums mit Kreuzgewölben über zwei Pfeilern. Zeltdach-Glockenturm 1679. Gegen Ende des 17. und Anfang des 18. Jahrhunderts im Auftrag der Regentin Sophia und dann Zar Peters des Großen Erneuerung der Fortifikation des Klosters. Bau der sogenannten Neuen oder Großen Kathedrale der Ikone

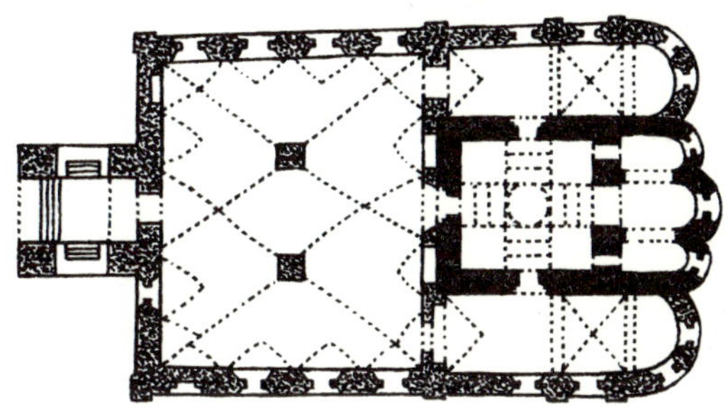

der Gottesmutter vom Don (1684–1689), der Kirche der Ikone der Gottesmutter von Tichwin über dem Nordtor (1693/1713), des Westtors mit dem dreigeschossigen Glockenturm (1730–1753), der Erzengel-Michael-Kirche (1809). Zahlreiche Grabkapellen und Grabmale aus dem 18. und 19. Jahrhundert auf dem Friedhof im südöstlichen Teil des Ensembles.

Fachbegriffe

ACHEIROPOIETOS Ikonographischer Typ des »ohne Hand gemalten Erlösers«, ähnlich dem »Schweißtuch der heiligen Veronika« (griechisch: Mandylion)

AMBO In der Kreuzkuppelkirche der Platz in der Mitte der Solea (vor der Königstür), der für die Lesungen und die Predigt bestimmt ist

ANAPHORA Kernstück der Liturgie mit eucharistischem Hochgebet und Einsetzungsbericht, dem Stillgebete des Priesters zur Erinnerung (Anamnese) und zur Anrufung des Heiligen Geistes (Epiklese) sowie die Wandlung folgen

APSIS, APSIDE Von einer Halbkuppel überwölbter, im Grundriß halbkreisförmiger oder mehreckiger Abschluß des Bemas und der Pastophorien

ARCHIMANDRIT Erz- oder Generalabt, der einem großen orthodoxen Kloster oder mehreren Klöstern mit besonderen Traditionen vorsteht

ARCHIVOLTE Bogenlauf eines Portals oder Fensters mit Gewände oder bandartig abgesetzte Stirn eines Bogens

ARKOSOLIUM Form des Wandgrabes, das kastenförmig in die Mauer eingelassen ist und über dessen flacher Abschlußplatte sich eine Bogennische wölbt

AUTOKEPHALIE Kirchenrechtliche Selbständigkeit

BASILEUS Titel für den byzantinischen Kaiser

BEGUNEZ Ornamentale Ziegelvermauerung (in Pskow aus Zechstein geschnitten), gewöhnlich in Gestalt eines Bandes, das auf der Wandoberfläche eine Reihe dreieckiger Vertiefungen bildet, die ihre Spitzen im Wechsel nach oben und nach unten richten (bei dem Pskower Zechstein-Ornament auch im Wechsel rechteckiger Vertiefungen und Bossen)

BEMA Allerheiligstes (Sanktuarium), der zumeist erhöhte Raum mit dem Altar und den Sitzen für den Klerus (Presbyterium) am Ostende des Mittelschiffs, russisch auch »altar« genannt

BLENDARKADE Gliedert eine Wandfläche, ohne sie zu öffnen, in Form einer Arkade

BOGENGANG Auf einer Seite von einer Arkatur begrenzter Gang

DACHFORMEN
Botschka Dachform in Gestalt eines Halbzylinders mit einer kielbogenförmigen Erhöhung des Oberteils (Durchdringung von zwei Botschki ergibt die »Kreuz-Botschka«: Kubowatoje Pokrytije)
Kreuzdach Achtflächige Bedachung, die aus einander rechtwinklig überkreuzenden Satteldächern über einem zumeist quadratischen Grundriß besteht
Schaufeldach Dreipaß im oberen Abschluß, dreilappige Bedachung, die an jeder Seite des Kirchengebäudes den Tonnen über den Kreuzarmen und den Viertelkreisbögen über den Eckräumen folgt
Wellendach Bedachung, die der Reihe der Sakomari (Rundgiebel) folgt
Zeltdach Pyramidendach, siehe Schatjor

DEISUS Zentrale Darstellung am Ikonostas: der thronende Christus zwischen der Gottesmutter und Johannes dem Täufer

DIAKONIKON Raum südlich des Altars (russisch: Risniza) zum Aufbewahren liturgischer Gewänder, Geräte und Bücher und zum Einkleiden der Priester (ähnlich der Sakristei)

DODEKAORTION Bilder zu den 12 großen, innerhalb des Kirchenjahres hervorgehobenen Herren- und Gottesmutterfesten, im einzelnen variables Schema

DREIPASS Siehe Schaufeldach und Trikonchos

DYNKA Ornamentaler Ring in Form einer Melone um den Schaft einer Säule oder eines Pfeilers, zumeist an Portalen und Fensterumrahmungen

EMPORE Galerie- oder balkonartiges Obergeschoß im Kirchenraum, zumeist von Stützen getragen und nach innen geöffnet (russisch: Chory)

EPIKLESE Siehe Anaphora, Stillgebet des Priesters, in dem der Heilige Geist »auf die vorgelegten Gaben« herabgerufen wird

EPITAPHIOS Zeremonie im Abendgottesdienst des Karfreitags, bei der ein liturgisches Tuch mit der Darstellung des Leichnams Christi durch die Prothesistür der Bilderwand zu einem »Grab« genannten Katafalk im Kirchenschiff getragen und dort zur Verehrung durch die Gemeinde niedergelegt wird, auch Bezeichnung für die Tuchikone selbst

FRESKO Wandmalerei auf frischem Kalkbewurf, zumeist mit Sekko-Technik gemischt, die auf der trockenen Wand ausgeführt wird

GALERIE Langer, gedeckter, seitlich offener Gang

GEWÄNDE Die schräg geführte Mauerfläche (Leibung) seitlich eines Fensters oder Portals

GEWÖLBEFORMEN
Klostergewölbe Gewölbeform, die nur aus Wangen, zumeist über quadratischem Grundriß, zusammengesetzt ist und einen Scheitelpunkt besitzt, siehe auch Somknuty-Gewölbe
Korbgewölbe Gewölbe, dessen Umriß sich als korbförmige, elliptische oder parabolförmige Krümmung darbietet, siehe auch Tonnengewölbe
Kreschtschaty-Gewölbe Pfeilerlose Einwölbung der Kreuzarme einer Kreuzkuppelkirche mit einer Art Flachtonnen und der Eckräume mit Fragmenten des Klostergewölbes
Muldengewölbe Tonnengewölbe, dessen Schmalseiten durch Wangen geschlossen sind, im Unterschied zum Klostergewölbe also mit einer Scheitellinie, siehe auch Somknuty-Gewölbe
Somknuty-Gewölbe Gewölbe aus vier oder mehreren Wangen sowohl über quadratischen und rechteckigen als auch polygonalen Räumen, bei dem das Gewicht durchweg auf den stützenden Wänden ruht (nicht wie beim Kreuzgewölbe nur auf den Ecken)
Spiegelgewölbe Ein Somknuty-Gewölbe, dessen Oberteil durch eine horizontale Fläche oder eine sehr flache Einwölbung abgeschnitten wird
Stufengewölbe Einwölbung kleiner Räume durch ein System von quer verlaufenden, stufenförmig angeordneten Bögen, auf die sich wiederum in der Längsrichtung Stufenbögen stützen (bei Kirchen bildet das Zentrum ein offenes Quadrat, das in die Kuppeltrommel übergeht)

Tonnengewölbe Gewölbe mit halbkreisförmigem (Rundtonne), viertelkreisförmigem (Halbtonne) oder segmentbogenförmigem (Flachtonne) Querschnitt

Girka Ornamentale Form eines Zapfens, der in der Mitte eines Zwillingsbogens an einer im Mauerwerk verborgenen eisernen Stange hängt und zumeist aus skulptiertem Stein besteht

Glockengiebel Giebelaufbau mit einer oder mehreren Öffnungen für Glocken

Golosniki Hohlgefäße, zumeist Krüge oder Töpfe aus Ton, die in die obere Wandzone eingelassen sind, sich zum Innenraum öffnen und der Resonanz dienen

Gulbischtsche Äußere Terrasse, die ein Gebäude von mehreren Seiten umgibt

Gurtbogen Der quer zur Längsachse eines (hauptsächlich Tonnen-)Gewölbes verlaufende gurtartige Verstärkungsbogen

Hesychasmus Von griechisch »hesychia«: Schweigen, innere Ruhe, eine Mitte des 14. Jahrhunderts einsetzende Mönchsbewegung, die von asketischen Traditionen, den Ideen des Gregorios Palamas und der Gebetspraxis einiger Athos-Klöster ausging und durch Abwendung von allen menschlichen Problemen sowie Selbstversenkung, durch die psychophysische Meditationstechnik der sogenannten Nabelschau zur mystischen Vereinigung mit Gott, zur Vision des Lichts der Verklärung Christi gelangen wollte

Idiorhythmie Einsiedler-Ideal, das im ausgehenden 14. Jahrhundert auf dem Athos um sich griff und von der Absicht getragen war, »nach eigenem Rhythmus« die Freiheit und Selbständigkeit persönlicher Askese und Frömmigkeit zu gewährleisten

Igumen Abt eines Klosters

Ikonoklasmus Ablehnung der Darstellung Christi und der Verehrung von Heiligenbildern, Bildersturm

Ikonostas Bilderwand zwischen Altar- und Gemeinderaum, die aus mehreren Rängen von Ikonen besteht

Immanuel Ikonographischer Typ des jugendlichen Christus, der das ewige Wort Gottes verkörpert

Isba Wohnhaus im Blockbau

Joch Gewölbefeld innerhalb eines Schiffs, beim Tonnengewölbe der zwischen zwei Gurtbögen befindliche Raumabschnitt

Kämpfer Wandzone, an der die Krümmung eines Gewölbes oder Bogens beginnt, oder vorspringende Platte einer Stütze über dem Kapitell

Kantharus Reinigungsbrunnen im Vorhof, oft von einem Baldachin überdacht, in dem sich die Gläubigen vor Betreten der Kirche waschen

Kapitell Ausladendes und oft ornamental ausgearbeitetes Kopfstück einer Stütze

Kappe Eines der vier Teilstücke des Kreuzgewölbes (Gewölbekappe) oder senkrechter Einschnitt in ein Tonnengewölbe (Stichkappe)

Katechumen Taufbewerber

Kathedra Bischofsthron oder Sitz eines hohen Klerikers in der Apsis

Kathedrale Ursprünglich Bischofskirche mit Kathedra, in der Übersetzung von »Sobor« Bezeichnung für Bischofskirchen, Hofkirchen, Hauptkirchen eines Klosters und Hauptpfarrkirchen

Katholikon Hauptkirche eines Klosters, Klosterkirche

Klet rechteckige Grundraumeinheit im Blockbau, »Zelle«

Königstür Durchgang in der Mitte der Bilderwand zum Altar, auch Paradiestür oder Zarentor genannt

Koinobion Durch ein Typikon, das heißt eine Sammlung liturgischer und disziplinärer Vorschriften, streng geregeltes Gemeinschaftsleben eines orthodoxen Klosters unter dem Abt (im Unterschied zum Eremiten- oder Einsiedlerleben)

Kokoschnik Blend- oder Ziergiebel, halbkreisförmig oder mit kielbogenförmigem Oberteil, zumeist in zwei oder drei Reihen um die Trommel angeordnet, aber auch zur äußeren Verkleidung von Gewölben und als oberer Abschluß der Außenwände

Kolokolnja Glockenturm

Konsole Aus der Mauer vorspringendes Tragelement

Kreml Gesellschaftliches und administratives Zentrum einer altrussischen Stadt, das von einer Festungsmauer umgeben ist, im erweiterten Sinn: Burg (russisch: Detinez)

Kreuzkuppelkirche Über dem Grundriß eines Kreuzes errichteter Kirchenbau mit überkuppelter Vierung und – in der Regel – tonnenförmig überwölbten Kreuzarmen; »eingeschrieben«, wenn die Kreuzform von einem Rechteck umfaßt wird, also Eckräume das Tonnenkreuz ausfüllen; Vier-Stützen-Variante, wenn die Stützen der Vierung bzw. der Hauptkuppel frei stehen; Zwei-Stützen-Variante oder »type simple«, wenn die östlichen Stützen mit den Innenecken oder Innenwänden der Apsiden verschmelzen; »Quincunx«, Analogie zur Zahl Fünf eines Spielwürfels, wenn sich über den vier Eckräumen des Tonnenkreuzes Nebenkuppeln erheben

Laura Russisch: Lawra, Einsiedler-Kolonie, auch Skit genannt, Kloster ohne koinobitisch strenge Gemeinschaftsregel, später Ehrentitel für (auch koinobitisches) Großkloster

Leibung Begrenzung einer Maueröffnung, oft schräg verlaufend (Gewände der Fenster und Türen), oder Unterseite eines Gewölbes

Lisene Flacher vertikaler Wandvorsprung ohne Basis und Kapitell, zumeist zur dekorativen Gliederung, siehe Lopatka

Liturgie Allgemein: Ordnung des kirchlichen Kults, im orthodoxen Verständnis: eucharistische Meßfeier mit Vormesse (Proskomidie, Prothesisakt), Wortgottesdienst bzw. Liturgie der Katechumenen und Liturgie der Gläubigen (Anaphora, Wandlung, Elevation, Kommunion), im Kirchenjahr am meisten zelebriert die »Göttliche Liturgie unseres hl. Vaters Johannes Chrysostomos«

Lopatka Lisene mit Kämpfer, oft in konstruktiver Funktion, oder Pilaster ohne ausgearbeitetes Kapitell

Maschikuli Ausguß- oder Schießöffnungen zwischen Konsolen des vorkragenden Wehrganges, hier gemeint als Bauelement, das durch ein flaches kleines Gewölbe über zwei Konsolen den Übergang zu dem nach innen vorkragenden Tambour herstellt

Mnogoglasie Simultanlösung der Liturgie, bei der die einzelnen Meßteile in ihrer Länge ungekürzt zur gleichen Zeit an verschiedenen Orten des Kirchenraums zelebriert und gesungen werden (deutsch: Vieltönen), eine Krisenerscheinung des russischen Chorgesangs zwischen dem Ende des 16. und der Mitte des 17. Jahrhunderts

Nalitschnik Ornamentale Umrahmung von Tür- oder Fensteröffnungen, zumeist mit Säulchen und Giebel (in Art einer Ädikula)

Naos Kirchenschiff, Gemeinderaum

Narthex Vorraum, Vorhalle

Oktoechos Ordnung des Kirchenjahrs und Kirchengesangs, die am ersten Sonntag nach Pfingsten beginnt, sechsmal jeweils acht Wochen umfaßt und in Anlehnung an die kosmisch-heilsgeschichtliche Symbolik der Zahl Acht in jeder Woche des Achterzyklus die Melodien der Hymnen in bestimmten Modi (griechisch: echoi) singen läßt; jeder Echos entspricht einem der acht Gregorianischen Modi; in der russischen Gottesdienstordnung heißt der einzelne Achtwochen- und Achttonzyklus »stolp«, d. h. Säule

Omophorion Breiter, mit großen Kreuzen geschmückter Schal aus Seide, den der Bischof als Insignie auf dem Meßgewand über den Schultern und mit einem Ende über die Brust fallend trägt, entspricht dem römischen Pallium

Opritschnina Terrororganisation von Zar Iwan IV. Grosny, dem Schrecklichen, zur Autokratisierung des Reichs; sie stützte sich auf eine eigene, etwa tausendköpfige Polizeitruppe (die Opritschniki) und besaß einen Führungsstab in Alexandrowskaja Sloboda, der wie ein elitärer Orden lebte; über das dem Hochadel enteignete und vom übrigen Reichsteil, der sogenannten Semschtschina, abgesonderte Staatsterritorium herrschte der Zar ohne die ohnedies formelle Mitsprache der Bojarenduma

Pantokrator Ikonographischer Typ Christi als Allherrscher und Weltenrichter

Pastophorien Zusammenfassender Begriff für Prothesis und Diakonikon am Ostende der Seitenschiffe (Nebenapsiden)

Pendentif Eckzwickel oder Teilgewölbe in Form eines sphärischen Dreiecks zur Überleitung vom quadratischen Grundriß des Unterbaues zum Kuppelrund

Peristyl Säulengänge, die einen Hof umrahmen

Pilaster Ein aus der Wand hervortretender Pfeiler, der wie eine Säule in Basis, Schaft und Kapitell gegliedert ist und zumeist eine konstruktive Funktion hat, als Lopatka auch ohne Basis und Kapitell, jedoch mit Kämpfer

Piscator-Bibel Sammlung von Kupferstichen mehrerer Künstler zu biblischen Themen, die Mitte des 17. Jahrhunderts von Jan de Vischer (genannt Piscator) in Holland herausgegeben wurde

Podest Treppenabsatz

Pogost Handelsplatz, der außerhalb einer Siedlung liegt

Porebrik Zahnfries, Form der ornamentalen Ziegel- (zuweilen auch Naturstein-)Vermauerung, bei der die Steine hochkant gestellt oder flach gelegt einen Winkel zur äußeren Wandoberfläche (Mauerflucht) bilden

Portikus Säulengetragener Vorbau vor dem Haupteingang

Possad Vorstadt, kleiner Handelsort außerhalb des Kremls

Pridel Nebenaltar, der in einem speziellen Anbau der Kirche oder in einem dafür bestimmten Raum des Kircheninneren aufgestellt ist (Kapelle)

Proskomidie Vormesse, siehe Liturgie, mit dem Ritus der »Schlachtung des Lammes« (Opferung) im Prothesisraum

Proskynetarion Auch Analogion, Pult auf dem Ambo für Lesungen, auf seiten der Solea für die beiden Chorgruppen und im Kirchenschiff für das Evangelienbuch, für Festtags- und Heiligenikonen des Kirchenjahrs sowie für andere geweihte Gegenstände, die zur Verehrung (Proskynese) durch die Gemeinde ausgelegt werden

Prothesis Raum nördlich des Altars (russisch: Shertwennik) für den Rüst- oder Opfertisch (ebenfalls Prothesis genannt)

Rangplatzordnung Hierarchie des russischen Adels nach Unterwerfung der Teilfürstentümer durch die Moskauer Großfürsten, feudale Mischung aus Abstammungs- und Dienstrechten, unter Iwan IV. »Herrscherliches Geschlechterbuch«

Raskol Abspaltung einiger Gruppen »Altgläubiger« von der Russischen Orthodoxen Kirche, weil sie die von den Landessynoden 1654/1655 und 1666/1667 bestätigten Reformen des Patriarchen Nikon ablehnten und an nationalen Bräuchen sowie den Beschlüssen des Stoglaw festhielten

Rhipidion Liturgischer Fächer, ursprünglich zum Schutz vor Insekten; dann Form einer Metallscheibe mit Darstellung eines Cherubs, beim Großen Einzug in Verbindung mit dem Cherubimhymnus Symbol der Herrschaft Christi; Fächern als Zeichen für Herabholen des Heiligen Geistes und für Erdbeben bei Auferstehung Christi

Refektorium Siehe Trapesnaja

Risniza Diakonikon, Sakristei, die in Kathedralen und Großklöstern auch aus mehreren Räumen bestehen kann (zum Beispiel zum Aufbewahren der Kirchenschätze)

Rundbogenfries Eine fortlaufende Reihe von kleinen, der Wand vorgeblendeten Bögen, die reich profiliert und auf Konsolen gesetzt sein können

Sakomara Halbkreisförmiger Abschluß der oberen Wandteile (Rundgiebel) eines Kirchengebäudes, zumeist der Form des Gewölbes entsprechend, aber auch dekorativ aufgesetzt (Pseudo-Sakomara)

Sarkophag Grabdenkmal aus Holz, Stein, Metall oder Ton in Form eines sichtbar aufgestellten Kastens

Schallarkade Bogenstellung in der Höhe des Glockenstuhls

Schatjor (Schatrowoje Pokrytije) Bedachung in Form einer hohen vier- oder mehrflächigen Pyramide, Zeltdach

Scheja Blinde Trommel einer Kirchenkuppel, die keine Lichtöffnungen besitzt

Schirinka Kleine quadratische oder rechteckige Vertiefung, die sich in der Wand oder Brüstung eines Steingebäudes befindet, einen profilierten Rahmen aufweist und in die manchmal eine Kachel oder aus Ziegel oder Kalkstein skulptierter Schmuck eingelassen ist

Schlussstein Stein im Scheitelpunkt eines Kreuzrippengewölbes

Semantron Metallstab oder hölzernes Schallbrett, mit einem Holzhammer zu schlagen, im Kloster statt einer Glocke zum Signalisieren der Stundengottesdienste und Mahlzeiten

Skit Siehe Laura

Sobor Ursprünglich Versammlung, Synode und Bezeichnung für einen großen Kirchenbau als Tagungsstätte, heute im Russischen gewöhnlich in dem Sinn gebraucht, dem die Übersetzung durch die Bedeutungserweiterung von »Kathedrale« folgt

Solea Altarstufe oder über mehrere Stufen zu erreichendes Podium vor dem Ikonostas, dessen ganze Breite einnehmend, an den Seiten für die beiden Chorgruppen und in der Mitte (Ambo) für die Lesungen und die Predigt bestimmt

Stoglaw Hundertkapitel-Synode 1551 unter Zar Iwan IV., dem Schrecklichen, und Metropolit Makari, beschloß in 100 Kapiteln Antworten auf Fragen des Zaren zur Vereinheitlichung des Rituals und Kirchenrechts, zur Ikonenmalerei, zur Disziplinierung des Klerus, zur Bekämpfung von Unsittlichkeit und diente der religiösen Verklärung der Staatsgewalt und der Unantastbarkeit des kirchlichen Grundbesitzes

Swonniza Glockenwand

Tambour Auch Trommel genannt, zylinderförmiger oder vieleckiger Unterbau einer Kuppel, zumeist mit Fenstern zur Belichtung des Kuppelraums (russisch: Baraban)

Terem Turmartiges Dachgeschoß

Titulus Unterschrift eines Bildes, die, in Versform oder Prosa gehalten, neben oder auf das Bild gesetzt sein kann und als dessen ikonographischer Wegweiser dient

Trapesnaja Refektorium, Speisesaal mit Kirche und Nebenräumen in einem Kloster, später auch niedriger und großer Anbau an der Westseite einer Kirche, oft mit profanen Funktionen

Trikonchos Dreipaß, Kirchenbau mit drei kleeblattförmig angeordneten Konchen

Triumphbogen Bogen zwischen den östlichen Stützen der Vierung, der die Grenze zwischen Mittelschiff und Bema andeutet

Trompe Trichternische oder Teilgewölbe in Form eines halben Hohlkegels mit nach unten gekehrter Öffnung

type simple Siehe Kreuzkuppelkirche

Typikon »Buch der Vorschriften« im dreifachen Sinn: als Gottesdienstordnung für das ganze orthodoxe Kirchenjahr und Ritual, als Normative für das Leben von Klerus, Mönchtum und Laienwelt, als gottesdienstliche und disziplinäre Gemeinschaftsregel eines einzelnen Klosters

Vierung Der Raumteil im Zentrum der Kirche, der aus der Kreuzung von Mittelschiff und Querschiff entsteht und zumeist einen quadratischen Grundriß aufweist (Vierungsquadrat)

Wange Die dem Kämpfer zugeordneten Teile eines Tonnengewölbes, aus denen ein Klostergewölbe zusammengesetzt ist

Zahnfries Auch «Deutsches Band«, siehe Porebrik

Ziborium Auf Säulen ruhender Baldachin, zumeist über dem Altar

Zone Horizontale Untergliederung der Fassade, zumeist den Geschossen entsprechend, aber auch dekorativ (russisch: Jarus)

Anmerkungen

Auf Titel, die in der Literaturauswahl verzeichnet sind, wird hier nur unter Angabe des Verfassers und des Erscheinungsjahres verwiesen.

1 Rilke und Rußland. Hrsg. von K. Asadowski. Berlin 1986, S. 22–26, 337

2 Vgl. S. Runciman 1978, S. 136 f.

3 M. Warnke 1976, S. 153 ff.

4 Geschichte der russischen Kunst, Band IV, S. 462

5 K. Ch. Felmy 1984, S. 15 ff., 38 ff., 78 f.

6 Vgl. Nikitin, V. A.: Ruhm und Schild des alten Rußland (IV). In: Stimme der Orthodoxie, Berlin, Heft 1/1987, S. 44 f.; Die Göttliche Liturgie unseres heiligen Vaters Johannes Chrysostomos, S. 57.

7 Vgl. Der große Katechismus der Russen. Hrsg. von Adrianus, Erzbischof von Moskau, Nectarius, Patriarch von Jerusalem, Pathenius, Patriarch von Konstantinopel. Frankfurt und Leipzig 1727; Hauptmann, P.: Die Katechismen der russisch-orthodoxen Kirche. Göttingen 1971, S. 234–240; G. Podskalsky 1982, S. 273 ff.

8 O Bojan, du Nachtigall der alten Zeit, S. 50 ff.

9 H. Sedlmayr 1959, S. 80 ff.

10 Gudzij, N. K.: Geschichte der russischen Literatur. Halle 1959, S. 98–106

11 Vgl. Thümmel, H. G.: Hagia Sophia. In: Besonderheiten der byzantinischen Feudalentwicklung. Hrsg. von H. Köpstein. Berlin 1983, S. 119 ff.

12 Vgl. I. E. Sabelin 1900 (russisch); A. Grabar 1970[3], S. 122; Kubach, H. E.: Architektur der Romanik. Stuttgart 1974, S. 59 ff., 102.

13 Vgl. Lotman, J. M.: Kunst als Sprache. Leipzig 1981, S. 243 ff.

14 Vgl. V. N. Lasarew 1960.

15 Vgl. Hamann-Mac Lean, R.: Grundlegung zu einer Geschichte der mittelalterlichen Monumentalmalerei in Serbien und Makedonien. Gießen 1976.

16 Wessel, K.: Byzantinische Kunst. In: Lexikon des Mittelalters, II/6, München und Zürich 1982, Sp. 1173 ff.

17 Altrussische Heiligenleben, S. 107 ff.

18 H. G. Beck 1959[2], S. 131

19 Vgl. G. Bandmann 1951, S. 152 ff.

20 Vgl. H. Schäfer 1973/74, S. 222 ff.

21 Vgl. Handbuch des Priesters, Band 1. Moskau 1977 (russisch), S. 7–21 (Geschichte der Kirchenordnung).

22 Vgl. Poppe, A.: Die Metropoliten und Fürsten der Kiever Rus. In: G. Podskalsky 1982, S. 280 f.

23 Woronin, N. N.: Die Baukunst der Kiewer Rus. In: Geschichte der russischen Kunst, Band I, S. 93

24 Vgl. die Editionen von N. N. Woronin und G. K. Wagner sowie O. Ch. Chalpachtschjan 1977 und M. Restle 1979. Anregungen verdanke ich einer Vorlesungsreihe, die A. I. Kometsch 1986 im Bereich Kunstwissenschaft der Humboldt-Universität Berlin hielt.

25 G. Bandmann 1951, S. 77, 224, 230 ff., 244

26 Vgl. Epperlein, S.: Zur mittelalterlichen Stadtentwicklung in West- und Mitteleuropa und in der Rus. In: Zeitschrift für Geschichtswissenschaft 34 (1986) 11, S. 1014 ff.

27 Altrussische Heiligenleben, S. 163 ff.

28 Vgl. V. N. Lazarev 1968, S. 35 ff.

29 N. Brunow in: Geschichte der russischen Kunst, S. 67

30 M. K. Karger in: Geschichte der russischen Kunst, Band II, S. 52 f.

31 Vgl. A. J. Gurjewitsch 1978, S. 98 ff.

32 Die erste Nowgoroder Chronik, S. 94

33 Vgl. C. Goehrke, M. Hellmann, R. Lorenz, P. Scheibert 1972, S. 78–96.

34 Vgl. Lichatschow, D. S.: Die Kultur Rußlands während der europäischen Frührenaissance. Dresden 1962, S. 65, 167 ff., und ders. 1975, S. 100–139.

35 Vgl. Panofsky, E.: Studien zur Ikonologie. Köln 1980.

36 Vgl. Erzbischof Sergi Golubzow: Künder einer Theologie in Farben. In: Stimme der Orthodoxie, Berlin, Heft 3, 4 und 5/1987.

37 Geschichte der russischen Kunst, Band III, S. 37

38 ebd., S. 36, 39 ff.

39 N. Brunow in: Geschichte der russischen Kunst, S. 82–91

40 Vgl. S. Guyer 1950, S. 155–162, 171 ff.

41 Zum »Jesusgebet« vgl. von Lilienfeld, F.: Nil Sorski und seine Schriften. Berlin 1963.

42 Vgl. H.-J. Schulz 1980[2], S. 74*–86*, 124–212; Pallas, D. I.: Die Passion und Bestattung Christi in Byzanz. München 1965, S. 29 ff., 52 ff., 299 ff.; Handbuch des Priesters, Band 1. Moskau 1977 (russisch), S. 9 ff.; E. E. Golubinskij 1901[2], Band I, 2, S. 603–645, 776–790 (russisch).

43 Vgl. Lichatschow, D. S.: Die Kultur Rußlands während der europäischen Frührenaissance. Dresden 1962, S. 49–63, 140 ff.

44 Vgl. Konstantinowicz, J. B.: Ikonostasis. Studien und Forschungen, Band 1. Lwow 1939; Florenski, P.: Ikonostas. In: Bogoslovskie Trudy, Moskau, 9/1972 (russisch), S. 80–148; Ouspensky, L., und W. Lossky: Der Sinn der Ikonen. Bern und Olten 1952, S. 59–69; Felicetti-Liebenfels, W.: Entstehung und Bilderprogramm des byzantinischen Templons im Mittelalter. In: Festschrift für W. Sas-Zaloziecky, Graz 1956, S. 49–58.

45 Vgl. Panofsky, E.: Imago Pietatis. In: Festschrift für M. J. Friedländer zum 60. Geburtstag. Leipzig 1927, S. 261–308; Weitzmann, K.: Illustrations in Roll and Codex. A study of the Origin and Method of Text Illustration. Princeton 1947, rev. ed. 1969; Belting, H.: Das Bild und sein Publikum im Mittelalter. Berlin (West) 1981.

46 Vgl. von Moos, S.: Der Palast als Festung. In: Politische Architektur in Europa. Hrsg. von M. Warnke. Köln 1984, S. 106–156; Schaeder, H.: Moskau das Dritte Rom. Darmstadt 1957[2]; C. Goehrke, M. Hellmann, R. Lorenz, P. Scheibert 1972, S. 128–130; Lexikon der Geschichte Rußlands, S. 102 f. (mit Literaturangaben).

47 Vgl. W. L. Snegirjow 1935 (russisch); Beltrami, L.: Vita di Aristotele da Bologna. Bologna 1912; Allgemeines Lexikon Bildender Künstler, Band 11. Leipzig 1915; Lo Gatto, E.: Gli artisti italiani in Russia, Band I. Rom 1934.

48 Vlasjuk, A. I.: Über die Arbeit des Baumeisters Aloisio Nuovo in Bachtschissarai und im Moskauer Kreml. In: AN, Nr. 10. Moskau 1958 (russisch)

49 Vgl. Burckhardt, J.: Die Baukunst der Renaissance in Italien. In: J. B., Gesammelte Werke, Band II. Darmstadt 1955, S. 11; Politische Architektur in Europa. Hrsg. von M. Warnke. Köln 1984, S. 13 f.

50 A. Grabar 1970[3], S. 182

51 N. Brunow in: Geschichte der russischen Kunst, S. 130

52 Vgl. Smolitsch, I.: Russisches Mönchtum. Würzburg 1953, S. 101–198; H.-D. Döpmann 1967; Altrussische Heiligenleben, S. 265–281.

53 Vgl. Owsjannikow, J. M.: Moskauer Klöster. Dresden 1975, S. 10.

54 Vgl. M. A. Iljin, P. M. Maximow und W. W. Kostotschkin in: Geschichte der russischen Kunst, Band III, S. 201 f., 256 ff.

55 Ph. Schweinfurth 1943, S. 110

56 Zum Problem des politischen und sozialen Gleichgewichts vgl. die Analyse von N. Elias: Über den Prozeß der Zivilisation, Band II. Frankfurt a. M. 1976, S. 123–434.

57 Ladendorf, H.: Einwirkungen der Renaissance auf die russische Kunst. In: Beiträge zu den europäischen Bezügen der Kunst in Rußland. Hrsg. von H. Rothe. Gießen 1979, S. 5

58 Vgl. Burckhardt, J.: Die Kultur der Renaissance, 4. Abschnitt, Kapitel 3. In: J. B., Gesammelte Werke, Band III. Berlin o. J.

59 Vgl. Skrynnikow, R. G.: Iwan Grosny. Moskau 1975 (russisch); Donnert, E.: Iwan Grosny. Berlin 1978; Geschichte der russischen Literatur, S. 82 ff.

60 Vgl. Altrussisches Hausbuch »Domostroi«. Leipzig und Weimar 1987.

61 Vgl. Geschichte der russischen Kunst, Band III, S. 404 ff. Die Ikone hängt heute in der Staatlichen Tretjakow-Galerie Moskau.

62 Mnogoglasie, d. h. »Vieltönen«, eine Form des russischen Kirchengesangs, die sich besonders im 17. Jahrhundert ausbreitete. Wegen der Länge des Gottesdienstes sangen Chöre an verschiedenen Plätzen gleichzeitig unterschiedliche Hymnen. Vgl. Keldysch, J.: Geschichte der russischen Musik. Leipzig 1956, S. 109 f.
Das Gemälde von Wolf Huber befindet sich im Kunsthistorischen Museum Wien.
Vgl. A. Grabar 1970[3], S. 193 ff.

63 Vgl. P. A. Rappoport 1949 (russisch).

64 Vgl. O Bojan, du Nachtigall der alten Zeit, S. 362 ff.

65 Vgl. Smirnow, P. P.: Die Stadtleute und ihr Klassenkampf bis zur Mitte des 17. Jahrhunderts, 2 Bände. Moskau-Leningrad 1947/48 (russisch); Janin, V. L.: Nowgoroder Stadtleute. Moskau 1962 (russisch); Syroetschkowskij, V. E.: Die Manufaktur-Großkaufleute. Moskau – Leningrad 1935 (russisch); Bushkowitsch, P.: The Merchants of Moscow, 1580–1650. Cambridge U. P. 1980.

66 Vgl. Platonow, S. F.: Die Zeit der Wirren. Leningrad 1923 (russisch).

67 Vgl. Pevsner, N.: The Architecture of Manierism. In: The Mint, London 1946; Würtenberger, F.: Der Manierismus. Wien – München 1962.

68 Maximow, P. N.: Die Holzbaukunst im 17. Jahrhundert. In: Geschichte der russischen Kunst, Band IV, S. 62 ff.

69 Vgl. Bandmann, G.: Ikonologie der Architektur. In: Politische Architektur in Europa. Hrsg. von M. Warnke. Köln 1984, S. 38–47.

Literatur

Abkürzungen

AN Архитектурное наследство

ASSSR Архитектура СССР

ByzZ Byzantinische Zeitschrift

DI Древнерусское искусство

EIII Ежегодник Института истории искусств

IGAIMK Известия Государственной академии истории материальной культуры

Is Искусство

IZ Исторический журнал

KSIIMK Краткие сообщения о докладах и полевых исследования Института истории материальной культуры Академии наук СССР

MIA Материалы и исследования по археологии СССР

NIS Новгородский исторический сборник

PRR Практика реставрационных работ

RIPK Реставрация и исследование памятников культуры

SA Советская археология

SGAIM Сообщения Государственной академии истории материальной культуры

SIITA Сообщения Института истории и теории архитектуры

SIII Сообщения Института истории искусств

TKIMK Труды кабинета по истории материальной культуры

TODL Труды Отдела древнерусской литературы Института русской литературы Академии наук СССР

TSIIAI Труды секции истории искусств Института археологии и искусствознания РАНИОН

TST RANION Труды секции теории Росийской ассоциации научноисследовательских институтов общественных наук

TVACh Труды Всероссийской академии художеств

VR Вопросы реставрации

VVr Византийский временник

ZRAO Записки Русского археологического общества

Allgemeine Arbeiten

Allgemeine Geschichte der Kunst. Bd. II: Die Kunst des Mittelalters. Red. A. D. Tschegodajew. Leipzig 1963

Altrussische Heiligenleben. Hrsg. von K. Onasch. Berlin 1977

Byzantinischer Kunstexport. Wissenschaftliche Beiträge der Martin-Luther-Universität Halle-Wittenberg. Hrsg. von H. Nickel. Halle 1978

Die Göttliche Liturgie unseres heiligen Vaters Johannes Chrysostomos. Leipzig 1976

Genesis und Entwicklung des Kapitalismus in Rußland. Hrsg. von P. Hoffmann und H. Lehmke. Berlin 1973

Geschichte der russischen Kunst. Red. I. E. Grabar, W. N. Lazarew und W. S. Kemenow. Bde. I–IV. Dresden 1957–1965

Geschichte der russischen Kunst. Hrsg. vom Institut der Theorie und Geschichte der Kunst an der Akademie der Künste der UdSSR. Dresden 1975

Geschichte der russischen Literatur, I. Red. H. Graßhoff. Berlin 1986

Geschichte der UdSSR. Feudalismus 9. bis 15. Jahrhundert. Bd. I (I,1 und I,2). Red. B. D. Grekow, L. W. Tscherepnin und W. T. Paschuto. Berlin 1957

Historiographische Forschungen zur Geschichte Rußlands. Hrsg. von E. Donnert. Halle 1982

Историческая выставка архитектуры 1911 (Historische Architekturausstellung 1911). St. Petersburg 1912

История русской архитектуры. Краткий курс (Geschichte der russischen Architektur. Kurzer Abriß). Moskau 1956²

Lexikon der Geschichte Rußlands. Hrsg. von H. -J. Torke. München 1985

O Bojan, du Nachtigall der alten Zeit. Sieben Jahrhunderte altrussische Literatur. Hrsg. von H. Graßhoff, K. Müller, G. Sturm. Berlin 1967

Памятники древнерусского искусства. I–IV (Denkmale der altrussischen Kunst I–IV). St. Petersburg 1908–1912

Rauchspur der Tauben (Radziwill-Chronik) Hrsg. von H. Graßhoff, D. Freydank, G. Sturm. Leipzig-Weimar 1986

Reallexikon zur byzantinischen Kunst. Hrsg. von K. Wessel. Stuttgart 1963ff.

Русская архитектура. Доклады, прочитанные в связи с декадником по русской архитектуры в Москве в апреле 1939 (Russische Architektur. Vorträge, die im Zusammenhang mit der Dekade zur russischen Architektur im April 1939 in Moskau gehalten wurden). Moskau 1940

Русское зодчество. I–III (Russische Baukunst I–III). Moskau 1953

Советская историография Киевской Руси (Sowjetische Historiographie der Kiewer Rus). Leningrad 1978

Tausend Jahre Christentum in Rußland. Dokumentation. Erlangen 1985

Всеобщая история архитектуры (Allgemeine Architekturgeschichte), III. Leningrad–Moskau 1966

Афанасьев, К. Н.: Построение архитектурной формы древнерусскими зодчими (Der Aufbau der architektonischen Form bei den altrussischen Baumeistern). Moskau 1961

Ainalov, D.: Geschichte der russischen Monumentalkunst der vormoskovitischen Zeit. Berlin–Leipzig 1932

Ainalov, D.: Geschichte der russischen Monumentalkunst zur Zeit des Großfürstentums Moskau. Berlin–Leipzig 1933

Алпатов, М. В.: Всеобщая история искусств. III – Русское искусство с древнейших времен до начала XVIII в. (Allgemeine Geschichte der Kunst. III – Die russische Kunst von den ältesten Zeiten bis zum Anfang des 18. Jahrhunderts). Moskau 1955

Alpatow, M., und Brunov, N.: Geschichte der altrussischen Kunst. Augsburg 1932

Ammann, A. M.: Abriß der ostslavischen Kirchengeschichte. Wien 1950

Асеев, Ю. С.: Архитектура Южной и Западной Руси в XII–XIII вв. (Die Architektur des südlichen und westlichen Rußland im 12.–13. Jh.). In: Всеобщая история архитектуры. 3. Архитектура Восточной Европы. Средние века. (Allgemeine Architekturgeschichte. 3. Die Architektur Osteuropas. Das Mittelalter). Leningrad–Moskau 1966

Асеев, Ю. С., Максимов, П. Н.: Архитектура древнерусского государства. X– начало XII в. Die Architektur des altrussischen Staates. 10.–Anfang 12. Jh.). Ebd.

Bandmann, G.: Mittelalterliche Architektur als Bedeutungsträger. Berlin 1951

de Baumgarten, N.: Chronologie ecclésiastique des terres russes du Xe au XIIIe siècle. In: Orientalia Christiana, Nr. 58, Rom 1930

Beck, H. G.: Kirche und theologische Literatur im Byzantinischen Reich (Byzantinisches Handbuch). München 1959^{2}

Behrens, E.: Kunst in Rußland. Ein Reiseführer zu russischen Kunststätten. Köln 1969

Benz, E.: Russische Heiligenlegenden. Zürich 1953

Benz, E.: Geist und Leben der Ostkirche. Hamburg 1957

Benz, E.: Das Buch der heiligen Gesänge der Ostkirche. Hamburg 1962

Брунов, Н. И.: К вопросу об истоках русского зодчества (Zum Problem des Ursprungs russischer Baukunst). In: Вестник Академии наук СССР, 1944, № 6

Бунин, А. В.: История градостроительного искусства. I (Geschichte der Stadtbaukunst. I). Moskau 1953

Buxton, D. R.: Russian Mediaeval Architecture. Cambridge 1934

Davies, J.: The Origin and Development of Early Christian Church Architecture. London 1952

Deichmann, F. W.: Versuch einer Darstellung der Grundrißtypen des Kirchenbaues in frühchristlicher und byzantinischer Zeit im Morgenlande. Inaugural-Dissertation Jena 1937

Demus, O.: Byzantine Mosaic Decoration. London 1947

Diehl, Ch.: Manuel d'art byzantin. I–II. Paris 1925^{2}–1926^{2}

Diehl, Ch.: L'art chrétien primitif et l'art byzantin. Paris 1928

Dittmar, H.: Der Kampf der Kathedralen. Düsseldorf 1964

Дмитриев, Ю.: Теория искусства и взгляды на искусство в письменности древней Руси (Kunsttheorie und Kunstauffassung im Schrifttum der alten Rus). In: TODL, IX, Moskau – Leningrad 1953

Döpmann, H.-D.: Der Einfluß der Kirche auf die moskowitische Staatsidee. Berlin 1967

Döpmann, H.-D.: Die Russische Orthodoxe Kirche in Geschichte und Gegenwart. Berlin 1977

Donnert, E.: Rußland an der Schwelle der Neuzeit. Berlin 1972

Donnert, E.: Altrussisches Kulturlexikon. Leipzig 1985

Eliasberg, A.: Russische Kunst. München 1915

Faensen, H., Iwanow, W.: Altrussische Baukunst. Berlin 1974^{2}

Faensen, H.: Kirchen und Klöster im alten Rußland. Leipzig 1982

Felicetti-Liebenfels, W.: Geschichte der russischen Ikonenmalerei. Graz 1972

Felmy, K. C.: Die Deutung der Göttlichen Liturgie in der russischen Theologie. Berlin – New York 1984

Fink, J.: Die Kuppel über dem Viereck. Freiburg – München 1958

Fiodorov, B.: Architecture of the Russian North. 12th–19th Centuries. Leningrad 1976

Franz, H. G.: Spätromanik und Frühgotik. Baden-Baden 1980

Gitermann, V.: Geschichte Rußlands. Frankfurt a. M. 1965

Goehrke, C., Hellmann, M., Lorenz, R., Scheibert, P.: Rußland. Frankfurt a. M. 1972

Голубинский, Е. Е.: История русской церкви. Т. I, 1-ая и 2-ая половина, период первый – киевский и домонгольский (Geschichte der russischen Kirche. Bd. I, erste und zweite Hälfte, erste Kiewer und vormongolische Periode). Moskau 1901^{2} (Neudruck: Slavistic Printings and Reprintings, 117/1, The Hague – Paris 1969)

Grabar, A.: Byzanz. Baden-Baden 1964

Grabar, A.: Mittelalterliche Kunst Osteuropas. Baden-Baden 1970^{3}

Gurjewitsch, A. J.: Das Weltbild des mittelalterlichen Menschen. Dresden 1978

Gurjewitsch, A. J.: Mittelalterliche Volkskultur. Dresden 1986

Guyer, S.: Die Bedeutung der christlichen Baukunst des Inneren Kleinasiens. In: ByzZ, 33, Leipzig 1933

Guyer, S.: Grundlage mittelalterlicher abendländischer Baukunst. Einsiedeln – Zürich 1950

Hamilton, G. H.: The Art and Architecture of Russia. Harmondsworth 1954

Hamilton, J. A.: Byzantine Architecture and Decoration. London 1956

Hammerschmidt, E.: Symbolik des orthodoxen und orientalischen Christentums. Stuttgart 1962

Haussig, H.W.: Kulturgeschichte von Byzanz. Stuttgart 1959

Hermann, J.: Welt der Slawen. Leipzig – Jena – Berlin 1986

Казаринова, В.И.: К вопросу о тектонике в архитектуре (Zum Problem der Tektonik in der Architektur). In: Вопросы теории архитектурной композиции (Probleme der Theorie der Architekturkomposition). Bd. I. Moskau 1955

Kashdan, A.P.: Byzanz und seine Kultur. Berlin 1973

Кириллова, Л.: Вопросы композиции в русской архитектуре XVI–XIX вв. (Probleme der Komposition in der russischen Architektur des 16. bis 19. Jahrhunderts). Moskau 1955

Kljutschewski, W.: Geschichte Rußlands. Bd. I–IV. Stuttgart–Leipzig–Berlin 1925 bis 1926

Комеч, А.: Храм на четырех колоннах и его значение в истории византийской архитектуры (Die Viersäulenkirche und ihre Bedeutung in der byzantinischen Architekturgeschichte). In: Византия. Южные славяне и Древняя Русь. Западная Европа. Сборник статей в честь В. Н. Лазарева (Byzanz. Die Südslawen und die Alte Rus. Westeuropa. Festschrift V. N. Lazarev). Moskau 1973

Комеч, А. И.: Древнерусское зодчество конца X – начала XII в. (Die altrussische Baukunst vom Ende des 10. bis Anfang des 12. Jahrhunderts). Moskau 1987

Косточкин, В.В.: Русское оборонное зодчество конца XIII – начала XVI вв. (Die russische Wehrarchitektur vom Ende des 13. bis Anfang des 16. Jahrhunderts). Moskau 1962

Косточкин, В. В.: Древнерусские города. Памятники зодчества XI–XVII вв. (Altrussische Städte. Baudenkmäler des 11.–17. Jahrhunderts). Moskau 1972

Krautheimer, R.: Early Christian and Byzantine Architecture. Harmondsworth 1979[3]

Kudrjawzew, F.: Der Goldene Ring. Leningrad 1983

Lazarev, V. N.: Storia della pittura bizantina. Torino 1967

Лазарев, В. Н.: Древнерусские мозаики и фрески (Altrussische Mosaike und Fresken). Moskau 1973

Лазарев, В. Н.: Русская иконопись (Die russische Ikonenmalerei). Moskau 1983

Lichatschow, D. S.: Der Mensch in der altrussischen Literatur. Dresden 1975

Логвин, Г. Н.: Украинское искусство X–XVIII вв. (Die ukrainische Kunst des 10.–18. Jahrhunderts). Moskau 1963

Логвин, Г.Н.: По Украини. Стародавни мистецьки памьятки (Durch die Ukraine. Mittelalterliche Kunstdenkmäler). Kiew 1968

Logwin, G. N.: Kunstdenkmäler in der Sowjetunion. Ukraine und Moldawien. Ein Bildhandbuch. Leipzig 1984

Логвин, Г., Миляева, Л., Свенццька, В.: Украïнський средньові чний живопис (Die ukrainische mittelalterliche Malerei). Kiew 1976

Lukomski, G. K.: Alt-Rußland. Architektur und Kunstgewerbe. München 1923

Lukomski, G. K.: L'architecture religieuse russe du XIe au XVIIe siècle. Paris 1929

Макарий: История русской церкви. I (Geschichte der russischen Kirche. I). St. Petersburg 1889[3]

Максимов, П.: Опыт исследования пропорций в древнерусской архитектуре. (Versuch zur Erforschung der Proportionen in der altrussischen Architektur). In: ASSSR, Nr. 1, Moskau 1940

Mango, C.: Byzantinische Architektur. Stuttgart 1975

Мартынов, А.А.: Русские достопамятности. I–IV (Russische Denkwürdigkeiten. Bde. I–IV). Moskau 1877–1883

Мартынов, А. А., Снегирев, И. М.: Русская старина в памятниках церковного и гражданского зодчества. I–VI (Das russische Altertum in den Denkmalen der sakralen und profanen Baukunst. Bde. 1–6). Moskau 1848–1860

Mathew, G.: Byzantine Aesthetics. London 1963

Melas, E.: Alte Kirchen und Klöster Griechenlands. Köln 1978

Millet, G.: L'école grecque dans l'architecture byzantine. Paris 1917

Möbius, F.: Symbolwerte mittelalterlicher Kunst. Leipzig 1984

Некрасов, А. И.: Очерки по истории древнерусского зодчества XI–XVII вв. (Skizzen zur Geschichte der altrussischen Baukunst vom 11. bis zum 17. Jahrhundert). Moskau 1936

Nemitz, F.: Die Kunst Rußlands. Baukunst, Malerei, Plastik vom 11. bis zum 19. Jahrhundert. Berlin 1940

Nickel, H.: Osteuropäische Baukunst des Mittelalters. Leipzig 1981

Onasch, K.: Grundzüge der russischen Kirchengeschichte. Göttingen 1967

Onasch, K.: Die Ikonenmalerei. Leipzig 1968

Onasch, K.: Liturgie und Kunst der Ostkirche in Stichworten. Leipzig 1981

Ὀρλανδος, Ἀ.: Μοναστηριακὴ ἀρχιτεκτονικὴ (Klosterarchitektur). Athen 1958[2]

Ostrogorsky, G.: Geschichte des Byzantinischen Staates. München 1963[2]

Ouspensky, L.: Symbolik des orthodoxen Kirchengebäudes und der Ikone. Stuttgart 1962

Потапов, А. А.: Очерк древней русской гражданской архитектуры. I–II. (Abriß der alten russischen Profanarchitektur. I–II). Moskau 1902–1903

Приселков, М.Д.: Очерки по церковно-политической истории Киевской Руси (Skizzen zur kirchenpolitischen Geschichte der Kiewer Rus). St. Petersburg 1913

Раппопорт, П. А.: Очерки по истории русского зодчества X–XIII вв. (Skizzen zur Geschichte der russischen Baukunst des 10. bis 13. Jahrhunderts). In: MIA, Nr. 52, Moskau 1956

Раппопорт, П. А.: Археологические исследования памятников русского зодчества X–XIII вв. (Archäologische Erforschungen der Denkmäler russischer Baukunst des 10. bis 13. Jahrhunderts). In: SA, 1962, Nr. 2

Раппопорт, П. А.: Русская архитектура X–XIII вв. (Die russische Architektur des 10.–13. Jahrhunderts). In: Археология СССР. Свод археологических источников (Archäologie der UdSSR. Sammlung der archäologischen Quellen), E1–47. Leningrad 1982

Раппопорт, П. А.: Зодчество древней Руси (Die Baukunst der Alten Rus). Leningrad 1986

Réau, L.: L'art russe des origines à Pierre le Grand. Paris 1921

Reinle, A.: Zeichensprache der Architektur. Zürich – München 1976

Restle, M.: Studien zur frühbyzantinischen Architektur Kappadokiens (= Österreichische Akademie der Wissenschaften. Philosophisch-historische Klasse. Denkschriften, Bd. 138: Veröffentlichungen der Kommission für die Tabula Imperii Byzantini, hrsg. von H. Hunger, Bd. 3). Wien 1979

Рзянин, М. И.: Памятники русского зодчества (Denkmäler der russischen Baukunst). Moskau 1950

Runciman, S.: Das Patriarchat in Konstantinopel. München 1970

Runciman, S.: Kunst und Kultur in Byzanz. München 1978

Рыбаков, Б. А.: Русское прикладное искусство X–XIII вв. (Russisches Kunsthandwerk des 10. bis 13. Jahrhunderts). Leningrad 1971

Рыбаков, Б. А.: Из истории Культуры древней Руси. Исследования и заметки (Aus der Kulturgeschichte der Alten Rus. Untersuchungen und Bemerkungen). Moskau 1984

Забелин, И. Е.: Русское искусство. Черты самобытности в древнерусском зодчестве (Züge der Originalität in der altrussischen Baukunst). Moskau 1900

Sas-Zaloziecky, W.: Die byzantinische Baukunst in den Balkanländern und ihre Differenzierung unter abendländischen und islamischen Einwirkungen. Studien zur Kunstgeschichte der Balkanländer. München 1955

Sas-Zaloziecky, W.: Die byzantinische Kunst. Frankfurt a. M. – Berlin 1963

Sauer, J.: Symbolik des Kirchengebäudes. Freiburg i. Br. 1924

Schneider, A. M.: Byzanz. Amsterdam 1967

Schulz, H.-J.: Die byzantinische Liturgie. Trier 1980²

Schweinfurth, Ph.: Die byzantinische Form. Berlin 1943, 1962²

Sedlmayr, H.: Epochen und Werke. Bd. I. Wien 1959

Smolitsch, I.: Russisches Mönchtum. Würzburg 1953

Strzygowski, J.: Kleinasien, ein Neuland der Kunstgeschichte. Leipzig 1903

Strzygowski, J.: Die Baukunst der Armenier und Europa. Wien 1918

Strzygowski, J.: Ursprung der christlichen Kirchenkunst. Leipzig 1920

Stutz, U.: Die Eigenkirche als Element des mittelalterlich-germanischen Kirchenrechts. Berlin 1895

Суслов, В. В.: Очерки по истории древнерусского зодчества (Skizzen zur Geschichte der altrussischen Baukunst). St. Petersburg 1889

Суслов, В. В.: Памятники древнерусского искусства. 1–4 (Denkmale der altrussischen Kunst. 1–4). St. Petersburg 1908–1912

Talbot Rice, D.: Byzantinische Kunst. München 1964

Talbot Rice, D.: Die Kunst Rußlands. Zürich 1965

Tjashelow, W., Sopozinski, O.: Kunst des Mittelalters. Byzanz, Vorderasien, Balkan, Rußland. Dresden 1976

Толстой, И., Кондаков, Н.: Русские древности в памятниках искусства. 1–6 (Das russische Altertum in den Denkmalen der Kunst. 1–6). St. Petersburg 1889–1899

Тверской, Л. М.: Русское градостроительство до конца XVII в. (Der russische Städtebau bis zum Ende des 17. Jahrhunderts). In: Планировка и застройка русских городов (Planung und Bau der russischen Städte). Leningrad – Moskau 1953

Tschilingirov, A.: Die Kunst des christlichen Mittelalters in Bulgarien. Berlin 1978

Volbach, W. F., Lafontaine-Dosogne, J.: Byzanz und der christliche Osten. In: Propyläen Kunstgeschichte 3. Berlin 1968

Wagner, G. K.: Kunstdenkmäler in der Sowjetunion. Alte russische Städte. Ein Bildhandbuch. Leipzig 1984²

Warnke, M.: Bau und Überbau. Frankfurt a. M. 1976

Weidhaas, H.: Einiges Grundsätzliche zur Formenwandlung in der russischen Baukunst. Dresden 1935

Winter, E.: Rußland und das Papsttum, Teil I. Berlin 1960

Wulff, O.: Die Byzantinische Kunst. Handbuch der Kunstwissenschaft. Wildpark-Potsdam 1924

Wulff, O.: Bibliographisch-kritischer Nachtrag zu Altchristliche und Byzantinische Kunst. Handbuch der Kunstwissenschaft. Potsdam o. J.

Zakythinos, D. A.: Byzantinische Geschichte (324–1071). Wien 1979

Zarian, A.: Mittelalterliche armenische Baukunst (Frühchristliche Baukunst Armeniens. IV. – VII. Jahrhundert). Manuskript 1979

Kiew und Wladimir-Susdal

Архітектурні пам'ятники (Architektonische Denkmale). Kiew 1950

Geschichte der Kultur der alten Rus. Red. N. N. Woronin, M. K. Karger und M. A. Tichanowa. I–II. Berlin 1959–1962

Орнамент Софії Київської (Das Ornament der Kiewer Sophien-Kathedrale). Kiew 1949

Айналов, Д., Редин, Е.: Древние памятники искусства Киева. Софийский собор, Златоверхо-Михайловский и Кирилловский монастыри (Alte Kunstdenkmale Kiews. Die Sophien-Kathedrale, das Michaels-Kloster mit den goldenen Dächern und das Kirill-Kloster). Charkow 1899

Айналов, Д.: Архитектура черниговских церквей (Die Architektur der Kirchen von Tschernigow). In: Труды XIV Археологического сьезда. III (Arbeiten des XIV. Archäologischen Kongresses. III). Moskau 1909

Ainalow, D.: Die Mosaiken des Michael-Klosters in Kiew. In: Belvedere, 1926, Nr. 9–10

Асеев, Ю. С.: Спасский собор в Чернигове (Die Erlöser-Kathedrale in Tschernigow). Kiew 1959

Асеев, Ю. С.: Новые данные о соборе Дмитровского монастыря в Киеве (Neue Angaben über die Kathedrale des Demetrios-Klosters in Kiew). In: SA, 1961, Nr. 3

Асеев, Ю. С.: Архітектура Київської Русі (Die Architektur der Kiewer Rus). Kiew 1969

Асеев, Ю. С.: Киевская София и древнерусское зодчество (Die Kiewer Sophien-Kathedrale und die altrussische Baukunst). In: София Киевская (Die Kiewer Sophien-Kathedrale). Kiew 1973

Асеев, Ю. С., Логвин, Т. Н.: Архитектура Ильинской церкви в Чернигове (Die Architektur der Prophet-Elias-Kirche in Tschernigow). In: Питания історії архітектури та будівельної техніки України (Probleme der Architekturgeschichte und der bildenden Kunst der Ukraine). Kiew 1959

Асеев, Ю. С.: Архитектура древнего Киева (Die Architektur des alten Kiew). Kiew 1982

Барановский, П. Д.: Собор Пятницкого монастыря в Чернигове (Die Pjatniza-Kirche in Tschernigow). In: Памятники искусства, разрушенные немецкими захватчиками в СССР (Kunstdenkmale, die von den deutschen Okkupanten in der UdSSR zerstört wurden). Moskau – Leningrad 1948

Бережков, Д. Н.: О храмах Владимиро-Суздальского княжества (XII–XIII вв.) (Über die Sakralbauten des Wladimir-Susdaler Fürstentums im 12. und 13. Jahrhundert). Wladimir a. d. Kljasma 1903

Безсонов, С. В.: Архитектура Западной Украины (Die Architektur der Westukraine). Moskau 1946

Бобринский, А. А.: Резной камень в России, I – Соборы Владимиро-Суздальской области XII до XIII ст. (Der geschnittene Stein in Rußland, I – Die Kathedralen des Wladimir-Susdaler Gebiets im 12. und 13. Jahrhundert). Moskau 1916

Брунов, Н. И.: К вопросу о первоначальном виде древнейшей части Киевской Софии (Zur Frage der ursprünglichen Gestalt des ältesten Teils der Kiewer Sophien-Kathedrale). In: IGAIMK, V, Leningrad 1927

Брунов, Н. И.: О хорах в древнерусском зодчестве (Über die Emporen in der altrussischen Baukunst). In: TST RANION, II, Moskau 1928

Брунов, Н. И.: Беларусская архитектура XI до XII вв. (Die belorussische Architektur des 11. bis 12. Jahrhunderts). In: Сборник Артык – беларусской культуры 1928 (Artikelsammlung zur belorussischen Kultur 1928)

Брунов, Н. И.: К вопросу о самостоятельных чертах русской архитектуры X–XII вв. (Zur Frage der selbständigen Züge in der russischen Architektur des 10.–12. Jahrhunderts). In: Русская архитектура (Russische Architektur). Moskau 1940

Брунов, Н. И.: Киевская София – древнейший памятник русской каменной архитектуры (Die Kiewer Sophien-Kathedrale – das älteste Denkmal der russischen Steinarchitektur). In: VVr, III, Moskau – Leningrad 1950

Халпахчиян, О. Х.: Культурные связи между Владимиро-Суздальской Руси и Армении (Kulturelle Verbindungen zwischen der Wladimir-Susdaler Rus und Armenien). Moskau 1977

Холостенко, Н. В.: Неизвестные памятники монументальной скульптуры древней Руси. Рельефы Борисоглебского собора в Чернигове (Unbekannte Denkmale der Monumentalskulptur der alten Rus. Reliefs der Boris-und-Gleb-Kathedrale in Tschernigow). In: Is, 1951, Nr. 3

Холостенко, Н. В.: Архитектурно-археологические исследования Пятницкой церкви в Чернигове (Bautechnische und archäologische Erforschungen der Pjatniza-Kirche in Tschernigow). In: SA, XXVI, Moskau 1956

Холостенко, Н. В.: Архитектурно-археологическое исследование Успенского собора Елецкого монастыря в Чернигове (Bautechnische und archäologische Erforschung der Mariä-Himmelfahrts-Kathedrale des Jelezki-Klosters in Tschernigow). In: Памятники культуры (Denkmale der Kultur). Moskau 1961

Холостенко, Н. В.: З історії зодчества древньої Руси X ст. (Aus der Architekturgeschichte der alten Rus des 10. Jh.). In: Археологія, XIX (Archäologie). Kiew 1965

Холостенко, Н. В.: Исследования Борисоглебского собора в Чернигове. (Forschungen zur Boris-und-Gleb-Kathedrale in Tschernigow). In: SA, 1967, Nr. 2

Холостенко, Н. В.: Ильинская церковь в Чернигове по исследованиям 1964–1965 годов (Die Prophet-Elias-Kirche in Tschernigow nach den Forschungen von 1964 bis 1965). In: DI, Moskau 1972

Хозеров, И. М.: К исследованию конструкции Спасского храма в Полоцке (Zur Erforschung der Konstruktion der Erlöser-Kathedrale in Polozk). Smolensk 1928

Cross, S. H.: The Earliest Mediaeval Churches of Kiev. In: Speculum, Vol. XI, Nr. 4, October 1936, Cambridge, Massachusetts

Durczewski, Z.: Stary Zamek w Grodnie w swietle wykopanisk dokananych w latach 1937–1938 (Die alte Burg in Grodno im Licht der 1937–1938 durchgeführten Grabungen). Grodno 1939

Грабовский, С. Я., Асеев, Ю. С.: Дослідження Софії Київської (Nachuntersuchung der Kiewer Sophien-Kathedrale). In: Архітектурні пам'ятники (Architektonische Denkmale). Kiew 1950

Греков, Б. Д.: Киевская Русь (Die Kiewer Rus). Moskau 1953

Halle, F.: Die Bauplastik von Wladimir-Susdal. Russische Romanik. Berlin 1929

Каргер, М. К.: Зодчество Галицко-Волынской земли XII–XIII вв. (Die Baukunst Galizo-Wolyniens im 12.–13. Jahrhundert). In: KSIIMK, III, Moskau 1940

Каргер, М. К.: К вопросу об убранства интерьера в русском зодчестве домонгольского периода (Zur Frage der Innenausstattung in der russischen Baukunst der vormongolischen Periode). In: TVACh, I, Leningrad 1947

Каргер, М. К.: Археологические исследования древнего Киева (Archäologische Erforschung des alten Kiew). Kiew 1951

Каргер, М. К.: Памятники переяславского зодчества XI–XII вв. в свете археологических исследований (Die Denkmale der Baukunst von Perejaslawl aus dem 11.–12. Jahrhundert im Licht archäologischer Forschungen). In: SA, XV, Moskau 1951

Каргер, М. К.: К истории киевского зодчества XI в. Храм-мавзолей Бориса и Глеба в Вышгороде (Zur Geschichte der Kiewer Baukunst des 11. Jahrhunderts. Die Boris-und-Gleb-Grabkirche in Wyschgorod). In: SA, XVI, Moskau 1952

Каргер, М. К.: К истории киевского зодчества конца XI – начала XII вв. Церковь Спаса на Берестове (Zur Geschichte der Kiewer Baukunst am Ende des 11. und Anfang des 12. Jahrhunderts. Die Erlöser-Kirche zu Berestowo). In: SA, XVII, Moskau 1953

Каргер, М. К.: Древний Киев. Т. II (Das alte Kiew. Bd. II). Moskau – Leningrad 1961

Каргер, М. К.: Зодчество древнего Смоленска (Die Baukunst des alten Smolensk). Leningrad 1964

Казаринова, В. И.: Архитектура Дмитровского собора во Владимире (Die Architektur der Demetrios-Kathedrale in Wladimir). In: Памятники русской архитектуры (Denkmale der russischen Architektur). Moskau 1959

Касаткин, В.: Дмитриевский собор в г. Владимире (Die Demetrios-Kathedrale in Wladimir). Wladimir 1914

Комеч, А. И.: Роль княжеского заказа в построении Софийского собора в Киеве (Die Rolle des fürstlichen Auftrags beim Bau der Sophien-Kathedrale in Kiew). In: DI, Moskau 1972

Комеч, А. И.: Спасо-Преображенский собор в Чернигове. К характеристике начального периода развития древнерусской архитектуры (Die Erlöser-Verklärungs-Kathedrale in Tschernigow. Zur Charakteristik der Anfangsperiode der Entwicklung altrussischer Architektur). In: DI, Moskau 1975

Корзухина, Г. Ф.: К реконструкции Десятинной церкви (Zur Rekonstruktion der Desjatin-Kirche). In: SA, 1957, Nr. 2

Котов, Г.: Очертание арок во владимиро-суздальском зодчестве (Die Umrisse der Bögen in der Wladimir-Susdaler Baukunst). In: SGAIM, II, Moskau 1929

Кресальний, М. И.: Софійский заповідник у Киеві (Das Sophien-Reservat bei Kiew). Kiew 1960

Кресальный, М. И.: Новые исследования северозападной башни Софии Киевской (Neue Forschungen zum Nordwestturm der Kiewer Sophien-Kathedrale). In: DI, Moskau 1972

Лазарев, В. Н.: Мозаика Софии Киевской (Die Mosaiken der Kiewer Sophien-Kathedrale). Moskau 1960

Лазарев, В. Н.: Михайловские мозаики (Die Mosaiken des Michaels-Klosters). Moskau 1966

Лашкарев, П. А.: Киевская архитектура X–XII веков (Die Kiewer Architektur des 10.–13. Jahrhunderts). Kiew 1975

Логвин, Г. Н.: Киево-Печерская Лавра (Das Kiewer Höhlenkloster). Moskau 1958

Логвин, Г. Н.: Чернигов. Новгород-Северский. Глухов. Путивль (Tschernigow. Nowgorod-Sewerski. Gluchow. Putiwl). Moskau 1965

Логвин, Г. Н.: Киев (Kiew). Moskau 1967

Логвин, Г. Н.: Софія Київська (Die Kiewer Sophien-Kathedrale). Kiew 1971

Логвин, Г. Н.: О деревянном зодчестве домонгольской Руси (Über die Holzarchitektur der vormongolischen Rus). In: Средневековая Русь (Mittelalterliche Rus). Moskau 1976

Логвин, Г. Н.: Церковь Спаса на Берестове в Киеве (Die Erlöser-Kirche zu Berestowo in Kiew). In: Строительство и архитектура (Bauwesen und Architektur), 1983, Nr. 7

Макаренко, М.: Чернигівський Спас (Die Erlöser-Kirche in Tschernigow). Kiew 1929

Малевская, М. В., Раппопорт, П. А.: Церковь Михаила в Переяславле (Michaelskirche in Perejaslawl). In: Зограф, 10, Belgrad 1979

Масленицын, С. И.: Переславль-Залесский (Pereslawl-Salesski). Leningrad 1975

Моргилевский, И. В.: Изучение собора св. Софии в Киеве. Об обмерах Софии Киевской (Das Studium der Kathedrale der hl. Sophia in Kiew. Über die Vermessungen der Kiewer Sophien-Kathedrale). In: Київська София в світи нових спостережень. Київ та його околиця в історії і пам'ятках (Die Kiewer Sophien-Kathedrale im Licht neuer Erkenntnisse. Kiew und seine Umgebung in Geschichte und Denkmalen). Kiew 1926

Новицкий, О.: Спроби реконструкції Київськоі Софії (Versuche zur Rekonstruktion der Kiewer Sophien-Kathedrale). Kiew 1932

Огнев, Б.: О позакомарных покрытиях. К вопросу реставрации позакомарных храмов северо-восточной Руси XII–XV вв. (Über die den Rundgiebeln entsprechenden Bedachungen. Zur Frage der Restauration der den Rundgiebeln entsprechend überdachten Sakralbauten der nordöstlichen Rus im 12. bis 15. Jahrhundert). In: AN, Nr. 10, Moskau 1958

Podskalsky, G. P.: Christentum und theologische Literatur in der Kiewer Rus. München 1982

Poppe, A.: The Political Background to the Baptism of Rus': Byzantine-Russian Relations between 986–989. In: Dumbarton Oaks Papers, 30/1976

Poppe, A.: The Building of the Church of St. Sophia in Kiew. In: Journal of Mediaeval History, 7/1981

Poppe, A.: On the So-called Chersonian Antiquities. In: Mediaeval Russian Culture, Berkeley – Los Angeles – London 1984

Пуришев, И. Б.: Переславль-Залесский (Pereslawl-Salesski). Moskau 1970

Раппопорт, П. А.: Русская архитектура на рубеже XII и XIII вв. (Die russische Architektur an der Grenze zwischen dem 12. und 13. Jahrhundert). In: DI, Moskau 1977

Раппопорт, П. А.: Полоцкое зодчество XII в. (Die Baukunst von Polozk im 12. Jahrhundert) In: SA, 1980, Nr. 3

Розанова, Н. В.: Ростово-Суздальская живопись XII–XVI вв. (Die Malerei von Rostow und Susdal im 12.–16. Jh.). Moskau 1970

Rose, K.: Grund und Quellort des russischen Geisteslebens. Berlin 1956

Рзянин, М. И.: Покров на Нерли (Die Mariä-Schutz-Kirche am Nerl). In: Памятники русской архитектуры, III (Denkmale der russischen Architektur, III). Moskau 1941

Рыбаков, Б. А.: Древности Чернигова (Die Altertümer Tschernigows). In: MIA, XI, Moskau – Leningrad 1949

Schäfer, H.: Architekturhistorische Beziehungen zwischen Byzanz und der Kiewer Rus im 10. und 11. Jahrhundert. In: Istanbuler Mitteilungen, Band 23–24, Tübingen 1973–74

Шероцкий, К.: София Полоцкая (Die Sophien-Kathedrale von Polozk). In: Сборник в честь Айналова (Festschrift für Ainalow). St. Petersburg 1915

Шмит, Ф.: Заметки о поздневизантийских храмовых росписях. I – Киевский Михайловский Златоверхий собор (Notizen über spätbyzantinische Wandmalereien in Kirchen. I – Die Kiewer Michaels-Kathedrale mit den goldenen Dächern). In: VVr, XXII, 1915–1916

Столетов, А. В.: Инженерные укрепления и реставрация Дмитровского собора в Владимире (Die baulichen Festigungen und die Restauration der Demetrios-Kathedrale in Wladimir). In: PRR, Nr. 2, Moskau 1958

Чиняков, А. Г.: Архитектурный памятник времени Юрия Долгорукого (Ein architektonisches Denkmal der Zeit Juri Dolgorukis). In: AN, Nr. 2, Moskau 1952

Вагнер, Г. К.: Скульптура Владимиро-Суздальской Руси. Город Юрьев-Польской (Die Skulptur der Wladimir-Susdaler Rus. Die Stadt Jurjew-Polskoi). Moskau 1964

Вагнер, Г. К.: Мастера древнерусской скульптуры (Meister der altrussischen Skulptur). Moskau 1966

Вагнер, Г. К.: Скульптура Древней Руси XII в. Владимир-Боголюбово (Die Skulptur der Alten Rus im 12. Jahrhundert. Wladimir-Bogoljubowo). Moskau 1969

Вагнер, Г. К.: Суздаль (Susdal). Moskau 1969

Вагнер, Г. К.: Белокаменная резьба древнего Суздаля. Рождественский собор XIII в. (Die Kalksteinplastik des alten Susdal. Die Christi-Geburt-Kathedrale, 13. Jahrhundert). Moskau 1975

Варганов, А. Д.: Фрески XI–XIII вв. в Суздальском соборе (Die Fresken des 11. bis 13. Jahrhunderts in der Susdaler Kathedrale). In: KSIIMK, V, Moskau 1940

Варганов, А.: Суздаль (Susdal). Moskau 1944

Варганов, А.: К архитектурной истории Суздальского собора (Zur Architekturgeschichte der Susdaler Kathedrale). In: KSIIMK, XI, Moskau 1945

Варганов, А.: Новые данные по архитектурной истории Суздальского собора (Neue Angaben über die Architekturgeschichte der Susdaler Kathedrale). In: SA, 1960, Nr. 4

Варганов, А.: Еще раз о Суздальском соборе (Noch einmal über die Susdaler Kathedrale). In: SA, 1977, Nr. 2

Виноградов, А.: История владимирского кафедрального Успенского собора (Die Geschichte der Mariä-Himmelfahrts-Kathedrale in Wladimir). Wladimir 1905

Власюк, А.: Первоначальная форма купола церкви Покрова на Нерли (Die ursprüngliche Form der Kuppel der Mariä-Schutz-Kirche am Nerl). In: AN, Nr. 2, Moskau 1952

Воробьева, Е. В., Тиц, А. А.: О датировке Успенского и Борисоглебского собора в Чернигове (Über die Datierung der Mariä-Himmelfahrts- und Boris-und-Gleb-Kathedrale in Tschernigow). In: SA, 1974, Nr. 2

Воронин, Н. Н.: К вопросу о взаимоотношений галицо-волынской и владимиро-суздальской архитектуры XII–XIII вв. (Zur Frage der Beziehungen zwischen der galizowolynischen und der Wladimir-Susdaler Architektur des 12. bis 13. Jahrhunderts). In: KSIIMK, III, Moskau 1940

Воронин, Н. Н.: Памятники владимиро-суздальского зодчества XI–XII вв. (Denkmale der Wladimir-Susdaler Baukunst vom 11. bis 12. Jahrhundert). Moskau–Leningrad 1945

Воронин, Н. Н.: Владимир (Wladimir). Moskau 1945

Воронин, Н. Н.: Основные вопросы реконструкции Боголюбского дворца (Die wichtigsten Fragen zur Rekonstruktion des Palastes von Bogoljubowo). In: KSIIMK, XI, Moskau 1945

Воронин, Н. Н.: Раскопки в Гродно (Die Ausgrabungen in Grodno). In: KSIIMK, XXVII, Moskau 1949; XXXVIII, Moskau 1951

Воронин, Н. Н.: У истоков русского национального зодчества. Из истории зодчества периода феодальной раздроблености XI–XV вв. (Am Geburtsort der russischen nationalen Baukunst. Aus der Geschichte der Baukunst in der Periode der feudalen Zersplitterung zwischen dem 11. und 15. Jahrhundert). In: EIII 1952, Moskau 1952

Воронин, Н. Н.: Древнее Гродно (Das alte Grodno). Moskau 1954

Воронин, Н. Н.: Зодчество Северо-восточной Руси XII–XV вв. I–II (Die Baukunst der Nordöstlichen Rus vom 12. bis 15. Jahrhundert, I–II). Moskau 1961–1962

Woronin, N. N.: Wladimir, Bogoljubowo, Susdal, Jurjew-Polskoi. Leipzig 1962

Воронин, Н. Н.: Владимиро-Суздальская архитектура (Die Architektur von Wladimir-Susdal). In: Всеобщая история архитектуры. 3. Архитектура Восточной Европы. Средние века (Allgemeine Architekturgeschichte. 3. Die Architektur Osteuropas. Das Mittelalter). Leningrad – Moskau 1966

Высоцкий, С. А.: Древнерусские надписи Софии Киевской XI–XIV вв. I (Die altrussischen Inschriften der Kiewer Sophien-Kathedrale des 11. bis 14. Jahrhunderts). Kiew 1966

Высоцкий, С. А.: Средневековые надписи Софии Киевской (Die mittelalterlichen Inschriften der Kiewer Sophien-Kathedrale). Kiew 1976

Nowgorod und Pskow

Архитектура Софийского собора в Новгороде. Новейшие исследования (Die Architektur der Sophien-Kathedrale in Nowgorod. Neueste Forschungen) In: SIITA, 7, Moskau 1947

Die erste Nowgoroder Chronik. Hrsg. von J. Dietze. Leipzig 1971

Сборник Новгород. К 1100-летию города (Schriftensammlung Nowgorods zum 1100jährigen Bestehen der Stadt). Moskau 1964

Афанасьев, К. Н.: Новый вариант реконструкции храма Софии в Новгороде (Eine neue Variante der Rekonstruktion der Sophien-Kathedrale in Nowgorod). In: SIII, 2, Moskau 1953

Алферова, Г.: Собор Спасо-Мирожского монастыря (Die Kathedrale des Erlöser-Mirosh-Klosters). In: AN, Nr. 10, Moskau 1958

Бранденбург, Н. Е.: Старая Ладога (Staraja Ladoga). St. Petersburg 1896

Дмитриев, Ю.: К истории Новгородской архитектуры (Zur Geschichte der Nowgoroder Architektur). In: NIS, Nr. 2, Nowgorod 1937

Дмитриев, Ю.: Церковь Николы на Липне в Новгороде (Die Nikolaus-Kirche auf Lipna in Nowgorod). In: Памятники искусства, разрушенные немецкими захватчиками в СССР (Kunstdenkmale, die von den deutschen Okkupanten in der UdSSR zerstört wurden). Moskau – Leningrad 1948

Дмитриев, Ю.: Стенные росписи Новгорода, их реставрация и исследование. (Работы 1945–1948 гг.) (Die Wandmalereien Nowgorods, ihre Restauration und Erforschung. [Arbeiten der Jahre 1945–1948]). In: PRR, I, Moskau 1950

Каргер, М. К.: Раскопки и реставрационные работы в Георгиевском соборе Юрьева монастыря (1933 до 1935) (Die Ausgrabungen und Restaurationsarbeiten in der Georgs-Kathedrale des Jurjew-Klosters [1933 bis 1935]). In: SA, VIII, Moskau 1946

Каргер, М. К.: Основные итоги археологического изучения Новгорода (Die wichtigsten Ergebnisse der archäologischen Erforschung Nowgorods). In: SA, IX, Moskau 1947

Каргер, М. К.: Новгород (Nowgorod). Moskau–Leningrad 1970

Кацнельсон, Р. А.: Древняя церковь в Перынском скиту близ Новгорода (Die alte Kirche am Platz des Perun bei Nowgorod). In: AN, Nr. 2, Moskau 1952

Комеч, А. И.: Роль приделов в формировании общей композиции Софийского собора в Новгороде (Die Rolle der Galerien beim Aufbau der Gesamtkomposition der Sophien-Kathedrale in Nowgorod). In: Средневековая Русь (Mittelalterliche Rus). Moskau 1976

Krause, H.-J., Schubert, E.: Die Bronzetür der Sophienkathedrale in Nowgorod. Leipzig 1968

Лазарев, В. Н.: Искусство Новгорода (Die Kunst Nowgorods). Moskau 1947

Лазарев, В. Н.: Васильевские врата (Die Wassili-Tür). In: SA, XVIII, Moskau 1953

Лазарев, В. Н.: Новгородская иконопись (Die Ikonenmalerei Nowgorods). Moskau 1969

Лавров, В., Максимов, П.: Псков (Pskow). Moskau 1950

Лихачев, Д. С.: Новгород Великий (Groß-nowgorod). Moskau 1959

Лифшиц, Л. И.: Монументальная живопись Новгорода XIV–XV веков (Die Monumentalmalerei Nowgorods des 14.–15. Jahrhunderts). Moskau 1987

Likhachov, D., Laurina, .V., Pushkariov, V.: Novgorod Icons 12th–17th Century. Leningrad 1980

Максимов, П.: Церковь Николы на Липне близ Новгорода (Die Nikolaus-Kirche auf Lipna bei Nowgorod). In: AN, Nr. 2, Moskau 1952

Максимов, П.: Церковь Дмитрия Солунского в Новгороде (Die Kirche des hl. Demetrios von Saloniki in Nowgorod). In: AN, Nr. 14, Moskau 1962

Максимов, П.: Архитектура Новгородской земли XII–начала XIII в. (Die Architektur des Nowgoroder Landes zwischen dem 12. und Anfang des 13. Jahrhunderts). In: Всеобщая история архитектуры. 3. Архитектура Восточной Европы. Средние века (Allgemeine Architekturgeschichte. 3. Die Architektur Osteuropas. Das Mittelalter). Leningrad – Moskau 1966

Мильчик, М. И.: Церковь Георгия в Старой Ладоге (Die Georgs-Kirche in Staraja Ladoga). In: SA, Nr. 2, 1979

Монгайт, А.: Софийский собор в Новгороде в связи с новейшими исследованиями (Die Sophien-Kathedrale in Nowgorod im Zusammenhang mit den neuesten Forschungen). In: ASSSR, Nr. 16, Moskau 1947

Некрасов, А.: Древний Псков и его художественная жизнь (Das alte Pskow und sein künstlerisches Leben). Moskau 1923

Окулич-Казарин, Н. Ф.: Спутник по древнему Пскову (Begleiter durch das alte Pskow). Pskow 1913²

Onasch, K.: Groß-Nowgorod und das Reich der heiligen Sophia. Leipzig 1969

Овчинников, А., Кишилов, Н.: Живопись древнего Пскова XIII–XVI века (Die Malerei des alten Pskow des 13.–16. Jahrhunderts). Moskau 1971

Poppe, A.: Some observations on the bronze Doors of the St. Sophia in Novgorod. In: Acta Universitatis Upsaliensis, 1981

Покрышкин, П. П.: Отчет о капитальном ремонте Спасо-Нередицкой церкви в 1903 и 1904 гг. (Bericht über die Generalrestaurierung der Erlöser-Kirche an der Nerediza in den Jahren 1903 und 1904). St. Petersburg 1906

Рабинович, Г.: Архитектурный ансамбль Псково-Печерского монастыря (Der Baukomplex des Pskower Höhlenklosters). In: AN, Nr. 6, Moskau 1956

Рыльский, И.: Гражданское зодчество Пскова (Die Profanarchitektur Pskows). In: Древности. Труды комисии по сохранению древних памятников. T. VI (Altertümer. Arbeiten der Kommission zur Erhaltung der alten Denkmale. Bd. VI). Moskau 1915

Штендер, Г. М.: Восстановление Нередицы (Die Wiederherstellung der Erlöser-Kirche an der Nerediza). In: NIS, Nr. 10, Nowgorod 1962

Штендер, Г. М.: Новгородское зодчество (Die Baukunst Nowgorods). In: DI, Moskau 1968

Штендер, Г. М.: Первичный замысел и последующие изменения галереи и лестничной башни Новгородской Софии (Die ursprüngliche Fassung und die nachfolgenden Veränderungen an der Galerie und an dem Treppenturm der Nowgoroder Sophien-Kathedrale). In: DI, Moskau 1977

Седов, В.: Древнерусское языческое святилище в Перыни (Das altrussische heidnische Heiligtum am Platz des Perun). In: KSIIMK, 50, Moskau 1953

Смирнова, Э. С.: Живопись Великого Новгорода. Середина XIII–начало XIV века (Die Malerei Groß-Nowgorods. Mitte 13.–Anfang 14. Jahrhundert). Moskau 1976

Спегальский, Ю. П.: Псков (Pskow). Leningrad – Moskau 1963

Спегальский, Ю. П.: Каменное зодчество Пскова (Die Steinarchitektur Pskows). Leningrad 1976

Строков, А., Богусевич, В.: Новгород Великий. Пособие для экскурсантов и туристов. Под общей ред. Б. Д. Грекова (Groß-Nowgorod. Handbuch für Reisende und Touristen. Hauptred. B. D. Grekow). Leningrad 1939

Суслов, В.: Материалы к истории древней новгородско-псковской архитектуры (Materialien zur Geschichte der alten Nowgorod-Pskower Architektur). In: ZRAO, III, 1, 1887

Moskau

Памятники архитектуры Московской области (Architekturdenkmäler des Bezirks Moskau) I–II. Moskau 1975

Памятники архитектуры Москвы. Кремль. Китай-город. Центральные площади (Architekturdenkmäler von Moskau. Kreml. Kitaj-Gorod. Zentralplätze). Moskau 1983

Алпатов, М.: Успенский собор Московского кремля (Die Mariä-Himmelfahrts-Kathedrale des Moskauer Kremls). Moskau 1971

Александровский, М.: Указатель Московских церквей (Verzeichnis der Moskauer Kirchen). Moskau 1925

Альтшулер, Б. Л.: Белокаменные релефы Спасского собора Андроникова монастыря и проблема датировки памятника (Die Kalksteinreliefs der Erlöser-Kathedrale im Erlöser-Andronikow-Kloster und das Problem der Datierung des Denkmals). In: Средневековая Русь (Die mittelalterliche Rus). Moskau 1976

Альтшулер, Б. Л.: Памятники зодчества Московской Руси второй половины XIV–начала XV века (Architekturdenkmäler der Moskauer Rus der zweiten Hälfte des 14. bis zu Beginn des 15. Jahrhunderts). Autoreferat der Dissertation. Moskau 1978

Аренкова, Ю. И., Мехова, Г. И.: Донской монастырь (Das Don-Kloster). Moskau 1970

Балдин, В.: Троице-Сергиева лавра (Das Dreieinigkeits-Sergius-Kloster). Moskau 1958

Балдин, В. И.: Архитектурный ансамбль Троице-Сергиевой лавры (Der Baukomplex des Dreieinigkeits-Sergius-Klosters). Moskau 1976

Балдин, В. И.: Загорск (Sagorsk). Moskau 1984

Бартенев, И., Федоров, Б.: Архитектурные памятники русского севера (Architekturdenkmäler des russischen Nordens). Leningrad 1967

Бартенев, С. П.: Московский Кремль в старину и теперь (Der Moskauer Kreml in alter Zeit und jetzt), I–II. Moskau 1912–1916

Безсонов, С. В.: Крепостные архитекторы. I. Опыт исторического исследования. II. Словарь крепостных архитекторов (Festungsbaumeister. I. Versuch einer historischen Untersuchung. II. Lexikon der Festungsbaumeister). Moskau 1938

Безсонов, С.: Архитектура Московского государства (Die Architektur des Moskauer Staates). In: Русская архитектура (Russische Architektur). Moskau 1940

Безсонов, С.: Из истории переделок и реставрации храма Василия Блаженного в Москве (Aus der Geschichte der Umbauten und Restaurierungen der Wassili-Blashenny-Kathedrale in Moskau). In: Русская архитектура (Russische Architektur). Moskau 1940

Богусевич, В.: Новый архитектурный тип в русском зодчестве XVI и XVII столетий (Ein neuer architektonischer Typ in der russischen Baukunst des 16. und 17. Jahrhunderts). In: Сборник бюро по делам аспирантов. Гос. Академия истории материальной культуры (Sammelwerk des Büros für Aspiranturangelegenheiten. Staatliche Akademie für Geschichte der materiellen Kultur), I. Leningrad 1929

Бочаров, Г., Выголов, В.: Вологда. Кириллов. Ферапонтово. Белозерск (Wologda, Kirillow, Ferapontowo, Belosersk). Moskau 1966

Бочаров, Г., Выголов, В.: Александровская слобода (Die Siedlung Alexandrow). Moskau 1970

Brunoff, N.: Due cattedrali del Kremlino construite da italiani. In: Architettura e arti decorative, 1926, Nr. 6

Брунов, Н. И.: К вопросу о раннемосковском зодчестве (Zur Frage der frühmoskowitischen Baukunst). In: TST RANION. Moskau 1928, IV.

Брунов, Н. И.: Московский Кремль (Der Moskauer Kreml). Moskau 1948

Danilowa, I. J.: Dionissi. Dresden und Wien 1970

Данилова, И. Е.: Фрески Ферапонтова монастыря (Die Fresken des Therapontos-Klosters). Moskau 1970

Давид, Л. А.: Церковь Трифона в Напрудном (Die Triphon-Kirche in Naprudnoje). In: Архитектурные памятники Москвы XV до XVII вв. Новые исследования (Architekturdenkmäler Moskaus des 15.–17. Jahrhunderts. Neue Forschungen). Moskau 1947

Faensen, H.: Kirchen im Moskauer Kreml. Berlin 1980

Фуфаев, А. С.: Собор Московского Рождественского монастыря (Die Kathedrale des Moskauer Mariä-Geburts-Klosters). In: Архитектурные памятники Москвы XV до XVII вв. Новые исследования (Architekturdenkmäler Moskaus des 15.–17. Jahrhunderts. Neue Forschungen). Moskau 1947

Горностаев, Ф. Ф.: Очерк древнего зодчества Москвы (Abriß der alten Baukunst Moskaus). In: Путеводитель по Москве. Под редакции И. П. Машкова (Führer durch Moskau. Redaktion I. P. Maschkow). Moskau 1913

Гра, М., Жеромский, Б.: Коломенское (Kolomenskoje). Moskau 1970

Грабар, И.: Андрей Рублев. Сборник Вопросы реставрации (Andrej Rubljow. Sammelschrift zu Fragen der Restauration). Moskau 1926

v. Herberstein, S.: Moskowia. Hrsg. von F. Berger. Weimar 1975

Ильин, М.: Монастыри Московской Руси XVI века как оборонительные сооружения (Die Klöster der Moskauer Rus des 16. Jahrhunderts als Verteidigungsanlagen). In: IZ, 1944, Nr. 7–8

Ильин, М.: Русское зодчество XVI столетия (Die russische Baukunst des 16. Jahrhunderts). In: KSIMK, XIII, Leningrad 1946

Ильин, М.: Собор Василия Блаженного и градостроительство XVI века (Die Wassili-Blashenny-Kathedrale und der Städtebau des 16. Jahrhunderts). In: EIII. Moskau 1952

Ильин, М. А.: Художественные памятники Московского Кремля (Die Kunstdenkmäler des Moskauer Kremls). Moskau 1955

Ильин, М. А.: О постройке Московского Успенского собора Аристотелем Фиораванти (Über die Errichtung der Mariä-Himmelfahrts-Kathedrale von Moskau durch Aristotele Fioravanti). In: Из истории русского и западноевропейского искусства (Aus der Geschichte der russischen und westeuropäischen Kunst). Moskau 1960

Ильин, М. А.: Подмосковье (Die Umgebung von Moskau). Moskau 1966

Ильин, М. А.: Москва (Moskau). Moskau 1970[2]

Ильин, М.: Заметки об архитектуре посадских храмов Москвы и Подмосковья XVI века (Bemerkungen zu den Stadtkirchen des 16. Jahrhunderts von Moskau und Umgebung). In: Византия. Южные славяне и Древняя Русь. Западная Европа. Искусство и культура. Сборник статей в честь В. Н. Лазарева (Byzanz. Die Südslawen und die Alte Rus. Westeuropa. Kunst und Kultur. Festschrift V. N. Lasarev). Moskau 1973

Ильин, М. А.: Москва. Памятники архитектуры XIV–XVII веков (Moskau. Architekturdenkmäler des 14. bis 17. Jahrhunderts). Moskau 1973

Ильин, М. А.: Русское шатровое зодчество. Памятники середини XVI века (Die russische Schatjor-Architektur. Die Denkmäler aus der Mitte des 16. Jahrhunderts). Moskau 1980

Ильин, М. А.: Архитектурное пространство храмов рубежа XIV–XV веков (Der architektonische Raum der Kirchen von der Wende des 14. zum 15. Jahrhundert). In: DI. Moskau 1984

Iljin, M. A., Moissejewa, T. B.: Kunstdenkmäler in der Sowjetunion. Moskau und Umgebung. Leipzig 1985[2]

Иванов, В. Н.: Московский Кремль (Der Moskauer Kreml). Moskau 1971

Евдокимов, И.: Север в истории русского искусства (Der Norden in der russischen Kunstgeschichte). Wologda 1920

Караваева, Е. М.: Собор Спасского монастыря в Ярославле. Исследование и реставрация (Die Kathedrale des Erlöser-Klosters in Jaroslawl. Erforschung und Restaurierung). In: AN, Nr. 15. Moskau 1963

Кацнельсон, Р.: Ансамбль Симонова монастыря в Москве (Der Baukomplex des Simon-Klosters in Moskau). In: AN, Nr. 6. Moskau 1956

Лазарев, В. Н.: Андрей Рублев и его школа (Andrej Rubljow und seine Schule). Moskau 1966

Lazarev, V. N.: Theophanes der Grieche und seine Schule. Dresden 1968

Лазарев, В. Н.: Московская школа иконописи (Die Ikonenmalerschule von Moskau). Moskau 1971

Lebedewa, J. A.: Andrej Rubljow und seine Zeitgenossen. Dresden – Wien 1962

Маковецкий, И.: Коломенское (Kolomenskoje). Autoreferat der Dissertation. Moskau 1951

Машков, И. П.: Архитектура Новодевичьего монастыря в Москве (Die Architektur des Neuen Jungfrauen-Klosters in Moskau). Moskau 1949

Максимов, П. Н.: Собор Спасо-Андроникова монастыря в Москве (Die Kathedrale des Erlöser-Andronikow-Klosters in Moskau). In: Архитектурные памятники Москвы XV–XVII вв. Новые исследования (Architekturdenkmäler Moskaus des 15.–17. Jahrhunderts. Neue Forschungen). Moskau 1947

Максимов, П. Н.: К характеристике памятников Московского зодчества XIV–XV вв. (Zur Charakteristik der Denkmale der Moskauer Baukunst des 14.–15. Jahrhunderts). In: MIA, 12. Moskau – Leningrad 1949

Martynowa, M., Tschorny, V.: Der Kreml. Leipzig 1986

Меркелова, В. Н.: К реконструкции фасадов Архангельского собора (Zur Rekonstruktion der Fassaden der Erzengel-Kathedrale). In: Государственные музеи Московского Кремля. Материалы и исследования (Die Staatlichen Museen des Moskauer Kremls. Materialien und Forschungen), 3. Moskau 1980

Мордвинов, А. Г.: Колокольня Ивана Великого (Der Glockenturm Iwans des Großen). In: Академия архитектуры (Bauakademie), 1935, Nr. 5

Морозов, К. К.: Памятник архитектуры – Новоспаский монастыр в Москве (Architekturdenkmal Neues Erlöser-Kloster in Moskau). Moskau 1982

Некрасов, А.: Возникновение московского искусства (Die Entstehung der Moskauer Kunst). Moskau 1929

Некрасов, А.: Проблема происхождения древнерусских столпообразных храмов (Das Problem der Entstehung der altrussischen pfeilerförmigen Kirchen). In: TKIMK, 5. Moskau 1930

Николаева, Т. В.: Древний Звенигород (Das alte Swenigorod). Moskau 1978

Никольский, Н.: Кирилло-Белозерский монастырь и его устройство до второй четверти XVII века (Das Kirill-Belosersk-Kloster und seine Ausstattung bis zum zweiten Viertel des 17. Jahrhunderts /1397–1625/). Bd. I, 1. St. Petersburg 1897

Огнев, Б. А.: Некоторые проблемы раннемосковского зодчества (Einige Probleme der frühen Moskauer Baukunst). In: AN, 12. Moskau 1960

Овсянников, Ю.: Ново-Девичий монастырь (Das Neue Jungfrauen-Kloster). Moskau 1968

Павличенков, В.: Ансамбль Йосифо-Волоколамского монастыря (Der Baukomplex des Josef-Wolokolamsk-Klosters). In: AN, 10. Moskau 1958

Подьяпольский, С. С.: Архитектурные памятники Спасо-Каменного монастыря XV–XVI века (Architekturdenkmäler des Erlöser-Stein-Klosters des 15.–16. Jahrhunderts). In: DI. Moskau 1970

Покрышкин, П. П., Романов, К. К.: Древние здания в Ферапонтовом монастыре Новгородской губерни (Alte Gebäude im Therapontos-Kloster des Nowgoroder Gouvernements). In: Известия археологической комиссии (Mitteilungen der archäologischen Kommission), 28. St. Petersburg 1908

Раппопорт, П. А.: Русское шатровое зодчество конца XVI века (Die russische Schatjor-Architektur am Ende des 16. Jahrhunderts). In: MIA, 12. Moskau – Leningrad 1949

Раппопорт, П. А.: Очерки хронологии русского шатрового зодчества (Skizzen zur Chronologie der russischen Schatjor-Architektur). In: KSIIMK, XXX. Moskau–Leningrad 1949

Ретковская, Л. С.: Смоленский собор Ново-Девичьего монастыря (Die Kathedrale der Ikone der Gottesmutter von Smolensk im Neuen Jungfrauen-Kloster). Moskau 1954

Ретковская, Л. С.: Ново-Девичий монастырь (Das Neue Jungfrauen-Kloster). Moskau 1956

Роговин, Н. Е.: Церковь Вознесения в Коломенском /XVI в./ (Die Christi-Himmelfahrts-Kirche in Kolomenskoje /16. Jh./). Moskau 1942

Романов, К. К.: О формах Московского Успенского собора 1326 и 1472 гг. (Über die Bauformen der Mariä-Himmelfahrts-Kathedrale in Moskau in den Jahren 1326 und 1472). In: MIA, 44. Moskau 1955

Рзянин, М. И.: Иван Великий (Iwan der Große). Moskau 1946

Забелин, И. Е.: История города Москвы (Die Geschichte der Stadt Moskau). Teil I. Moskau 1902

Шередега, В. И.: К вопросу о взаимодействии каменной и деревянной архитектуры в русском зодчестве XVI века (Zum Problem der Beziehung zwischen Stein- und Holzarchitektur in der russischen Baukunst des 16. Jahrhunderts). In: DI. Moskau 1970

Сергеева-Козина, Т.: Коломенский кремль. Опыт реконструкции (Der Kreml von Kolomenskoje. Versuch einer Rekonstruktion). In: AN, Nr. 2. Moskau 1952

Згура, В.: Коломенское (Kolomenskoje). Moskau 1928

Снегирев, В. Л.: Аристотель Фиораванти и перестройка Московского Кремля (Aristotele Fioravanti und der Umbau des Moskauer Kremls). Moskau 1935

Снегирев, В. Л.: Памятник архитектуры храм Василия Блаженного (Die Wassili-Blashenny-Kathedrale – ein Denkmal der Architektur). Moskau 1953

Соболев, Н.: Русски зодчий XV века Василий Дмитриевич Ермолин (Der russische Baumeister des 15. Jahrhunderts Wassili Dmitrijewitsch Jermolin). In: Старая Москва (Das alte Moskau), 2. Moskau 1914

Соболев, Н.: Василий Блаженный /Покровский собор/. Под редакции Д. П. Сухова (Die Wassili-Blashenny-/Mariä-Schutz-/Kathedrale. Red. D. P. Suchow). Moskau 1949

Соболев, Н.: Старый собор Донского монастыря (Die Alte Kathedrale des Don-Klosters aus dem Jahr 1593). In: RIPK, 1. Moskau 1975

Сухов, Д. П.: Новое в архитектуре Василия Блаженного (Neues in der Architektur der Wassili-Blashenny-Kathedrale). In: VR, I. Moskau 1926

Тихомиров, Н.: Звенигород (Swenigorod). Moskau 1948

Тихомиров, Н., Иванов, В.: Московский Кремл /Архитектура/ (Der Moskauer Kreml /Die Architektur/). Moskau 1967

Толстая, Т. В.: Успенский собор Московского Кремля (Die Mariä-Himmelfahrts-Kathedrale des Moskauer Kremls). Moskau 1979

Чиняков, А.: Каменное зодчество в русском централизованном государстве. Автореферат диссертации (Die Steinbaukunst im russischen zentralisierten Staat. Autoreferat der Dissertation). Moskau 1954

Вагнер, Г. К.: О датировке памятников московского зодчества времени Андрея Рублева (Über die Datierung der Moskauer Baudenkmäler aus der Zeit Andrej Rubljows). In: Культура и искусство Древней Руси (Kultur und Kunst der Alten Rus). Leningrad 1967

Вагнер, Г. К., Куклес, А. С., Тихомирова, К. Г.: Спас-Андроников монастырь (Das Erlöser-Andronikow-Kloster). Moskau 1972

Виноградов, Н. Д.: Троице-Сергиева лавра (Das Dreieinigkeits-Sergius-Kloster). Moskau 1944

Виноградов, Н. Д.: Новые материалы по архитектуре древней Москвы (Neue Materialien zur Architektur des alten Moskaus). In: SIII, I. Moskau-Leningrad 1951

Власюк, А.: Новые исследования архитектуры Архангельского собора в Московском Кремле (Neue Erforschung der Architektur der Erzengel-Kathedrale im Moskauer Kreml). In: AN, Nr. 2. Moskau 1952

Власюк, А.: Ново-Девичий монастырь (Das Neue Jungfrauen-Kloster). Moskau 1958

Воронин, Н. Н.: Очерки по истории русского зодчества XVI–XVII веков (Skizzen zur Geschichte der russischen Baukunst des 16. und 17. Jahrhunderts). Moskau 1934

Воронин, Н. Н.: Зодчество Северо-Восточной Руси XIII–XV веков (Die Baukunst Nordostrußlands des 13. bis 15. Jahrhunderts). I–II. Moskau 1962.

Воронов, Н. Н., Сахарова, И.: Новые материалы об архитектурном ансамбле Иосифова-Волоколамского монастыря (Neue Materialien über den Baukomplex des Iossif-Wolokolamsk-Klosters). In: AN, Nr. 6. Moskau 1956

Вздорнов, Г. И.: Феофан Грек. Творческое наследие (Theophanes der Grieche. Das schöpferische Erbe). Moskau 1983

Цюрик, Л. В.: Новодевичий монастырь (Das Neue Jungfrauen-Kloster). Moskau 1970

Ausläufer

Баниге, В. С.: Кремль Ростова Великого (Der Kreml von Rostow Weliki). Moskau 1945

Брюсова, В. Г.: Фрески Ярославля XVII–начала XVIII века (Die Fresken Jaroslawls vom 17. bis zum Beginn des 18. Jahrhunderts). Moskau 1969

Брюсова, В. Г.: Ипатьевский монастырь (Das Ipatjew-Kloster). Moskau 1972

Брюсова, В. Г.: Русская живопись XVII века (Die russische Malerei des 17. Jahrhunderts). Moskau 1984

Брунов, Н.: К вопросу о так называемом »Русском барокко« (Zur Frage des sogenannten »russischen Barocks«). In: барокко в России (Barock in Rußland). Moskau 1926

Добровольская, Э.: Новые материалы по истории Ростовского кремля (Neue Materialien zur Geschichte des Rostower Kremls). In: Материалы по изучению и реставрации памятников архитектуры Ярославской области. I. Древний Ростов (Materialien zum Studium und zur Restaurierung der Baudenkmale des Gebiets Jaroslawl. 1. Das alte Rostow). Jaroslawl 1958

Добровольская, Э.: Ярославль (Jaroslawl). Moskau 1968

Эдинг, Б.: Ростов Великий. Углич. Памятники художественной старины (Rostow Weliki, Uglitsch. Denkmale alter Kunst). Moskau 1913

Ильин, М. А.: Рязань. Историко-архитектурный очерк. I. XI–начала XX вв. (Rjasan. Historisch-architektonischer Abriß. I. 11. bis Anfang des 20. Jahrhunderts). Moskau 1954

Иванов, В. Н.: Ярославль (Jaroslawl). Moskau 1950

Иванов, В. Н.: Ростов Великий. Углич (Rostow Weliki, Uglitsch). Moskau 1964

Иванов, В. Н.: Кострома (Kostroma). Moskau 1970

Масленицын, С. И.: Ярославская иконопись (Die Ikonenmalerei Jaroslawls). Moskau 1973

Михаиловский, Е.: О национальных особенностях московской архитектуры конца XVII века. Автореферат дисертации (Über die nationalen Besonderheiten der Moskauer Architektur am Ende des 17. Jahrhunderts. Autoreferat der Dissertation). Moskau 1949

Некрасов, А.: О стиле русской архитектуры XVII века (Über den russischen Architekturstil im 17. Jahrhundert). In: TSIIIAI RANION, IV. Moskau 1930

Овчиникова, Е. С.: Церковь Троицы в Никитниках (Die Dreieinigkeits-Kirche in Nikitniki). Moskau 1970

Павлинов, А. М.: Древности ярославские и ростовские (Jaroslawler und Rostower Altertümer). Moskau 1892

Подключников, В. Н.: Три памятника XVII столетия. Церковь в Филях. Церковь в Уборах. Церковь в Троицком Лыкове (Drei Denkmale des 17. Jahrhunderts. Die Kirche in Fili, die Kirche in Ubory, die Kirche in Troizki-Lykow). Moskau 1945

Подольский, Р.: Новый Иерусалим на Истре (Neu-Jerusalem an der Istra). In: ASSSR, 1942, Nr. 1

Забелло, С. Я., Иванов, В. Н., Максимов, П. Н.: Русское деревянное зодчество (Russische Holzbaukunst). Moskau 1942

Ширяев, С.: Памятники барокко и влияние зодчества Москвы в архитектуре Смоленска XVII до XVIII века (Die Baudenkmale des Barocks und der Einfluß der Moskauer Baukunst in der Architektur von Smolensk im 17. und 18. Jahrhundert). In: Труды смоленских государственных музеев (Arbeiten der staatlichen Museen von Smolensk), I. Smolensk 1924

Згура, В.: Проблема возникновения барокко в России (Das Problem der Entstehung des Barocks in Rußland). In: Барокко в России (Barock in Rußland). Moskau 1926

Суслов, А. И., Чураков, С. С.: Ярославль (Jaroslawl). Moskau 1960

Торопов, С., Щепетов, К.: Иосифо-Волоколамский монастырь (Das Iossif-Wolokolamsk-Kloster). Moskau 1946

Вагнер, В. Г.: Рязань (Rjasan). Moskau 1970

Воронов, Н. В., Блохина, Н. Б.: Ярославские изразцы (Kacheln aus Jaroslawl). In: Краеведческие записки (Landeskundliche Schriften), I. Jaroslawl 1956

Namenregister

Ortsregister

Die Transkription der russischen Namen und Begriffe erfolgte nach W. Steinitz (Duden, Leipzig 1980, S. 27ff.).

Die Fotos für diesen Band wurden zum größten Teil von Klaus G. Beyer, Weimar, aufgenommen. Ferner stellten Fotos zur Verfügung: Dmitrij W. Belous, Moskau: 187; Constantin Beyer, Weimar: 145–149, 216, 217, 273; Wladimir N. Iwanow, Moskau: 237; Alexander Kometsch, Moskau: 2, 5, 6, 25–27, 42, 44, 45, 47, 48, 80, 82, 116, 117, 123, 182, 205, 229; Presseagentur Nowosti (APN), Moskau: 118, 197, 199, 200, 236, 239, 270; Sächsische Landesbibliothek Dresden, Abt. Deutsche Fotothek: 1, 100, 108, 113, 129, 137, 143, 159; Staatliches A. W. Schtschussew-Architektur-Forschungs-Museum, Moskau: 19, 20, 34, 41, 49, 79, 94, 119, 198, 201, 202, 209, 210, 218, 235, 255, 256, 277; Verlagsarchiv: 252.

Die Zeichnungen wurden nach Vorlagen aus den im Literaturverzeichnis aufgeführten Publikationen von Hans-Ulrich Herold, Halle, und Rudolf Peschel, Brieselang, angefertigt; von letzterem stammen die Zeichnungen auf den Seiten 30 rechts, 77, 80, 84–89, 91, 97, 102, 162, 169–172, 186, 198, 206–209, 212, 214, 215, 276, 279, 281 unten, 283, 324 unten, 329–331, 336 unten, 337, 338, 341, 344, 345 oben, 346. Die Wiedergabe der Grundrisse und Schnitte erfolgt einheitlich im Maßstab 1:500; eine Ausnahme bildet der Grundriß der Christi-Auferstehungs-Kathedrale im Kloster Neu-Jerusalem in Istra auf Seite 342, der im Maßstab 1:635 erscheint.

ISBN 3-7338-0098-2

1. Auflage
© 1989 by Koehler & Amelang, Leipzig
Lizenz-Nr. 295/275/3121/89 · LSV 8133
Printed in the German Democratic Republic
Lichtsatz: INTERDRUCK
Graphischer Großbetrieb Leipzig – III/18/97
Reproduktion und Druck:
Graphischer Betrieb Jütte, Leipzig
Buchbinderische Verarbeitung:
Kunst- und Verlagsbuchbinderei, Leipzig
Buchgestaltung: Henry Götzelmann
698 377 8
07800